赵丕承 著

第五册

陕西新华出版 三秦出版社

目　录

前突厥 …… 1169
后突厥 …… 1252
西突厥 …… 1355
仇池 …… 1393
吐谷浑 …… 1429

前突厥

民　　族：突厥族

建 国 者：阿史那土门

时　　间：公元552—697(或630)，计一百四十六年

疆　　域：东自辽海(辽宁省辽河上游濒海)以西，西至西海(今里海)万里。

南自沙漠(北魏北疆)至北海(今贝加尔湖)五六千里。(《周书·突厥传》)

另据《五千年世界战争史》载："公元554年，波斯安纽歇王与前突厥木杆可汗联盟击灭波斯东北的白匈奴——与中国匈奴无关——分占其土地，另立国王。与波斯以奥萨斯河(阿姆河)为界。"可见当年突厥极盛时的势力已经达到北亚了。

首　　都：于都斤山——杭爱山北山(今蒙古国鄂尔浑河上游)。

历代可汗：1. 伊利可汗阿史那土门

公元533—552年。

2. 乙息记可汗阿史那科罗

公元552—553年。

3. 木杆可汗阿史那俟斤

公元 553—572 年。《五千年世界战争史》称“俟斗”。今从“俟斤”。

4. 佗钵可汗阿史那佗钵

公元 572—581 年。(俟斤之弟)

5. 沙钵略可汗阿史那庵逻

庵逻为第二可汗，居独洛水。同时还有阿波可汗阿史那大逻便，后奔西突厥。

6. 沙钵略可汗阿史那摄图

公元 581—587 年。(《隋书》称伊利俱卢设莫何始波罗可汗)

7. 莫何可汗阿史那处罗侯

公元 587—591 年。(摄图之弟，又称叶护可汗)

8. 颉伽施多那都蓝可汗阿史那雍虞闾

公元 599 年。(摄图之子)

9. 达头可汗阿史那玷厥

公元 599—604 年。

10. 启民可汗阿史那染干

公元 604—609 年。(隋大业五年又称“意利珍豆启可汗”。“启民”为隋朝封号)

11. 始毕可汗阿史那咄吉

公元 609—619 年。(唐武德二年曾助唐起义)

12. 处罗可汗阿史那俟利弗设

公元 619—620 年。

13. 颉利可汗阿史那咄苾

公元 620—630 年。(为启民可汗之子)

14. 乙弥泥孰俟利苾可汗阿史那思摩

以下为亡国之后流亡政府，唐朝概不承认。

15. 车鼻可汗阿史那斛勃

16. 阿史那尼孰(无汗号)

17. 阿史那伏念(无汗号)

18. 阿史那骨笃禄

公元683—687年。自称为前突厥十八任可汗，实际已进入后突厥时代了。

19. 阿史那默啜

公元687—714年。武则天封以“迁善可汗”“颉跌利施大单于”“立功报国大可汗”。

突厥的简史

突厥，是中华民族游牧在北亚细亚的少数族群的一支。

“突厥”一词的来源与定义历来说法不一。在我们古籍中大部分都是说突厥族定居金山，而金山形似兜鍪(古代武士的头盔)。突厥俗称这种头盔为“突厥”，就这样把“突厥”作为这个族群的名号了。

另据刘锡淦先生所著《突厥汗国史》又引近人所谓“突厥一词具有强大、刚毅、创造、成熟与旺盛等意思。持此说者多为语言学家”，又说：“近年来还有一种解释，说突厥只是一个政治名词，不具有民族的含义。”这只是一种解释而已。

突厥一词的起源，现在我们去追根究底，自然无法完全澄清，但就《突厥汗国史》的三种说法，我们认为武士头盔说法比较合理。因为民族词源并没有高深学术性理论与逻辑的必要，一般直接取材于真实生活，这是研究初民历史所必须具备的共识。

神话与传说也都是初民的史前历史。至于突厥以狼为图腾，那是早期蛮荒时代野狼很多，危害先民生存，于是先民制作其图像，一则可以吓唬野狼，再则是以图像为神明而保佑先民。

关于突厥祖先为“狼养”“狼生十子”的故事，以前相传只有两则，而1996年出版的刘著《突厥汗国史》又搜集了一些近年出土的文物而列出五个传说。要之，那都是先民的史前传说，本文不录。

突厥的先世

《周书》：“突厥者，盖匈奴之别种，姓阿史那氏，别为部落。……”或云“突厥之先出于索国，在匈奴之北……”

索国：索离后汉时北夷之国名(《中文大辞典》)。“初，北夷索离国王出行，其侍儿于后妊身。”(《后汉书》卷八十五《东夷列传》)

这是初揭突厥的神秘面纱。

《周书》所谓的“盖匈奴之别种”乃同族不同一血统种，所谓“别”为部落，可能是在匈奴族的奴隶制度之下集体聚居(《北史》：“独为部落”)的奴隶群而已。

传说突厥的祖先出于匈奴之北。据突厥史专家林恩显先生说：“突厥先世之根据地原在西伯利亚中部，其后南移至贝加尔湖、婆陵水、鄂尔浑、独洛河再西迁金山。”(林著《突厥研究》)

这明明是说突厥的先世是在北方或西方。

可是1996年新疆大学出版社出版刘锡淦先生所著的《突厥汗国史》却说：

“突厥人的先人窟据载是在勃登凝峰。”(据哪里所“载”不得而知)不过他又引《周书·突厥传》说：突厥的可汗常居住在于都斤山(蒙古国的杭爱山)，每年都要率领族中长老们祭拜他们的先人窟。并选在每年水果正盛的五月中祭拜天神。在于都斤山西五百里有一个直入云霄的高峰，上无草木，突厥人称之为勃登凝峰(天的意思)，于是于都斤山也就被称为天山了。

细说于都斤山

于都斤山在蒙古(漠北)。后(北)周时突厥分三部，其中部木杆可汗牙帐就在于都斤山。隋初沙钵略可汗居此。开皇十七年(597)隋以宗女妻突厥别部突利可汗，突利本居北方。(隋)长孙晟说其率众南徙于都斤旧镇以伺察雍虞闾(颉伽施多那都蓝可汗阿史那雍虞闾)是也。唐时突厥可汗亦曾据此。其西五百里有高山迥出，无草树，谓之勃登凝峰，犹华言地神也(《读史方舆纪要》卷四十五)。

《中国古今地名大辞典》说："郁督军山在漠北今外蒙古三音诺颜境内杭爱山北，又谓之乌德犍山。《唐书·薛延陀传》(唐)太宗册拜(薛)夷男为真珠毗伽可汗，树牙郁督军山。"

《周书》"于都斤山"。《唐书·回鹘传》为"乌德鞬山"。《薛延陀传》作"郁督军山"，在今外蒙古三音诺颜境内杭爱山北。

岑仲勉先生著《外蒙于都斤山考》一文，就文字读音、异译、历史上之疑名与地理分析等各方面的考证，就于都斤山(郁督军山、乌德犍山)一名提出下列开创性的三个要点：

一、同名异译——于都斤山、郁督军山、乌德犍(鞬)山实为一山之名同异译耳。《周书》《隋书》称于都斤山，《唐书》称郁督军山、乌德犍(鞬)山，《通鉴纲目》则谓乌德鞬、乞督军、郁督军等，皆为同名异译。

二、最后定论——关乎于都斤山之方位，岑仲勉先生集《水道提纲》

《西域考古录》、丹麦学者之考定、王国维诸先生之说，详加分析后乃自下定论："简言之，于都斤山者殆今杭爱山一高峰也。诸旧说以当全山脉或其一支均嫌未的。"

三、天山定位——《旧唐书》说薛仁贵领兵击九姓突厥于天山擒其叶护兄弟而还。军中遂歌曰："将军三箭定天山，战士长歌入汉关。"岑先生说"突厥九姓之窟穴当日在漠北，传文亦明著碛北字样，则天山之大致方位应不难设想为外蒙古之天山。可是俗间《薛仁贵征东传》——即征高丽——将此故事中的天山以为唯有新疆的天山在地理学上比较著名，故清乾隆间《西域图志》竟以三箭定天山故事置诸新疆安西的天山之下"。

"突厥本部在外蒙古乃古今史籍所共识，而外蒙古也有天山。正如《旧唐书·回纥传》所示'贞观初，菩萨与薛延陀侵突厥北边，突厥颉利可汗遣子欲谷设率十万骑讨之。菩萨领骑五千与战，破之于马鬣山，北逐至于天山，又进击，大破之'。此天山决非当日已夷为郡县的新疆高昌以北的安西天山者明矣。由是观之薛仁贵所定的天山自应为突厥本土外蒙古的天山无可置疑矣"。（上文撷自1939年《中央研究院历史语言研究所集刊》岑仲勉《外蒙于都斤山考》）

突厥的成长

一个族群的成长与发展，是要经过相当长期的过程与相当复杂的因素而综合决定的。突厥族的先民为求扩大生存空间而走出杭爱山，自蛮荒时期而走入奴隶时期。经过漫长的被压迫，漫长的反压迫、反奴役的斗争，突厥族群才得脱离了匈奴族的桎梏。可是他们仍然是弱势族群，又被强势的柔然族统治在金山之阳。

金山之阳，地当丝绸之路的要冲。外来的物质文明、经济活动，随着不绝如缕的往来商旅，随着东西文化的交流、经济贸易的活动而自然而然地促使突厥族的生活文化丰富起来。

金山之阳除了有丰美的草原之外，还有丰富的矿产。据说每逢下雨天，铁矿石就被雨水冲出地面。于是突厥族又因而重拾其祖传的冶炼技术，可是他们又因此而沦为柔然(史籍又称之为蠕蠕、芮芮、茹茹等)强族的“锻奴”了。

经济的发展丰富了文化生活，提升了精神文明。“锻奴”群就由这种规律而晋升为氏族群再而晋升民族体制，突厥族就是这种客观环境洗炼出来的。他需要生存，他需要有尊严的生存；他需要自由，更需要完全自主的自由。突厥族之所以能够迅速的成长、壮大乃致一鸣而震动天下，就是客观的压力将他锻炼出来的。

至于突厥的先世，史籍已经无从稽考了，只有以突厥人自己在阙特勤碑和毗伽可汗碑上所说“九姓回纥者，吾之国族也”-“回纥——回鹘(即今之维吾尔族)，其先匈奴也，俗多乘高轮车，元魏时亦号高车部，或曰敕勒，讹为铁勒”(《新唐书·回鹘传》)。回纥是铁勒族的一支，突厥与回纥同族，当然是铁勒的一支了。

九姓，就是九个部落：药罗葛、胡咄葛、咄罗勿、貊歌息讫、阿勿嘀、葛萨、斛温素、药勿葛、奚耶勿。(《旧唐书·回纥传》)

突厥族在五胡十六国的后期虽然出现比较晚，但他的出现却给称霸北亚的柔然致命的打击，给鲜卑族系很大的冲击，也给南朝、隋、唐的存亡都带来了相当大的威胁。

突厥的经历，在古今中外民族史上是很少见的。他的民族性在历史过程上的表现，都是粗犷、野蛮的。可是中外考据专家们对于突厥的历史(包括先世渊源与神话传说)文化(包括语言、文字)的考证，著作很多，到现在还常在学术论坛上看到东北亚或中亚细亚的“突厥语”族群的存在。可见突厥文化的流风所及，在中古史上有过辉煌灿烂的时期。

突厥的祖先在史籍上可见的是其先世首领阿贤设，数传至阿史那吐务。在阿史那吐务时代，势力已趋强大，于是自号“大叶护”。时在公元五世纪中叶，当时他还在柔然族的统治下为“锻奴”，所以只称“大叶护”（“设”与“大叶护”，都是当时官职亲王的意思）。

阿史那吐务把他所占领的地盘，分给他两个儿子阿史那土门与阿史那室点密分别治理。长子阿史那土门，称“伊利可汗”，这是突厥称“汗”的开始。“土门”，依后来史家解释说是突厥语“万人之长”的意思。“汗”是匈奴语的酋长。阿史那土门居东方的蒙古地方，传统史家称之谓“东突厥”“北突厥”或“前突厥”。

突厥的官称：

可汗：大可汗，汗国的元首，最高统治者。小可汗为皇族分派地方的领导。

可(贺)敦：皇后、王后。

叶护：地方(部落)的行政长官。

设：最高军事长官。

特勤：相当于汉朝的亲王、诸侯。

颉利发：又译作俟利发、希利发。官名。

俟斤：首领的称号。

次子阿史那室点密，为“小可汗”，住在西方新疆北部，史称之为“西突厥”。前(东)突厥人称之为“十姓”或“叶护突厥”。这时候兄弟(阿史那土门、阿史那室点密)二人分治突厥的东西两部分，各行其是，没有权利的冲突，也就相安一时。

阿史那吐务死后，长子阿史那土门继立。公元552年，北朝西魏废帝元钦时，阿史那土门自号“伊利可汗”，并宣告主权独立。其弟阿史那室点密为西方“叶护”（主管），统领十姓部落，有兵十万。

六世纪末与七世纪初时的突厥汗国

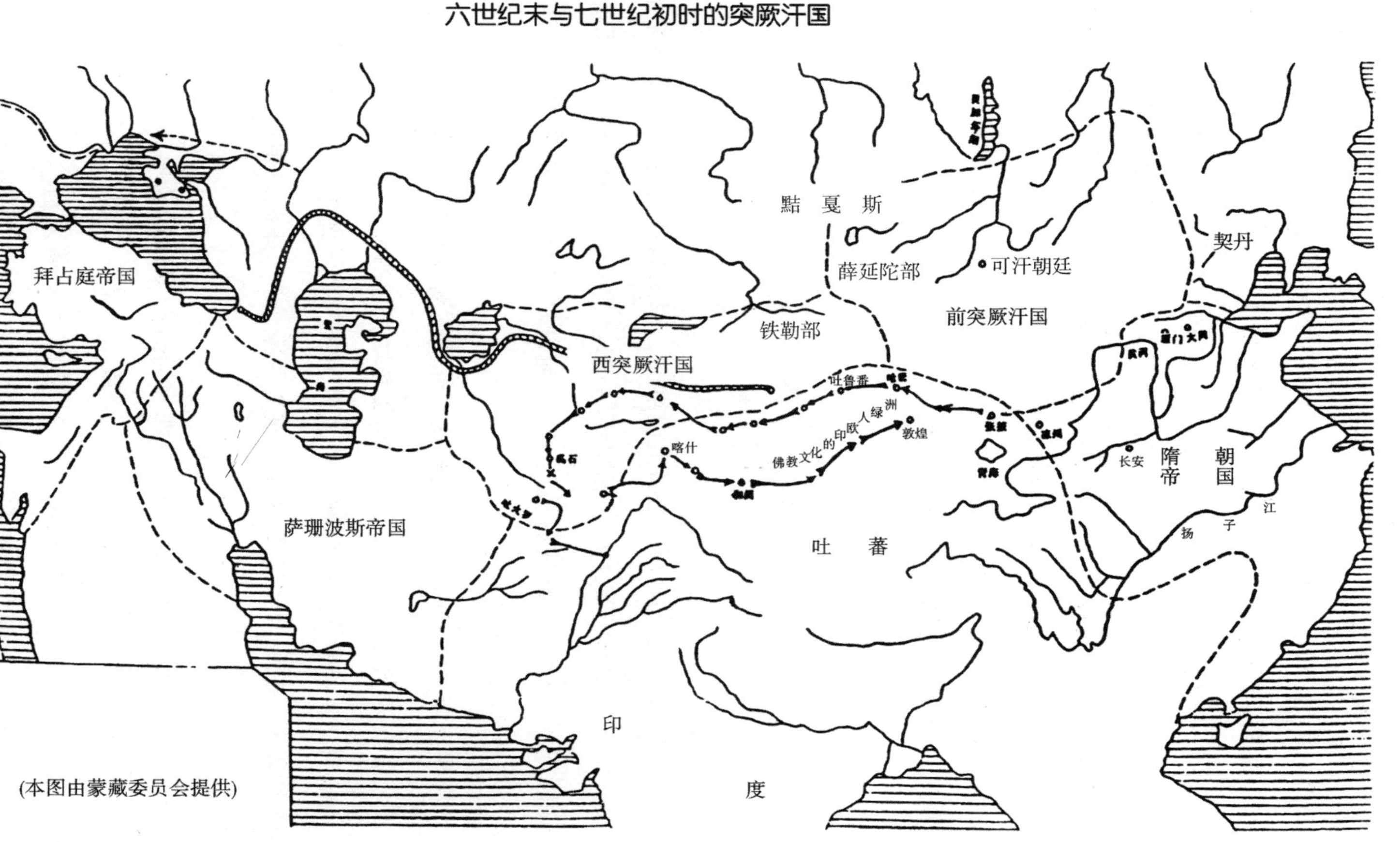

(本图由蒙藏委员会提供)

约在公元五世纪初，中国在五胡十六国的后期，突厥还不过是匈奴族北凉沮渠氏(甘肃省张掖一带)属下的一个弱势小部落。到公元439年，北魏灭了北凉，突厥的酋长阿史那氏率部落五百户投靠盘踞在蒙古的柔然，定居在阿尔泰山之下。蒙古语中黄金为“阿尔坦”，所以阿尔泰山又称“金山”。由于阿尔泰山脉富于铁矿，据史籍所说：每逢天雨矿石就被雨水冲在地面之上，容易采取。突厥部众又善于祖传的冶炼技术，于是就给柔然专门打造兵器，柔然乃称其为“锻奴”。

代代相传，公元五世纪至阿史那吐务酋长时，突厥经由氏族群形成具有独立主权的部族体制，乃自称“大叶护”（大可汗、大亲王）。

前(东)、西两突厥

阿史那吐务死，长子阿史那土门继立，以蒙古于都斤山为行政中心。于都斤山在阿尔泰山脉之东，鄂尔浑河流域(在今蒙古国三音诺颜部东及土谢图汗西北境，一说是后杭爱省)，地理环境很好。史称之为“东突厥”，今称之为“前突厥”。

阿史那室点密居西方，以新疆库车北的三弥山西麓的朱勒都斯为行政中心。又在朱勒都斯东设浮图城为东防基地，东西两突厥各自为政。

依明史，今蒙古当时分别为“漠南蒙古”“漠北蒙古”。位于西北的厄鲁特蒙古，就称为“漠西蒙古”或“西蒙古”。如此说则西突厥可能在“西蒙古”境内了。

西突厥的地盘虽然比较小，但他与周边的邻国如波斯、康居、天竺、高昌、东罗马等都有“婚姻”“君臣”或“同盟”关系。后来与唐朝还建立“保护”等良好的国际关系。(依林恩显《突厥研究》)

高昌是当时东西贸易的通道，经济发达，文化交流频繁。突厥也就在这种客观环境中迅速发展，迅速现代化。

西魏时期的突厥

“西魏大统八年(542)，突厥从连谷(榆林市)入寇。此为突厥扰边出现中国史籍上之首次。”(侯林柏先生所著《唐代夷狄边患史略》)

那时候前突厥的阿史那土门希望与西魏建立外交。西魏的丞相宇文泰乃派酒泉(甘肃省酒泉市)匈奴人安诺盘陀就近代表西魏政府到蒙古的突厥汗庭聘问。大国派使节来访，使尚在发展中的突厥，民心大为振奋，也大大提高了突厥的国际地位。翌年(公元546年，西魏大统十二年)，突厥可汗阿史那土门派使节贡献不少的地方珍宝报聘西魏。

这时候游牧在贝加尔湖的高车族，时常想着南下牧马，只是柔然所占领的地盘不能越过，高车乃攻柔然。突厥既为柔然属下，乃挺而捍卫主子，大破高车军，收降高车五万多部落，并占有了金山以西、天山以北的地方。

阿史那土门早已不甘久为柔然所奴役，这次为柔然立下战功，乃恃功向柔然提出以两国平等地位，要求柔然许婚。柔然认为突厥是他的奴工，门不当户不对，故而严词拒绝了突厥的要求。于是突厥燃起反霸权反奴役求独立要自由的怒火。

阿史那土门急于争取提升地位，乃展开他的务实外交，致送大批金银财宝，转向西魏请求联姻，显示其与强国的平等地位。公元551年，西魏把“长乐公主”下嫁给突厥酋长阿史那土门为妻，大大地提高了突厥的国际地位。

柔然向来都是北朝(包括西魏与东魏)的世仇大敌，现在柔然之内有了突厥，于是，公元552年西魏策动驻在新疆东北部的突厥部队攻击蒙古的柔然，大破柔然军。柔然可汗郁久闾阿那壤战败自杀。从此柔然一蹶不振，频临灭亡。

突厥酋长阿史那土门遂以主权国家姿态，自称突厥汗国第一任伊利可汗，妻子称皇后(可贺敦)，儿子、弟兄们称为特勤，率领军队的皇家子弟称将军(设)。

“特勤”，《新唐书·突厥传》书为“特勒”，想系笔误。今以公元1950年出土之阙特勤之碑碑文为证。如图：

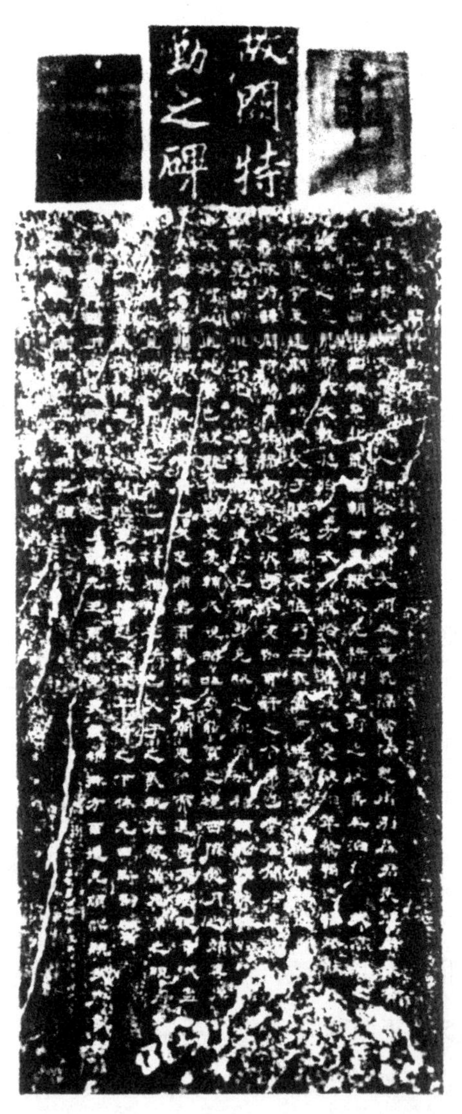

阿史那土门死，其子阿史那科罗继立，是为乙息记可汗。再破柔然郁久间邓叔子于沃野(六镇之一，在内蒙古鄂尔多斯右翼)以北的木赖山。阿史那科罗死，其弟阿史那俟斤立，是为木杆(汗)可汗。

阿史那俟斤“一名燕都，状貌多奇异，面广尺余，其色甚赤。眼若琉璃。性刚暴，务于征伐”。(《周书·异域传·突厥》)。

突厥灭柔然

西魏太师宇文泰再次动员突厥再攻柔然，突厥的木杆可汗阿史那俟斤于公元554年，即西魏恭帝元年冬出兵再攻柔然。进兵瀚海沙漠群，在内蒙古鄂尔多斯右翼(沃野镇)大破柔然军。柔然可汗郁久间邓叔子战败，率残余部众投奔西魏。突厥的阿史那俟斤遂占领所有柔然之地。

西魏收容柔然这批残余部众，本来是想着利用这批武力来壮大自己的国防实力。可是阿史那俟斤自恃强大，与西魏在国际上，大有伯仲之间的态势。他曾一再施压，要求西魏诛杀前柔然可汗郁久间邓叔子和他的残余部众，最后西魏太师宇文泰屈服，下令逮捕郁久间邓叔子和他的部属三千余人，交给突厥汗国的使节，就在长安西城南头第一门——青门外，全体屠杀，柔然遂亡。

这时候突厥又北并吉尔吉斯，东兼契丹，其版图东起大兴安岭，西至撒马尔罕与布拉哈的铁门(撒马尔罕渴石城西)，北边包括了贝加尔湖，南至东魏北境。东西一万多里，南北五六千里。中央政府(大汗庭)设在杭爱山(蒙古后杭爱省与巴彦洪格尔省之间)，地当蒙古中央鄂尔浑河畔。到公元563年，突厥又远征波斯(伊朗)，击灭了中亚嚈哒汗国及今克什米尔(罽宾汗国)，且有控弦将士百万，已成为东北亚最强最大的汗国了。

突厥汗国(瀚海沙漠群)可汗阿史那俟斤，向西魏借道凉州(甘肃省武

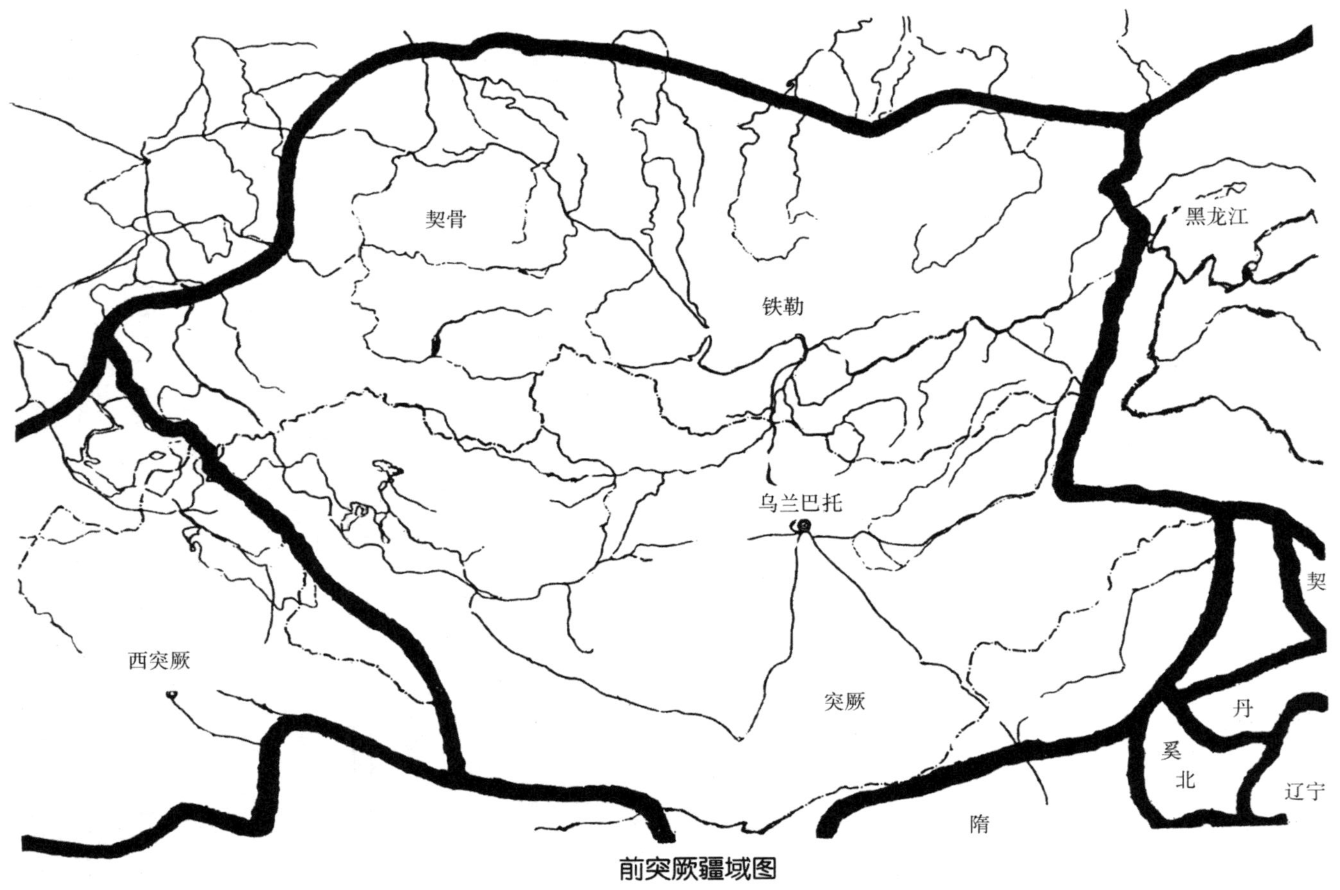

前突厥疆域图

威市)，进攻青海的吐谷浑汗国。西魏太师宇文泰派史宁为凉州刺史，率领骑兵在后跟进。大军进到甘肃永昌县西的番禾，发觉吐谷浑汗国部众纷纷逃入南群山中。阿史那俟斤打算分出一部分军队追击，史宁建议："树敦、贺真二城，是吐谷浑汗国的巢穴，只要能拔除根本，残余的部众自然溃散。"阿史那俟斤同意，于是阿史那俟斤从北道直取贺真，史宁从南道直攻树敦。吐谷浑的十五任可汗慕容夸吕，派征南王率数千人守卫树敦(青海省共和县东南)，阿史那俟斤俘虏慕容夸吕的妻子儿女。史宁攻破树敦，俘虏吐谷浑的征南王。西魏、突厥两国大军在青海湖会师后各自回师。阿史那俟斤赞叹史宁英勇果断，赠送的礼物十分丰厚。

诡谲多变的国际关系

这时候，在中国北方有东魏与西魏两大强国，现在突厥又在两魏的北方神速壮大起来，版图地跨西亚，使两魏都感到压力。东魏早于公元550年已易鼎北齐，而北周也于公元557年取代西魏。突厥因势利导，同时施行两面外交，使北周唯恐北齐与突厥联合，而北齐又怕突厥与北周结盟。北周、北齐两国都认为突厥的动向会严重影响到自己的安危。为了避免两面作战，于是北齐、北周也都争相拉拢突厥，争相与突厥缔结盟约与婚约。突厥与北周、北齐乃成左右逢源之势。

北周打算会同突厥的木杆可汗阿史那俟斤联军攻击北齐，乃承诺娶阿史那俟斤的女儿当皇后。遂于公元565年，北周保定五年、北齐天统元年的二月，派天官御伯中大夫杨荐及夏官左武伯中大夫王庆前往突厥缔结盟约。

北齐得到消息大为恐惧，也派使节前往突厥请求缔结婚约，致送的礼物十分丰厚。阿史那俟斤贪图北齐的金银财宝，打算逮捕北周的杨荐等交北齐发落。杨荐乃当面责备阿史那俟斤“忘恩负义”。正巧天响巨雷，又刮狂风，数十日不停，摧毁突厥很多帐篷。阿史那俟斤大为恐惧，认为是上天降下惩罚，遂即准备嫁妆，送他的女儿前往北周。北周的迎亲使节宇文纯、宇文贵、窦毅、杨荐等公爵，遂带庞大迎亲团率领皇后仪队、警卫、行宫和宫女一百二十人护送突厥公主南返，三月八日抵达长安。

同年(565)五月间，突厥又派使节秘密到北齐访问，北齐以银弹攻势，使两国保持秘密外交。

北周建德元年、北齐武平三年，公元572年，突厥木杆可汗阿史那俟斤逝世，没有传位给他的儿子阿史那大逻便，而把可汗位传给他的弟弟，称佗钵可汗。这时北周与突厥已是和平共存时期，北周总想利用突厥的武力攻打北齐，所以每年供给突厥绸缎锦彩十万匹。而北齐也怕突厥南下犯境，于是向突厥献出的金银财宝要比北周的更多。

北周皇帝宇文邕娶得突厥阿史那俟斤的女儿为皇后，但是这种政治婚姻，在生活习惯、夫妇感情上总有一些隔阂。宇文邕的外甥女，曾以国家大局而劝告宇文邕，才使宇文邕为达利用突厥的目的不得不尽力讨好这个阿史那皇后，才使突厥与北周之间的关系更加密切。

公元544年，波斯(伊朗)安纽歇王与前突厥木杆可汗联盟共同出兵击灭占据波斯东北部的白匈奴(此白匈奴《魏书》称嚈哒，《隋书》称挹恒。与蒙古的匈奴无任何关系)，杀其国王，瓜分其土地。波斯与突厥二国以奥克撒斯河(今名阿姆河，发源于葱岭巴达喀山，流入咸海。咸海距波斯的德黑兰约一千公里)为界。波斯的安纽歇王又娶突厥木杆可汗的女儿为妻。两国约定以奥克撒斯河(阿姆河)为界。

突厥与波斯邦交敦睦，国境安定。公元567年由于波斯毒杀突厥的使节，木杆可汗乃于公元569年派兵侵入波斯境内，波斯安纽歇王率军反击，突厥军不战而溃败。突厥又与罗马大帝查士丁二世联合反攻，结果又败。

这是《五千年世界战争史》所记载的一段小故实，虽然没有明确的完整资料，但可以说明一个长期被压抑的突厥族一旦翻身，其对于古老传统的统治者所反弹的激烈情状。这也可以说是中华民族最光彩的一页。

这一场战役突厥失败了，中亚各地原以图腾多神教为信仰中心的突厥部落纷纷信奉了回教。康居、安国、花剌子模包括新疆西北等地遂成为中亚的回教重地了。

北齐承光元年、北周建德六年，公元 577 年春，北周进犯北齐，在山西北部的朔州，北齐的范阳王高绍义战败，向北投奔突厥。当时突厥的佗钵可汗对高绍义优渥有加，还下令侨居在突厥境内的北齐人民，全部划归高绍义管辖。这是佗钵可汗的政治谋略，因为他能够保全着北齐的存在，对北周在政治上是一种牵制，在军事上是一种消耗。在北周、北齐与突厥三方面的力量上是一种制衡。所以说突厥之所以收容高绍义，实际上是想把北周的国力消耗在北周与北齐的战争中。

突厥再战北周

高绍义在突厥成立北齐流亡政府，改年号“武平”。突厥的佗钵可汗还答允派军助战，惹起北周的强烈反弹，屡次要求引渡高绍义，但突厥拒绝。当时各国还都以为突厥有“兴灭继绝”的大义精神，实际上那是突厥另有用心。

北周建德七年(578)五月，北周宇文邕下令全国大军北伐突厥。派柱国姬愿、东平公宇文神举等，兵分五路同时攻进突厥境内。旋因宇文邕病重又下令回师。

突厥乘势反攻，包围北周的酒泉，屠杀官员，掳掠平民。翌年春，突厥与北周谈和，北周新帝宇文赟封赵王宇文招的女儿为千金公主，嫁给突厥的佗钵可汗。交换条件是突厥交出北齐的流亡皇帝高绍义，但佗钵可汗不接受。

几经折冲、谈判，终于公元580年，北周大象二年春，突厥向北周进贡，并迎娶北周的千金公主，同时也把北齐的末代皇帝高绍义交给北周。

隋朝时代的突厥

北周末代皇帝宇文阐的大定元年(581)春，隋王杨坚接受朝臣众议而代北周，北周亡。是年突厥阿史那佗钵可汗病情沉重，临死之前，对他的儿子阿史那庵逻说："我的哥哥(第三任可汗阿史那俟斤)不传位给他的儿子而传位给我，我死之后，你们也应该把可汗让给阿史那大逻便(阿史那俟斤的儿子)。"阿史那佗钵逝世后，当权贵族准备拥护阿史那大逻便。可是因为大逻便的母亲出身贫贱，大家心里不服。而阿史那庵逻的母亲，出身高贵门第。突厥人的传统看重门第观念，遂由阿史那庵逻继承第五任可汗。但阿史那大逻便不服阿史那庵逻。阿史那庵逻遂把可汗宝座又让给阿史那摄图。汗国最高酋长会议商议的结果，认为："四位可汗的儿子中，阿史那摄图最为贤能。"遂共同迎接阿史那摄图登位，称"沙钵略可汗"，住于都斤山(蒙古国杭爱山)。阿史那庵逻则迁到独洛水(蒙古国土拉河)，称"第二可汗"(小可汗)。

阿史那摄图又封阿史那大逻便为"阿波可汗"(小可汗)，回到原游牧地领导旧有部落。又封族叔父阿史那玷厥为"达头可汗"(小可汗)，留居汗国西部。各可汗统御各自部落，分别游牧四方。阿史那摄图勇敢而得到人民爱戴，北方各弱小族群，对他都畏惧敬佩。

这时候，中国北方只剩下隋与突厥两大强权对立了。隋朝自恃正统身份，对于虽然强大而没有正式建国的突厥，没有北周时候那么恭顺，大可汗阿史那摄图十分怨恨。两年前嫁到突厥的千金公主，痛心娘家宇文政权的覆灭，日夜请求阿史那摄图出兵为宇文皇族复仇。阿史那摄图遂与龙城——辽宁朝阳故北齐的营州刺史高宝宁联军攻击隋朝边境。杨坚下令沿边地区兴筑碉堡、增修长城，以防突厥。高宝宁战败，投奔契丹部落，途中被他自己的部属杀死。

两年前北周的奉车都尉长孙晟，护送千金公主前往突厥和亲。突厥可汗喜爱他的射击技术，乃留他在突厥整整一年，命皇族子弟和贵族跟他亲密交往，希望能学会他的箭法。

阿史那摄图的弟弟阿史那处罗侯，很受部众爱戴，阿史那摄图对他有些猜忌。长孙晟就利用他兄弟俩的矛盾而收买了阿史那处罗侯。同时又利用时常陪同阿史那处罗侯出去狩猎的机会，把突厥的地理环境与军事要地一一绘制成图，一年后回国报告给隋帝杨坚。

公元 582 年夏四月，前突厥军侵犯甘肃平凉西崆峒山(鸡头山)及阴山(河北山)，分别被隋大将军韩僧寿及上柱国李充击退。同年(公元 582 年，隋开皇二年)，北齐时代驻在龙城的营州刺史高宝宁，勾引突厥攻击隋朝的平州(河北省迁安市)。突厥大可汗沙钵略可汗阿史那摄图率领第二可汗阿史那庵逻、小可汗达头可汗阿史那玷厥、阿波可汗阿史那大逻便、控弦战士号称四十万大军杀进长城。

公元 583 年五月间隋秦州总管窦荣定率步骑兵三万人从甘肃武威的凉州出发，前进到高越原(甘肃民勤西北)与突厥阿波可汗阿史那大逻便遭遇，数度交锋，突厥军大败。

隋总管窦荣定(窦荣定是隋帝杨坚的姐夫)派外交使节向阿史那大逻便建议打代理战争。双方各派一个勇敢士卒在阵前决战，免得众士卒冤死战场。阿史那大逻便不知是计，乃选一战士出战。窦荣定则派上大将军史万岁换穿士卒军衣迎战，只一回合，手起刀落，砍下突厥士卒首级。突厥军大乱，不敢再战，全军在混乱中败退。

阿史那摄图抛弃了他所穿的金盔金甲，蹿进荒草中逃走。这时候突厥军已经粮尽草绝，士卒吃死人的尸肉、草根树皮，以致传染病流行，突厥军死亡惨重。

长孙晟的离间之计

当时窦荣定的副元帅长孙晟，派人游说阿史那大逻便说："阿史那摄图对外胜利，受到大家推崇，你却出师不利，突厥汗国的光荣全被玷污。阿史那摄图一定乘机归罪于你，完成他长久以来隐藏在内心的阴谋，消灭北方牙帐(阿史那大逻便的根据地)。请你自己考虑能不能抵挡。"阿史那大逻便乃派使节到隋军大营，接洽和谈。长孙晟又向这位使节伪称："阿史那摄图的叔父阿史那玷厥达头可汗已跟大隋和解。身为大可汗的阿史那摄图，并不能制止。希望你回去说服可汗(阿史那大逻便)速速归附隋朝皇帝，联合阿史那玷厥，结成一个强大的反抗集团。这才是万无一失的策略。总比你们小可汗群被阿史那摄图一个一个的宰杀，要好得多!"于是阿史那大逻便遂派使节随同长孙晟到长安朝见。翌年春，突厥的达头可汗(阿史那摄图的叔父)阿史那玷厥也向隋朝投降。

东、西突厥的决裂

沙钵略可汗阿史那摄图一向嫉妒阿史那大逻便骁勇骠悍。白道(内蒙古自治区呼和浩特市)之战，阿史那摄图溃败回来，忽然又听到阿史那大逻便跟隋朝结盟，愤怒之下，遂先行撤退，掉转矛头去袭击北方阿史那大逻便的牙帐(总指挥部)。大破留守军，还诛杀了阿史那大逻便的眷属。阿史那大逻便回来时发觉已经无家可归了，只好西奔他的叔父阿史那玷厥(达头可汗)。阿史那玷厥听到北方牙帐被袭的消息，除了积极协助阿史那大逻便重整旗鼓准备反攻外，还积极整合四散逃亡的旧部属，陆续归建骑兵将近十万人，遂下令东征阿史那摄图，并不断击败阿史那摄图，最后，终于收复北方牙帐故地，军势较从前更加强盛。贪汗可汗(小可汗)一向跟阿史那大逻便友善，阿史那摄图发动袭击，夺走他的部众，取消他的可汗称号。贪汗可汗逃脱，投奔西突厥的阿史那玷厥。阿史那摄图的堂弟阿史那地勒察，不满阿史那摄图的作为，乃统率自己的部落归降阿史那大逻便。从此突厥所部分裂为东西两个突厥。隋长孙晟的离间之计成功。

突厥内战日益激烈。各对立派系的可汗都派出使节分别前往隋帝国首都长安，要求和解并请求支援。

突厥的大可汗阿史那摄图被隋朝连番用计而战败之后，退回塞北。除了整肃内部之外就是再对隋朝发动疯狂的攻击。是年(583)夏，突厥阿史那摄图进围隋朝的军事重镇幽州(北京市)。总管李崇率步骑兵三千人迎战，辗转苦斗十多天，士卒伤亡惨重，无法突出重围，遂转进据守砂城(河北省怀来县)。突厥大军又围攻砂城，城墙多处倒塌，无法防守。城中又缺少粮食，只靠每夜派军出去抢劫突厥大营，夺得牛马等家畜，当作军粮。突厥防卫更为森严，每夜都高度戒备防范。李崇士卒饿得无法忍受，而又不能出城，突厥立意要李崇投降。李崇也知道无法逃脱，吩咐部属："等我死后，你们就去投降，以后再散开逃走，竭尽能力回乡。如果见到皇上，请转达我的心意……"说罢，拔出佩刀，单人匹马，直闯突厥阵地，斩杀二人，突厥军的控弦战士是有名的，于是万箭齐发，把李崇射死。

突厥内哄

是年(583)冬季，隋太子杨勇驻防咸阳(陕西省咸阳市)，防备突厥军南犯。

十二月十三日，隋再派沁源公虞庆则驻防甘肃庆阳的弘化，防备突厥。

行军总管达奚长儒率军两千人，跟突厥沙钵略可汗阿史那摄图在周槃遭遇，突厥军有十余万人，达奚长儒激昂慷慨，几次被突厥强大兵团冲散，但都很快重新集结。对四面八方的敌人辗转战斗三日夜，大型会战十四次。所有兵器都已不能再用，士卒曾以肉搏反击，杀伤突厥士卒数以万计。突厥军士气有点沮丧，解围撤退。

隋上柱国李充在马邑(山西朔州)击败突厥的东路南犯军。突厥再攻击甘肃兰州，驻守武威的凉州总管贺娄子幹在武威境内的洛峐把突厥打得落花流水。

达奚长儒，北周时授大都督。公元578年，北周宣政元年，破南陈军，俘获南陈吴明彻，以功晋位大将军。隋皇受禅封蕲春郡公。突厥来寇，达奚长儒为行军总管，率众两千力战却之，进爵上柱国，历鄜州刺史。因丁母忧去职，再起为夏州总管，匈奴不敢窥塞。转蓟州总管，卒于任。

贺娄子幹，字万寿，隋关右人，少以骁武知名，以击败尉迟迥有功，官拜上开府，封钜鹿郡公。吐谷浑寇凉州，贺娄子幹击之，隋廷即令贺娄子幹镇凉州。突厥寇兰州，贺娄子幹大破之，册封上大将军，终于云州刺史。

当时隋柱国冯昱驻防青海湖畔的乙弗泊，兰州总管(甘肃省兰州市)叱李长叉镇守临洮(甘肃省岷县)，上柱国李崇驻防幽州(北京市)，都被突厥击败。于是，突厥大军从宁夏固原西南的木硖、石门，分兵两路，大举南下，连续攻陷武威(甘肃省武威市)、天水(甘肃省天水市)、金城(甘肃省兰州市)、上郡(陕西省绥德县)、弘化(甘肃省庆阳市)、延安(陕西省延安市)等六郡。经过城池所有居民的家畜，都被掳掠一空。

沙钵略可汗阿史那摄图打算继续南进，他的族叔父达头可汗(小可汗)阿史那玷厥反对继续用兵，独自率军北返。隋朝奉车都尉长孙晟又说服阿史那摄图的儿子阿史那染干，向父亲提供一个假情报说："铁勒等部落(贝加尔湖地区南)叛变，打算袭击汗国牙帐(王庭在蒙古国哈尔和林)。"阿史那摄图恐惧，回军保汗庭。

突厥内乱频仍，又加上隋朝的引诱、长孙晟的离间之计，遂造成了不可挽救的分裂局面。

沙钵略可汗阿史那摄图，既被达头可汗(小可汗)阿史那玷厥掣肘，又恐惧契丹抄他的后路。于是派使节向隋朝请求紧急支援，准许他率部族渡过瀚海沙漠，向南移，借驻阴山以北的白道川。隋帝杨坚希望感化突厥，乃欣然同意。还命晋王杨广出军接应，供应食物、衣服，又赏赐车辆及乐队。阿史那摄图乘势利用隋朝的声势竟西上大破阿史那大逻便。可是，螳螂扑蝉，黄雀在后，蒙古东部的阿拔国部落却乘突厥汗国牙帐(汗庭哈尔和林)空虚，发动突击，俘虏了阿史那摄图的妻子儿女。隋朝立即出兵击败阿拔国，把被虏去的突厥人口、牲畜全部夺回送还给阿史那摄图。阿史那摄图大喜过望，乃立下誓约，以瀚海沙漠群的南端作为分界。还写了一封信给杨坚，盛赞隋朝仁义之师，并且承认隋朝为中国唯一的合法政府。

降隋以后的突厥

突厥沙钵略可汗阿史那摄图在内忧外患交逼之下，只有向隋朝投降。乃于公元584年，隋朝开皇四年向隋朝请求和解。前北周的千金公主也自动请改姓杨，作为杨坚的女儿。杨坚派开府仪同三司徐平和前往突厥聘问，改封千金公主为“大义公主”。晋王杨广建议趁这个机会发兵突击阿史那摄图，而杨坚不许。大概是补偿他对宇文家灭门的愧歉吧。

骄纵、骠悍又狡狯的突厥沙钵略可汗——阿史那摄图，写了一封感情丰富的信给隋帝杨坚：承认翁婿之情，义如父子，并对天发誓保证子孙万世，亲情不绝。

杨坚也回信说：“视沙钵略与儿子不异”（《通鉴》），并派尚书右仆射虞庆则、车骑将军长孙晟为特使，报聘突厥，颁给突厥奉行正朔的历法。

阿史那摄图在蒙古哈尔和林的王庭集结武装部队，炫耀军威，又陈列金银珠宝，展示财富。他自己则高坐帐中并不起身迎接，并且说：“包括我的伯父叔父，我从不向别人叩头。”长孙晟提醒阿史那摄图说：“突厥可汗跟大隋皇帝，都是天子，可汗不起身，我们不敢不顺从你的意思。可是可贺敦是大隋皇帝的女儿，可汗是大隋皇帝的女婿，怎么可以不尊敬岳父？”阿史那摄图大笑，这才起身叩头，跪在那里接受诏书，顶在头上。接着，虞庆则又要阿史那摄图在写信给杨坚时，自己称“臣”，阿史那摄图问左右官员说：“什么是臣？”左右官员说：“隋朝的臣，就是突厥话的奴。”阿史那摄图说：“能当大隋皇帝的奴，是虞仆射的功劳！”遂赠给虞庆则马千匹，并且把堂妹嫁给虞庆则。

沙钵略可汗阿史那摄图，派他的儿子到隋朝进贡，顺便请求皇帝杨坚准许突厥部落可以在恒州（山西省大同市）、代州（山西省代县）一带狩猎。杨坚允许，还派人赏赐他美酒饮食，阿史那摄图率部落叩头领受。

阿史那摄图逝世，杨坚停止朝会三天，表示哀悼，并派太常卿前往祭奠。

阿史那摄图因自己的儿子阿史那雍虞闾懦弱，遗嘱命他的弟弟、亲王（叶护）阿史那处罗侯继立。阿史那雍虞闾派使节前往迎接阿史那处罗侯，准备拥护他登大可汗位。几经阿史那处罗侯的谦辞，使节来往多次，阿史那处罗侯终于继承突厥第七任大可汗位，乃称“莫何可汗”。阿史那处罗侯任命阿史那摄图的儿子阿史那雍虞闾为亲王，又派使节把奏章呈送隋朝报告经过。

隋政府派车骑将军长孙晟持节前往突厥布达人事命令，加封阿史那处罗侯为突厥大可汗，赏赐他鼓队旌旗。阿史那处罗侯勇敢而又有谋略，把隋帝国赐下的鼓队和旌旗，高举大军之前，再向西进攻阿波可汗(小可汗)阿史那大逻便。阿史那大逻便的部众误会是隋朝军队前来攻击，军心瓦解，都望风投降，于是阿史那大逻便被处罗侯俘虏。这是公元587年，隋开皇七年的事。

突厥莫何可汗(七任大可汗)阿史那处罗侯于公元587年西上攻击波斯王国，身中流箭逝世。突厥贵族拥护阿史那摄图的儿子阿史那雍虞闾继位，称“颉伽施多那都蓝可汗”，是为突厥第八任大可汗。

隋彭公刘昶，原娶北周的公主。隋通缉犯杨钦逃亡到突厥国境，竟异想天开，诈称刘昶打算跟他的公主妻子发动政变，颠覆隋王朝。所以特别派人来担任密使，通知大义公主支援。这一派谎话的目的在诱使突厥出军扰乱隋朝边界。都蓝可汗阿史那雍虞闾信以为真，于是不再向隋王朝进贡，开始沿边骚扰。杨坚派车骑将军长孙晟，前往突厥汗国秘密调查。大义公主接见长孙晟时，言辞不再谦敬，他又发现大义公主派她的情夫匈奴人安遂迦，与杨钦进行阴谋，煽动阿史那雍虞闾。长孙晟乃命突厥交出杨钦，而阿史那雍虞闾否认有杨钦这个人。长孙晟遂贿赂突厥某高官，得知杨钦藏匿处所，乃于夜晚突袭逮捕了杨钦。次日把他押解到阿史那雍虞闾面前，并乘机揭发大义公主的奸情。突厥汗国的贵族们大感羞耻。阿史那雍虞闾遂逮捕安遂迦等，全都交给长孙晟。杨坚再命长孙晟三往突厥，要求罢黜大义公主。

一半胡风似汉家

当时阿史那处罗侯(七任莫何可汗)的儿子突利可汗阿史那染干(《隋书·突厥传》说阿史那染干是突厥六任大可汗阿史那摄图的儿子)派使节前往隋朝请求公主下嫁。杨坚派裴矩告诉使节“要求处死大义公主”。阿史那染干遂在阿史那雍虞闾面前揭发大义公主的罪行，阿史那雍虞闾遂斩大义公主。并请隋朝再赐公主下嫁。长孙晟认为阿史那雍虞闾是一个反复无常的小人，只因跟达头可汗(小可汗)阿史那玷厥之间互相怨恨，所以才打算借着隋朝的力量来达到他对内消灭异己的政治目的。隋帝杨坚接受长孙晟的建议，为了扩大阿史那染干与阿史那雍虞闾之间的矛盾，就派长孙晟于隋开皇十三年(593)前往慰问阿史那染干，允许他娶公主，也允许他的部众南迁。

突厥的突利可汗(小可汗)阿史那染干于隋开皇十七年(597)七月二十四日，亲自前往隋朝首都长安迎娶公主。杨坚把他安置在祭祀部(太常)住下，教他学习六礼(六礼，古代婚姻六个步骤：纳采、问名、纳吉、纳征、请期、亲迎)。把皇族女儿安义公主嫁给阿史那染干。杨坚打算破坏阿史那染干跟都蓝可汗(八任大可汗)阿史那雍虞闾之间的关系，所以送给阿史那染干的礼物特别优厚。派太常卿牛弘、纳言苏威、民部尚书斛律孝卿等相继担任使节。

阿史那染干的部落本来远住在突厥汗国北部，既然娶了隋朝公主，长孙晟说服他率领部众南下，定居度斤旧镇(即于都斤山)，杨坚又对他的赏赐特别丰富。阿史那雍虞闾大为愤怒，遂不再对隋朝朝贡，并积极沿边抢掠。阿史那染干侦察到动静，立即派人飞马奏报隋廷。因此，阿史那雍虞闾每次发动突袭，隋朝都有万全准备而击败他。

突厥的突利可汗(小可汗)阿史那染干报告说："都蓝可汗(八任大可汗)阿史那雍虞闾正在大肆制造攻城武器，打算进攻大同城(内蒙古自治区乌拉特前旗)。"杨坚下令以攻为守，派三路大军北伐：汉王杨谅为大军元帅，尚书左仆射高颎从朔州道(山西省朔州)出发，右仆射杨素从灵州道(宁夏吴忠市)出发，上柱国燕荣从幽州道(北京市)出发，于隋开皇十九年(599)，同时攻击阿史那雍虞闾。

阿史那雍虞闾得到消息，立即联合他的长辈达头可汗(酋长)阿史那玷厥，缔结同盟，联合发动对阿史那染干突袭。在长城下会战，阿史那染干战败，所部崩溃。阿史那雍虞闾把阿史那染干的兄弟子侄，全部杀光，遂渡黄河进入蔚州(山西省灵丘县)。阿史那染干部众逃散一空，只剩下阿史那染干和长孙晟等五人，连夜骑马南下。天将亮时，走了一百余里，沿途集结散兵数百人。阿史那染干跟他的部属商议，打算向阿史那玷厥投降。

长孙晟得知，即刻劝服阿史那染干，并安排阿史那染干属下阿史那执室，统御部众。自己则陪同阿史那染干乘坐政府驿马车，前往都城长安(西安市)朝见。四月二日，阿史那染干抵达长安，杨坚大事欢迎，提升长孙晟为左勋卫骠骑将军、持节、护突厥(突厥部落的保安司令)。

隋朝的北伐中路军高颎，命上柱国赵仲卿率军三千人担任前锋，进抵山西省朔州北的族蠡山，跟突厥军会战七天，大破突厥军。赵仲卿追击，抵达乞伏泊(在山西省大同市北内蒙古本子海，又名黄旗海)，再度大破突厥军，俘虏一千余人，牲畜万余。突厥立即全面反攻，赵仲卿集中军队，结成方阵，四面抵抗，历时五天，情势危急，正巧高颎主力赶到，内外夹击，突厥乃败退。隋军追击，渡过白道川，越过秦山、阴山山脉，追击七百余里，班师。

北伐西路军杨素，与达头可汗(小可汗)阿史那玷厥遭遇，杨素施行新的战术，用骑兵作为主力，以精骑中央突破战法冲阵，突厥军大败。阿史那玷厥身受重伤，逃离战场。

隋开皇十九年(599)冬季，十月二日，隋朝封突厥第八任大可汗阿史那雍虞闾的儿子突利可汗(小可汗)阿史那染干为意利珍豆启民可汗(仍是小可汗)。意思是“心智健康的元首”。阿史那雍虞闾得到消息，以为往事已如烟，父子情犹在，把前年俘虏阿史那染干的部众，归还一万多人。隋帝杨坚命左勋卫骠骑将军长孙晟率边防军五万人，进驻朔州，兴筑大利城(大利县故治在今内蒙古清水河县)收容他们。这年安义公主逝世，杨坚再派长孙晟持节，送皇家女儿义成公主，下嫁阿史那染干。

是年(公元599年，隋开皇十九年)长孙晟报告杨坚：“阿史那染干部落民众回归的越来越多，可是力量仍小，虽在长城之内，仍然恐惧阿史那雍虞闾(八任都蓝大可汗)的袭击，不能安心定居。”他建议把那些回归的突厥族群迁到五原(陕西省定边县)，以黄河为天险。杨坚又批准再在夏州(陕西省靖边县)、胜州(内蒙古自治区托克托县)之间，南北距离四百里，挖掘深沟，把他们收容在里面，使他们得以安心放牧。

隋帝杨坚又命上柱国赵仲卿率军两万人驻扎边疆，为阿史那染干防御达头可汗(小可汗)阿史那玷厥的攻击。代州(山西省代县)总管韩洪等，率步骑兵一万人，镇守恒安(山西省大同市)。阿史那玷厥率骑兵十万人攻击大同，韩洪大败。赵仲卿自乐宁镇(内蒙古自治区和林格尔县与察哈尔右翼前旗之间)出动截击突厥军，杀一千余人。突厥军稍退。

隋帝杨坚派越国公杨素从灵州(宁夏吴忠市北)、行军总管韩僧寿从庆州(甘肃省庆阳市)、太平县公史万岁从燕州(河北省涿鹿县)、大将军姚辩从河州(甘肃省临夏市)，各率大军分别出发，夹攻突厥汗国都蓝可汗(八任大可汗)阿史那雍虞闾。各路军还没有出塞，十二月四日阿史那雍虞闾被部属刺死。达头可汗(小可汗)阿史那玷厥自称步迦可汗(九任大可汗)。突厥内部大乱，内部分裂，四方离散。隋政府乘机招降，于是投降过来的突厥人很多。

战端再启

隋开皇二十年(600)四月四日，突厥汗国第九任大可汗步迦可汗阿史那玷厥，侵犯隋朝边塞。杨坚命晋王杨广、越国公杨素，从灵武道(宁夏灵武市)出发，汉王杨谅、太平公史万岁，从马邑道(山西省朔州市)出发，分兵迎战。

左勋卫骠骑将军长孙晟，率由突厥的降人所组成的部队为秦州行军总管，受晋王杨广指挥。长孙晟知道突厥习惯饮用泉水，容易下毒，乃派人把毒药投入河川上游。来犯的突厥各部落人民和牲畜遂大量中毒死亡。全军大为恐慌，都以为这是天意，于是乘夜逃散。长孙晟追杀一千余人。

突厥步迦可汗阿史那玷厥，在恒安境击败隋朝的代州总管韩洪。

隋仁寿元年(601)夏，有九万突厥人向隋朝投降。

翌年，突厥将领阿勿思力俟斤等，在河套渡过黄河南下，掳掠启民可汗(小可汗)阿史那染干所属部落男女六千人、牛马牲畜两千余头北返。隋云州道行军元帅杨素率各路大军追击，一面战斗一面前进，追逐六十多里，大破突厥军。思力俟斤向北逃去，杨素下令大军紧追在后，而亲自率两名骑兵卫士和两名投降的突厥降将，混入突厥部队中跟突厥士卒并肩前进，突厥部队竟没有发觉，等到突厥军正要安营扎寨的时候，杨素下令大军闪电突袭，再破突厥军。把被掳的人民、牲畜全部夺回，发还给启民可汗阿史那染干。从此，突厥人向极远的北方逃去，瀚海沙漠以南再没有突厥踪迹。

隋仁寿四年(604)，突厥汗国(瀚海沙漠群)大乱，铁勒、仆骨等十余部落背叛步迦可汗(九任大可汗)阿史那玷厥，以致阿史那玷厥走投无路，只好向启民可汗阿史那染干投降。阿史那玷厥直属部众瓦解，纷纷西奔，投靠青海省的吐谷浑汗国。

隋朝的长孙晟率军堵住瀚海沙漠以北的进出口地方(碛口)，把阿史那玷厥的北逃残众全部收编。阿史那玷厥死，阿史那染干乃自立为第十任大可汗(启民可汗)。

这年(604)，隋朝开国皇帝杨坚死，太子杨广继立。

由于启民可汗的族众南迁的关系，前突厥的活动中心区域，应在山西北部、陕西北部、甘肃北部及内蒙古一带。查史籍所载，前突厥寇扰最多的边境州县，计二十八州。

原州：今宁夏固原市，唐时领平凉、萧关等四县，治固原，属关内道。

并州：今山西省太原市，唐时领太原、太谷、晋阳等十四县，治太原，属河东道。

灵州：今宁夏吴忠市，唐时领灵武等五县，治灵武，属关内道。

朔州：今山西省朔州市，唐时领马邑、鄯阳二县，治大同，属河车道。

夏州：今陕西省榆林市，唐时领朔方、宁朔等四县，治陕西靖边县，属关内道。

陇州：治陇州(陕西省陇县)，属关内道。

岐州：治陕西省风翔县，唐属关内道。

邠州：治陕西省彬州市，唐属关内道。

泾州：治甘肃省平凉，唐属关内道。

庆州：治甘肃省庆阳市，唐属关内道。

丰州：今陕西省榆林附近，治五原，唐属关内道。

绥州：今陕西省绥德县，治陕西省清涧县，唐属关内道。

潞州：今山西省潞安、上党，治山西省长治，唐属河东道。

沁州：今山西省长治市附近，治上党，唐属河东道。

岚州：今山西省岚县，治楼烦，唐属河东道。

忻州：治山西省沂州市，唐属河东道。

蔚州：今山西省灵丘县，唐属河东道。

云州：今山西省大同云中，唐属河东道。

赵州：今河北省赵县，唐属河北道。

定州：今河北省定州市，唐属河北道。

澶州：今北京市怀柔、密云，唐属河北道。

妫州：今河北省涿鹿县，唐属河北道。

滑州：今甘肃平凉，唐属陇右道。

秦州：今甘肃省天水市，唐属陇右道。

兰州：今甘肃省兰州市岷县，唐属陇右道。

鄯州：今青海省西宁市，唐属陇右道。

甘州：今甘肃省张掖市，唐属陇右道。

肃州：今甘肃省酒泉市，唐属陇右道。

上列各州，均为前突厥入寇时首当其冲的地方，而以原州、朔州、灵州、夏州、并州为最甚。均在今陕西、甘肃、山西之北部。由此可以推知前突厥入寇之途径。查漠北诸族群之入侵，其道路大致有三：

其一为中道，经过阴山山脉东南出内蒙古，以入山西省之西北武州塞或从阴山山脉西面通过关口，至河套北边，即唐之“中受降城”。今包头附近，渡河南下。此路最多。

其二为西道。从居延海方面，经现在的东河、西河、弱水黑河而入甘肃省张掖市。

其三为东道。经今之内蒙古自治区而达幽州之北。

汉文化的魅力

本来就在前突厥管辖下（辽河上游）的契丹部落攻击隋朝的营州（辽宁省朝阳市）。隋帝杨广命通事谒者韦云起调动前突厥的军队反击契丹。前突厥（十任大可汗）启民可汗阿史那染干派骑兵两万人，交付韦云起指挥。韦云起把突厥兵团分为二十营，分兵四路，同时进发。营与营间相距一里，不准交错混乱，听到鼓声前进，听到号角停止。除非奉有军令，不准骑马奔驰。于是给前突厥军建立了严谨的作战军纪。契丹部落本受突厥汗国管辖，对突厥大军突然出现毫不起疑。韦云起进入契丹部落辖境，命突厥将领扬言前往柳城（辽宁省朝阳市）跟高句丽王国贸易。因而契丹部落完全没有戒备，前突厥兵团在距契丹大营五十里时，发动闪电攻击，俘虏契丹大营男女四万人。而把男子诛杀，把妇女和牲畜的各一半，赏赐给前突厥兵团。其他剩下来的战利品，尽数带回隋朝。

隋大业三年（607）春，正月初一，隋政府扩大展示贵重文物。

当时，前突厥的瀚海沙漠启民可汗（十任大可汗）阿史那染干到东都洛阳朝见隋皇帝。看见隋朝的贵重文物，十分羡慕，当即请求改穿汉式衣服及冠带。隋帝杨广为了保存少数族群的传统文化，可以显示隋朝的大国风度，所以没有答允。第二天，阿史那染干率领他的大小干部酋长，上疏隋廷坚决请求准予突厥族改着汉衣冠、汉化束发，杨广大为高兴。

是年夏，隋帝杨广到赤岸泽（陕西省大荔县）巡视，赤岸泽南有沙苑是名战场，也是名胜，在长安东北，是“同州、南道里适中之地”，所以隋帝杨广于大业三年的夏天自洛阳来此一游。（《读史方舆纪要》）

前突厥启民可汗阿史那染干派他的儿子阿史那拓前来朝见。

五月十日，杨广下令征调河北（黄河以北）十余郡成年男子，开凿太行山，从东向西，直到晋阳(山西省太原市)，准备筑成御用大道(驰道)。五月十八日，阿史那染干又派他的侄儿阿史那毗黎伽朝见隋帝杨广。五月二十三日，阿史那染干派使节请求准许他亲自入塞迎接圣驾，杨广唯恐他借机入侵而没有批准。

是年(607)六月十一日，杨广停留榆林郡(内蒙古自治区准格尔旗东北黄河南岸十二连城)。杨广打算出塞炫耀军威，穿过突厥境，前往涿郡(北京市)，恐怕启民可汗阿史那染干惊慌、反应过度。于是先派突厥熟知的武卫将军长孙晟前往解释，阿史那染干同意，召集他的属国奚部落(西辽河上游乌桓族)、霫部落(西辽河以北的匈奴族)、室韦部落(黑龙江省)等酋长数十人，在王庭集合。长孙晟发现中央御帐(牙帐)前面生有乱草，遂命阿史那染干亲自清除，用以向各部落酋长显示隋朝皇帝的威严。

前突厥启民可汗阿史那染干再一次上疏说："先帝可汗杨坚怜悯我，赏赐给我安义公主，供应种种物资，使我们不虞匮乏。我的兄弟(八任大可汗阿史那雍虞闾)大为嫉妒，集合部众决心消灭我部。在那个时候，我走投无路，唯有仰视苍天，下看大地，交出我的生命，依靠先帝(杨坚)怜悯我的苦情，收留抚养，命我做突厥的大可汗(帝王)，发还以前被俘的突厥人民。陛下君临天下，仍跟先帝(杨坚)一样，养我育我照顾我突厥部众，供应粮秣，从不缺少。我所受的恩德，用言语无法表达。现在，我已不是突厥的可汗，而是陛下的臣民。我愿率领部落，全体改变服装，如同天朝。"杨广认为弱势族群应该保有他们自己的传统文化，所以没有批准他们易服之请，并可显示大汉文化的包容之大。

杨广打算向前突厥炫耀他的权力和财富，命宇文恺于七月七日这天，在榆林城东张开一个可以容纳数千人的大篷。杨广御驾亲临，仪队警卫森严，宴请阿史那染干和他的部众。表演各种歌舞及特技，令宾客们大为惊奇欢乐，争着奉献牛、羊、马、骆驼等数十万头。

杨广赏赐给阿史那染干绸缎数十万匹，他的部下也分等级赏赐。同时准许阿史那染干乘坐御车御马，使用皇帝用的乐队与旌旗。奏章不具名，朝会时位列亲王之上。

阿史那染干偕义成公主到行宫拜见隋帝杨广。

阿史那染干早已准备好了锦帐等候圣驾。八月九日，杨广亲到锦帐做客。阿史那染干举杯敬酒，无论下跪或起拜，都十分恭顺。亲王、侯爵以下官员，都卷起袖子，露出手臂，在帐前割取烤肉，没有人敢仰头看杨广一眼。喜好文学的杨广大为喜悦，即兴作诗一首：

呼韩顿颡至，屠耆接踵来。
何如汉天子，空上单于台。

杨广赏赐阿史那染干及义成公主每人一个金瓮以及衣服被褥、彩色绸缎。汗国公爵(特勤)以下官员，也依照等级，分别赏赐。杨广回驾，阿史那染干跟随入塞。八月十三日阿史那染干才回突厥。

杨广前往突厥启民可汗阿史那染干御帐做客时，高句丽王国的使节正巧也在王庭。阿史那染干不敢隐藏，命他晋见杨广。隋帝杨广也趁机大吹大擂，又给了一些金钱，自鸣得意是一场很成功的务实外交。

隋大业四年(608)，杨广任命右翊卫将军薛世雄为玉门道行军大将，与前突厥启民可汗阿史那染干联军攻击伊吾王国(新疆维吾尔自治区哈密市)。隋军已经出了玉门关(新疆维吾尔自治区、甘肃省交界处)，可是前突厥军还没有出现。

薛世雄孤军横渡沙漠前进，伊吾国王认为东有大漠天险，隋朝军队不可能到达，完全没有戒备。忽然间听到薛世雄军已越过沙漠的消息，大为恐惧，乃向隋军请求投降。薛世雄遂在汉王朝时代故伊吾城(新疆维吾尔自治区哈密市)的东方，再筑新伊吾城，留下银青光禄大夫王威率军队一千余人驻防，然后班师。

翌年(公元609年，隋大业五年)，前突厥启民可汗阿史那染干南下长安朝见，隋帝杨广对他的招待和赏赐越发优厚。

隋末，五原(内蒙古自治区五原县)通守张长逊眼看中原大乱，乃向前突厥献城投降，前突厥封张长逊为“割利公爵”。

当时，前突厥第十任大可汗(启民可汗)阿史那染干的儿子莫贺咄将军阿史那咄苾，驻在五原以北，设立大营。联络当时反抗隋朝的义民领袖薛举，并联合梁师都计议与前突厥合作。薛举派使节跟阿史那咄苾讨论攻击关中(陕西省)策略，阿史那咄苾应允。

隋朝的唐王李渊得到消息，乃对阿史那咄苾展开银弹攻势。派都水监宇文歆携带大批礼物贿赂阿史那咄苾，并为他分析利害，劝他不要出兵，更进一步说服阿史那咄苾送张长逊到西京(西安市)觐见，而且把五原地区归还隋朝。阿史咄苾全部接受。

归隋的张长逊又伪造了一份隋皇帝的诏书，送给阿史那咄苾，表示完全洞悉他联军南侵的阴谋，故意激怒阿史那咄苾。希望阿史那咄苾拒绝薛举、梁师都的使节，不准他们入境。

张长逊是陕西栎阳(陕西省西安市阎良区)人，隋时官五原太守。入唐，累官遂宁(四川省)总管。

是年(609)夏，前突厥启民可汗阿史那染干逝世。杨广特别停止朝会三天表示哀悼。命阿史那染干的儿子阿史那咄吉继位称始毕可汗，是为前突厥第十一任大可汗。阿史那咄吉向隋廷上疏请求依胡俗娶庶母义成公主，杨广下诏同意一切依照突厥风俗办理。

阿史那咄吉的智囊史蜀胡悉足智多谋，深受阿史那咄吉的信任。隋朝谋臣裴矩唯恐史蜀胡悉在阿史那咄吉面前说坏话，乃私下邀约史蜀胡悉以商谈边境的贸易问题为由，把他引诱到马邑(山西省朔州)予以杀害。然后派使节告诉阿史那咄吉说：“史蜀胡悉背叛可汗，前来投降，我已为你把他斩首。”可是阿史那咄吉知道这是骗局，立即下令备战。自此突厥与隋反目成仇。

八月八日，阿史那咄吉动员骑兵数十万人，准备袭击杨广，义成公主乃先派飞骑告警。八月十二日，杨广到达雁门(山西省代县)，齐王杨暕率殿后部队，守卫惇县(今山西省原平市惇阳镇)。八月十三日，前突厥汗国大军包围雁门，隋政府官员上下吓成一团。拆除民房木头铁器，制造守城器械，城中军民有十五万人，而粮食仅能支持二十天。雁门郡所属四十一座城池，突厥攻占三十九座。只剩下雁门、惇城，尚在隋帝之手。前突厥对雁门发动急攻，流箭落到杨广面前，杨广心胆俱裂，抱住他的幼子赵王杨杲哭得两眼红肿。

隋左翊卫大将军宇文述劝杨广挑选精锐骑兵数千人突围，可是纳言苏威却认为："守城，我们的力量足足有余。而轻装备骑兵行动，正是突厥的特长，陛下是万乘之尊，怎么可以轻率行动！"

他的臣下还有主张征召民兵增援守城的，有主张紧急征召乐都派军来援的，也有主张策动内应的。杨广好战，这时候他正一面东伐高句丽，现在又面对着前突厥的围攻，所以也有臣下主张宣布东线停战的。七嘴八舌，没有一个定论。

隋帝杨广派遣密使绕道进入突厥后营，向义成公主求救。义成公主即捏造一个假情报，向阿史那咄吉报告说："北方边境有紧急情况。"阿史那咄吉才下令解除包围而退军，隋军乘势追击到马邑(山西省朔州市)，俘虏突厥老弱残兵两千多人回师。

杨广下令加强北疆防务，命唐公李渊等在马邑训练新兵，以防前突厥。

李渊挑选骑兵神射手二千人，训练他们的饮食起居与语言，都跟前突厥军一样。有时跟突厥军遭遇，抓住机会就命这支别动部队接近甚至混入突厥部队以内对前突厥部队发动奇袭，使突厥相当畏惧。

西突厥的阿史那达曼来降，李渊册封西突厥曷萨那可汗(一任大可汗)

阿史那达曼为归义王。阿史那达曼呈献大粒珍珠，李渊说："珍珠当然是贵重宝贝，然而我认为大王的赤胆忠心才最贵重，珍珠毫无用处。"乃退还给阿史那达曼，使阿史那达曼由衷折服。

突厥与变民

隋义宁元年(617)，在陕北的变民首领梁师都攻克雕阴(陕西省绥德县)、弘化(甘肃省庆阳市)、延安(陕西省延安市)等郡，自行宣布称帝，国号称"梁"，改年号"永隆"。

前突厥汗国始毕可汗(十一任大可汗)阿史那咄吉，因为近邻，乃送给梁师都绣有狼头的大旗，称梁师都为"大度毗伽可汗"(狼头旗是前突厥的国旗)。梁师都遂引导前突厥部落，入住河南(河套)，攻破陕西定边县的盐川郡。

这时候在陕北榆林起兵的变民领袖刘武周、郭子和等也与前突厥联络，并分别送子弟到前突厥做人质，以引突厥为外援。

始毕可汗阿史那咄吉封刘武周为"定杨天子"、梁师都为"解事天子"，封郭子和为"平杨天子"，而郭子和坚决不受，于是改命郭子和为屋利将军(突厥语是亲和的意思)。

阿史那咄吉与李渊

是年(617)五月十七日，前突厥军数万人攻击晋阳，轻骑兵从外城北门而入，再从外城东门而出。隋唐王李渊命裴寂等动员军队备战，把所有内城的城门都打开，前突厥军无法判断虚实，不敢进逼。

李渊派部将王康达率一千余人出城迎战，全军覆没，城中军民大为恐惧。李渊改变战略，于深夜派军秘密出城，第二天早上则举起军旗，擂动战鼓，从其他道路入城，好像增援部队。突厥惊疑不定，留在城外两天，大肆抢掠而去。

隋朝末年(大业十三年，义宁元年)变民四起，天下大乱，太原留守李渊也起兵反隋。当时为了争取前突厥的支持，遂展开务实外交及遣使称臣于前突厥。前突厥的始毕可汗派柱国康鞘利送战马一千匹到太原，唐军因而更加壮大，乃奠定了最后胜利的基础。

这一小故事《新唐书》《旧唐书》都有记载，而后来史家(《通鉴》)为了自我尊严，曾饰词说是康鞘利送马到太原请李渊选购。

李渊的父亲曾仕北周，李渊也曾做过隋朝的“唐公”，他做了唐朝皇帝后的第一任皇后就是北周宇文邕的妹妹与窦毅所生的。所以他非常了解胡族的先天性格以及他们对于中原是一大灾害。他派刘文静随康鞘利北去请求突厥派军联合行动，只是害怕突厥被刘武周结合而施的一种计谋，只不过是姑且利用突厥壮壮声势而已。所以他秘密告诉刘文静：“如果突厥出兵，最多不过几百人就可以了，再多就会成中原人的灾祸。”

刘文静抵达前突厥，晋见始毕可汗阿史那咄吉，请求派军援助，并且约定：“如果进入长安(西安)，人民、土地归唐公(李渊)，金银财宝则任由突厥抢劫，绝不阻拦。”阿史那咄吉大喜！七月十八日，派高阶层官员级失特勤，先南下晋见李渊，通知他援军已经出发。

唐与前突厥

公元618年，隋炀帝杨广被杀。唐王李渊称帝，改元武德元年。五月二十七日，前突厥始毕可汗阿史那咄吉派特勤阿史那骨咄禄朝见新建立的唐王朝政府，唐帝李渊在太极殿摆设酒席欢迎，演奏九部音乐。

当时，中原难民有很多逃到前突厥境内避乱，因为前突厥强盛，版图东到契丹部落(辽河上游)、室韦部落(黑龙江省)，西到吐谷浑汗国(青海省)、西方的高昌王国(新疆维吾尔自治区吐鲁番市)，拥有强弩战士百万。在中原境内作乱的如刘武周、梁师都、王世充、李轨等都向前突厥称臣。李渊最初聚众起兵时，突厥援助人员、武器、马匹、粮秣，前前后后赠送的多到无法计算。突厥官员仗恃这项功劳，态度倨骄傲慢，当年突厥的王子(特勤)骨咄禄来朝，唐帝李渊在太极殿设宴，并把骨咄禄安置在御座上以示优渥。其他每次派来使节也都凶暴蛮横，李渊都再三容忍。

前突厥始毕可汗阿史那咄吉，打算率他的部众渡黄河前往夏州(陕西省靖边县)。伪朝梁帝梁师都(都城朔方在陕西省靖边县)出军会师，定杨天子刘武周配备骑兵五百名，打算越过山西代县西的句注山，直接攻击太原。不巧，阿史那咄吉病故，儿子阿史那什钵苾年纪还小，前突厥贵族遂拥护阿史那咄吉的弟弟阿史那俟利弗将军(设)继位，称处罗可汗(十二任大可汗)。阿史那俟利弗命侄儿阿史那什钵苾为尼步将军(设)，派他住在突厥的稍东地区，正在中原幽州(北京)的北方。

阿史那俟利弗做了前突厥的第十二任大可汗，依胡俗先娶隋义成公主(启民可汗的皇后)为妻。

附注：(一)突厥可汗之下，有“设”，为特别典兵者的官名。

(二)隋朝自(581)年由杨坚创建，历经三任皇帝计得国三十八年，到(618)亡于唐。

唐开元通宝

唐帝李渊派右武候将军(禁军)高静，携带金银财宝，前往前突厥进贡，走到丰州，接到阿史那咄吉病故的消息，李渊下令停止前进。所携带的金银财宝交给当地州政府库存。阿史那俟利弗得到消息大怒，遂兴兵南下丰州。丰州总管张长逊派高静携带金银财宝出塞，声称是唐政府致送的奠仪，阿史那俟利弗才下令撤退。

唐武德二年(619)四月，伪定杨天子刘武周率前突厥军挺进黄蛇岭(山西省晋中市榆次区北)，威力强大，唐齐王李元吉派车骑将军张达率步兵试探攻击。张达因士卒太少，无法应战，李元吉强制执行，果然全军覆没。张达忿怒痛恨，四月二日，反而引导刘武周攻陷黄蛇岭。

李渊又派内史舍人郑德挺，出使前突厥汗国，赠送葬仪绸缎三万匹。

隋开国皇帝杨坚的孙子杨政道，是隋前齐王杨暕的遗腹子。杨暕于前年(618)在江都事变时死于非命，次年遗腹子杨政道出生。这个年仅两岁的娃儿，由于身世的特殊，就成为反抗现实统治者的政治资源。这是古今中外政客们常用的伎俩。

隋朝原驻在洛阳(隋朝的东都)的夏王窦建德，就把杨政道掌握在自己手里以作将来的政治资本。而窦建德正要依靠前突厥为奥援，好与新朝(唐)抗衡。前突厥的真正目的是在势力南下而乱唐，所以他就千方百计从唐朝挖些政治资源，培养一些唐朝内乱的种子。于是前突厥的处罗可汗(十二任大可汗)阿史那俟利弗认为杨政道为“奇货可居”，乃自窦建德手中迎接杨政道，封他为“隋王”。凡在突厥境内的中原知识分子及平民、难民，约有一万人全部归杨政道管辖。还由杨政道自行设立文武百官，完全依照隋朝政治制度，与义成公主之弟杨善经及萧皇后(隋杨广的皇后)等定居定襄(内蒙古自治区和林格尔旗)。

前突厥大臣们不知道阿史那俟利弗之收容杨政道的阴谋而多表反对。

公元620年，前突厥军阿史那莫贺咄，进攻唐属凉州(甘肃省武威市)。唐凉州总管杨恭仁迎战，结果战败。前突厥掳去男女数千人而退。

西突厥曷萨那可汗(一任大可汗)阿史那达曼跟前突厥互相仇视，阿史那达曼身在长安，前突厥处罗可汗(十二任大可汗)阿史那俟利弗于唐武德二年(619)，派使节到长安要求唐王朝政府诛杀阿史那达曼，唐帝李渊拒绝。

李渊拖了很久，无法摆脱前突厥的强大压力，不得已乃于公元620年九月二十一日邀请阿史那达曼入宫饮宴。然后把他送到中书省，交给前突厥的使节任由他们去自相残杀。

群奸乱舞

中华民族是从战乱中锻炼出来的，所以也禁得起战乱的考验，最后也必能战胜战乱的挑战。

有唐一代，各地到处都有割据一方称王称帝的军阀与政客。汉人向汉人争权，被称之为军阀、政客；而汉人勾结胡人来为害汉人的军阀、政客，被称之为“汉奸”。与胡人无关的军阀也好、政客也好、王也好、帝也好，本纪恕不尽录，只选近二十年中汉奸群略叙其因果报应。

前突厥对于汉奸是利剑政策，看汉奸可以利用时就帮助汉奸反唐。当他发现汉奸没有利用价值时就帮助唐军消灭汉奸，再乘机邀功而夺取唐朝土地。

公元620年，唐秦王李世民进攻叛军定杨天子刘武周时，前突厥处罗可汗阿史那俟利弗认定刘武周注定失败，乃派他的弟弟阿史那步利设(将军)率骑兵二千人协助唐军打败了刘武周。

刘武周溃败后，阿史那俟利弗又乘势占据了唐属的晋阳(山西省太原市)。

阿史那俟利弗派公爵阿史那伦为晋阳督军事，率领突厥军驻镇太原。从太原市北五十里的石岭(山西省阳曲县北)凡是拱卫太原的每个险要城镇，阿史那俟利弗都派军队驻守，对山西省的太原作实质上的占领。他失去一个走狗刘武周，却换得一百多里地的领土。

前突厥得知唐帝李渊计划大举攻击叛军郑帝王世充时，就秘密派遣使节去面见郑帝王世充研究配合作战的计划。公元621年七月初，唐潞州(山西省长治市)总管李袭誉派军拦截护送突厥秘密使节的部队，突厥军没经战斗就献上数以万计的牛羊及战马而投降唐军。

叛军梁师都的部将张举、刘旻投降唐朝。梁师都大为恐惧，乃派尚书陆季览游说前突厥的处罗可汗阿史那俟利弗出兵保护。

阿史那俟利弗计划派弟弟莫贺咄将军阿史那咄苾攻击唐属原州(宁夏回族自治区固原县)。将军阿史那泥步会同梁师都攻击延州(陕西省延安市)，突利可汗(小可汗)阿史那什钵苾(十一任大可汗，始毕可汗阿史那咄吉的儿子)会同奚部落(西辽河上游乌桓族)、霫部落(西辽河以北匈奴族)、契丹部落(东西辽河上游契丹人)、靺鞨部落联合攻击唐属幽州。隋朝遗臣夏王窦建德的大军也自太行山八陉之四的釜口西上，约定在晋州与绛州会师。这个庞大的作战计划未及实现。

唐武德三年(620)冬，阿史那俟利弗逝世。义成公主(隋帝杨广时皇族之女)因阿史那俟利弗的儿子、阿史那奥射将军(设)，相貌丑陋、才能低弱，乃舍弃他而命阿史那俟利弗之弟莫贺咄将军(设)阿史那咄苾继位，称颉利可汗(前突厥十三任大可汗)。

是年，十二月二十六日，新任大可汗阿史那咄苾派使节前往唐朝报告阿史那俟利弗逝世。唐帝李渊依例以礼致哀。

唐代州总管定襄王李大恩(原名胡大恩，因战功公元621年受唐帝赐姓李)上奏唐帝，指称前突厥遭逢灾荒，人民饥谨，中国可以乘机反攻马邑。唐帝李渊派殿内少监独孤晟率军配合李大恩(胡大恩)共同攻击据守马邑的苑君璋。约定二月间在马邑会师，可是在约定日子独孤晟军却没有到达。李大恩孤军不能进攻，遂移防马邑西南五十里路的新城(山西省宁武县)。前突厥(十三任大可汗)颉利可汗阿史那咄苾派骑兵数万人，会同反唐的汉东王刘黑闼包围新城。唐帝李渊命右骁卫大将军李高迁增援，还没有抵达，李大恩军中粮食已经吃完，李大恩于夜晚突围，前突厥军截击，李大恩战死，部众溃散。

前突厥的颉利可汗阿史那咄苾登上大可汗的宝座。对内在军事管制的人事部署上除以突利(原为泥步设)为小可汗外，并置延陀设，管理延陀部落。步利设，管理霫部落。统特勤管理胡部落。斛特勒管理斛薛部落(《新唐书》将“特勤”误抄为“勒”，是突厥语的官名，相当于亲王。)。突利泥步设则主管契丹、靺鞨。东方各弱势族群或部落，都归突利小可汗管理。

在外交方面，仍是以侵略中国，消灭唐朝为既定国策。

阿史那咄苾娶隋王朝皇族义成公主为妻，义成公主的堂弟杨善经，逃难到突厥，和王世充的使节王文素，共同游说阿史那咄苾。拥护杨政道当盟主，出兵南下侵犯唐朝。

前突厥驻太原(山西省太原市)警备司令(设)阿史那伦对汉人凶暴蛮横，唐并州总管刘世让设计把他逮捕。

唐帝李渊因内部还没有安定，对前突厥汗国十分优遇宽容。可是阿史那伦的贪婪要求，没有止境，而且言辞傲慢，态度蛮横。

突厥犯唐

以前，突厥的第十二任大可汗处罗可汗阿史那俟利弗曾跟中国变民军首领刘武周结盟，互相支援，进攻并州(唐属，山西省太原市)。唐帝李渊派太常卿郑元玙前往分析利害，请求和解。阿史那俟利弗拒绝。不久，阿史那俟利弗逝世，突厥贵族疑心是郑元玙把他毒死的，遂扣留郑元玙，不放他回唐朝。李渊又派汉阳公李瓌，携带黄金绸缎，贿赂新任第十三任大可汗阿史那咄苾。阿史那咄苾命李瓌叩头，李瓌拒绝，阿史那咄苾又把他扣留，同时又软禁左骁卫大将军长孙顺德。

李渊大为震怒，扣留前突厥的使节作为报复。

唐帝李渊派人贿赂前突厥(十三任大可汗)颉利可汗阿史那咄苾，承诺两国皇家通婚。阿史那咄苾遂放汉阳公李瓌及郑元玙、长孙顺德等回国。

前突厥在(621)一年之内就六次大规模进犯唐边城：

三月十六突厥进攻山西荣河(山西省万荣县西南宝井村)。

四月，突厥进攻雁门(山西省代县)，同时又攻击并州(山西省太原市)。

八月，突厥再攻代州(山西省代县)，致唐行军总管王孝基全军覆没。

八月十九日，突厥进攻山西惇城，围城一月自行撤去。

同年秋突厥三次攻并州。唐廷派左屯卫大将军窦琮迎战。

九月初，突厥再攻原州(宁夏回族自治区固原市)。唐廷派行军总管尉迟敬德迎战，突厥军败退。

翌年(622)，阿史那咄苾再派使节到唐廷重申建立两国之间永久友谊。唐帝也送前突厥使节公爵阿史那热寒以及阿史那德等回突厥。

战事频仍又一年

唐武德五年(622)六月，反唐的汉东王刘黑闼率领部分前突厥军进攻唐属定州(河北省定州市)。

逃亡在鲜虞(河北省定州市东)的刘黑闼的旧部曹湛等再聚兵响应刘黑闼。七月，唐廷命淮阳王李道玄为河北道行军总管讨伐刘黑闼。

前突厥颉利可汗阿史那咄苾为了声援刘黑闼，乃于八月六日派军攻击唐边疆。唐帝李渊派左武卫将军段德操、云州(山西省大同市)总管李子和(李子和本来姓郭，因降唐而蒙唐帝李渊赐姓李)率军抵抗。

八月七日，阿史那咄苾率十五万名骑兵，分三路分别进入雁门关(山西省代县)。八月十日攻击并州，另外派军攻击原州。八月十一日，唐帝李渊命太子李建成从豳州(陕西省彬州市)出发迎战前突厥西路军。秦王李世民从泰州(山西省河津市)出发迎战前突厥东路军。李子和向云中(内蒙古自治区托克托县东北古城乡古城村西古城)突袭阿史那咄苾的总指挥部。段德操进攻夏州(陕西省靖边县)切断前突厥军的归路。

八月二十七日，前突厥攻击廉州(河北省石家庄市藁城区)。八月二十九日又在西战场攻陷大震关(甘肃省陇县西南)。唐帝李渊派太常卿郑元琫前往晋见阿史那咄苾。当时，前突厥精锐骑兵数十万人，自介休(山西省介休市)到晋州(山西省临汾市)，数百里间，满山满谷全是突厥兵。

郑元琫见到阿史那咄苾后，责备他破坏双边和平条约，一面解释一面诘问，阿史那咄苾十分尴尬。郑元琫遂建议说："中原人跟突厥的风俗习惯完全不同，突厥人虽然取唐朝土地，并不能久居。而今掳掠到手的财物都被贵族或战士瓜分，请问对您有什么好处？不如班师回国，再订和约，不需要辛苦奔走，只需要坐在那里就可以拿到唐廷所赐更多的金银财宝，而且全部进入您的私人宝库。何必舍弃友邦多少年的兄弟之情，而去积蓄两国子孙之间无穷的怨恨?”阿史那咄苾也曾为之动容，但是没有下令撤军。

九月十五日，唐驻守陕西绥德的交州刺史权士通、驻镇甘肃庆阳的弘州总管宇文歆与驻守宁夏灵武的灵州总管杨师道联合击破前突厥军。九月十八日，宇文歆在崇岗镇(甘肃省合水县)，袭击前突厥军，大胜，杀死前突厥军一千余人。九月二十四日，唐朝姓双名士洛的定州总管，在恒山(山西省浑源县境)之南攻击前突厥军。

九月二十八日，唐领军将军安兴贵在甘州(甘肃省张掖市)攻击前突厥军，是役突厥大败。

十一月，唐廷封皇族略阳公李道宗为灵州(宁夏回族自治区中卫市、中宁县以北地区)总管。反叛唐朝的梁帝梁师都在陕西横山县派他的弟弟梁洛儿会同前突厥大军数万人，把灵州团团围住。李道宗抓住机会出击，大破梁突联军。

前突厥派将军阿史那郁射率部众侵入旧五原县(陕西省定边县)。李道宗把他们驱逐出去，又开拓疆土一千多里。

翌年(623)五月二十一日，伪梁帝梁师都的将领辛獠儿引导前突厥军，攻击唐属林州(甘肃省华池县)。

六月十八日，伪梁帝梁师都又引导前突厥军攻击唐属匡州(陕西省吴堡县)。

汉奸苑君璋

马邑(山西省朔州市)是唐朝北疆的边防重镇，但却沦为前突厥进犯唐境的前进基地。当地居民反胡的意识很高，可是唐廷却鞭长莫及，一时无力收复马邑。李渊乃采并州前总管刘世让之计，在马邑东南崞城(山西省原平市崞阳镇)进驻大军，并储备大量军糈与金银绸缎。一面策动马邑居民与突厥军来归，一面在马邑城外发动游击战，专门破坏马邑城外的庄稼。唐军用这一战法不到一年光景，马邑城内粮尽，率领前突厥军驻守马邑的苑君璋的部属高满政建议苑君璋屠杀所有协防的突厥军然后降唐，为苑君璋拒绝。高满政乃乘居民反胡情绪高涨之际，夜袭苑君璋总部，苑君璋逃奔前突厥。高满政诛杀苑君璋的儿子与前突厥协防军二百多人，向唐投降。

当年秋七月，逃入前突厥的苑君璋会同前突厥军反攻马邑。唐右武候大将军李高迁，协助高满政联合抵抗，在腊河谷(山西省朔州东北十七公里)会战，击破前突厥军。

马邑城在山西朔州东北四十里、桑干河北岸，为通山阴县孔道。

善阳县，北齐称招远县。隋改称善阳。唐朝改称鄯阳。现在是朔州市政府的所在地。秦时名马邑。北魏侨置朔州，后遂称朔州。史乘所称马邑、善阳、鄯阳，都是朔县(朔州)一地因时不同的名称而已。

苑君璋，马邑(山西省朔州市)人，曾是乱唐时期(620)伪定杨天子刘武周的内史令。刘武周被前突厥杀害，苑君璋投靠前突厥，做了前突厥的大行台，统帅刘武周的残余部众，死心踏地地效忠前突厥，曾引前突厥多次犯唐。唐贞观元年(627)，苑君璋引前突厥军攻陷马邑后，退守山西大同的恒安。他的部众大多是汉人，纷纷投降唐朝，苑君璋也随之降唐，并请求准他驻守北疆以防胡来赎罪。唐帝李渊因现实而准其所请，还派元普致送“免死金券”。可是苑君璋又不敢得罪前突厥，竟将唐廷特使元普逮捕，押送给前突厥，又宣布臣服前突厥，并且屡次引领前突厥军犯唐。

几年来苑君璋对于前突厥与唐朝一直是时叛时顺，是一个狡猾善变的典型汉奸。

前突厥于同年(627)七月初再攻击原州，七月十一日又攻击朔州——

善阳(山西省朔州)。唐政府右武候大将军李高迁战败，行军总管尉迟敬德率军增援，才稳定住城防。

是年七月二十五日，秦王李世民移防并州，防备前突厥。

八月一日，前突厥军攻击真州(陕西省榆林市佳县)。同时在东战场上攻击马邑城。唐帝李渊派右武候大将军李高迁协助朔州总管驻守鄯阳，与高满政共同守卫马邑。再三叛唐的苑君璋竟引导前突厥军骑兵一万多人，开到城下，高满政把他们击败。前突厥第十三任大可汗颉利可汗阿史那咄苾大为愤怒，集结大军反攻。李高迁率领他的部队两千人固守。

阿史那咄苾亲自指挥攻城，高满政出战，一天中会战十数次，突厥未能得逞。

唐帝李渊命行军总管刘世让增援，刘世让推军进到距离朔州三十里的松子岭，又紧急退回惇城。就在这个时候阿史那咄苾见一时难以取胜，乃施故伎向唐廷求婚。

李渊的答复是“解除马邑的包围才可议婚”。

阿史那咄苾打算撤兵，可是他的继任夫人前隋朝的义成公主坚决主张继续攻击。

义成公主原是阿史那咄苾的父亲阿史那染干的皇后，阿史那染干死，依胡俗阿史那咄苾收为妻室。

阿史那咄苾劝说高满政投降，高满政厉声大骂，可是粮食已经吃完了而救兵不来。高满政策划突围投奔朔州城。他手下的右虞候杜士远认为决不可能逃得脱，乃于十月二十日夜晚，刺杀了高满政而投降前突厥。

苑君璋进城，大肆处决城中民间豪杰以及高满政同谋党羽三十余人。李渊任命高满政的儿子高玄积为上柱国，继承他父亲高满政的荣国公爵位。

十月二十五日，前突厥再度向唐政府求和解，并且归还马邑城。唐帝李渊任命将军秦武通为朔州总管，总部设鄯阳(山西省朔州)。

就在这一年(公元627年，唐贞观元年)秋，苑君璋看透前突厥的国力由于没有完善的政治制度正逐渐衰微，于是率部众三度降唐。李世民任命苑君璋为隰州(山西省隰县)都督，并封芮国公。驻守山西隰县以防前突厥，但不久他因前突厥的威胁而又投降前突厥。

前突厥不断给唐政府边疆制造麻烦，并州(总部设山西省太原市)大总管府长史窦静上疏唐帝李渊建议在太原地区武装垦荒屯田，用以节省粮食扭转时间和空间的浪费。于是唐帝采纳窦静的建议，结果每年收获谷米数千斛，使北疆防务更加坚实。

前突厥军攻陷唐属原州善和镇(甘肃省镇原县西南)，又攻击渭州(甘肃省陇西县)。

盘踞河北怀来县的叛军伪燕王高开道引前突厥两万骑兵进攻唐属幽州，唐广州总管刘世让是当时的战略专家，马邑之战，刘世让曾为唐廷献策制胜。因而前突厥恨之入骨，亟欲除之而后快。于是派使节曹般随晋见唐帝李渊，伪称刘世让跟颉利可汗(十三任大可汗)阿史那咄苾暗中勾结，打算叛唐投突厥，李渊中此反间之计而收斩刘世让。

前突厥倾国犯唐

唐武德七年(624)，这一年，前突厥攻击唐代州(山西省代县)所属的武周城(山西省左云县)，被唐军击败。秋季，七月苑君璋率前突厥军进攻朔州。总管秦武通把他们击退，突厥旋又攻原州进入代地。

七月十日，前突厥攻击唐属原州。唐政府派宁州(甘肃省宁县)刺史鹿大师救援，又派杨师道前往大木根山(陕西省横山区西北)布防，威胁前突厥的后勤路线。

七月十二日，前突厥军攻击唐属陇州(陕西省陇县)，唐政府派护军将军尉迟敬德迎战。

七月十五日，前突厥攻击甘肃平凉西的阴盘戍。

七月二十一日，前突厥阿史那吐利将军联合苑君璋所部分兵攻击唐属并州与朔州。

八月一日前突厥在西战场三次攻击唐属原州，而唐军坚守不渝，突厥军乃转移阵地。

公元624年八月五日，前突厥军攻击唐所属忻州。八月九日，攻击唐并州。唐都城长安戒严。八月十一日，突厥又攻击唐属绥州(陕西省绥德县)，被驻守总管刘大俱击退。

当时，前突厥颉利可汗阿史那咄苾率突利可汗(小可汗)阿史那什钵苾，出动全国兵力，自原州联营南下对唐发动总攻击。唐廷派秦王李世民率军抵御，李世民屯兵豳州，适逢关中(陕西省)连绵大雨，道路桥梁很多被水冲断，军粮供应不继。士卒对不断地征战和不断地劳役，深感疲惫而厌战。八月十二日李世民在豳州跟前突厥军偶然遭遇，阿史那咄苾率一万余名骑兵，突然出现城西，在五陇阪(彬县南)列阵，唐军将士震恐。李世民深深了解国家存亡在此一战，于是率领一百精骑冲向前，在突厥阵前喊话："大唐朝跟大可汗订互不侵犯协定，你们为什么不守盟约？我是大唐秦王李世民，可汗(指前锋小可汗阿史那什钵苾)如果敢来单挑独斗，就请出阵与我一战，不必驱使士卒无辜送死。"

以秦王之尊的李世民突然出现阵前，使阿史那咄苾怀疑李世民定有埋伏。他在阵前思索，李世民在向前逼近，派传令骑兵告诉突厥前锋小可汗阿史那什钵苾说："你从前跟我盟誓，有难同当，有急相救。今天竟然率军进攻，为什么没有一点香火之情！"阿史那什钵苾沉默不作回答。李世民再向前逼近，打算渡过横在两军之间的一条壕沟。阿史那咄苾看见李世民只带少数骑兵，又听到"香火之情"的话，霎时间怀疑阿史那什钵苾可能跟李世民有什么密谋。于是派人回话李世民说："大王不必过沟，我没有别的意思，只是打算跟你重申前盟而已。”遂下令后退。

这时候，雨下得更大，突厥军作战是以强弩兵群为主力的，其战斗装备是弓、箭。弓的弦则是皮筋，而皮筋遇潮湿就失去了弹性，弓箭已成无用之物，致其控弦部队已无战斗力。李世民深深了解突厥军的这一点特性，于是先派间谍使节潜入突厥大营，向小可汗突利可汗阿史那什钵苾分析祸福利害，并允予许多贿赂。阿史那什钵苾十分高兴，表示愿与唐朝接触。

李世民再下令乘夜冒雨逼近突厥大营而不搦战，这一文攻武吓战法果然收效。当颉利可汗阿史那咄苾打算发动攻势时，阿史那什钵苾反对，阿史那咄苾遂决定与李世民和解。乃派阿史那什钵苾跟夹毕公阿史那思摩到唐军大营晋见李世民，请求和解，李世民允诺。

阿史那思摩是阿史那咄苾的堂叔。阿史那什钵苾趁这个机会，结交上了李世民，请求结拜成为兄弟。李世民也以恩情和诚意回报，二人盟誓，阿史那什钵苾回营，阿史那思摩以特别使节身份去长安。阿史那思摩的相貌像匈奴人，所以处罗可汗(十二任大可汗)阿史那俟利弗不敢违拗突厥传统伦理，也不敢公然偏袒他的儿子阿史那思摩。所以历经阿史那俟利弗及阿史那咄苾两任大可汗，只封阿史那思摩“夹毕公爵”(夹毕特勤)，而不能带兵当将军(设)。

唐帝李渊了解这一点，也就利用突厥内部这点矛盾而对阿史那思摩特别优遇，接待他上坐皇帝御座，又封他为“和顺王”。以后还培养他做了后突厥的首任大可汗。

是年(公元624年，唐武德七年)八月三十日，唐帝李渊派左仆射裴寂报聘前突厥。

多事之秋

前突厥对于唐朝的基本政策是千方百计地侵占其国土，腐蚀其国力。唐廷为了节省国库开支而于去年裁撤关中十二军，这给突厥的南犯野心以更大的鼓励。所以他对唐朝的和谈只是一种战略的运用而已。一面和、一面谈，另一面仍是以不拘形式、不拘大小的战斗方式来骚扰唐边境。而唐廷也只有招架、容忍，甚至有时不惜向前突厥低头称臣以委曲求全。

唐武德七年(624)九月六日，前突厥军攻击绥州，唐政府绥州都督刘大俱，击破前突厥军，擒获公爵(特勤)三人。

冬季，十月三日，前突厥军攻击甘州(甘肃省张掖市)。

唐武德八年(625)正月，前突厥联合西方的吐谷浑(青海省)，分别向唐政府请求开放双边贸易。这时候突厥急切需要的是粮食、布帛与茶叶，而唐廷则因连年战争，国内奇缺耕作牛只。所以唐帝李渊下诏准许开放贸易。

四月中，凉州匈奴人睦伽陀(睦，姓)引导前突厥军，袭击唐属凉州都督府攻进内城，总部长史刘君杰率近卫兵奋战击破前突厥军。

六月十四日，唐帝李渊派燕郡王李艺(原名罗艺)驻军华亭县(甘肃省华亭市)及弹筝峡(宁夏回族自治区隆德县东)，命水部郎中姜行本切断山西省忻州南十五公里石岭关的交通，以阻挠前突厥的军队南下。

六月二十四日，前突厥颉利可汗阿史那咄苾在西战场上攻击灵州(宁夏回族自治区中卫市、中宁县以北地区)。

是年(625)七月十七日，前突厥颉利可汗阿史那咄苾攻击唐属相州(河南省安阳)。

唐驻山西省代县的代县都督蔺谟于七月间在新城(山西省朔州市西南)

与前突厥军会战，结果失利。唐廷又命行军总管张瑾带所属部队推进到山西省忻州市南十五公里的石岭关，右武候大将军李高迁向山西省太谷县挺进，抵御前突厥军南下。

七月二十五日，唐廷命秦王李世民率军进驻蒲州(山西省永济市)，防备前突厥军突破唐朝的黄河防线。

八月一日，前突厥强行通过石岭关，突破唐军敌前防线而攻击并州。

石岭关在太原市东北约五十公里。北去忻州三十里，为并州、忻州市、云州(古治在祁县东)外围要冲，势甚险固。

八月六日突厥开辟南战场，派军攻击潞州、韩州(山西省襄垣县，在太原东南一百五十公里)、沁州(山西省沁源县，在太原市南方一百五十公里)。同时又在灵州开辟西战场，对太原市形成钳形攻势，主力直取太原市。

唐帝李渊命安州大都督李靖从潞州道出发；行军总管任瓌驻军太行山，抵御前突厥军南下。前突厥颉利可汗阿史那咄苾率军十余万人，在朔州大肆劫掠。

八月十一日，并州行军总管张瑾自太原转进到太原以南的太谷再与前突厥军决战，结果唐军覆没，张瑾仅逃出一命，投奔驻守洛阳的李靖。行军长史温彦博被前突厥军俘虏。前突厥认为温彦博手中掌握机要，向他询问唐军有关秘密，诸如部队、粮秣情形。温彦博坚不吐实，前突厥军把他押送到阴山(阴山山脉)。

八月十九日，前突厥军乘山西战胜之威再攻宁夏灵武县，被唐灵州都督任城王李道宗击破这次攻势。八月二十五日，前突厥军攻击绥州。

突厥对唐朝的战略，是胜则扩大战果，败则提议和平。八月二十六日，颉利可汗鉴于作战序列大乱，阿史那咄苾向唐政府请求和解，然后下令撤退整补。

九月，前突厥将军阿史那真贺咄攻陷山西太原的一个县。九月五日，唐政府的代州都督蔺谟又收复了这个县。

九月十五日，唐右领军将军王君廓，在幽州击破前突厥军，俘虏及斩杀两千余人。

唐武德九年(626)，二月二十八日，前突厥军攻击原州，被唐政府派折威将军杨毛率甘肃省宁县兵团击退之。

三月二十三日，前突厥军攻击灵州。

三月二十五日，唐南海公欧阳胤，奉派为使节，前往前突厥聘问时，率领他的部众五十人，计划突袭颉利可汗阿史那咄苾的御帐，阴谋泄漏，突厥逮捕欧阳胤等囚禁之。

三月二十九日，前突厥军攻击凉州(甘肃省武威市)，凉州都督长乐王李幼良把他们击退。夏季，四月九日，前突厥军攻击朔州。四月十二日，攻击原州。四月十五日攻泾州(甘肃省泾川县)。四月二十五日攻西会州(甘肃省靖远县)。五月中攻秦州(甘肃省天水市)。

前突厥军攻击陇州(陕西省陇县)，六月十五日，攻击渭州(甘肃省陇西县)，唐廷派右卫大将军柴绍击退之。

秋季，七月三日，唐平道将军柴绍，在秦州击破前突厥军，斩其公爵(特勤)一人及士卒一千余人。

八月一日，前突厥派使节来唐廷议和。

唐廷易主

是年(公元626年，唐武德九年)八月八日，唐朝开国皇帝，六十一岁的李渊下令把皇帝位禅让给太子李世民。

盘踞陕西横山(属朔方)自称梁帝的梁师都，由于不得众心，部众纷纷降唐。因而趋衰弱，乃转向臣事前突厥，并不断献计，鼓动前突厥南下犯唐。

于是，颉利可汗阿史那咄苾、突利可汗(小可汗)阿史那什钵苾，联军十余万人，攻击泾州，挺进到武功(陕西省武功县及扶风县南部)，唐廷宣布首都长安戒严。

唐泾州道(陕西省泾阳县)行军总管尉迟敬德于八月二十六日在泾阳与前突厥军会战，斩杀前突厥士卒一千多人。前突厥俟斤(指挥官)阿史德乌没啜被俘。

八月二十八日，前突厥颉利可汗阿史那咄苾进抵渭水便桥北岸桥头，派他的心腹官员执失思力到长安晋见李世民，并搜集情报，探听虚实。执失思力夸张说："颉利与突利二可汗率军百万，今天就要抵达。"

唐帝李世民当面责备执失思力不顾信义，并向执失思力说明他们的大可汗曾得唐朝所赠予的金银绸缎不计其数。而今大可汗光知道要钱，不顾惜士卒生命，反而驱策大批士卒前来送死。说罢，乃下令把执失思力囚禁门下省。

然后，唐帝李世民亲率侍中高士廉、中书令房玄龄等策马渭水河南岸，与对岸的前突厥颉利大可汗阿史那咄苾隔河对话。

皇帝出现阵前，前突厥的士卒大吃一惊，纷纷下马遥拜。唐政府军纷纷抵达，旌旗招展，铠甲鲜明，军容之盛，使突厥兵士震惊。阿史那咄苾发现执失思力没有回来，而唐朝皇帝反而轻率地挺身而出，随后前来的军队声势壮大，心中有些害怕。而李世民看到阿史那咄苾的犹豫心态，于是下令各军稍向后退列阵，他单留在岸边跟阿史那咄苾对话。

阿史那咄苾出兵，原以为唐朝的新帝李世民一定下令应战，而今竟出乎意料之外，使他由怀疑而害怕。

于是当天(八月二十八日)阿史那咄苾派使节向唐帝请求议和。李世民接受，遂即回宫。

八月三十日，李世民再往长安(西安市)城西郊，在渭水便桥上，跟阿史那咄苾斩白马盟誓，前突厥军遂撤退。

九月，阿史那咄苾馈赠李世民三千匹马、一万只羊，李世民不肯接受。但下令阿史那咄苾，命他送回过去所掳掠的中国人，包括去年(公元625年八月)被俘押在阴山的温彦博。

前突厥由盛而衰

当前突厥国力鼎盛之时，新疆东北部及蒙古北部的敕勒(铁勒)所属各部落零散，计有薛延陀部落、回纥部落、都播部落、骨利干部落、多览葛部落、同罗部落、仆固部落、拔野古部落、思结部落、浑部落、斛薛部落、奚结部落、阿跌部落、契苾部落、白霫部落等十五个部落。都在瀚海沙漠群以北蒙古、贝加尔湖附近，人民风俗习惯，大抵跟前突厥一样。而薛延陀部落势力最强。

西突厥的统叶护可汗(三任大可汗)阿史那统在位时，国力衰退。原属西突厥的薛延陀酋长乙失钵的孙儿乙失夷男，率部众七万余家，归附前突厥颉利可汗阿史那咄苾。而阿史那咄苾领导无方，政治混乱，薛延陀部落、回纥部落、拔野古等部落，先后背叛。阿史那咄苾派侄儿阿史那欲谷将军率骑兵十万人讨伐，回纥部落酋长药罗葛菩萨率骑兵五千人，在马列山(蒙古国乌兰巴托北)迎战，大破前突厥军。阿史那欲谷逃走。药罗葛菩萨追击，抵达天山(蒙古国杭爱山)，掳掠大批前突厥部众，回纥部落声势大振。薛延陀部落也进军击破前突厥四名将军，阿史那咄苾无法阻止。

阿史那咄苾不断出兵讨伐反叛部落，连年战争，加上连年饥荒，人民啼饥号寒。阿史那咄苾不但不能救济，反而因不够开支而向各部落加重征收赋税。于是内外离心，人人怨恨。各部落纷纷叛变，国势急速衰弱。

前突厥的国势越来越弱，人民纷纷叛离逃走。正巧又遇上天降大雪，平地积雪达数尺之厚，羊马等家畜大量死亡，人民严重饥谨。阿史那咄苾恐怕唐朝趁他处境困苦时发动攻击，于是先行率军南下，深入朔州边境，扬言狩猎，实际上加强防御措施。

唐政府鸿胪寺主管藩属事务的郑元璹，出使前突厥。回国后，报告李世民说："蛮族的兴盛和衰败，在羊只、马群上可以看得出来。现在，突厥人民饥饿，牲畜枯瘦，突厥的亡国出不了三年。"

前突厥自四年前经过李渊的离间之计，颉利可汗阿史那咄苾总是怀疑突利可汗阿史那什钵苾与唐廷有通。乃命突利可汗(小可汗)阿史那什钵苾在幽州正北建立御帐，管理汗国东方所属各部落。而突厥税负过苛，以致奚部落(滦河上游乌桓族)、霫部落(辽河以北匈奴族)等先后降唐。颉利可汗阿史那咄苾痛责阿史那什钵苾丧失太多部众。后来，薛延陀部落(蒙古国西南部)、回纥部落(蒙古国乌兰巴托之北)等，又击败军事管制的阿史那欲谷。阿史那咄苾命阿史那什钵苾出兵讨伐，也被击败，阿史那什钵苾一个人骑马逃回。阿史那咄苾大怒，囚禁阿史那什钵苾十余日，更加以鞭打，阿史那什钵苾十分怨恨，心理已经准备叛变。

稍后，阿史那咄苾好几次向阿史那什钵苾部征兵，阿史那什钵苾反而上疏唐廷皇帝李世民，请求准到长安朝见。

唐贞观二年(628)，颉利可汗阿史那咄苾出兵攻击突利可汗阿史那什钵苾。四月十一日，阿史那什钵苾又派使节向唐廷求救，接着全部降唐。

是年(628)的四月，游牧在东北辽河上游的契丹部落酋长，率部众向唐廷投降。前突厥的颉利可汗阿史那咄苾派外交使节要求唐廷把契丹酋长交还给前突厥，他也答允把已经归附前突厥的唐叛军梁师都交给唐廷，而唐廷拒绝。

唐帝李世民派右卫大将军柴绍、殿中少监薛万均率军攻击梁师都，又派刘旻等进驻朔方(陕西省横山区)东城，对朔方形成包围态势。梁师都却引前突厥军抵达东城城下，刘旻命所部偃旗息鼓，拒不出战。梁师都不知虚实，乃乘夜色掩护下撤退。刘旻追击，把梁师都军击破。前突厥汗国再派大军增援，被柴绍截着迎战，梁师都被杀，前突厥军也没敢出动援救。

唐与薛延陀部落

前突厥北方各部落，很多叛离颉利可汗阿史那咄苾，而归降薛延陀部落(蒙古国西南部)。他们共同推举薛延陀部落的俟斤、乙失夷男为可汗。乙失夷男畏惧前突厥报复而不敢接受。

李世民正在计划征服前突厥，乃派游击将军乔师望，携带皇帝的封爵诏书，绕道前往薛延陀部落，封乙失夷男为真珠毗伽可汗，赏赐给他代表皇帝的大旗鼓。乙失夷男大喜，派使节到唐廷进贡，并在郁督军山(杭爱山)之下，建立御帐，组织政府。这时薛延陀的势力范围东自靺鞨部落(吉林省)，西至新疆北部的西突厥，南到瀚海沙漠群，北到俱伦水(贝加尔湖)。蒙古国乌兰巴托以北的回纥部落，呼伦湖西的拔野古部落，库伦西北的阿跌部落，蒙古北部同罗部落，蒙古东部的仆骨部落，辽河以北的霫部落，都归附新崛起的薛延陀汗国——乙失夷男。

唐贞观四年(630)正月，唐定襄道行军总管李靖率骁勇骑兵三千人，自马邑进驻恶阳岭(山西省朔州市西北)，乘夜突袭前突厥的御帐定襄(和林格尔县)。前突厥颉利可汗阿史那咄苾大惊，于是紧急把御帐(中央政府)迁到碛口(内蒙古自治区乌拉特中旗)。李靖又派出间谍，离间阿史那咄苾跟他心腹干部之间的感情。阿史那咄苾的亲信康苏密，首先偕同十年前(619)投奔前突厥的前隋帝杨广的皇后(萧皇后)及杨广的孙儿杨政道，投奔唐廷。正月九日，抵达都城长安。阿史那咄苾败逃。二月八日，唐远征军定襄道行军总管李靖大军追阿史那咄苾到阴山，消灭了前突厥最后的残军败将。

阿史那咄苾既被击败，逃到铁山(阴山之北)，再整残余部众还有数万人，乃派执失思力到长安晋见唐帝李世民，请求宽恕。阿史那咄苾承诺全国归附，自己也愿入朝。李世民派鸿胪卿唐俭等前往慰问安抚，又命李靖率军迎接阿史那咄苾来朝。

阿史那咄苾外貌十分恭顺，言辞尤其谦和。但心里仍在犹豫，打算拖到草青马肥，继续向沙漠之北逃亡。李靖率军跟李世勣(徐世勣)在白道(内蒙古自治区呼和浩特市北)会师。他们认为阿史那咄苾虽然挫败，可是部众仍然很多，势力仍相当强大。加之前突厥的传统性格，如果穿过瀚海沙漠，向北逃走，与北方蛮族各部落会合，道路遥远，势难追及。于是决定遴选一万精锐骑兵，携带二十天干粮，在夜晚出发。李世勣先到沙漠北方的出口处布阵，准备阻止突厥军北逃。由李靖所率唐主力大军抵达阴山，遇到前突厥部众一千余篷帐，全部俘虏，命他们随军前进。

颉利可汗阿史那咄苾正在接见唐朝使节，心情也归平静，没有防备唐军。李靖派苏定方率骑兵二百人为前锋，利用大雾掩护挺进，距前突厥御帐只有七里路才被前突厥发觉。阿史那咄苾急骑千里马先行逃走。李靖主力大军抵达时，前突厥的残军立刻崩溃，使节唐俭逃回。李靖杀一万多人，俘虏男女十多万人，掳获牲畜数十万头。斩了隋王朝的义成公主，生擒她的儿子阿史那叠罗施。阿史那咄苾率一万余人，打算横穿沙漠北窜。他没有料到李世勣早在碛口(内蒙古自治区乌拉特中旗)布防。阿史那咄苾逃到那里，撞个正着，阿史那咄苾掉头西窜，属下大酋长都率领部众投降唐军，李世勣掳获五万余人班师。

阿史那咄苾在碛口被李世勣击败，向西投奔阿史那苏尼失，打算继续投奔吐谷浑汗国。唐大同道行军总管任城王李道宗率军进入阿史那苏尼失部落，命令阿史那苏尼失逮捕阿史那咄苾。阿史那咄苾得到消息，率数名骑兵趁夜逃到荒山穷谷之中躲藏。阿史那苏尼失驰马追赶，把他擒获。公元630年三月十五日，唐远征军张宝相率军突袭阿史那苏尼失大营，俘获阿史那咄苾，押送京师(长安)，阿史那苏尼失同时率部众投降唐朝。前突厥于焉灭亡。公元630年瀚海沙漠以南，遂无敌踪。

前突厥之亡

前(东)突厥最后一个大可汗——颉利可汗阿史那咄苾被押解到长安，唐帝李世民斥责他有五逆大罪：

一、借父兄之业，纵淫虐以取亡。

二、几次与唐签订友好协定，但都背叛盟约。

三、恃强好战，暴弃尸骨遍野。

四、蹂躏我国庄稼，抢掠我国人民与财产。

五、我曾赦免汝罪，旨在保存你的汗国，而你却借口推辞不朝，故违天意。

最后李世民念及五年前在渭河便桥结盟之情而免阿史那咄苾一死，命他就在太仆寺(畜牧部)长此住下去。意思是拿他当畜牲管理，但却供应美食，后来咄苾终老于长安。

前突厥汗国既被消灭，残余部落有的向北投奔薛延陀汗国，有的向西投奔西域(新疆及中亚细亚东部)，而投降唐朝的约有十万人。

唐帝李世民灭了前突厥之后，第一件大事是如何安置俘虏或投降过来的十多万突厥军民。其次是如何处理以前被前突厥俘虏过去或投降过去，或逃难过去的隋唐人民。

李世民派遣使节团到前突厥，宣慰侨居突厥境内的隋唐人民。再用金钱或绸缎鼓励他们回归故土。

对于前突厥的俘虏与降众，唐帝采取中书令温彦博的建议：在前突厥

群雄谱

窦建德

窦建德是河北省故城县人，世居山东恩县西北卫河南岸。年轻时行侠仗义，膂力过人。隋大业末年(611)政府募兵伐辽东，窦建德得补为率领二百人的部队长。当时群盗四起，地方政府怀疑窦建德与盗匪有通，就杀了窦建德的全家。窦建德率其同伙逃亡，投奔高士达为军司马。

高士达非常赏识窦建德，把军权完全交付窦建德执掌。窦建德运用诈降之计击斩隋王朝的涿郡通守(太守副手)郭绚而占领涿郡。于是附近郡县官吏多以城池归之，窦建德与高士达势力日盛。

公元616年，隋将杨义臣突击高士达大营，高士达猝不及防，战败被斩，所部溃散。窦建德率残兵败将逃回山东平原，整合逃散旧部为高士达举行追悼大会，又激起新的一波反隋王朝运动。

翌年(617)，窦建德率部占据河北献县(乐寿)为据点，并自称“长乐王”，建年号“丁丑”。设立文武百官，俨然小朝廷。

公元618年三月，隋炀帝杨广被宇文化及所弑，窦建德又引兵声讨宇文化及。他斩了宇文化及，又遣使朝见隋朝驻镇洛阳的越王杨侗，打算利用杨侗的声望再创造些新的升官机会。不久，王世充废杨侗，窦建德就自称夏国皇帝，改元五凤。

公元619年八月，窦建德攻陷河北永年的洺州，唐总管袁子干投降。

又攻下相州(河南省安阳市)。相州距洺州一百五十里，唐守将淮安王李神通退守黎阳(河南省浚县)。窦建德再攻黎阳，城破，唐同安长公主(唐帝李渊之姊)及多名官员做了俘虏。

九月窦建德攻赵州(河北省赵县)，赵州在洺州(永年县)之北一百多里，素有河北省粮仓之称，窦建德早就打算建都洺州，当年十月就在洺州兴建万春宫，迁都到这里。另一变民领袖徐圆朗也来归附。

公元620年，唐帝李渊派使节与窦建德和谈，窦建德同意去年在浚县战役俘虏来的同安长公主与李神通等随同唐使节回长安。双方休战不到一年，唐对窦建德部不断地进行策反工作。八月窦建德派驻共州(河南省辉县市)的刺史被部下刺死，叛徒唐纲向唐廷献城投降。

唐军围攻洛阳，郑帝王世充向窦建德求援，窦建德虽曾与王世充有些过节，但有王世充的存在，至少可以抵挡唐廷东进。窦建德的想法是援救王世充等于自保，所以立即集结孟海公、徐圆郎等部发兵西向支援洛阳的王世充。

公元621年三月二十一日，窦建德军开到河南延津的酸枣岭，略事整补，再南下唐属的管州(河南省中牟县)而西取荥阳与阳翟(河南省禹州市)。船队运补粮秣由黄河逆水西上。

王世充的弟弟徐州行台王世辩也派部将郭士衡率军数千和窦建德会师，号称三十万大军。窦建德进驻成皋(河南省荥阳市)督战。荥阳西距洛阳虽然只有一百多里路，但被唐军严密阻隔而不能前进。窦建德屡次发动攻击，可是都没有成功。唐秦王李世民派将军率一千多轻骑兵抄掠窦建德军补给线，擒获窦建德的大将军张青特，给予窦建德军的打击相当大。

窦建德写信给李世民，要他退出王世充领地，回师潼关以西。而李世民回信说天下是唐朝的天下，所有领土都属于唐朝，不容乱民割据。

窦建德的援军被困在洛阳以东一个多月了，救援洛阳的打算愈行愈远。幕僚凌敬曾向窦建德建议开辟西战场，分兵渡河北上越过太行山，讲入山西省的长治，占领汾州（山西省汾阳市）、晋州（临汾市）而进军蒲津（山西省永济市），直接威胁长安。如此一来，一是大军所指如入无人之境，可以轻易取得胜利。二是扩大占领区，使声势更盛更壮。三是震惊关中，李世民必会回师救长安，则洛阳之围自解。

窦建德的妻子曹皇后也劝窦建德采纳凌敬的建议，可是不懂战争艺术的窦建德却自以为志在援洛阳，拒绝这项建议。

窦建德在荥阳战场上冲来冲去，为救王世充却也没有救了王世充，最后被唐秦王李世民活捉。

公元621年七月十一日，时年四十九岁的窦建德在长安东市被斩首。

曹皇后与右仆射齐善行等回到他们的都城——洺州，把仓库中储存的绸缎、财物分发给残余将士，让他们各自回家。然后率领夏国的文武百官，陪同曹皇后携带传国玉玺八颗以及所有珍宝古董向唐廷投降。窦建德六年之乱于焉结束。

王世充

王世充字行满，是汉化已久的西域人，寄居江苏省丹阳县（新丰）。其本姓支，其父支收为王粲养子，因改姓王。

《古今人名大辞典》说他“卷发豺声，多诡诈”。公元614年，他在江都郡丞任内曾击败当时最强大的变民孟让集团。

隋炀帝幸江都，王世充以郡丞身份逢迎得宜，杨广很赏识他。

隋大业十三年（617），天下大乱，在隋朝境内竟有十四个皇帝出现。其中以长乐王窦建德、魏公李密、定杨天子刘武周及梁师都、薛举、李轨等最具反叛实力。

公元 618 年正月，江都通守王世充奉隋朝驻节东都洛阳的越王杨侗之命，率七万大军进攻洛河以北的李密。王世充战败投奔河阳(河南省孟州市)，自动向隋越王杨侗请罪。杨侗下令赦免其罪，并赏赐金银、绸缎、美女以慰之。这是王世充对内心战的初次成功。

迨公元 618 年三月十一日，宇文化及弑隋炀帝杨广。同年五月二十四日，王世充等在洛阳拥护留守东都(洛阳)的隋越王杨侗为帝，改年“皇泰”，这是隋朝大业十四年的事。杨侗任命王世充为左仆射兼总督中外诸军事，封郑公，旋自称郑王。

公元 618 年十月，王世充收获李密遗留下来战利品及降卒十多万人，凯旋洛阳。杨侗又任命王世充为太尉。

公元 618 年李密被王世充迭次打败后，投奔长安向唐帝李渊投降。经过熊耳山时被唐将盛彦师擒杀，王世充的劲敌消灭了。

公元 619 年四月七日，王世充在洛阳接受隋王朝杨侗的禅位遂登基称帝，是为郑帝，改元“开明”。

公元 620 年，前突厥向王世充进贡战马一千匹，并求通婚。王世充为谋前突厥奥援，乃把王姓皇家女儿嫁过去。

唐廷计划攻击洛阳郑帝王世充，是年七月前突厥派秘密使节去见王世充，一则报告军情，再则密商合作。可是这个秘密使节在路经山西长治时，被唐驻潞州的总管李袭誉拦截。其任务机密已被唐军获悉。

王世充得到这个资讯，知道与前突厥联合的计划失败，乃在各州及各基地遴选雄兵勇将，集合洛阳。设立四镇将军，招募武士，分别守卫洛阳四面城墙。

洛阳争夺战

是年(620)七月二十一日，唐秦王李世民抵达新安(河南省新安县，东距洛阳六十公里)。郑帝王世充派魏王王弘烈镇守襄阳，荆王王行本镇守虎牢(河南省荥阳市汜水镇，西距洛阳七十五公里)，宋王王泰镇守怀州(河南省黄河北岸的沁阳市，南距洛阳七十五公里)，齐王王世恽巡逻洛阳南城，楚王王世伟镇守宝城(洛阳城内皇城)，太子王玄应镇守东城(洛阳东城)，汉王王玄恕镇守含嘉城(含嘉粮仓保护城，洛阳东城之北)，鲁王王道徇镇守曜仪城(洛阳东城之东)。王世充亲率武装部队，左辅大将军杨公卿率左翼龙骧二十八府(征兵府)骑兵、右游击大将军郭善才率内军二十八府(征兵府)步兵、左游击大将军跋野纲率外军二十八府(征兵府)步兵，总共三万人，严阵以待唐军。

唐大将罗士信率前锋部队包围慈涧(洛阳西新安县东三十里)，郑帝王世充亲率大军三万人增援。七月二十八日，唐秦王李世民率轻装备骑兵前进侦察，跟郑军突然遭遇。唐军人少，不能抵抗，再加道路险恶，遂被郑军包围。李世民前后奔驰，左右开弓射击，弦声响处，郑军纷纷倒毙。擒获王世充的左建威将军燕琪，郑军才撤退。

第二天(七月二十九日)早晨，李世民率步骑兵五万人混合兵团，进攻洛阳西的慈涧。王世充撤出慈涧守军，退回洛阳。

李世民派行军总管史万宝，自宜阳(河南省宜阳县)进军，占领龙门(洛阳南)。将军刘德威穿过太行山，东下包围河内(河南省沁阳市)。上谷公王君廓占领洛口仓城(河南省巩义市东南)切断洛阳的粮食补给线。怀州总管(总部设河南省修武县)黄君汉自河阴(洛阳西北)出兵，攻击回洛城(河南省偃师市北)。李世民所率主力，在北邙山下列阵连营，对洛阳施加压力。

公元 620 年，王世充派驻河南扶沟县的洧州长史张公谨及洧州刺史崔枢献城投降唐军。河南邓州居民首领逮捕王世充的州刺史向唐军投降。

是年八月十四日，唐怀州总管黄君汉，派校尉张夜叉率黄河舰队攻下回洛城。擒获将领达奚善定，并且一连接受二十余村落堡寨归附，破坏河阳南桥(河南省孟州黄河大桥南半部)后撤退。郑帝王世充派太子王玄应率杨公卿等反攻回洛，不能夺回。于是在回洛城西另筑新城，派军驻扎与唐军对峙。

王世充在青城宫(洛阳南)列阵，李世民也在宫前列阵对抗。

八月二十五日，唐将刘德威袭击王世充所属怀州，进入外城，占领很多堡寨。

王世充派驻河南沁阳的显州总管田瓒，于九月十三日率领所统辖的二十五州，归降唐政府。从此襄阳跟洛阳间全被隔绝，王世充派王弘烈镇守襄阳。

唐行军总管史万宝，进攻河南宜阳。九月十七日，李世民派右武卫将军王君廓攻下轘辕(河南省偃师市东南)。郑帝王世充派将领魏隐等，反击王君廓。王君廓假装撤退，但设下埋伏，于是大破郑军。王君廓再向东推进，直到管城(河南省中牟县)才回。

王世充的尉州(河南省尉氏县)刺史时德睿率领所管辖的尉州、杞州(河南省杞县)、夏州(河南省太康县)、陈州(河南省淮阳区)、随州(可能是河南省旧洧川县)、许州(河南省许昌市)、颍州(安徽省阜阳市)，向唐政府投降。于是，黄河以南各州郡相继归降唐政府。

九月二十一日，李世民率骑兵五百人巡视战场，登元恪墓(北魏第八任皇帝元恪墓称“景陵”，也称“宣武陵”，在北邙山)。王世充率步骑兵一万余人突然出现，把李世民围在中央。郑军大将单雄信手拿长矛直刺李世民，正在千钧一发的时刻，尉迟敬德飞马赶到，大喝一声，从侧面刺中单雄信，单雄信翻身落马。郑军士气稍挫，尉迟敬德保护李世民突出重围。

公元 621 年，唐秦王李世民包围洛阳宫城，城中王世充的守卫十分严密。王世充的郑军拥有长射程巨炮，可以发射五十斤巨石，射程二百步。另有连发强弓——弓像车轮一样，可以连续发射八箭，箭头好像大斧，射程五百步。在这种强大防御武器威力之下，李世民四面围攻，日夜不停十几天。洛阳城中打算翻墙出来投降的前后有十三批，都还没有发动，就被郑军诛杀。

公元 621 年，唐军包围洛阳，挖掘壕沟，兴筑长墙堡垒，切断郑军与外界来往。城中缺少粮食，绸缎一匹只可换粟米三升，布十匹只能换盐一升，古董珍宝的价钱低贱得如同尘土野草。人民把城中所有草根和树叶都吃光了，饿死的尸体遍地都是。

王世充当前的处境是所属士卒大部分是长江、淮河一带子弟。他们唯一的缺点是江南有粮食而不能运到洛阳，当前盼望主力决战，而唐军不予决战，长期防守又被唐军围困得水泄不通，而窦建德的援军虽是精锐，但被唐军围点打援的战法所制，不能接近洛阳。

王世充派人要求前突厥阿史那俟利弗出兵支援，但是适逢阿史那俟利弗患病而没有如愿。

洛阳城内粮尽，而窦建德的外援不至。在绝粮的情况之下，王世充乃于五月九日身穿白袍，白马素车率领太子以及两千多文武官员到唐军营门投降。李世民把这帮人等押解长安。

唐廷把王世充兄弟俩软禁在雍州廨舍，定州刺史独孤修德兄弟俩闯入廨舍，扬言要报杀父之仇而刺杀王世充兄弟。其后王世充的儿子王玄应、哥哥王世伟等，也在放逐途中被唐廷全部杀害。

王世充于公元 619 年四月称帝，621 年五月九日降唐，做了两年皇上梦，醒来已是阶下囚。

按：这分明是政治谋杀。独孤修德之父独狐机是隋朝第五任皇帝杨侗属下的司隶大夫。公元619年正月联合同朝供职的杨恭慎等密谋投唐。事泄被时任宰相的郑帝王世充下令斩首。李世民乃唆使独孤修德借口杀父之仇而公然在公廨之内刺杀了王世充弟兄俩。

其后王世充的太子王玄应以及其他子侄也在押解贬窜途中以“阴谋叛变”罪而全遭诛杀。试问在众武士押解警戒之下，他们如何还能“叛变”？岂不是政治谋杀者何？

刘武周

刘武周原籍景城(河北交河镇)，父刘匡经商于马邑，于是定居马邑。

刘武周为人剽悍，善骑射、喜交游，初为马邑太守王仁恭的鹰扬府校尉，很得王仁恭赏识。后因刘武周与王仁恭的侍妾通奸，刘武周恐怕事泄被杀，乃于公元617年袭杀王仁恭而自称马邑太守。

刘武周遣使节请求前突厥承认他的现实政权。当时前突厥也正在积极致力于培养汉人反唐势力，乃允以充分支持。

公元617年春，当时隋政府派雁门郡(山西省代县)的郡丞陈孝意与虎贲郎将王智辩，共同讨伐刘武周，包围刘武周根据地桑干镇(山西省朔州市东南)。当年二月二十一日刘武周联合前(东)突厥反击，斩王智辩。陈孝意逃回雁门(山西省代县)。

同年三月十七日，刘武周攻下楼烦郡(山西省静乐县)，抢劫唐朝的汾阳宫(山西省宁武县管涔山上)，俘虏所有宫女，把她们送给东突厥汗国始毕可汗(十一任大可汗)阿史那咄吉，作为贿赂。阿史那咄吉馈赠马匹，作为回报。刘武周的兵势越发强大，又攻陷定襄(内蒙古自治区和林格尔县)。东突厥汗国封刘武周当定杨可汗，发给他绣有狼头的大旗(狼是传说中突厥的老祖先，突厥用狼的图腾表示无上权威)。刘武周遂登基称帝，自称“定杨天子”，封正妻沮女士为皇后，改年号“天兴”。任命妹夫、同县人苑君璋为内史令。

刘武周率军包围雁门(山西省代县)，郡政府秘书长(郡丞)陈孝意竭力抵抗，被围一百多天粮尽，校尉张伦斩陈孝意开城迎降刘武周。

这时候，隋朝左翊卫士郭子和，因犯罪被贬谪到内蒙古自治区的托克托县，适逢这里大饥荒，隋地方政府不予救济。郭子和乃结交当时的难友，组成敢死勇士十八人，击斩郡丞王才，打开粮仓，赈济饥民。郭子和自称“永乐王”，改年“丑平”。郭子和发展到骑兵两千人，南方联络梁师都，北方附和前突厥。前突厥的十一任大可汗阿史那咄吉，封刘武周为“定杨天子”，梁师都为“解事天子”，郭子和为“平杨天子”，而郭子和拒绝接受，遂改称之为“屋利将军”。

公元618年十一月，河北易县民间领袖宋金刚投奔刘武周。刘武周知道宋金刚是一员能征惯战、善于用兵的名将，乃与之推诚相见，除把家产分一半给宋金刚外，还把妹妹嫁给宋金刚为妻，全军指挥权也交给宋金刚。

公元619年三月，刘武周攻击唐属并州。刘武周引导前突厥军挺进到太原以南榆次的黄蛇岭，由唐叛将领张达引导突厥联军攻下距离太原不到五十里的榆次。

唐廷派晋州道行军总管裴寂截击介休的刘武周军，宋金刚用断水之计把唐军击败。于是晋州以北城池全归附了刘武周。

刘武周进逼并州(山西省太原市)，唐守将李元吉不战而奔回长安。太原城内民间领袖薛深打开城门迎接刘武周入城，刘武周遂迁都太原。

宋金刚也先后攻占晋州(山西省临汾市)，绛州(山西省新绛县，在临汾西南七十五公里)和龙门(山西省河津市在临汾南五十公里)。这些城市都是拱卫首都——太原的重要据点。

刘武周攻下太原西南的汾州(汾阳市)。唐军乘黄河结冰正坚之际，大军冰上过河，在河津县北与刘武周的宋金刚部会战。

刘武周虽然占据太原，但是连年战乱，仓廪空虚，军糈都靠临时掠自民间，所以他必须速战速决。唐军抓住刘武周这个致命弱点，就采取围点打援战法，以面的占领来围困点，使刘武周军粮尽自败。

汾阳，在太原西南二百里地，是拱卫太原市的重要据点，就成为刘武周与唐军的拉锯战场。最后唐将张纶打败刘武周军，斩杀及俘一千多人。

公元620年夏四月，刘武周的大将宋金刚军中粮尽，乃向北撤退。唐廷派名将秦王李世民追击，追到吕州(山西省霍州市，在汾河东岸，距太原市三百里)决战，宋金刚又败。再北退到灵石县的鼠雀谷，一天之内八次会战，宋金刚大败，从此一蹶不振。

刘武周还有一位大将尉迟敬德，在介休整合残兵败将，固守介休，也被唐军游说而降唐。

刘武周在太原听到宋金刚大败的消息，大为震惊，乃放弃他的首都并州(太原市)逃奔前突厥汗国去了。

宋金刚收拾残余部众，打算反攻再战，无奈将士已无斗志，拒不受命。宋金刚无可奈何，率领一百多骑兵也逃奔前突厥去了。从此刘武周所有州郡全为唐朝收复。

宋金刚掉头打算逃往他早先起事的地方——上谷(河北省易县)，想着东山再起。而前突厥则是怕他被唐朝利用，所以派军截住，宋金刚被前突厥擒住后腰斩。

刘武周的妹夫内史令苑君璋仍然留守在刘武周的老都城朔城(山西省朔州市)。刘武周在前突厥军中待过短时间，他计划重返朔州，相机再起。

前突厥对于汉奸的处理方式，一向可以利用的则利用之，不可以利用的则杀之。刘武周打算逃回朔州，前突厥也是怕他被唐朝利用而于公元620年的四月将其杀害。

梁师都

梁师都，陕西靖边县(朔方)人。仕隋，为朔方鹰扬郎将。大业末(617)梁师都斩郡丞而据朔(陕西横山区)自称大丞相。旋又攻下雕阴(陕西省绥德县)、弘化(甘肃省庆阳市)、延安(陕西省延安市)等地，登基称帝，国号“梁”，改年“永隆”。

梁师都向北方联络前突厥，表示称藩，前突厥第十一任大可汗始毕可汗阿史那咄吉正在处心积虑设法招徕汉人反隋，于是大表欢迎，封梁师都为“大度毗伽可汗”，又称“解事天子”，还送梁师都绣有狼头的大旗。

梁师都遂引导突厥部落移住河套(河南)，又攻下监川郡(陕西省定边县)。

公元619年秋，梁师都会同前突厥军数千骑兵进攻延州(陕西省延安市)，被唐守将段德操击败。

次年，梁师都引导前突厥稽胡部落(山西省西部、陕西省北部的匈奴族)攻击唐边境，又被唐行军总管段德操击退，斩杀一千多人。

梁师都派驻陕西横山石堡的守将张举，于公元620年八月率所部一千多人向唐廷投降。这一招是唐廷策反计谋的成功。紧接着梁师都驻镇甘肃合水县东北华池镇的大将刘旻也向唐廷投降。

张举与刘旻的降唐，给梁师都的打击很大，士气的低落和民心的背叛都很明显的在扩大。梁师都为了补救这个危机，只有鼓动战争，鼓动前突厥十二任大可汗阿史那俟利弗兴兵犯唐。可是此计还没有实现而阿史那俟利弗就去世了。

唐武德五年(622)二月，唐驻陕西延安的延州道行军总管段德操进攻梁师都的石堡城(陕西省榆林市)。梁师都亲自督战，而仍是梁军大败。只剩下十六名骑兵保护梁师都逃离战场。

唐军乘胜进攻榆林西南一百里的梁师都的都城——夏州(陕西省靖边县)，正在危急之际，梁师都搬来前突厥的救兵。段德操匆匆撤退。

公元622年冬十一月，梁师都派他的弟弟梁洛仁率同前突厥军数万人围攻灵州，被唐军打得一败涂地。自此三年不见突厥军再出现。

前突厥眼看唐朝日盛，同时也发现豢养汉奸不能达到政治目的，于是向唐朝低头请和，所要求条件是突厥把梁师都交给唐朝，换得唐廷把之前投降唐朝的契丹部落给突厥。

唐帝李世民的答复是："契丹部落是匈奴族系，不是突厥族，他来投降天朝，唐廷有保护他们的义务。梁师都是唐朝的官吏，背叛天朝，分裂大唐国土，为害大唐人民，他应受唐律制裁。"所以没有接受突厥的要求。

突厥不再支持梁师都，汉奸自是败象丛生。梁师都手下的名将李正宝等计划发动政变，逮捕梁师都降唐。事泄，李正宝逃奔降唐，其他官员们相继逃亡或降唐。

唐帝派右卫大将军柴绍、殿中少监薛万钧等发兵进攻梁师都的根据地(陕西省靖边县)，前突厥也不敢援救。梁师都城内粮尽，外援不继。其悲惨下场已临面前。

公元628年的四月二十六日，梁师都的堂弟梁洛仁乘隙刺杀梁师都，献上城池投降唐军。

梁师都自公元617年三月起事，到628年四月败亡，计十二年。隋末群雄中，他算寿命最长的，不过结局则一样。

高开道

高开道，河北景县人。家世煮盐为生。隋大业年间，投效河间格谦。后格谦败亡，高开道遂率其众百多人，逃亡到海曲(山东省日照市西)以避官兵追捕，剽掠附近郡县，势力日益扩大，为害地方，渐为地方不容。唐武德初，他竟率众北上，不知道是什么理由，一口气攻下中国北方较富裕的北平(河北省卢龙县)，又下渔阳郡(天津市蓟县)而占领之。从而拥有战马数千，部众近万。公元618年冬，他拿出当时军阀们的老一套：自称燕王，年号“始兴”，建都渔阳郡。

时怀戎(河北省涿鹿县)佛教和尚高昙晟格杀当时唐派官员，而自称“大乘皇帝”，派使节召见高开道，封高开道为“齐王”。高开道率数千人归附，不数月高开道击斩高昙晟，并其众，势力盛极一时。他在当地为王三年，也算是就地生根了。公元620年五月，夏王窦建德围攻幽州，唐幽州总管李艺(罗艺，投唐后赐姓李)向燕王高开道求援。高开道率骑兵两千驰援，窦建德闻风撤退。高开道趁此机会通过李艺的推荐归降唐朝。

唐帝李渊任命高开道为蔚州总管，驻镇河北蔚县，赐姓李，封北平郡王。

幽州(北京)大饥谨，蔚州总管李开道(高开道，降唐后赐姓李)承诺运送粮食赈济李艺。李艺差遣老弱人员前往蔚州(河北省蔚县)谋生。李开道对他们十分优待，李艺大喜过望，于是派出健壮平民三千人、车数百辆、驴马一千余匹，前去运载粮食。李开道却忽然翻脸，把他们全部留下，跟李艺断绝关系。

高开道再称燕王，北方与前突厥汗国联合，南方跟变民首领刘黑闼联合，率军进攻易州(河北省易县)，不能攻克，大肆抢掠而去。

高开道再派部将谢棱向李艺诈降，请求派军支援。李艺出兵接应，将要抵达怀戎(河北省涿鹿县西南七十里)时，谢棱发动袭击，把李艺军击败收编了他的部众。

高开道跟前突厥联合出兵，屡次侵入唐境，恒州(河北省正定县)、定州(河北省定州市)、幽州、易州，都常受到他们的骚扰。

以后高开道又与前突厥联合，再度自称燕王。时群盗渐平，高开道见客观环境逐渐对他不利，打算再向唐廷请降，但又恐怕唐廷降罪。当时他在前突厥的羽护下而自保。

公元622年，高开道进攻唐属蠡州(河北省蠡县)，又联合前突厥与苑君璋部进攻雁门，都被唐守将打得大败而退。

翌年三月初，高开道为了军中给养，发兵四处劫掠粮食。唐廷派骠骑军平善政发兵围攻，高开道大败。

五月，高开道引导盘踞在滦河上游的乌桓族群奚部落的骑兵进攻幽州，唐幽州长史王诜把他们击败。

高开道的部下将士多数山东人，到处剽掠几年每人都有不少财物，于是普遍地想家思归，日益厌乱、厌战。

公元624年二月十九日，高开道的爱将张金树斩了高开道而率众降唐。

高开道称雄八年而亡。

《通鉴》对于高开道之死的另一说法，说他被张金树率众徒(噪攻)激烈示威请愿，高开道先缢其妻妾诸子之后自缢。

《通鉴》又说公元623年三月燕王高开道劫掠文安(河北省文安县)、鲁城(河北省青县)，两地都在沧州地区，沧州距离高开道的都城(河北省怀来县)约七百里之遥。在那时候唐朝的势力范围已很接近高开道的都城了，高开道不可能不顾都城的安危而远征七百里路以外的沧州。

徐圆朗

徐圆朗，山东兖州人。隋朝大业末年(617)在鲁西地带为盗。初附李密，后归窦建德。

公元617年正月，徐圆朗攻陷东平(山东省郓城县)。时有武装部队二万人，乃分兵东取琅琊(山东省临沂市)。两年后徐圆朗向唐廷输诚，唐廷任命徐圆朗为兖州总管，并封鲁国公。

公元621年，势力庞大的刘黑闼起兵反唐，徐圆朗又率先响应。刘黑闼任命徐圆朗为特遣大元帅。

是年秋九月，徐圆朗又自称鲁王。

徐圆朗也是野心勃勃，总是想着称霸、称王、称皇帝。他虽在刘黑闼的属下，却不时自行扩充地盘。这年冬，他进攻唐属济州(山东省东阿县)，被太守吴汲伦打得大败而退。

他这一败，致使他委任的昌州(在东阿南一百里的东平县)刺史刘善行向唐军献城投降。徐圆朗的退路已断，乃落荒而逃回兖州。但他对于素有粮仓之称的东阿县仍不甘罢休，武力打不过，就来文的，他运用反间之计，使唐廷所派东阿县的济州别驾刘伯通挟持刺史窦务本献城投降。

唐杞州(河南省杞县)变民周文举袭杀了唐廷所派的刺史王文炬而归附鲁王徐圆朗。同时唐廷派汴州总管王要汉发兵弹压，收复了杞州，逮捕了周文举。

二月间在徐圆朗占领下的山东金乡县地方领袖阳孝诚，为了卫护地方秩序、保卫民间生命财产，而发起地方武力反抗徐圆朗。

公元 621 年，继王世充降唐之后，徐圆朗也向唐廷请降。唐廷任命徐圆朗为兖州总管，封鲁郡公，驻镇山东兖州。于是兖州、郓州(山东省东平县)、曹州(山东省菏泽市定陶区)、戴州(山东省成武县)、陈州(河南省淮阳县)、杞州、伊州(河南省嵩县)、洛州(河南省洛阳市)八州地方的英雄人物，纷纷来归徐圆朗。

两年后，各地变民大部分被唐廷剿灭、收抚，可以说是大局已经平定了。由于民心望治，对于过去那些行径，大都深恶痛绝。徐圆朗再想向外发展，扩大势力范围，已经不被环境许可了。接着唐廷整肃各地杂牌军队，徐圆朗的部众也被征调去做兵工，从事交通、水利等各项公共建设。这时候的徐圆朗已由失意军阀而成为失意政客了。

公元 623 年春二月，徐圆朗窘极无聊，只带二三随从漫无目标的弃城而走。既没敌人打他，也没有自己的部队卫护他，因为他的部队除了被征调做工去之外，大部分是相继散去了。徐圆朗流浪在乡间，回顾茫然，两手空空。当他正在不知所以时候，被一群流浪汉抓住杀死。他所割据的土地，也就自然而然地统一在大唐帝国的版图中了。

刘黑闼

《人名大辞典》说："刘黑闼于隋末事李密为裨将。密败，为王世充掳去，补马军总管，镇新乡。时唐李(徐)世劫攻新乡，掳刘黑闼，献之窦建德。建德重用为将，封汉东郡公。唐武德中建德败，为逃避官军追捕乃回到老家山东恩县隐匿。公元 621 年又为窦建德旧部范愿、董建买等要求复出而募得百余散兵游勇。"

唐武德四年(621)刘黑闼攻下瀛州(河北省河间市)，杀了唐刺史卢士睿。在瀛州东南一百多里的观州(河北省东光县)变民，生擒唐刺史雷德备向刘黑闼献城响应。刘黑闼算是旗开得胜，初步成功。

是年冬十二月，刘黑闼又攻陷河北冀州，继续向河北中部及河南省东北部地区发布文告，于是窦建德的旧部将领士卒们纷纷诛杀唐政府的地方官员，归附刘黑闼。

十二月初，刘黑闼率军数万南下进攻宗城(河北省威县)的唐黎州总管李(徐)世劫，李世勣退守威县西南百余里的洺州(河北省永年区)。洺州也是刘黑闼的主要目标。

刘黑闼追击李(徐)世劫，杀唐步兵五千人。李世勣仅逃出一命。洺州城内变民开城迎接刘黑闼。

这个地区是窦建德的发祥地，窦建德失败后，他的很多下属都散失在此地。刘黑闼为吸收那些散兵游勇，乃举行一次大规模的追悼窦建德大会。

刘黑闼为争取天时地利与人和，久想以洺州为行政中心，又分兵南下攻占相州(河南省安阳市)、黎州(河南省浚县)、卫州(河南省卫辉市)，半年之间完全恢复了夏王窦建德时代的地盘。

刘黑闼又派使节联络前突厥，要求合作攻唐。前突厥第十三任大可汗阿史那咄苾派俟斤(带兵官)宋邪那率骑兵支援刘黑闼。

刘黑闼得此助力，乃再扩大战果，北向攻下邢州(河北省邢台市)、赵州(河北省赵县)。南下攻克魏州(河北省大名县)、莘州(山东省莘县)。这都是开发兵源、粮源的好地方。

唐武德五年(622)，唐属东盐州(河北省海兴县)治中王才艺刺杀州刺史而献出城池响应刘黑闼。

唐秦王李世民率军东征刘黑闼，收复相州，刘黑闼退守洺州。

正月中唐军收复河南安阳后，大军进驻河北肥乡，距离永年不到五十里，先锋部队隔洺河北岸扎营，对刘黑闼的都城——洺州，构成严重威胁，但刘黑闼坚守不屈。

李世民召来幽州总管罗艺(已改姓李)率数万大军前来会师攻击刘黑闼。

刘黑闼亲自率领大军截击，在刘黑闼离开都城的当夜，唐廷派驻永年附近监视洺州的永宁县令程名振，携带六十面战鼓，在洺州城西二里河堤上猛烈擂鼓、呐喊，鼓声震天动地。深夜，刘黑闼的洺州守将不辨唐军多少，乃紧急驰报刘黑闼。在沼州北三十里沙河地方的刘黑闼听到首都告急，一面回师救洺州，一面命刘十善、张君立等率领一万大军继续北上鼓城(河北省晋州市，距沼州一百五十里)堵击唐军李艺(罗艺)军南下。会战结果，刘十善、张君立大败，所部死、伤、被俘的约八千人。

河北省曲周县在刘黑闼的首都洺州以东五十里，是拱卫洺州的重要据点。亲刘黑闼的当地领袖李玄感据县城向唐军投降。唐秦王李世民派彭公王君廓率一千五百精骑驰援。而刘黑闼也紧急东进，意图夺回曲周县，但被唐军秦叔宝部拦腰截击，刘黑闼大败而退。

公元622年六月，刘黑闼引前突厥军反攻山东，被唐燕郡王李艺击退。

是年冬，唐驻河北清河县的贝州总管许善护攻击刘黑闼的弟弟刘十善，在山东平原西南的鄃县(山东省夏津县)会战，结果许善护全军覆没。

这一仗战败的影响是，唐驻河北东光县(距清河县二十公里，距山东平原七十五公里)的观州总管刘会向刘黑闼献城投降。

唐廷派禁军将军桑显和在晏城(河北省辛集市西)攻击刘黑闼的驻军指挥部，以牵制刘会事件的扩大。

唐廷为降低刘会事件的影响，同时派行军总管淮阳王李道玄进攻驻在河北省武邑县(下博——东光县西五十公里)的刘黑闼军，当时因李道玄与副手史万宝不和，史万宝故意贻误军机而导致李道玄战败被俘而自杀。唐大军崩溃，史万宝只身逃回。

李道玄败死的消息传出，震动了整个战区。洺州总管庐江王李瑗放弃城池，向西逃走。唐沧州(河北省盐山县)总管程大买也放弃城池逃走。其他州、郡相继叛离，相州以北各州、县全都归附刘黑闼，于是刘黑闼又恢复了窦建德时代的全部领土。

公元622年正月，刘黑闼再称“汉东王”，改年“天造”元年，定都洺州(河北省永年县)，大封百官，俨然一朝廷。还把邀他重出的几位老战友，都任为朝廷要职。夏王窦建德时代的文武百官也都官复原职。其行政体制完全效法窦建德。

这一连串的败仗，震撼了唐廷。是年冬十一月，唐帝李渊派太子李建成率领大军反攻，同时下令河北、河南、山东各州统归李建成全权指挥。

当时，刘黑闼攻下恒州(河北省正定县)，斩唐恒州总管王公政。

李建成的战略部署是南北夹击刘黑闼。

是年十二月在刘黑闼占领区以北的唐幽州大总管李艺收复被刘黑闼占据的廉州(河北省石家庄市藁城区)、定州(河北省定州市)，距离刘黑闼的都城(沼州)一百多公里。逐步南下威胁洺州。

同时在刘黑闼占领区以南的唐魏州(河北省大名县)总管田留安大军东进山东省莘县，俘虏刘黑闼所任命的州刺史孟柱及其将士六千人。这时候山东各地变民地方团队纷纷投效刘黑闼，也许这就是刘黑闼的回光返照。

刘黑闼乘隙进攻田留安的大名县，被田留安回师击退。

唐太子李建成，齐王李元吉率大军到达昌乐(河南省南乐县)，刘黑闼也率军抵抗，可是两次列阵都没有开战就收兵。

李建成接受魏徵的建议，把俘虏过来的刘黑闼部属好言安慰，全部释放回去。

刘黑闼的处境已经是腹背受敌的局势，加之军粮已尽，他的部属很多逃亡的、投降的。刘黑闼遂乘夜色掩护撤退到河北省的馆陶县，打算渡过卫河、运河再回到山东老窝去。

唐军尾追而至，刘黑闼仅率数百骑兵向北逃脱。刘黑闼打算投奔前突厥，马不停蹄地逃到河北饶阳县，被他所委任的饶阳总管诸葛德威引诱进城，予以逮捕，押解到洺州唐李建成的总部，李建成下令把他两弟兄(刘黑闼、刘十善)一起斩首。

这是唐武德六年，刘黑闼的天造二年正月，公元623年的事。

张长逊

张长逊是陕西临潼人，隋时任内蒙古五原县的通守(相当于州刺史的副手)，献城投降前突厥，被封为“割利公”。当时的西秦霸王薛举与梁帝梁师都和前突厥三国计划联军进攻长安。

隋朝的唐王李渊派都水监宇文歆贿赂前突厥阿史那咄苾不出兵，使三国联合进攻长安的计划胎死腹中。又使前突厥送张长逊到长安觐见，五原县地区随张长逊的反正而归还隋王朝。李渊又任命张长逊为驻五原的丰州总管。

张长逊又施计使阿史那咄苾与薛举、梁师都绝交，分化了反隋势力。

隋、唐易鼎，张长逊入唐。

唐廷的高级官员们大多对于张长逊没有信任感。张长逊为了以实际行动来表示他的忠诚，乃于公元621年夏季，亲自率领部众南下，协助唐太子李建成讨伐稽胡部落，并乘机晋京谒见唐帝李渊。当时李渊委任张长逊为统帅禁军的右武候将军，旋又任命张长逊遥兼特进检校益州行台右仆射，遂(四川省遂宁市)、夔(重庆市奉节县)两州总管，政以惠称，终于任。

第285窟东壁供养菩萨像

后突厥

民　　族：突厥族

时　　间：公元 698—745 年，计四十八年

疆　　域：后突厥的疆域，表面上应该承继前突厥统绪而有其全部版图。但其实际由于其领导层（历任可汗）的极不稳定，内部许多不同种、不同文化的弱势部落的互相挞伐、兼并，致使他在支离破碎扰攘不安中度过四十多年。

首　　都：内蒙古自治区的和林格尔县

历任可汗：阿史那骨笃禄：公元 683—687 年。仍自称是前突厥的第十八任大可汗。

阿史那默啜：公元 687—714 年。骨笃禄之弟，自称为前突厥的第十九任大可汗。公元 695 年归降后，武则天封为“迁善可汗”“颉跌利施大单于”等。

乙弥尼熟俟利苾可汗阿史那思摩，为后突厥首任大可汗。

阿史那匐俱：公元 714—716 年。默啜之子，为骨笃禄的儿子阿史那阙所杀。

毗伽可汗阿史那默棘连：公元 716—734 年。

伊然大可汗：名不详，不久被杀。

登利可汗：名不详，伊然大可汗之弟，公元 741 年被阿

史那判阙所杀。阿史那判阙另立默棘连之子为可汗。不久被阿史那骨咄所杀，立默棘连另一儿子为可汗，不久又被骨咄所杀。

阿史那骨咄乃于公元 741 年自立为大可汗。公元 742 年骨咄战死。

颉跌伊施大可汗：原为拔悉密部落酋长。突厥残众不甘为外族统治，于是又推阿史那阙的儿子为乌苏米施大可汗。

乌苏米施大可汗：于公元 744 年战败被杀。

白眉可汗：乌苏米施之弟。阿史那鹘陇匐白眉。公元 745 年被杀，后突厥亡。

后突厥

前突厥在东北亚细亚，不唯幅员辽阔，而且成员中不同种族、不同文化的部落群也很复杂。

唐太宗贞观四年(630)前突厥既亡，残余部落有向北投降薛延陀汗国的，有向西投奔新疆及中亚细亚的西域，也有投奔西突厥的。百足之虫虽死不僵，任何一个政权，都有不同层次、不同理念的大小领导人物和掌有兵权的军阀(突厥称“设”)。前突厥的最高权力机构跟着他第十三任大可汗——颉利可汗阿史那咄苾的失败被擒而瓦解。可是在突厥原有境内还遗留下不少残余势力的复辟活动。

唐贞观十年(636)正月，唐帝任命前突厥的拓设(将军级)阿史那社尔为左骁卫大将军，无形中又引起了前突厥族的复兴运动。

阿史那社尔是前(东)突厥第十二任大可汗处罗可汗阿史那俟利弗(东突厥出身的唐朝名将)的儿子。十一岁时，阿史那俟利弗就任命他为执掌

后突厥疆域图

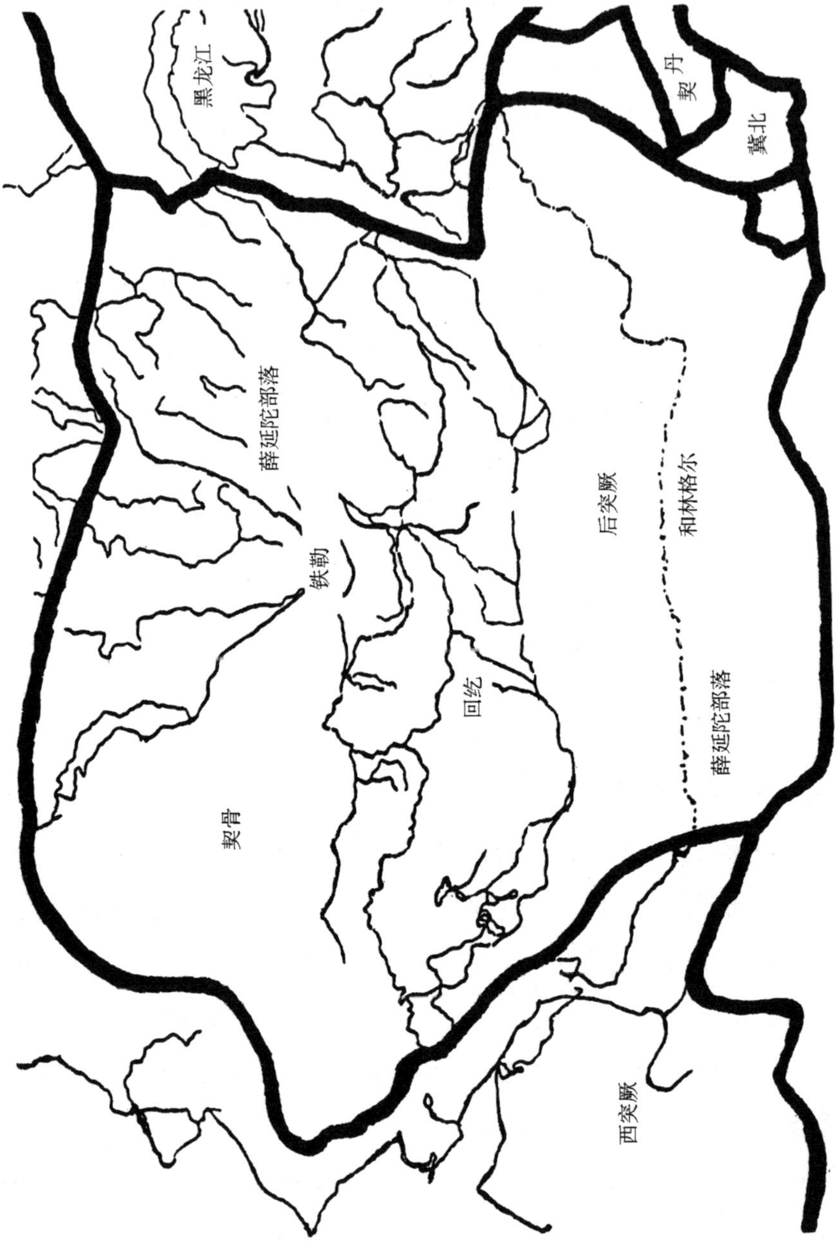

兵权的王子(拓设)，在大漠以北(蒙古国北部)设立御帐，和阿史那咄苾的侄儿亲王(设)阿史那欲谷分别统治漠北敕勒(铁勒)各部落十年之久。

前突厥汗国瓦解，北方陷于真空，薛延陀汗国真珠可汗(二任大可汗)薛夷男，率领他的部落，在尉都犍山(即郁督军山，蒙古国杭爱山)之北，独逻水(蒙古色楞格河)之南，建立王庭(中央政府)，可以随时作战的控弩战士有二十万人。薛延陀命他两个将军：薛拔酌、薛颉利苾，分别管理这个汗国南北两部。

阿史那社尔降唐

后来，薛延陀部落叛离，击破将军阿史那欲谷，阿史那社尔的军队也同时溃败，他(阿史那社尔)乃率残余部众逃到西方据守汗国西疆。不久前突厥败亡，西突厥汗国陷于混乱，咄陆可汗(西突厥六任大可汗)阿史那泥孰兄弟们夺权。阿史那社尔前往诈降，趁势向西突厥发动突袭，几乎夺取西突厥一半国土，拥有部众十余万，自称都布可汗(小可汗)。阿史那社尔在沙漠北攻击薛延陀，缠斗一百多天。这时西突厥咥利失可汗(七任大可汗)阿史那同娥登基，而阿史那社尔的部众，不能忍受长期作战，很多人抛弃阿史那社尔而逃奔西突厥阿史那同娥。薛延陀乘机出动大军反击，阿史那社尔大败，投奔高昌王(新疆维吾尔自治区吐鲁番市)，手下部众还有一万多家(落)，又畏惧西突厥汗国的反攻，遂率领他的部众，向唐朝投降。

唐帝李世民下令把他的部众安置在灵州以北，而把阿史那社尔留在长安，把皇妹衡阳长公主下嫁给他，派他率领城门防卫军(屯兵)，驻防皇家园林之内。

前突厥汗国突利可汗(小可汗)阿史那什钵苾的弟弟阿史那结社率，于唐贞观十年(636)冬随从什钵苾归降唐朝。他曾经做过唐朝的中郎将，由于生活糜烂，品行卑劣，怨恨他的哥哥阿史那什钵苾对他教训斥责，就诬告他哥哥谋反，李世民也因此看不起他，很久不给他升官。阿史那结社率遂秘密集结旧日部众，共四十余人，计划趁晋王李治于四更出宫大开宫门排列卫队时，冲进宫去直扑皇帝住所，企图建立惊天动地的大功。四月十一日，会同阿史那什钵苾的儿子阿史那贺逻鹘，在夜色掩护下埋伏宫外。突然间天刮起大风，晋王李治凌晨没有出宫，而阿史那结社率恐怕天亮后行迹败露，遂即下令攻击，流箭飞石向四方乱射，皇家卫士数十人战死。冲过四层防线，守卫司令(折冲)孙武开等督率部众奋勇截击。阿史那结社率知道不能成功，于是后退闯到御马厩，强行取走御马二十多匹向北逃走。渡过泾水打算投奔突厥人部落。唐军追捕，把他们捉住斩首。但特别赦免阿史那什钵苾的儿子阿史那贺逻鹘，贬到广东大庾岭以南。

唐贞观十四年(640)三月十九日，唐廷设立宁朔大使负责保护前突厥的遗民。

前突厥的始毕可汗(小可汗)娶粟特胡人为妻，生子阿史那思摩。思摩生随母相，看起来好像是粟特人(粟特人的特征：身高体壮，深目高鼻，髭须浓密，青眼绿瞳，白面赤发，属白种人中的伊兰种——《新疆民族辞典》)。这种情形在那时候突厥人的传统概念里是一大忌讳，所以当他(思摩)长大成人后只给他一个“夹毕特勤”的名分而不准其执掌兵权。

前突厥亡国后，始毕可汗(思摩之父)时常计划兴兵犯唐以恢复前突厥，可是他的儿子阿史那思摩却力主和平降唐，并常遣使与唐廷通好。

唐贞观四年(630)唐军北伐始毕可汗，仅一战始毕可汗全军覆没。阿史那思摩乃乘机在内蒙古和林格尔(定襄故城)设立御帐，时有三万落(户)族众随从、四万人的战斗部队、九万匹战马。

阿史那思摩一则痛恨突厥族的传统文化使老一辈的领导人故步自封，不懂政治原理，只知排斥异己。二则他盱衡当前大势，断定后突厥必败，所以他就直接上疏唐廷，郑重表示“愿意世世代代效忠唐廷，永远为守护中国北疆边防而尽忠”（《旧唐书》）。

唐太宗批准所请，并任命阿史那思摩为右武卫大将军、化州都督(遥领，实地在广东)，又封为怀化郡王，乙弥尼孰俟利苾可汗(大可汗)，并赐姓李。命阿史那忠为左贤王，阿史那尼孰为右贤王，整军严防河套以北的薛延陀部南犯。

宫廷既命阿史那思摩为复兴后的突厥领袖，所以史家就称阿史那思摩为“后突厥”的首任大可汗。

阿史那思摩在定襄虽有军队数万，但他的北邻却是时刻在打算渡河南犯的薛延陀部落。强邻压境，给阿史那思摩的威胁很大，几经交涉才由唐廷准其南迁。阿史那思摩于公元644年(唐太宗贞观十八年)死于长安。

谈谈薛延陀

“薛延陀”是一个族种多元化的政治集团之总名称。《古今地名大辞典》说他是“敕勒诸部之一，先与薛种杂居，后灭延陀部而有之，号薛延陀。姓一利臣氏，居今外蒙古及西伯利亚之地”。

“薛延陀”在这个集团中是当时称为“铁勒”族群的主力部分。不久前还是前突厥的附庸国，前突厥亡后而后突厥的复兴势力还在酝酿中时，薛延陀也分为两派而分别从属前(东)后两个突厥。

关于薛延陀部落的出处，刘锡淦先生的《突厥汗国史》一书综合传统各史籍的记载而认为，延陀为匈奴之后与薛部杂居，合称薛延陀，而薛部则为这一族群中的主体(《旧唐书》中所谓的“本姓”就是主体的意思)。其首领就是主体中的一利咥氏，也有称其为“乙失钵”的。居今蒙古国及西伯利亚一带。

在贪汗山(一名汗山，在蒙古国土谢图汗中旗图拉河之西，乌兰巴托之南)一带的薛延陀部与西突厥发生冲突，其首领一利咥被杀。乃立俟利发俟斤契弊歌楞为易勿真莫何可汗，又立薛延陀内俟斤字也咥为小可汗。在与西突厥统叶护可汗战斗中也咥阵亡，其子夷南率所部七万多户东迁郁督军山(蒙古国境内杭爱山)与薛延陀部会合，声势大振。

唐太宗贞观三年(629)，夷南派他的弟弟统特勤进京入朝，唐太宗钦赐宝刀、鞭各一，并当面嘱咐："在你部中有大罪者斩之，小罪者鞭之。"这是代表皇帝的权威。

夷南势力大增，乃自称"真珠毗伽可汗"(也有说是唐帝所封)。前(东)突厥的颉利可汗被唐朝俘虏，有些流散的突厥人、弱势部落的回纥等铁勒部落也都来归属薛延陀，当时薛延陀的势力范围东至靺鞨，西至叶护(西突厥)、南接沙碛，北至俱伦泊(在今内蒙古自治区呼伦贝尔西部)。在当地的回纥、拔也古、阿跌、同罗、仆骨、霫诸大部落都附属在薛延陀统御之下，于是薛延陀成为我国北方一大政治集团。

俱伦泊——今之呼伦池在今内蒙古呼伦贝尔西部。元之阔连海子，明之阔滦海子，形椭圆。自西南而东北，长二百余里，东西阔百余里，周可五六百里。上源有二。一为克鲁伦河，出蒙古肯特山之东南，曲折东流二千数百里，汇纳众流，由池之西南隅注入。一为乌尔顺河，自贝尔池流出。曲折北流，自池之东南面注之，池之北端开一口，池水溢出(一说系海拉尔河支流，南流入池)。东北流为额尔古纳河，下流注于黑龙江。池西三十里有巴留拉泰山。东北近岸有噶尔巴里山，正北有塞克咸山。(《古今地名大辞典》)

原在阿史那思摩部中的阿史那斛勃率所部脱离阿史那思摩，自称乙注车鼻可汗，在金山之北与薛延陀展开周旋，时常出掠薛延陀人畜。

真珠毗伽可汗夷南于唐贞观十九年(645)死，其子拔灼嗣立。由于内部族种复杂，领导人不孚众望，翌年(646)内部发生斗争，回纥等部落起而叛变，并联络唐廷出兵灭之。

是年(641)冬季十月，唐廷在前突厥残余部落所在地(内蒙古自治区呼和浩特市境内)分别设立舍利州、思辟州、阿史那州、绰州、白登州等五州，隶属云中军区(总部设陕西省横山区)。

另在陕西旧榆林府境内设苏农等六州(苏农州、阿德州、执失州、拔延州，另二州佚名)隶属总部设在陕西靖边县的定襄都督府。

唐贞观二十三年(649)，前突厥车鼻可汗(十五任大可汗)阿史那斛勃拒绝朝见唐帝，唐帝李世民派右骁卫郎将高侃，征调蒙古西南部的回纥部落、蒙古东部的仆骨部落等各部落军，联合进攻阿史那斛勃。大军进入前突厥国境，前突厥各部落纷纷投降。阿史那斛勃的儿子拔悉密与时为蒙古科布多盆地，乌布沙泊西的总督(吐屯)阿史那肥罗察也向唐朝远征军归附。唐政府在该地设新黎州。

高侃再攻前突厥的最后一个军事据点——阿济山(阿济山在额济纳旧土尔扈特部北境大戈壁中与蒙古国札萨克图汗互界)，又称北套(地在河套以北故称北套)。

额济纳旧土尔扈特部，是西套(河套之西)蒙古二部(阿接善部与额济纳部)之一。在今宁夏回族自治区西部，东界阿接善额鲁特，南邻甘肃省，西邻新疆，北界蒙古。汉时为张掖郡，魏晋为西海郡。十六国时前凉、后凉、西凉、北凉都曾占据过，所以北魏灭北凉后称之为凉州(《古今地名大辞典》)。前突厥的车鼻可汗(十五任大可汗)阿史那斛勃紧急征调各部增援，而各部落全不理会斛勃这个乱命。阿史那斛勃无可奈何，乃在数百名骑兵保护之下向西逃走，高侃率精锐轻骑追到金山(阿尔泰山)活捉阿史那斛勃而回。前突厥残余部众纷纷投降。

从此(公元650年，唐永徽元年)，前突厥所有各部落完全在唐朝疆土之内了。唐廷在内蒙古和林格尔设置单于都督府，在蒙古西库伦设置翰海都督府。

单于都督府统御狼山（府治蒙古国乌列孟城），云中都督府（治陕西省横山区），桑干都督府（治内蒙古自治区苏尼特右旗）三都督，苏农等二十四州。

翰海都护府（蒙古国哈尔和林）领翰海、金微（蒙古国巴彦乌拉县）、新黎（蒙古国乌兰固木城）、幽陵（北京市大兴区）、龟林（蒙古国境内）、坚昆（治新疆伊吾县、甘肃省境白山山脉之西麓）六都督，仙萼、浚稽、余吾、稽落、居延、寘颜、榆溪、浑河、烛龙等九州。各以其部落酋长为州刺史与府都督。

翰海都护府后移于回纥（突厥别部）本部。

昙花一现的复辟运动

唐仪凤四年（679）冬十月，驻镇内蒙古和林格尔县的单于大都督府所属突厥部落首领阿史德温傅、阿史德奉职等分别率部众叛变。拥护具有突厥皇家血统的部落酋长阿史那泥孰匐为前突厥第十六任大可汗，于是二十四个羁縻州的州长拥有部众数十万人，全部脱离唐朝，向阿史那泥孰匐效忠。

唐政府强烈反应，下令主管藩属事务部的鸿胪卿兼单于大都护府长史萧嗣业、右领军卫将军花大智、右千牛卫将军李景嘉等，率军北征。萧嗣业等最先连战连胜，因而心骄气傲，不再戒备。正巧大雪纷飞，前突厥军乘夜袭击唐北征军营。萧嗣业放弃军营狼狈逃走，部众立刻崩溃，秩序大乱，再受前突厥军的追杀，于是唐军大败，死亡之多，无法计数。花大智、李景嘉率领步兵且战且退，勉强回到单于都督府。萧嗣业被唐廷处死刑，减一等定罪，流放桂州(广西桂林市)，花大智、李景嘉，都被免除官职。

翌年(680)春，唐北方远征军统帅裴行俭在内蒙古自治区包头市西北的黑山，大破前突厥军，俘虏了阿史德奉职。十六任大可汗阿史那泥孰匐被他自己的部下刺杀，余众大部分投降，仅少数退保狼山(阴山山脉)，前突厥阿史那家族政权又是昙花一现。

突厥余烬

当年(679)，前突厥攻击定州，唐霍王李元轨(李治的叔父)下令大开城门，偃旗息鼓以诱敌。前突厥军疑心设有埋伏，心怀恐惧，于是乘夜撤退。州民李嘉运跟前突厥军勾结，阴谋泄露，李治命李元轨穷追猛查党羽，李元轨认为外有强敌压境，人心不安，如果内部大肆逮捕，恐怕牵连太多，会逼迫他们大肆叛变，于是只杀李嘉运一人，其他党羽一概不问。

前突厥煽动滦河上游的奚部落、辽河上游的契丹部落，联合攻击营州(辽宁省朝阳市)，大肆烧杀抢掠。唐营州都督周道务派户曹参军唐休璟率兵击退。

前突厥西部的残余部众进攻云州(山西省大同市)。唐代州(山西省代县)都督窦怀哲，右领军中郎将程务挺出兵击退之。

次年(680)春，前突厥残余部队攻击原州(宁夏回族自治区固原市)、庆州(甘肃省庆阳市)。唐廷派右卫将军李知十率军进驻甘肃省泾川县的泾州以镇压之。

前突厥已故十三任大可汗阿史那咄苾的堂侄阿史那伏念自称前突厥第十七任大可汗，联合阿史德温傅整合残余继续骚扰唐边防，企图复国，这是后突厥的开始。

唐军再次北伐

唐北征军统帅裴行俭，驻军山西代县(代州)的陉口(句注山口)，派出大量间谍，渗透前突厥军内，于是阿史那伏念与阿史德温傅之间开始互相猜疑。阿史那伏念把妻子儿女及军用物资留在金牙山(王庭——石国东北)，率轻骑兵袭击唐军。裴行俭派部将何迦密从通漠道(山西省大同市南)，右领军中郎将程务挺从石地道(大同市北)分别夹击金牙山，把阿史那伏念的妻子儿女及军用物资，全部剽掠而去。

阿史那伏念紧急回师金牙山，发现妻子儿女以及军用物资已经失踪，而士卒又很多染上瘟疫，只好再向漠北撤退，进入大漠地带。裴行俭又派副总管刘敬同、程务挺等和内蒙古自治区和林格尔县单于都督府的直属部队尾追。阿史那伏念自行向唐军请求生擒阿史德温傅，立功赎罪。但又犹豫不决，同时他认为道路遥远，唐远征军不可能追到，所以疏于戒备。

他没料到唐军突然赶到，阿史那伏念惊恐万分！来不及下令应战，只好把阿史德温傅捆绑起来，间道投奔裴行俭大营请降。

裴行俭肃清前突厥的残余后，押解阿史那伏念及阿史德温傅班师回长安。

当年(680)十月一日日食，唐廷下令斩阿史那伏念、阿史德温傅等五十四人。

骨笃禄与不卒录

唐永淳元年(682)冬，一心重建后突厥的前突厥残余部落酋长阿史那骨笃禄乃自称前突厥十八任大可汗，与阿史德元珍等整合逃亡部众，在阴山北麓的黑沙城起兵，进攻并州北境。唐派驻岚州(山西省岚县)的都督王德茂战死。

唐廷派曾因开除官籍，又被起用为鸡林道总管的薛仁贵为右领军卫将军，率军进驻云州，然后再南下攻击岚州的阿史德元珍。前突厥军听说薛仁贵复出，乃向山区退去，薛仁贵乘势急攻，大破前突厥军，俘虏两万多，斩首一万级。

次年(公元683年，唐永淳二年)春，前突厥部众攻击定州，唐霍王李元轨把他们击退。前突厥军再攻击妫州(河北省怀来县)，三月，自称前突厥第十八任大可汗的阿史那骨笃禄及酋长阿史德元珍，包围在内蒙古和林格尔县的单于都督府，司马张行师遇害。

唐政府派驻在内蒙古托克托县的胜州都督王本立、夏州(总部设陕西省靖边县)都督李崇义，分别率军援救和林格尔。

本年(683)夏五月，前突厥十八任大可汗阿史那骨笃禄等进攻蔚州(山西省灵丘县)，斩唐州都督李思俭。唐驻镇内蒙古五原县的丰州都督崔智辩，在朝那山(内蒙古自治区固阳县东境)北，拦腰截击，可惜失败，崔智辩被前突厥军俘虏。

唐廷命左玉钤中郎将淳于处平为阳曲道行军总管，出兵反击阿史那骨笃禄等，由于战事胶着，唐廷又任命右武卫将军程务挺为单于道(内蒙古自治区北部)安抚特使，招抚或讨伐阿史那骨笃禄等。

前突厥阿史那骨笃禄等攻击代州(山西省代县)，淳于处平发兵增援代州。行军到忻州，由于地理环境复杂，被熟悉当地环境的前突厥击败，五千多人战死。

前突厥十八任大可汗阿史那骨笃禄率其支派酋长阿史德元珍进攻朔州，唐廷派燕然道大总管黑齿常之迎击，在朔州东北山阴县的黄花堆会战，大破前突厥军，唐军追击四十里。突厥军溃散，越长城向北沙漠逃去。

阿史那骨笃禄又于唐垂拱三年春(687)，进攻昌平(北京市昌平区)，大肆抢劫掳掠，唐皇太后武则天派左鹰扬卫大将军黑齿常之率军讨伐。

唐右监门卫中郎将爨宝璧暗中与阿史那骨笃禄勾结，致使唐军大败。武则天下令斩爨宝璧，并下令把阿史那骨笃禄的名字改称为阿史那不卒禄。

武则天本来是仇恨阿史那骨笃禄而改称之为“不卒禄”，不料一语成谶，次年(694)冬，前突厥亡国后，十八任大可汗阿史那骨笃禄果然“不卒”禄而死。

阿史那骨笃禄(687—694)的儿子阿史那阙年幼，阿史那骨笃禄的弟弟阿史那默啜遂夺取领导权，自称前突厥第十九任大可汗。

唐皇太后武则天做了皇帝。武周的证圣元年(695)，阿史那默啜派使节来朝称藩，武则天任命阿史那默啜为左卫大将军，封归国公。

不久，阿史那默啜又要求做武则天的义子。

阿史那默啜与武则天

武周天册万岁二年(696)，自称前突厥第十九任大可汗的阿史那默啜请求做新皇帝武则天的义子，又请求将女儿嫁给皇族，并愿把留在河西(指河套)的中原降人，归还中原。又承诺率他的部众为武周效力，讨伐东方的契丹部落。武则天派豹韬卫大将军阎知微、左卫郎将兼主管藩属事务的摄司宾卿田归道前往加授阿史那默啜当左卫大将军，封“迁善可汗”。只是没提做干儿子的事，也没有正式承认他前突厥政权的存在。

是年冬，契丹部落无上可汗李尽忠逝世，孙万荣接替他统率部众。阿史那默啜趁契丹戒备松懈，袭击契丹王庭所在的松漠(赤峰市林西县)，把李尽忠、孙万荣的妻子儿女全部俘虏而去。武则天得到报告，又加封阿史那默啜为“颉跌利施大单于”“立功报国可汗”。

阿史那默啜一面尽量向武周皇朝靠拢，另一面不断骚扰武周边防，以增强他与武周谈判的筹码。就在他要求做武则天干儿子的同时，派军攻击凉州(甘肃省武威市)，掳去凉州都督许钦明。

翌年(697)阿史那默啜又攻击灵州，同时把俘虏凉州都督许钦明带在身边，意思是要他向城中守军喊话劝降。许钦明到城下，大声呼喊，向城中索取美酱、精米，以及书写用的黑墨，暗示城中守军选派良将，率领精兵，趁夜袭击前突厥大营，可是守军没有人能领会到他的意思，等于许钦明失败。

同年正月，阿史那默啜攻胜州(内蒙古自治区托克托县)，武周驻镇山西省代县的平狄将军副使安道买把他击退。

武周万岁通天二年(697)，豹韬卫大将军阎知微、左卫郎将田归道，奉命一同出使后突厥，加封阿史那默啜为立功报国大可汗。在中途遇到突厥派来的使节，阎知微立刻请他们穿上大红袍(五品以上官服)，系上银质腰带，另写信给皇帝：“最好是盛大招待。”

在二十五年前，东突厥人有归降唐朝的，政府把他们分别安置在丰州、胜州、灵州、夏州、朔州、代州等地安居。现在阿史那默啜要求武周遣返这六州的降户，以及归还曾为单于都督府所占地区。另外还要求供应谷米种子、绸缎布匹、农耕工具、铁器等，周帝武则天拒绝。阿史那默啜大怒，言辞荒谬傲慢。纳言姚畴、鸾台侍郎杨再思，由于契丹部落叛乱还没有平定，建议武则天接受阿史那默啜的要求。于是把六州降户数千篷帐，全部驱逐回去，交给阿史那默啜。同时又给他谷米种子四万斛，各种绸缎五万匹、农耕工具三千套、铁四万斤，还承诺两国皇家缔结婚姻。从此阿史那默啜的实力更为强大起来。

武周圣历元年(698)六月六日，武则天派淮阳王武延秀前往后突厥迎娶可汗(十九任)阿史那默啜的女儿当王妃。豹韬卫大将军阎知微兼代春官尚书，右武卫郎将杨齐庄兼代藩属事务司宾卿携带万亿以上金银珠宝作为聘金，护送武延秀前往阿史那默啜营帐迎亲。

八月一日，武延秀抵达黑沙（阴山北）阿史那默啜的王庭。阿史那默啜对阎知微等大发脾气："我欲以女嫁李姓皇家，安用武氏小儿焉？他难道是天子的儿子？我们突厥人，世代受李姓皇家的恩典，听说李姓皇家全被消灭，只剩下两个儿子还活着，我现在就率军南下，辅佐他们登基！"于是逮捕武延秀，囚禁在另一个地方。而封阎知微当"南面可汗"，意思是使集结李唐王朝的遗民。同时又出动大军，攻击靖难军（地方可能在北京市延庆区）、平狄军（山西省代县北）、清夷军（河北省怀来县）等基地。靖难军使慕容玄则率五千部众向阿史那默啜投降。致使突厥军声势振奋，又进击妫州的清夷军基地及檀州（北京市密云区）等军事据点。

阿史那默啜发表战书，指责武周朝廷五大罪过：

一、赠送给我们的谷米，竟是蒸过的，种到田地不能生长。

二、送给我们的金银器具，都是最烂的货。

三、我赏赐给你们使节的官服，你们竟然没收。

四、赠送我们的布匹绸缎，又薄又稀。

五、我们大可汗的女儿要嫁给李姓皇帝的儿子，姓武的门不当、户不对，假冒皇族，前来成婚。

此外还扬言夺取黄河以北之地。

周帝武则天下令全面备战：

一、任命司属卿武重规为天兵中道大总督。

二、右武卫将军沙吒忠义为天兵西道总管。

三、幽州都督张仁愿为天兵东道总管。率军三十万讨伐阿史那默啜。

四、左翼林卫大将军阎敬容为天兵西道后军总管，率军十五万人为预备队。

昏君昏官

武则天的圣历二年(698)八月，后突厥阿史那默啜攻入河北涞源县太行山的飞狐谷。两天后又南下定州。

武则天委任文昌左丞孙彦高为定州刺史。听说后突厥军兵临城下了，孙彦高不知指挥作战，也不敢升堂办公只躲在家中，把家门上锁。必须要他批办的公文，从一个小窗口递进递出。他派城中精锐勇士，保护他的住宅。突厥兵涌进城来围住孙宅了，孙彦高吩咐仆人："把门窗锁好，不要给他们钥匙。"

突厥军攻进孙宅，杀了孙彦高及其官兵、奴仆数人。

前方节节失利，武则天下令全国把阿史那默啜这个名字改称为"阿史那斩啜"。

九月，阿史那默啜挟年前扣留的武周使节阎知微进围赵州(河北省赵县)。阿史那默啜命阎知微在城下阵前喊话劝降。阎知微跟突厥官员手拉着手，脚踏音乐，在城下跳舞，高歌"万岁乐"。将军陈令英在城上对他说："部长的地位和责任，都非常重要，而今竟然跟蛮族混在一起歌舞，岂不惭愧!"阎知微低唱回答："不得已，'万岁乐'!"

赵州长史唐般若缒城出降，并引导突厥军入城。刺史高睿与妻死难。后来突厥军撤走，武则天下令将唐般若族诛。

突厥可汗阿史那默啜离开赵州时，释放阎知微回国。武则天下令在天津桥(洛阳南十公里洛水桥)南，砍断阎知微四肢，分尸而死。先命文武百官乱箭向阎知微发射，然后剐下肌肉，只剩下骨骼，再把骨骼挫碎，屠灭三族，远房亲族有的从来没有见过面也一同处死。

公元698年秋，阿史那默啜把所俘虏赵州、定州等地的男女一万多人，全部屠杀，然后从五回岭(河北省易县境)北返。所经过的地方，烧杀掠夺，残忍至极！天兵西道总管沙吒忠义等，只是率军遥遥追随，不敢接近。河北方面军狄仁杰率十万大军追击，也无功而返。

阿史那默啜回到沙漠以北，拥有武装部队四十万人，汗国国土横跨北亚细亚洲，东西有万里之遥，西北各小族群和蛮族部落，都向他归降。于是他对唐朝大大的瞧不上眼。

后突厥的诞生

公元 699 年，自称第十九任大可汗的阿史那默啜重建首都——内蒙古和林格尔，封其弟阿史那咄悉匐为东面王(左厢察)、封前突厥十八任大可汗阿史那骨笃禄的儿子阿史那默矩为西面王(右厢察)，各率军二万多人。封儿子阿史那匐俱为小可汗，位在二位方面王之上，管辖处木昆等十个部落，统军四万余人，又称拓西可汗(小可汗)。

武周长安元年(701)八月，阿史那默啜攻击武周边境。皇帝武则天派驻守内蒙古额济纳旗的安北大都督相王武旦(李旦)为山西太原方面天兵大元帅，率各路兵马迎击。大军还没有出动，突厥军已经撤退。

附注：李旦本为唐高宗李治第八子，封豫王。

武则天为太后时废了唐中宗(李显)，立李旦为帝(睿宗)。武则天自称周皇帝后，乃以李旦改姓武而为皇太子，封相王。

武则天下令备战

武周长安二年(702)，后突厥攻击盐州(陕西省定边县)、夏州(陕西省靖边县)。三月末，突厥军攻破石岭(山西省忻州南)，进击并州。

武周政府任命西京(西安)雍州长史薛季昶，摄石台大夫兼任山东(崤山以东)防御军大使，沧州、瀛州、幽州、易州、恒州、定州等州武装部队全归薛季昶指挥。四月，武周政府再任命幽州刺史张仁愿，负责幽州、平州(河北省卢龙县)、妫州、檀州等地的备战工作。张仁愿跟薛季昶互相支援，共同抵御突厥军。

突厥军发现武周有备，又派使节前来武周，一则表示愿意把六年前(公元698年四月)所扣留的淮阳王武延秀放回，二则假意来谢武周承诺缔结婚姻，实际是来刺探军情。武则天也虚与委蛇，在最豪华的宿羽宫设宴款待。

唐朝复国

武则天的武周最后一年(705)，武则天将十六年前从她的儿子(李旦)手中夺得的江山，又拱手交给她的儿子(李显)。武周王朝也就跟着她的死而宁静地消失了。震古烁今的武则天，她不顾后人骂她忘恩负义，而夺得李家的政权，杀了李家子孙。恐怖统治使人不敢直接反抗，而她却自诩是成功的宁静革命。她以手段得天下，到她临死才开始尝到被人忘恩负义的苦果，才觉悟到宁静革命只是自欺欺人。十六年的皇帝，八十二岁的年纪，她带着无限的后悔而迈进人生大限之门。

张仁愿与受降城

阿史那默啜，乘唐新朝更替之际，于唐帝李显的神龙二年(706)发兵攻击鸣沙(宁夏中宁县东北四十里)。唐灵武军大总管沙吒忠义迎战，大败，唐军阵亡六千多人。

同时后突厥军进攻原州(宁夏固原市)、会州(甘肃省靖远县)等地，掠夺陇右(陇山以西)畜牧的战马一万多匹而去。

翌年，唐命左屯卫将军张仁愿为朔方道(宁夏)大总管，率军攻击后突厥。突厥军闻风撤退，张仁愿追击，大破突厥军。

唐朔方方面军跟后突厥把河套的黄河当作双方边界。河北(河套以北)有一座拂云祠，后突厥军每次攻击中原时，一定先去该祠祈祷，并放牧战马吃草及训练士卒，然后再渡黄河南下。这年(708)阿史那默啜出动全国兵力，西进攻击突骑施部落(伊犁河中下游)。张仁愿向中央请求乘虚北上夺取沙漠以南故地，并在河套北(今内蒙古境内)兴筑三个受降城，首尾呼应，切断突厥南下攻击中国的交通要道。

中受降城在包头市，东受降城在托克托县南，西受降城在五原县西北。

后突厥侵犯唐的传统策略，向来都是打打谈谈，打打是正面军事行动。谈谈不是和亲，就是藩属，和亲与藩属都是另一种军事行为的延长。

唐开元元年(713)，玄宗李隆基登基，后突厥的阿史那默啜就派他的儿子阿史那杨我支前来唐朝求婚，是年秋唐帝李隆基允予把蜀王的女儿下嫁给阿史那杨我支。

翌年(714)春，阿史那默啜派他的另一个儿子阿史那同俄及其妹夫火拔颉利发将军、石阿失毕将军，率军包围唐驻新疆奇台县的都督府。总督郭虔瓘把他们击败。阿史那同俄单枪匹马冲到城下，郭虔瓘在路旁埋伏勇士，发动突袭，斩阿史那同俄。后突厥军愿献出所有辎重粮秣，赎回阿史那同俄，及听到阿史那同俄已经被杀的消息，全军大哭而退。

突厥大将石阿失毕，因皇子阿史那同俄战死，他也没敢回国。

阿史那默啜之死

战败之后，阿史那默啜又恐怕唐军乘势来攻。于是年(716)四月间两次派遣使节到唐朝为他自己求婚。年已八十多岁的阿史那默啜，竟自称“乾和永清太驸马，天上得果报天男，突厥圣天骨咄禄可汗”。唐帝李隆基允许明年来迎娶公主。

阿史那默啜，自以为南方稳住唐朝了，乃向北方讨伐反叛他的拔也古部落。在蒙古土拉河(独乐水)流域大破拔也古部落军。公元716年的夏六月间，正在他带着战胜余威凯旋的路上，拔也古的逃亡战士颉质略突然从柳树林中蹿出，一刀劈死阿史那默啜。这位横行东北亚细亚二十二年，所向无敌的突厥暴君，驸马爷没有做成，还送掉了一条老命。

当时，唐大武军(山西省代县北)的三级将领郝灵荃，奉命去突厥办事，颉质略把阿史那默啜的人头交给郝灵荃，一同来唐朝见。受尽阿史那默啜愚弄欺凌的唐帝李隆基下令把阿史那默啜的人头悬挂在大街上。从此拔也古部落、回纥部落(蒙古乌兰巴托西南)、同罗部落(蒙古北部)、霫部落(辽河以北)、仆固部落(蒙古东部)五个部落，都来唐朝投降，唐廷把他们安置在大武军管区以北。

早在公元687年春，自称前突厥第十八任大可汗的阿史那骨笃禄死，由于他的儿子阿史那阙年幼，阿史那骨笃禄的弟弟阿史那默啜乘机夺得大可汗的宝座。公元714年阿史那默啜死了，他的儿子小可汗阿史那匐俱继立。封已故阿史那骨笃禄的儿子阿史那阙为“特勤”（突厥语称大可汗的子弟为“特勤”）。现在阿史那阙已经二十多岁长大成人了，乃斩阿史那匐俱，又屠杀了阿史那默啜所有的儿子与亲信们。拥立他的堂哥，当时的左贤王阿史那默棘连为后突厥毗伽可汗，仍自称是前突厥的继承人第二十一任大可汗。

阿史那默棘连认为功在弟弟阿史那阙，大可汗就应该由特勤阿史那阙来做。可是阿史那阙坚决不接受。阿史那默棘连又任命阿史那阙为左贤王（太子），专门负责军事，对毗伽可汗辅佐得力。

依最近出土的突厥石碑载，毗伽可汗阿史那默棘连又名小杀，生于公元684年，唐中宗的嗣圣元年，死在唐玄宗的开元二十二年（734），享年五十岁。阿史那默棘连十四岁时就任一部落的带兵官（设）达十九年，又做了两年将军级（特勤），为阿史那默啜可汗时代的左贤王。公元716年时年三十二岁时为其弟阿史那阙拥立为毗伽可汗。唐开元二十二年（734），为其所属大臣毒死，治国十九年。

阿史那阙，生于公元682年（唐高宗的永淳元年），死于公元731年（唐玄宗的开元十九年），享年四十九岁。

自称是前突厥第十九任大可汗阿史那默啜阵前被杀。滦河上游的奚部落、辽河上游的契丹部落、内蒙古呼伦湖西的拔也古部落等全都归附唐朝，只有伊犁河中下游的突骑施部落酋长苏禄自封可汗。后突厥汗国所属部落多半离散流失，投降唐朝的各突厥部落被安置在河曲（河套）一带游牧，生活安定。离散的族众很多回来归附他。

唐派驻内蒙古和林格尔县的单于副都护张知运，把归降过来的突厥各部落的武器全部没收，驱使他们渡黄河南下放牧。降户怨恨愤怒，御史中丞姜晦当巡边特使时，那些降户向他申诉没有弓箭，无法打猎。姜晦就把弓箭交还给他们。降户得到武器，马上又叛变。张知运没有戒备，在青刚岭（甘肃省环县西北五十公里）迎战，被降户生擒，打算押送后突厥王庭，走到绥州(陕西省绥德县)境，唐将军郭知运率朔方(陕西省横山区)方面军迎头痛击，在黑山呼延谷(内蒙古包头市北十公里)大破降户军，降户军释放张知运后向北逃走。

唐并州长史王晙深深感到安置在河套的后突厥部落，将来必然为患边疆，所以他建议朝廷于“秋、冬之交，大集兵众，喻以利害，给其资粮，徙之于高度汉文化的内地。二十年后，为汉文化所同化，也不失为国家的一大人力资源”。

王晙的奏章呈上后，还没有批示，唐开元四年(716)，降户夹跌(协协)思泰、阿悉烂等，果然又叛。冬季，十月二日，唐政府命朔方大总管薛讷派军追击。王晙率并州政府军渡过黄河西上，大破叛徒部落，诛杀俘虏三千人。

智囊，阿史那暾欲谷

阿史那暾欲谷是后突厥中兴时期的大政治家、大军事家，历事前突厥第十八任大可汗阿史那骨笃禄、第十九任大可汗阿史那默啜及第二十一任大可汗阿史那默棘连——毗伽可汗。他的女儿婆匐嫁给阿史那默棘连为皇后(可贺敦)。

阿史那默棘连得到夹跌(协协)思泰等兵团，声势增强，打算南下攻击唐朝，被阿史那暾欲谷劝阻。阿史那默棘连又打算兴筑城池，建立寺庙道观，阿史那暾欲谷又劝说：

“汗国人口稀少，总数不到唐朝的百分之一；所以能够跟唐朝敌对因为我们是游牧部落，居处无常，追逐水草，习于武事，人人都是战士，财富随身携带。势力强大时出兵抢劫掳掠，势力削弱时就逃遁山野荒漠。唐朝的军队虽多，无法发挥威力。如果我们兴筑城池住在里面，一旦作战失败，定被唐军集中消灭。佛教道教的教义，教导人民仁爱柔弱，不主张用武力争取胜利，不可以崇信。”阿史那默棘连才停止他的野心计划。

不战则和，和后再战

唐开元六年(718)春，后突厥毗伽可汗，阿史那默棘连，派使节前来唐朝请求和解。唐玄宗李隆基应许。

公元720年，后突厥攻击甘州(甘肃省张掖)、凉州等地，击败唐驻凉州节度使杨敬述，劫持契苾部落北去(唐朝第二任皇帝李世民在位时，契苾部落归降，安置在凉州)。

唐朔方大总管王晙上疏建议：西方征调蒙古科布多盆地北部的拔悉密部落，东方征调滦河上游的奚部落、辽河上游契丹部落，定于本年秋季秘密会师，攻击设于稽落水(俄罗斯恰克图城南)后突厥毗伽可汗——阿史那默棘连的中央御帐。

结果，由于这一构想不切实际，西方的拔悉密部落与相距两千多公里的东方契丹部落、奚部落都不能依时配合，双方无法呼应，而王晙所部主力大军也没有及时到达，只有拔悉密部落出动大军，进逼后突厥汗国中央御帐。而王晙的朔方兵团，以及奚部落军、契丹部落军，也都没有及时前来。拔悉密部落发现孤军深入，大为惊慌，又立即撤退。阿史那默棘连听了暾欲谷建言，只派军紧跟在他们背后。一直尾追到距北庭(新疆奇台县)二百里，暾欲谷才派出别动部队间道先行包围北庭，阻断拔悉密军退路，然后发动猛烈攻击，拔悉密军完全崩溃，残兵败将向北庭逃命。而北庭正被重重包围，拔悉密军不能进城，全部被暾欲谷俘虏。

同时，阿史那默棘连的智囊阿史那暾欲谷开辟了南战场，率军南下攻击甘肃省山丹县的赤亭，掠夺凉州所有民间的猪羊牛马。唐河西节度使杨敬述派别动部队将领卢公利、判官元澄率军迎战。卢公利等前进到删丹(甘肃省山丹县)跟暾欲谷遭遇，唐凉州兵团大败，卢公利、元澄逃脱一命。于是突厥的声势震撼中外。

大战胜利了，后突厥掳掠来数字庞大的牲畜及财物，需要息兵养民了，唐开元九年(721)二月后突厥的毗伽可汗——阿史那默棘连又派使节阿史德颉利发到唐朝请求和解。

唐帝李隆基记起三年前(718)毗伽可汗也曾前来请求和解，可是他却进攻甘州、凉州，还劫持契苾部落而去。唐帝李隆基就写了一封答复阿史那默棘连充满感性的回信：

曩昔国家与突厥和亲，华、夷安逸，甲兵休息，国家买突厥的羊马，突厥受国家缯帛，彼此丰给。自数十年来不复如旧，正由默啜无信，口和心叛，数出盗兵，寇抄边鄙，人怨神怒。殒身丧元，吉凶之验，皆可汗所见。今复蹈前述，掩袭甘、凉，随遣使人更来求好。国家如天之覆，如海之容，但取来情，不追往咎。可汗果有诚心，则矢保遐福，不然，无烦使者徒尔往来。若其侵边，亦有以待。可汗其审图之！

是年(721)年底，后突厥使节阿史德颉利发告辞回国，唐帝致赠厚礼，以慰其沮丧情绪。

后突厥第三任(依乙弥泥孰俟利苾可汗阿史那思摩为首任算起)毗伽大可汗阿史那默棘连被他的大臣梅录啜下毒，死前仍指挥讨伐梅录啜，将他的同族及党羽全部诛杀。

阿史那默棘连终于逝世，他的儿子继位，称伊然大可汗(为后突厥第四任大可汗)。伊然可汗在位时没有用兵，可惜不久也逝世。其弟继位，称登利可汗(后突厥第五任大可汗)。十二月派使节前来唐廷报丧。

登利可汗年幼，他的军权分别由两个左右执政(在东方的为左杀，在西方的为右杀)掌管。登利可汗的母亲是阿史那默棘连的亲信智囊阿史那暾欲谷的女儿，她很有政治头脑，这两个(左杀、右杀)都是她的情夫。她唯恐两个执政专权，乃诱杀了右执政(右杀)，整编了他的部队。左执政(左杀)阿史那判阙唯恐登利母子再施杀手来对付他，于是发动政变，杀了登利可汗。

阿史那骨咄

登利可汗于唐开元二十九年(741)秋被他的堂叔左杀(左执政官)阿史那判阙刺杀。另立毗伽大可汗阿史那默棘连的儿子为大可汗。不久，又被亲王阿史那骨咄所杀。由阿史那默棘连另一个儿子为大可汗。不久，再被阿史那骨咄诛杀。阿史那骨咄乃自任大可汗。

翌年(公元742年，唐天宝元年)八月，后突厥汗国西亲王阿史那阿布思及西翼执政官(西杀)阿史那葛腊哆，以及阿史那默啜(前突厥十九任大可汗)的孙儿阿史那勃德支，伊然大可汗的遗孀、毗伽可汗、阿史那默棘连的女儿大洛公主和登利可汗的女儿余烛公主，率部众一千多篷帐，陆续向唐朝归降，后突厥汗国再告衰落。

盘踞在蒙古科布多盆地的拔悉密部落，联合已进占蒙古西库伦的回纥部落与中亚细亚额尔齐斯河流域的葛逻禄部落组成联军，于公元742年秋发兵进攻后突厥大可汗阿史那骨咄。后突厥无力应战，阿史那骨咄被斩。联军共推拔悉密部落的酋长为突厥的颉跌伊施大可汗。回纥酋长和葛逻禄酋长为左右叶护(亲王)。

同时后突厥的残余部众不甘心被外族支配，乃公推前击斩登利可汗的阿史那判阙公爵的儿子为乌苏米施大可汗。

唐帝派遣特使向乌苏米施可汗致贺，并劝他归降，而乌苏米施可汗拒绝。唐派驻宁夏灵武县的灵武节度使王忠嗣说服拔悉密、回纥、葛逻禄三部联军攻击后突厥乌苏米施可汗。乌苏米施可汗不敢应战而逃走。

公元 744 年，唐天宝三载秋，拔悉密部落联军追斩后突厥的乌苏米施大可汗。而后突厥残众又立其弟白眉特勤(公爵)阿史那鹘陇匐继任为大可汗，自称白眉可汗。从此，已经残破不堪的后突厥内部大乱。

唐帝李隆基命灵武节度使王忠嗣乘虚出击后突厥的残部。击破左翼阿波达干等十一个部落，再攻右翼，还没有攻破。正巧回纥部落(蒙古西库伦)与葛逻禄部落(中亚细亚额尔齐斯河流域)联军攻击突厥拔悉密部落并将酋长斩首。回纥部落(蒙古西库伦)酋长药罗葛骨力裴罗，遂自称骨咄禄毗伽阙可汗(回纥汗国第一任可汗)，派使节前来唐朝请求承认。唐帝李隆基封药罗葛骨力裴罗为“怀仁可汗”。此时后突厥汗国溃散，骨力裴罗部众南下，进入后突厥汗国留下的真空地带，在乌德犍山(又名于都斤山，在蒙古杭爱山)建立中央御帐。回纥汗国原来统辖药罗葛等九个姓(部落)，后来又并吞拔悉密、葛逻禄两个部落，共十一个部落(姓)，每部都设一个都督。遇到作战，总是命新归附的两个部落担任先锋。

回纥部落(蒙古西库伦)怀仁可汗(首任)药罗葛骨力裴罗于唐天宝四载(745)春再攻后突厥残部，斩其末代白眉大可汗，把人头送到长安。前大可汗毗伽可汗阿史那默棘连的皇后(可贺敦)率部众归降唐朝。至此，后突厥完全瓦解，其领土也全为回纥所占有。唐北疆自此太平了两三年。

原东突厥的幅员很大，所属种族、部落与文化也很复杂，经过这次重大打击之后，其皇族群大部分归化唐朝，弱势族群被他族群并吞的、归化他族群的都有。从史籍上看，绝大部分是归化唐朝，其次是归化回纥、吐蕃和其他部落。这些族群中偶尔有些妄想复辟的活动，很快也都消失于时代洪流中了。

突厥自前突厥第一任大可汗伊利可汗阿史那土门，于公元 533 年在史籍上出现，到公元 745 年后突厥最后的白眉可汗被杀亡国，计二百一十二年(一说一百三十年)，大可汗传到二十九任。

突厥的败亡，最大的赢家是回纥部落。回纥本来是西突厥的一支派，乘后突厥之危而起家，整个内蒙古都成了他的领地。

突厥族系与突厥文化

在历史上和语言上同突厥族有联系的各民族住地范围限于亚洲，少数住在土耳其的欧洲部分和伏尔加河流域。他们在文化上的联系，除历史和语言外，最重要的是伊斯兰教(回教)。因为除西伯利亚东部的雅库特人和伏尔加河地区的楚瓦什人之外，都是穆斯林(回教徒)。

突厥族系可分为西部和东部两个主要族系，西突厥族系包括欧洲和西亚(土耳其亚洲部分和伊朗西北部)的突厥人。东突厥族系包括俄罗斯和中国新疆地区的突厥人。在人类学上看他们大部分都是黑种人。可是在土耳其占人口数相当多的突厥人中有许多是白种人，例如西欧人。

突厥族的人口在东欧与西亚各地区过于分散，所以自八世纪西突厥瓦解之后分散到各地区的突厥人始终没有一个主权独立的政治实体出现。

《新疆社会科学》杂志刊出薛宗正先生所著《突厥初世史采幽》文认为，“阿史那氏其远祖本出西海(今里海)塞种，东迁漠北而为汉魏时之呼揭、呼得。国亡后沦为匈奴之赀虏。匈奴既衰，南奔而为东晋乱时之杂胡。突厥近祖即出自此原于沮渠北凉之平凉杂胡。故《隋书·突厥传》说‘突厥之先平凉杂胡也，后奔金山(阿尔泰山)始以突厥为号’”。

薛文一出，有人就问这一段历史过程的细节，也许将来的专家们能在其他文献上找出一些补充资料。现在先说说“塞人”。

1995年出版的由新疆维吾尔自治区民族事务委员会主编的《新疆民族辞典》古代民族篇中有“塞人”条，说：塞人是上古中亚民族的名称。希腊、罗马称之为塞克(Saka)，波斯人称之为释迦、烁迦。印度人称之为释种。我国的《史记》《汉书》称之为“塞人”。这个族名应是张骞出使西域时得知并传入内地的。塞人主要居住在中亚，我国伊犁河流域。帕米尔高原也生活着塞人。绿洲的塞人从事农业生产，草原的塞人则从事游牧。塞人的语言属于印欧语系东伊朗语支。他们戴尖顶的帽子，穿宽大的衣服，脚蹬长筒靴子。定居的塞人早就发明炼铜和炼铁，能够利用铜铁生产工具。他们是出色的农民。伊犁河流域尼勒克县发现的奴拉赛铜矿就是距今三千年前塞人采矿炼铜的遗址。游牧的塞人拥有自制的弓箭和短剑，擅于骑射，是勇敢的斗士，在上古中亚的历史上产生过极大的作用。《史记》和《汉书》记载：月氏和乌孙西迁之前，伊犁河流域“本塞地也”。月氏和乌孙西迁后，乌孙民有塞种，可见乌孙人中有与塞人混血的情形。又说：帕米尔高原的一些国家其居民为塞种。汉晋时期许多塞种人向塔里木盆地西南迁徙，以致敦煌发现的于阗文文书中存在着大量塞人语言的成分。语言学家称之为“和阗塞语”。西汉以后“塞人”这个族名在我国历史上已经消失。可见他们已经融合于乌孙、大月氏和塔里木盆地的其他古代民族中。(以上录自《新疆民族辞典》)

突厥通用文字的最早发现是在清光绪十五年(1889)俄国人雅德林采夫在蒙古鄂尔浑河流域的和硕柴达木湖畔发现一块突厥文字的《阙特勤碑》(732年立)，一块汉文字的《阙特勤碑》，还有一块突厥文的《苾伽可汗碑》(735年立)。

这两块石碑上分别记述后突厥汗国的建立者颉跌利施可汗阿史那骨咄禄的长子苾伽可汗、次子阙特勤的生平。

在耶尼塞河(俄罗斯的南西伯利亚)也发现了突厥文碑，时称“鄂尔浑—叶尼塞文”。又因其字形很像欧洲古代的“如尼文”，所以时人又称其为“突厥如尼文”。据《新疆民族辞典》说：在吐鲁番的高昌古城曾发现突厥文的文献。在交河(故城在吐鲁番西)古城附近的洞窟中发现过突厥文的题记。

当时由于交通环境与政治环境的不便，所以不为世人传知。五年后，清光绪二十年(1894)由丹麦学者刊行了《鄂尔浑河和叶尼塞碑文的解读》(阙特勤碑和苾伽可汗碑)之后才把埋没了一千多年的这两块碑上突厥的文字传布给世人。

这两块碑的建立，虽然在新旧《唐书》上都有记载，但对其内容都没有写明在书上。尤其突厥文，在此之前中国学者虽然知道突厥有文字，可能都没有见过其字形与读音，所以《周书》只含糊其词地说，“其书字类胡”(《突厥传》)。

所以说，“突厥于五世纪始创制突厥文。又名鄂尔浑—叶尼塞文，是中国古代北方少数民族最古老的文字”。(《大英百科全书》)

西北大学出版社出版的周伟洲先生著《西北民族关系研究》对于突厥的语言系属说：“他们的语言系属，均为阿尔泰语系突厥语族。”

1917 年俄罗斯的共产革命成功之后，由于“苏维埃联邦”政治势力的影响，致使其统治下的突厥族群在生活文化上也都变色。在苏维埃联邦周边的土耳其、伊朗等国为了自保也都加强其民族文化的统一而使各区内突厥族的传统文化(包括语言、文字、生活习惯)逐渐消灭于其政治势力统治之下。

突厥人的传统文化(包括《阙特勤碑》《苾伽可汗碑》文法与文字)也都很自然地消失了。

公元 20 世纪初期，苏维埃联邦(俄罗斯)境内的突厥族在共产党文化的影响下开始引进拉丁字母，1939 年后拉丁字母又完全为西里尔字母所代替。现在只有中国、伊朗以及阿拉伯国家境内的突厥人还用阿拉伯字母。(《大英百科全书》)。

零星散居在内地的突厥同胞们，他们的生活习惯甚至其思想意识早就完全汉化了。

考古学家们曾经根据这两块石碑(阙特勤碑、苾伽可汗碑)又发掘了阙特勤的墓葬，发现阙特勤的墓前雕造有与乾陵(唐高宗与武则天合葬墓)前所立少数民族首领的雕像相同的石像群；并发现造墓所用的建材也都和乾陵所用的建材有很多相同；又发现突厥族用以纪年与当时中国以干支纪年的方法也相同。突厥虽然没有标明甲、乙、丙、丁、戊、已、庚、辛、壬、癸和子、丑、寅、卯、辰、巳、午、未、申、酉、戌、亥而排列十二属相以代表纪年，但其单对十二属相的排成顺序与我们习惯上以子鼠、丑牛、寅虎、卯兔、辰龙、巳蛇、午马、未羊、申猴、酉鸡、戌狗、亥猪的顺序完全一样。这已说明汉文化对于突厥文化的影响已有深长的渊源了，只是语言、文字仍恪守其传统范式而没有及时沟通交流罢了。

依内蒙古大学蒙古史研究所林幹教授于 1984 年出版的《突厥史》，所示的突厥文字如下：

突厥文字母的形式：

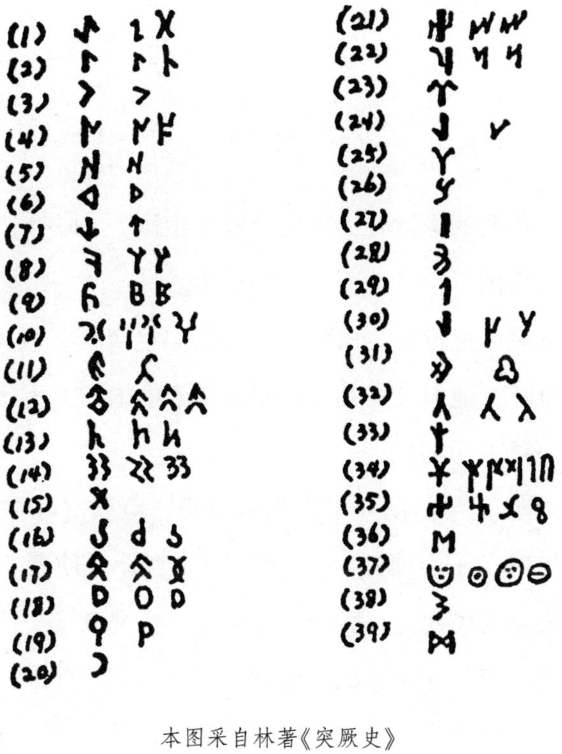

本图采自林著《突厥史》

突厥文碑铭译文

耿世民 译

这里发表的五个属于突厥汗国时代和另一个属于回纥汗国时代的碑铭汉译文，依据古代突厥文原文译出。初稿完成于20世纪50年代。1977—1978年我在中央民族学院讲授“古代突厥文献选读”一课时，又参考近年来国内外有关这方面的最新研究成果，作了修订，编入《古代突厥文献选读》教材第一分册中(油印本)。由于篇幅所限和技术上的原因，这里只得将古代突厥文原文和拉丁字母转写以及考释部分省略。译文中使用的拉丁字母为国际突厥学通用的拉丁字母转写符号。

——耿世民附识

(一) 暾欲谷碑

(第1行) 我英明的暾欲谷，本人受教于中国。〔那时〕突厥人民臣属于中国。

(第2行) 突厥人民没有(或译：找不到)自己可汗，脱离了中国。有了可汗，他们又弃其可汗而臣属于中国。上天这样说：我给了〔你们〕可汗，

(第3行) 〔但〕你们抛弃了你们的可汗，臣属〔于中国〕了。由于臣属〔于中国〕，上天惩罚了(直译：使死亡了)〔你们〕。突厥人民死亡、衰微和消灭了。在突厥sir人民的土地上。

(第4行) 没有留下〔国家的〕机体。留在荒原(直译：木、石)中的，聚合起来为七百人。其中两部分骑马，一部分步行。率领这七百人的

(第5行)首领是设。他说:“请参加〔我们的队伍〕吧!”参加的是我——英明的暾欲谷。我想举他为可汗。我想:如果瘦公牛和肥公牛在远处

(第6行)互相顶架,人们就不能区分哪个是肥公牛,哪个是瘦公牛,我这么想了。之后,由于上天赐给〔我〕智慧,我自己敦促〔他〕为可汗。英明的暾欲谷——裴罗莫贺达干

(第7行)同颉跌利施可汗一起,南边把中国人,东边把契丹人,北边把乌古斯人杀死了很多。我成了他的谋臣和侍从官。我们住在总材山及黑沙〔地方〕,

(第8行)我们吃野山羊和兔子度日,人民的肚子(直译:喉咙)是饱的,我们周围的敌人像飞禽一样〔多〕,我们是死畜(?)。当我们这样住着时,从乌古斯人那里来了探子。

(第9行)探子的话是这样:“在九姓乌古斯人民之上有可汗治理。据说,往中国派去了quni将军,往契丹派去了tongra sam,带去了这样的话:有少数突厥人民。

(第10行)正在游动,其可汗是勇敢的,其谋臣是英明的,假如那两人活着,他们将把你中国人杀死,东边将把契丹人杀死。将把我

(第11行)乌古斯人杀死。中国人,你们从南袭击!契丹人,你们从东袭击!我则从北袭击!不要让突厥人民的地方存有君主。如有可能,让我们消灭他们!”

(第12行)听到那些话后,我夜里睡不着觉,白天坐不下来。以后,我对我的可汗说。我这样说道:“要是中国、乌古斯、契丹三者联合起来,

(第13行)我们将无救,我们将腹背受敌。俗话说,把薄的东西弯起来是容易的,把细的东西折断是容易的,要是薄的变成厚

的，弯起来就难了；要是细的

(第 14 行) 变成粗的，要折断就难了。我估计会有两三千军队东面来自契丹，南面来自中国，西面来自 qurdan(西突厥?)，北面来自乌古斯。”我这样对他说了。

(第 15 行) 我的可汗听从了我本人——暾欲谷的话。他说：“按你想的指挥〔军队〕吧!”翻过 kököng，我领军到于都斤山。乌古斯人带着乳牛及驮畜从土拉〔河〕而来。

(第 16 行) 其军是三千，我军是两千，我们交了战。上天保佑，我们击溃了他们，他们落入河中。在溃逃的路上，据说又死了〔许多〕。之后，乌古斯人全都来了(即臣服了)。

(第 17 行) 当听到〔突厥可汗〕、突厥人民住在于都斤地方，我自己——英明的暾欲谷住在于都斤地方后，南边的人民及西边、北边、东边的人民都来〔臣服〕了。

(第 18 行) 我们是两千人，我们有两军。突厥人民从有史以来，突厥可汗从即位以来未曾到过 Santung 诸城和海洋。我向可汗请求带军出征。

(第 19 行) 我使〔军队〕到达 Santung 诸城和海洋，〔我军〕摧毁了二十三座城池，诸城成为一片废墟。中国皇帝是我的敌人，十箭可汗是我们的敌人。

(第 20 行) 再有黠戛斯强大的可汗是我们的敌人。那三可汗商量要会师阿尔泰山。他们这样商量道：“让我们东面出兵〔攻打〕突厥可汗。如果不向他出兵，早晚他们要把我们消灭，

(第 21 行) 因其可汗是勇敢的，其谋臣是英明的。让我们三家联合出兵吧！让我们把他彻底消灭吧!”突骑施可汗这样说道：“我们的人民将到那里。

(第 22 行) 突厥人民已乱，他的乌古斯〔人民〕也涣散了。”听到那

些话后，我夜间睡不着觉，白天坐不下来。那时我想：

(第23行)先出兵攻打黠戛斯较好。我听说〔通往〕曲漫〔山〕的道路只有一条，并已〔为雪〕封住。如走这条路，将不合适。我寻找向导。我找到了一个漠地阿热(az)人。

(第24行)我听说通往阿热地方的道路是靠近anï〔河〕的，是条只能走一匹马的小路。他曾走过那条路。〔再〕问他，他说有一个骑马的人去过。我考虑后说道：

(第25行)“可以走这条路。”于是我对我的可汗说了。我让军队出发，我命令骑马过河。渡过aqtärmäl，我令军队停下，我并令骑在马上从雪中开路，我令牵着马，抓住树木(或木棍)步行登(山)。前面的人〔前锋〕

(第26行)踏开〔冰雪〕，我们翻过长有树木的山顶。我们很困难地下了山。在十夜中，我们绕行〔山〕边的防寨。向导由于带错了路而被杀。当困苦之际，可汗说：“骑快些!”

(第27行)我们到达anï〔河〕，我们沿那条河往下走。我令下马用饭。我们把马拴在树上。我们不分昼夜地疾走。我们袭击黠戛斯于睡梦之中。

(第28行)我用矛打开了……那时他们的可汗和军队已集合起来。我们交了战，我们打败了他们并杀死其可汗。黠戛斯人民臣属于可汗了。〔于是〕我回师，我绕过曲漫〔山〕

(第29行)从黠戛斯回师了。由突骑施可汗那里来了探子，他的话是这样的：“让我们出兵打东〔突厥〕可汗。如果我们不去攻打他，他早晚将把我们消灭，因其可汗是勇敢的，其谋臣是英明的。

(第30行)突骑施可汗已出发，十箭人民已全部出动，〔其中并〕有中国军队。”听到那些话后，我的可汗说道：“我要回家〔一趟〕。

(第 31 行)〔因为〕可敦死了,我要办理她的丧事。你们率军前进吧！你们驻扎在阿尔泰山！让小可汗(inäl qaghan)及达头设作军队统帅,〔率军〕前进!”他对我暾欲谷说:

(第 32 行)“你领此军。你按自己的意见作出决定吧！我能向你说什么呢?如果他们来的话,就加多报信的人,如不来的话,就〔注意〕不断搜集情报(直译:舌头、话)!”我们住在阿尔泰山。

(第 33 行)来了三个探子,他们的话是一样的:“他们的可汗已出兵,十箭的军队已全部出动了。让我们在 yarïs 平原上集合吧!”听到那些话后,我把它报告给可汗。我怎么办才好呢?回话

(第 34 行)来了:“你们且住下。好好地布置探马防哨,免受袭击!”匐俱(bögü)可汗这样让人告诉我了。但他〔同时〕给阿波达干秘密去送消息说:“英明的暾欲谷是个坏家伙,他心怀叵测。

(第 35 行)如果他说‘我们出兵吧!’你们不要同意!”听到那些话后,我令出兵了。我们翻过无路可走的阿尔泰山,渡过无渡口的额尔齐斯河。我们连夜前进,于黎明时抵达 bolcu.

(第 36 行)人们捉住了“舌头”,他的话是这样的:“在 yarïs 平原上已集合起十万大军。”听到那消息后,所有官员都说:

(第 37 行)“让我们回师吧！洁净的耻辱(即“光荣的失败”之意)为上。”我英明的暾欲谷这样说道:“我们翻越阿尔泰山来〔到这里〕,我们过额尔齐斯河来〔到这里〕。

(第 38 行)他们认为来到〔这里〕是很难的。他们没有觉察我们〔的到来〕。上天、乌迈(umay 母神)及神圣的水土会帮助〔我们〕的。为什么我们要逃走?

(第 39 行)我们为什么因为他们人多就惧怕？我们为什么因为人少就要被打败？让我们进攻吧！”——我说。我们进攻并击溃了〔敌人〕。第二天他们〔又〕来了。

(第 40 行)他们如火一般猛烈扑来。我们交了战。他们的两翼比我们多一半。由于上天保佑，我们没有因其人多

(第 41 行)而害怕。我们交了战。达头设参战了。我们击溃了〔他们〕。俘其可汗。将其叶护和设

(第 42 行)在那里杀死。我们俘虏了约五十人。就在那夜，我们往各部人民派出了〔信使〕。听到那消息后，十箭诸官员和人民全都

(第 43 行)来了，臣服了。当我组织、收集来归的官员和人民时，少数人民逃走了。我让十箭的军队出兵。

(第 44 行)我们也出兵！我们跟在他们后面，渡过珍珠河，翻过称作“天子”的圣 äk-tagh 山……

(第 45 行)我们一直到达铁门〔关〕。从那里，我们回师。大食人吐火罗人

(第 46 行)以及〔住在〕这边的以 asuq 为首的粟特人民全都来臣服小可汗。以前，突厥人民未曾到达过铁门〔关〕

(第 47 行)和称作“天子”的山。由于我英明的暾欲谷使其到达那些地方。

(第 48 行)他们运回了无数的黄金、白银、姑娘和妇人，贵重的鞍鞯、珠宝。颉跌利施可汗由于其英明

(第 49 行)和勇敢，曾与中国交战十七次，与契丹交战七次，与乌古斯交战五次。那时其谋臣

(第 50 行)也是我，其统帅也是我。为颉跌利施可汗……为突厥匐俱(bogu)可汗，为突厥毗伽可汗……

(第51行)默啜(qapaghan)可汗二十七岁时，我辅佐他即位，我夜不能眠，

(第52行)昼不安坐，流鲜血，洒黑汗，我〔为国〕贡献了力量。我也派出了远征〔军〕。

(第53行)我扩大了禁卫队(?)。我使叛服无常的敌人来归。我同我的可汗〔多次〕出征过。上天保佑，

(第54行)我没有让全副武装的敌人在突厥人民中驰骋，我没有让有印记的马匹到处奔驰。如果颉跌利施可汗不努力，

(第55行)要是我不跟随他也努力的话，国家和人民都将灭亡。由于他(即可汗)的努力，由于跟随他、我自己的努力，

(第56行)国家才成为国家，人民才成为人民。我自己衰老年迈了，不论什么地方，凡有可汗的人民中，

(第57行)只要有〔像我〕这样的人，就不会有什么不幸!

(第58行)我英明的暾欲谷让人为突厥毗伽可汗的国家写了〔这个碑〕。

(第59行)如颉跌利施可汗不努力的话，要是没有他，要是我本人英明的暾欲谷不努力的话，要是没有我的话，

(第60行)在默啜(qapaghan)可汗和突厥sir人民的地方，将完全不存在〔国家〕的机体、人民和人类。

(第61行)由于颉跌利施可汗和英明的暾欲谷的努力，默啜(qapaghan)可汗及突厥sir人民才得以这样存在。

(第62行)突厥毗伽可汗养育了突厥sir人民和乌古斯人民。

译者注:

按《暾欲谷碑》1897年由克莱门茨夫妇(D·A, E·Klements)在距今蒙古国乌兰巴托60公里的巴顿楚克图(Bayintsokto)地区发现。现该碑仍存发现

地。碑文刻在两块碑上，62 行，约建于公元 712—716 年之间。

原碑文照片见 Radloff W：Atlas der A1terthümer der Mongolei. Vierte Lieferung，1899. 图 CV—CXVⅢ

(蒙古考古图录，第四册)

对此碑原文的研究主要有：

1. W. Radloff：Die Alttürkischen lnshcriften der Mongolei. Zweite Folge. 1899. (蒙古古代突厥碑文，第二版)

2. V. Thomsen：Alttürkische lnschriften aus der Monlei，ZDMG，t. 78，Leipzig(1924—1925)

(《蒙古古代突厥碑文》，丹麦文原文见 V. Thomsen：Samlede Afhandlinger，Ⅲ，Kopenhagen，1922)

3. Hüseyin Namik Orkun：Eski Turk Yazitlari，I. Istanbul. 1936. (《古代突厥文献》)

4. Ross E. Denisson：The Tonyakuk Inscriptions. BSOS. London，t. Ⅵ，1930—1932(《暾欲谷碑研究》)

5. 小野川优美：突厥碑文译注(满蒙史论丛第四)1943 年。

6. S. E. Malov：Pamyatniki Drevnetyurkskoy Pis’mennosti，Moskva-Leningrad，1951. (《古代突厥文献》)

7. G. J. Ramstedt，J. G. Granö und Pentti Aalto：Materianlien zu den alttürkischen Inschriften der Mongolei，JSFOU，60，1958. (《蒙古古代突厥碑文材料》)

8. Giraud R.：Linscription de Bain Tsokto. Edqition Critique，Paris，1961. (《巴音楚克图碑》——校勘本)

9. Talat Tekin：A Grammar of Orkhon turkic，1968. (《鄂尔浑突厥语语法》)

（二）阙特勤碑

（南面）

（第1行）我，像天一样的，从天所生的突厥毗伽（英明）可汗，这时坐上了〔汗位〕。你们全都聆听我的话，首先是我的诸弟和诸子，其次是我的族人和人民，右边的诸 Šadapït 官，左边的诸达干梅禄官，三十……

（第2行）九姓乌古斯诸官和人民，你们好好听着，牢牢记着我的话。前面（东面）到日出，右面（南面）到日中，后面（西面）到日落，左面（北面）到夜中，那里的人民

（第3行）全都臣属于我。我把这么多的人民全都组织了，他们现在都安居无事。突厥可汗住在于都斤山，国内无忧患。前面（东面）我曾征战到 Šantung 平原，几乎达

（一）阙特勤碑（汉文部分）

林幹按：《阙特勤碑》汉文部分为唐玄宗开元二十年（732）御制御书，碑额有"故阙特勤之碑"五字，全文如下：

彼苍者天，罔不覆焘，天人相合，寰宇大同，以其气隔阴阳，是用别为君长。被君长者本×××裔他，首自中国，雄飞北荒，来朝甘泉，愿保光禄，则恩好之深旧矣。洎我高祖之肇兴皇业，太宗之遂荒帝载，文教施于八方，武功成于七德，彼或变故相革，荣号迭称，终能代泽××，×修边贡。爰逮朕躬，结为父子，使寇患不作，弓矢载櫜，尔无我虞，我无尔诈，边鄙之不×，××之赖欤。君讳阙特勤，骨咄禄可汗之次子，今苾伽可汗之令弟也，孝友闻于远方，威×摄××俗，斯岂由曾祖伊地米施匐积厚德于上，而身克终之，祖骨咄禄颉斤行深仁于下，而子××之，不然，何以生此贤也？故能承顺友爱，辅成规略，北燮眩靁之境，西邻处月之郊，尊撑犁之××，受屠耆之宏任，以亲我有唐也。我是用嘉尔诚绩，大开恩信，而遥图不骞，促景俄尽，永言悼惜，疚于朕心。且特勤、可汗之弟也，可汗，犹朕之子也，父子之义，既在敦崇，兄弟之亲，得无连类，俱为子爱，再感深情，是用故制作丰碑，发挥遐徼，使千古之下，休光日新。词曰：沙塞之国，丁零之乡，雄武郁起，于尔先王，尔君克长，载赫殊方，尔道克顺，谋亲我唐，孰谓若人，罔保延长，高碑山立，垂裕无疆。大唐开元廿年岁次壬申十二月辛丑朔日丁未建。

＊据清人李文田《和林金石录》及罗振玉校本抄录，个别字参考岑仲勉《突厥集史》附录所作考订改正。

（二）阙特勤碑

（此碑原文为突厥文，现译成汉文如下）

（南面）

我，像天一样的，从天所生的突厥毗伽（英明）可汗，这时坐上了【汗位】。你们全都聆听我的话，首先是我的诸弟和诸子，其次是我的族人和人民，右边的诸官，左边的诸达干梅禄，官，三十……九姓乌古斯诸官和人民，你们好好听着，牢牢记着我的话。前面(东面)到日出，右面(南面)到日中，后面(西面)到日落，左面(北面)到夜中，那里的人民全都臣属于我。我把这么多人民全都组织了，他们现在都安居无事。突厥可汗住在于都斤山，国内无忧患。前面(东面)我曾征战平原，几乎达到海【滨】；右面(南面)我曾征战到(九姓焉耆?)几乎达到吐蕃；后面(西面)渡过珍珠河，我曾征战到铁门【关】；左面(北面)我曾征战到拔野古地方。我曾出【兵】到这样多的地方。没有比于都斤山再好的地方。统治国家的地方是于都斤山。住在这里，我同中国人民建立了关系。他们慷慨地给了【我们】这么多金、银、粮食、丝绸。中国人民的话语甜蜜，宝物华丽(原文：柔软)。他们用甜蜜的话语、华丽的宝物诱惑，使得远处的人民靠近【他们】。当住近了以后，他们就心怀恶意，他们不让真正英明的人、真正勇敢的人有所作为。一人有错，连其族人、人民、后辈都不饶恕。由于受到他们甜蜜的话语、华丽的宝物的诱惑，突厥人民，你们死了许多人。突厥人民，当你们一部分不仅要右面(南面)住在总材山，并要住在阴山平原时，于是恶人就这样教唆部分突厥人民道："凡住远处的给坏礼物，凡住近处的给好的礼物。"他们就这样教唆了。无知的人听信了那些话，走近了【他们】，于是你们死了许多人。

如去那个地方，突厥人民你们就将死亡。如你们住在于都斤地方，【从这里】派去商队，那就没有忧虑。如住在于都斤山，你们将永保国家，突厥人民。【但】你们自满了，你们不考虑会有饥有饱，你们一旦饱食，就不考虑饥饿，由于你们这样，你们不听曾养育【你们的】可汗的话，到处走散，【结果】你们全都毁灭在那里。你们中剩下的则到处【流徙】，处境困难(直译：瘦死)。由于上天保佑，由于我本人有福，我做了可汗。我做了可汗后，把穷困的人民集合起来，使贫穷的人民变富，使较少的人民变多。难道在我的话中有什么虚假吗？突厥诸官和人民，你们敬听这个吧！我在这里刻写下了【如何】集起突厥人民建立国家的【事述】，我在这里【又】刻写下了你们【如何】做错了事，即将灭亡【的情况】。

我把所有的话都刻写在永久的石碑上，愿你们看到这些【话】都知道，突厥现在的人民【和】诸官，你们服众汗位的诸官，难道【还】要犯错误？我【让建造永久的石碑】，我从中国皇帝那里请来了画工，让他们装饰了【陵墓】，他们没有拒绝我的请求(直译：话)，他们派来了中国皇帝的宫内画匠，我令他们建造了宏伟的建筑物，我让他们在【建筑物】内外都画上动人的画。我令他们打造了石碑，让他们刻写了我心中【要说】的话。愿十箭的子孙和外族臣民看到这个都知道，我让人建造了永久的石碑。由于这里是位于来往行人多的地方，于是我就让人在这来往行人多的地方建造了永久的石碑。我【并】让人【在上面】写下了【我的话】。愿你们看到它都知道那个石碑……我……了。书写此碑文的是其侄药利特勤。

(东面)

当上面蓝天，下面褐色大地造成时，在二者之间【也】创造了人类之子。在人类之子上面，坐有我祖先布民可汗和室点密可汗。他们即位后，创建了突厥人民的国家和法制。

【这时】四方皆是敌人。他们率军征战，取得了所有四方的人民，全部征服了【他们】。使有头的顿首臣服，有膝的屈膝投降，并使他们住在东方直到兴安岭，西方直到铁门【关】的地方。

他们统治着二者之间的没有君长的蓝突厥。他们是英明的可汗、勇敢的可汗。他们的梅录也是英明的、勇敢的，他们的诸官和人民也是忠义的(直译：正直的)。因此，他们这样统治了国家，他们统治了国家并创造了法制。他们【之后】去世了。【作为】吊唁者从前面，从日出之方，有莫丽荒原的人、中国人、吐蕃人、APAR人、拂菻人、黠戛斯人、三姓骨利干人，三十姓鞑靼人、契丹人、奚人，这样多的人民前来吊唁。他们是那样名声赫赫的可汗。之后，其弟做了可汗，其子也做了可汗。之后，弟不像兄，子不像父，昏庸的可汗登了位，坏可汗登了位，其梅录也是昏庸的，坏的。

突厥诸官舍弃了突厥称号，亲中国的诸官采用中国称号，臣属于中国皇帝，【并为他们】出力五十年，前面，在日出之方，一直打到莫利可汗那里，在西方，一直打到铁门【关】，把其国家和法制交给了中国皇帝。突厥所有普通的人民这样说道："我曾是有国家的人民，现在我的国家在哪里？我在为谁获取国家？"……他们说。"我曾是有可汗的人民。【现在】我的可汗在哪里？我为哪家可汗出力？"他们说。这样说着，他们就成为中国皇帝的敌人。

成为敌人后，【但】他们未能自立，重又内属了。【中国皇帝】并不考虑【突厥人民】曾出了这样多的力，他们说："我要灭掉突厥人民，并使其断绝后代。"他们【突厥】在灭亡。【但】上面突厥的上天，【下面】突厥的神圣水土【神】这样说："不要让突厥人民灭亡！让他们成为人民！"【于是】把我父颉跌利施可汗，我母颉利毗伽可敦持护在上天之顶，高高举起了。我父可汗同十七人出走。在听到【他们】外走的消息后，城中的人上了山，山上的则走下来，聚集起来是七十人。由于上天赋予力量，我父可汗的军队像狼一样，【而】其敌人像绵羊一样。东西征战，【结果】集结起来的共是七百人。当有了七百人之后，【我父可汗】就按照我祖先的法制，组织和教导了曾丧失国家、丧失可汗的人民，曾沦为女婢成为奴隶的人民，曾失掉突厥法制的人民，在那里组织了突利斯及达头人民，并在那里【赐】给了叶护及设【的称号】。在右边(南)方中国人是敌人，在左边(北方)可汗及九姓乌古斯是敌人。黠戛斯、骨利干、三十姓鞑靼、契丹、奚，都是敌人。我父可汗把这样多的……他出征了四十七次，参加了二十次战斗。由上天保佑，使有国家的失去国家，使有可汗的失去可汗，征服了敌人，使有膝的屈膝，使有头的顿首【投降】。我父可汗这样建立了国家和法制以后就去世了(直译：飞去了)。为纪念我父可汗，首先把可汗立作杀人石。依法制我叔【在上】即位为可汗。我叔父继位为可汗后，重新组织和养育了突厥人民，使穷的变富，使少的变多。当我叔父即位为可汗时，我自己任达头人民上面的设。我同我叔可汗一起，前面(东面)一直征战到黄河和平原，后面(西面)一直征战到铁门【关】，并越过曲漫山，一直征战到黠戛斯人的地方。

一共出征了二十五次，参加了十三次战斗，使有国家的失去国家，使有可汗的失去可汗，使有膝的屈膝，使有头的顿首投降。突骑施可汗是我们突厥族，我们的人民。

由于他们无知，由于他们对我们做错了事，其可汗死了，其梅录、其诸官也死了。十箭百姓受到了痛苦。为了不要让我们祖先统治的地方【直译：土地、水】没有主人，于是组织了阿热人民……他原为虎官，我们在这那给予了可汗称号，并把我妹公主嫁给了他。他们自己做错了事，其可汗死了，其人民成了奴婢。为了不要让曲漫地方没有主人，我们来整顿阿热和黠戛斯人民，我们打了仗，又【把国家】交给了【他们】。东面，越过兴安岭，我们让人民这样住下，这样组织了。西面，一直到康居贪漫，让突厥人民这样住下来，这样组织了。那时，奴隶成了拥有奴隶的人，女婢成了拥有女婢的人，弟弟不认识其哥哥，儿子不认识其父亲(按此处喻国家之大)。

我们建立的国家、法制就是这样。突厥乌古斯诸官和人民，你们听着！当上面上天不塌，下面大地不裂，突厥人民，谁能毁灭你的国家和法制？突厥人民，你悔过吧！

由于你们的无法，你们自己对养育你们的英明可汗和自由、良好的国家犯了罪，招致了恶果。【否则】带武器的【人】哪里来赶走【你们】？带矛的【人】从哪来驱走【你们】？神圣的于都斤山的人民，你们走了，你们往东去的走了，你们往西去的走了；在你们去的地方【所得到】的好处就是：你们的血流如水，你们骨堆如山，你们高贵的男儿成了奴隶，你们清白的女儿成了女婢。由于【你们】无知，由于你们无义，我叔可汗死去了。

我先把黠戛斯可汗立作【墓前】杀人石，为了不要让突厥人民无名声，使我父成为可汗、使我母成为可敦的上天，赐【给我们】国家的上天，为了不让突厥人民无名无声，那上天让我自己做了可汗。我统治的完全不是昌盛繁荣的人民，我统治的是内无食、外无衣、贫困可怜的人民。我同我弟阙特勤商谈了，为了不让我父、我叔获得的人民无名无声，为了突厥人民，我夜不成眠，画不安坐。我同我弟阙特勤和两个设一起，努力工作，精疲力尽；我努力不使联合起来的人民成为水火。当我继位为可汗时，流散各处的人民，精疲力尽地、无马无衣地归来了。为了养育人民，我率领大军出征了十二次，北面反对乌古斯人民，东面反对契丹、奚人民，南面反对中国……我参加了战斗。之后，感谢上天，由于我的福分，由于我的幸运，我振兴了濒死的人民，使赤裸的人民有衣穿，使贫穷的人民富裕起来，使人民由少变多，我使【他们】比有强大国家和有强大汗国的【人民】过得更好。我把四方的人民全部征服了，使其不再为敌。他们全都臣服于我，并【为我】出力。我弟阙特勤在如此努力于【建立】法制之后去世了。当我父可汗去世时，我弟阙特勤七岁。【当他】……岁时，托像乌迈女神一样的我母可敦的福，我弟受成丁之名。当他十六岁时，我叔可汗这样获得了国家和法制。我们出征六州粟特。中国的王都督领五万兵到来，我们交了战。

阙特勤徒步冲击，俘获了手执武器的王都督内弟，连同武器【把他】献给了可汗。【我们】在那里消灭了那支军队。当他二十一岁时，我们与沙咤将军交战。最初，他【指阙特勤】骑啜的灰马进击，该马在那里死了。第二次骑始波罗的灰马进击，该马在那里死了。第三次骑官的带有马衣的栗色马进击，该马在那里死了。他的甲胄和披风上中了一百多箭，

【但】未一箭中其面部和头部……突厥诸官，你们都知道他的进击。我们在那里把那支军队消灭了。这以后，拔野古的大俟斤【与我们】为敌。我们击溃了他，并在 YARGHUN 畔破之。大俟斤仅同少数人逃走。当阙特勤二十六岁时，我们出征黠戛斯，从和矛一样深的雪中开道，越过曲漫山，我们袭击黠戛斯人于睡梦中。我们与其可汗战于山。阙特勤骑拔野古的白马冲击。他用箭射死一人，【并】刺伤两人。当他进击时，折断了拔野古白儿马的大腿。我们杀死了黠戛斯的可汗，取得了他国家。那年为征讨突骑施，我们越过阿尔泰山，渡过额尔齐斯河，袭击突骑施人于睡梦之中，突骑施可汗的军队如火似飚地从 BOLCU 而来，我们交了战。阙特勤骑灰马进击。灰马……他自己俘获了其中的两个，然后又攻入【敌阵】，亲手俘获了突骑施可汗的梅录阿热都督。在那里，我们杀死了他们的可汗，取得他们的国家。普通突骑施人民全部归顺了。我们让那些人民住在 TSBAR(?)为了整顿粟特人民，我们渡过珍珠河，一直出征到铁门【关】。【之后】，普通突骑施人民成了【我们的】敌人，到了那里。当时我们的军马瘦弱，没有粮秣，坏人……袭击我们的是勇敢的人。当时我们很后悔只派了少数人随同关特勤。他打了【一次】大仗。他骑英雄的白马进击，在那里杀死和臣服了普通突骑施人民，又出征……(北面)

……与……【并】和都督交战，杀死其全部勇士，运走其全部毡房。当阙特勤二十七岁时，葛逻禄人民独立自主并成为【我们的】的敌人。我们战于圣泉。阙特勤在那次战役时三十岁。他骑英雄的白马冲击。他连续刺杀二人。我们杀死、征服了葛逻禄。阿热人民变成了【我们的】敌人了，我们战于卡拉湖。【当时】阙特勤三十一岁，他骑英雄的白马冲击。他俘获了阿热人的颉利发，阿热人民在那里被消灭。当我叔可汗的国家动乱时，当人民和统治者分为两部分时，我们与思结人民交战。阙特勤骑英雄的白马冲击。该马在那里死了。思结人民被消灭了。九姓乌古斯人民本是我自己的人民，由于天地混乱，乃【与我们】为敌。一年中我们交战五次。首先我们交战于城。

阙特勤骑白【马】冲击，刺杀六人。在【两】军接战时，用剑斩杀了第七个人。第二次在与阿跌人交战，阙特勤骑阿热褐色【马】冲击，刺杀一人。

在追击(?)(或围战)时斩九人。阿跌人民在那里被消灭了。第三次，我们在 BOLCU 与乌古斯交战，阙特勤骑白【马】AZMAN 冲击刺杀。我们刺杀其军并获取其国家。第四次，我们在 CUS 泉交战，突厥人民动摇了(?)(直译：使脚步乱了)，情况不妙。阙特勤将超越过来的【敌】军冲散了，并在通阿特勒墓地包围杀死了同罗族一勇士和十个人。第五次，我们在与乌古斯交战，阙特勤骑阿热的褐色马冲击，刺杀两人，并把他扔入泥沼中。该军在那里被消灭了。我们在 AMGHI 堡过冬。春天时我们出兵征乌古斯。我们留(?)阙特勤守家。敌人袭击汗庭，阙特勤骑白【马】，刺杀九人。并守住了汗庭。【否则】我母可敦及诸继母、诸姊、诸媳、诸公主，活着的将沦为女婢，死去的将遗尸于住地和道路上！

要是没有阙特勤的话，你们都将死掉！我弟阙特勤去世了，我自己很悲痛。我的眼睛好像看不见了，我能洞悉【事物】的智慧好像迟钝了。我自己很悲痛。寿命是上天决定的，人类之子全都是为死而生。我十分悲痛，眼睛流泪，我强忍住；心情悲伤，我强抑住。我万分悲痛。我想，两设及我的诸弟、诸子、诸官、我的人民将哭坏他们的眼睛(直译：眼眉)。作为吊唁者，UDAR 将军代表契丹、奚人民到来了。从中国皇帝那里来了御史吕向，并带来了许多(直译：一万)珍宝和金银。从吐蕃可汗来了论。从西面，日落之方的粟特、安国人民都里来了将军及达干。

从十箭我子突骑施可汗那里来了掌印官，从黠戛斯可汗那里来了达头伊难珠啜，来了造祠庙工匠、镂刻图纹碑文的石匠。中国皇帝的史官(?)张将军来到【指导】建造祠庙、绘画及刻石碑事宜。

（东北面）

阙特勤于羊年十七日去年，九月二十七日举行葬礼。祠庙、绘画、碑石于猴年七月二十五日全部竣工。阙特勤享年四十七岁。碑石……这些工匠都是由颉利发差来的。

（东南面）

我药利特勤，阙特勤的侄子写此碑文。我药利特勤用二十天写全部文字于石碑及墙上。您待【人民】胜于您的爱子及子孙。您逝世了。您在天上……像生时一样。

（西南面）

……照看阙特勤的金银珠宝和四千匹马的……我主特勤【将升】天上……我药利特勤书写此碑。

（西面）

西方粟特人反叛。由于我弟阙特勤……由于他辛勤尽力，我突厥毗伽可汗让自己的侍卫守护我弟阙特勤【的陵墓】。我赐给他伊难珠阿波守卫达干的称号。我让人尊敬他。

（说明：本文及拓片均为董玉祥教授提供摘自新疆社会科学林幹教授所作的《突厥史》。）

译者注：

此碑1889在今蒙古国鄂尔浑支流河谷的和硕柴达木地方发现。该碑文现仍在原地。碑为大理石刻成，上刻汉文和古代突厥文两种文字语言，建于公元732年。古代突厥文部分，正文六十六行。碑文刻在大、小两块碑上，小碑一面写十三行，应为碑文的开头部分。其余部分刻在大碑正面及边上，背面为汉文部分。

(六)磨延啜碑（回鹘）

译者说明

1909年芬兰学者兰木斯台特（G.J.Ramstedt）在今蒙古人民共和国北部色楞格河及希乃乌苏（xine-usu）湖附近örgöötü发现。此碑约建于公元759年，共50行，破损处很多。

图录及对碑文的研究

1.Ramstedt, G.J.: Zwei uigurische Runeninschriften in der Nord-Mongolei, JSFOu, XXX, 3, 1913（北蒙古发现的两个回鹘如尼碑文）。

2.S.E.Malov: Pamyatniki Drevnetyurksoy Pis'menosti Mongolii i Kirgizii. M.-L, 1959, str.30-44(《蒙古吉尔吉斯古代突厥文献》)

3.H.N.Orkun: Eski türk yazitlari. I.s.114-185（《古代突厥碑铭》）

阙欲谷碑

（突厥文）

苾伽可汗碑

（突厥文）

后突厥亡国之后

一、降将叛逃

唐天宝元年(742)后突厥最具影响力的西叶护(亲王)阿史那阿布思率所属投降唐朝，影响所及又有一千多落(帐篷)陆续降唐。所以唐帝李隆基对于阿史那阿布思十分优遇。先是赐姓李，名献忠，表示他已有皇家族系的身份，嗣又以功升到朔方(宁夏灵武)节度副使，又封信王。

李献忠(阿史那阿布思)本身是突厥皇族，又有才干，他根本看不起出身微贱又是杂种的安禄山等。安禄山有心巴结李献忠而又苦无门路，于是就设计陷害他(李献忠)。一次安禄山上疏征调李献忠率同罗部(蒙古)骑兵东进会师，进攻辽河上游的契丹部落。

当时李献忠眼看唐朝竟重用安禄山、史思明这一类军中渣滓，他料定将来自己必受其害，同时出身微贱的安禄山，在李献忠(阿史那阿布思)皇族眼里不值一顾。他决心离开这个用人没有标准的环境，于是率领他的部众叛变，攻破唐军的粮仓、军械库，大肆抢掠后向瀚海大漠以北逃去。

唐天宝十一载(752)九月，阿史那阿布思(李献忠)回头攻进唐朝边塞，包围中受降城(内蒙古自治区包头市)西一百公里的永清栅基地——大同川，被唐守将张元轨击退。

唐驻北庭(新疆吉木萨尔县)总督程千里追击阿史那阿布思(李献忠)，追到碛(大漠)西(地望应在新疆西北部)。程千里通知中亚细亚额尔齐斯河流域的葛逻禄部落出兵夹击。阿史那阿布思(李献忠)穷途末路，乃向葛逻禄部投降。葛逻禄亲王顿毗伽把他逮捕，连同他的妻子、儿女和随他投降的部众数千人，一齐送给唐朝。次年(754)三月，在长安全部处死。

九月十六日，唐帝李隆基加授葛逻禄亲王顿毗伽“开府仪同三司”，封金山王。

安史之乱

安禄山的母亲是突厥人，继父安延偃为侨居前(东)突厥的安国粟特胡人(安国为粟特九姓胡人所建的古国，故地在今中亚细亚乌兹别克斯坦的布哈拉一带)。安禄山自幼熟知六蕃语，长大一度在营州柳城充当互市牙郎(唐朝与突厥互市交易的中介人)，后为唐朝幽州节度使张守珪以其“熟知六番语”而收为义子(《新疆民族辞典》)，从此改名为安禄山。所以《大英百科全书》说他是“混血胡人”。

安禄山勇敢好斗，在唐幽州节度使张守珪部下由小小捉生将(前线搜兵)积功而升左骁卫将军。安禄山狡猾伶巧，工于心计，唐帝李隆基喜欢的就是这一类型会说胡语的人，由于他是当地胡人，唐廷正需要提拔这种人物，好为唐用，于是以战功而升平卢兵马使，再为军政大权在握的节度使。

平卢节度使的任务是安抚防御室韦部落(黑龙江省)及靺鞨部落(勃海)。管辖两个军事基地：平卢军管区(辽宁省朝阳市)、卢龙军管区(河北省卢龙县)，一个警备区(守捉)：榆关(河北省秦皇岛市)警备区，一个都督府：安东都督府(设河北卢龙县)。边防军分别驻扎在营州(辽宁省朝阳市)和平州(河北省卢龙县)，兵力三万七千五百人。

翌年(公元743年，唐天宝二载)春，安禄山进京朝见唐帝李隆基，当然是奉承一些神话，使做皇帝的李隆基自信就是真命天子。

唐帝李隆基除了厚待安禄山之外，还特别准他随时可以进出皇宫。

次年(744)三月初，唐帝李隆基下令平卢节度使安禄山又兼任范阳节度使，驻节北京。安禄山的势力自关外而扩张到关内了。范阳节度使的任务是防御滦河上游的奚部落和辽河上游的契丹部落，管辖以下九个军事基地：

一、经略军(北京市)

二、威武军(北京市密云区)。

三、清夷军(河北省怀来县)。

四、靖塞军(河北省怀来县)。

五、恒阳军(河北省曲阳县)。

六、北平军(河北省定州市)。

七、高阳军(河北省高阳县)。

八、唐兴军(河北省安新县)。

九、横海军(河北省沧县)。

所辖军队分别驻扎下列九州：

幽州(北京市)。

蓟州(天津市蓟县)。

妫州(河北省怀来县)。

檀州(北京市密云区)。

易州(河北省易县)。

恒州(河北省正定县)。

定州(河北省定州市)。

莫州(河北省任丘市鄚州镇)。

沧州(河北省沧县东南四十公里)。

总部设幽州(北京市)，兵力九万一千四百人。

安禄山在范阳节度使任内适逢他的对手李献忠(阿史那阿布思)叛唐，又被回纥部落击败，安禄山乘机诱使李献忠的部众归降，遂拥有大数量又最精锐的武装部队。

唐帝命安禄山兼着中央的御史大夫，安禄山的权力乃由边疆而伸展到朝廷以内了。

跟安禄山从小在一起长大而后一起降唐的一个突厥浪人史宿(窣)干，曾设计诱捕奚部落的将领(琐高)而有功。唐将张守珪保荐他为副将(果毅)，以后又升迁到将军。因军功而蒙唐赐名为“史思明”，这是公元736年的事。

《旧唐书·史思明传》说“史思明是杂种胡”，是因为史思明的父亲是史国的粟特胡人，母亲是突厥人。粟特胡人擅于国际贸易，在当时各胡国与唐朝到处都有粟特胡人商队的活动。安禄山的继父和史思明的父亲可能都是在前突厥汗国的粟特商人。

安禄山身躯肥胖，肚皮的赘肉下垂过膝，自称体重三百斤。从外表看起来安禄山豪爽开朗，憨憨傻傻，而其内心却十分狡猾！他时常命他的将领刘骆谷留在京师(都城长安)卧底侦探消息，朝中动静他都清楚。安禄山每年都要进贡他在边疆所生擒的俘虏和各种牲口家畜、奇禽怪兽、珠玉珍宝，一批接一批，路上络绎不绝，沿途郡县政府为了替他运送而疲于奔命。

安禄山在唐帝面前，头脑清晰，反应敏捷，而又幽默风趣。唐帝李隆基曾经指着他的大肚子，戏弄一句：“你的肚皮里，何所有？大成这个模样？”安禄山回答说：“什么都没有，只有一颗忠心！”唐帝大为喜悦。

唐帝李隆基又教杨铦、杨锜、贵妃杨玉环的三位姐姐，都跟安禄山结拜成异姓兄弟。安禄山为了可以随时出入皇宫，乃请求准许他当杨玉环的义子。

安禄山在这个时候，不仅搭上内宫杨贵妃的亲密关系，可以随时出入皇宫，而且又蒙唐帝给他在范阳节度使的同时还兼任了平卢(辽宁省朝阳市)、河东(山西省太原市)二州的节度使。生、杀、予、夺，全权处理，真是权倾天下了。

安禄山看到年已六十八岁的唐帝李隆基确实年老体衰了，他还发现朝外动乱，朝内一片黑暗，“黑金”左右官员，而官员鱼肉百姓；黑道杀人放火，而朝廷置若罔闻。皇帝高唱口号而利用恶势力控制民生资源，包揽公共工程，而为害百姓的恶霸公然横行。安禄山就从这些事实上看准李家的江山已是来日无多了。

朝廷的孔目官严庄、掌书记高尚等，也曾乘机向安禄山建议劝他发动武装政变。

唐天宝十载(751)春，安禄山在投降过来的同罗部落(蒙古乌兰巴托西)、奚部落(滦河上游)、契丹部落(辽河上游)中，挑选八千多精壮，号称“曳落河”突厥语是“敢死兵团”(壮士)。另收养家奴一百余人，全部骁勇不凡。安禄山又畜养战马数万匹，大量储备兵器，分别派遣汉胡商人，到各道去做生意，每年收入贵重的货物数百万钱。又秘密缝制紫袍(三品以上官服)、鱼袋(显示品阶时用)数百万件。高尚、严庄、张通儒，以及将军孙孝哲，都是他的心腹。史思明、安守忠、李归仁、蔡希德、牛廷玠、向润容、李庭望、崔乾佑、尹子奇、何千年、武令珣、能元皓、田承嗣、田乾真、阿史那承庆，都是他的心腹战将。高尚还有很丰富的文学素养，安禄山提拔他到总部当幕僚亲信，可以自由进出安禄山的卧室。

同年(751)秋，安禄山率领范阳、平卢、河东等三个战区的武装部队六万人，讨伐辽河上游的契丹部落；由滦河上游的奚部落军两千人为向导。部队穿过平卢北上，深入蛮荒一千多里，抵达土护真水(西辽河支流老哈河)，适逢天降大雨。安禄山率军日夜急进，再深入三百多里，到达契丹部落的中央御帐。契丹部落大为惊骇。当时阴雨已经很久，弓弦受到潮湿而失去弹力，大将何思德要求安营扎寨，暂时休息。安禄山大怒，要把他斩首，何思德道歉，又请求充当前锋。何思德的面貌很像安禄山，契丹军集中力量攻击，斩了何思德，误认为已经杀了安禄山，士气大振。就在这个时候，滦河上游的奚部落军阵前叛变，跟契丹部落军联合向安禄山发动夹攻，安禄山的远征军几乎全被歼灭。安禄山抛下大军，在二十个骑兵卫士保护下逃离战场。幸而不久夜色来临，敌人停止追击，安禄山好不容易跑到师州(辽宁省朝阳市东北)，宣布把战败责任全部推给左贤王哥解和河东兵马使鱼承仙，把他二人斩首。

平卢兵马使史思明逃进附近山谷将近二十天之久，集结溃散了的士卒，共七百人。平卢守将史定方，率精锐部队两千人援救安禄山。契丹部落军退去。

安禄山才算逃出一命，抵达平卢，大营官兵已逃亡一空。时史思明出来晋见，安禄山大喜！契丹部落军包围师州，安禄山命史思明把他们击退。

唐帝打算擢升安禄山为同平章事，这是宰相级官位。杨国忠劝阻说："安禄山虽然军事上有点贡献，但他不认识字，怎么可以当宰相！诏书如果颁布，恐怕四方蛮族，都会轻视中国。"唐帝乃不再提及。

唐天宝十三载(754)春，安禄山向唐帝要求兼领闲厩使(御马总监)与群牧监(全国牧马总监)。唐帝批示任命安禄山兼任闲厩使(御马总监)、陇右群牧监(青海省东部的牧马总管)。

安禄山又要求兼任群牧监(全国牧马总管)，唐帝再命安禄山兼知总监事(代理全国牧马总管)。

安禄山上疏请准副总监察官推荐御史中丞吉温为兵部侍郎，兼闲厩副使(御马副总监)，安禄山秘密派出亲信，挑选品质优良的牧马数万匹，集中另一个地方饲养，并作战马训练。

安禄山为谋反而买军心，二月中，他向唐帝建议对于他所属战士，因战功而逾格晋赏，以示褒扬。于是唐帝下令擢升将军的有五百多人，升中郎将(贵族司令级)的两千多人。

安禄山在朝中一行，可以说是有求必应，但他却去也匆匆，因为他唯恐杨国忠奏请把他留下，不准他回到华北原驻地，所以他在来长安时，就已派好船只和纤夫们在潼关外的黄河岸上待命，他一离开首都长安便快马加鞭奔出潼关，改乘船只，沿黄河顺流而下，日夜不停地赶路，回到范阳（北京市）。

自此以后，凡是有人说安禄山谋反的，唐帝都把他们逮捕送给安禄山处理。因此，虽然人人都知道安禄山就要叛变，但却没有人敢向朝廷反映。

唐天宝十四载(755)春，安禄山派副将何千年到京师奏请任用三十二位突厥族将领代替汉人将领。宰相韦见素与右相杨国忠等大臣们都知道安禄山必会造反，其间虽向唐帝强烈反对，但最后唐帝还是批准了安禄山的请求。

安禄山叛变

安禄山直接控制着平卢（辽宁省朝阳市柳城）、范阳、河东（山西省）三个军区，从公元742年开始准备，到现在十多年了。

唐天宝十四载(755)十一月九日，安禄山动员所有的直属武装部队，联合蒙古乌兰巴托西的同罗部落、滦河上游的奚部落、辽河上游的契丹部落、黑龙江省的室韦部落，计有十五万人，对外号称二十万，在范阳举兵叛变。安禄山命节度副使贾循留守范阳，平卢节度副使吕知诲留守平卢，别将高秀岩留守大同（山西省朔州）。各将领接到命令后连夜率军出发。

第二天一早，安禄山出蓟城（北京）到城南，举行大规模阅兵，向全国宣布：出兵目的只在肃清君侧，遂率军南下。安禄山乘坐防箭铁轿，步骑兵全是最精锐的野战部队，战鼓声、车马声、号角声，惊天动地！当时，全国太平时期已久，人民不知道什么是战争。突然听到范阳兵变，举国惶恐惊骇，河北道（黄河以北）本是安禄山的辖区，所过州县的郡守县令都是大开城门出来迎接，没有一个城池敢起兵拒抗的。

安禄山先派将军何千年、高邈率奚部落军二十人，声称前往都城长安，向皇帝献神箭手，可是他们却乘驿马车直赴太原。

公元755年的十一月十日，驻守太原的留守长官(北京副留守)杨光朔出城迎接何千年、高邈，把他们劫持而去。唐派驻太原的北京府上疏唐廷，奏报经过情形。东受降城(内蒙古托克托县)也上疏奏报安禄山叛变，但唐帝李隆基仍认为是安禄山的仇人造谣，不肯相信。

当时唐平原(山东省陵城区)郡守颜真卿知道安禄山就要叛变，一面整修城墙，挖掘壕沟，调查后备军人，充实粮仓；一面急派平原司兵李平间道飞报长安，唐帝李隆基这才知道安禄山真的叛变了。

安禄山认为颜真卿不过是一个不懂军事的文官，并没有把他放在眼里，乃用正式公文通知颜真卿率平原、博平(山东省聊城市东北)两郡军队七千人，移防黄河渡口。而颜真卿却暗地派亲信到处张贴文告，悬赏鼓励叛军反正。

十一月十五日，唐帝李隆基召集文武大臣商议讨贼方略，右相杨国忠得意洋洋地夸下海口："顶多十天一定把安禄山的人头献给陛下。"而李隆基相信了这一句大话，只是文武百官们面面相觑，个个脸无人色。

唐帝李隆基派特进毕思琛前往东京(河南省洛阳市)传令左金吾将军程里前往河东(山西省永济市)，分别召募士卒数万人，就地训练，准备抵抗安禄山叛军。

十一月十六日，驻守龟兹(新疆维吾尔自治区库车市)的安西节度使封常清到京师(长安)朝见。唐帝问他讨伐叛军的策略，封常清夸口说："请准许我立刻前往洛阳打开政府金库，招募勇士北渡黄河，用不了几天，就可以把安禄山的人头呈献宫门。"李隆基大为高兴。

十一月十七日，李隆基任命封常清为范阳及平卢柳城节度使，封常清当天就乘政府驿马车前往洛阳招兵买马。十天之间，募得六万人，于是拆除黄河浮桥，充实防御设备以守洛阳。

十一月十九日，安禄山抵达博陵(河北省定州市)城南，将军何千年等押解忠于唐廷的太原副留守杨光翙晋见安禄山，立即被安禄山下令斩首示众。安禄山派张献诚代理博陵郡守，又派义子安忠志率精锐部队进驻土门(河北省石家庄市鹿泉区西)，太行山八陉之井陉。

安禄山所部抵达藁城(河北省石家庄市藁城区)，常山(河北省正定县)太守颜杲卿的兵力不能拒抗，遂偕同长史袁履谦前往藁城晋见，安禄山赏赐给颜杲卿紫袍(三品以上官服)及金鱼符契，留他的子弟当人质，命他仍做常山太守；又派范阳(北京)将领李钦凑率军数千人驻防井陉口，抵御从西边发动攻击的唐军。颜杲卿与袁履谦在返任回程中，遂密谋聚众起兵讨伐安禄山。

十一月二十一日，唐帝李隆基回长安宫，下令斩安禄山的儿子太仆卿安庆宗，又命安庆宗的妻子荣义郡主自杀。李隆基任命驻镇宁夏灵武县的灵武节度使安思顺为户部尚书(主理财政)；安思顺的兄弟安元贞为太仆卿，并提升为朔方右厢兵马使；九原(内蒙古五原县西南)郡守郭子仪为朔方节度使；右羽林大将军王承业为北京太原尹(特别市长)。另行设置河南战区，管辖陈留(河南省开封市)等十三郡，卫尉卿张介然为节度使。程千里为上党(山西省长治市)郡长史。对叛军南下必经之路的各郡，开始设置防御使。

十一月，唐帝任命皇子荣王李琬为全国兵马大元帅，右金吾大将军高仙芝副之。两人率各路军出潼关东征。皇宫捐出金钱绸缎，在京师召募勇士十一万人，号称“天武军”，十天集结完毕，事实上全是一些游手好闲的市井之徒。

同年(755)十二月一日，高仙芝率飞骑兵团、矿骑兵团和新召募的士卒，以及留在京师的边防军，共计五万人，从长安出发。唐帝李隆基派宦官、左监门将军边令诚为监军，进驻河南省的陕郡(河南省陕州区)督战。

十二月二日，安禄山行军二十四天到达河南省滑县境的灵昌渡口，用粗绳拴住一些破船和一些干草木材，从北岸拉到南岸，使河水水流趋缓，于是一夜之间，河水结成坚冰，好像一架浮桥。安禄山的大军遂攻陷灵昌郡。范阳兵团漫山遍野汹涌而来，人们不知道确切数字，在所经过的地方屠杀摧残，人民死伤无法计算。

十二月五日，陈留郡守郭纳献出城池向安禄山投降。安禄山进入北门外城，才听到唐帝杀了他留在长安的儿子安庆宗的消息，大哭一场！当时陈留投降的士卒将近一万人，排在道路两旁，安禄山把他们全部刺杀以发泄心中的愤怒！在大营门前斩唐节度使张介然，命范阳将领李庭望为陈留节度使驻防陈留。

十二月七日，唐帝李隆基声称御驾亲征，命朔方（总部设灵武）、河西（总部设武威）、陇右（总部设西平——青海省乐都区）各道所有武装部队，除留下少数人保护边城外，其余的全部调赴东征大营。又命各节度使亲自率领，期限二十天到大营报到。

安禄山自陈留率军西上攻击荥阳（河南省郑州市），唐荥阳郡守崔无诐登城固守。安禄山下令攻城，守城士卒听到战鼓及号角声震天四起，心胆俱裂！立脚不稳，纷纷从城上跌下。

十二月八日，安禄山攻陷荥阳，斩崔无诐，命范阳将领武令珣接防。安禄山声势更大，命他的部属田承嗣、安忠志、张孝忠为前锋，向西挺进。

唐军将领封常清抵达东京（洛阳）后，所召募的六万新兵，既没有训练又没有武器，赤手空拳进驻武牢（河南省荥阳市），准备抵抗安禄山。叛军用骑兵冲阵，赤手空拳的唐政府新军大败，封常清集结残兵败将，在葵园（河南省荥阳市西）再战，再败，在上东门内（洛阳东门）再战，又败。

唐驻守洛阳的河南尹达奚珣向叛军投降，御史中丞卢奕与留守长官李憕均以身殉国。

十二月十二日，安禄山攻陷洛阳，大肆屠杀抢劫。封常清在驿马车总站（洛阳城内）再战，又大败，退到宣仁门（洛阳皇城东门）再战，又大败。无可奈何，拆除皇城西墙，向西落荒而逃。

封常清率残兵败将撤退到陕郡（河南省陕州区），郡守窦廷芝早已弃城逃到山西省永济市（河东郡）。封常清建议副元帅高仙芝：潼关（陕西省潼关县东）并没有军队把守，如果盗贼突破潼关，首都长安（西安）就难以守住。不如率军先控制住潼关，在潼关建立防线。

高仙芝同意，于是率军向西退保潼关。安禄山的叛军不久即挺进河南省陕郡（陕州区），唐守军狼狈逃走。高仙芝好不容易撤到潼关，刚刚整修好城防工事，叛军先头部队已经涌到，发现潼关严阵以待，即行后退。安禄山命范阳将领崔乾佑驻防陕郡。

这时候河南汝州的临汝郡、河南灵宝的弘农郡、山东定陶县的济阴郡、河南范县的濮阳郡、山西大同的云中郡，都向叛军投降。当时唐廷向各道征召军队勤王，没有一道军队抵达。关中（陕西省中部）人心惶惶！幸好，安禄山在洛阳计划登基称帝，没有再继续前进，使唐廷得以获致较多的准备时间，各道勤王军才渐渐集结。

安禄山任命张通晤为睢阳（河南省商丘市）郡守，会同安禄山新任命的陈留郡长史杨朝宗，率蛮族部落军骑兵一千余人向东夺取土地。很多郡守、县令听到风声，不是开门投降，就是弃城逃走。只有东平（山东省东平县）郡太守唐皇族系嗣吴王李祇，济南（山东省济南市）郡守李随拥兵抵抗安禄山。

各郡守、县令不肯投降叛军的，都用“嗣吴王”的名义，作为号召。单父（山东省单县）县尉（地方团队首长）贾贲，率官民人等，南下收复睢阳，斩了安禄山所委任的张通晤。盘踞陈留的叛军节度使李庭望，正在打算率军向东夺取土地，得到睢阳失守的消息，不敢前进而回师开封（陈留）。

公元755年十二月，安禄山军大同基地都督高秀岩攻击唐振武军(内蒙古自治区托克托县)。朔方战区灵武节度使郭子仪把叛军击败，乘胜克复靖边军区(山西省右玉县)。叛军大同军基地大同兵马使薛忠义反攻靖边军，郭子仪派左翼左兵马使李光弼、右翼右兵马使高浚、左翼左武锋使仆固怀恩(仆固，复姓)、右翼右武锋使浑释之等迎头痛击，大破叛军，坑杀叛军骑兵七千人。唐军遂进围云中(山西省大同市)，命特遣部队将领公孙琼岩率骑兵两千人收复马邑(山西省朔州)，打通东陉关(山西省代县东南)。

安禄山称帝

天宝十五载(756)是安禄山作乱以来最重要的一年，最重要的记录有：

一、安禄山称帝。

二、唐帝李隆基放弃长安。

三、马嵬坡事件。

四、唐太子李亨称帝。

这年(756)正月一日，安禄山在洛阳登基，建立“燕国”，自称“大燕皇帝”，改年号为“圣武”。

安禄山命达奚珣为侍中，执掌全国总监察；命张通儒为中书令，掌最高法院；高尚、严庄为中书侍郎。

常山郡(河北省正定县)是河北的谷仓，在军事上是太行山以东的重要屏障，所以说常山郡也是华北战略地理上最重要的军事重地。

唐常山太守颜杲卿，派他的儿子颜泉明、真定(正定县)前县令贾深，跟槁城平民翟万德诱斩叛军将领李钦凑的人头，以及俘虏何千年、高邈等前往长安报信。

颜杲卿起兵才八天，防御工程还没有完备，燕军将领史思明、蔡希德已经兵临城下。颜杲卿向王承业紧急求救，而王承业既侵吞了他斩李钦凑的功劳，就渴望常山陷落，使燕军杀颜杲卿以灭口，乃拒绝发兵。颜杲卿日夜抵抗，粮食吃完，箭石用尽。

正月八日，常山城破，燕军大肆屠杀一万多人，生擒颜杲卿及长史袁履谦等，押送洛阳。颜杲卿被绑天津桥柱上凌迟剐死！颜家一门被刀斩的、被锯死的有三十多人。

常山之战

安禄山的大将史思明、李立节、蔡希德，既攻陷常山，再率军攻击各个不屈服的郡县。所经过的地方，烧杀抢掠尽都成一片瓦砾。于是邺郡(河南省安阳市)、广平(河北省永年县)、钜鹿(河北省邢台市)、赵郡(河北省赵县)、上谷(河北省易县)、博陵(河北省定州市)、文安(河北省任丘市北鄚州镇)、魏郡(河北省大名县)、信都(河北省冀州市)等郡县，全又沦陷燕军之手。只有饶阳(河北省深州市)郡守卢全诚仍然效忠唐廷。史思明等把饶阳团团围住，河间(河北省河间市)司法李奂率军七千人，景城(河北省沧县东南)长史李暐派他的儿子李祀率军八千增援饶阳，但都被史思明击败。

史思明围攻饶阳二十九天，不能攻克。唐太原节度使李光弼率胡汉步骑混合兵团一万多人，太原弓箭神射手三千人，穿过井陉东下支援饶阳。

二月十五日，唐李光弼军抵达常山，燕军民兵三千人阵前起义，生擒燕军任命的郡守安思义，出城投降。

史思明听说绾毂井陉的常山失守，立刻解除饶阳之围，下令立即反攻常山。将兵一百公里的路程，骑兵先锋次日拂晓已抵达常山，共有骑兵两万多人兵临常山城下。李光弼派步兵五千人出东门迎击，而燕军堵紧城门，唐兵无法出城。李光弼命神弩手五百人登城，顿时弩矢弩石如雨射下，燕军才稍稍退后。李光弼再派神射军一千人分作四队，万箭齐发，燕军不能抵挡，撤退到大道以北布阵。

李光弼兵团五千人进抵大道以南，架起枪城，隔着一条滹沱河跟燕军遥遥对峙。燕军不断出动骑兵挑战，李光弼兵团集中神射部队发箭狙击，燕军人马被射中的超过大半；只好退后整合，等候从饶阳赶来的步兵增援。

一位村民报告李光弼说：燕军步兵五千人，从饶阳赶来，日夜行军一百七十里，已经抵达河北槀城西北九门南方的逢壁，可能在那里稍作休息。李光弼派步骑兵各两千人，不带军旗战鼓，沿着滹沱河秘密前进，抵达逢壁(槀城西北)，燕军正在吃饭，李光弼军发动突袭，把这批支援饶阳的燕军完全消灭。史思明得到报告，顿时失去勇气，乃下令退回九门(槀城西北)。当时，常山郡所属九个县：真定(河北省正定县)、槀城、石邑(河北省石家庄市)、九门、行唐(河北省行唐县)、井陉、平山(河北省平山县)、鹿泉、灵寿(河北省灵寿县)中有七个县继续效忠唐政府，只有九门、槀城还由燕军占领。李光弼派初级将领张奉璋，率士卒五百人驻防石邑。石邑又名井陉，是太行山八陉之第五陉，也是河北到山西太原的主要隘口。唐兵据守石邑，可阻燕军进攻太原。

李光弼与燕军将领史思明对峙四十多天，史思明兵团切断常山对外所有交通线，粮食不能运进，城里缺少草料，战马只好吃草席坐垫。李光弼派车五百辆，前往石邑运草，车夫身穿铠甲，另派弓箭神射军一千人保护，结成方阵挺进，使燕军无法阻截。燕军将领蔡希德率军攻击石邑，唐石邑守将张奉璋把他击退。李光弼派使节向驻守宁夏灵武县的灵武节度使郭子仪紧急求救，郭子仪率军通过井陉向常山进发。

同年(756)夏四月九日，郭子仪兵团抵达常山跟李光弼会师，胡汉步骑士卒共十余万。

四月十一日，郭子仪、李光弼跟燕将史思明部在九门城南会战。燕军大将李立节阵亡，史思明大败，乃集结残兵败将投奔赵郡，蔡希德投奔钜鹿。史思明由赵郡前往博陵，当时博陵已归降唐政府，史思明怒不可遏，把郡政府官员全部屠杀。河北人民无法忍受燕军的残暴，每个地方都有武装乡民组成的自卫团队，多的有两万人，少的也有一万人左右，各自兴筑自卫寨堡，全面抵抗燕军。等到唐政府军郭子仪和李光弼的部队一到，就纷纷反正投效唐军。

四月十七日，郭子仪、李光弼兵团攻击赵郡，兵临城下，赵郡即行反正投降。很多士卒抢劫掳掠，李光弼亲自坐在城门口，把士卒劫掠的财物一一没收发还民间，郡民大为感动！

郭子仪俘虏安禄山部四千人，全部释放，只斩燕军任命的郡守郭献璆。李光弼进军博陵围攻十天不能攻克，而军中缺粮，遂即撤退到恒阳(河北省曲阳县)整补。

唐军将领郭子仪、李光弼，由恒阳出发，再反攻常山(河北省正定县)。燕将史思明集结散兵游勇重整大军，有数万人在后尾随。郭子仪挑选强悍的骑兵战士为后卫，轮番挑战。行军三天，抵达行唐，燕军士卒已经感到疲惫不堪，向后撤退。郭子仪趁势反攻，在沙河(滹沱河支流大沙河)再次击败史思明。

燕将蔡希德自河北抵达洛阳，安禄山再交给他步骑兵两万人，命他北上和史思明会师；又派牛廷玠征调范阳等郡民兵一万余人，增援史思明。这时史思明兵团多达五万人，其中五分之一是同罗(蒙古乌兰巴托西)部落军，及胡族曳落河敢死队。郭子仪再回恒阳，史思明尾追抵达恒阳。郭子仪挖深壕沟，增高城墙严阵以待。燕军攻击时退守城内，燕军撤离时出兵追击；白天展示军威，夜间则发动偷袭。燕军疲于奔命，一连几天无法休息。

公元756年的五月底，唐军乘燕军士无斗志的机会，进攻河北省定州西嘉山燕军的前进基地。

士气旺盛的唐军猛烈突袭，使疲惫不堪的燕军惶恐万分！燕军不敢应战，四散逃命，死在败逃中的有四万多人，阵前投降被俘的有一千多人。

史思明见兵士四散，心中恐惧万分，一时坐鞍不稳跌下马来，头盔马靴全部遗失，不得不披头散发、光着脚，徒步逃命，到了傍晚才拄着折断了的枪杆狼狈回营，整合残余投奔博陵。唐军声威震动天下！于是，河北省十余郡的民众群起诛杀燕军守将，归降唐政府。

这一战役，唐军控制着安禄山的总基地——范阳西进和南下的咽喉，所以安禄山在洛阳的皇帝宝座上大为恐惧！假如不是河南战区失利，朝廷内部权臣杨国忠与军方不和，唐朝的江山还可以就此稳定下来。

这时候安禄山在皇帝宝座上的处境是：大军待在潼关之前，几个月不能西进一步；北方的通道又被切断，唐军从四面八方，开始会师。燕军所占领的不过是河南开封的陈留、郑州的荥阳几个据点而已。至于更广大地区的人力资源、物力资源还仍在唐朝掌握中。所以安禄山闻讯大惊，当时曾经有意放弃洛阳，回到他造反基地的老窝去。后来他见战事稍有转机，才又打消这个念头。

唐军出潼关

公元756年，唐天宝十五载的六月四日，唐天下兵马副元帅哥舒翰率大军东出潼关。

六月七日，在灵宝(河南省灵宝市)西郊与燕军将领崔乾佑军遭遇。崔乾佑先行据守险要等待唐东征军。这个地方南面是崤山的悬崖绝壁，北面是黄河，当中狭道长达七十里。

哥舒翰没有料到敌人已在险要高处布置伏兵，所以唐军前进途中没有警觉到敌情，刹那间，安禄山的将军崔乾佑发动隐蔽在高处的伏兵向下投掷滚木抛石，击杀了很多唐朝东征军。狭道一线，唐军士卒被困在那里，刀枪都无用武之地。唐将哥舒翰发现情势严重，下令用毡篷车驾战马冲击。时过中午，东风突起，唐军不得不逆风而战，飞沙扑面，双眼难睁。燕将崔乾佑用数十辆装满枯草的车在唐军的毡篷车队前堵住道路，纵火燃烧，浓烟滚滚，唐军霎时被烟雾罩住，士卒在烟雾中互相厮杀。大家认为燕军隐藏在浓烟之中，遂向浓烟处集中射箭投石。直到天黑，箭已射完，才发现不过几辆草车，根本没有燕军。正惊慌间！崔乾佑派同罗部落精锐骑兵，从峭山南道绕到唐军背后突袭。唐军头尾不能相顾，刹那间大军瓦解，十万人一哄而散。黄河北岸由哥舒翰亲自统率的三万人，也四散逃走。眨眼工夫，黄河南北两岸全空。哥舒翰单人匹马，跟左右卫士数百人从首阳山(山西省永济市南)西渡黄河转进潼关。检点残兵只剩八千多人。只此一役，唐军死了十七万两千人。

唐天宝十五载(756)的六月初，安禄山的战将崔乾佑占领潼关，对唐朝都城——长安构成严重威胁。

唐将哥舒翰逃到关西驿站(陕西省华州区东)，整合四散逃亡的士卒官兵，打算再守潼关。唐燕山郡王、骠骑大将军火拔归仁等率一百余骑兵包围驿站，挟持哥舒翰向安禄山投降。安禄山为了利用哥舒翰诱降唐兵唐将，乃任命哥舒翰为司空、同平章事(宰相)，以后发现哥舒翰并没有产生作用又把他囚禁起来。

中华民族的传统武德标准就是“忠义”，既令是不忠不义的安禄山也极痛恨不忠不义的哥舒翰，于是下令把哥舒翰与火拔归仁一起斩首。

长安弃守

战事正在潼关进行，距离长安还有二百里，就把大唐天子李隆基给吓坏了。

是年(756)六月十三日清晨，唐帝李隆基偕同贵妃杨玉环姐妹、皇子、王妃、公主、皇孙、杨国忠(钊)、韦见素、魏方进、陈玄礼，以及近侍宦官、宫女等，悄悄溜出延秋门(宫城西门)向西逃亡。

凡在皇宫以外的王妃、公主、皇孙们全被抛弃。

霎时间皇宫内的王、公、大臣、宫女、宦官们哭天嚎地！宫外则是四面八方奔走逃命，乱成一团！

顿时有数不清的四乡村民、城内百姓一窝蜂地拥进皇宫和高官贵爵的家里，或偷或抢，夺取金银珠宝；还有的奔上金銮宝殿，放火焚烧大盈库以发泄积愤！京兆尹崔光远跟宦官将军边令诚率人扑灭大火，诛杀十余人，动乱才稍平定。崔光远派他的儿子前往洛阳晋见安禄山，边令诚也把皇宫所有钥匙呈献给安禄山。

安禄山在洛阳听到唐帝李隆基放弃长安而西逃的消息，出他意料之外。他所知道的唐朝各地军马，以及燕军自己的战力，都还不至于使唐帝放弃都城而仓皇西逃。这是天命乎？朝廷无能乎？

安禄山下令崔乾佑停止追击。燕军逗留潼关十天，安禄山才派孙孝哲率军进入长安为接收最高统帅，命中书令张通儒为西京留守长官，唐崔光远仍是西京京兆尹，又命安忠顺率军进驻皇家林苑，镇守关中。孙孝哲最受安禄山信任和宠爱，所以凡事都由他专断独行，于是跟中书侍郎严庄互相争权。安禄山命孙孝哲统御关中所有将领，连宰相张通儒等都得听他指挥。孙孝哲豪华奢侈，杀人如麻！对别人的生命毫不在意，燕军所有将领对他都十分畏惧！安禄山下令搜索逮捕唐廷留下来的文武官员、宦官、宫女等，每集中数百人，就派军押送洛阳。亲王、侯爵、将军、宰相等高级官员随从李隆基逃亡，而家属留在长安的，全部屠杀，连怀抱中的婴儿也杀死。这个由叛军所建立的燕政府，声势震动全国，西方威胁汧陇(陕甘陇山地区)，南方迫及江汉(华中地区)，北方则已经控制河东(山西省)的一半。然而燕军官员将领，没有远大眼光和谋略，攻克长安之后，就认为天下大势已定，乃日夜饮酒，整天抢夺财物，奸淫妇女，根本没有继续西进的打算。而燕帝安禄山也因健康欠佳，以致双目失明，又生恶疮而情绪不定，所以李隆基才能够平安逃到巴蜀(四川省)。太子李亨向北逃亡，也没有遭到叛军的追击。遂到达平凉(宁夏固原)，很快与北方诸镇将取得连络，又移师灵武郡(宁夏灵武市)建立复兴基地。

燕帝安禄山下令关中最高统帅孙孝哲，把唐王朝的霍国长公主(李隆基的妹妹，已嫁裴虚己)，以及没有来得及逃出长安的唐王朝李姓皇族的王妃、驸马等，押送崇仁坊，全部诛杀，挖出心肝，用来祭奠他的长子安庆宗。

杨国忠、高力士的亲戚朋友，以及安禄山平常最厌恶的一些人，都不免一死，一次共杀八十三人，有些更用铁棒强行敲开天灵盖，脑浆鲜血流满街巷。

七月十七日，再诛杀李姓皇孙及郡主、县主二十余人。

安禄山听说李隆基逃出长安时，很多居民趁着一片混乱，抢劫仓库。现在安禄山下令彻底搜索三天，于是连同居民自己的私产，也一并被没收；又训令追踪，一文钱或一两重的东西都要查明，对持有的人定罪。互相株连之下，人民被大肆逮捕，民间财物搜刮净尽，被燕军无故杀戮的也不知其数。

燕军得知唐太子李亨在灵武整军的情报，乃出兵攻击灵武外围据点——扶风(时属陕西省凤翔府)，唐扶风郡守薛景仙把他们击退。

燕帝安禄山派将领高嵩，携带诏书和绸缎，西上诱使河陇(甘肃省东部)一带唐军将士来降。唐大震关(陕西省陇县西南四十公里)的关使郭英义把高嵩生擒斩首。

前突厥汗国溃散后残余同罗部落，追随燕军南下，驻防长安皇家林苑。

他们的酋长阿史那从礼，率骑兵五千人，从唐政府皇家马厩中偷出御马两千匹，逃回陕西横山县，打算联合各胡族部落，占领唐朝沿边地带。在宁夏灵武重组流亡政府的唐新帝李亨，派使节前往慰劳沟通，该两部落中归降唐流亡政府的很多。

突厥部落、同罗部落撤出长安逃走时，长安大为骚动！官员、居民四下奔走躲藏，监狱里的囚犯也冲出牢房。燕政府京兆尹崔光远，误以为燕军将要撤退，立刻派军队砸毁燕最高统帅孙孝哲的住宅。随同长安尹苏震，率属官十余人北奔灵武的唐流亡政府。

七月二十七日，崔光远等抵达灵武。唐新帝李亨命崔光远为御史大夫兼京都长安京兆尹，派他到渭水北岸召集所有逃亡的官员和平民。

安禄山命田乾真为西京京兆尹。

同罗部落酋长阿史那从礼在山西河曲县一带，煽动九姓部落、六州杂胡部落(鄂尔多斯高原)数万人，在经略军(宁夏灵武)北方集结，准备攻击唐廷临时行都灵武，情势紧张。唐新帝李亨命朔方节度使郭子仪前往内蒙古乌拉特前旗征调天德军抵挡。

公元756年十一月八日，回纥大军抵达带汗谷(内蒙古自治区包头市北)，跟唐政府将领郭子仪会师。

十一月十一日，唐回联军在榆林黄河北岸，与同罗部落及当地胡族部落作战，大破同罗部落等，杀三万人，俘虏一万人，河曲(河套)完全平定。郭子仪回军洛交(陕西省富县)。

东战场张巡借箭

燕军将领令狐潮，围攻雍丘(河南省杞县)四十多天，雍丘城变为孤城，跟外界完全隔绝。令狐潮再写信劝告唐守将张巡投降，守军有高级将领六个人也劝张巡投降，张巡假装同意。第二天，张巡把劝他投降的六位高级将领召唤到面前，责备他们背叛大义，一齐斩首，于是军心士气更为振奋。可是城里箭已射完，张巡用稻草扎成一千多个草人，罩上黑衣服，于夜晚从城楼上缒到城外，好像发动突击。燕军在惊慌中射箭如雨，很久才发现中了张巡借箭之计，张巡凭空得到箭数十万支。以后，张巡再于夜晚又缒草人到城外，燕军纵声大笑，而且也不加戒备。张巡乃借此机会发动敢死队乘夜砍入燕营，燕军大败，弃营而逃。

燕军将领令狐潮、王福德，率步骑兵一万余人，再攻雍丘。守将张巡出城迎战，大破燕军，杀数千人，令狐潮逃走。

燕军将领令狐潮、李庭望，围攻雍丘，一连数月不能攻克。燕政府索性另设杞州，在雍丘以北兴筑新城，用以切断守军的运粮路线。燕军在战场上时常保持数万人的优势。而守将张巡虽然才一千多人，但每次战斗都能取胜。是年(756)十二月中，鲁郡(山东兖州市)、东平郡(山东省东平县)、济阴郡(山东省定陶区)，相继沦陷燕军之手。

燕军将领杨朝宗，率步骑兵混合兵团两万人，打算袭击宁陵(河南省宁陵县)，切断张巡的后路。张巡只好放弃雍丘把军力集中在宁陵(雍丘东六十公里)，严阵以待。当天，燕将杨朝宗率军抵达宁陵城西北，张巡、许远出战，一天一夜之间数十次会战，大破燕军，杀一万多人，尸体塞满汴水。燕军收拾残兵败将，趁夜逃走。

燕帝安禄山派军攻击颍川(河南省许昌市)。城里唐守军太少，又没有存粮，郡守薛愿、长史庞坚等竭力抵抗。但燕军攻势猛烈，绕城百里以内的房屋村庄、山林树木，都被烧成一片焦土。经过了一整年，没有唐救兵来援，安禄山派阿史那承庆率军增援，日夜死战十五天，颍川城终于陷落。唐郡守薛愿与长史庞坚被俘押送洛阳，安禄山把他们捆绑，放到洛水岸边的冰上，活活冻死。

燕军将领史思明再攻陷九门，诛杀唐军及百姓数千人。

史思明向东进军再攻陷槀城。

燕政府河南战区总部设在陈留(河南省开封市)，节度使李庭望率胡族及汉人联合兵团两万余人，向东攻击河南宁陵县、襄邑(河南省睢县)。深夜行军距雍丘城三十里，刚刚扎营休息。雍丘守将张巡率敢死队三千人，手拿短兵器发动偷袭，大破燕军，杀死和俘虏近万人。燕将李庭望集结残兵趁夜逃走。

燕帝安禄山在东都洛阳宫凝碧池设宴招待他的臣属，召集李隆基时代的皇家乐团作大规模的御前演奏。这批皇家梨园子弟触景生情，大伙忍不住悲伤流泪，音乐师雷海清忍不住悲愤，把乐器摔到地上，面向西方恸哭。安禄山大怒，把雷海清押到试马殿前，绑在柱子上，大卸八块而死。

燕军将领尹子奇围攻河间，四十多天，不能攻克。史思明率军支援，唐平原(山东省陵城区)郡守颜真卿，派他属下将领和琳率军一万两千人往救，被史思明迎头痛击，生擒和琳。史思明一鼓作气，再攻陷河间，逮捕唐守将李奂，押送洛阳斩首；又攻陷景城(河北省沧县东南)，唐郡守李時战败投水自杀。

史思明再攻饶阳，唐饶阳守将张兴战败被俘，但决不屈从，史思明把他绑在木桩上活活锯死。张兴破口大骂，直到断气才住口。

燕军每攻破一个城池，城里所有的妇女，衣服首饰，以及所有可以拿得动的财物全都被抢劫一空；男人则给燕军做苦力，老幼或衰弱患病的人，则用刀枪长矛刺死作为游戏娱乐。安禄山最初交给史思明士卒三千人，命他平定河北(黄河以北)，每郡派军三千人驻镇。史思明返回博陵。

安禄山的不归路

安禄山自公元755年，唐天宝十四载冬发兵叛乱。公元756年这一年是唐朝最长的一年，也是安禄山最得意的一年。

公元756年的正月初一，安禄山在东京(河南省的洛阳市)登基称帝；把安禄山之乱从军事带到政治巅峰。这年夏六月，唐帝李隆基放弃长安。

那个时代的政治头领，健康不好，情绪也就失衡。安禄山做了皇帝固然得意，可是他近年来的视力恶化，导致双目几乎失明。在他身上又长了毒痈，所以造成他的情绪极其暴躁、多疑！常在枕下放着一把利刃，对于在他身边的人动辄鞭打，甚至随手抽刀杀人。连他重用的大臣中书侍郎严庄和他一手培养长大、又最信任的宦官李猪儿也常受此殴辱！

安禄山的皇后给安禄山生了一个小儿子安庆恩，老年人通常会喜爱小儿子，安禄山常想立这个小儿子为太子。以致即将成为太子的晋王安庆绪时常提心吊胆，唯恐安禄山找机会杀他。

安庆绪也明明知道他父亲安禄山将不久于人世，但是他唯恐安禄山把皇帝位子传给安庆恩。权力的诱惑使他迫不及待，于是只有杀人以达目的。

公元757年，安禄山做了皇帝的第二年正月初五，严庄与晋王安庆绪以及宦官李猪儿商量已定，当天夜间严庄、安庆绪二人在寝殿门外把风，由李猪儿持刀进入寝殿一言不发，举刀猛砍安禄山。左右侍从见是皇帝的贴身宦官李猪儿行凶，又有太子、副宰相在外把风，所以都不敢作声。

李猪儿杀死安禄山，安庆绪用毛毯裹住安禄山的尸体，就在安禄山的床下挖个坑，把安禄山埋葬在这个坑里。安禄山以“皇帝”之尊而落得如此下场，连他自己也没有想到。

次日(公元757年的正月初六)清晨，严庄向文武百官宣布：安禄山病重！封晋王安庆绪为太子，稍后又宣布太子即皇帝位，尊安禄山为太上皇，旋又宣布安禄山的死讯。

安禄山死有余辜，但是他作乱的余烬仍在到处燃烧。

史思明与安庆绪

这时候唐朝的北都太原留守李光弼部下的精兵，都调往宁夏灵武保卫唐朝的新都去了。剩下的地方民兵部队，全是乌合之众，不到一万人。史思明认为指日可取太原(山西省太原市)，攻下太原后，就可以长驱直入灵武及河陇(甘肃省及青海省)。

于是燕将史思明下令总攻太原市，蔡希德自太行山，高秀岩从大同(山西省朔州)发兵，牛廷玠从范阳、史思明自博陵分别出发到太原会师。

史思明包围太原一个多月，未能攻下，又被唐军的地道战法、抛石大炮等战法所击败。

史思明留下蔡希德部监视太原，而自行急急回师范阳。唐朝守太原的大将李光弼率敢死队出城反攻，大破蔡希德军，杀七万多人，蔡希德只好转进上党(山西省长治市)。

史思明之所以急急回范阳，因为以前安禄山攻下河南洛阳与唐都长安时，所抢掠到堆积如山的金银珠宝，全部搬运到范阳行宫保存。范阳是安禄山作乱的起事基地，全由史思明控制，现在他听说安禄山死了，他当然要急急回范阳去保护宝库。史思明既掌握了全国最强大的精锐部队，又控制着富可敌国的金银财宝，他把新帝安庆绪的命令也没有放在眼里，而安庆绪对他也无可奈何！

燕帝安庆绪命史思明为范阳节度使兼恒阳军节度使，封“妫川王”。又命牛廷玠领安阳(河南省安阳市)诸军事。张忠志为常山太守兼团练使，镇守井陉，其他官员及将领各回原任，招兵买马，抵抗唐政府军。

睢阳之战

安史之乱的名战场在华北的是常山之役，在河南的主战场是名标青史的河南睢阳。唐朝的主将是张巡，史称之为张睢阳，就是因为他死守睢阳，死在睢阳而得名。

燕帝安禄山死后，他的儿子安庆绪继燕帝位，任命军人出身的尹子奇为汴州(河南省开封市)节度使。全权指挥东战区。

公元757年正月，燕将尹子奇集结妫州(河北省怀来县)、檀州(北京市密云区)，同罗部落及一部分奚部落(滦河上游)部分战斗部队共计十三万人，进逼睢阳。睢阳郡守许远，向驻防宁陵的河南节度副使张巡求救。张巡遂自宁陵率军进入睢阳，共同守城。张巡军队有三千人，许远军队有三千八百人，共六千八百人来对抗十三万燕军。日夜不停的苦战，有时一天多达二十次的攻击。十六天后，生擒燕军将领六十多人，格杀士卒两万多人。燕军大量战死、大量增援，而最后还是大败。从此睢阳郡守许远把军权交给张巡，许远负责后勤业务。

燕将尹子奇整合败军再攻睢阳，又被张巡斩将三十多人，杀士卒三千多人，追击数十里。燕军又采取疲劳战法，一部退去，另一部接替而上。日夜不停，一天猛攻数十次，每次都是燕军败。

是年夏五月，燕军节度使尹子奇又增加援军，再围攻睢阳且越发猛烈，张巡在城里擂动战鼓，集合部队，好像就要出击。燕军得到情报，从傍晚到第二天天亮，彻夜戒备。可是天亮之后，张巡下令停止擂鼓，部队解甲休息，燕军见状也脱下铠甲休息，张巡跟将军南霁云、郎将雷万春等十多位将领各率骑兵五十人，突然大开城门出击，直冲燕军尹子奇的帅旗之下，燕军营中霎时大乱。唐军杀燕军将领五十多人，士卒五千多人。张巡命南霁云发箭，一箭射中尹子奇的左眼，人随箭冲，几乎活捉了尹子奇，尹子奇急急撤围退去。

这年(757)七月初，燕将尹子奇再集结武装部队数万人进攻睢阳。

燕军开始使用云梯，一直推到城下，打算推士兵攀上城墙；又用钩车战法、木驴战法、沙袋长堤等战法，都被唐张巡以火攻战法击败。

连续激战二十多天，睢阳张巡的守军只剩下几百人了。当时许远等明知必败也曾建议张巡弃城向东撤退，而张巡坚持睢阳地位重要乃决定死守。粮食吃完了，唐军将士们吃树叶、吃纸张、再吃战马、再罗雀掘鼠；最后张巡先杀了他的心爱妾侍，烹肉供士卒吃，将领相继效法，烹杀家人和年老的人。这幕惊天地而泣鬼神的人间惨剧！人性？人命？人道与理性？就这样在人的血肉模糊中写下这一页可歌可泣又最受争议的中国历史。

最后于当年(757)的十月，睢阳城陷，张巡、许远、南霁云、雷万春等三十六位唐将领全被燕将尹子奇斩首。

燕军所到之处，杀人、放火、抢掠财物，无恶不作，激起民变！陈留郡民起义，杀了燕节度使尹子奇及其将领们，献城降唐，使东战场的唐军转败为胜。

这时候设计杀死安禄山，扶植安庆绪为燕帝的燕中书侍郎严庄也在洛阳向唐朝投降。

唐忠烈侯張公巡之墓

安、史分裂

这年(757)十月二十二日，燕帝安庆绪自洛阳逃奔邺城(河北省临漳县)，把邺郡改称“成安府”，改年号为“天成”。此时随从的骑兵不过三百人，步兵不过一千人。将领阿史那承庆等四散逃亡，分别投奔常山、赵郡、范阳。十天后蔡希德从上党、田承嗣从颍川、武令珣从南阳(河南省邓州市)，各率部队到邺郡集结；同时又向河北(黄河以北)各郡招兵买马，部众不久就有六万人，声势再度振作。

燕帝安庆绪放弃洛阳，渡黄河北上时，大将北平王李归仁跟精锐的曳落河(敢死队)、同罗部落军、六州杂胡部落军(内蒙古黄河弯曲地带)，共数万人也都同时溃散，大部分逃回范阳。所经过的地方，烧杀掳掠，居民和财产全部一空。赤地千里，没有一件东西剩下。范阳节度使史思明得到安庆绪的消息，立即严加戒备，并派使节南下到范阳郡边界对效忠安庆绪的部队下令解除他们的武装，曳落河敢死兵团、六州杂胡部落军全都投降史思明。只有同罗部落军拒降，史思明发动攻击，同罗部落军大败！所有掳掠来的妇女和金银财宝，全被史思明军夺走，残余部众逃回乌兰巴托西边的本国。

安庆绪对史思明的强大心怀畏惧，派心腹将领阿史那承庆、安守忠率军五千前往范阳向史思明征调军队，并嘱咐要趁势暗中谋杀史思明。

史思明听说安庆绪的阴谋，立即部署军队，准备应战；待阿史那承庆的部队到达时，史思明亲自迎接，把阿史那承庆的将领迎接到内院欢宴，另派干员在营外把阿史那承庆所带来的部队全部缴械，并立即遣散，各回故乡；在内院把阿史那承庆等一行将领灌得烂醉如泥，各个收押囚禁。

这时候史思明的幕僚耿仁智借机劝告史思明乘机弃暗投明，归顺唐朝。

第二天，史思明就派心腹将领窦子昂上疏给唐政府，献出他自己所占据的范阳、北平(河北省卢龙县)、妫川(河北省怀来县)、密云、渔阳(天津市蓟县)、柳城(辽宁省朝阳市)、文安(河北省任丘市北)、河间、上谷(河北省易县)、博陵、勃海(可能在河北省沧州市)、饶阳、常山十三个郡和武装部队八万人，要求投降。并指令他所管辖现驻山西境内的河东节度使高秀岩也率所部向唐廷投降。

公元757年十二月底，窦子昂抵达唐都城长安。唐帝李亨见报告大喜，立即册封史思明为“归义王”、御史大夫、范阳节度使，把史思明七个儿子都任命显要官职。派内侍李思敬与乌承恩代表皇帝前往慰问、安抚，并命史思明出兵南下讨伐安庆绪。

权臣误国

唐派驻汴州(河南省开封市)节度使张镐，听到史思明投降的消息，唯恐史思明的实力超过了他，乃上疏皇帝说：“思明凶险，因乱窃位，力强则众附，势夺则人离。彼虽人面，心如野兽！难以德怀，愿勿假以威权。”(《通鉴》)

唐太原节度使李光弼，也认为史思明目前虽然归降政府，最后免不了仍要叛乱。于是征得唐帝李亨的同意，暗中派遣史思明的亲信乌承恩下手谋杀史思明。他又建议皇帝：命乌承恩为范阳战区节度副使，串通被史思明囚禁的阿史那承庆，皇帝赐给阿史那承庆免死铁券，命他跟乌承恩共同谋杀史思明。

史思明所建净光宝塔颂碑

史思明归唐，还在北京悯忠寺兴建净光宝塔颂石碑为唐廷祈福。此碑现仍保存在北京法源寺。(本拓片取自《中国历史图说》)

史思明发现这个机密之后，也设计一个圈套，使乌承恩与其小儿子暗中相见，而乌承恩自然泄露这个秘密。史思明把乌承恩父子乱棍打死，受牵连而死的还有二百多人。

史思明向唐廷报告质疑，而唐帝却回信说："此非朝廷与光弼之意，皆承恩所为，杀之甚善。"(《通鉴》)史思明恍然大悟，原来皇帝与偷儿同出一门，顿时又改变了他的降唐决心！

张镐建议朝廷不要给史思明兵权，李光弼则直接主张暗杀史思明。依当时他们的身份，其动机或可以说是"无可厚非"，但是他们的主张被皇帝采行的结果，却比出卖国家的巨奸大恶而有过之。

这类特种勤务战，在古今中外历史上常见。可是这种不人道的做法，对于政治公权力的破坏性却非常强烈。

史思明宣布归唐时还在北京城内悯忠寺内兴建为"唐廷祈福"的净光宝塔颂石碑。这不啻是一通忠于大唐帝国的宣言(此碑现仍保存于北京法源寺中)。

张镐、李光弼等在朝权臣如果真心为国而不是私心争权的话，就没有理由怀疑史思明会再叛唐。

大臣谏议，大多依其自我意识出发，而皇帝对于大臣的谏议就应该面对现实，全盘衡量才是。这时候史思明割据了中国北方的一大半，唐朝有没有能力把他一下子消灭掉？皇帝李亨自己应该心里有数，对于大臣们是为表现自己也好，是为匡正朝廷也好，做皇帝的应以拯救现实为当务之急。国家正在战乱中，当务之急是消弭战乱，果如是，姑不论史思明的将来会不会再反，最现实的是安史之乱可以提早五年平定，其对国家、人民有益才应该是做皇帝的应该思考的。

回纥
突厥
室韦
契丹
营州
（平卢节度使）
幽州
（范阳节度使）
上谷
博陵
常山
河间
饶阳
信都
平原
魏州
赵
娘子关
晋阳
（河东节度使）
汾水
郑
灵昌
汴州
陈留
睢阳
荥阳
颍川
洛阳
南阳
陕州
灵宝
潼关
蓝关
骊山
长安
马嵬
扶风
凤翔
渭水
鄜州
弘化
彭原
安定
平凉
萧关
灵武
（朔方节度使）
凉州
（河西节度使）
大震关
散关
汉中
汉水
剑门关
至蜀
黄河
漳河
现在的黄河河道
通济渠
淮水
安禄山本军进路
安禄山别军进路
玄宗肃宗行踪
100
200
300 km

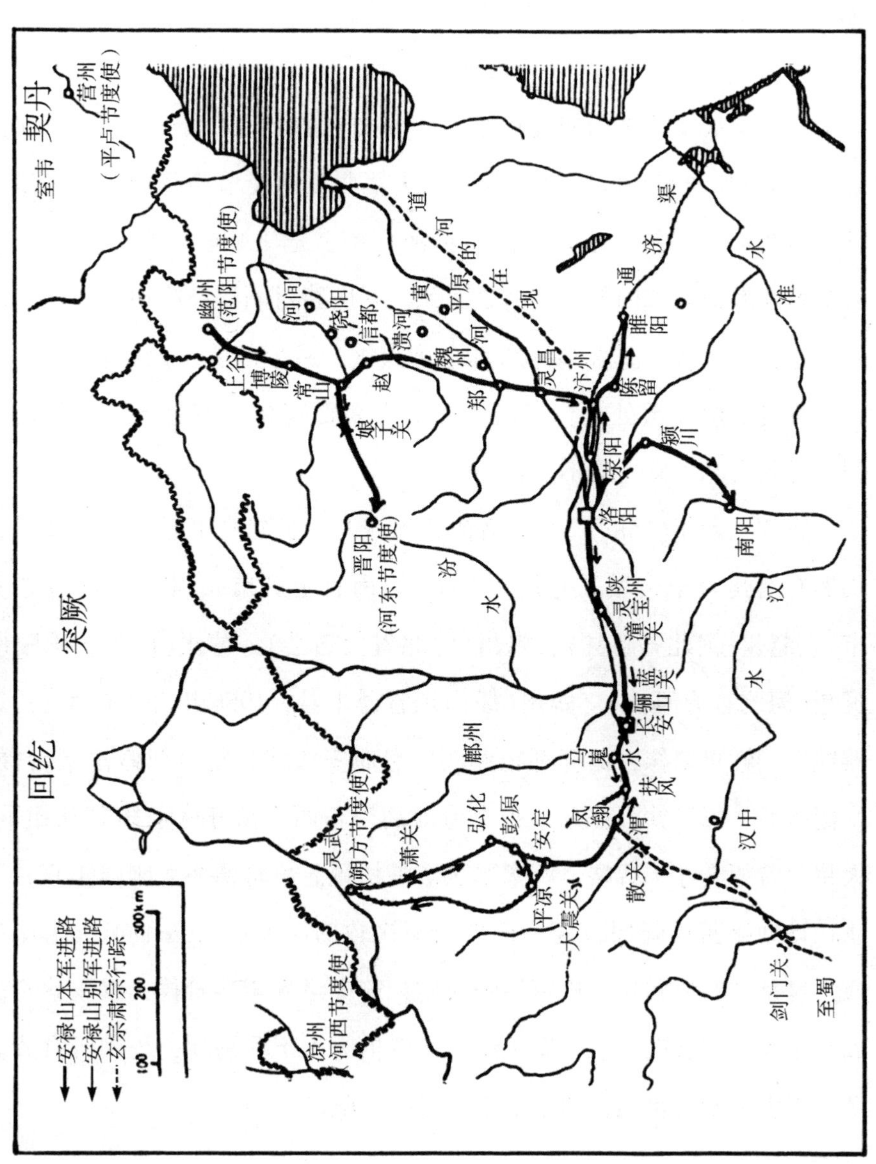

安史之乱叛军路线图

安庆绪盘踞邺城

燕帝安庆绪从洛阳向北逃亡时，所委任的平原郡守王暕、清河(河北省清河县)郡守宇文宽等分别杀了安庆绪所派的使节归降唐。安庆绪派将领蔡希德、安太清，攻陷平原、清河两郡，把王暕、宇文宽二人生擒回来，就在邺郡闹市用刀活剐肉尽而死。安庆绪对阴谋归降唐政府的，胡族则诛杀整个部落，汉人则诛杀其全体家族。武装部队跟州县官员及眷属，很多都受到牵连被处死。安庆绪又命文武百官在邺城南筑坛发誓效忠燕国，可是人心越发惶恐不安!

唐乾元元年(758)，安庆绪初到邺城时，虽然党羽已经大半离散，但仍拥有七州六十余城。七州：卫州(河南省卫辉市)、相州(河南省安阳市)、赵州(河北省赵县)、魏州(河北省大名县)、德州(山东省乐陵市)、贝州(河北省清河县)、博州(原山东省博平县，1956年并入茌平县)。武器铠甲、辎重粮秣，储存都很厚实。然而安庆绪只是专门修建亭台楼阁、水榭楼船，每天饮酒作乐。中书侍郎高尚与西京留守张通儒等互相争权，大将蔡希德有才干智略，所率军队全是精锐。蔡希德为人刚强正直，本来正在计划秘密投降唐政府，诱使唐军来攻时，他们将袭杀安庆绪作为内应。可是左右泄漏这个机密给张通儒，安庆绪遂斩蔡希德，以致蔡希德部属数千人全部逃散。燕帝安庆绪命崔乾佑为天下兵马使，统御所有武装部队。崔乾佑刚愎自用，凶暴嗜杀，军心不服。

唐军东征

唐乾元元年(758)九月，唐廷下令全国总动员，由下列八个方面大臣组成东征集团军：

一、驻镇宁夏灵武的灵州节度使郭子仪。

二、驻守河南许昌(许州)的淮西节度使鲁炅。

三、驻镇陕西商州的兴平节度使李奂。

四、驻镇河南滑县(滑州)的滑濮节度使许叔冀。

五、驻怀州(河南省沁阳市)的镇西节度使李嗣业。

六、驻郑州的郑蔡节度使季广琛。

七、驻汴州(河南省开封市)的河南节度使崔光远。

八、驻营州(辽宁省朝阳市)的平卢兵马使董秦。

以上八支部队，共集合了步骑兵二十万人。由名将河东节度使李光弼及关内泽潞节度使王思礼两大集团军为后勤支援。

唐帝还特派鱼朝恩为代表皇帝的特派监军，观军容宣慰使。

郭子仪率军自河南卫辉南杏园过黄河，进攻驻在获嘉县的燕军守将安太清，杀四千人，俘虏五百人。安太清撤退到卫州，郭子仪进军包围卫州。

当年(758)十月七日，郭子仪派使节向朝廷报告捷音。

鲁灵自阳武(河南省阳武县)渡黄河，季广琛、崔光远自酸枣岭(河南省滑县)渡黄河，会同李嗣业兵团，与郭子仪的朔方兵团在卫州(河南省卫辉市，距邺郡五十公里左右)城下会师。

安庆绪征集邺城所有部队七万人，南下援救卫州，分兵三路，崔乾佑率上军，田承嗣率下军，安庆绪御驾自率中军。

郭子仪派神弩手三千人，埋伏在营垒墙垣里面。安庆绪的部队抵达营垒时，埋伏的神弩手猛烈射击，霎时间箭如雨下，燕军急行撤退。郭子仪下令追击，安庆绪大败，唐军生擒安庆绪的弟弟安庆和斩首。唐军遂收复卫州。安庆绪全军后撤，郭子仪一直追到邺城，唐将许叔冀、董秦、王思礼，以及河东兵马使薛兼训，都率援军陆续抵达。

安庆绪集结残余部众，在河南安阳西南的愁思冈反攻，又战败。唐军前后杀死安军三万人，俘虏一千人。安庆绪残军退入城内固守，郭子仪等包围邺城。

安庆绪窘困急迫，只好派薛嵩前往范阳，向史思明求救，并声称愿把皇帝宝座让给史思明。

史思明再战魏州

史思明出动范阳兵团十三万人，准备南下援救邺城的安庆绪，可是他又顾虑唐军乘虚而入，所以逡巡不敢长驱南下。于是先派部将李归仁率步骑一万人进驻安阳以北三十公里的滏阳(河北省磁县)，遥作声援安庆绪。

唐汴州(河南省开封市)节度使崔光远于当年(758)十一月攻下魏州(河北省大名县，距邺五十公里)。

十一月十七日，唐政府任命兵部侍郎萧华为魏州防御使。正巧，史思明分兵三路：一路从邢州(河北省邢台市，距大名魏州七十五公里)、洺州(河北省永年县，距大名魏州五十公里)；一路从冀州(河北省冀州市，距大名五十公里)、贝州(河北省清河县，距大名七十五公里)；一路从洹水(河北省大名县西南三十里)，一同来救援魏州(河北省大名县)。

十二月五日，唐帝李亨训令崔光远兼魏州刺史。

史思明趁唐崔光远刚刚攻克魏州，情势还没有稳定，于是率军南下。

崔光远命将军李处崟出兵迎战。史思明兵力强大，李处崟连战连败，退回城里。史思明兵团追到城下，扬言说：“李处崟约我们到这里，他为什么不出来?”崔光远不知这是反间之计，竟把李处崟腰斩。于是造成唐军心涣散！崔光远抛弃军队及孤城(魏州)只身逃回汴州(河南省开封市)。史思明遂又占领魏州，诛杀军民三万人。

次年(759)春正月，野心勃勃的史思明在魏州兴建一座高台，并登台自称“大圣燕王”。

安庆绪困守邺城

唐东征军、灵州节度使郭子仪指挥下的九个节度使大军，包围燕帝安庆绪所在的邺城(河北省临漳县)，营垒两层、壕沟三道，把邺城围得密不通风。又堵截漳水注入卫河，使倒灌邺城。城里井水和泉水都溢出井口，燕政府守军及居民都搭起木架居住，从去年(758)冬季到本年(759)春季，安庆绪竭力防守，一心等待史思明前来解救。粮食吃完了，罗雀掘鼠，一只老鼠价格四千钱。过去用泥土羼杂谷皮筑墙，现在拆墙用水洗泥，淘取谷皮，以及从马粪中淘取植物纤维用来喂马。唐军人人认为早晚就能攻克。可是，唐朝的九位节度使各自为政，群龙无首。

城内燕军有打算投降的，又被大水困住无法逃。自去年(758)九月至本年(759)春，围城长达半年之久而不能攻下，因而唐军士气不振，上下离心，一片涣散。

史思明亲率大军从魏州出发，直指邺城，命各将领在距邺城五十里处扎营，每营战鼓三百个，不断擂动！在声势上使唐军感到威胁！又命每营遴选精锐骑兵五百人，每天前往城下游击劫掠。唐军出击，他们就四散逃跑，各回本营。唐军白天戒备，燕军夜晚出击；唐军夜晚戒备，燕军则白天出击，以致唐军疲于应付。当时，全国陷于饥谨，运送粮饷的后勤作业都属华东地区，山西等地区由船队、车队、骆驼队运送。史思明派大批游击部队，穿上唐军制服，窃取唐军号令，分别对运送粮饷的民夫，责备他们速度太慢，举刀就杀！民夫大为惊骇恐惧。遇到船舶或车辆聚集在一起时，游击队就秘密施以火攻。燕军行踪飘忽，来去如风，刹那间集结成一队强大兵力，刹那间又四散得无影无踪。只有他们自己的口令才可以认出自己人，但唐军巡逻部队对他们却无法辨识。最后造成唐军缺乏粮饷，士卒只想自行逃生。史思明率大军直抵城下，唐军跟他约定日期决战。

当年(759)三月六日，唐军步骑兵六十万，在安阳河(洹水)北岸布阵，史思明亲自率领精锐五万人应战。唐军认为不过是支援部队，并不在意。而史思明却乘其不备迅速发动攻击！唐军将领李光弼、王思礼、许叔冀、鲁灵，首先接触，双方死伤约略相等。而鲁灵被流箭射中，脱离战场。郭子仪正在他后面，受到冲击，还来不及结阵，突然间大风漫天而起，飞沙滚石，摧树拔木，太阳被风沙遮住，霎时伸手不见五指。双方大军同时惊恐，一齐崩溃。唐军向南方逃命，史思明军向北方奔溃，被抛弃的铠甲、武器、辎重，全都堆到路上。

郭子仪率朔方兵团切断河阳(河南省孟州)大桥，保护东京(洛阳)。本来战马有一万匹，现在只剩下三千匹；铠甲武器十多万件，几乎全部损失。战败消息传到东京(洛阳)，贵族及平民大为惊骇恐慌！争先恐后逃往山谷躲避，各节度使也都分别逃回各驻地。溃败的士卒像一窝海盗，经过的地方，抢劫烧杀！地方政府不能制止，经过十几天才算平定。只有总部设在山西太原的河东节度使李光弼、总部设在山西长治的泽潞节度使王思礼，集结部队、整顿军纪，保持实力，安全撤回。

史思明计斩安庆绪

史思明得到消息，证实唐军的确逃走后，乃在沙河(河北省沙河市)集结他的部队，折回邺城，在邺城南扎营。燕帝安庆绪收集唐军营中留下的粮食，得到六七万石。遂跟孙孝哲、崔乾佑计划关闭城门，拒抗史思明。而史思明并不主动去见安庆绪，但也不南下追击唐军，每天都在营里大宴将士。

史思明与安庆绪双方僵持了三天，安庆绪仍没有动静。史思明秘密召唤在安庆绪身边的安太清，命他引诱安庆绪出来。安庆绪在这种处境之下，不知道如何才好，他非常了解史思明的野心，他想着只有诱使史思明入瓮，才能相机除掉他。于是他写了一封向史思明称臣的信，派安太清携带他的信，呈递给史思明，请求史思明部队解除铠甲，进入邺城，他就献上皇帝玉玺。

史思明决计引蛇出洞，于是亲笔写了一封安慰信给安庆绪。信中并没有称臣字样，只是郑重说明“愿为兄弟之国，更作藩篱之援，(与唐)鼎足而立，犹或庶几，北面之礼，固不敢受”。他是说要安家的燕与史家的燕与李家的唐朝构成三国鼎立的局面，实际上他是以先要消灭安庆绪为主要目的。这封信的主要目的也是诱使安庆绪出来与他接触。

安庆绪大为高兴！请求跟史思明歃血结盟，史思明同意。安庆绪在三百名骑兵保护下，前往史思明大营。史思明命士卒身穿铠甲，手执武器严阵以待。然后派人把安庆绪跟几个弟弟，引到庭院。安庆绪一看情形不对，立即见风转舵跪下来叩头如仪，并自称：“臣不克荷负，弃失两都(长安及洛阳)，不意大王以太上皇(安禄山)之故，远垂救援，使臣应死复生，摩顶至踵，无以报德。”

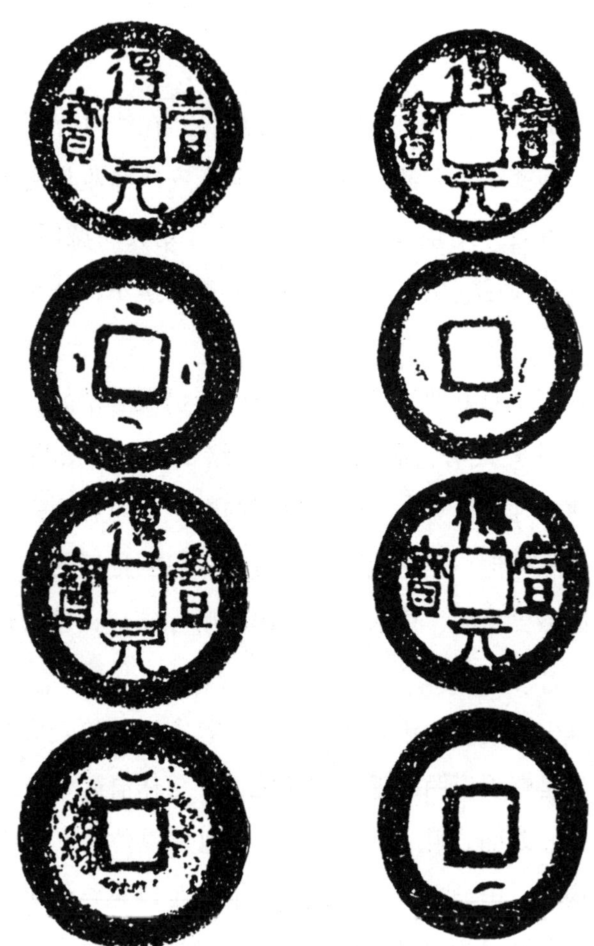

依《梦溪笔谈》：衡门泉影版

史思明已在准备称王，乃铸“得壹元宝”铜钱行世。如上图(一)为《历史古钱图说》所刊之“得壹元宝”，一当开元通宝之百。

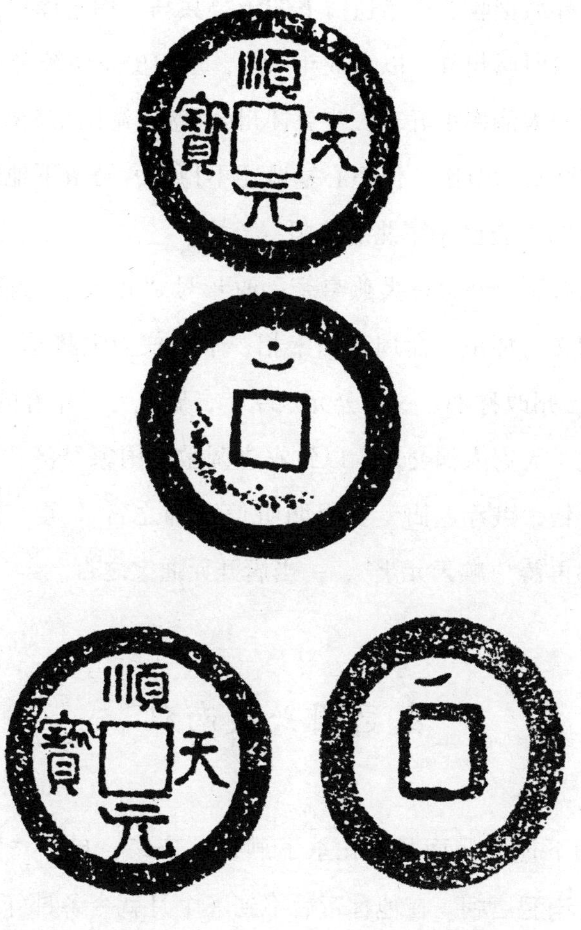

图(二)又信巫师说“得一非长祚之兆”，乃销洛阳诸寺铜佛，再铸“顺天元宝”，一当唐开元通宝之百。

史思明忽然板起面孔！并对安庆绪厉声斥责："我替太上皇(安禄山)讨伐叛逆，怎么会接受你的谄言媚语!"遂命左右武士把安庆绪拉出辕门，连同他的四个弟弟，以及高尚、孙孝哲、崔乾佑等全部斩首。史思明命军队戒备，进入邺城接收安庆绪遗留下的士卒兵马，用仓库里的财物犒赏将士。安庆绪先前所属州县，以及战斗部队，全归史思明统御。

史思明派安太清率军五千人攻克怀州(河南省沁阳市)留他驻防。史思明打算向西扩张势力范围，但担心基地还不稳定，乃留下他的儿子史朝义镇守相州(邺城)，自己率军北返范阳。

史思明回范阳，乃自称大燕皇帝，改年号"顺天"。封妻子辛氏为皇后，长子史朝义为怀王，命周挚当宰相、李归仁为大将军。把范阳(北京市)改称燕京，州改称郡。这是公元759年，唐乾元二年春的事。

连年战乱，天灾人祸交加，以致农事凋敝，国家经济几乎崩盘。物价腾贵，斗米千钱，饿殍遍野，史思明听信巫师之言"得一非长祚之兆"，乃销洛阳铜佛再铸"顺天元宝"，一当唐开元通宝之百。

史思明兴兵南犯

史思明摘下他的假面具，先杀了燕帝安庆绪，自称"大燕皇帝"之后，就是大举南犯唐朝。在他称帝后不到三个月就令各郡守各率士卒三千人随从渡河南犯。

一、大将军令狐彰率军五千人，从黎阳(河南省浚县)渡过黄河攻取滑州(河南省滑县)。

二、史思明军从濮阳(河南省濮阳市)出发。

三、皇长子史朝义从白皋(河南省滑县北)出发。

四、宰相周挚从胡良渡(河南省滑县东北)，分别南渡黄河，约定在汴州会师。

令狐彰私下与唐钦差宦官联络投降，乃自行移防杏园渡(河南省卫辉市以南)。史思明发觉有异，乃派薛岌围堵。令狐彰反击，大破薛岌军，随同唐宦官到长安投降。

唐将李光弼正沿着黄河视察各军，得到情报，立即返回汴州。对汴州节度使许叔冀说："如果你能坚守汴州十五天，我一定率军前来援救。"许叔冀一口答应，李光弼返回东京(洛阳)。史思明大军抵达汴州，立即下令攻城。许叔冀迎战而败，遂跟濮州(河南省范县)刺史董秦以及部将梁浦、刘从谏、田神功等向史思明投降。史思明命许叔冀率领部将李详继续镇守汴州。又派部将南德信率同梁浦、刘从谏、田神功等数人，前往江淮(华东地区)夺取地盘。

史思明大军主力西进，而驱策田神功等这一批降将向东扩张战果，就是预防他们与唐军接近时会在阵前举兵反正。不久，田神功袭击史将南德信，并将他斩首，刘从谏也脱身逃走，田神功率领他的部队回头反正向唐政府投降。

史思明乘胜西进河南的郑州，唐军缓缓退到洛阳。然后又从容不迫地把洛阳军眷撤到潼关，居民则强令出城逃难。把民生物资、铁器等军用资源一律运到河阳加强战备，使洛阳坚壁清野以待燕军。

李光弼于当天晚上到达河阳，整合将士两万人。

公元759年九月，史思明进入洛阳，发现是一座空城，什么东西都抢劫不到，深恐李光弼反攻，不敢进驻皇宫，于是撤退到白马寺(洛阳东北)驻扎。并在河阳以南，兴筑半圆形战术堡垒，防止李光弼反攻。这时候，郑州市、滑县等地，相继被燕军占领。

史思明必须消灭黄河以北的唐军，才能保着他在华北基地以及洛阳的安全；消灭河北唐军，必得占领唐军主阵地——河阳。

史思明开始向河阳攻击，命勇将刘龙仙直到城下挑战。刘龙仙仗恃他的勇敢，在阵前破口大骂李光弼。

李光弼派一胡将白孝德出马应战。白孝德选五十精骑隐蔽在垒门以内待命，白孝德手持两只铁矛，挥鞭催马出阵。

燕将刘龙仙发现只有白孝德一人出阵，根本没有把他放在心上。白孝德走出阵来先向刘龙仙摇手示意，刘龙仙则误以为他是前来投降的，因而按兵不动。白孝德前进距刘龙仙十步之近时，唐军五十精骑飞箭似的高声呐喊冲出垒门，城上战鼓震天价响，使燕军大吃一惊！士卒发箭不及，刘龙仙只好拨转马头逃走。白孝德追上一矛把他刺下马来，砍下人头回城缴令。

史思明又施心战，又施水上火船之战，都失败了，最后在野水渡(河南省孟津区北)一战，本来自以为必可活捉唐将李光弼的，可是被李光弼略施小计，致使忠于史思明的两员大将李日越与高庭晖反而向唐军投降。

再战河阳

当年(759)十月，史思明再度进攻河阳(在黄河北岸)。唐李光弼命令陈州(河南淮阳区)节度使李抱玉(原名安抱玉，降唐后赐姓李)防守河阳南两天。李抱玉奋力抵抗，燕军攻击猛烈，眼看城池就要陷落，李抱玉略施缓兵之计，诳燕军稍微后退等待投降。李抱玉趁夜修补防御工事，第二天继续抵抗。燕军大怒！攻击更急，李抱玉派出一支奇兵，绕到燕军背后，内外夹攻，杀伤燕兵很多。

唐前濮州刺史投降燕军的董秦，随从史思明进攻河阳。是夜晚，董秦率领他的部众五百人，砍开营寨栅，突出重围反正，投降李光弼。当时李光弼亲自率军驻扎中潬(在河南孟县西南，黄河中的一洲，今名郭家滩)，营寨外设置栅栏，栅栏外挖掘壕沟，宽二丈，深也二丈。

十月十二日，燕宰相周挚放弃李抱玉据守的南城，集中兵力攻击中潬。李光弼命怀州刺史荔非元礼率精锐士卒进驻羊马城(中潬城外高仅及肩的短墙围寨)迎击。李光弼则在城东北角竖起元帅指挥旗，全部战场，尽收眼底。燕军仗恃人多势众，直向城下进逼，装载攻城武器的车辆在后面跟进。史思明督促部众用土填沟，从三个方向，分兵八路通过，砍倒栅栏，开出进军大道。守将荔非元礼在那里眼睁睁看着盗贼们填平壕沟砍开栅栏，但是他却动也不动，荔非元礼等着燕兵把栅栏铲平之后，突然率敢死队冲出反攻。燕军稍向后撤数百步，就力战不退。荔非元礼预料燕军阵势正强，不容易摧毁，乃收兵向后移动。打算等待燕军疲劳时再发动攻击，遂退入羊马城。而燕军也不敢进逼。过了很久，荔非元礼率军擂鼓呐喊，再次突出营门拼死奋战，乃击破燕军。

置之死地而后生

燕宰相周挚集结部队，改攻北城。唐李光弼立即率主力进入北城，在城墙上观察燕军阵势，下令各将领出战。可是，苦战到中午胜负仍不能判定。李光弼集合各将领问他们：“依过去经验，盗贼营阵，哪里最强？”有人回答：“西北角。”李光弼立即命部将郝廷玉带三百名骑兵出击敌阵西北角。又命吐蕃降将论惟贞率二百名骑兵突击敌阵东南角。李光弼下令全军“同时攻击，深入敌阵，不管死活，后退一步，立刻斩首”。取出匕首插到靴子里，非常沉痛地向诸将说：“战斗危险万分，万一战败，各位前方战死，我在后方自杀，绝不让各位独死，我却独活。”各将领深受感动而立即出击，一会儿工夫，李光弼望见郝廷玉跑回来，吃惊地说：“郝廷玉退，我的处境危急！”立即命左右侍从前去砍下郝廷玉的人头。郝廷玉紧急回禀：“是马被流箭射中，不是后退！”李光弼命急速换马再投入战场。仆固怀恩跟他的儿子开府仪同三司仆固玚的攻势稍挫。李光弼命传令到阵前斩首。仆固怀恩父子看见传令官提刀前来，知道传令来意，乃翻身杀入燕军决死攻击。李光弼急摇军旗三碰地面，各将领霎时间一齐拼命进击，擂鼓声，喊杀之声震天动地，燕军立即崩溃！燕军战死一千多人，被唐军俘虏去五百多人，投入黄河淹死的一千多人。燕宰相周挚率几名骑兵逃走。唐军生擒燕军大将徐璜玉、李秦授。燕军河南节度使安太清逃到怀州据守。史思明听到周挚战败的消息也立即逃离战场。

怀州在孟州东北五十里，在战略形势上，它是燕国南疆的重要据点，所以李光弼刻不容缓地立即兵指怀州。史思明亲率大军来援，经李光弼在沁水岸上迎击，大破燕军，杀燕军三千多人。攻打百多天到次年(760)春才攻下了怀州，俘虏了燕节度使安太清等将领多人解送长安。

史思明派大将李归仁，率精锐骑兵五千人攻击陕州(河南省陕县)以牵制河阳战区的唐军。唐驻陕州的神策军兵马使卫伯玉，率骑兵在礓子阪(河南省三门峡市南)把他击破，俘获战马六百匹，李归仁逃走以后又在河南省的永宁(莎栅)洛宁之间发生战争，都是燕军大败。

河阳之役结束了，从此燕军也就一蹶不振了。

史思明派他的部将田承嗣，率军五千人前往淮西(河南省南部淮河上游地带)，王同芝率军三千人前往陈州(河南省开封市)，许敬江率军两千人前往兖州、郓州(山东省东平县)，薛鄂率军五千人前往曹州(山东省菏泽市)，分别夺取土地与粮食。

唐上元二年(761)春，唐帝令驻在河阳的李光弼收复洛阳。二月底李光弼的大军渡过黄河进抵邙山，而仆固怀恩与李光弼意见不合。

史思明抓住唐军阵势移来移去还没有稳定之际，发动猛烈反攻，唐军霎时间全线崩溃！士卒四散逃命，被杀数千人；军用物资、轻重武器，全部抛弃。李光弼、仆固怀恩渡过黄河向北投奔闻喜(山西省闻喜县)，鱼朝恩、卫伯玉逃回陕州，李抱玉也放弃河阳逃走。河阳、怀州，又被燕军占领。

史思明死

古今中外的皇帝，差不多都有一个共同点，就是任意杀人。所谓“任意”就是谁不如他的意，他就杀谁。尤其是像史思明这种“猜忍、好杀、群下小不如意，动辄族诛”(《通鉴》)。《古今人名大辞典》说他“躁(浮)健(贪)谲(诈)狡(猾)”。暴君的恐怖统治之下，人命如草芥，人权如敝履！连他自己的儿子也毫无怜惜之情，何况他人？

公元761年三月初，史思明命他的长子史朝义率军进攻礓子阪(河南省陕县东南五十里)，唐守将卫伯玉迎战，把他击退。史朝义屡次反扑，都被唐军击败。史思明撤退到永宁(河南省洛宁县北)，认为史朝义终究不能完成他的大事，打算依照军法斩史朝义及其所属各将领。

三月十三日，史思明命史朝义筑“三角城”(以山作底边的战术城堡)，打算储存军粮，下令一天内完工。次日史思明前来视察，史朝义刚完工，只剩墙上还没有涂泥，史思明便破口大骂！命左右侍从骑马站在那里监视涂泥，一会工夫涂完。史思明狠狠说：“等攻下陕州再杀你这个贼东西!”史朝义忧愁恐惧，不知道如何是好。

这天，史思明驻跸鹿桥驿(永宁驿站)，命心腹亲信曹将军将兵宿卫。史朝义住在附近民宅，当夜决心弑父。部将骆悦说动史朝义，允许他率直属部队三百人，身穿铠甲闯进史思明的卧室。适逢史思明如厕发现情势有变，乃翻身跳墙逃到马厩。亲自装备马鞍，跳上马背，骆悦的侍从周子俊一箭射中史思明手臂，史思明从马上摔下，遂被制服，结结实实地被绑住。史思明问：“是谁领头？”骆悦说：“奉怀王(史朝义)命令。”史思明说：“我白天说错了话，应该有这种下场。然而你们杀我未免太早，为什么不等我攻克长安？而今大事再不能完成!”骆悦把史思明押解到鹿桥驿东三十里的柳泉驿，严密囚禁。再回来报告史朝义说："事情已经办妥。"

这时候，宰相周挚、许叔冀，率后军驻扎福昌(河南省洛宁县东北韩城镇)，骆悦派许季常去把史思明被囚的经过告诉他们。周挚听了心胆俱裂，晕倒在地。史朝义率大军回洛阳，周挚、许叔冀出营迎接，史朝义接受骆悦的劝告下令逮捕周挚并斩首。大军抵达柳泉驿，骆悦恐怕军心生变，遂把史思明绞死，用毡毯裹住尸体，放到骆驼背上驮回洛阳。

范阳之乱

唐上元二年(761)春，史思明的儿子史朝义在洛阳登基称帝，改年号为"显圣"元年，是为史家所称大燕的第二任也是最后一任皇帝。

史朝义派密使前往范阳，先是向史思明的皇后与太子捏造一个假消息，说皇帝史思明就要迎接皇家亲眷去洛阳，稳着这帮人心。然后密令史思明所委任的左散骑常侍张通儒、户部尚书康孝忠，勾通太子史朝清的亲信将领高鞫仁、高如震等捕杀史思明最宠爱的太子史朝清和他的母亲(皇后辛氏)以及平时与史朝义对抗的所有官员。可是张通儒与高鞫仁等先把御厩中的马匹全部带出，然后率十数步兵进入皇城日华门，先杀了史思明委任的皇城留守刘象昌、卫鸣鹤等，皇城立刻大乱。

史思明最宠爱的皇太子史朝清惶恐万状！拿起武器率亲信数十人出宫应战，他到马厩取马而马厩已空，只剩一匹病马。史朝清只好步战，终于寡不敌众，躲到城上逍遥楼，被突厥将领曹闵之逮捕。张通儒下令用弓弦绞死史朝清，砍下人头送往洛阳。张通儒搜捕史朝清的党羽全部斩首。

史朝清的旧属对于史朝清"嗜酒好色，凶犷顽戾，对待部属动辄杀戮、鞭挞"(《通鉴》)早已不满，所以暴乱中没有人愿意保护他。张通儒指挥军士们进入宫内，大肆抢掠金银财宝、绸缎细软，甚至把皇后、太子妃的衣服都剥光了。参加张通儒暴乱的将领高鞫仁、高如震、辛万年等，又嫌张通儒杀人太多，行为过分，乃联手斩了张通儒。

高如震、高鞫仁等又捕杀了他们平常感情不睦的将领数十人。然后把张通儒的人头派辛万年押送到洛阳，诬称张通儒将要投降唐朝。

这时候全范阳城中人心惶惶，人人自危！执掌兵权的军事将领们共推史思明所委任的中书令——突厥族的阿史那承庆为留守，执掌范阳军政大权。

自恃与新帝史朝义有良好关系的高如震等和阿史那承庆互相猜忌。阿史那承庆深感不安！于是亲手斩了高如震。高鞫仁得知高如震被杀的消息，立即率部攻击阿史那承庆。两军厮杀一整天，双方死伤惨重！范阳城中尸积如山，血流成河。

阿史那承庆大败！乃与康孝忠出城整合残兵败将，向东进入潞县(北京市通州区)固守；又向南劫掠所属各县，在野外扎营，这样一月有余，然后前往洛阳面见史朝义报告事情经过。范阳城里突厥族军人家属，全都翻城逃走。高鞫仁下令城中居民：杀突厥族的人都有重赏。于是羯族胡族一同被杀，小孩子都被抛到空中，下面用矛尖接住以为乐。一些鼻子稍高，面貌有点像蛮族的汉人，有很多枉死的。这时高鞫仁在城里地位最为尊贵，派人奏报史朝义，指控阿史那承庆叛变。

史朝义命向闰客为范阳留守，而自恃兵权在握的高鞫仁并不配合。向闰客虽然人在范阳可是任何事都不敢过问，他请求新帝史朝义速派阿史那承庆回范阳。

史朝义知道高鞫仁是在争权，于是任命高鞫仁为燕京(北京市)都知兵马使，这是执掌兵权的大将军级的头衔。

史朝义自公元761年三月中登基以来，一直是起用原来就在范阳史思明朝中的班底人马，其目的就是使他们争权夺利，自相残杀。两个月来的血战，牺牲了数千人的生命，应该是很自然地画上休止符了。史朝义这才于五月间派他新朝中的御史大夫李怀仙为范阳节度使，这是地方行政主官。

高鞫仁没有弄到这职位，当然不高兴。李怀仙对高鞫仁处处逢迎，事事迁就！高鞫仁也曾准备袭击李怀仙，适逢天降大雨而作罢。而李怀仙也在等待机会置高鞫仁于死地。这天高鞫仁造访李怀仙，入座对谈，李怀仙命勇士把高鞫仁扼死，范阳之乱才告平息。

史朝义西犯

燕帝史朝义于其登基第二年(唐宝应元年，公元762年)夏，亲自率军围攻唐朝的宋州(河南省商丘市)，一连数月，城里粮食吃完，唐朝所委任的刺史李岑束手无策，守军吃酒曲充饥。唐河南副元帅李光弼大军到到达徐州，命兖州节度使田神功进攻宋州，大破史朝义的燕军。

唐新帝李豫征召回纥部落出兵平乱。

公元762年十月底，唐、回纥组成联军，在横水(洛阳北郊)构筑阵地，燕军数万人，也树立栅栏，加强守卫。唐仆固怀恩则在西原(洛阳西郊)列营，派精锐骑兵及回纥兵团绕道南山向东北内外夹攻，大破燕军。史朝义亲率精锐部队十万人增援，唐军突然发动猛攻，燕军大量死伤！但仍坚守阵地，毫不动摇。唐鱼朝恩派神箭手五百人参战，燕军死伤更为惨重，但仍坚守不退。镇西节度使马璘见阵前危急，于是单枪匹马杀入敌阵，夺取两面盾牌，直冲燕军核心。马璘在万众中奋战，燕军分向两边后退，唐主力军趁势杀人，燕军于是大败。

黄河北岸战争同样激烈，在石榴园(河南省洛阳市西北)、老君庙(沁阳市境)一带，燕军向东败退，人马互相争道、互相践踏，唐军乘势大肆砍杀，格杀六万多、俘虏两万人。

史朝义不能支持，乃放弃洛阳率轻骑数百人，向东逃走。唐仆固怀恩遂收复洛阳及河阳，俘虏燕中书令许叔冀、王伷等，声称奉皇帝训令，把他们释放。仆固怀恩安排回纥兵团大营留在河阳，派他的儿子右厢兵马使仆固玚及朔方兵马使高辅成率步骑兵一万余人乘胜追击燕军。追到郑州再一次攻击，又传捷报。

史朝义逃到汴州，他所任命的陈留节度张献诚紧闭城门，拒绝收容。史朝义无可奈何，奔往濮州。而汴州的张献诚大开陈留城门，出来投降唐军。

回纥军进入东京(洛阳)，肆无忌惮地大肆奸淫烧杀、劫掠抢夺，居民死亡以万计，大火数十天不熄。朔方战区及神策军基地特遣兵团士卒认为东京(洛阳)、郑州、汴州、汝州，都是“贼境”(燕军占领区)，所以也不管民众死活，跟胡军同样奸淫烧杀、劫掠抢夺以泄愤！于是家家户户，只剩下断垣残壁，活着的人，不管是官是民、是男是女，衣服全被那些军人剥光，只好用纸裹到身上遮体。

史朝义自濮州北渡黄河，仆固怀恩攻克滑州，又在卫州击败燕军。燕睢阳节度使田承嗣等率军四万多人增援史朝义，再次阻击唐军。仆固玚把燕军击破，长驱直下，抵达昌乐(河南省南乐县)东境。史朝义动员魏州兵团(河北省大名县)亲自迎战，又败退。于是，燕政府驻守河南安阳的邺郡节度使薛嵩，献出相州、卫州、洺州、邢州投降唐军。燕派驻河北正定的恒州节度使张忠志献出所属赵州、恒州、深州、定州、易州，向唐河东节度使辛云京投降。

史朝义向北逃到距邺一百公里的贝州(河北省清河县)，跟他的大将薛忠义等两位节度使会合。仆固玚追击到贝州城南五十公里的临清(河北省临西县)，史朝义自衡水(河北省衡水市，在清河县北七十五公里)率士卒三万人反扑。仆固玚设下埋伏，把史朝义击退。而回纥兵团又及时赶到，唐军声势更大，继续追击，在下博(河北省深州市东南)东南会战，燕军又大败，被杀的尸首堆积如山。史朝义再向北逃到莫州(河北省任丘市北鄚州镇)。仆固怀恩部属都知兵马使薛兼训、兵马使郝庭玉以及田神功、辛云京，在下博会师前进。把史朝义包围在莫州，唐青州节度使侯希逸随后也抵达。

史朝义死

唐广德元年(763)正月，燕帝史朝义困在莫州屡战屡败。大将田承嗣向史朝义建议，请他亲自前往幽州(北京市)征调大军，回来救援莫州，田承嗣自愿留守。于是史朝义遴选精锐骑兵五千人，出北门突破唐军包围北上。史朝义一走，田承嗣立即献出城池投降唐军，并逮捕史朝义的皇太后、皇后、皇子，押送唐军营。仆固玚、侯希逸、薛兼训等，率士卒三万人急追史朝义，一直追到归义(北京房山)，史朝义回军反扑，又败，再继续北走。

当时，燕范阳节度使李怀仙，正通过唐钦差宦官骆奉仙向唐军接洽投降，特派兵马使李抱忠率军三千人驻防范阳(河北省涿州，范阳郡在北京市境)。

史朝义逃到涿州城下，李抱忠不开城门。并且告诉史朝义："范阳节度使李怀仙已经降唐，你留下来就是降唐，否则就快快离去。"

史朝义大为恐慌，再向李抱忠要一餐的饭菜，饱餐之后，向东北投奔广阳(北京房山)，而广阳也是闭门不纳。

史朝义打算向北投奔滦河上游的奚部落，或投奔辽河上游的契丹部落再图以后。当他狂奔八十公里路逃到河北滦县南的温泉栅时，他的旧属李怀仙所派出的追兵已经赶到。史朝义在走投无路的情况之下，只好在路边树林中上吊而死。

史朝义自杀于此
河
承德
张家口
滦县
北
京
秦皇岛
山海关
昌黎
北戴河
易县
满城
北
保定
定州
正定
井陉
沧县
石家庄
邢台
省
邯郸

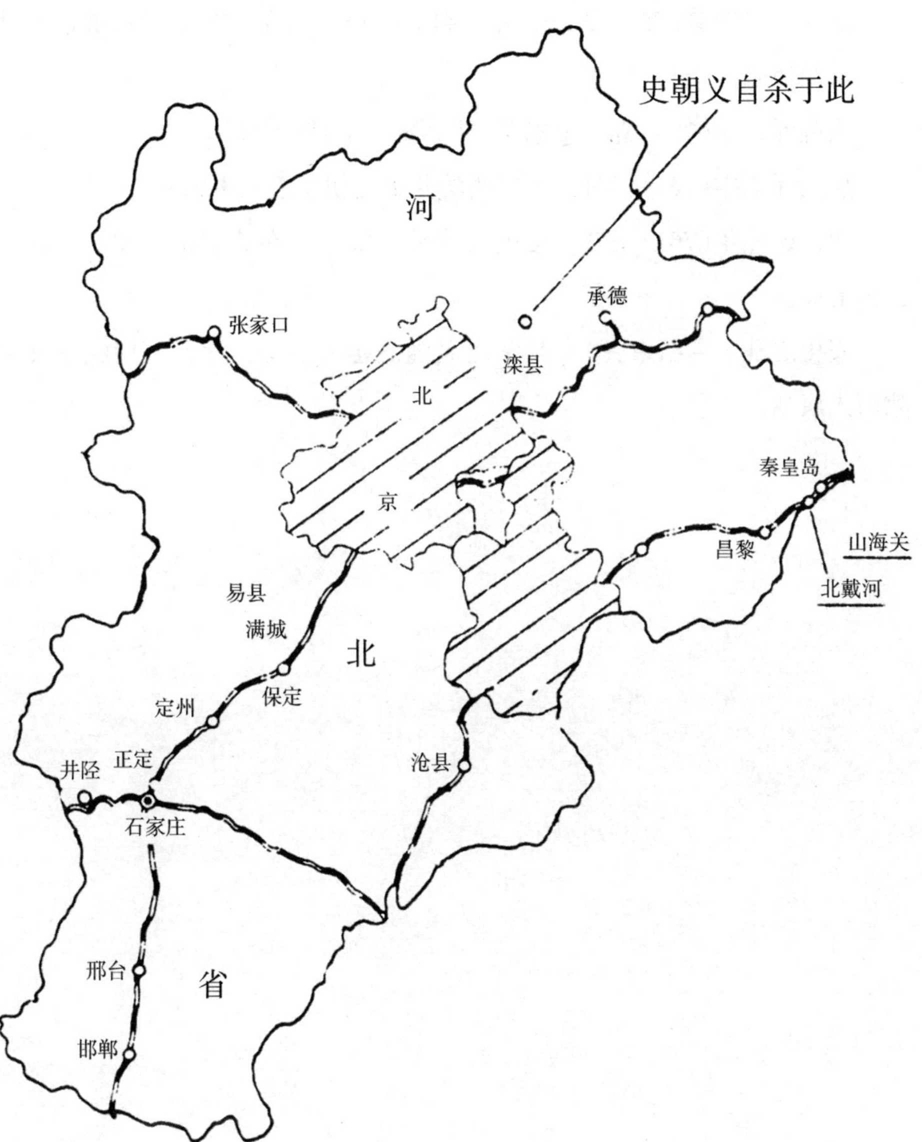

史朝义自杀于河北滦县

李怀仙割下史朝义的人头，送呈唐军。仆固怀恩下令班师。

唐天宝十四载(755)冬，安禄山起兵叛唐，公元757年正月被他的儿子安庆绪所杀。

唐乾元二年(759)春，史思明(胡名史窣干)斩安庆绪。

唐上元二年(761)三月，史思明的儿子史朝义杀死史思明。

唐广德元年(763)正月，史朝义战败自缢于现在北京市东北一百五十公里的滦县。

安史之乱于焉结束，“突厥”之名随之走入历史，而另一回纥族又乘隙而入唐朝。

西突厥

民　　族：突厥（匈奴族系别支）

时　　间：公元583—742年

疆　　域：依《隋书》，新、旧《唐书》所载的领域四至：东至金山（阿尔泰山）（即前突厥西境）

南至疏勒（新疆南部疏勒县，昆仑山南麓）

西至咸海（雷翥海、俄罗斯，属中亚中部）

北至瀚海（天山北麓、大戈壁）

《隋书》还说“东拒都斤（山），西越金山、龟兹铁勒、伊吾及西域诸胡均附之”。

据《五千年世界战争史》说：西突厥在公元588、589年间曾进兵波斯，在锡尔河流域占领拔汗那国并封王于此。

《五千年世界战争史》还引古本《罗马帝国衰亡史》与《剑桥中国古代史》都说突厥渡过奥克萨斯河。进入波斯东北的科拉珊（《唐书》称“呼罗珊”）。冯承钧译沙畹《西突厥史料》则说：“突厥主力三十万侵入阿富汗西部的赫拉时等处。”（李则芬先生著《五千年世界战争史》第四册）可见西突厥的当年盛况。

首（汗庭）都：南庭——三弥山（新疆阿克苏北）。

北庭——浮图城（新疆奇台县北）。

西突厥的历任大可汗

阿史那吐务

阿史那室点密：吐务次子，为建立突厥汗国的阿史那土门之弟。为西突厥的始祖。

阿史那玷厥：达头可汗。公元576—603年。583年与前(东)突厥正式分裂。

阿史那泥利可汗：达头可汗之孙。娶汉人向氏为妻，生达曼。

阿史那达曼：泥利可汗之子。泥撅处罗可汗，公元603—611年西突厥首任大可汗。

阿史那射匮：公元611—619年。射匮可汗，泥撅处罗之弟、泥利可汗之子。

阿史那统：公元619—628年，统叶护可汗。射匮之弟。

阿史那莫贺咄：公元628—630年，侯屈利俟毗可汗。统之弟。

阿史那咥力：公元630—632年，乙毗钵罗肆叶护可汗。统子。

阿史那泥孰(弥射)：公元632—634年，咄陆可汗，又称大渡可汗。唐封为“奚利邲咄陆可汗”，莫贺咄子。

阿史那同娥：公元634—639年，沙钵罗咥利失可汗。泥孰之弟。

阿史那欲谷：公元639—653年，乙毗咄陆可汗。都北庭。

阿史那薄布：乙毗沙钵罗叶护大可汗。都南庭。

阿史那颉苾达度设：唐廷册封第九任大可汗。

阿史那：佚名。乙毗射匮可汗。

阿史那贺鲁：公元651—657年，沙钵罗可汗。自此以后突厥没有大可汗。

阿史那弥射：唐廷册封“兴昔亡”可汗。

阿史那步真：唐册封“继往绝”可汗。

阿史那都支：十姓可汗。

阿史那元庆：弥射之子。继承“兴昔亡”可汗。

阿史那车薄：公元682年自称可汗。

阿史那斛瑟罗：继承“继往绝”可汗。

阿史那俀子：武则天封“竭忠事主”可汗，自称十姓可汗。

阿史那怀道：斛瑟罗之子，继承十姓可汗。

阿史那献：弥射之孙，唐封“十姓可汗”，后又封“兴昔亡”可汗。

娑葛：唐封十四姓可汗。

阿史那昕：怀道之子。唐封二十二任大可汗西，突厥的亡国大可汗。

西突厥本来是从前(东)突厥分割出来的一部分。

在《周书》《隋书》《新唐书》《旧唐书》及《资治通鉴》中除了神话部分的说法大致雷同外，至于西突厥的出处却简而略之，只说：

“西突厥者，木杆可汗(前突厥第二代大可汗阿史那俟斤)之子，阿史那大逻便也。与东方的沙钵略可汗、阿史那摄图有隙，因为二。”因此传统史家就认定西突厥的创始人是阿史那大逻便。事实上西突厥的创始人应该是阿史那吐务的次子阿史那室点密，或说阿史那玷厥(室点密之子)也可。

在公元四世纪，前(东)突厥祖先级的大可汗阿史那吐务时代就把他所统治的地盘分给他两个儿子分别治理。长子阿史那土门称“伊利可汗”，治理蒙古地方。传统史家称之为“东突厥”。(本书易名为“前突厥”)。次子阿史那室点密，为“小可汗”，治内蒙古西南与新疆西北部地方，史称之为“西突厥”。

起初东、西两突厥各自分治，谊属兄弟相安无事。小可汗阿史那室点密统领十大首领，有兵十万往平西域诸胡国。经过嚈哒之战、波斯之战、东罗马之战，艰苦奋斗才奠定了号称中亚强国的西突厥。

第六世纪末与第七世纪初时的突厥帝国

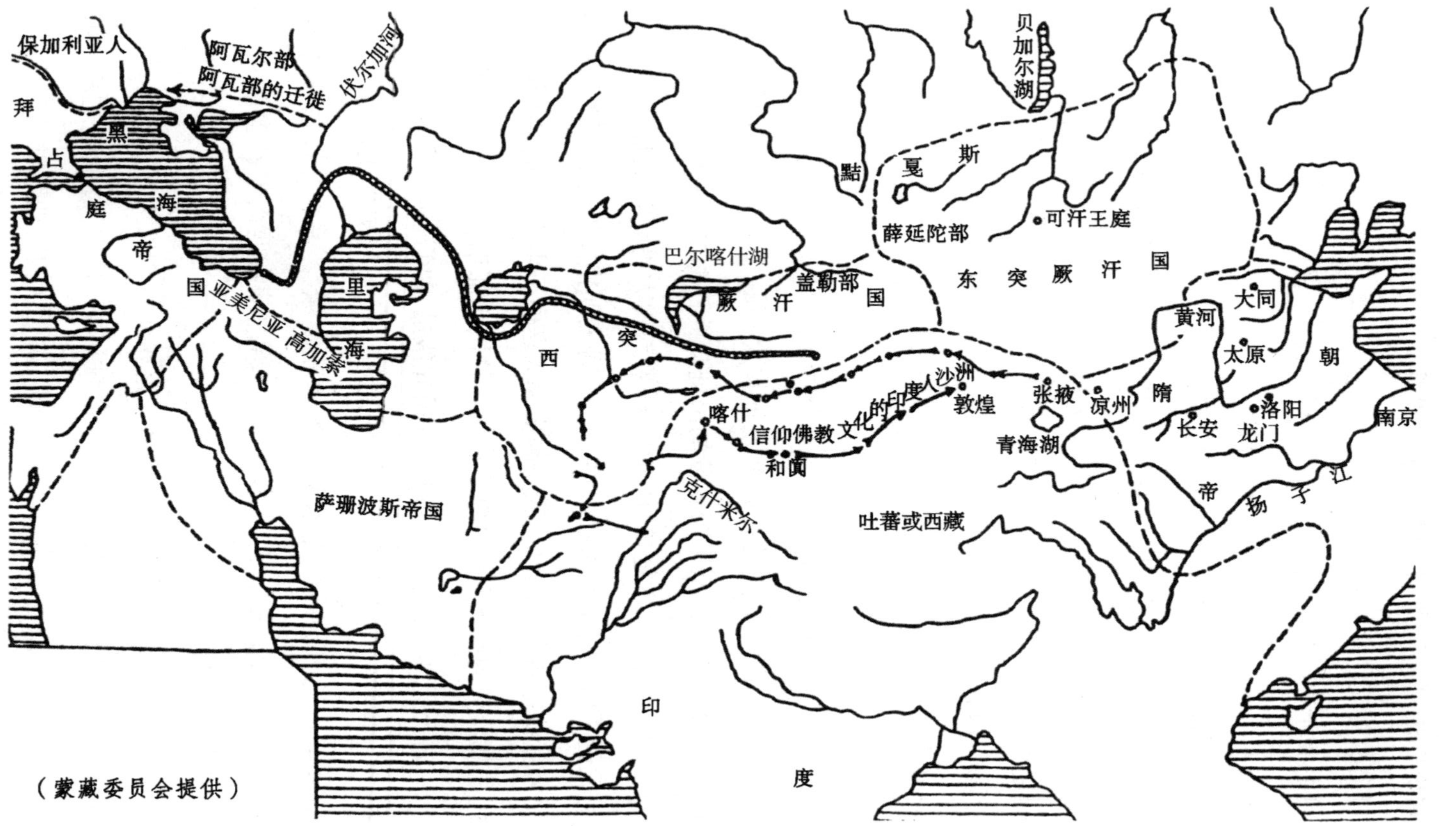

（蒙藏委员会提供）

阿史那室点密的哥哥阿史那土门去世后，他的儿子们为争汗位的继承权而发生激烈斗争。而战功累累，一心维护国家统一的室点密虽然身居父挚长辈，但却并没有参与那些夺权争执，因为他并不希望突厥汗国分裂。所以史学家刘锡淦先生在其所著《突厥汗国史》中大大称赞阿史那室点密“是一位出类拔萃的政治家，也是出类拔萃的军事家”。

西突厥的创始人是阿史那室点密，能在恶劣环境中把西突厥领导到统御西域的中亚强国也是阿史那室点密；但最反对东西分裂的还是阿史那室点密。所以刘锡淦先生说“突厥族之登上世界的大舞台，实归功于室点密”(《突厥汗国史》)。

阿史那室点密虽然为突厥族赢得许多举世推崇的光荣事迹，为西突厥建立很多汗马功劳，而且为当世誉之为“莫贺咄叶护”(突厥语意是“英明的领导人”)。可是室点密并没有自立什么新荣衔，也没有倡议过西突厥的主权独立，终其一生仍持守其父亲所给予的“小可汗”。这是他坚决主张汗国大一统的明证。

突厥汗国的分裂，应该归罪于阿史那摄图与阿史那大逻便的争权斗争。

阿史那室点密的儿子阿史那玷厥，原在东突厥汗庭任小可汗。就是看不惯那帮专门争权夺利而不顾国家安危的官僚群，乃愤然离开东部汗庭而回到西部他父亲(阿史那室点密)的身边。

公元576年，阿史那室点密死，由他的儿子阿史那玷厥继位，是为“达头可汗”。

东方的首任大可汗阿史那土门伊利可汗死后，他的五个儿子有三个相继为汗：

阿史那科罗为乙息记可汗，死后由其弟阿史那俟斤为木杆可汗。传其弟佗钵可汗(佚名)。

佗钵可汗死，曾遗嘱立其兄木杆可汗阿史那俟斤的儿子阿史那大逻便继位。但是由于派系斗争、权利斗争，结果竟改立阿史那土门的长子阿史那科罗(乙息记可汗)的儿子阿史那摄图继立为沙钵略(逻)可汗。

阿史那摄图掌握了领导权之后，为了安抚阿史那大逻便，乃封之为“阿波可汗”(小可汗，如分封的诸侯)。

权力斗争，加上隋朝的政治影响，阿史那摄图为了斩草除根，于是对已是他的部属阿波小可汗阿史那大逻便发动恶毒奇袭，并抄掠其根据地，屠杀其家属。

隋开皇三年(583)，阿史那大逻便被迫投奔他在西方的堂叔达头可汗阿史那玷厥。阿史那玷厥对于阿史那摄图兄弟阋墙的恶毒做法大表愤怒！除严予谴责外，并发兵协助阿史那大逻便对抗东方的沙钵略可汗阿史那摄图。

阿史那玷厥遂与阿史那摄图发生武装冲突。公元587年，阿史那摄图袭杀了阿波小可汗阿史那大逻便，前突厥与西突厥正式决裂，以后也就时常战争。

前(东)突厥与西突厥分裂的原因，史籍记载甚详，而现代政治学家、社会学家与史学家各有不同的解读，不管各种说法的身份背景如何，本书只依传统史籍总结其分裂主因是争权夺利、兄弟阋墙。至于说“隋朝的离间诱使”也不过是次因而已。

关于前(东)、西突厥分裂的时间，《突厥研究》一书的作者林恩显先生综合诸史籍、日本及西方学者、伊斯兰及东罗马史料之比较后仍认为“突厥之分裂应在隋开皇三年(583)之后半期”(林著《突厥研究》)。

中国古代史籍称前突厥为东突厥、北突厥或北蕃，称西突厥为西面、西蕃。依突厥的碑文记载：前突厥人自称突厥，称西突厥人为“十箭”(汉文译之“十姓”或“叶护”突厥)，称汉人为“晋人”。

分裂以前的西突厥曾盘踞过山西吕梁山中的静乐县(娄烦)以西、甘肃的白银靖远县西北的蒙古以及《旧唐书》所谓的“西域诸胡国”，位在中国、东罗马、波斯与印度这四个文明古国的中间。大唐与西亚与东欧各国间的贸易、宗教、文化的交流，都得经过当时的西突厥。唐贞观年间三藏去西方取经的途中曾有赖于西突厥的统叶护可汗阿史那统的保护，才得顺利到达印度河国境。就是因为西突厥的地理位置与国际间往还有其密切关系，所以到现在其文化流风依然流传于东欧、西亚、北亚。

细说阿史那达曼

阿史那达曼是西突厥始祖阿史那室点密的重孙(室点密—玷厥—泥利—达曼)。

阿史那达曼的母亲向氏(汉人)，早年在前突厥时嫁给皇室鞅素特勤之子(即下文的泥利可汗)。

由于政争，鞅素(阿波可汗)失败被杀，其部众集体西迁西突厥境内，各部落酋长就推举鞅素的儿子(即向氏之夫)为泥利可汗(小可汗)，但为该地原住民铁勒族群反对而袭杀了泥利可汗(向氏之夫)。向氏也依突厥习俗而续嫁给泥利可汗之弟——婆实特勤。后来(隋开皇末，公元600年)婆实特勤偕妻向氏到内地朝见隋帝，适逢达头可汗南犯隋边境，致使婆实夫妇未能返回。隋朝乃把婆实特勤夫妇安置在鸿胪寺的招待所中。

公元609年八月，阿史那达曼由继承其父(泥利可汗)的小可汗而被西突厥的族众拥立为西突厥的首任大可汗，自称“泥撅处罗可汗”，当时隋朝的唐王李渊还册封其为“曷娑那可汗”。

据《隋书·突厥传》说：由于阿史那达曼“统御无道”“猜忌所属”而引起内讧。隋炀帝大业五年(609)，泥撅处罗可汗阿史那达曼进攻所属铁勒诸部落，掠夺其财物、牲畜；在当时有薛延陀的几个部落脱离西突厥，于是阿史那达曼又疑薛延陀部落有变，乃集合其渠帅六百多人集体屠杀之。

这一杀又引起有正义感的突厥部众的反感，西突厥旗下的契苾部落在其首领歌楞率领下也加入了铁勒起义的行列。这一义师乃共推歌楞为“易勿真莫何可汗”，宣布为脱离西突厥管辖而独立的铁勒族群第一任大可汗。汗庭设在蒙古土谢图汗部中旗图拉之西，乌兰巴托以南的汗山(又名贪汗山)。

歌楞又收抚薛延陀部众而派其内俟斤也咥为小可汗，命其率兵进攻阿史那达曼。

阿史那达曼派大军镇压而大败。阿史那达曼处在危机四伏的环境里又想起了母亲。

隋帝杨广得到这个情报，乃派司朝谒者崔君肃于隋炀帝大业四年(608)拿着炀帝的诏书去见正在危险中的阿史那达曼，向他提出以下两个理由请他思考：

一、突厥汗国自分裂以来内战频仍，民不聊生，为人君者岂能忍心？

二、前突厥的启民可汗一再要求隋朝发兵消灭西突厥也为隋廷同意，但达曼之母向氏再三劝阻炀帝，炀帝也接受了向氏的劝告，但是达曼必须降附，如果降附自可享受与启民可汗同等之待遇。现在生死一念之间，就看陛下的选择了。

这时候的阿史那达曼虽然思母心切，有心接受隋朝的召唤，但他又必须与皇族长老们商议而未能及时应允行动。

阿史那射匮是阿史那达曼的堂弟，又是达曼属下的小可汗、特勤，平常屈居达曼手下，且又远驻西方而早有不满之心，于是乘此机会派员直接向隋帝要求称藩并请求配婚。隋朝对于外藩一向是运用各个招抚手段分化而亡之，今见射匮此请真是机会难得，于是立即面允阿史那射匮为西突厥的大可汗，史称之为“射匮可汗”。达曼却慢此一步而误终身。

阿史那射匮在隋朝的支持下立即武装进攻，强迫阿史那达曼放弃家小仅率近卫数千骑东走，沿途经过许多打击、艰苦而遁于高昌以北的析罗曼山(天山)。这是分裂后的西突厥的再分裂，也是隋朝政治运作的又一成功。

走投无路的阿史那达曼正在计划投奔反抗隋朝的宇文化及，事为隋帝杨广侦知，乃派使臣裴矩与向氏同去说服阿史那达曼随同入朝。并随阿史那达曼归附隋朝的还有阙达设特勤大奈(史大奈)以及同达曼逃出射匮可汗统治的千余官兵。他们都为隋炀帝尽忠，也都为隋朝建立过不世功勋。

西突厥国势重振

在隋朝扶植之下，西突厥的阿史那射匮即大可汗位。由于前任大可汗阿史那达曼的积弱不振，而今超脱传统伦理的局面一新。原已脱离阿史那达曼而自称可汗的契苾哥楞部落与乙失钵部落，都自动取消自己的可汗称号而回归西突厥的大可汗阿史那射匮。西突厥的国势又振作起来。

公元619年，阿史那射匮死，其弟阿史那统继位，另为“统叶护可汗”(619—628)。阿史那统勇敢而富于智谋，巧于攻战。有控弦战士数十万，占领乌孙王国旧有之地(新疆北部及中亚细亚东部)，北并铁勒(古匈奴族群的一部分，盘踞在咸海、里海以东，至土拉河、阿尔泰山一带)，西到波斯(伊朗)，南接罽宾(今喀布尔河下游，克什米尔地带)；以可汗浮图城(今之古城，又名务涂城。新疆吉木萨尔县北，天山北麓)为北庭。三弥山(故龟兹国，今新疆阿克苏市北，又名汗腾格里山，为天山之最高峰)。后又西迁到素叶城(又称碎叶城，在中亚细亚伊塞克湖西北吉尔吉斯斯坦的托克马克城)，并置千泉(在石国北，《新唐书》注：“素叶城西四百里至于千泉之地。”吉尔吉斯山北)为避暑之地。其领域：北起阿尔泰山、南越阿姆川(妫水)、西接波斯、东至巴尔喀什湖，西渡里海与东罗马为邻，成为有史以来中亚第一强大汗国。对所属西域诸国以突厥的古文化治理，给各国原统治者颁授“希利发”（突厥语的“官称”）官位，并分别派驻各地的“吐屯”（总督）统治当地原住民，负责征收田赋、税捐。

这位西突厥盛世英雄的统叶护可汗，不仅功在其国，且对国际间东西交通、商业贸易、文化交流、宗教传播等都有重大贡献。

唐贞观元年(627)，西突厥统叶护可汗(西突厥第三任大可汗)阿史那统，派使节到唐廷请求两国皇家缔结姻亲。唐帝李世民为了应付现实，乃派高平王李道立前往西突厥报聘。阿史那统大喜！也派真珠统陪同高平王李道立一齐前来唐廷。呈献镶嵌宝石的马鞍、用黄金装饰的马缰，以及骏马五千匹，迎接下嫁的唐朝公主。

当时的前(东)突厥当然不愿看到西突厥与唐朝的亲密关系，除了向唐朝提出严重抗议外，还不断派军进入唐境骚扰，以阻挠西突厥与唐廷的来往，西突厥与唐朝之间的婚事也因而没有成功。

唐贞观二年(628)，西突厥的统叶护可汗阿史那统被他的伯父(《突厥汗国史》说伯父应为弟弟)阿史那莫贺咄刺杀，阿史那莫贺咄自称侯屈利俟毗可汗(第四任大可汗)。西突厥人民对于他这种逆伦暴行群情不服，弩矢毕部落推举莫贺将军阿史那泥孰为大可汗。阿史那泥孰为了尊重阿史那统而不肯接受。阿史那统的儿子阿史那咥力公爵，逃避阿史那莫贺咄的迫害，流亡康居王国(巴尔喀什湖西北)，阿史那泥孰就迎接阿史那咥力回来领导，称乙毗钵罗肆叶护可汗(第五任大可汗)，建旗于镞曷山西。

这时候西突厥出现两个大可汗。于是阿史那莫贺咄与阿史那喔力两大可汗互相攻击，争战不休。因而西域(新疆及中亚细亚东部)各原来屈服在西突厥之下的敕勒部落(新疆北部及蒙古北部)，纷纷叛离。西突厥又告分裂。

西突厥再统一

唐贞观四年(630)，西突厥汗国肆叶护可汗(五任大可汗)阿史那啞力(三任大可汗阿史那统的儿子)，深受部众拥戴，侯屈利俟毗可汗(四任大可汗)阿史那莫贺咄部下的酋长，也多归附阿史那咥力。

阿史那咥力率军攻击阿史那莫贺咄，阿史那莫贺咄大败，逃到金山(阿尔泰山)被将军阿史那泥孰杀死。西突厥各部落遂共推阿史那咥力为大可汗，西突厥分裂了两年，现在又告统一。

唐贞观六年(632)，西突厥叶护可汗(五任大可汗)阿史那咥力，出动大军攻击在蒙古西南隅的薛延陀部落而被薛延陀部落击败。

也许是年龄或环境关系，导致阿史那咥力的性情突然变得凶狠猜忌、听信谗言！有一位乙利可汗(小可汗)功劳最多，阿史那咥力以为他不是突厥种，竟把他无故杀死，因此，各部落人心惶惶。阿史那咥力又嫉妒曾迎立他为大可汗的功臣将军阿史那莫贺咄的儿子阿史那泥孰，打算暗中下手杀他，阿史那泥孰得到消息，逃亡新疆焉耆的焉耆王国。后来设卑达官部落及弩失毕部落(伊塞克湖西)攻击阿史那咥力大可汗。阿史那咥力战败，率少数骑兵，逃奔中亚细亚撒马尔罕的康居，不久逝世。

西突厥贵族前往焉耆迎阿史那泥孰返国，拥护他继任大可汗，称咄陆可汗，是为西突厥的第六任大可汗。阿史那泥孰派遣使节到唐朝请求归附。

是年(632)八月十六日，唐廷派主管藩属事务的鸿胪少卿刘善因，前往加封阿史那泥孰为“奚利邲咄陆可汗”。

唐贞观八年(634)冬，西突厥的第六任大可汗奚利邲咄陆可汗阿史那泥孰逝世，他的弟弟阿史那同娥亲王继位，称沙钵罗咥力失可汗，是为西突厥的第七任大可汗。

翌年冬十月，西突厥所属的处月部落(新疆新源县境)与处密部落(新疆塔城市境内)，第一次派使节到唐朝进贡。

阿史那欲谷

西突厥的第八任大可汗乙毗咄陆可汗阿史那欲谷任命阿史那贺鲁为叶护(亲王)，居住多逻斯水(新疆北境额尔齐斯河)。位于西州(新疆吐鲁番)西一千五百里的处月部落(新疆新源县境)、处密部落(新疆塔城市境)、始苏部落、葛逻禄部落(齐桑泊以东)、弩失毕五姓部落群，联合起兵反对阿史那欲谷。公元642年秋，阿史那欲谷逃奔吐火罗王国(中亚细亚汗阿巴德)，阿史那欲谷部众瓦解。

是年(642)四月，阿史那贺鲁率阿史那欲谷的残余部众数千篷帐，向唐朝投降。唐廷把他们安置在庭州(新疆吉木萨尔县)莫贺城(新疆阜康市东)，任命阿史那贺鲁为左骁卫将军。

阿史那贺鲁听到唐朝出兵攻击龟兹(新疆库车市)，亲自到都城长安朝见，请求担任前锋向导。唐帝李世民任命他当昆丘道(昆仑山军区)行军总管，用盛大的宴会招待，赏赐丰厚，然后送他返任。

西突厥再次分裂

过去，西突厥咥力失可汗(七任大可汗)阿史那同娥，把西突厥分作十部，每部设酋长一人，赐给每个酋长一支箭，号称“十箭联盟”。又分左、右翼(厢)，左翼(左厢)划五个行政区(咄陆)，设置五个“大啜”（领导人号称五咄六部)，居素叶城(中亚细亚托克马克)以东。右翼(右厢)划五个行政区(弩失毕)，设置五个“大俟斤”(领导人)，居素叶城以西。这十个单位，传统史家称之为“十姓部落”。前突厥称他是“十箭”。

阿史那同娥失去民心，被他的部属、总督(吐屯)阿史那统攻击。阿史那同娥战败，跟弟弟阿史那步利将军(设)逃往焉耆(新疆焉耆县)据城固守。阿史那统等打算拥护阿史那欲谷将军(设)为大可汗。正巧反对派刺杀阿史那统，阿史那欲谷将军(设)又被弩失毕部落中的众俟斤击败，军队溃散。于是大可汗阿史那同娥又重回故土复行视事。

唐太宗贞观十三年(639)，西突厥西部终于拥护阿史那欲谷将军为乙毗咄陆可汗(八任大可汗)。阿史那欲谷跟阿史那同娥时常发生军事冲突！双方各据一方，互不相让。可是双方都已无力再战，于是把西突厥从中间分开，伊列水(伊犁河)以北属阿史那欲谷统治、伊犁河以南归阿史那同娥治理。

同年(639)雄踞新疆北部及中亚细亚地带西突厥咥力失可汗(七任大可汗)阿史那同娥的部属俟利发，跟乙毗咄陆可汗(八任大可汗)阿史那欲谷私通，阴谋政变。阿史那同娥束手无策，逃到拔汗那(中亚细亚安集延)而死。西翼十姓弩失毕各部落迎接阿史那同娥侄儿阿史那薄布公爵(特勤)继任可汗，是为第九任，称乙毗沙钵罗叶护大可汗。

阿史那薄布登基后，在虽合水(新疆焉者县北)建立汗庭，统辖龟兹(新疆库车市北)、鄯善(新疆若羌县)、且末(新疆且末县)、吐火罗(中亚细亚汗阿巴德)、焉耆(新疆焉耆县)、石国(中亚细亚塔什干)、史国(中亚细亚南沙赫里夏勃兹)、何国(撒马尔罕西)、穆国(撒马尔罕附近)、康国(撒马尔罕)十国，史称“南庭”。而阿史那欲谷(八任大可汗)则在镞曷山(约在今哈萨克斯坦阿拉木图东北恰林河西)西建立汗庭，史称“北庭”，统治厥越失、拔悉弥(科布多盆地，乌布萨泊西岸)、驳马(在漠北。《读史方舆纪要》:《唐史》，其地直突厥之北，距京师长安万四千里，北极于海，以马耕田，马色皆驳，故以为国名）、结骨（萨彦岭北）、火焊（中亚细亚纽库斯）、触木昆六国。

南庭与北庭以伊列水（伊犁河）为分界线。

当时高昌王国（新疆吐鲁番市）是唐朝通西域丝路的要冲。西域诸胡国不论是否属于西突厥，他们都受时代潮流的影响，必须与唐朝进行贸易与文化的交流，必须经过高昌，所以高昌借此获致大量的税收，故高昌的经济与文化在诸胡国中发展得快而且大。

雄踞西北疆的西突厥，一则为了防御东方大敌的前突厥、伊吾王国（新疆哈密市）与唐朝；二则拉陇一个经济大国为盟友也可互为依恃。所以西突厥就与高昌结盟，约为友好互助。西突厥第九任大可汗沙钵罗叶护可汗阿史那薄布派一个亲王（叶护）阿史那贺鲁率军进驻高昌以北新疆奇台县的可汗浮图城（古城）与高昌遥相声援。

浮图城因在务涂谷附近，故又称“务涂城”。位于天山北麓直通北方大漠的要冲，常是漠北游牧族群占据天山方面的重要据点。

从可汗浮图城越过天山而南下，可达西域交通要冲和物产丰饶的吐鲁番盆地。控制了吐鲁番盆地就容易控制塔里木盆地，在地势上而言可汗浮图城位于居高临下的态势，是掌握吐鲁番盆地的重要据点。

可汗浮图城占有如此重要的位置，所以西突厥统叶护可汗在这里设立北庭，以对抗漠北的前突厥和新唐朝西进而为西突厥东疆的国防第一线。

盘踞新疆哈密的伊吾纳职王国，是唐朝的西疆重镇。先曾附属西突厥，后又归附唐朝，直接威胁着高昌（吐鲁番）。高昌乃联合西突厥进攻伊吾。

西突厥与高昌的军事行动，严重影响着西疆的安全又妨害了丝路的交通，唐朝大表震怒！于是严厉谴责西突厥与高昌，并命高昌与伊吾立即派遣要员来朝商议双边国界，并要高昌遣返以前因战争逃亡到高昌的胡、汉难民，高昌拒绝接受。

唐太宗贞观十三年(639)，唐廷任命吏部尚书侯君集为安西都督，交河道大总管率左屯卫大将军薛万均部骑兵数万讨伐高昌与西突厥。

高昌国王麹文泰自恃无恐，毫不在乎。他所恃的理由：

(一)长安距离高昌七千里，其中沙漠和山地有两千里，山地冷风刺骨，沙漠里热风如火，无水、无粮草，大军团不利长途跋涉，小部队不是他的对手。(二)西突厥已派名将阿史那贺鲁率大军驻镇可汗浮图城支援高昌。

可是等他听说唐军已经兵临城下而驻镇可汗浮图城的阿史那贺鲁已经向唐军献城投降，西突厥的沙钵罗叶护可汗阿史那薄布也弃城西逃拔汗那(波斯境内锡尔河上游)。麹文泰在极度惊恐之下心脏病发而死，其子麹智盛继立(为十六任可汗)后就向唐军投降，高昌乃亡。

高昌王国自阚伯周于公元460年建立王国，立国一百八十一年，共传十六王，至公元640年亡于唐。是役之后侯君集派遣军队分别征服各地方部落。共接收二十二城，八千零四十六户，一万七千七百人口。地方东西八百里，南北五百余里。

关于拔汗那

刘锡淦先生《突厥汗国史》一书说唐灭高昌时西突厥的叶护大可汗阿史那薄布败走“拔汗那”避难。

拔汗那是波斯王国境内一小汗国，位于锡尔河(又名药杀水)的上游。公元710—712年时，突厥大举进攻，号称有二十万人。公元712年库底巴围康居，东突厥默啜可汗之侄阙特勤率同石国、拔汗那等邻近诸国之兵前往康居解围。

据沙畹的《西突厥史料》考证，是役与以后出土的阙特勤碑文所记载年代相同，当可视为无误。其后库底巴又于公元713—715年间远征药杀水(锡尔河)上游地区，占领拔汗那国。(取自李则芬著《五千年世界战争史》)。

如今西突厥的乙毗沙钵罗叶护大可汗阿史那薄布又逃往拔汗那避难，可见拔汗那此时还在西突厥属下。

西突厥再归统一

西突厥驻“南庭”的第九任大可汗沙钵罗叶护可汗阿史那薄布经常来唐朝贡。

唐贞观十五年(641)的七月十五日，唐帝李世民命左领军将军张大师“持节”，就阿史那薄布已有的称号册封为西突厥大可汗，赏赐巨鼓大旗(是皇家军队征战时用的)。

“北庭”乙毗咄陆可汗(八任大可汗)阿史那欲谷，时常与阿史那薄布兵戎相见。阿史那欲谷逐渐强盛，西域各国都归附于他。不久，阿史那欲谷命石国(中亚细亚塔什干城)总督(吐屯)攻击南庭的阿史那薄布，把阿史那薄布斩首而归，于是西突厥南北二庭重归统一。

西突厥乙毗咄陆可汗(八任大可汗)阿史那欲谷，诛杀沙钵罗叶护可汗阿史那薄布之后，占领了他的领土，还兼并他的部众，又乘势征服了吐火罗王国(中亚细亚汗阿巴德)。于是阿史那欲谷自认为已够强大，遂骄傲不可一世，开始拘捕唐朝派往新疆及中亚细亚东部的各地使节。对西域各国又十分凶暴，并于唐贞观十六年(642)进击唐属伊州(新疆哈密市)。唐安西都督郭孝恪率轻骑兵两千人，击败西突厥军。阿史那欲谷又命处月部落(新疆新源县境)及处密部落(新疆塔城市境)，包围新疆托克逊县的官署。唐将郭孝恪再把他们击退，并乘胜攻克处月部落酋长(俟斤)所据守的城池，追击到遏索山(天山支脉萨阿明尔山)，接受处密部落投降后班师。

阿史那欲谷

乙毗咄陆可汗阿史那欲谷，向西开疆拓土，攻击康居王国(撒马尔罕)。经过米国(阿姆河北米马巴札尔)，掳获大量战利品，却不肯分一些给属下。他的部将、指挥官(啜)阿史那泥孰遂强行夺取，阿史那欲谷大怒，把阿史那泥孰斩首示众。各将领全都愤怒怨恨阿史那欲谷。阿史那泥孰的部将胡禄屋发动攻击，阿史那欲谷部众纷纷逃走，退守白水胡城(锡尔河流域契木干)。于是西部防区(弩失毕)各部落，以及阿史那欲谷的部属，指挥官(啜)阿史那屋利等，分别派遣使节前来唐廷，要求罢黜阿史那欲谷，另选大可汗。唐帝李世民派使节携带诏书，封阿史那莫贺咄的儿子为乙毗射匮可汗(十任大可汗)。乙毗射匮可汗既被唐朝册封，就把过去阿史那欲谷所拘留的大唐使节全都送回唐朝。又率部众攻击阿史那欲谷据守的白水胡城。阿史那欲谷迎战，乙毗射匮可汗大败。阿史那欲谷乘战胜余威，派使节向以前叛离他的旧部招降，他的旧部发誓不再服他。阿史那欲谷自知众叛亲离，又恐怕部众再叛，遂向西投奔吐火罗王国(中亚细亚汗阿巴德——吉尔吉斯与塔吉克之间)。西突厥十任大可汗乙毗射匮可汗又乘势派军追击，阿史那欲谷部众瓦解。

阿史那贺鲁是西突厥始祖阿史那室点密的五世孙。他的父亲是亲王(特勤)的伯父，就是乙毗沙钵罗叶护可汗，为乙毗咄陆可汗杀害，阿史那贺鲁随部队归降乙毗咄陆可汗。乙毗咄陆可汗(八任大可汗)阿史那欲谷任命阿史那贺鲁为亲王(叶护)，据有位于西州(新疆吐鲁番)北一千五百里的额尔齐斯河(多逻斯水)，统领新疆新源县境内的处月部落、新疆塔城境的处密部落、姑苏部落与俄罗斯境内齐桑泊以东的葛逻禄部落以及失毕五姓等部落群。

西突厥疆域图

（蒙藏委员会提供）

以后乙毗咄陆可汗败于唐廷所册封的乙毗射匮可汗，阿史那贺鲁率残余下来的部众数千篷帐向唐朝投降。唐廷把他们安置在庭州(新疆吉木萨尔县)、莫贺城(新疆阜康市西)，任命阿史那贺鲁为左骁卫将军，旋又升为昆丘道总管。

是年底(648)，唐廷再任命阿史那贺鲁为泥伏沙钵罗亲王。赏给皇家军队征战时用的大旗大鼓，命他讨伐西突厥境内还没有降附的各部落。

唐廷待阿史那贺鲁可说是优渥有加！而阿史那贺鲁并不觉得满足，对唐朝时叛时顺，根本没有认同观念。

三年后(651)，西突厥第十任大可汗乙毗射匮可汗派使节前来唐朝进贡，并且请求娶唐朝公主。李世民允许，命他割让所属的龟兹(新疆库车市)、于田(新疆和田县)、疏勒(新疆疏勒县)、朱俱波(新疆叶城县)、葱岭(葱岭山区)等地作为聘礼。

该年(唐永徽二年，公元651年)时驻军新疆阜康的瑶池都督阿史那贺鲁，三年多来的积极扩充，已经实力大增。当他听说唐朝二任皇帝李世民逝世的消息时，就有心叛离唐朝的统御，而计划夺取唐朝的西州(新疆吐鲁番)、庭州(新疆奇台县)。

唐三任新帝李治听到这个消息之后立即派遣通事舍人桥宝明前往安抚，当时阿史那贺鲁也派长子阿史那咥运到都都长安做人质，表示忠贞不二。唐帝李治遂任命阿史那咥运为右骁卫军中郎将，不久又让阿史那咥运西返。

阿史那咥运西返后，说服他的父亲阿史那贺鲁，率领部众向西发展，先击败西突厥第十任大可汗乙毗射匮可汗，兼并他的部众与领地，在双河(博尔塔拉河)及千泉(吉尔吉斯山北素叶城西四百里)建立汗庭，乃自称沙钵罗可汗是西突厥十一任大可汗。东部防区(咄陵)五指挥官(啜)、西部防区(弩失毕)五司令官(俟斤)，都向阿史那贺鲁归附，以致阿史那贺鲁的实力迅速扩大，随时可以作战的控弩部队有数十万将士。又战胜八任可汗乙毗咄陆大可汗阿史那欲谷，处月部落(新疆新源县境)、处密部落(新疆塔城市境)，以及西域(新疆及中亚细亚)各部落多半归附。阿史那贺鲁封长子阿史那咥运为莫贺咄亲王。

是年(651)七月，西突厥沙钵罗可汗阿史那贺鲁竟然进攻唐朝的庭州(新疆吉木萨尔县)，占领金岭城(新疆鄯善县西北)及蒲类郡(新疆奇台县)，杀戮及俘虏唐军数千人。

唐帝李治立即下令左武卫大将军梁建方、右骁卫大将军契苾何力等为西征弓月道(新疆霍城县)行军总管。右骁卫将军高德逸、右武候将军薛孤、吴仁等副之。并命秦州(甘肃省天水市)、成州(甘肃省西和县)、岐州(陕西省凤翔区)、京畿卫戍区(雍州)各征府兵士卒三万人，会同蒙古西南部的回纥部落骑兵五万人，讨伐阿史那贺鲁。

翌年(唐永徽三年，公元652年)正月，唐派远征军左武卫大将军梁建方、右骁卫大将军契苾何力等，在牢山(新疆吉木萨尔县北)大破新疆新源县的处月部落，其酋长朱邪孤注在夜色掩护下逃走。梁建方派大军作战副总管高德逸率少数轻骑兵追击，追到五百多里，生擒朱邪孤注，杀九千人回师。

公元653年，西突厥乙毗咄陆可汗(八任大可汗)阿史那欲谷逝世，他的儿子阿史那颉苾达度设将军，称“真珠亲王(真珠叶护)”，也跟沙钵罗可汗(十一任大可汗)阿史那贺鲁，开始摩擦；阿史那颉苾达度设遂会同西部防区五个部落(五弩失毕)，联合攻击阿史那贺鲁，大破阿史那贺鲁部众，杀一千多人。

阿史那贺鲁当然不甘示弱，于是不断反攻，不断兼并真珠亲王所属的弱势小部落，致使真珠亲王阿史那颉苾达度设的势力范围日益缩小。

阿史那颉苾达度设对唐朝忠诚有加，乃遣使向唐朝请求出兵打击阿史那贺鲁。唐永徽六年(655)的十一月，唐廷派遣驻守内蒙古五原的丰州都督元礼臣前往册封真珠亲王阿史那颉苾达度设继乙毗咄陆可汗(八任大可汗）为西突厥第九任大可汗。

元礼臣行经阿史那贺鲁的新占领区碎叶城（中亚细亚伊塞克湖西吉尔吉斯斯坦北托克马克城以南十公里的阿克别希姆废城），被阿史那贺鲁阻止，致元礼臣没法达成册封任务，也没有采取制裁阿史那贺鲁的行动而回师。

苏定方西征

翌年（唐显庆元年，公元656年），唐廷派葱山道（葱岭地区）程知节为西征军行军大总管，攻击西突厥（新疆北部及中亚细亚）与葛逻禄部落（新疆北境，额尔齐斯河流域）及处月部落（新疆新源县境），在榆慕谷（新疆吉木萨尔县北）会战，葛逻禄、处月两个部落大败，被杀一千多人。副大总管周智度，攻克突骑施部落（伊犁河中下游）、触木昆部落（新疆额敏县境）等据守的咽城（新疆额敏县），杀三万人。

当年冬，唐西征大军行军大总管程知节率军进抵鹰娑川（新疆和静县，又名裕勒都斯河），跟西突厥骑兵两万人遭遇，而西突厥支派鼠尼施等部落军骑兵两万多人又增援而至。唐西征军前军总管苏定方率骑兵五百人迎战，西突厥军大败！苏定方追击二十里，斩杀及俘虏一千五百多人，俘获战马及军用物资不计其数。

次年（657）闰正月二十一日，唐廷再派西方远征军，任命左屯卫将军苏定方为伊丽道（伊犁河流域）行军总管，率内蒙古五原北三十公里乌拉特旗的燕然都督任雅相、副都督萧嗣业，征调蒙古西南部的回纥部落军，从北方攻击西突厥沙钵罗可汗（十一任大可汗）阿史那贺鲁。

苏定方所率唐军进抵金山（阿尔泰山）北，先击败新疆和布克赛尔的处木昆部落。处木昆军俟斤（司令官）獭独禄等率一万余顶篷帐，向唐西征军投降。苏定方加以安抚，征调触木昆骑兵一千人，随远征军西进。

苏定方进抵曳咥河(中亚细亚额尔齐斯河)，阿史那贺鲁率十姓部落(东部防区五指挥官，西部防区五司令官)联军近十万人迎战。

苏定方率远征军及回纥部落军共一万多人进攻。阿史那贺鲁以压倒多数的优势挥军向前包围，苏定方命步兵据守平地南端，把长矛密集排列，枪尖向外，而亲自率骑兵在平地北端布阵。阿史那贺鲁先攻击唐远征军步兵，冲锋三次，无法攻破，而苏定方率骑兵袭击阿史那贺鲁背后，阿史那贺鲁腹背受敌大败逃走！远征军追击三十里，斩杀及俘虏数万人。苏定方整顿军队，继续向前推进。于是，西突厥大将胡禄屋等西部五弩失毕(五姓)，全都率部众投降唐军。阿史那贺鲁和触木昆部落军指挥官屈律，率领数百骑兵向西逃命。

以敌制敌——政治作战

唐帝李治随着军事进展的同时，也展开政治作战。他任命以前西突厥投降过来的那两位酋长阿史那弥射与阿史那步真，分别担任流沙道(大戈壁四周)安抚特使，沿途宣慰西突厥的遗民。

唐显庆二年(657)，阿史那步真从南向北挺进，东部防区五指挥官(五咄陆)听到大可汗阿史那贺鲁兵败的消息，都向阿史那步真归降。苏定方命燕然副都督萧嗣业，回纥部落军统帅、瀚海军区(总部设蒙古哈拉和林)都督药罗葛婆闰，率外籍兵团追击阿史那贺鲁。苏定方与燕然都督(内蒙古五原县北三十公里乌拉等旗)任雅相率领新近投降的部众，继续跟进。正巧天降大雪，平地雪深二尺，西征大军踏雪前进，日夜不停。经过的地方，招收西突厥逃散的部众。抵达双河(博尔塔拉河)与由南向北推进的阿史那弥射及阿史那步真所部会师，部署完毕，距阿史那贺鲁驻扎的地方二百里，长驱而入，直指御帐。阿史那贺鲁跟他的部众，正在那里打猎觅食，苏定方趁他没有防备，猛烈突袭，斩杀及俘虏数万人，俘获大可汗的大旗巨鼓。阿史那贺鲁和他的儿子阿史那咥运、女婿阎将军等，脱身逃走，奔往石国(中亚细亚塔什干城)。

苏定方一面命萧嗣业继续紧追阿史那贺鲁，一面展开地方建设。命归附的各部落族众都回到原居住地，士兵则以兵工从事开辟道路，设立驿马车站，清理战场，埋葬阵亡将士军民的尸体。另派人员探问民间疾苦，划定各部落范围，恢复社会正常秩序。凡被阿史那贺鲁掠夺的人民、牲畜一律发还，十姓部落族群照常安居。

阿史那贺鲁逃到石国(中亚细亚塔什干城)西北的苏咄城，人困马乏，派人携带珠宝进城购买马匹，城主伊沮敬备酒肉，出来迎接阿史那贺鲁进城。然后紧闭城门，逮捕阿史那贺鲁献给唐督萧嗣业。

当年十二月，唐廷分割西突厥汗国土地，设濛池都督府(驻咸海及伊塞克湖之间)，昆陵都督府(驻巴尔喀什湖与伊犁河之间)。任命阿史那弥射为左卫大将军、昆陵都督，封“兴昔亡可汗”（十二任大可汗)，管辖东部防区咄陆五啜五姓部落。阿史那步真为右卫大将军、濛池总督，封“继往绝可汗”（十三任大可汗)，管辖西部防区弩失毕五俟斤五姓部落。“咄陆五啜”与“弩失毕五俟斤”就是西突厥所谓的“十姓”。唐廷派藩属事务的主管光禄卿卢承庆，“持节”前往宣达人事命令，并分别授权阿史那弥射、阿史那步真及卢承庆，调查归降的各姓部落，以他们人口的多少、酋长地位的高低，委任他们担任州刺以下各地方官。

西突厥第十一任大可汗沙钵罗可汗阿史那贺鲁被唐远征军收押，他对萧嗣业说：“我本来是一个亡命之徒，先帝(唐二任皇帝李世民)救我一命待我太厚，而我却忘恩负义。今天之所以溃败，是上帝处罚我的缘故。我听说，唐朝杀人，一定绑到闹市斩首，我愿被绑到昭陵(李世民墓)之前斩首，向先帝(李世民)赎罪。”唐帝李治接到报告，对他心生怜悯。

阿史那贺鲁被解到京师(长安)在昭陵前献俘，唐帝李治免他一死。然后把他所统御的部落居住地，划分为六个军事管制区：

一、在新疆和布克赛尔，处木昆部落，设匐延军管区。

二、在新疆伊宁，突骑施部落、索葛莫贺部落，设嗢鹿军管区。

三、在新疆克拉玛依，胡禄屋阙部落，设盐泊军管区。

四、在新疆温泉县，摄舍提暾部落，设双河军管区。

五、在新疆新源，鼠尼施部落、处月部落，设鹰娑军管区。

六、在中亚细亚阿拉木图城，突骑施部落、阿利施部落，设洁山军管区。

各部落的内属行政区域的设置，一律依唐朝现行制度或称谓。西边到伊朗高原(旧波斯边境)全属唐朝驻在新疆龟兹的安西都督府管辖。

西突厥乙毗咄陆可汗时，阿史那贺鲁为“泥伏沙钵罗叶护”。统管多逻斯川(今新疆塔城以西哈萨克斯坦东境的雅尔河)一带的突厥各部落。在西突厥的高领导层，他也算是一个不可一世的人物了。

唐贞观二十二年(648)被迫降唐。唐太宗把他安置在新疆吉木萨尔西部的庭州莫贺城，还命他兼着瑶池都督。

唐太宗死，他引兵叛唐，自称“泥伏沙钵罗可汗”，建牙于双河(今伊犁河上游的巩乃斯河与喀什河)附近的金牙山。

唐显庆三年(658)，阿史那贺鲁战败被俘，西突厥也宣告亡国。全国军队被唐朝收编或遣散，然后把他所统御的部落居住地划分为六个军事管制区，阿史那贺鲁被押解长安，唐高宗虽然没有杀他，但在两年后他还是忧悒而死。

后来阿史那贺鲁病死，唐廷把他安葬在前突厥的亡国之君(东突厥第十三任的颉利大可汗)阿史那咄苾的墓旁。东、西两突厥的两个亡国之君地下相见，不知有否自我反省？

西突厥亡后

百足之虫虽死不僵。突厥族群的成分太复杂了，不同血统、不同文化的小族群无法计其数，族群与族群之间的互相攻击、互相挞伐自不在话下。而同姓、同族中也时常为了争权夺利而内斗，麻烦也很多。

唐廷论功行赏，把早已投降过来，而且最后协助战胜阿史那贺鲁的两个族兄弟阿史那弥射与阿史那步真都分别封为“大可汗”，并分原西突厥为东西两部。东部由阿史那弥射为总督；西部由阿史那步真为总督。

唐显庆四年(659)三月，阿史那弥射为扩张地盘而把稍早就已投降唐朝，而且还尽忠于唐朝的真珠亲王(真珠叶护)阿史那颉苾达度设(西突厥第八任大可汗阿史那欲谷的儿子)部落在双河(中亚细亚塔什干城)消灭，阿史那颉苾达度设被斩。

兄弟阋墙

唐龙朔二年(662)，唐西方远征军飕海道行军总管苏海政，奉命讨伐龟兹王国(新疆库车市)。皇帝李治命西突厥兴昔亡可汗(十二任大可汗)阿史那弥射与继往绝可汗(十三任大可汗)阿史那步真，出兵支援。苏海政进入阿史那弥射辖境，阿史那步真向苏海政密告：“阿史那弥射谋反，请快诛杀。”

苏海政立即设计诱捕阿史那弥射，把他的部众一网打尽，全部诛杀。只有鼠尼施部落(新疆新源县境)的拔塞干部落荒逃走，但也在苏海政与阿史那步真的联合追击之下溃散。

十姓部落中各部落都认为阿史那弥射含冤而死，遂对唐朝产生叛离之心。继往绝可汗(十三任大可汗)阿史那步真不久逝世，十姓部落群龙无首，有阿史那都支及李遮卜等，收拾残破局面，集结余众，归降吐蕃王国(西藏拉萨)。并联合吐蕃侵占唐属安西(龟兹、于阗、疏勒、焉耆四镇和碎叶城、中亚细亚托克马克城)。唐廷为了顾虑吐蕃再与波斯王国联合，只好采取怀柔政策。乃于唐咸亨二年(671)夏，四月十八日，唐帝李治任命西突厥酋长阿史那都支为左骁卫大将军，兼新疆和布克赛尔匐延都督。先行笼络阿史那都支，用以安抚东部防区五个部落(五咄陆)。经过钦差大臣裴行俭西州之行的运作机智，生擒阿史那都支押送长安。唐帝把没收阿史那都支的家产金银器物等三千多件，以及牛羊牲畜全部赏给裴行俭。

唐龙朔二年(662)，西突厥部落进攻庭州(新疆乌鲁木齐)，唐守将来济战死。

唐开耀二年(682)，西突厥又出现一个自称首领的阿史那车薄，并自称可汗，包围新疆霍城的弓月城。唐安西总督王方翼率军进驻安西总督府的碎叶城，在伊丽水(伊犁河)击破阿史那车薄，杀一千多人。可是霎时之间，三姓部落、咽面部落，与阿史那车薄，联手抵抗王方翼。在热海(伊塞克湖)湖畔会战，王方翼所率的外籍兵团部分将士阴谋叛变，打算生擒王方翼，响应阿史那车薄。王方翼接到密报，立即肃清内部，再分兵突袭阿史那车薄，大破西突厥联军，生擒大小首领三百多，这次动乱全部平息。

关于“弓月城”：

依《新疆民族辞典》说：“弓月”本来是西突厥的一个名不在“十姓”之列的小部落，原游牧在粟特族窣利地方的“恭御”城。后来东移西突厥境内新疆伊犁地区的霍城地方游牧，来自“恭御”城这一小族群就被西突厥人把“恭御”念成“弓月”。为了自卫所筑之城池也就很自然地称为“弓月”城了。

公元690年，唐帝李旦被废，他的母亲武照(曌)称帝，国号周(史称武周)，改元天授，是为武则天皇帝。

西突厥十姓部落，受到前突厥大可汗阿史那骨笃禄的侵略，居民大量逃走及死亡，剩下的人寥寥无几。濛池都督，继往绝可汗(十七任大可汗)阿史那斛瑟罗(阿史那步真的儿子)，集合残余部众六七万人，迁入中国内地。

周帝武则天命阿史那斛瑟罗为右卫大将军，改称“竭忠事主”可汗、平西大总管，镇守碎叶城。

十二月十日，西突厥部落大掠陇右(陇山以西)畜牧部(司仆寺)所属各牧马局(牧监)饲养的战马一万余匹，向西逃走。

细说突骑施

阿史那斛瑟罗领导无方，又无能力维护地方治安，群情大哗。他属下的大小部落纷纷离去。其所属莫贺干达(高级军官的职称)乌质勒也领导着突骑施部落高举反抗阿史那斛瑟罗的义旗，迫使阿史那斛瑟罗的部众日益离散。斛瑟罗见大势已去乃率其余众自其基地碎叶城撤退。乌质勒乃率突骑施部众进占碎叶城。

武周(武则天)长安三年(703)，乌质勒在碎(素)叶城自组政府。大乐帐(中央政府)设在碎叶城，小乐帐(行营)设在伊犁河边伊宁的南弓月。托克马克城(碎叶城)东距新疆的吐鲁番约两千公里，北距伊犁河二百余公里。东南距伊塞克湖二百多公里。伊犁河大部分与伊克塞湖均在俄罗斯境内。

当时乌质勒所领导的突骑施部落在当地是最大的部落，乌质勒的整军方案是委任都督二十人，每人自组七千精兵成军队分别向外发展，全面兼并了阿史那斛瑟罗所有领地与部众。又西进占领唐朝形同废弃了的濛池（新疆西北隅伊犁河迄吉尔吉斯山一带）昆陵（新疆边外俄罗斯所属中亚地方）。这时候西突厥原有的领土大部分在突骑施占领之下了。乌质勒虽然没有称汗，但他已把突骑施汗国的基础奠定了。

武周长安四年（704）春，武周皇帝武则天诏封阿史那斛瑟罗的儿子阿史那怀道为西突厥十姓可汗，西突厥第二十任大可汗。

武周神龙元年（705），武周帝国随着皇帝武则天的被废、病死而灭亡，被武则天窃占了十五年之久的李家唐朝又告复兴，原为武周太子的武显继任皇帝，而且恢复了他的李姓，是为李家唐朝的第六任皇帝——中宗，沿用神龙年号至神龙三年（707）九月五日改元景龙。

唐神龙二年（706）春，唐廷诏封西突厥境内（伊犁河中下游）的突骑施部落酋长乌质勒为怀德郡王。当年冬乌质勒死，唐廷任命乌质勒的儿子娑葛继承其封爵与嗢鹿州（新疆吐鲁番境）都督，封怀德王。

五胡十六国期间，在南朝高层政治圈里普遍流行着一句“非吾族类，必有异心”口头禅。就这一句口头禅误导多少中华民族自相残杀。直到唐朝以后，诸胡族裔同袍逐渐同化，这种不良影响才逐渐改善。

唐开元十四年（726），唐安西都护杜暹扣留了苏禄的一千匹马，而导致苏禄与唐交恶。苏禄又和后突厥吐蕃勾结，并娶吐蕃的公主为妻。

苏禄自恃兵精马壮，顿生东犯唐境的野心。当时统御西突厥的兴昔亡大可汗阿史那献主张出兵讨伐苏禄，可是唐帝李隆基却派出和平使节团去访问苏禄，传旨前封如故并命苏禄兼掌金牙道经略大使，这是当时在西突厥最高的荣誉，又以交河公主下嫁苏禄为妻。

交河公主是西突厥十姓大可汗阿史那怀道的女儿。

一个小故事使苏禄顽石点头、衷心折服：

某年，唐朝的监察御史杜暹前往突骑施调查一件与苏禄有关叛逆的案子，苏禄送给杜暹一批黄金。当时杜暹本来是要当面拒绝的，可是随从幕僚却劝杜暹“身在绝城不可过分使他们没有面子”。杜暹收下这批黄金却暗地把这批黄金埋在营帐的地下。回朝后才以公文通知突骑施的可汗苏禄去掘取这批黄金。和平的国家政策、廉洁自爱的官员风格，使突骑施部众大为叹服。苏禄终其一生不敢犯唐。

苏禄之死

苏禄一向清廉节俭，每次征戢掳掠所得财物都与部属合理分享，所以部属都很乐意服从他。后来(722)他娶了西突厥与吐蕃的两个皇家美女，又娶唐廷所赐的交河公主，临老入花丛又加上几个儿子都已长大成人封为亲王(叶护)，因而开支用度大幅增加，出征所得财物不再分与部下同享了。同时苏禄年老多病，自然而然地珍惜财物，由于自私自利的心态也会自然而然地刻薄他人，这是人性之常也是苏禄招祸之由，所以孔子告诫世人“年老之人戒之在得”呢！

那时候战争所得财物都是战士们在枪林箭雨之下以生命换来的，战后报缴层峰，上级再论功行赏分给属下也是理所当然的事。苏禄既然违背常理，部属众叛亲离的局面也是必然的。

苏禄属下一个最强悍、每次战役出力最多、抢掠民间财物也最多的莫贺达干乘夜突袭可汗御帐，斩了可汗苏禄。不过他还没敢自称“可汗”。

(“莫贺达干”本来是西突厥语的官职名称，时人不识这个大军阀的真名姓，乃以此官名为常人之姓名而呼之)。

当时和这个莫贺达干同谋的另一酋长郝摩度却又倒戈拥立苏禄的儿子骨啜继位称“吐火仙可汗”，重整苏禄所部与莫贺达干对抗。

莫贺达干向唐廷派驻新疆库车的碛西节度使盖嘉运求援。盖嘉运乘机号召突骑施汗国以西的拔汗那王国(中亚细亚安集延城)等部落归服唐朝。

吐火仙可汗骨啜率领郝摩度所部据守素(碎)叶城拒不降唐，并且还联合据守怛罗斯城(中亚细亚江布尔城)的黑姓部落可汗尔微公爵联合对抗盖嘉运。

唐开元二十七年(739)秋，唐节度使盖嘉运会同拔汗那王国(中亚细亚安集延城西北)国王阿悉烂达干进攻素叶城，活捉吐火仙可汗骨啜。再进兵碎叶川西尽头的怛罗斯城生擒突骑施的别部黑姓可汗尔微公爵，再乘势突入曳建城(中亚细亚江布尔城西北)迎回交河公主。把突骑施汗与周边诸小部落统统交给拔汗那国王阿悉烂达干就近治理。从此唐廷声威震慑西域。

唐帝李隆基赦免吐火仙可汗骨啜的罪名，委任他为左金吾大将军。金吾将军是卫戍都城——长安的，把他长期羁縻在朝廷以待可以利用的机会。

十姓与素叶城

西突厥十姓部落(中亚细亚伊塞克湖畔)酋长都担据素叶城叛离唐朝。碛西节度使阿史那献攻克素叶城，生擒都担斩首。再接受十姓部落两万余顶篷帐投降，并派胡禄屋为酋长。

唐开元八年(720)二月，被安置散居在受降城附近的突厥降户仆固都督勺磨及跌跌部落阴谋勾结突厥来攻唐军事据点，唐朔方大使王晙设宴诱勺磨等于受降城，伏兵杀之，河曲一带降户也集体屠杀。杀人太多了以致引起当地几个突厥族群的轩然大波，唐廷派并州长史天兵节度大使张说引两千骑，持节到这些部落宣慰才告平定。

前突厥十九任大可汗阿史那默啜派军攻击西突厥所辖的葛逻禄部落(新疆北部额尔齐斯河流域)、胡禄屋部落(新疆克拉玛依市)、鼠尼施部落(新疆新源县)等地。唐开元三年(715)五月，唐帝李隆基下令北庭都督汤嘉惠等，会同定边道大总管十姓二十一任大可汗阿史那献联合抵抗阿史那默啜。

唐睿宗李旦任命阿史那献(西突厥兴昔亡可汗、二十一任大可汗)为招抚慰问十姓部落的亲善特使。

西突厥原有的“十姓”，是在公元639年，西突厥七任大可汗阿史那同娥把西部的十部划分为二，在素(碎)叶城(中亚细亚托克马克)以东的五个部(姓咄陆)称左翼。以西五个“弩失毕”(部、落姓)为“右翼”，通称之为“十姓”。

素(碎)叶，在新疆焉耆西北，本来也是个主权独立的汗国。西突厥以宗主国权威分裂其国土为东、西两部分后六年，唐灭焉耆，唐安西都护王方翼筑素叶城。四面十二门，为屈、曲、隐、伏、出、没之状。五旬完工，置大军驻屯城内。以后西突厥酋长阿史那都玄叛，安西裴行俭斩之于素叶城。十姓部落酋长都担据城叛，唐碛西节度使阿史那献破城斩之。突骑施部落吐火仙可汗骨啜与其臣郝摩度等据城叛唐，都被唐军击败。唐天宝七载(748)，北庭节度使王正见以素叶常乱，乃毁素(碎)叶城，移置甘肃的安西县。

唐朝第九任皇帝，玄宗李隆基的天宝元年(742)春，李隆基怀柔政策很成功，边患大抵底定。又设置十个节度经略使以实边防。十个节度使中有七个是与防御突厥有关的：

一、安西节度使，统兵两万四千，驻镇龟兹城，统辖龟兹、焉耆、于阗、疏勒四镇。

二、北庭经略使，统兵两万，驻镇北庭(新疆奇台县)。任务是防伊犁河中下游的突骑施汗国以及新疆承化的坚昆部落。管辖：翰海军(新疆奇台县)，天山军(新疆吐鲁番)，伊吾军(新疆伊吾县)等三个军事基地。边防军分别驻扎在伊州(与伊吾军同址，新疆伊吾县)、西州(与天山军同址，新疆吐鲁番市)。

三、河西节度使，统兵七万三千，驻镇凉州(甘肃省武威市)。任务是切断西南的吐蕃(西藏拉萨)与东、北方的前突厥(瀚海沙漠群)的交通线。管辖八个军事基地：赤水军(甘肃省武威市西南)、大斗军(甘肃省永昌县)、建康军(甘肃省临泽县)、宁寇军(甘肃省武威市东北)、玉门军(甘肃省玉门市)、墨离军(甘肃省瓜州县西北)、豆卢军(甘肃省敦煌市)、新泉军(甘肃省景泰县)。三个警备区(突厥语“守捉”)：张掖警备区(甘肃省古浪县西南)、交城警备区(甘肃省永昌县)、白亭警备区(甘肃省武威市西北白亭湖畔)。边防军分别驻扎下列五州：

凉州——甘肃省武威市。

肃州——甘肃省酒泉市。

瓜州——甘肃省瓜州县。

沙州——甘肃省敦煌市。

会州——甘肃省靖远县。

四、朔方节度使，统兵六万四千七百人，驻镇灵州(宁夏回族自治区灵武市)。任务是防御前突厥(瀚海沙漠群)。管辖三个军事基地：经略军(内蒙古鄂托克旗)、丰安军(宁夏中卫市)、定远军(宁夏平罗县)。另三个受降城：东受降城(内蒙古托克托县)、中受降城(内蒙古包头市)、西受降城(内蒙古五原县西北)。还有两个都督府：安北都督府(设包头市)、单于都督府(设内蒙古托克托县，与振武军同址)。

边防军分别驻镇下列三州：

灵州——宁夏灵武市。

夏州——陕西省靖边县。

丰州——内蒙古五原县。

隋唐时期各族政权简表

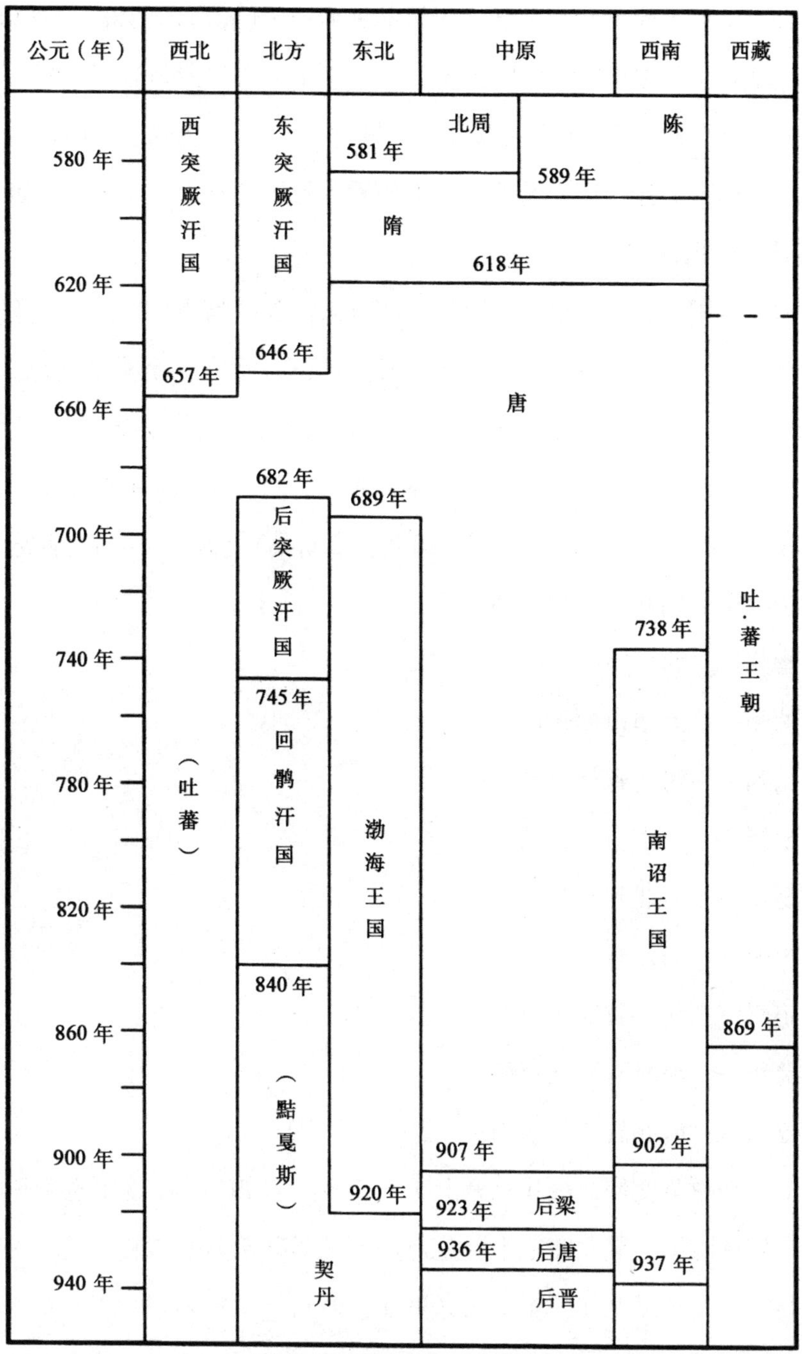

（取自《图说中华五千年》）

五、河东节度使，统兵五万五千人，驻镇北部（山西省太原市）。任务是支援总部设灵州的朔方战区，对抗前突厥汗国（瀚海沙漠群）。管辖四个军事基地：天兵军（山西省太原市）、大同军（山西省朔州）、横野军（河北省蔚县）、岢岚军（山西省岢岚县）。另有一个云中警备区（山西省大同市）。边防军分别驻扎北部太原（太原府）所属的忻州、代州（山西省代县）、岚州（山西省岚县）。

六、范阳节度使，统兵九万一千四百人，驻镇幽州（北京市）。任务是防御滦河上游的奚部落、辽河上游的契丹部落。管辖九个军事基地：经略军（北京市）、威武军（北京市密云区）、清夷军（河北省怀来县）、静塞军（天津市蓟州区）、恒阳军（河北省曲阳县）、北平军（河北省保定地区）、高阳军（河北省高阳县）、唐兴军（河北省安新县）、横海军（河北省沧县）。

边防军分别驻扎下列九州：

幽州——北京市。

蓟州——天津市蓟州区。

妫州——河北省怀来县。

檀州——北京市密云区。

易州——河北省易县。

恒州——河北省正定县。

定州——河北省定州市。

莫州——河北省任丘市鄚州镇。

沧州——河北省沧县东南。

七、平卢节度使，统兵三万七千五百人，驻镇营州（辽宁省朝阳市）。任务是安抚防御，黑龙江室韦部落及勃海王国靺鞨酋长大祚荣建。其疆域南至朝鲜、北至黑龙江，东至乌苏里江，西到外蒙古境内。管辖两个军事基地：平卢军（辽宁省朝阳市）、卢龙军（河北省大名县）。另在河北秦皇岛设一个榆关警备区，一个安东都督府(与卢龙军同址，设河北省大名县)。边防军分别驻扎在营州(辽宁省朝阳市)与平州(河北省卢龙县)。

“节度使”是驻在各“道”(行政区)的武将、都督、使持节者。比都督还高，有权处理辖区的军、政、赋税。

“经略使”与“节度使”的权力与执掌大致相同，不过唐朝的“经略史”多由“节度使”兼代。

高仙芝与石国

唐安西四镇(龟兹、疏勒、焉耆、于阗)节度使高仙芝西征石国(中亚细亚塔什干城 Tashkent)，高仙芝所率部队大部分是汉人，境外征战，难免军心不稳。高仙芝施展政治手腕，与石国军阵前和约，保证和平相处。高仙芝趁此石国军心松懈之际，立即发动一次灭国性的猛烈袭击，一口气攻进石国城，俘虏其国王及其禁卫军与政府官员、部众，并屠杀其老弱、妇孺，抢掠钻石十多斛，黄金由五六只骆驼驮载，还有不计其数的马匹、牛、羊以及其他财物。

高仙芝胜利班师，又回长安朝见并呈献所俘虏的突骑施汗国的可汗，吐蕃(西藏拉萨)王国的酋长、石国及朅师国(印度北部)的国王。就是没有献出他所掳掠来的钻石与黄金。

石国王子在大灾难中逃出，投奔黑衣大食(叙利亚的大马士革城)，打算联合各部落组成联军，反攻唐安西四镇。

高仙芝先发制人，动员中亚细亚额尔齐斯河流域的葛逻禄诸部落出兵伐黑衣大食，深入敌境七百多里。在怛罗斯城(中亚细亚的江布尔)与阿拉伯部队遭遇，双方对峙五天，葛逻禄部落倒戈，致使唐军腹背受敌。唐远征军大败，三万大军只剩下数千人。高仙芝放弃职守，乘夜色掩护而只身逃离战场。

唐开元二十八年(740)，唐帝李隆基又封阿史那怀道的儿子阿史那昕为西突厥第二十二任大可汗(二十一任大可汗是阿史那献)，还封阿史那昕的夫人李氏为“交河公主”，又加上一层皇亲。唐帝希望由阿史那昕来镇压西突厥这个乱局。

当时西突厥的大军阀莫贺干达对唐廷这个任命提出强烈反对，遂率各部落宣布独立。

唐帝又派大臣传旨再封莫贺干达为突骑施汗国的可汗(小可汗)，使他统御突骑施部众。莫贺干达方又回归为唐朝的附庸。

两年后(742)，唐廷派军护送阿史那昕前往西突厥上任，行经俱兰城(碎叶城西南西突厥领域)被突骑施部落的强人莫贺干达出兵拦击，阿史那昕被杀。

当时西突厥的二号强人郝摩度也对莫贺干达的悍然做风表示不满，唐廷乘机分化他们，于是封郝摩度“三姓亲王”(叶护)。

唐天宝三载(744)五月，唐廷派驻镇甘肃武威的河西节度使夫蒙灵督攻击西突厥的莫贺干达。由于郝摩度的响应，使唐军一战而斩莫贺干达。

据《新疆民族词典》载，唐帝接受夫蒙灵督的建议，另封黑部落酋长伊里底蜜施骨咄禄毗伽为突骑施汗国的十姓可汗。天宝八载(749)秋又封突骑施汗国可汗移拨为十姓可汗。

这时候西突厥境内各族群，可以说是龙蛇杂处而群龙无首，不同种族的、本土的外来的不同文化在史籍上有名可考者有二十多个(见《通鉴》二一〇至二一二卷)，其他次级部落，三级、四级的弱势小族群还不知道有多少。各族群各有各的地盘，还各有各的军队。在那强凌弱、众暴寡、弱肉强食的时代洪流里，弱势族群很容易被淘汰。西突厥就在内部各部落自相残杀，自我分裂之下而分别走出历史。

突厥族系的出身，很可能还有其没有被发现的史前经历。从其有史以来的发展过程以及到现在能引起中外学者、专家的追踪探讨，以及中亚还有“突厥语系”的少数民族的现实情形看，突厥有相当深厚的文化根底，可能还有没被挖掘出来的。

铜 镜

新疆焉耆出土，铜镜为西汉时物，由此可见汉文化早已在西域行之有年。

据《周书·突厥传》说在公元六世纪时突厥族人已有文字。近世考古学家在北蒙古高原叶尼塞河流域、勒拿河与贝加尔湖地区、阿尔泰地区、新疆吐鲁番、米兰和甘肃省的敦煌等地以及中亚七河流城、费尔干盆纳地，东欧的多瑙河等地区都曾发现突厥的古碑。

近来报载：内蒙古锡林格勒草原、东乌珠穆沁旗、西乌珠穆沁旗、正蓝旗、多伦县等地也发现很多突厥族的石俑与墓碑。这都说明突厥族的文化历史还值得我们继续发掘。

西突厥自隋开皇三年(583)，达头可汗时代与前(东)突厥分裂，到唐天宝元年(742)，阿史那昕被杀，历二十五任(阿史那室点密起)大可汗，前后约计一百五十九年。

仇　池

民　　族：氐族

时　　间：公元265—553，计二百八十九年

建　　都：仇池郡

疆　　域：四川的西北部，甘肃南部，陕西的西南隅。

人口数十万。与十六国时期其他胡政权相比，仇池杨家政权历时最长，疆土也最广。只是每亡一次，领土就被分割一部分，最后只剩下一个武都城。

历任首领：百顷王杨千万（220—263）

平西将军杨飞龙（263—296）

氐王杨茂搜（296—317）

武都王杨难敌（317—334）

左贤王杨毅（334—337）

氐王杨初（337—355）

仇池公杨国（355—356）

仇池公杨俊（356—360）

仇池公杨世（360—370）

仇池公杨纂（370—371。前仇池亡）

武王杨定（385—394）

武都王杨盛(394—425)

南秦王杨玄(425—429)

武都王杨难当(429—442。后仇池亡)

武都王杨文德(443—448)

公元 455—466 年仇池无主达十二年之久

杨僧嗣(466—473)

武兴王杨文度(473—477。武都再次亡)

武都王杨后起(480—486)

阴平王杨灵(483—495)

阴平王杨崇祖(495—502)

武都王杨集始(486—502)

武兴王杨绍先(515—535)

武兴王杨智慧(535—553。武兴亡)

仇池(氐)

仇池(又名河池、氐池)是一个有人、有土、有武力而没有称尊建国号的胡政权所据的地方。生活在这块土地上的原住民主要是氐族，当然也有汉人和其他不知其名的少数族群。古史称氐族为“西戎”“西南夷”。

氐族，是我们中华民族居住在西南方最古老的一支。秦汉以前就世居在古梁州(陕西省南部及四川省部分)。他们的活动中心是西汉时代的武都郡。

那时候的武都郡共辖九个县(《汉书·地理志》)：

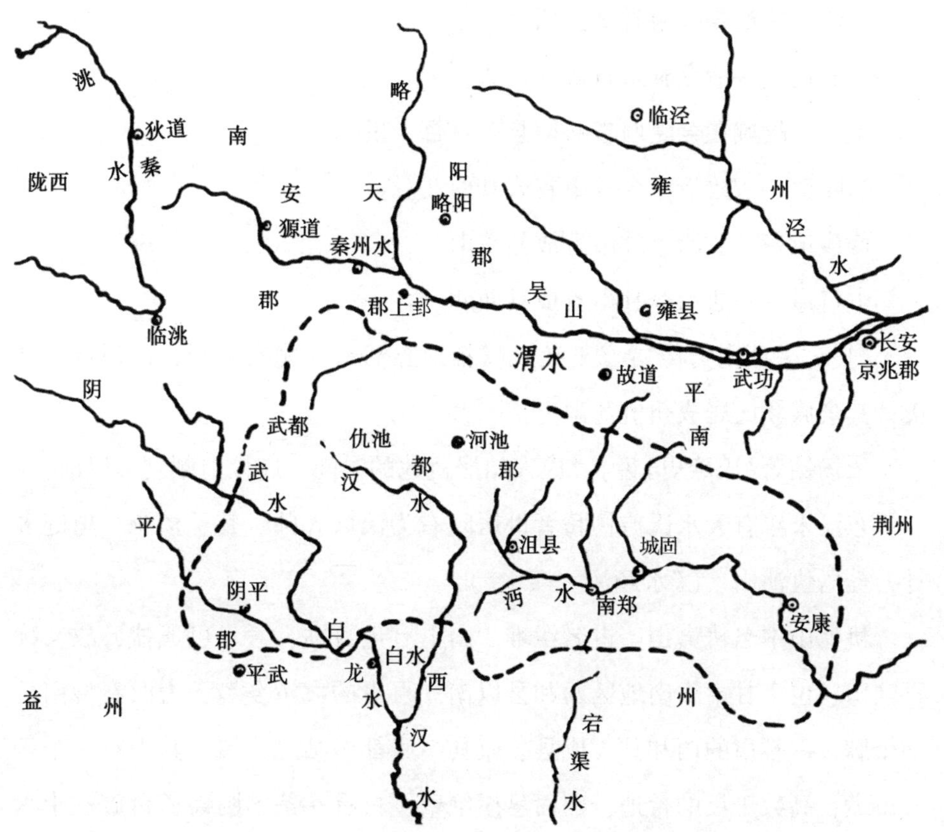

前仇池疆域示意图

（取自杨铭著《氐族史》）

武都——治今甘肃省西和县南。

上禄——治今甘肃省成县西。

故道——治今陕西省宝鸡市西南。

河池——治今甘肃省徽县西北。

平乐道——治今甘肃省武都东北。

沮——故城在今陕西省略阳县东一百十里。

嘉陵道——故治在今甘肃省成县西北。

修成道——故治今甘肃省成县东南。

下辨道——故治今甘肃省成县西北。

《史记·西南夷传》:《正义》引《括地志》云:"陇右成州、武州皆白马氐，其豪族杨氏居成州仇池山上。"

依杨铭著《氐族史》说:"氐人始居仇池的时间，应该追溯到秦以前。"

东汉末年有天水氐酋杨腾者世居陇右为氐族大帅。其子杨驹，勇健多计，徙居仇池山。(《水经注·漾水》)

仇池山本名仇夷山。古名瞿堆。山上有池百顷，煮水可成盐，故又称百顷山。位于甘肃陇南地区西和县以南一百里的大桥乡境，为西秦岭南延的余脉，占甘肃的西和县、成县、康县、武都等县之边境。其中有一个一万亩大，高数千尺的台地，四面悬崖绝壁，只有一条羊肠蟠道盘旋三十六师经过七里路才到顶端(《水经注》)，台地二十多里的一片平原。台地上丘陵起伏，仇池山上有仇池百顷(《三秦记》)。由于地处四川、甘肃、陕西的三角地带，所以成为南北朝诸政权必争之地。

在五胡史中，氐族要算领先五胡了：西汉时期汉廷就曾在边远的少数族区实行封建式的郡县制，设官分职征兵征粮，层层剥削，这种统治方式使自由习惯了近乎宗法精神的部落生活方式的氐胞们难以适应。他们对于这种高压统治，都有不约而同的排斥感，遂多次起义反对汉朝的专制统治。

西汉惠帝(刘盈)三年(前192)蜀、湔氐人反，旋被讨平。(《史记》)。

西汉武帝元封三年(前108)武都氐人反，汉朝派兵讨平，然后迁移部分氐人到酒泉郡(甘肃省嘉峪关市)。(《中国历史年表》)。

西汉昭帝始元四年(前83)，西南夷叛，杀益州太守，汉军讨伐也败死四千人。(《中国历史年表》)。

另一次武都氐起义反汉是在："昭帝时武都氐人反，赵充国以大将军护军都尉将兵平定之。"(《汉书·赵充国传》)。

西汉昭帝元凤元年(前80)武都氐人反，昭帝刘弗陵派执金吾马适建，率兵镇压。

以后不久，另部氐胞也起义反汉，昭帝命度辽将军、羌骑校尉率羌兵击败，同时也平定了武都氐反。

西汉宣帝刘询地节三年(前67)武都白马羌反(《华阳国志·蜀志》)，汉赵充国出兵讨伐，白马羌降。

东汉灵帝时(168—189)凉州氐胞起义反汉，旋被平定。

东汉献帝时(190—193)汧、陇一带氐、羌起义反汉，朝廷派马腾平定之。

三国时氐胞所据地盘正处于曹魏与蜀汉之间。当时氐族有两派势力：一个是占据仇池山的百顷王杨万千，一个是据有兴国城(甘肃省秦安县西北)自称氐王的阿贵。另外还有据下辨(甘肃省成县西北)的氐帅雷定与另一占有河池的氐王窦茂等也都各自拥有氐众数千不等。

在这个诸多氐族势力所盘踞的地区，正是北方曹魏与四川蜀汉之间。所以蜀汉要北伐曹魏必须经过氐族所据地区，而曹魏要想南下蜀汉也必须通过氐族地区，而且都是以能借重氐族势力为上策。所以这时候拥兵自重的各个氐族群，都成为蜀汉与曹魏争取的对象了。

在氐羌族众的心目中，曹魏是东汉的代表，自然而然的，曹魏、蜀汉两大强权中倾向蜀汉的人居多。曹魏为了防止氐羌族为蜀汉所利用，也曾强制迁移氐族部落于大西北的福禄(酒泉)。

杨驹徙居仇池，约在公元196年(汉建安初)。到了他的孙子杨千万成为酋长后，曹魏黄初元年(220)，封杨千万为“百顷王”。

公元263至296年间，杨千万的孙子杨飞龙为酋长，被西晋封为平西将军，势力日益强大，迁行政中心到甘肃天水的秦安(略阳)。占领区域扩大了，势力越发强盛了，正统的西晋政府也很重视他。这股势力，常以封爵加官方式被笼络。

杨飞龙收养外甥令狐茂搜为养子，改名为杨茂搜。西晋元康六年(296)杨茂搜接任酋长，乃自称“氐王”。又受西晋政府册封为骠骑将军、左贤王。从此氐族开始建军，逐渐强大起来。五胡十六国中的成汉、前秦、后凉，都是氐族建立的。

在五胡十六国的纷争时代，仇池地区的氐人也各有其族群部落而拥兵自重。杨家世居为当地豪族，杨飞龙又为晋朝所册封，于是自然而然的为氐众所拥戴。杨飞龙有了群众、领土、军队，他也自然而然成为一个主权独立的世外王国了。杨飞龙死，杨茂搜为当然继承人。同时也向山外发展到天水一带。

西晋元康六年(296)冬，关陇地区秦州、雍州地方发生以齐万年为首的各少数民族联合大暴动，氐王杨茂搜为避“齐万年之乱”，于是年冬自略阳(甘肃省的天水市、秦安县)率所属族众四万多家重返仇池山。西晋初年，中国大西北正在混乱中，仇池的地理位置很偏僻，乱兵不至，所以成为当时的世外桃源，陕西、甘肃一带富豪之家大多逃往仇池避难。杨茂搜善于接纳运作，因而仇池地方声名大噪，杨茂搜也因此起了叛晋之意。

西晋派驻镇四川成都的益州刺史赵廞，征发四川、贵州(益州)及陕西(梁州)的地方团队和粮秣来协助雍州(陕西省京畿地区)部队讨伐氐、羌的叛变部落。

西晋被五胡十六国中第二个建国的汉赵灭亡的第二年——东晋建武元

年(317)，杨茂搜死。长子杨难敌继立。杨难敌与其弟杨坚头分别统领部众。杨难敌自封左贤王，驻镇甘肃成县西，仇池山以西的下辨地方。封其弟杨坚头为右贤王，驻屯仇池北方甘肃徽县的河池。

仇池虽然地处偏僻，但却是长安南下四川的必经之地，都城在长安的汉赵皇帝刘曜也是南下争地的野心家，所以对仇池是必先得之而后快。

东晋大兴五年、汉赵光初五年(322)春，汉赵皇帝刘曜先用武力恫吓，致使仇池所属氐、羌各部落的酋长以及原为西晋投降过来的陇西(甘肃省陇西县)郡长梁勋、杨韬等，还有一万多户的陇西居民都向他投降。

刘曜再以说服手段，派光国中郎将王犷游说杨难敌。刘曜颁赐杨难敌假黄钺(代表皇帝的权威)，并封“武都王”，上大将军，兼南秦州(陕西省南部)、益州(四川省)、宁州(云南省)三州的刺史，都督益、宁、南秦、凉、梁、巴、陇上诸军事。王犷是个文武兼备、能言善辩、独当一面的大臣，刚露头角的杨难敌当然向刘曜(汉赵)投降。

杨难敌与汉赵

汉赵皇帝刘曜委派驻守甘肃天水的秦州刺史陈安，素与杨难敌有旧。汉赵光初五年(322)，陈安与刘曜反目，发兵进攻返京途中的刘曜，结果失败被汉赵生擒斩首。刘曜遂把甘肃东部杨姓、姜姓两大豪族两千多户，强制移民长安，各氐、羌部落也都相继投降。

刘曜又派盘踞在甘肃陇西县赤亭地方的羌族部落酋长姚弋仲为平西将军，封平襄公爵。羌族与氐族有世仇，杨难敌怀疑刘曜有意使姚弋仲监视氐族活动，又恐陈安事件会牵连到自己，于是自动放弃根据地——仇池，率所部向南逃往汉中(陕西省南郑县)，向成汉的安北将军李稚投降。

刘曜派镇西将军刘厚追击杨难敌，俘获大批军事物资和六千多人口而回。刘曜任命大鸿胪田崧为镇南大将军、益州刺史，镇守杨难敌的老窝——仇池。

成汉玉衡十二年，汉赵光初五年(322)夏，成汉的安北将军李稚见汉赵的追兵撤回，他又派军把杨难敌的文武官员护送回武都(甘肃省成县)。武都在陇山之东麓、仇池以东数十里，地形险要，一向是仇池的重要外围据点。杨难敌回到武都(成县)后，重新布置军事，据守险要，一面联合流亡在甘肃省南部的难民首领杨虎，占领甘肃南部的军事要地与成县相呼应。一面又占据陕西的南郑(梁州)，遂宣布脱离成汉而独立，自称“氐王”“梁州刺史”。并且计划进攻成汉的都城——成都。后来被成汉征东将军李寿以精骑突袭阴平而阻住其进路。李稚恼羞成怒，要求成汉皇帝李雄准他出兵讨伐杨难敌。

成汉玉衡十三年(323)，李雄派李稚的哥哥，侍中、中领军李琀率军跟李稚会师，从白玉关(陕西省略阳县)出发，征东将军李寿跟李琀的弟弟李玝从甘肃文县的阴平出发，大举攻击杨难敌。文武官员纷纷劝阻，李雄不理。杨难敌派军抵抗，李寿、李玝不能前进。而李琀、李稚却长驱直入，挺进到下辨(甘肃省成县西)，杨难敌派军切断他们的退路，然后四面围攻。李琀、李稚深入敌境，没有后继以致全军覆没，部众被杀的有数千人。

杨难敌的战友杨虎看不惯杨难敌的狂妄自大，就发动汉中郡的数万胡、汉民众投降李雄，以致杨难敌遭到四面围攻，于是弃城逃走。

成汉玉衡十五年，汉赵光初八年(325)，杨难敌反攻仇池，汉赵守将镇南大将军、益州刺史田崧被俘。田崧在杨难敌面前不仅不跪不屈，而且夺得看守他的卫士的佩剑，向杨难敌行凶，结果被杀。

杨难敌再降成汉

杨难敌盱衡当前大局，他觉得向南发展的空间很大，于是打算进攻成汉。可是成汉玉衡二十年(330)，成汉的征东将军李寿以迅雷不及掩耳的战法攻下甘肃文县西北的阴平镇，扼住武都、成县的咽喉，使杨难敌大军不得南下。杨难敌见南下成都之计失败，又恐怕成汉名将李寿来攻，于是再向成汉输诚、归顺。

这时候，刘家班的汉赵已经被石虎的后赵所取代。秦、陇地区已全为后赵所有，盘踞在此地的氐部落领袖蒲(苻)洪，羌部落领袖姚弋仲也都臣服于后赵。两部落有众十五万家都被强制迁到河南(司州)、河北(冀州)去了，使杨难敌孤立无援。

东晋咸和九年(334)正月，仇池王杨难敌死，儿子杨毅继立，自称龙骧将军、左贤王、下辨公。任命叔父杨坚头的儿子杨盘为冠军将军、右贤王、河池公。又派使节拜访东晋，申明向东晋称藩。

东晋咸康三年、成汉玉恒三年(337)，仇池“氐王”杨毅的族兄杨初杀杨毅，并吞杨毅所有部众，自称仇池公，向后赵石虎称臣，同时也向东晋称藩。脚踏两条船，岂能久长。

仇池地理环境偏僻且形势险峻，所以产生了很独特的生存方式。它因为没有什么自卫武力，所以不得不谁来做它的近邻就向谁屈膝臣服，邻国也因为它地小民贫、没什么可取之处而没有消灭它。于是造成了一种经常半独立状态的地方政权。

东晋永和三年(347)冬，武都氐王杨初派使节访问东晋，声明归顺；晋廷加封杨初使持节、征南将军，雍州刺使、仇池公。

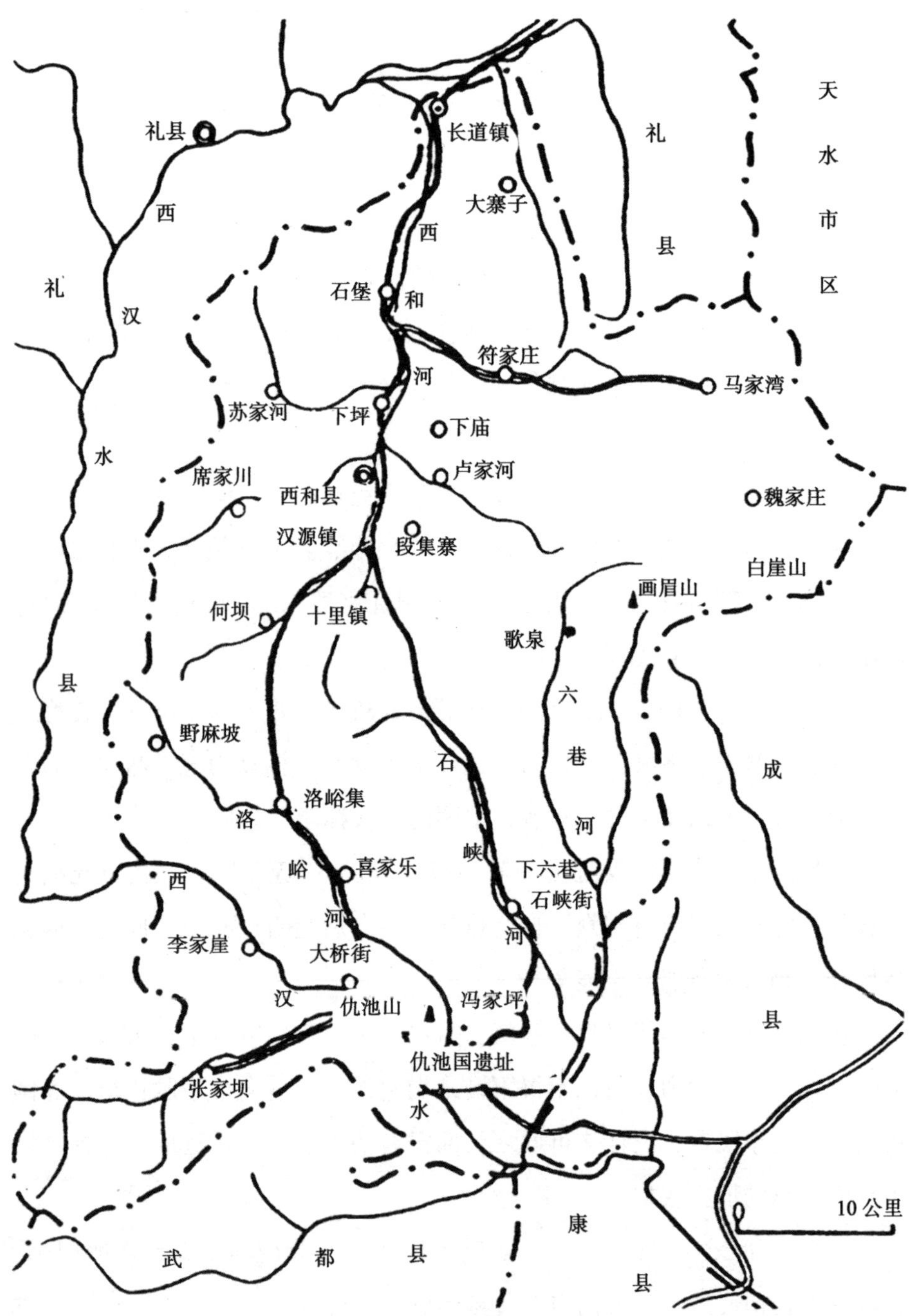

仇池山一名瞿堆，又名百顷山，在甘肃西和县城关镇南35公里处，相传古代有仇维道士炼丹于此，天然泉水十九眼，故名仇池。史家以此为氐族杨家的发祥地。

东晋永和五年(349)，东晋北伐后赵，氐王杨初受东晋之命乘机攻下后赵的西城(陕西安康)。

东晋永和九年、前秦皇始三年(353)六月，前秦首都左卫将军苻飞，攻击氐王杨初的根据地——仇池，被杨初击败。东晋又封杨初为“天水公”。

东晋永和十一年(355)，晋封已故仇池公杨毅之弟杨宋奴，并使他姑妈的儿子梁式王刺杀氐王杨初。杨初的儿子杨国诛杀梁式王和杨宋奴，自称仇池公。东晋的征西大将军桓温奏请委任杨国为镇北将军、秦州刺史、仇池公。

次年冬仇池公杨国被堂叔杨俊刺杀。杨俊自称仇池公，杨国的儿子杨安投奔前秦。

东晋升平四年(360)春，杨俊逝世，儿子杨世继立。

东晋太和三年(368)，晋封氐王杨世为仇池公、秦州刺史，杨世之弟杨统为武都郡守。

杨世同时又向前秦称臣。苻坚也任命杨世为南秦州刺史。

前秦建元五年(369)秋，氐王仇池公杨世死，子杨纂继立。杨纂的叔父武都郡守杨统，夺得继承权，杨纂宣布脱离前秦，向东晋称藩。

前秦建元七年(371)春，前秦派苻雅督率梁州刺史杨安、益州刺史王统，并州刺史徐成，羽林左监朱彤、杨武将军姚苌等联合步骑七万混成兵团进攻仇池。

秦兵行进到仇池北方的鹫峡(今名洛峪黑虎峡)地方与杨纂的五万大军遭遇，时东晋梁州刺史杨亮派大营督护郭宝、卜靖率一千多骑兵为杨纂助战，激战一日夜，杨纂军战死二万多。晋将郭宝、卜靖都战死，杨纂收拾残余，逃回仇池。

前秦的秦州刺史苻雅向仇池推进时，杨纂的叔叔武都郡守杨统宣布向前秦军投降。杨纂迫不得已也宣布投降。苻坚命杨统为南秦州刺史，杨安

(杨国之子)督南秦州诸军事，驻镇仇池。杨纂被解送长安，前秦把仇池附近的氐族、汉族百姓强迫迁到关中，以“空百顷之地”(《宋书·氐胡传》)。仇池乃亡。

东晋梁州(陕西省汉中)刺史杨亮总觉得仇池为前秦所有，对于梁州的压力太大，于是在东晋宁康元年(373)秋，发兵进攻仇池与杨安军会战，结果大败，晋军各前进基地全部崩溃。杨亮退却，杨安乘胜追击到汉中，杨亮再退汉中以东洋县以西的磬险地方整补。

关于杨定

前秦的苻坚就把这批移民中的氐族列为前秦统治集团的核心族群。在这次移民之前，杨氏氐族群中已有杨宋奴之子杨佛奴、杨佛狗等投奔苻坚，受到苻坚的重用。杨佛奴被封为右将军，杨佛狗被封为抚夷将军，杨佛奴的儿子杨定还娶得苻家皇族的公主为妻。

杨定的父亲是杨佛奴，杨佛奴的父亲是杨宋奴，杨宋奴的父亲是杨难敌，杨定可以算是杨难敌的曾孙。

淝水之战苻坚失败，前秦的统治权几乎全面崩溃。杨定忠贞保护苻坚，是前秦末期的骁将之一。追苻坚死于姚苌之手，杨定一度归附新兴的西燕慕容冲。东晋太元十年冬(385)，在西燕与后秦之战中，杨定乘机逃回陇右，就在甘肃的定西地区招集了氐族、汉族一千多家，在仇池东北一百多里的历城(后改为建安)建立行政中心，自称龙骧将军、平羌校尉、仇池公。

杨定在历城(建安)整军经武，把军用物资积储在仇池，再派使节到晋廷，表示称藩。

晋廷承认他的称号，还划甘肃天水西，武都的上禄为仇池郡，归杨定统辖。从此仇池政权得以复兴。此后，杨定联络前秦的将军窦冲、杨璧、王统、毛兴、王广等部落，拥立苻坚族孙苻登为帝，共同抗击后秦。杨定以仇池为根据地，屡次挫败后秦军队，夺取了秦州的天水、略阳(治临渭，今甘肃天水市北道区东北)等地。在这一时期内，仇池的疆域也扩大了不少。

前秦太初九年(394)苻登败死，其子苻崇西奔湟中称帝。不久，苻崇被鲜卑乞伏乾归所逐，投奔杨定。当年(394)十月，杨定与苻崇率两万余众进攻乞伏乾归，结果被打败，死一万七千多人，杨定本人也战死。至此仇池又失掉陇西、上邽等地，只得退回故土坚守。

杨定没有儿子，镇守仇池的从弟杨盛(杨佛狗的儿子)继位，自称仇池公，追尊杨定为“武王”，遣使称藩于晋。晋廷任命杨盛为镇南将军、仇池公。当时，仇池处于后秦和西秦的东西夹击之中。杨盛分诸四山氐、羌为二十部护军，各为镇戍，不置郡县，以对付当时紧张的战争局面。稍后，杨盛见后秦姚兴强盛，又是近邻，乃遣使向后秦称臣，后秦姚兴封杨盛为镇南将军、仇池公。

北魏天兴元年(398)北魏拓跋珪称帝，迁都平城(山西省大同市西)。杨盛遣使朝魏，拓跋珪封之为征南大将军、仇池王。东晋隆安三年(399)，杨盛又遣使朝晋，晋廷封他为仇池公。在南北东西几大政权的夹缝中生存，杨盛只能采取这种多方面称藩，以求自保的做法。

东晋义熙元年(405)二月，晋巴蜀地区发生“谯纵之乱”，汉中空虚，仇池公杨盛乘机高喊为晋代抚的口号，派他的侄儿平南将军杨抚进兵汉中。可是后秦姚兴也早已窥伺汉中，杨盛抢先一步，使后秦的计划变为泡影。由此，仇池与后秦交恶，后秦王姚兴派姚硕德进攻仇池，屡败杨盛军。又遣敛俱攻汉中，拔城固，把逃来的难民三千多户强制迁往关中。经过这几次与姚兴的对战，杨盛认识到不能轻易与后秦为敌，于是派儿子杨难当率僚佐子弟数十人为质，向后秦姚兴请降，姚兴乃封杨盛为武都侯。

但是到了义熙三年(407)夏四月，仇池与后秦之间又起战事。当时，杨盛以平北将军苻宣为梁州都督，率兵入汉中，后秦梁州别驾吕莹等起兵应战，击退苻宣。仇池又向东晋投降。被后秦封为仇池公的杨盛，背叛后秦侵扰祁山。后秦天王姚兴于后秦弘始十四年(412)十月派建威将军赵琨为前锋，立节将军姚伯寿为后继部队，前将军姚恢穿过鹫峡(甘肃省成县西北)，秦州刺史姚嵩穿过羊头峡，右卫将军胡翼度穿过汧城(喻麋县地，今千阳县西)。姚兴亲统主力从雍城(陕西省凤翔区)出发支援，跟各将领在陇口(陇道之口)会师，讨伐杨盛。

天水太守魏松忽警告姚嵩：仇池地势险固，攻之不易，先王也曾无功而返，你不如向今上建议休兵。姚嵩还没有来得及考虑，战事已经开火。

杨盛率部众迎战，赵琨、姚伯寿恐惧畏缩，不敢前进。赵琨人数少，不能抵挡，被杨盛击败，姚兴于是斩姚伯寿回军。

翌年，晋以索邈为梁州刺史，苻宣乃引众撤回仇池。汉中仍归东晋。义熙十二年(416)，刘裕北伐，杨盛乘机攻占后秦的祁山堡(今甘肃礼县东)，又进逼秦州(陕西省南郑县，与东晋侨置梁州同治)。

公元420年，刘裕篡东晋之后，又进封杨盛为大将军，加侍中，又封为武都王，并封杨玄为世子，杨难当为冠军将军。

杨盛之世是后仇池的鼎盛时期。它在称藩于晋的前提下，凭借武力攻下了许多地方，其兵力所及，东南过汉中的黄金谷，西南抵梁州的平武，北临天水上邽。仇池所以能有如此发展：第一，杨盛虽以臣属东晋为主，但也采取多方面的务实外交，先后向后秦、北魏等称臣纳贡。特别是在对待与后秦的关系上，杨盛明显地采用了视对手强弱而定进退的谋略，所以能立于不败之地。第二，后仇池的发展，与当时有一批氐人归附杨盛有关。前秦灭亡后，有名的如吕光家族、太子苻宏等一批氐人避难仇池，无疑增强了后仇池的实力。第三，这一时期仇池丰收，内部稳定。杨盛又持开放政策，于是四方流人多往依附，使仇池一度出现小康的局面。

杨玄、杨难当

刘宋元嘉二年(425)六月，杨盛死，其子杨玄继立，自称武都王。公元426年，仇池氐族部落酋长杨兴平私下向南宋投降。驻扎陕西南郑的刘宋南秦州刺史吉翰派庞咨进军武兴郡(陕西省勉县)接应。氐王杨玄派其弟杨难当迎击宋军，结果反被庞咨击退。因而仇池又与刘宋反目。翌年十二月，北魏攻占长安，杨玄遣使访魏表示归附。魏使公孙轨出使仇池，封杨玄为南秦王、都督荆、梁四州诸军事、梁州刺史。杨玄也遣使报聘。刘宋元嘉六年(429)秋七月，杨玄死，其子杨保宗继立。杨玄之弟杨难当推翻杨保宗而自立，称秦州刺史、武都王，遣使称藩于刘宋。次年六月，刘宋文帝加封杨难当为武都王，督雍、凉、秦三州诸军事，秦州刺史，征西大将军。杨难当以杨玄之子杨保宗为镇南将军，据守宕昌(甘肃省宕昌县)。以次子杨顺为镇东将军，守上邽。公元432年，杨保宗策划袭击杨难当，因事泄被杨难当逮捕囚禁。

刘宋元嘉十年(433)，仇池一带发生灾害，士民大饥，而当时益、梁州却大获丰收。所以仇池人心思动，流人思故土。加上刘宋益州刺史刘道济贪污腐败，民怨沸腾。杨难当便利用这个机会授意流人许穆之与郝惔之改名司马飞龙、司马康之，诈称为晋室资给兵力，派他们进扰蜀地。与此同时，杨难当自率大军，乘刘宋梁州刺史换任未到之际进袭汉中，攻破汉中门户白马戍(今陕西省阳平关)。刘宋守军溃退，仇池又得汉中之地。杨难当又攻葭萌，俘虏了刘宋晋寿太守等人。于是，杨难当遣使向北魏告捷，并送雍州流民七千家于长安，以讨好北魏。

同年(433，北魏延和二年)九月二十二日，北魏派大鸿胪崔颐持节往仇池(甘肃省成县)任命氐王杨难当为征南大将军、秦梁二州牧，并封南秦王。

刘宋的梁、秦(陕西省南郑县)二州刺史调动，杨难当乘此新旧交替的机会，发动奇袭，先攻陷白马(阳平关)，再向东挺进到接近湖北的晋昌(陕西平利县)，生擒南宋郡守张范，再南下葭萌(四川省广元市)，刘宋晋寿郡守被俘，杨难当完全占领了汉中地区。并任命赵温为梁、秦二州刺史。

仇池攻破梁、益二州，刘宋王朝震惊!

因为汉中盆地，北瞰关中，南蔽巴蜀，当川陕出入的要冲，是兵家必争之地。如果北魏整军南犯，刘宋就会失去汉中。所以刘宋文帝赶紧部署防卫军事。到元嘉十一年(434)三月，刘宋所任命的梁、南秦二州刺史萧思话抵达襄阳，派横野司马萧承之为前锋司令。萧承之一面前进，一面招兵买马，征募到一千多人，进驻陕西安康境内的磝头。杨难当施行坚壁清野战法纵火焚烧所有民房与工事，大肆抢掠之后率主力军返回仇池，留赵温守卫梁州南城(陕西省南郑县南)。又命他的魏兴(陕西省安康市)郡守薛健据守陕西洋县东南四十公里的黄金山。刘宋萧思话派阴平(四川省德阳市西北)郡守萧坦，攻下黄金山下的铁城戍。

当年二月，氐王杨难当的部将赵温、薛健，会同他们的冯翊郡守蒲甲子，联合攻击刘宋萧坦的营垒，被萧坦击败。赵温等撤退到西水(西汉水、甘肃天水发源，经略阳而入四川)自保。刘宋临川王刘义庆，派龙骧将军裴方明，率三千人增援萧承之，以铁城戍(即黄金山据点)作为前进基地。氐将赵温放弃州城(南城，陕西省南郑县南)，退保小城，薛健、蒲甲子退保下桃城(南郑县东南)。萧思话主力大军随后到达，跟前锋司令萧承之会师，屡破赵温等军。行参军事王灵济另率别动部队直指洋川(陕西省西乡县)，攻下南城(南郑县南)，生擒氐将赵英。南城人民穷苦、军队得不到粮食，王灵济只好撤退，跟萧承之会合。

杨难当派他的儿子杨和率军增援蒲甲子等，与刘宋前锋司令萧承之相峙四十余天，包围萧承之数十层，两军短兵相接肉搏血战，弓箭飞石都用不上。氐兵团士卒都穿牛皮做的犀甲，刀砍不入，枪刺不进。萧承之下令折断长矟(蛇矛)，仅长数尺，再用大斧把折断处削尖；于是一矟刺下去，力大的可以洞穿几个人。氐兵团不能抵挡，乃焚烧营垒而退守大桃(陕西省略阳县东)。

闰三月，萧承之等追击，抵达南城(陕西省南郑县南)，氐兵团再败逃走。刘宋军屠杀及俘虏很多人，汉中地区全部收复，在葭萌水(白水关)留军驻防。

当年夏，杨难当恐怕宋军再进一步来攻仇池，乃派使节到南京，向刘宋表示诚挚歉意。

翌年(435)杨难当下令释放年前被他扣押的侄儿杨保宗，命他驻镇甘肃天水东北的童亭。

刘宋新任梁州刺史萧思话，把仇池军队赶回了故土。同时，进攻蜀地的司马飞龙等也被讨平。在大势已去的情况下，杨难当害怕刘宋对他秋后算账，又急急奉表谢罪，多方辩解，才得到刘宋文帝的赦宥。

刘宋元嘉十三年(436)二月，杨难当自称大秦王，改元“建义”，立妻为王后，改世子为太子，置百官皆如天子制度，但仍旧贡奉刘宋不绝。

北魏太延五年(439)五月，杨难当乘胡夏赫连定与北魏决战的机会，率众进攻北魏所有的甘肃上邽(天水)。北魏守将拓拔意头派吕罗汉率精骑一千冲阵，杀杨难当左右卫士数人，杨难当乃下令撤退。

刘宋元嘉十七年(440)，仇池大旱，杨难当自降为武都王。杨难当力图改变仇池所处的困境，于是年冬又率众出师，打算进攻四川。

翌年，杨难当下令动员所有兵力，进攻刘宋所属的蜀土(四川省)。派苻冲出东洛(四川省广元市西北)牵制汉中的南宋军，自己率主力攻拔葭萌，遂进围成都门户的涪城(今四川省绵阳市)，另路进攻巴西(四川省阆中市)、梓童(四川省梓潼县)。强攻十多天未能破城。杨难当只好掳去居民七千余家回师仇池。刘宋急遣龙骧将军裴方明及梁州刺史刘其道等率甲骑三千救援，又发荆(湖北省江陵县)、雍(湖北省襄阳县)二州兵追击。

次年(442)五月，宋军从汉中进发，先后攻克武兴(今陕西省略阳县)、下辨(甘肃省成县，仇池的门户)、白水(四川省昭化区北)，在距仇池八十里的浊水城(下辨县治武卫城西北)击败仇池军主力。

仇池的建军将军苻弘祖战死，抚军大将杨和(杨难当的儿子)撤退。另一个儿子益州刺史杨虎被俘，解往南京斩首。杨难当的侄儿、杨玄之子、建节将军杨保炽被俘。仇池内部因连年用兵，资力耗尽，人心厌战。在大军压境的形势下，丞相杨万寿、将军姚宪、吕训、姜檀等，各率部曲向刘宋投降。杨难当见众叛亲离，只好逃往上邽，投降北魏。宋军出塞峡(在仇池东)而还。后仇池遂亡。

刘宋任命武都国辅国司马胡崇之为北秦州刺史，镇守仇池，再命杨保炽继承杨玄的王位，驻防仇池。

北魏帝国派中山王拓跋辰把杨难当迎接到都城平城。秋七月，刘宋任命刘真道为雍州(湖北省襄阳市)刺史。

北魏皇帝拓跋焘，对刘宋占领仇池的反应强烈，因为危及他南疆边防，所以他立即派安西将军古弼(原姓“吐奚爱”)率陇右(甘肃省东部)各路兵马，及宫廷虎贲禁卫军，会同武都王杨保宗，自祁山(甘肃省西和县西北)南下。征西将军皮豹子跟琅琊王司马楚之率关中各路兵马，穿过散关(陕西省宝鸡县南)西上，各军在仇池(甘肃省成县西)会师。又命谯王司马文思，指挥河南洛州、豫州、河南巩义东各地方军，南下攻击襄阳。征南将军刁雍在东方攻击广陵(江苏省江都区)。文告传布到徐州(江苏省铜山区)，声称替杨难当报仇。

北魏太平真君四年、刘宋元嘉二十年(443)，北魏大军连陷下辨(甘肃省成县西)、浊水流域(自甘肃成县东南流，经徽县入陕西省略阳)等城，大败宋军，遂占领了仇池。魏以杨保宗镇守骆谷(今甘肃成县西八十里)，恢复仇池。

杨保宗与杨文德

杨保宗的弟弟杨文德劝杨保宗据险自立，脱离北魏。结果事泄，杨保宗被北魏河间公拓跋齐所执，送长安后处死。同年夏四月，杨保宗旧属，前仇池镇东司马苻达、征西从事中郎将任朏等举兵反魏，占据白崖(今名杨家崖——甘肃武都东北约百里处)，立杨文德为仇池公，并向刘宋告捷。

刘宋封杨文德为武都王，分别夺取战略据点，包围已为北魏占领的仇池，自称征西将军，秦、河、梁三州刺史。武都又成为仇池以后的主权国家。

当年(443)十一月，刘宋曾派兵助杨文德攻浊水戍(今成县西南)，不胜，杨文德逃奔汉中。

刘宋元嘉二十年、北魏太平真君四年(443)冬月，北魏征西将军皮豹子，进击乐乡(甘肃省成县东北)，刘宋守军王奂之等全军覆没。北魏兵团挺进到下辨(甘肃省成县西)，刘宋将军强玄明等战败，被杀。

444年二月，刘宋北秦州(甘肃省成县西)刺史胡崇之，在浊水(下辨境)迎战，大败，被北魏生擒，残余部众逃回汉中(陕西省南郑县)，另一位将军姜道祖也大败，投降北魏兵团。

北魏遂占领仇池，刘宋所封的“氐王”杨保炽逃走。杨保炽是杨难当的侄儿，原为建节将军，前年(442)南朝宋廷命杨保炽继承杨玄为“氐王”。

其后，甘肃陇右地方发生了氐、羌、汉等各族人民联合反魏的大起义，为杨文德收复仇池旧地创造了有利条件。刘宋元嘉二十三年(446)春二月，金城(今甘肃省兰州市)人边冏，天水人梁会等“扇动秦、益二州各弱势族群一万余户”(《宋书》)，占据秦州上邽(天水市)东城起义。边冏与梁会率四千人攻上邽西城“氐羌一万屯于南岭、休官，屠各及诸杂胡二万多人屯于北岭，为边冏等声援”。后来，梁会求援于杨文德，杨文德乘机进据葭芦城(今甘肃省武都东南三十公里处)“招诱氐、羌、武都等五郡氐皆附之”。时在南宋元嘉二十四年(447)。

杨文德占据葭芦、拥有氐众，又与梁会等互为声援，引起北魏的不安。

陇右是北魏的屏障，拓跋氏自然不会无视杨文德的起兵，所以拓跋焘命坐镇仇池的皮豹子领军出击，并命安西将军古弼动员上邽(甘肃省天水市)、高平(宁夏固原市)、汧城(陕西省陇县)等各郡部队，进攻葭芦。杨文德据险固守以抵抗北魏军。不料他的本家杨高叛变，引魏军入葭芦，杨文德只好弃城南走汉中，葭芦复归北魏。

杨文德逃到汉中后，被刘宋雍州刺史刘骏于刘宋元嘉二十五年、北魏太平真君九年(448)押至京师(南京)，以战事失利被免官削爵。

刘宋元嘉二十七年(450)七月，刘宋大举北伐，因为目的在反攻仇池，所以再度起用杨文德为辅国将军，并做前锋。杨文德率军自汉中西进，遇此前降魏的杨高率阴平、平武之众前来抵抗，一经接战杨高战死，杨文德即乘胜前进，葭芦等地重入武都版图。刘宋太初元年(453)春，杨文德与杨头等率诸氐、羌混成的部队合围武都，但被魏将皮豹子击败。这时候虽有萧道成等宋军进入汉中，配合杨文德，打算一举收复仇池，也无济于事。后来，杨文德又转而进攻附魏的唊提氐，仍然失败。杨文德乃被刘宋梁州刺史刘秀之解送荆州。刘宋孝建元年(454)二月，荆州刺史刘义宣叛刘宋，杨文德也被刘义宣所杀。

杨元和与杨僧嗣

就在杨文德被解送荆州的同时，刘宋以杨文德从兄杨头进驻葭芦城代行政事。刘宋孝建二年(455)冬十月，又以文德从弟杨元和为征虏将军，镇守白水(四川省广元市境)。并封镇守葭芦的杨头为辅国将军。杨元和是杨文德的亲叔世子，属于嫡系，而杨头是从祖兄弟，较为疏远，所以武都国的氐人都推举杨元和为正宗。但由于杨元和年幼才弱，无力统御所部，因而刘宋虽授以其将军称号，却仍然没有正式宣布名号，以致武都依然没有定主。

刘宋雍州刺史王玄谟因武都主事多次上书朝廷。他先是建议封杨头为主，但因杨头不是杨氏嫡传，朝廷不从。后又建议先假节于杨头，以稳定目前局势，待元和长大以后再行封王，届时若元和仍不堪用，王位还是归给杨头。不过刘宋并没有采纳王玄谟的建议，仍旧册封杨元和为武都王，总部设在四川广元北的白水镇。由于力量单薄，四面皆敌，杨元和乃抛弃部众，只身逃奔北魏。北魏封他为征南大将军、武都王，不过是在都城长安办公。

杨元和逃往北魏之后，其从叔杨僧嗣在刘宋保护之下自立为王，行政中心设在葭芦。当时刘宋王朝内乱，萧惠开叛变，派治中程法度率兵三千人出梁州。杨僧嗣率氐众阻断叛军萧惠开的通道，并派人到建康去报信，刘宋立即封杨僧嗣为北秦州刺史、武都王，这就是武都的再度兴起。公元454年到466年，从杨文德死到杨僧嗣封王统一，武都国内无主，部众不和达十二年之久。在这种背景下，杨僧嗣自立为王，武都得以再度兴起，氐族仇池政权又得以延续下去。

刘宋元徽元年(473)十月，杨僧嗣死，他的从弟杨文度自立为武兴王，遣使归顺北魏。北魏以杨文度为武兴镇将。不久，杨文度又叛魏投刘宋，被刘宋封为龙骧将军、武都王。他受封后坐镇葭芦，派其弟杨文弘驻守武兴。同年杨文度集合氐众进攻北魏所占仇池，北魏守将吴保元兵败，退守仇池山，求援于秦、益二州刺史吕罗汉。北魏急令长孙观等自吐谷浑回师助战。同时，附魏的宕昌羌王梁弥机亦遣二兄率众救仇池，在多方夹击下，杨文度又退保葭芦。

刘宋元徽四年(476)，杨文度再次派杨文弘北进占领仇池。占领不到一个月，次年十月，北魏征西将军皮欢喜率四万之众来攻，杨文弘只得弃城而走。皮欢喜轻易取得仇池，并收浊水城，又攻下甘肃武都东南的覆津、葭芦，斩杨文度，武都至此再度灭亡。时在刘宋升明元年(477)十二月。

杨文弘自称武兴王

杨文度死后，杨文弘退守他们氐族老根据地陕西略阳的武兴戍，自称武兴王。北魏封他为南秦州刺史、武都王。而刘宋时年十三岁的末代小皇帝刘准也封杨文弘为北秦州刺史、封武都王。武兴从此进入五胡中的国际舞台。

北魏太和三年、刘宋升明三年(479)四月二十日，南宋名将萧道成篡南宋而成立南朝第二个帝国，改元“建元”，史称南齐。

北魏太和三年，南齐建元元年(479)，北魏西南疆的重镇葭芦(甘肃省武都区西南)镇将氐族杨广香据地向南齐政权投降。南齐任命杨广香为沙州(政府在四川省昭化区西五十里景谷城)刺史。翌年又命兼任秦州刺史，并任杨广香的儿子杨炅为武都郡(甘肃省陇南市)守。

氐族部落酋长杨成，曾联合四川广元变民领袖李乌奴攻击南朝萧齐属下的梁州(陕西省南郑县)。李乌奴中途变节降齐，以致杨成大败，投奔杨文弘。

北魏太和四年、南齐建元二年(480)，南齐梁州刺史崔慧景派长史裴叔保进攻四川广元(晋寿)李乌奴据守的武兴(陕西省略阳县)，被氐王杨文弘击败，南齐军退回南郑。是年冬，南齐任命前氐王杨难当的孙子杨后起为秦州刺史，封“武都王”，驻镇陕西略阳的武兴。但武兴仍为杨文弘所据有。

公元481年，北魏封为“武都王”的杨文弘，要求归降南齐。萧道成任命他为北秦州刺史。萧道成虽然加封杨文弘封号，但密令四川广元的晋寿郡守杨公则严密监视杨文弘行动，一有机会，就下手消灭他。

翌年，北魏太和六年、南齐建元四年(482)秋，杨文弘死，儿子太小，遂指定侄儿杨后起为继承人。杨后起乃进驻武兴。九月北魏封杨后起为武都王，任杨文弘的儿子杨集始为白水郡守。杨集始竟自称王，杨后起击破杨集始。

南齐永明元年、北魏太和七年(483)，南齐任命(杨广香的儿子)征虏将军杨炅为沙州刺史(州政府设在四川省广元市西五十公里的景谷城)。

北魏太和十年、南齐永明四年(486)春正月，杨后起逝世。正月十五日南齐命白水郡守杨集始(杨文弘的儿子)为北秦州刺史，封武都王。命杨后起的弟弟杨后明为白水郡守。北魏也封杨集始为武都王，杨集始到平城朝见，魏廷又加封他为南秦州刺史。

北魏太和十六年、南齐永明十年(492)，北魏使杨集始攻击南齐帝国的汉中(陕西省南郑区)，前军抵达白马(甘肃省康县)，南齐梁州刺史阴智伯派军主桓卢奴、阴冲昌等，击破氐军攻势，俘虏及斩杀数千人，杨集始逃回陕西勉县武兴。

南齐永明十年(492)九月，杨集始率氐、蜀弱势族群数万人攻打汉川(故治在今陕西省略阳县)。起初，杨集始军顺利地击败南齐梁州刺史阴智伯军，迫使齐军退守白马戍（即白马城，在今陕西省勉县西北。汉时称阳平关）。杨集始乘胜猛攻白马戍。齐增派步、骑兵进行反击，终于击破杨集始军。杨集始退守武兴，再举城降于北魏。

南齐建武二年（495）四月，北魏军进攻汉中，大败南齐军。北魏将进攻之际，南齐深恐武兴乘机南下，造成腹背受敌，乃派沮水氐（概指沮县之氐，故治在今陕西省略阳东一百一十里）杨馥之进攻武兴，以堵后顾之忧。又派杨后起的侄儿杨元秀率军切断北魏军的运输线。结果，杨元秀一路被北魏的南梁州刺史仇池公杨灵珍拒于泥公山下（今甘肃成县境）不得前进。而当年六月，杨馥之攻下了武兴，杨集始被迫退守下辨（甘肃省成县西）。

北魏太和十八年、南齐永明十二年（494）秋，阴平王杨炅朝见北魏，翌年（495）氐王杨炅死。

太和二十一年、南齐建武四年（497），北魏南梁州（治武兴，陕西略阳县）刺史氐部落酋长杨灵珍献出州城投降南齐，还把自己的母亲、妻、子送到南齐梁州所在地的南郑做人质。南齐命杨灵珍出兵犯魏，杨灵珍派杨婆罗阿卜珍步骑一万多人袭击北魏所属氐族的武兴王杨集始，斩杨集始弟弟杨集同与杨集众。杨集始被迫投降，南齐再占武兴。南齐封杨集始为辅国将军、北秦州刺史，目的在使他北攻魏军。

北魏以督陇右诸军事的李崇讨伐杨灵珍，李崇砍山伐木而进，大出氐部落的意料之外。北魏军内外夹攻，各氐部落纷纷背叛杨灵珍而四散逃亡。杨灵珍部众霎时减少大半。李崇进攻陇南地区的重镇赤土（甘肃省礼县东北），杨灵珍派堂弟杨建，进驻龙门（仇池东龙门戍），亲率精锐主力一万人，防守鹫峡（仇池东北今名洛峪黑虎峡）。龙门（仇池东）以北数十里地中的树木全被砍下阻塞道路，鹫峡口则在山头绝壁之上，积聚大小礌石准备投掷，用以抗拒北魏大军。李崇却派统军慕容拒率军五千人，从小路攻入，在夜色掩护下，攻进龙门。李崇亲自进攻鹫峡，杨灵珍屡战屡败，狼狈逃走，北魏军遂克复武兴。南齐任命的梁州刺史阴广宗、参军郑猷等，率军救援杨灵珍，李崇迎战，又大破南齐军，斩其大将杨婆罗阿卜珍，生擒郑猷等。杨灵珍逃回汉中(陕西省南郑区)。

北魏太和二十二年(498)、南齐永泰元年，齐廷任命杨灵珍为北秦州(治武兴、陕西省略阳县)刺史，封仇池公武都王。

北魏景明元年、南齐永元二年(500)，南齐的北秦州刺史杨集始率部一万多人自汉中出发北犯，打算收复他三年前(497)被北魏占去的领土(武兴地区)。驻镇仇池的北魏梁州代刺史杨椿率步骑五千多人据守仇池以东的下辨，派人送信给杨集始，劝他反正。杨集始遂率亲信部队一千多人反正归北魏。北魏元恪恢复他“武兴安王”的爵位，命他驻在洛阳待命。

翌年，北魏的咸阳王元禧等密谋乘皇帝元恪往邙山狩猎之际发动政变。杨集始乃深夜飞骑奔赴邙山向元恪告密，元恪得以顺利处置，平安度过大灾难。事后论功行赏，竟然没有杨集始。而杨集始深恐再惹祸上身，忧惧交加，乃于次年(502)冬病死。

北魏立杨集始的世子杨绍先为武兴王。杨绍先年幼，大事由他两位叔父——杨集起、杨集义主理。

南梁天监四年(505)，杨灵珍为南梁的征虏将军，代理武都王，有私人部队六百协防汉中。是年，被北魏的奸细夏侯道迁刺杀，并将其首级送北魏请功。

夏侯道迁被南梁白马驻军统官尹天宝击败，被困南郑，幸经杨绍先部下杨集朗赴援，击斩尹天宝，夏侯道迁才得脱困，又受北魏封为平南将军。

是年(505)冬十一月，在北魏卵翼下的仇池杨集始的两个弟弟杨集起、杨集义，拥戴杨绍先称帝。接着听说北魏邢峦进据汉中，唯恐对他们不利，于是率领部众切断邢峦的后勤路线，结果被邢峦打败。

翌年(506)春，杨集起兄弟又围攻北魏的前进据点阳平关(关城)。邢峦派建武将军傅竖眼把他们击败，魏军乘胜猛烈反攻，正月六日收复了武兴郡。做了不到半年皇帝的杨绍先被北魏建武将军傅竖眼押送洛阳。杨集起、杨集义两兄弟放弃了氐族最后这个据点——武兴老巢，逃入深山，三个月后因没粮吃而又出来向北魏投降。

元恪死的当年

北魏元诩熙平元年(516)，氐族残余部落听说元恪已死，新皇帝年才五岁，于是乘机在沔水上游集结，宣布反抗北魏统治，并包围了武兴郡。时北魏梁州(陕西省南郑市)刺史薛怀吉派主簿崔暹，在当年夏五月自甘肃成县以西骆谷城(在陕西省勉县西北五十里)出击，大破氐族部落，解除武兴之围。北魏遂废武兴郡而设南秦州，以崔暹为刺史。

北魏于武兴置东益州后，前后所派镇将、刺史等，对于氐族百姓都很苛酷，因而激起氐人多次起义。北魏延昌四年(515)，东益州氐民起义，赶走北魏刺史唐永，武兴再度为氐人控制。此时北魏大分裂，各地人民大起义，杨绍先趁此混乱之际，而由洛阳逃回武兴，自称武兴王。

这时正值北魏内乱，在长安的西魏时刻防备东魏的攻击，无暇西顾，于是氐族部落、羌族部落、吐谷浑汗国侨民、鲜卑族部落，在他们所居住的地方纷纷聚众起兵反抗元魏。东从陕西凤翔的南岐州，西到甘肃敦煌的瓜州，青海乐都县的鄯州，义民集团各自占领郡县，数目多到无法统计。西魏宇文泰调李弼镇守原州(宁夏固原市)，驻镇陕西靖边县的夏州刺史拔也恶蚝(拔也，姓)，镇守甘肃成县西的南秦州和甘肃陇西县渭州刺史——可朱浑道元加授都督，渭州诸军事，任命卫将军赵贵为秦州(甘肃省天水市)行州事。然后征收邠州(陕西省彬州市)、泾州(甘肃省泾川县)、东秦州(陕西省黄陵县杏城)、岐州(陕西省岐山县)四州的粮食，供应军需。计划大肆兴兵平定西方氐族之乱。

杨绍先审时度势，为了自保，乃于西魏永熙三年，南梁中大通六年，公元534年，向北魏上表称藩，并送妻子到洛阳做人质。这时，南梁也封杨绍先为秦、南秦(西魏)二州刺史，稍后又加车骑大将军。翌年(535)杨绍先死，子杨智慧立，南梁封杨智慧为秦、南秦二州刺史，武兴王。

同年，南梁军攻克汉中，西魏梁州刺史元罗降。杨智慧遣使上表要求率四千户归国，南梁允为东益州刺史，杨智慧从此不知所终。

西魏大统十一年(545)，西魏以杨绍先另一儿子杨辟邪为东益州刺史，镇守武兴。数年后，杨辟邪反魏，魏将叱罗协受命进兵汉中，攻占武兴，杀杨辟邪。至此，武兴又亡，时在西魏元钦二年(553)。

阴平政权

刘宋升明元年(477)，在杨文弘退守武兴的同时，原后仇池王杨难当的族弟杨广香，因协助魏攻杀杨文度有功，被魏封为阴平公、葭芦镇主，史家称之为阴平政权。

杨广香称王不久，南朝萧齐代宋，杨广香于南齐建元元年(479)七月举镇降南齐，受到齐帝萧衍的赞赏，封他为督沙州诸军事、平羌校尉、沙州刺史。不久，南齐又进封杨广香为征虏将军，并要他协助征讨李乌奴等人的义军。次年(480)冬十月，南齐以杨广香为西秦州刺史，儿子杨炅为武都太守。杨广香病逝，他所统领的氐众半奔杨文弘，半诣梁州刺史崔慧景。其子杨炅在部众离散的情况下承袭父职，非常艰难。南齐永明元年(483)二月，杨炅被封为沙州刺史、阴平王，名义上仍然归属南齐。为了生存，杨炅在受齐封号的同时，又臣服于北魏。他于公元490年和493年，两次遣使朝魏，494年亲自入魏朝拜。南齐建武二年(495)十二月，杨炅卒，儿子杨崇祖继任，仍依南齐。次年南齐封杨崇祖为沙州刺史、阴平王。

南梁天监元年(502)杨崇祖死，儿子杨孟孙拥众数万户自立为王。他通过南梁，出兵进扰北魏边郡。魏益州刺史裴宣遣使诏谕，晓以大义，杨孟孙便归附北魏。南梁天监十年(511)杨孟孙死，子杨定袭父爵。于公元516年遣使朝魏，518年魏封杨定为阴平王。后来，杨定曾随魏将攻伐南梁，大约在南梁普通六年(525)卒于平兴(治今四川广元西北的白水街)。从杨广香开国到杨定阴平政权共传五代，大约五十年。

杨定死后，氐族酋长杨法琛(或作昌)占据平兴，自立为阴平王。杨法琛自称是(杨)盛之苗裔，北魏孝明帝元诩孝昌年间，杨法琛举众内附于魏。后来，杨法琛可能曾派使到南梁称藩，所以在梁大同元年(535)十一月，梁以杨法琛为平北将军，不久又封他为骠骑将军。

南梁大宝元年(550)九月，黎州(今四川省广元市)百姓起义，进攻南梁刺史张贲，张贲弃城而走。于是州民迎氐族部落酋长杨法琛进驻黎州，并派使节到南梁武陵王萧纪处，请求任命杨法琛为黎州刺史。作为氐族首领的杨法琛，能够受到黎州百姓拥戴的原因，除去人民痛恨梁朝的腐败统治外，还与黎州百姓中有不少氐、羌人有关。现在四川省广元一带在白水与葭萌之间，汉时称为“刚氐道”的行政区，长期以来是氐族活动的区域，有大批氐人居住于此是可能的。

南梁武陵王萧纪拒绝了黎州义民的请求，并囚禁了杨法琛的两个儿子——杨崇显、杨崇虎，迫使杨法琛于是年冬十月转向西魏投降。南梁得知后，于十二月派驻在四川三台的潼州刺史杨法运与南梁州(四川省阆中市)刺史谯淹等率兵两万讨伐杨法琛，而杨法琛也集兵众据守剑阁天险，以对抗南梁军。大宝二年(551)正月，南梁军攻占剑阁，杨法琛退守四川广元以北的石门关。南梁的杨乾运遂占据了剑阁西北八十公里的南阴平。

杨乾运于二月间再攻下北益州所在地的平兴城(四川省广元市)，杨法琛再退守广元以北的鱼石洞。杨乾运放火烧了平兴城，再追击杨法琛。

(石门关——《唐志》利州景谷县西有石门关，此盖杨法昌(琛)退保之地——《通鉴》)。

杨法琛紧急请求西魏速速增援，西魏一面传令封杨法琛为黎州刺史，一面派精骑支援。自此杨法琛又附西魏。

南梁承圣二年、西魏元钦二年(553)，杨法琛随西魏的尉迟迥远征四川凯旋后，氐族内部发生冲突，杨法琛与杨崇集、杨陈侳等为争权、争地盘，而互相用兵攻击。西魏都督成州、武州、沙州诸军事的赵昶便乘机把他们三派分别安排到不同地方去驻扎，阴平城由赵昶自己驻镇，监都四方。从此杨法琛、杨崇集、杨陈侳等各自被消灭，仇池杨家政权也被这股历史洪流所淹没。

仇池兴亡论

自公元296年杨茂搜建前仇池开始，到公元553年赵昶灭阴平为止，其间仇池凡五易兴替，共历三主，257年。仇池政权鼎盛时，据有现在甘肃的东南部、陕西的西南部及四川的西北部，人口数十万。与十六国时期其他政权相比，仇池的杨家政权历时最长，疆土也很广大。不过他在列强环伺之下，每被征服一次，领土就被分割出去一部分。二百多年下来，杨家的后裔虽然仍是以武兴王自居，但他的领域却只剩下一个武兴郡城了。

如依《梁书·武兴国传》“仇池人口本有十万户”之说，仇池人口也不过五六十万人。可是在那个大动乱时期，他时兴、时衰、时胜、时败、时南、时北，在国际外交上左萦右拂、左右捭阖，能存在二百多年，其主要因素除了地理环境易守难攻的天然屏障之外，还具备了可以持久坚守的农业经济条件。

依史书说："汉魏之间的氐人，能织布、善种田、畜养牲畜类颇多。"对寺洼文化史很有经验的学者们的认知，氐人居停之地，除仇池有平原、有水，可以利于农作，大部分地貌都是丘陵、低山，这种自然环境有利于发展畜牧经济或转向粮食生产的农业经济。

仇池具备了以上两个条件，外来的敌人也不容易打进杨家的核心地——仇池山。而仇池是以农业经济为基础，先天性的传统就是安土重迁，当然向外发展也受这种先天性的传统意识所影响。

不过仇池地处南北要冲，是南、北两朝必争之地，这是他时常受敌的主要因素。而他能在南北夹缝中，时盛、时衰、时兴、时败中打滚式的求生存，就只有靠那种时左、时右、时南、时北，务实外交手段的灵活运用了。

南朝对于仇池的价值观：汉中是南朝西北疆的门户，而武都(仇池)是汉中的藩篱。没有汉中则南朝的西南半壁不保，没有武都也就没有了汉中。南朝得之，为汉中出陇右必经之地。北朝得之，有如卡着南朝西北疆的咽喉。其战略地位如此重要，可是他的地理形势，武兴、武都(白崖)，都是跟仇池山一样易守难攻，所以南朝、北朝都没有办法久占其地，只有武力征服，使其统治者屈从代行其政治目的。

时代局势变了，北朝的南进统一政策已经达成大半了，仇池也已经成为北朝的后方了，而北朝自然不容许自己内部存在割据一方的军阀势力，这时落后的割据与进步统一之间的矛盾已经尖锐化了。所以他必须彻底消灭仇池，而仇池也就被这股历史洪流冲走了。

“晋归义氐王”印

晋廷颁授仇池

氐族反魏的余波

北魏景明四年(503)三月，武都氐人杨会起义反魏。五月被北魏梁州刺史杨椿等镇压，氐族百姓被杀数千人。这是仇池杨家政权消灭之后，氐族试行反扑的开始。北魏正始二年(505)四月，南秦州仇池的氐民起兵反魏。十二月，东益州武兴的氐民起而响应。从此揭开了陕西南部南郑、略阳地方氐族反魏战争的序幕。

翌年(506，北魏正始三年)正月，秦州(天水市)爆发了以吕苟儿为首的氐、羌、汉各族人民联合起义。当时，氐王杨定进占今甘肃省徽县西北的方山，与吕苟儿互相声援。魏将李焕密募氐民赵芒路刺杀杨定。北魏延昌四年(515)，南郑、略阳地方氐民的起义又相继发生。当年四月，东益州(陕西省略阳县)南部的沮水氐部落起义，围攻武兴城。北魏遣梁州和南秦州刺史合兵征讨，才解除了氐民对武兴的包围。北魏神龟元年(518)二月、三月，东益州氐民和南秦州氐民，分别举兵反魏。北魏皇帝元诩派龙骧将军崔袭持节安抚，起义方告平息。北魏正光二年(521)正月到十一月，南秦、东益二州的氐民再相继起义反魏。魏主元诩先后派抚军将军邴虬、秦州刺史、河间王元琛等分别出兵南征，但因元琛性情贪暴，军心不稳而大败，士卒死者数千人，元琛狼狈逃还。

北魏正光五年(524)六月，秦州(甘肃省天水市)爆发了以羌民莫折大提为首的羌、汉各族联合起义。这次起义，前后持续了三年半，波及了整个关陇地区，沉重地打击了北魏的统治。在莫折大提的起义队伍中，就有不少的氐人：

就在莫折大提起义的同时，南秦州(陕西省南郑区)氐豪杨松柏、杨洛德兄弟也多次起兵反对北魏的暴政。魏南秦州刺史崔游到任后，施以政治作战，封杨氏兄弟以主簿等官职。杨松柏兄弟为其所动，活动同族相继来归。后崔游设计杀害杨氏兄弟，州内氐、汉百姓见官吏反复无信，遂再聚众造反。他们召集骆谷(陕西省周至县西南)城内城外的氐、汉群众入城杀死崔游及其家属，据城起义。北魏正光五年(524)十二月，北魏东益州(陕西省略阳县)刺史魏子建"招降南秦氐民，复六郡十二戍"(《魏书·肃宗纪》)。至此，南秦州的起义暂告结束。

秦州、南秦州的各族联合起义虽然都失败了，但氐族反魏的活动并未停止。北魏永安二年(529)七月，北魏以唐永为东益州刺史。唐永到任后不久，东益州的氐、汉百姓联合进攻武兴城，迫使唐永弃城而走。整个东益州皆为义军所有，前后随刺史到任的官吏及僧侣皆被义军俘获。同年，南岐州(陕西省凤县)、南秦州(甘肃省天水市)的氐、羌同时起兵反魏，北魏屡次出兵征讨不利，于是派王罴率五千羽林军前往大力镇压。王罴在两州内诱捕义军，对参加起义的人一律诛杀，两州氐、羌起义事件方告平息。从北魏到西魏、北周统治者对氐、羌等西北各族的政策有相似之处，就是以武力镇压为主，兼以招抚。

但西魏辖境内的氐、羌等民族起义仍然时有发生，西魏大统四年(538)，南岐州氐民苻安寿聚众起义反魏，自称"太白王"。他率领义军攻破武都城，宇文泰以侯莫陈顺为大都督率兵征讨。苻安寿据守险要抵抗魏军，侯莫陈顺久攻不下。侯莫陈顺于是设反间计，苻安寿在属下头目先后不断向魏投降的尴尬情况之下，才率部落一千家归附侯莫陈顺。

西魏大统九年(543)四月，秦州的清水郡(治在今甘肃省清水县西北)发生了以氐酋李鼠仁为首的起义。先是李鼠仁被强征随宇文泰出关打仗，在洛阳邙山之战后，李鼠仁逃还乡里，纠合氐民起兵反魏。西魏陇右大都督独孤信屡次出兵征讨，都没有能够平息。后来宇文泰派赵昶前往诱说，李鼠仁才率部归降。同年，东秦州(治在今陕西勉县)氐酋梁道显也聚众反魏，攻南由镇(今陕西省陇县东南)。宇文泰仍派赵昶前去招抚，梁道显降，徙其豪帅四十余家并部落于陕西华县。

西魏派赵昶为安夷郡(青海省西宁市东七十里)太守，兼长蛇(陕西省陇县西南)镇将。初到任时，他征发氐民千余人从军。后来宇文泰以军事急迫，又向氐民征兵，以致激起氐民反叛。西魏大统十五年(549)，安夷郡的氐族起兵反魏。赵昶运用离间之计分化起义的氐民，捕获首领二十余人，全部处死，这才把事件平息下去。接着南秦州氐帅盖闹等相率起兵，“闹据北谷，其党覃洛聚洮中，杨兴德、苻双围平氐城，姜樊哙乱武阶，西结宕昌羌獠甘、共推盖闹为主”(《周书》本传)。当时，赵昶已升迁南秦州(陕西省南郑区)刺史，他先用分化离间之计，接着出兵征讨，把氐民的起义事件平息下去。同年，兴州(陕西省略阳县)的氐民又起反魏，攻逼南岐州(陕西省凤县)。兴州刺史叱罗协与赵昶合兵夹击，把这次起义镇压下去了。

氐族最南的一个集中分布区在阴平郡(甘肃省文县西北)至沙州(四川省昭化县)一带。自阴平王杨法琛与其他氐帅内讧，被赵昶以“分其部落”的策略安置后，这里氐民的势力虽大为削弱，但各族人民的起义仍然不断。

西魏恭帝三年(556)武兴氐民反魏，进攻利州(四川省广元市)和凤州(陕西省凤县)，同时固道(今陕西凤县东北)“氐魏天王”等也聚众响应。后来这些起义事件都被西魏大将军豆卢宁镇压下去。

北周天王宇文觉元年(557)，沙州(四川省广元市)氐民起义反北周。当时，四川广元都督利州(四川省广元市)、沙州、方州(今四川省苍溪县东北)、渠州(今四川省渠县)四州诸军事的利州总管赵刚，率兵前往平定了氐民的起义。同年秋，北周宇文毓初立，凤州(陕西省凤县)氐民魏兴等起义，自号“周公”，拥众八千多人，攻破广化郡(今甘肃省徽县西北)，并分兵西入武州，围广业、修城二郡(分别在今甘肃成县西北与东南)。二郡太守不敌，请赵昶来援，才平定了这次起义。宇文毓武成年间(559—

560)，略阳人段吒与下辨、柏树(甘肃省成县西)二县的百姓联合起义，攻破兰皋戍(今甘肃省成县南)。同时，“氐酋姜多再率厨中氐攻陷落丛郡(甘肃省成县西北)以应之”(《周书·氐传》)。与兴州起义相呼应。赵昶把段吒等镇压下去后，又有文州、阴平、卢北(都在甘肃文县西)等郡的氐民聚众起义，与姜多相呼应。赵昶率精骑先平二郡，后又入厨谷(陕西省略阳县南百十里)，“大破氐众，斩姜多及苻肆王等。于是群氐平”。上述氐民起义的范围，西至嘉陵江上源，南至涪水以北，各州郡的氐民无不参加在内。由此可以看出，氐族在这个地区的人数与活动，都有相当的潜力。

以后，氐民小规模的反抗北周事件时有发生，不过声势已不如前。北周宇文邕天和元年(566)，北周武都郡(甘肃省成县)境内，是氐、羌各族经常举行反北魏、反北周起义的重要地区。北周把将近一半的精锐府兵布置在武都地区，其用意就是要稳定秦陇，弹压氐、羌。北周大象二年(580)八月，北周所委派的益州总管王谦反周，沙州氐帅杨永安聚众响应，为魏将达奚儒所破。此后，陇蜀间氐、羌的起义就很少见于记载了。

从北魏始光三年(426)到北周武成二年(560)的一百多年间，前后在秦州、南秦州、东益州、南岐州、东秦州、沙州、泾州等地发生的氐、羌及其他各族人民的起义，据粗略的统计，大小在三十七次以上，平均每两年多便有一次。起义之多，一方面说明氐、羌各族的人数之多，潜在能量很大，另一方面也说明北朝统治者的民族政策是许多弱势族群所不能接受的。

总之，氐族群在这段时间中不断反魏起义，虽然都遭到失败，但它反映出来氐族的活动能量，以及对当时的历史影响还是很大的。

仇池，自曹魏封杨千万“百顷王”(220)到杨飞龙独立(265)，以迄于武兴之亡(553)仇池史上留名二百八十八年。《中国历史大事年表》说他(仇池)只有二百十一年。

寺洼文化马鞍形口双耳罐

图为公元1958年考古学家们在寺洼山发掘的双耳马鞍口形陶罐。(采自杨铭先生著《氐族史》)

吐谷浑

民　　族：鲜卑族

时　　间：公元 283—663 年

疆　　域：东自甘肃临潭县

西至新疆和田县

南界巴颜喀拉山，四川西北部

北接新疆吐鲁番，乃至秦岭。方数千里

首　　都：莫贺川(青海省海南藏族自治州同德县巴沟)

历任首领人物：吐谷浑(312—317)

吐延(317—329)

吐谷浑叶延(329—351)

吐谷浑碎奚(351—376)

吐谷浑视连(376—390)

吐谷浑视罴(390—400)

吐谷浑乌纥提(400—405)

吐谷浑树洛干(405—417)

吐谷浑阿柴(417—424)

西秦王吐谷浑慕璝(424—436)

西平王吐谷浑慕利延(436—452)

西平王吐谷浑拾寅(452—481)

吐谷浑度易侯(481—490)

吐谷浑伏连筹(490—540)

可汗吐谷浑夸吕(540—591)

可汗慕容世伏(591—597)

可汗慕容伏允(597—635)

西平郡王、越胡吕乌甘豆可汗慕容顺(在位不久即被杀)(635)

河源郡王、乌地也拔勒豆可汗慕容诺曷钵(635—663)

是年(663)吐谷浑亡于吐蕃。计三百八十年

关于"吐谷浑"

《资治通鉴·晋纪·元帝建武元年(317)》:"吐谷浑,史家传读:吐,从暾,入声。谷,音欲。"

《康熙字典·谷部》:按语音学五书:山谷之谷,虽有谷、欲二音,其实欲乃正音。

"吐谷浑"这三个字在公元317年前是一个应读称之为"慕容吐谷浑"的人名(详见后文)。公元329年以后,"吐谷浑"的子孙引为姓氏。到吐谷浑的孙子叶延(351)之前时,吐谷浑又由姓氏而成为这个族系的种族名,而后又成为这个族系所据地方的地名、国名。

吐谷浑原是中国东北古代鲜卑族(东胡)的一支,《晋书》《北史》《宋书》的《吐谷浑传》都说吐谷浑原是人名,他原是居住在辽东的鲜卑慕容部

落首领慕容涉归(一名弈洛韩)的儿子。长子“吐谷浑”是妾侍所生，正妻生嫡系次子“若洛廆”，依其传统，姓慕容名廆。是后来前燕、南燕、后燕、西燕的祖先。

庶出的“吐谷浑”虽居长但没有继承权利，他的父亲慕容涉归只分给他部众一千七百户(《宋书》《北史》说是七百家)。慕容涉归死后，其次子慕容廆继立，统领慕容部落，而庶出的吐谷浑只统领一千七百户在辽东一带游牧。这是晋太康四年(283)慕容涉归死后不久的事。

当时慕容部落还是一个弱势族群，由于人口及牲畜的发展繁殖，对于牧场的争夺日益激烈。这就是史籍所载吐谷浑与慕容廆二部因马斗而发生争执，吐谷浑愤然率所部西迁，拥马西行，日行八十里(一顿)。数天后，慕容廆觉得内疚，就派长老中乙那栖去追回吐谷浑，可是吐谷浑拒绝回去。

吐谷浑出走之后，慕容廆良心不安，还作了一首《阿步干之歌》以纪念之。(阿步干，鲜卑语是“兄长”之意)。吐谷浑西迁至内蒙古阴山，这里原是匈奴族之地，水草丰美，历来漠北、东北的游牧族群大多到这里来放牧。

西晋王朝内有八王之乱、永嘉之乱(约在公元311—313年)，外有匈奴刘渊起兵，建立了第二个胡国——汉赵。从此，整个中国北方处于混乱之中。于是吐谷浑乘机从阴山南下，经河套(鄂尔多斯草原)，越陇山(今陕西陇县西陇山)，到达枹罕(今甘肃省临夏县)西北的罕幵谷(枹罕县)西零(西平郡)。

根据当时河、陇地区的形势，不久吐谷浑就向南和向西扩展到青海建立了他这一族群的根据地。青海的北方与东方以甘肃为邻，以党河、南山、祁连山为界。西方以新疆为邻，以祁漫塔格山为界。南方以四川为邻，以喀拉山为界。西南邻西藏，以古拉山为界。西北邻接新疆。

东晋建武元年(317)吐谷浑死后，其子孙经过与当地原住民的氐、羌族群多次战争，所得控制的地区，东起洮水，西到白兰(今青海都兰、巴隆一带)，南抵昂城(今四川省阿坝)、龙涸城(今四川省松潘县)，北达青海湖一带(也就是现在的甘肃南部，四川西北及青海等地)。这一广大地区，从战国秦汉以来，一直是羌、氐等族群聚居之地。吐谷浑经过一番大迁徙与无数次的战争，征服了这地方的原住民——羌、氐等族群，才据有此地。

龙涸城距四川成都一千多里，吐谷浑设有清水川(即湟水)又名伏罗川、赤水即乌兰乌苏、青海浇河(青海省贵德县)、吐屈真川(青海有柴集河西流入盐池)等四个拓殖区(据点)。

其界东自叠州(甘肃省临潭县南一百八十里)，西邻于阗(新疆和田县)，北接高昌(新疆吐鲁番市)，东北通秦岭，方数千里。

时年七十二岁的吐谷浑死，有儿子六十人，其长子吐延继立。吐延雄姿魁杰，勇力过人，性情刻暴，氐、羌人都很怕他，给他送个外号叫“项羽”。可是，吐延最终还是为昂城羌酋姜聪所刺杀，可以想见吐延时代，原住民氐、羌人的反抗仍然很激烈！

吐延被刺，剑还在身上没有拔出，呼叫其子叶延，又告诉大将纥拔逕涂：“吾气绝，棺敛讫，便速去保白兰。地既险远，又土俗懦弱，易控御。叶延小儿，欲授余人，恐仓卒终不能相制。今以叶延付汝，竭股肱之力以辅之。孺子得立，吾无恨也。”说罢乃把剑拔出而死。

吐延死后，其子叶延继立。吐谷浑真正具有统治地方的主权型态，就在叶延时代。叶延根据汉族帝王的传统，以王父字为氏(姓)。为了尊祖，以祖父“吐谷浑”的名字为姓氏、族名和所在地名。于是，吐谷浑作为族群名称和当地的地名才确定下来。

从此“吐谷浑”就成“吐谷浑叶延”一族系的姓氏，“吐谷浑”也是这个族群的名称，也是这一族系所占据之地的地名或国名。

这时是东晋咸和四年(329)、吐谷浑叶延元年。

当吐谷浑刚刚到青海时，当地的原住民(西南夷)氐族群当然极力反抗。及至吐谷浑征服当地原住民后，原住民的氐、羌族群当然仇视吐谷浑族，于是就给吐谷浑族取个外号叫“阿柴虏”。

“阿柴虏”在当时是原住民氐、羌族群仇视、贱视吐谷浑的恶意之称。

公元 329 至 351 年是叶延在位时期，也是北中国处于五胡十六国分裂割据时期。吐谷浑北面有据河陇的前凉张骏，而中原(关中)则为后赵石勒所割据。前凉张骏曾收复黄河以南之地，设置武卫(街)、石门、侯和、漒川、甘松五个屯护军。侯和(在甘肃省临潭县境)、漒川(在甘肃省洮河中上游地带)、甘松(在甘肃省临夏南甘松山)与吐谷浑相接，而且可能原为吐谷浑所控制。

吐谷浑叶延设立政权组织、官职，已初具国家型态。于此，“吐谷浑”又自然而然地成为当地的地名和国名了。

时年三十三岁的吐谷浑叶延于公元 351 年死，有儿子四人，长子吐谷浑碎奚(又称“辟奚”)继立。吐谷浑碎奚在位(351—376)时，前秦崛起，势力逐渐向西扩张。前秦建元六年(370)苻坚攻击盘踞在仇池(在甘肃省西和县西南)的氐王杨纂，氐王杨纂降前秦。前凉张天锡也向前秦称藩。次年吐谷浑碎奚以杨纂既降，也遣使送前秦马五千匹、金银五百斤。前秦苻坚拜吐谷浑碎奚为安远将军、漒川侯，这是吐谷浑族群与北方其他胡族群发生关系的开始。从吐谷浑碎奚的封号“漒川侯”看，当时吐谷浑可能又控制了甘肃洮河中上游的漒川之地。历史书说：吐谷浑碎奚“好学仁厚、无威断”，以致三个兄弟专恣国政，大权落入西漒羌豪、长史锺恶地为首的羌人手中。锺恶地杀了吐谷浑碎奚的三弟，吐谷浑碎奚忧惧而死，时年四十二岁，有子六人，长子吐谷浑视连立。

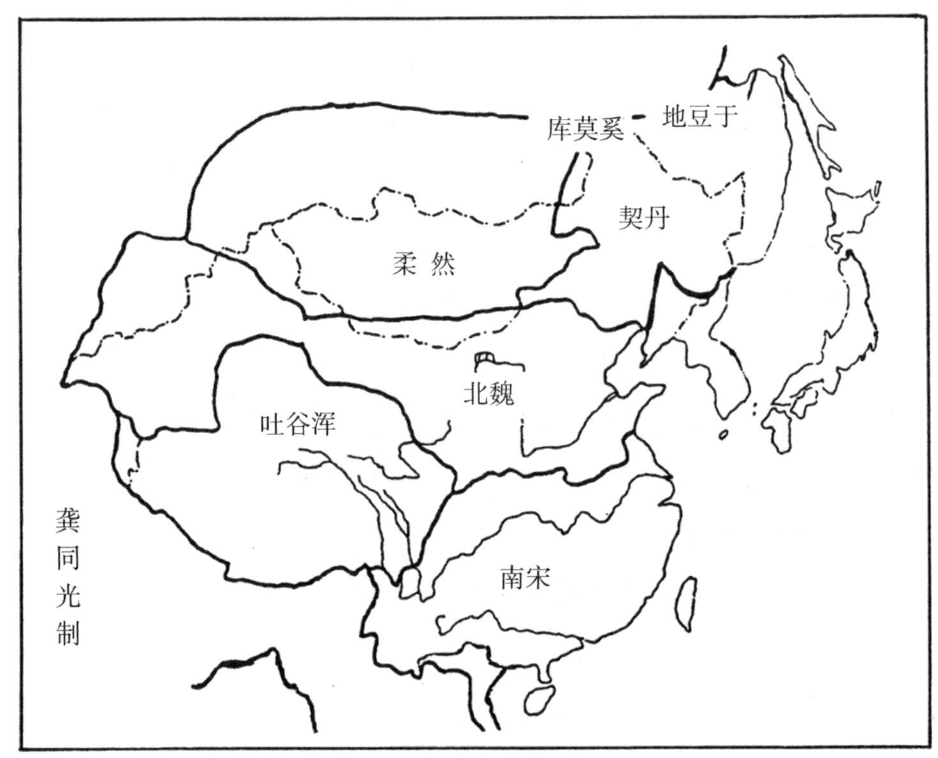

公元5世纪中的吐谷浑

吐谷浑视连在位(376—390)时，前秦建元十九年(383)适逢苻坚淝水战败，前秦基本上已等于瓦解。北方先后出现了后燕、后秦、后凉、西秦等几个胡政权。在这些胡政权中，与吐谷浑邻近，而且有同为鲜卑同族之谊的是西秦。西秦的酋长乞伏国仁于东晋太元十年(385)建立西秦王国，所辖十二郡，其中漒川、甘松二郡原系属吐谷浑之地。到乞伏国仁之弟乞伏乾归继立后，西秦日益强盛，对吐谷浑的威胁很大。因此吐谷浑视连乃向西秦遣使朝贡。乞伏乾归拜吐谷浑视连为沙州牧、白兰王。沙州在浇河西南一百七十里，有黄沙南北一百二十里，东西七十里，西极大杨川，周围数百里草木不生。浇河，在今青海省贵德县，则沙州当在今青海省贵德县西南穆格塘沙漠一带。

东晋太元十五年(390)，吐谷浑视连在位十五年死。视连有二子，长子吐谷浑视罴，次子吐谷浑乌纥提。史称“视罴性英果，有雄略”，乃大力吸收汉族文化，博士、司马等文武官员都用儒生。吐谷浑视罴不甘心向西秦称臣纳贡，所以一即位就拒绝了西秦乞伏乾归的所有封号，于是引起西秦的不满，双方关系恶化。到东晋隆安二年(398)，乞伏乾归第一次派乞伏盖州等率军攻击吐谷浑。吐谷浑视罴大败，退保白兰，遣使向西秦谢罪，并以子吐谷浑宕岂为人质。乞伏乾归也把一个公主嫁过去，与吐谷浑建立了姻亲关系。过了两年(400)，在位十一年的吐谷浑视罴死(时年三十三岁)。因儿子树洛干年方九岁，乃由其弟吐谷浑乌纥提继立。依鲜卑族的传统又娶其嫂子树洛干的母亲念氏为妻。念氏为乌纥提生下慕璝、利延两个儿子。东晋义熙元年(405)，吐谷浑乌纥提荒淫无道，念氏有胆识，掌理国事。乌纥提又为西秦的乞伏乾归所败，走死南凉，吐谷浑几乎亡国。吐谷浑视罴的儿子树洛干立。

吐谷浑树洛干九岁而孤。其母念氏贤慧且美，其夫吐谷浑视罴死，依胡俗她的小叔吐谷浑乌纥提就娶了她，而且宠幸有加。而吐谷浑树洛干也于十岁那年便因继父乌纥提之继立而称世子。

吐谷浑树洛干少年英武，率残部数千家退保莫贺川(青海省同德县巴沟)，遂建都在这里，自称大都督、车骑大将军、大单于、吐谷浑王，号为戊寅可汗。吐谷浑树洛干轻徭薄赋，信赏必罚，吐谷浑从此复兴沙、漒(指洮水以西地。沙，指沙州。漒，乃西漒山，也就是甘肃省碌曲县南之西倾山)。沙州“有黄沙南北一百二十里，东西七十里，不生草木，以此为名”，就是现在青海省贵南县茫拉沟沙漠(《宋书》本传)。诸胡相率归附。以后，树洛干不仅从西秦手中收复漒川之地，还击败南凉太子秃发虎台，夺回浇河(青海省黄河南岸贵德县境)重地。吐谷浑势力日盛，引起了西秦的不安。公元412年初，西秦乞伏乾归率军在赤水(今甘肃省岷县东)

击败吐谷浑别部阿若干，阿若干投降，西秦任命阿若干为平狄将军、赤水都护。并以阿若干之弟吐护真为捕虏将军、层城(今甘肃省临潭县境)都尉。接着在东晋义熙九年、西秦永康二年、吐谷浑树洛干九年(413)，西秦又先后在浇河、泣勤川(在甘肃省境、洮水支流之一)、渴浑川(甘肃省靖远县西南二百里勇士城东北)、长柳川(在甘肃省临潭县境)等地大败吐谷浑，前后俘获男女两万八千人。东晋义熙十三年、西秦永康六年、吐谷浑树洛干十三年(417)，西秦的乞伏炽磐率军攻击吐谷浑树洛干及其弟吐谷浑阿柴。吐谷浑树洛干大败，退守青海西南角的白兰山，不久又心脏发疾而死。

吐谷浑树洛干死时，舍其子吐谷浑拾虔而立弟吐谷浑阿柴。《北史·吐谷浑传》说，吐谷浑阿柴(417—424)自号骠骑将军、沙州刺史……，兼并氐、羌，地方数千里，已成强国。他乘西秦与北凉不断战争的机会，自西秦夺回了沙州、浇河等地，并向西北扩张到弱水(甘肃省张掖河)以南，向南拓土至龙涸(四川省松潘县)、平康(今四川省黑水县芦花镇北)。然而当时西秦的国势也在鼎盛时期，西秦王乞伏炽磐于东晋元熙元年、西秦永康八年、吐谷浑阿柴三年(419)，派军攻击在弱水以南吐谷浑的另一部落觅地。吐谷浑阿柴为保存实力，遂遣使降西秦。西秦王乞伏炽磐任吐谷浑阿柴为征西大将军、开府仪同三司、安州牧、白兰王。(《通鉴》)吐谷浑阿柴为了利用刘宋力量来壮大自己，乃于刘宋景平元年(423)又遣使向南朝刘宋称藩，企图借刘宋之力以抗西秦。刘宋少帝委任吐谷浑阿柴为安西将军、沙州刺史、浇河公。(《宋书·少帝纪》)这是吐谷浑与南朝发生关系的开始。吐谷浑阿柴还没来得及拜受刘宋这些封号，就于刘宋元嘉元年(424)暴卒。吐谷浑阿柴临终时，召集子弟二十人，又命诸子各献一箭，先取一箭给他的弟弟慕利延使折之，慕利延一折即断。又取十九支箭使折之，而慕利延不能折断。阿柴乃谕之曰："汝曹知之乎？孤则易折，众则难摧。"汝曹当勠力一心，然后可保国宁家。言终而卒。(摘自周伟洲编著《吐谷浑资料辑录》)这就是我们历史蒙学书上著名的"折箭遗训"。

吐谷浑阿柴的弟弟慕璝(424—436)继立，从此吐谷浑由发展时期开始进入到兴盛时期。

吐谷浑的兴起

吐谷浑慕璝继立后，继承吐谷浑阿柴联合刘宋以抗西秦的政策。刘宋文帝元嘉七年(430)春，封吐谷浑慕璝为征西将军、沙州刺史、陇西公。吐谷浑慕璝又招集秦州、凉州无业游民及羌戎杂夷，众至五六百户(落)。南通蜀、汉(刘宋)，北交凉州(指北凉)及赫连(指胡夏赫连定)部众转盛。这时候，西秦因多年与北凉征战，四处讨伐，消耗了大量的人力、财力，以致民不聊生；从而走向衰弱。有原降于西秦的吐谷浑首领掘逵等率众两万落(户)背叛西秦，重新归附于吐谷浑慕璝。过了两年(428)吐谷浑又从西秦手中夺回了浇河。同年，乞伏炽磐死，其子乞伏慕末继立。乞伏慕末政刑酷滥，内外分崩离析，部众多叛，人心大乱！西秦的衰弱，使他的强敌北凉、吐谷浑加紧了对他的进攻。

刘宋元嘉六年、西秦永弘二年、吐谷浑慕璝六年、北凉承玄二年、北魏神䴥二年(429)，北凉占据了西秦的西平郡(今青海省西宁市)，迫使乞伏慕末由枹罕迁至在枹罕以北的定连。而北凉又联合吐谷浑不断向定连进攻。在吐谷浑、北凉的进逼下，乞伏慕末只好投靠占据中原，并不断向西扩张的北魏。公元430年，乞伏慕末率部东投北魏，行至上邽(甘肃省天水市)时，遭到被北魏击败的胡夏赫连定的狙击，只好退回南安。乞伏慕末走投无路，乃降胡夏后又被杀，西秦乃亡。

赫连定于是拥西秦降户十余万口，从甘肃临夏西北黄河南岸的冶城渡黄河，打算占领黄河以西的北凉之地企图借地复国。正在半渡中，突然遭到吐谷浑的袭击，胡夏部众溃散，赫连定被吐谷浑俘虏解送北魏被斩杀，胡夏国乃灭亡。

早在乞伏慕末从枹罕奔定连、陇右的时候，吐谷浑慕璝就不断北上，几乎占领了原来西秦的所有领地，灭赫连定后，又获得西秦、夏国大批人口和财物，一部分乞伏氏、赫连氏也成为吐谷浑族的部分成员。吐谷浑慕璝又占领了甘肃兰州西北的金城、临夏的枹罕和陇西，从此，吐谷浑成为中国大西北的强国之一。

吐谷浑慕璝击灭胡夏后，即遣使谢大宁到北魏报捷及请送赫连定。魏太武帝遂遣专使拜吐谷浑慕璝为大将军、西秦王。吐谷浑慕璝因功而上表，要求北魏赏赐财物、土地及遣还原为赫连定所掠得西秦的流民及使者，但遭北魏拒绝。吐谷浑慕璝十三年(436)，吐谷浑慕琐死，弟吐谷浑慕利延(436—452)立，北魏册封吐谷浑慕利延为镇西大将军，仪同三司并以吐谷浑慕璝子元绪为抚军将军、西平王。

公元439年，北魏灭北凉，据有河西，基本上统一了北方。当时吐谷浑慕利延有些害怕，乃率众西奔退守青海同德的沙州。北魏太武帝因其兄(慕璝)擒赫连定有功，遣使抚慰，吐谷浑慕利延才敢回师故土。

这种情况一直持续到公元444年，北魏太武帝拓跋焘的太平真君五年，由于北魏安定了河西，有力量和时间来对付南边的吐谷浑，加之吐谷浑不断向南朝刘宋朝贡，接受其封号，因而引起北魏先后发动了三次大规模进攻吐谷浑的战争。

第一次是在北魏太平真君五年、吐谷浑慕利延九年(444)六月，时吐谷浑慕利延的侄儿吐谷浑纬代(吐谷浑阿柴的长子)与魏使秘密计划投魏，为吐谷浑慕利延所杀。吐谷浑纬代弟叱力延等八人投奔北魏，要求北魏出兵伐吐谷浑慕利延。于是，魏太武帝遣晋王伏罗率高平、凉州诸军，间道进攻吐谷浑慕利延。慕利延败走白兰(青海西部地区)。其兄子吐谷浑拾寅奔河曲，魏伏罗遣将追击，斩首五千多。他的从弟伏念长史䴈鸠黎与崇娥等率众一万三千落投降北魏。

北魏又派高凉王拓跋那等进军白兰，吐谷浑慕利延又西遁且末再西占于阗(新疆和田县)，杀了于阗王，死者数万人而占其地为王。嗣又南依罽宾(大约在新疆西南隅，西藏的西陲与克什米尔东疆地带)。他稳住自己的阵脚之后，就展开国际外交，派遣使者向刘宋进贡方物，并求刘宋支援。刘宋的刘义隆皇帝也赐予战车等军事装备。

次年(445)，北魏又遣高凉王拓跋那、秦州刺史封敕文兵分两路攻击吐谷浑。封敕文一路入枹罕，吐谷浑慕利延兄子吐谷浑什归听到消息乃乘夜色掩护而西逃。北魏虏其妻子及民户，分别迁徙一千多家于上邽，留乙乌头守枹罕。另一路由乐都、西平至曼头城(今青海共和县西南)。北魏太平真君七年、吐谷浑慕利延十一年(446)，魏军撤离后，吐谷浑慕利延又放弃于阗而返回故土。这次战争的结果是北魏夺取了吐谷浑领有的枹罕等地。至此，吐谷浑与北魏的边界，大致的走向是祁连山以南至青海湖以北，再由湖东赤岭(今青海日月山)西到浇河、枹罕以南。

刘宋元嘉二十七年、北魏太平真君十一年、吐谷浑慕利延十五年(450)，由于北魏的压力太大，吐谷浑慕利延向刘宋政府请求准其南迁四川境内以避北魏之锋。刘宋已批准，但又为北魏所阻而未成行。

北魏承平元年(452)，吐谷浑慕利延死，其兄吐谷浑树洛干的儿子吐谷浑拾寅立。吐谷浑拾寅一方面遣使向北魏称臣纳贡，北魏封他为镇西大将军、西秦州、河州、沙州刺史、西平王。吐谷浑拾寅为了适应现势，未敢离开白兰山之阴，乃建都于青海西宁西南的伏罗川。伏罗川应即树洛干始居之莫何川。莫何，伏罗音近，又因《北史·吐谷浑传》前未提到莫何川，所以至拾寅时“始邑于伏罗川”(周伟洲编著《吐谷浑资料辑录》)，另一方面又接受刘宋河南王封号。

北魏和平元年(460)，北魏对吐谷浑发动第二次攻击。这次战争的起因是北魏借口吐谷浑与刘宋的务实外交关系，兵分两路，向吐谷浑进攻。在魏军的追击下，吐谷浑拾寅走保青海湖以南的南山。北魏军从浇河一带渡过黄河紧追，适逢军中发生传染病，北魏只好撤军，掳去驼马二十多万。(《魏书》)从此，吐谷浑也与北魏断交。

北魏皇兴四年(470)，北魏以吐谷浑不再朝贡的理由，发动了第三次对吐谷浑的战争。上党王长孙观所率魏军与吐谷浑大战于曼头山(青海共和县西南)，吐谷浑拾寅乘夜败走，其从弟吐谷浑豆勿来等投降北魏。

拾寅部落大饥

吐谷浑拾寅遣别驾康盘龙入魏求和，北魏又囚其使。过了三年(473)，吐谷浑部落歉收，北魏再遣长孙观等进攻吐谷浑，魏军进入吐谷浑境内。次年(474)，吐谷浑拾寅即遣子吐谷浑费斗斤入北魏为质，并贡方物，两国和解。

吐谷浑所属的羌民锺岂、渴干等两千三百户降刘宋。自此之后，吐谷浑与北魏的关系又进入了和平共存阶段，一直到北魏分裂时为止，前后共有六十年的和平。这种关系的主要标志是吐谷浑在这六十年中，不断向北魏遣使进贡，吐谷浑的朝贡除了在政治上有表示“臣属”的意义外，主要是一种贸易关系。可见两者的经济交往也十分频繁。其次，双方虽然发生了几次边界冲突，但各自都从自己的利益出发相互妥协，因而没有酿成较大规模的战争。

吐谷浑由于与北魏长期和平共存，内地的先进文化传入，政治、经济和文化得以迅速发展，而进入鼎盛时期。

北魏太和五年、吐谷浑拾寅三十年(481)，吐谷浑拾寅死，其子吐谷浑度易侯(或作“易度侯”)立。吐谷浑度易侯先是与北魏重修旧好，北魏太和十四年(490)，又攻击北魏保护之下的宕昌。北魏责令其归还所掳宕昌的人口与牲畜。

度易侯死，儿子吐谷浑伏连筹立。北魏送个顺水人情，拜吐谷浑伏连筹(别名休留茂)为“使持节”“都督西陲诸军事”“征西将军”“领护西戎中郎将”“西海郡开国公”“吐谷浑王”。所有麾旗章绶的仪注，都跟皇帝一样。

在当时的国际间，吐谷浑堪称富强一时。在吐谷浑度易侯、吐谷浑伏连筹在位时，吐谷浑的疆域进一步扩大，政治也逐渐制度化，经济也繁荣一时。吐谷浑的势力从青海向西扩展，占据了鄯善(今新疆若羌)、且末之地。

北魏神龟元年(518)，吐谷浑控制了青海及鄯善、且末等地。鄯善、且末是中国内地入西域南道的要冲，是著名的丝绸之路的孔道，在发展中西陆路交通上起了巨大的作用。这样，吐谷浑的疆域就东至垒(叠)川(今甘肃省迭部县东南)，西邻于阗，北接高昌(今新疆吐鲁番市)，东北通秦岭，其地东西三千余里，南北一千多里。

在政治制度方面，吐谷浑从吐谷浑拾寅开始就大力吸收内地汉族的政治文化(封建制度)，其政治已经完全封建化。国内除吐谷浑王(可汗)直接统治的地区外，其余各地则由可汗子弟或其他民族的首领来管理。其官制有王、公、仆射、尚书、将军及郎将。“其刑罚：杀人及盗马者死，余则征物以赎罪，亦量事决杖。刑人必以毡蒙头。持石从高击之。”(《魏书》本传)

在经济方面，“国无常赋，须则税富室商人以充国用”(《魏书》本传)。吐谷浑的畜牧经济进一步发展。他们培育出来最有名的善马，如青海内有小山，每年冬季结冰后，以优良牝马放牧山中，来年春天收之，马皆怀孕，所生幼驹号为“龙种”。以波斯草马放牧入海，因生驹骢，能日行千里，就是名扬四海的“青海骢”。余如牦牛、蜀马及饶铜、铁、朱砂等。岁岁向北魏朝贡。吐谷浑的上层统治者也开始由游牧走向定居，如吐谷浑拾寅时，开始造城池，建筑宫殿。在发展牧业的同时，吐谷浑在农业上也有发展。种田有大麦、粟、豆，其北疆气候多寒只产芜菁、大麦。特别是吐谷浑所处的地理位置，正是中国与西域陆路交通要道，在南北朝对峙的形势下，中西交通多经吐谷浑的青海、鄯善、且末一线。这样，吐谷浑就成了中国与西域交通的要冲。因而商业也得迅速发展。

当吐谷浑国势鼎盛时期，北魏却因六镇起义，而用兵十多年。北魏为平定内乱，有些地方还曾向吐谷浑借兵、乞援，吐谷浑也就借此机会收复了凉州、河州，势力逐渐进入甘肃兰州地带。

公元540年，吐谷浑伏连筹死，他的儿子吐谷浑夸吕继立。自称“可汗”，开始建立一个主权独立的政权，以青海湖西十五里的铁卜卡古城(伏俟城)为都，不过还没有称帝。另在西部鄯善设立行政中心，由慕容顺的弟弟驻守。

这时候北魏已经分裂为东、西两魏了，吐谷浑的外交政策是远交近攻，西魏是他的近邻，他随时都与之兵戎相见中。对于东魏及以后的北齐，则采取双方贸易、通婚的和平共存政策。

那时候，各地方政权之间的联姻，是外交关系的象征。据史书所记，东魏武定三年(545)，吐谷浑夸吕曾以从妹嫁给东魏的皇帝元善见为容华嫔。同时吐谷浑夸吕也向东魏求婚，东魏把济南王元匡的孙女广乐公主嫁给吐谷浑夸吕为妻。

吐谷浑对西魏及以后的北周，时有边疆领土之争，以及越界抢掠财物等事件发生，所以双方经常处于战争状态。由于吐谷浑经常寇掠西魏、北周边疆，故西魏、北周曾多次派遣大军进攻吐谷浑。西魏恭帝三年(556)，突厥木杆可汗与西魏凉州刺史史宁合兵，深入吐谷浑境，掠夺大批牲畜和财物。北周武成元年(559)，西魏易主，北周遣大将贺兰祥等率大军攻击吐谷浑，攻占了甘肃临潭县境内的洮阳、洪和，在这里设立了洮州。

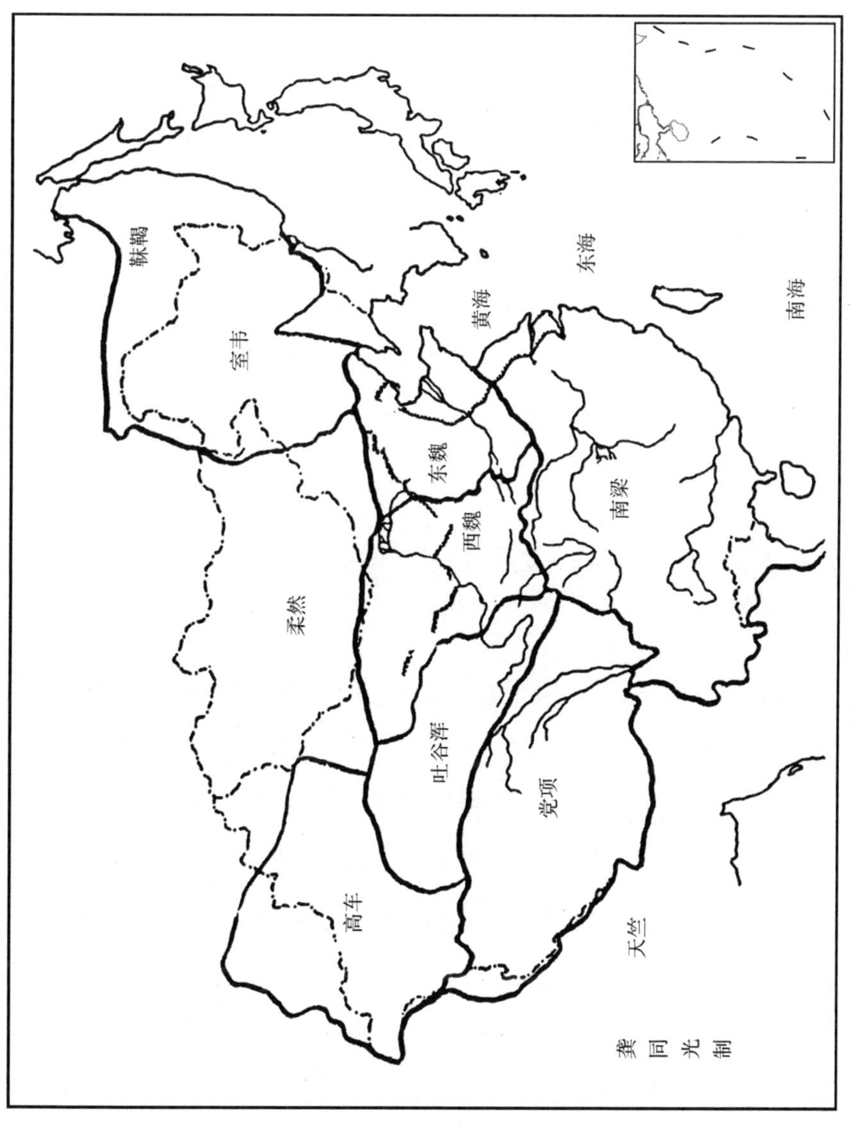

吐谷浑与西魏关系位置图

北周建德五年(576)，吐谷浑内乱，北周遣太子宇文赟率大军进攻吐谷浑的伏俟城后撤兵。受几次大战争的影响，致使吐谷浑的一些部众不断归降北周，北周陆续取得吐谷浑东部地区，设置了属于北周直接统治的几个行政区域。

吐谷浑夸吕二十七年(566)，(青海)龙涸王吐谷浑莫昌，率领部落归附北周，北周把他的地区改称扶州，总管府设在四川的松潘。

吐谷浑介乎南朝与北朝之间，他既接受了北朝的北周、北齐乃至于隋朝的封号，同时也接受了南朝的刘宋、南齐、南梁所封的“河南王”，还有不少很优厚的赏赐。吐谷浑之所以与南北朝各政权交往，除了表示藩属关系之外，最主要的是贸易往来，从而使吐谷浑从中吸取了不少汉人的先进文化，因而也发了不少贸易财。

吐谷浑日趋衰落

公元581年，杨坚代北周而建立隋朝。吐谷浑乘隋朝与北周交替之初，曾出兵收复北周之前从吐谷浑手中占去的甘肃临潭(弘州、凉州)。隋文帝杨坚随后就派遣乐安郡公元谐率大军反击，吐谷浑大败而退。

隋文帝开皇三年、吐谷浑夸吕四十四年(583)四月，吐谷浑猛烈进犯临洮(甘肃省岷县)。当地(洮州)隋朝的刺史皮子信出战，败死。

六月，隋朝的行军总管梁远在尔汗山(今青海湖东)击退吐谷浑。

吐谷浑又犯廓州(原会州浇河郡)，为当地民兵击退。

由于吐谷浑夸吕年纪老了，昏聩凶暴，平时喜怒无常，他所立太子也随时会遭杀戮。当时他新立的太子是嵬王吐谷浑诃，曾密谋率领直属部落一万五千户，向隋帝投降，派使节到长安联络，被杨坚婉拒。两年后另一个小可汗慕容木弥，率领一千余家向隋朝投降。接着就是吐谷浑所部的王公大臣数十部落降隋。

吐谷浑夸吕临死前做了两件大事：内政方面“还以‘慕容’为姓”（《通典》）；外交方面，害怕隋再用兵，乃与隋朝建立和平友好关系。到隋开皇十一年(591)，吐谷浑夸吕死，其子慕容世伏继立，又与隋朝进而政治缔婚。隋将宗女光化公主嫁给慕容世伏为妻。过了六年(597)，慕容世伏被杀，其弟慕容伏允自立为可汗，依东胡的传统，光化公主又成慕容伏允之妻了。

慕容伏允遣子慕容顺晋长安为人质。

隋炀帝杨广，一心想着利用胡人来消灭胡人的策略。隋大业四年(608)，隋利用势力方盛的另一西南夷族的铁勒莫何可汗出兵击败吐谷浑。慕容伏允败走西平。隋帝派宇文述率大军乘机进攻西平。慕容伏允南奔青海阿尼玛卿山雪山(今岷山)，其故地皆空。自西平临羌城以西，且末以东，祁连山以南，雪山以北，东西四千里，南北两千里，都归隋王朝所有。

隋大业五年、吐谷浑的慕容伏允十三年(609)，隋炀帝佯称西巡，乃派大将段文振与杨义臣东西夹攻。把吐谷浑的慕容伏允包围在青海的北鄂博河(覆袁川地方)。慕容伏允率数千骑逃亡到青海大积石山(党项族所有之地)。隋军遂占领了全部吐谷浑领地，至此，吐谷浑亡。

同年(609)六月，隋王朝在吐谷浑故地置西海郡、鄯善郡、河源郡、且末郡，把全国的轻罪囚犯迁移到这里从事屯垦，发展农业经济。

吐谷浑与唐

隋炀帝大业十二年(616)，隋王朝国内大乱，吐谷浑的流亡可汗慕容伏允乃乘机收复七年前的全部失地。

隋炀帝大业十四年、吐谷浑慕容伏允二十二年(618)，隋王朝随着炀帝杨广的死而易鼎于唐王朝。

新朝(唐)为笼络吐谷浑，在慕容伏允二十二年遣返其羁留在长安的太子慕容顺以示好。吐谷浑又与唐朝建立了贸易关系，向唐朝输出大量唐所急切需要的耕牛牲畜等，使唐朝的农业经济迅速复苏，也使吐谷浑的经济大为改善。不过，吐谷浑仍然妄想着“以小吃大”，时常侵犯唐境，掳掠民间财物。

吐谷浑慕容伏允二十五年、唐高祖武德四年(621)，吐谷浑进犯洮(甘肃省临潭县)、岷(甘肃省岷县)二州，唐廷派岐州刺史柴绍救援。吐谷浑军居高临下，矢下如雨，唐军不得进。柴绍遣随军女歌手在阵前唱胡歌、跳胡舞。吐谷浑军自然而然的停止射箭而相互欣赏歌舞，柴绍乃乘机暗中派遣精骑潜出敌后奇袭之，吐谷浑军大败，唐军斩首五百多级。

翌年(622)六月，吐谷浑再犯洮、旭(临潭附近)、叠(甘南迭部县附近)三州，唐岷州总管李长卿击退吐谷浑。

八月，吐谷浑再寇岷州，唐廷命益州道(四川省广元市)行台右仆射窦轨与渭州(甘肃省平凉市)刺史且雒生击退之。当月吐谷浑再陷洮州。

唐高祖武德六年、吐谷浑慕容伏允二十七年(623)四月，吐谷浑又犯洮、岷二州。五月又联合党项犯河州(唐置羁縻州，当在四川北部)，唐河州刺史卢士良击破之，吐谷浑大败，前后降唐的有六千多户。

唐武德七年、吐谷浑慕容伏允二十八年(624)五月，吐谷浑联合羌族进犯松州(今四川松潘县治)。唐遣益州(四川松潘县境)行台右仆射窦轨自翼州(松潘县境)约同扶州(松潘县)刺史蒋善合自青海东南境的芳州出击，吐谷浑大败。这场战争一直在四川松潘及甘肃文县一带打来打去。最后唐军在赤磨镇与吐谷浑会战，结果吐谷浑又大败。吐谷浑兵疲不振乃约同西突厥的莫贺咄可汗向唐廷朝贡。

松潘、文县与赤磨镇略图
（吐谷浑与唐军最后一仗的示意图）

赤磨镇，《太平寰宇记》说是“松州东北有赤磨岭。距今甘肃省文县西南八十里。赤磨镇亦当在此”。而《古今地名考》却说“在松潘县东北，唐武德七年扶州刺史蒋善合败吐谷浑于此”。按甘肃省文县在四川省松潘县的东北一百公里，是唐军与吐谷浑会战的主战场。

是年八月，吐谷浑犯鄯州(青海乐都区治)，唐骠骑将军彭武杰战死。

唐武德八年、吐谷浑慕容伏允二十九年(625)正月，吐谷浑进犯叠州。是月，吐谷浑与突厥又联名要求与唐朝继续通商。

唐命李靖率五路总管大军伐吐谷浑。由于可汗慕容伏允年老昏聩，宰相天柱王弄权，分封诸王，各据一方，以致势分力散。于唐贞观九年、吐谷浑慕容伏允三十九年(635)，李靖兵分两路进入吐谷浑境两千里，可汗慕容伏允放弃皇后、王子及二十多万头牲畜突围北逃，带着一千多厌战的残兵败将，逃到新疆的和田、且末间的砂碛大沙漠中。兵疲马乏，又缺粮草，十多天来部众几乎逃散十之八九，左右侍从遂杀了慕容伏允(《册府元龟》说是自缢)。当时慕容伏允的儿子慕容顺也杀了领导叛变的宰相天柱王，然后归降唐朝。唐朝特准吐谷浑恢复建国，乃封慕容顺为“西平郡王”，敕以“趉胡吕乌甘豆可汗”之名统治吐谷浑。并命李大亮率精兵数千人保护慕容顺。

慕容顺自幼就在长安隋朝为人质，生活习惯、思想、性格、意识形态已经完全汉化，所以不能见容于保守的吐谷浑族人，在位不久就被他的部下所杀。唐朝又扶立慕容顺的儿子燕王慕容诺曷钵为“河源郡王”“乌地也拔勒豆可汗”奉唐正朔。遣子弟入侍(人质)，吐谷浑就成为名副其实的唐朝属国。

唐贞观十四年(640)、吐谷浑(地名)慕容诺曷钵五年，唐太宗派左骁卫将军、淮阳王李道明护送弘化长公主与慕容诺曷钵为妻。

当年，吐谷浑的丞相宣王受强邻吐蕃唆使阴谋作乱，计划劫持公主与慕容诺曷钵投奔吐蕃。慕容诺曷钵率轻骑逃奔鄯城(《旧唐书》作鄯善城，唐时鄯州曰西平，领有鄯城、湟水、龙支三县)，命威信王与鄯州刺史杜凤举联合出兵击败丞相宣王，并杀了他兄弟三人。

时吐谷浑的大臣素和贵投降吐蕃，把吐谷浑的军事机密泄露给吐蕃。663年，吐蕃借口吐谷浑降唐而出兵攻击吐谷浑。慕容诺曷钵明知不敌，乃偕弘化公主率一千多帐篷族众投奔唐朝的凉州。唐廷虽派苏定方为安集大使，出兵定乱，但吐谷浑的领土，已全部沦为吐蕃占领，吐谷浑亡。

嗣后，唐廷以薛仁贵为逻娑道行军大总管，率大军攻击吐蕃，并计划护送吐谷浑的慕容诺曷钵夫妇返国，结果在青海湖以南切吉草原(大非川)一战，唐军大败，吐谷浑反攻复国的美梦破碎，史家称其从此亡国。前后三百八十年。

吐谷浑亡后其遗民绝大多数留在原居留地沦为吐蕃的顺民。“吐蕃在若羌、且末一带对吐谷浑的遗民按千户、百户编制吐谷浑部落，任命千户长、百户长向吐谷浑遗民征收赋税，并派军队监督他们进行生产与户口大检查。”(周伟洲著《吐谷浑史》)

吐谷浑的部分贵族、豪门、财主则随可汗慕容诺曷钵逃到唐朝境内。唐咸亨三年(672)的春二月，唐政府把他们迁到鄯州(青海省乐都区)、浩亹(门)水(大通河)以南地区。吐谷浑部落又距离强悍的吐蕃太近，不能安居，而且鄯州牧地太少，所以唐政府又把他们内迁到灵州。在宁夏中卫境设置安乐州，另一部分安置在鸣沙县定居。任命其末代(十九任)可汗慕容诺曷钵为刺史来管理之。

安乐州故治在今宁夏中卫市境内。唐至德元年(756)沦于吐蕃。唐大中三年(849)安乐州降唐，改名威州。

武则天的垂拱四年、慕容诺曷钵五十三年(688)，慕容诺曷钵死，长子慕容忠嗣位，袭封青海国王、乌地也拔勒豆可汗。

唐圣历三年(700)，慕容忠死，其子慕容宣超继承青海国王及其父亲的乌地也拔勒豆可汗号。唐景龙五年(711)，在汗位十一年的慕容宣超死，其子慕容曦皓嗣立。唐开元九年(721)慕容曦皓据六州叛唐，其弟慕容曦光领所部兵马讨平。

公元730年唐朝命慕容曦光为朔方军节度副使。(据周伟洲所编著《吐谷浑资料辑录》中，依慕容曦光墓志说：慕容曦光卒于唐开元二十六年(738)，其子慕容兆袭爵。以后就无记可稽了)

唐至德元载(756)，安乐州被吐蕃侵占，吐谷浑部遂徙居朔方河东间。唐德宗贞元十四年(798)，朔方同节度副使慕容复继承青海国王，乌地也拔勒豆可汗。不久，慕容复死，其封嗣遂绝(《册府元龟》卷七九八)。

上列周伟洲先生与《册府元龟》两说虽然时间有差，但都显示了我中华民族对于弱势族群兼容并包的宽宏大量。

唐廷还制订法案保持与吐谷浑族裔的婚姻关系。如慕容诺曷钵的儿子慕容忠为弘化公主所生，又与唐宗室李道恩的三女金城县主结婚。慕容诺曷钵之弟娶金明县主。慕容忠的孙子慕容曦光、慕容威都娶了武则天的孙女等。直到公元798年乐州(青海省湟水北岸)陷于吐蕃之手，吐谷浑的遗民被吐蕃赶得溃散，这些优遇才无形中被废止。

跟随慕容诺曷钵同时东来的吐谷浑族群，也有分散到陕西夏州(靖边)和陕西延州(延安)等地。还有分别散居在祁连山、甘肃各地的。他们还为唐廷打过不少的平乱之仗。直到五代、北宋时代，这些族群的生活文化才无形中完全融于中华民族汉文化中了。

附录一段周伟洲先生编著相当完整深入的《吐谷浑资料辑录》的序言，作为吐谷浑部分的结束："吐谷浑国共存三百多年，于唐龙朔三年(663)为吐蕃所灭。此后，除原青海及甘南等地吐谷浑部众为吐蕃统治而外，其余则散居于今甘肃河西、宁夏、内蒙古、山西、陕西北部及河北省北部等地。直到北宋后，吐谷浑部活动才基本上不见于中国史籍。而留存在青海和甘肃的吐谷浑余部，北宋以后也逐渐与蒙、藏等族融合。形成为今天我国西北的少数民族——土族。在我国古代民族史中，像吐谷浑那样建立政权时间之长、活动地域之广，与国内各民族关系之密切的还不多见。”

“吐谷浑自诺曷钵以后，始终归顺唐朝。他们祖先的墓地在凉州(甘肃省)地方。公元1924年河西大地震，慕容诺曷钵及弘化公主的墓，在武威(甘肃省——唐凉州)南之祁连山崩陷出土，碑文完整。”(侯林柏著《唐代夷狄边患史略》)

王維集校注卷十一

編年文（乾元、上元）

謝除太子中允表〔一〕

臣維稽首言：伏奉某月日制，除臣太子中允，詔出宸衷〔二〕，恩過望表，捧戴惶懼，不知所裁〔三〕。臣聞食君之禄，死君之難，當逆胡干紀〔四〕，上皇出宫，臣進不得從行，退不能自殺，情雖可察，罪不容誅〔五〕。伏惟光天文武大聖孝感皇帝陛下〔六〕，孝德動天，聖功冠古，復宗社於墜地〔七〕，救塗炭於横流〔八〕；少康不及君親〔九〕，光武出于支庶〔一〇〕，今上皇返正〔一一〕，陛下御乾〔一二〕，歷數前王，曾無比德。萬靈抃躍〔一三〕，六合歡康，仍開祝網之恩〔一四〕，免臣釁鼓之戮〔一五〕，投書削罪〔一六〕，端袵立朝〔一七〕。穢汙殘骸〔一八〕，死滅餘氣，伏謁明主〔一九〕，豈不自愧于心？仰廁群臣，亦復何施其面〔二〇〕？跼天内省，無地自容〔二一〕。且政化之源，刑賞爲急〔二二〕，陷身凶虜，尚沐官榮，陳力興王〔二三〕，將何寵異？况臣夙有誠願，伏願陛下中興，逆賊殄滅，臣即出家修道，極其精勤，庶裨萬一〔二四〕。頃者身方待罪〔二五〕，國末書刑〔二六〕，若慕龍象之儔〔二七〕，是避魑魅之地〔二八〕，所以鉗口〔二九〕，不敢萌心。今聖澤含弘〔三〇〕，天波昭洗〔三一〕，朝容罪人食禄，必招屈法之嫌〔三二〕，臣得奉佛報恩，自寬不死之痛〔三三〕，謹詣銀臺門冒死陳請以聞〔三四〕，無任惶恐戰越之至〔三五〕。

〔一〕作于乾元元年（七五八）春，説見《年譜》。太子中允：東宮官屬有太子中允二人，正五品下。《舊唐書・職官志》：「（太子）左庶子掌侍從贊相，駁正啓奏，中允爲之貳。」

〔二〕宸衷：帝王之心意。

〔三〕捧戴：謂雙手托舉着制書。不知所裁：陸機《謝平原内史表》：「拜受祗竦，不知所裁。」裁，裁斷，處理。

〔四〕逆胡干紀：指安禄山反。干紀，干犯法紀。

〔五〕罪不容誅：《漢書・王莽傳》：「惡不忍聞，罪不容誅。」言罪惡極大，處死猶不足以抵罪。

〔六〕光天文武大聖孝感皇帝：《舊唐書・肅宗紀》：「（至德）三載（七五八）正月……戊寅，上皇御宣政殿，册皇帝尊號曰光天文武大聖孝感皇帝。」底本原作「光天文武至聖皇帝」，此從《全唐文》。

〔七〕宗社：宗廟和社稷。孔融《論盛孝章書》：「宗社將絶，又能正之。」墜地：喻衰落、喪失。《論語・子張》：「文武之道，未墜於地，在人。」

〔八〕塗炭：指陷入災難的人民。横流：喻混亂的局勢。《文選》傅亮《爲宋公修張良廟教》：「夷項定漢，大拯橫流。」又陸倕《石闕銘》：「拯茲塗炭，救此橫流。」

〔九〕「少康」句：《左傳》哀公元年：「（澆）滅夏后相（杜注：「夏后相，啓孫也。后相失國……復爲澆所滅。」），后緡（相妻）方娠，逃出自竇，歸于有仍（后緡，有仍氏女），生少康焉。……澆使椒求之，逃奔有虞，爲之庖正（掌飲食之官），以除其害（猶言以避己害）。虞思（思，有虞酋長之名，姚姓）於是妻之以二姚（妻以二女），而邑諸綸，有田一成（方十里爲成），有衆一旅（五百人爲旅）。能布其德，而兆（始）其謀，以收夏衆，撫其官職；……遂滅過（澆之國）、戈（澆弟豷之國），復禹之績，祀夏配天（祀夏祖同時祀天帝），不失舊物。」君親，《孝經·聖治章》：「君親臨之，厚莫重焉。」注：「謂父爲君以臨於己，恩義之厚，莫重於斯。」少康中興之時，其父相已早卒，故云「不及君親」。

〔一〇〕「光武」句：《後漢書·光武帝紀》：「世祖光武皇帝……高祖九世之孫也。出自景帝，生長沙定王發（景帝庶子），發生春陵節侯買，買生鬱林太守外，外生鉅鹿都尉回，回生南頓令欽，欽生光武。」支庶，宗族的旁出分支。《史記·漢興以來諸侯王年表序》：「及天子支庶子爲王，王子支庶爲侯，百有餘焉。」此言光武亦中興之君，然出于支庶。

〔一一〕返正：回復本位。指復還長安。

〔一二〕御乾：統治天下。

〔一三〕萬靈：謂衆民。抃躍：鼓掌跳躍。

〔一四〕「仍開」句：見《既蒙宥罪旋復拜官伏感聖恩竊書鄙意》注〔三〕。

〔一五〕「免」上宋蜀本多一「必」字。釁鼓：《左傳》僖公三十三年：「君之惠，不以纍臣釁鼓。」杜注：「殺人以血塗鼓，謂之釁鼓。」

〔一六〕投書：謂捐棄有關文書，不復究問。削罪：除罪。

〔一七〕端衽：正襟。

〔一八〕穢汙殘骸：意謂臣這骯髒的老朽之軀。汙，底本原作「汗」，據宋蜀本、述古堂本、明十卷本等校正。骸，宋蜀本作「體」。

〔一九〕死滅餘氣：猶言只有死亡前的一點氣息。主，述古堂本作「王」。

〔二〇〕群，述古堂本作「勳」。何施其面：謂往何處安放這臉面。

〔二一〕「跼天」二句：陸機《謝平原内史表》：「感恩惟咎，五情震悼，跼天蹐地，若無所容。」跼天，形容惶恐不安，語本《詩·小雅·正月》：「謂天蓋高，不敢不跼；謂地蓋厚，不敢不蹐。」跼，曲身。

〔二二〕賞，宋蜀本作「當」。急：緊要。

〔二三〕陳力：施展其才力。班彪《王命論》：「英雄陳力，群策畢舉。」興王：興國之君。《文選》顔延之《赭白馬賦》：「泰階之平可升，興王之軌可接。」

〔二四〕精勤：專心勤奮。庶裨萬一：希望能够彌補罪過於萬分之一。

〔二五〕身方待罪：指至德二載十月唐軍收復東京後，維及諸陷賊官俱被收繫獄中，等待定罪。

〔二六〕書刑：書寫應受之刑，猶言判罪。

〔二七〕龍象：見《能禪師碑》第四段注〔四〕。

〔二八〕避魑魅之地：猶言逃避被流放到荒遠之地。魑魅之地，魑魅出没的荒遠之地。《左傳》文公十八年：「（舜）流四凶族，渾敦、窮奇、檮杌、饕餮，投諸四裔，以禦魑魅。」注：「裔，遠也。放之四遠，使當魑魅之災。魑魅，山林異氣所生，爲人害者。」

〔二九〕鉗口：猶閉口。《淮南子·本經》：「今至人生亂世之中……鉗口寢説，遂不言而死者衆矣。」

〔三〇〕含弘：廣大、無不包含之意。《易·坤》：「含弘光大，品物咸亨。」疏：「包含宏厚，光著盛大，故品類之物，皆得亨通。」

〔三一〕天波：《文選》陸機《謝平原内史表》：「苟削丹書，得夷平民，則塵洗天波，謗絶衆口。」張銑注：「天波，喻天子恩澤。」昭洗：謂洗去污垢使明潔。指赦免罪尤，使得自新。《文選》謝朓《始出尚書省》：「中區咸已泰，輕生諒昭洒（通「洗」）。」劉良注：「信可昭明洗滌穢濁也。」陳子昂《爲張著作謝父官表》：「誠以天波昭洗，得更自新，所以忍垢偷生，剋躬自勵，期效萬一。」

〔三二〕屈法之嫌：不嚴格依法而行的埋怨。丘遲《與陳伯之書》：「主上屈法申恩，吞舟是漏。」

〔三三〕不死：即上文所謂「退不能自殺」。

〔三四〕銀臺門：《唐六典》卷七：「（大明宫）宣政（殿）北曰紫宸門，其内曰紫宸殿（注：「即内朝正殿也。」）。……殿之東曰左銀臺門，西曰右銀臺門。」此當指右銀臺門，《金石萃編》卷九四《會善寺戒壇牒》云「謹詣右銀臺門奉表陳謝以聞」，可證。陳請：陳述理由以提出請求。

〔三五〕無任：不勝。戰越：因惶恐而戰慄。

謝集賢學士表〔一〕

朝議大夫試太子中允臣維稽首言〔二〕：伏奉今月十八日敕，令臣充集賢殿學士，擢及無能，恩加非望〔三〕，抃躍慙懼，不知所裁。且謂之集賢，非賢莫集，固當宣其五德〔四〕，列在四科〔五〕，逖聽衆推，方紆聖鑒〔六〕。臣抽毫作賦，非古詩之流〔七〕；挾策讀書〔八〕，無專經之業〔九〕。伏惟陛下文思超明哲之后〔一〇〕，書契踰畫卦之君〔一一〕，龜圖不能比其詞〔一二〕，龍甲不足究其義〔一三〕。聞相如在蜀，畏不同時〔一四〕；徵枚乘于齊，惜其已老〔一五〕。急賢之旨，欲賜追鋒〔一六〕，如臣不才，豈宜濫吹〔一七〕！將何以編次漆簡〔一八〕，刊定石經〔一九〕？東堂賦詩〔二〇〕，將招不成之罰〔二一〕；北面待詔，必無善對之才〔二二〕。以榮爲憂，席寵知懼〔二三〕，無任感恩踊躍戰越之至，謹詣延英門陳謝以聞〔二四〕。

〔一〕作于乾元元年春，參見《年譜》。集賢學士：唐開元五年置乾元院，寫四部書，六年十二月改名麗正院，十三年更號爲集賢院，置學士（參見《玉海》卷五二、一六七引《集賢注記》及《唐會要》卷六四）。《舊唐書·職官志》：「集賢學士，初定制以五品已上官爲學士，六品已下爲直學士。

……集賢學士之職，掌刊緝古今之經籍，以辨明邦國之大典。凡天下圖書之遺逸，賢才之隱滯，則承旨而徵求焉。其有籌策之可施於時，著述之可行於代者，較其才藝而考其學術，而申表之。凡承旨撰集文章，校理經籍，月終則進課於内，歲終則考最於外。」

〔二〕朝議大夫：唐時文散官凡叙階二十有九，朝議大夫爲正五品下階。貞觀時定令，文武入仕者皆帶散位，謂之本品。散官無應執行之政務，其作用主要在章服。唐代官員的服色，不以職事官爲準，而依散官之品秩而定。參見《舊唐書·職官志》、岑仲勉《金石論叢》第四六二、四六三頁。試：猶言試用。

〔三〕非望：猶言未曾期望。

〔四〕宣：顯示。五德：趙殿成注：「《新論》：五德者，智、信、仁、勇、嚴也。」按，此文出《新論·兵術》，所言乃將之五德，《孫子·計篇》：「將者，智、信、仁、勇、嚴也。」注：「曹公曰：『將宜五德備也。』」似非本篇所稱「五德」之義。「五德」疑指五常之德，即仁、義、禮、智、信。《書·益稷》「以出納五言」孔傳：「又以出納仁、義、禮、智、信五德之言，施於民以成化。」《詩·秦風·小戎》：「言念君子，温其如玉。」箋：「念君子之性，温然如玉。玉有五德。」疏：「《聘義》云：君子比德於玉焉。温潤而澤，仁也；縝密以栗，知也；廉而不劌，義也；垂之如墜，禮也；孚尹旁達，信也。……（玉）凡十德，唯言五德者，以仁、義、禮、智、信五者人之常，故舉五常之德言之耳。」又，或以温、良、恭、儉、讓爲五德。《論語·學而》：「夫子温、良、恭、儉、讓以得之。」集解：「鄭曰：言夫子行此五德而得之。」

〔五〕四科：《文選》王融《永明九年策秀才文》：「懋陳三道之要，以光四科之首。」李善注：「崔寔《政論》曰：『詔書故事，三公辟召，以四科取士。一曰德行高妙，志節清白；二曰學通行修，經中博士；三曰明曉法令，足以決疑，能按章覆問；四曰剛毅多略，遭事不惑，才任三輔劇縣令。』」又孔門以德行、言語、政事、文學爲四科，參見《論語·先進》、《後漢書·鄭玄傳》。又《南史·王儉傳》云：「宋明帝泰始六年，置總明觀以集學士……儒、玄、文、史四科，科置學士十人。」

〔六〕逖聽：遠聽。《文選》司馬相如《封禪文》：「率邇者踵武，逖聽者風聲。」李善注：「逖，遠也。近者蹈其迹，遠者聽其風聲（遺風嘉聲）。」謝朓《侍宴華光殿曲水奉勑爲皇太子作詩》：「旁求邃古，逖聽鴻名。」此指名聲遠聞。衆推：衆所推重。紆：垂，下示。聖鑒：天子的鑒識。《晉書·桓温傳》：「今皇子幼稚，而朝賢時譽惟謝安、王坦之才識智能皆簡在聖鑒。」

〔七〕古詩之流：《文選》班固《兩都賦序》：「或曰，賦者古詩之流也。」李善注：「《毛詩序》曰：詩有六義焉，二曰賦。故賦爲古詩之流也。」

〔八〕挾策讀書：見《上黨苗公德政碑》末段注〔三〕。筴，同「策」，簡書。

〔九〕專經：專長經學。《魏書·李瑒傳》：「士大夫學問……何用專經爲老博士也？」《南史·王儉傳》：「先是宋孝武好文章，天下悉以文采相尚，莫以專經爲業。」

〔一〇〕文思：《書·堯典》：「欽明文思安安。」傳：「言堯……以敬明文思之四德，安天下之當安者。」

《釋文》引馬融曰：「經緯天地謂之文，道德純備謂之思。」疏引鄭玄曰：「經緯天地謂之文，慮深通敏謂之思。」明哲：明智，底本作「前哲」，述古堂本、《全唐文》作「則哲」，此從宋蜀本。則哲，《書・皋陶謨》：「知人則哲，能官人。」後遂以「則哲」指知人。后：君主。

〔一一〕「書契」句：書契，文字。《尚書序》：「古者伏犧氏之王天下也，始畫八卦，造書契，以代結繩之政，由是文籍生焉。」《釋文》：「書者，文字；契者，刻木而書其側，故曰書契也。」

〔一二〕龜圖：《太平御覽》卷八〇引《龍魚河圖》：「堯時與群臣賢智到翠嬀之淵，大龜負圖來出授，堯敕臣下寫取，寫畢，龜還水中。」句謂龜圖不能同天子的文詞相比。

〔一三〕龍甲：《藝文類聚》卷一一引《尚書中候》：「帝堯即政，榮光出河，休氣四塞，龍馬銜甲，赤文緑字（注：「龍形像馬，甲所以藏圖也，其文赤而緑。」）。甲似龜背，五色，有列星之分，斗政之度，帝王録紀興亡之數。」不足：不值得。究：推尋，探求。句指龍甲之文也不能同天子之文相比。

〔一四〕「聞相如」二句：見《送嚴秀才還蜀》注〔八〕。

〔一五〕「徵枚乘」二句：《漢書・枚乘傳》：「枚乘字叔，淮陰人也。……復游梁，梁客皆善屬辭賦，乘尤高。孝王薨，乘歸淮陰。武帝自爲太子，聞乘名，及即位，乘年老，迺以安車蒲輪徵乘，道死。」按，淮陰戰國時屬楚，此曰齊，或係作者誤記。

〔一六〕急賢：急于求賢。任昉《求薦賢士詔》：「稱朕急賢之旨。」追鋒：《三國志・魏書・高貴鄉公傳》注引傅暢《晉諸公贊》曰：「帝常與中護軍司馬望、侍中王沈、散騎常侍裴秀、黄門侍郎鍾會等，講宴於東堂，并屬文論名，秀爲儒林丈人，沈爲文籍先生，望、會亦各有名號。帝性急，請召欲速，秀等在内職，到得及時，以望在外，特給追鋒車、虎賁卒五人，每有集會，望輒奔馳而至。」《晋書·輿服志》：「追鋒車，去小平蓋，加通幰，如軺車，駕二。追鋒之名，蓋取其迅速也，施於戎陣之間，是爲傳乘。」

〔一七〕濫吹：即濫竽充數之意。《文選》江淹《雜體詩·盧中郎諶》：「更以畏友朋，濫吹乖名實。」《韓非子·内儲説上》：「齊宣王使人吹竽，必三百人，南郭處士請爲王吹竽，宣王説之，廩食以數百人。宣王死，湣王立，好一一聽之，處士逃。」

〔一八〕編次漆簡：《晋書·束晳傳》：「初，太康二年，汲郡人不準盗發魏襄王墓，或言安釐王冢，得竹書數十車。……大凡七十五篇，七篇簡書折壞，不識名題。……漆書皆科斗字。初發冢者燒策照取寶物，及官收之，多燼簡斷札，文既殘缺，不復詮次。武帝以其書付祕書校綴次第，尋考指歸，而以今文寫之。晳在著作，得觀竹書，隨疑分釋，皆有義證。」

〔一九〕刊定石經：《後漢書·儒林傳》：「熹平四年，靈帝乃詔諸儒正定五經，刊於石碑，爲古文篆隸三體書法，以相參驗，樹之學門，使天下咸取則焉。」又《蔡邕傳》曰：「熹平四年，（邕）乃與五官中郎將堂谿典……等，奏求正定六經文字，靈帝許之。邕乃自書册於碑，使工鐫刻，立於太學門外。」按，熹平石經實乃隸體，魏正始中復立石經，方爲古文篆隸三體，參見《晋書·衛恒傳》。

〔二〇〕東堂賦詩：《晋書·李密傳》：「乃遷漢中太守……及賜餞東堂，詔密令賦詩。」東堂，指晋宫的正殿。《晉書・郤詵傳》：「累遷雍州刺史，武帝於東堂會送。」

〔二一〕不成之罰：《南史・蕭介傳》曰：「初，（梁）武帝招延後進二十餘人，置酒賦詩。臧盾以詩不成，罰酒一斗。盾飲盡，顏色不變，言笑自若。」

〔二二〕「北面」二句：集賢學士當於集賢院待詔（猶言候命），「備顧問應對」（《唐六典》卷九），故云。北面，面向北，居臣之下之位。

〔二三〕席寵：居寵。《書・畢命》：「兹殷庶士，席寵惟舊。」傳：「此殷衆士，居寵日久。」疏：「席者人之所處，故爲居之義。舊，久也。」

〔二四〕延英門：《唐六典》卷七：「（大明宮）宣政（殿）之左曰東上閣，右曰西上閣，次西曰延英門，其内之左曰延英殿，右曰含象殿。」陳謝：表示謝意。

謝御書集賢院額表〔一〕

臣維言〔二〕：伏奉今月某日聖札題集賢殿御書院額，捧戴抃舞，不知所裁。竊以先聖微言，前王令典〔三〕，所以興行禮義，訓正人倫，顧逆胡兇頑〔四〕，不識經籍，恣行毀裂，有甚焚燒。伏惟陛下御極統天〔五〕，功成理定〔六〕，愍其墜簡〔七〕，旁搜古壁〔八〕，發求書之使，置寫書之官〔九〕，于是九流百家〔一〇〕，韋編緗帙〔一一〕，爛然虎觀〔一二〕，盛彼鴻都〔一三〕。加以親重儒門，將爲教首〔一四〕，俯題金榜〔一五〕，自運銀鈎〔一六〕，龍鳳翔于烟雲，日月照于天地〔一七〕，曾無以諭〔一八〕，誰敢强名？況乎方丈之書〔一九〕，七分入木〔二〇〕，仲將虚爲白首，羲之枉在墨池〔二一〕。將使率土之人〔二二〕，知陛下寵此書府；普天之下，斅陛下敦彼儒風〔二三〕。政化之源，實始于此。臣今忝編次漆簡，刊校石經〔二四〕，載光載輝〔二五〕，誠歡誠喜。

〔一〕爲集賢學士時所作，時間大抵略晚於上文。集賢院：見上篇注〔一〕。

〔二〕維，宋蜀本、述古堂本俱作「某」。

〔三〕前王令典：先王之善法。指經書而言。荀悦《漢紀序》：「虞夏商周之書，其揆一也，皆古之令典。」

〔四〕顧，宋蜀本、述古堂本、《全唐文》俱作「頊」。逆胡：指安史叛軍。逆，宋蜀本作「羯」。

〔五〕御極：即位。統天：指統治天下。《後漢書·寇恂傳》：「陛下統天理物，爲萬國覆。」

〔六〕功成理定：《禮記·樂記》：「王者功成作樂，治定制禮。」注：「功成、治定同時耳。功主於王業，治主於教民。」理定，即治定。

〔七〕愍：憂。墜：失。

〔八〕古壁：見《苗公德政碑》第五段注〔七〕。

〔九〕「發求」二句：《漢書·藝文志》：「漢興，改秦之敗，大收篇籍，廣開獻書之路，迄孝武世，書缺簡脱，禮壞樂崩，聖上喟然而稱曰：『朕甚憫焉。』於是建藏書之策，置寫書之官，下及諸子傳説，皆充祕府。至成帝時，以書頗散亡，使謁者陳農求遺書於天下。」

〔一〇〕九流：《漢書・叙傳下》：「劉向司籍，九流以別。」注：「應劭曰：儒、道、陰陽、法、名、墨、縱横、雜、農凡九家。」後泛指各種學術流派。

〔一一〕韋編：《史記・孔子世家》：「讀《易》，韋編三絶。」韋，柔皮。古時竹簡以皮繩編綴，故曰韋編。後泛指古代典籍。梁元帝《梁簡文帝法寶聯璧序》：「降意韋編，留神緗帙。」緗帙：包在書卷外的淺黄色封套。也用爲書的代稱。

〔一二〕爛然：衆多貌。虎觀：即白虎觀。《後漢書・丁鴻傳》：「肅宗詔鴻與廣平王羨及諸儒樓望、成封、桓郁、賈逵等，論定五經同異於北宫白虎觀。」注：「白虎，門名。於門立觀，因以名之焉。」事又載《章帝紀》及《儒林傳》。北宫，東漢明帝永平三年建，在洛陽城中，參見《後漢書・明帝紀》。

〔一三〕鴻都：東漢宫門名，其内置學並藏書。《後漢書・靈帝紀》：「光和元年……二月……始置鴻都門學生。」注：「鴻都，門名也，於内置學。」又《儒林傳・序》：「及董卓移都之際，吏民擾亂，自辟雍、東觀、蘭臺、石室、宣明、鴻都諸藏典策文章，競共剖散。」

〔一四〕教首：謂教化之首。《書・康誥》：「克明德，慎罰。」傳：「能顯用俊德，慎去刑罰，以爲教首。」

〔一五〕金榜：金製的匾額。梁元帝《和鮑常侍龍川館詩》：「玉題書仙篆，金榜燭神光。」

〔一六〕銀鈎：狀書法筆勢之遒勁。《晉書・索靖傳》：「蓋草書之爲狀也，婉若銀鈎，漂若驚鸞。」

〔一七〕二句形容御書筆勢飄動，極有輝光。

〔一八〕無以：無從。諭：表明，道出；宋蜀本作「論」。

〔一九〕方丈之書：《晉書·王獻之傳》：「工草隸，善丹青。……嘗書壁爲方丈（一丈見方）大字，羲之甚以爲能，觀者數百人。」《晉書·衛恒傳》：「恒善草隸書，爲《四體書勢》曰：『……至靈帝好書，時多能者，而師宜官爲最，大則一字徑丈，小則方寸千言，甚矜其能。』」

〔二〇〕七分入木：謂筆力勁健。《事類賦》卷一五：「逸少（羲之字逸少）驚入木之七分。」自注：「《晉事》：北郊祭文，上命羲之更寫，工人削之，筆已入七分。」《太平廣記》卷二〇七羊欣《筆陣圖》、《書斷》卷中亦載其事，並作「筆入木三分」。

〔二一〕「仲將」句：三國魏京兆韋誕，字仲將。善辭章，尤工書法。見《三國志·魏書·王粲傳》附。《晉書·王獻之傳》：「魏時陵雲殿榜未題，而匠者誤釘之，不可下，乃使韋仲將懸橙書之。比訖，鬚髮盡白，裁餘氣息。還語子弟，宜絶此法。」《世説新語·巧藝》：「韋仲將能書，魏明帝起殿，欲安榜，使仲將登梯題之，既下，頭鬢皓然。」注引《四體書勢》：「明帝立陵霄觀，誤先釘榜，乃籠盛誕，轆轤長絙引上，使就題之，去地二十五丈，誕甚危懼。」枉，徒然。墨池：王羲之嘗爲會稽（治山陰，即今浙江紹興）內史（見《晉書》本傳），相傳越州會稽縣（今紹興）有其洗硯池。《太平寰宇記》卷九六：「墨池，王右軍洗硯池也。并舊宅在蕺山下，去（越州）會稽縣二里餘。」又羲之曾任臨川內史，舊傳撫州臨川縣（今江西臨川）亦有其洗硯的墨池。見宋曾鞏《墨池記》。又羲之嘗爲永嘉太守，據説今浙江温州（永嘉郡治所在此）也有他的墨池遺址。參見梁章鉅《浪跡續談》卷二《王右軍墨池》。此二句意謂，仲將、羲之之書都不能同御書相比。

〔二二〕率土：謂境域以内。《詩·小雅·北山》：「溥（同「普」）天之下，莫非王土。率土之濱，莫非王臣。」

〔二三〕斆（xiào 效）：效法。敦：注重。

〔二四〕今，底本原無此字，據宋蜀本補。漆簡、石經：見上篇注〔一八〕、〔一九〕。二句意謂，臣今愧居集賢學士之職。

〔二五〕載：助詞，無義。

奉敕詳帝皇龜鏡圖狀 帝皇龜鏡圖兩卷，令簡擇訖，進狀〔一〕

右某官宣口敕語看可否者。臣愚何足以知，謹與某等議，竊以名爲帝皇圖者〔二〕，蓋龜可以卜也，鏡可以照也，以前代帝王行事善惡，以卜後代，以前代帝王行事善惡，以照後代，可以知盛衰興亡，故其行事似堯舜者必盛，似湯武者必興，似秦皇漢武者必衰，似夏桀殷紂者必滅，如卜之必知，如照之必見，故謂之「龜鏡圖」。伏如所示之圖，謂之自古帝皇圖即可矣，謂之「龜鏡圖」，伏恐稍乖名實。又多不出于正經〔三〕，或取諸子之説，又取曹植

《飛龍篇》〔四〕、摯虞《庖犧讚》等〔五〕，是一時文章之語，非正經本傳之事。至如堯之茅茨不翦，土階三尺〔六〕，就之如日，望之如雲〔七〕，舜之逐竄四凶，舉十六族〔八〕，臣歌九德〔九〕，君撫五弦等善事〔一〇〕；夏桀之瑶臺瓊室〔一一〕，殷紂之肉林酒池等惡事〔一二〕，蓋畫如此之類〔一三〕，乃成龜鏡之圖。至于伏羲生時〔一四〕，伏羲之墓〔一五〕，女媧腸化〔一六〕，摶土爲人〔一七〕，如此之流，豈爲龜鏡？若記帝皇之事〔一八〕，總載無妨；若爲龜鏡之圖，恐須簡擇。

〔一〕詳：審察。《書・蔡仲之命》：「詳乃視聽，罔以側言改厥度。」龜鏡：龜可卜吉凶，鏡能別妍蚩，因用爲借鑑前事之稱。簡擇：挑選，鑑別。題下注語底本原作大字與題連書，此從《全唐文》。按，唐集賢學士負有承旨審察著述之可否的職責（參見《謝集賢學士表》注〔一〕），故疑此文亦係維官集賢學士時所作。

〔二〕皇，底本原作「王」，此從宋蜀本、述古堂本、明十卷本等。尋繹上下文義，「帝皇圖」疑當作「帝皇龜鏡圖」或「龜鏡圖」。

〔三〕正經：謂五經正典，以別於諸子百家。《抱朴子・百家》：「正經爲道義之淵海，子書爲增深之川流。」

〔四〕曹植《飛龍篇》云：「晨遊太山，雲霧窈窕。忽逢二童，顔色鮮好。乘彼白鹿，手翳芝草。我知真人，長跪問道。西登玉堂，金樓復道。授我仙藥，神皇所造。教我服食，還精補腦。壽同金石，永世難老。」

〔五〕摯虞《庖犧讚》云：「昔在上古，惟德居位。庖犧作王，世尚醇懿。設卦分象，開物紀類。施罟設網，人用不匱。」（《初學記》卷九）摯虞字仲洽，《晉書》有傳。

〔六〕「至如」二句：《韓非子·五蠹》：「堯之王天下也，茅茨（茅草屋頂）不翦（修剪），采椽不斲。」《史記·太史公自序》司馬談《論六家要旨》：「墨者亦尚堯舜道，言其德行曰：堂高三尺，土階三等（房前之土階僅三級，言宮室極儉約），茅茨不翦，采椽不刮。」《後漢書·邊讓傳》：「思夏禹之卑宮，慕有虞之土階。」注：「《墨子》曰：虞舜土階三尺，茅茨不翦。」（今本《墨子》無此文）

〔七〕「就之」二句：《史記·五帝本紀》：「帝堯者……其仁如天，其知如神，就之如日（索隱：「如日之照臨，人咸依就之，若葵藿傾心以向日也。」），望之如雲（索隱：「如雲之覆渥，言德化廣大而浸潤生人，人咸仰望之，故曰如百穀之仰膏雨也。」）。」《大戴禮記·五帝德》亦有類似文字。

〔八〕「舜之」二句：《左傳》文公十八年：「昔高陽氏有才子八人……天下之民謂之八愷。高辛氏有才子八人……天下之民謂之八元。此十六族也，世濟其美，不隕其名。以至於堯，堯不能舉。舜臣堯，舉八愷，使主后土，以揆百事，莫不時序，地平天成；舉八元，使布五教于四方，父義、母慈、兄友、弟共、子孝，内平外成。昔帝鴻氏有不才子……天下之民謂之渾敦。少皞氏有不才子……天下之民謂之窮奇。顓頊氏有不才子……天下之民謂之檮杌。此三族也，世濟其凶，增其惡名，以至于堯，堯不能去。縉雲氏有不才子……天下之民以比三凶，謂之饕餮。舜臣堯，賓于四門，流四凶族（杜注：「案四凶罪狀而流放之。」），渾敦、窮奇、檮杌、饕餮，投諸四裔，以禦螭魅。」

〔九〕歌九德：即歌九功之德。《周禮·春官·大司樂》：「九德之歌，九磬之舞，於宗廟之中奏之。」注引鄭司農説，稱「九德之歌」即《春秋傳》所謂歌九功之德。按，《左傳》文公七年：「《夏書》曰：『戒之用休，董之用威，勸之以《九歌》，勿使壞。』九功之德皆可歌也，謂之《九歌》。六府、三事，謂之九功。水、火、金、木、土、穀，謂之六府（府，藏財之處。此六物乃養民之本、貨財之源，故稱六府），正德（正己之德以治民）、利用（節儉以利民之用，使不匱乏）、厚生（薄徭輕賦，令民生計温厚），謂之三事。義而行之（行九功），謂之德、禮。無禮（也即無德）不樂（謂無可歌），所由叛也。若吾子之德，莫可歌也，其誰來（猶歸）之？」

〔一〇〕撫五弦：《韓詩外傳》卷四：「傳曰：舜彈五弦之琴，以歌南風，而天下治。」參見《大同殿生玉芝……敢書即事》注〔五〕。

〔一一〕瑤臺瓊室：以玉爲飾之臺、室。極言其華麗。《淮南子·本經》：「晚世之時，帝有桀紂，爲琁室瑤臺，象廊玉牀。」注：「琁、瑤，石之似玉，以飾室臺也。」《文選》張衡《東京賦》：「固不如夏癸之瑤臺，殷辛之瓊室也。」李善注：「《汲冢古文》曰：夏桀作傾宮瑤臺，殫百姓之財，殷紂作瓊室立玉門也。」

〔一二〕肉林酒池：《史記·殷本紀》：「（紂）以酒爲池，縣（懸）肉爲林，使男女倮相逐其間，爲長夜之飲。」

〔一三〕畫，宋蜀本作「盡」。

〔一四〕伏羲生時：晋皇甫謐《帝王世紀》：「太昊帝庖犧氏（即伏羲氏），風姓也。母曰華胥。燧人之世，有巨人跡，出于雷澤，華胥以足履之，有娠，生伏羲。」這是關於伏羲出生的神話傳説。

〔一五〕伏羲之墓：《帝王世紀》：「（伏羲）崩，葬南郡，或曰冢在山陽高平之西也。」關於伏羲之墓，傳説尚多，此不贅述。

〔一六〕女媧腸化：《山海經・大荒西經》：「有神十人，名曰女媧之腸，化爲神，處栗廣之野，横道而處。」郭注：「女媧，古神女而帝者，人面蛇身，一日中七十變，其腸化爲此神。栗廣，野名。」

〔一七〕摶土爲人：《太平御覽》卷七八引《風俗通義》：「俗説天地開闢，未有人民，女媧摶黄土作人，劇務，力不暇供，乃引繩於泥中，舉以爲人。故富貴者，黄土人也；貧賤凡庸者，絙（大繩）人也。」摶，捏之成團；底本原誤作「搏」，據《全唐文》改。

〔一八〕皇，《全唐文》作「王」。

又論元氣已後〔一〕，其圖似重〔二〕。太初與太始無殊，有形與有質不異〔三〕。《易》云：「乾，元亨利貞〔四〕。」即未有物者，乾之始也〔五〕；乾者，元之體也；元者，乾之用也〔六〕。上猶道家旨：「道生一，一生二，二生三，三生萬物〔七〕。」又近佛經八識〔八〕，是清淨無所有〔九〕，第八識即含藏一切種子，第六識即分別成五陰十八界〔一〇〕。此圖從元氣以下，名目稍多，臣識用愚淺〔一一〕，不知忌諱，敢率鄙見〔一二〕，無任戰越，伏惟聖心裁擇。謹狀。

〔一〕元氣：指天地未分時的混一之氣。《漢書·律曆志上》：「太極（指原始混沌之氣）元（始）氣，函三爲一（注：「天地人混合爲一。」）。」

〔二〕似，宋蜀本作「以」。重：重疊，重複，即下文所謂「名目稍多」。

〔三〕「太初」二句：《列子·天瑞》：「夫有形者生於無形，則天地安從生？故曰有太易，有太初，有太始，有太素。太易者，未見氣也；太初者，氣之始也；太始者，形之始也；太素者，質之始也（注：「質，性也。既爲物矣，則方員剛柔静躁沈浮各有其性。」）。」太初，指天地未分時的元氣。《易·繫辭上》：「《易》有太極，是生兩儀。」孔疏：「太極，謂天地未分之前，元氣混而爲一，即是太初太一也。故《老子》云『道生一』，即此太極是也。」太始，指天地既分的原始狀態。有形，即指太始。有質，即指太素，言萬物既生的最初狀態。二句指此圖將太初與太始及太始與太素混同。

〔四〕《易·乾》：「乾，元亨利貞。」疏：「乾者，此卦之名。……此乾卦本以象天，天乃積諸陽氣而成，故此卦六爻皆陽畫成卦也。……元亨利貞者，是乾之四德也。子夏《傳》云：元，始也；亨，通也；利，和也；貞，正也。言此卦之德，有純陽之性，自然能以陽氣始生萬物，而得元始亨通，能使物性和諧，各有其利，又能使物堅固貞正。」

〔五〕「即未」二句：乾能生萬物，但乾之始，物尚未成，故云。乾大抵相當於太始。《易·繫辭上》：「乾知大（太）始，坤作成物。」

〔六〕體：本體，主體。用：功用，作用。《易·乾》：「大哉乾元，萬物資始，乃統天。」疏：「乾是卦名，元是乾德之首。」元大抵相當於太素。以上四句説明乾與元、太始與太素既未相離又有區别的關係。

〔七〕《老子》四十二章：「道生一，一生二，二生三，三生萬物。」老子認爲「天下萬物生于有，有生于無」（《老子》四十章），這四句話即説明自無到有的過程。道無形無象，爲「無」，但它是一切事物所以産生的最後根源。一指混然一體的精氣，老子有時也用它作道的同義詞。二指陰陽二氣，由它們産生新的第三者，而後又産生千差萬别的各種物質。唐人認爲，一相當于太初，二相當于太始。《易·繫辭上》「《易》有太極，是生兩儀」疏：「（《老子》）又謂『混元既分，即有天地』，故曰太極生兩儀，即《老子》云『一生二』也。」至「二生三，三生萬物」，則約略相當于太素。

〔八〕八識：大乘佛教瑜伽行派和法相宗對人的精神作用所作的分類。即眼、耳、鼻、舌、身、意、末那、阿賴耶。前六識指依據六根（眼、耳、鼻、舌、身、意），對于六境（色、聲、香、味、觸、法）生起見、聞、嗅、味、觸、思慮的作用；第七識末那意譯「意」，其特點爲「恒審思量」，即總是不停頓地起思慮作用，它以阿賴耶識爲存在活動的依據，且同阿賴耶一起成爲前六識發生的依據；第八識阿賴耶意譯「藏」，意爲含藏諸法種子，即指此識中永遠儲藏有産生世界一切事物和現象（諸法)的精神因素(種子),它們是萬法的本源。參見《顯揚聖教論》卷一、卷一七,《成唯識論》卷二。

〔九〕此句意謂,這是説世界空無所有。按,瑜伽行派和法相宗主張「萬法唯識」、「唯識無境」,即認爲世界一切事物都是内心的變現,心外没有任何獨立存在的客體。《成唯識論》卷一:「外境隨情而施設故非有如識,内識必依因緣生故非無如境。」爲證成這一主張,瑜伽行派和法相宗提出八識、三能變之説,謂第八識爲第一能變,第七識爲第二能變,前六識爲第三能變,三類識體都能够變現萬法。既然世界一切事物都是一心之變現,那它們自然並非實有,故謂曰「是清浄無所有」。

〔一〇〕第六識:即意識,指以意根(意識所賴以發生的依據)爲所依,以法(包括一切物質的和精神的現象)爲境之認識。五陰:又譯五藴、五衆,包括色藴(指眼、耳、鼻、舌、身五根及與之相應的五境等)、受藴(指外界影響于身心以及由此引生的苦樂憂喜等感受)、想藴(指認識直接反映的影相以及由此形成的種種名言概念)、行藴(指思維活動,《俱舍論》卷九:「思即是行。」)、識藴(指精神作用的主體)。五藴總的指一切物質現象和精神現象。十八界:以人的認識爲中心,對世界一切現象所作的分類。其中包括能够發生認識功能的六根,作爲認識對象的六境,以及由此生起的六識。按,意識以一切認識對象爲境,具有涵蓋前五識、成爲它們的共同依據的功能,《俱舍論光記》卷三:「五識各緣自境,名各别境識;意識遍緣一切境,名爲一切境識。」《俱舍論》卷二：「十八界中，色等五界如其次第，眼等五識各爲一識，又總皆是意識所識。」《成唯識論》卷五：「六識身皆依意轉，……或唯依意，故名意識。」又瑜伽行派及法相宗認爲六境、六根都是内識所變，《成唯識論》卷一：「謂識生時，内因緣力變似眼等、色等相現，即以此相爲所依、緣。」故稱「第六識即分別成五陰十八界」。

〔一二〕識用：猶見識。《宋書·劉湛傳》論：「識用才能，實苞經國之略。」

〔一三〕敢：謙詞。猶冒昧。率：竭盡。《漢書·文帝紀》：「率意遠思，無有所隱。」

爲薛使君謝婺州刺史表〔一〕

臣某言：伏奉今月日制，除臣某官，拜命若驚〔二〕，稽首無地〔三〕。臣聞洪波迅流〔四〕，必盪其溷穢〔五〕，慶雲所潤，不遺於荆棘〔六〕。伏惟陛下孝悌之至，通于神明〔七〕，馨香之德〔八〕，格于天地〔九〕，故指旗而黑祲旋静〔一〇〕，揮戈而白日再中〔一一〕，豈臣蟲臂鼠肝〔一二〕，所能談天述聖〔一三〕？臣之本末〔一四〕，强欲自陳，擢髮數罪〔一五〕，臣戮餘也〔一六〕；剖心自明〔一七〕，天知足矣〔一八〕。臣素書生，少爲文吏，折衝禦侮〔一九〕，幾何不亡？奉法守文〔二〇〕，一日之長〔二一〕。當賊逼温洛，兵接河潼〔二二〕，拜臣陜州〔二三〕，催臣上道，驅馬才至，長圍已合，未暇施力，旋復陷城。戟枝叉頭〔二四〕，刀環築口〔二五〕，身關木索〔二六〕，縛就虎狼。臣實驚狂，自恨駑怯，脱身雖則無計，自刃有何不可！而折節兇頑〔二七〕，偷生廁溷〔二八〕。縱齒盤水之劍〔二九〕，未消臣惡；空題墓門之石，豈解臣悲〔三〇〕？今于抱釁之中〔三一〕，寄以分憂之重〔三二〕，且天兵討賊，曾無汗馬之勞〔三三〕，天命興王〔三四〕，得返屠羊之肆〔三五〕，免其釁鼓之戮，仍開祝網之恩〔三六〕，臣縱粉骨糜軀〔三七〕，不報萬分之一。況褰帷露冕，是去歲之縲囚〔三八〕，洗垢滌瑕，爲聖朝之岳牧〔三九〕，臣欲殺身滅愧，刎首謝恩，生無益于一毛，死何異于腐鼠〔四〇〕！謹當閉閤以思政〔四一〕，酌泉以勵心〔四二〕，親畢力于平人〔四三〕，無煩八部〔四四〕；誓不負于明主，非畏四知〔四五〕。用釋愆誅〔四六〕，敢求課最〔四七〕。

〔一〕作于乾元元年，説見本篇注〔三八〕。薛使君：當爲薛巘。《唐韋氏故夫人河東薛氏墓誌銘并序》云：「河東薛夫人諱琰，字令儀，故婺州刺史諱巘之曾孫。」（見吴鋼《全唐文補遺》第七輯）按，巘爲王維同時人，開元二十二年爲監察御史，二十四年爲馮翊令，二十九年爲新豐令，天寶四載爲檢校國子司業，見《唐大詔令集》卷四〇《册榮王薛妃文》、《唐御史臺精舍題名考》卷二。參見曾澗《王維〈爲薛使君謝婺州刺史表〉之「薛使君」考》（《湖南人文科技學院學報》第三十四卷第二期）。婺州：唐州名，治所在今浙江金華。

〔二〕拜命：受命。多指拜官任職。若：而。

〔三〕無地：形容無限惶恐、羞愧。

〔四〕迅，底本原作「退」，據述古堂本、明十卷本、《全唐文》改。

〔五〕溷（hùn 諢）穢：骯髒污濁。

〔六〕「慶雲」二句：語本《文選》曹植《上責躬應詔詩表》：「是以不别荆棘者，慶雲之惠也。」劉良注：「言慶雲蔭物，不分荆棘蘭桂而覆之。」慶雲，祥瑞之氣。荆棘，喻無用而有害之物。二句指天子恩澤普降，施及罪人。

〔七〕「伏惟」二句：《孝經·感應章》：「孝悌之至，通於神明。」

〔八〕馨香之德：《書·君陳》：「至治馨香，感于神明；黍稷非馨，明德惟馨。」

〔九〕格：感通。《書·説命下》：「佑我烈祖，格于皇天。」

〔一〇〕指：豎起，立。黑祲（jìn 巾）：《左傳》昭公十五年：「吾見赤黑之祲，非祭祥也，喪氛也。」祲，妖惡之氣。此喻指安史之亂。

〔一一〕揮戈：《淮南子·覽冥》：「魯陽公與韓搆難，戰酣，日暮，援戈而撝（揮）之，日爲之反三舍。」再中：又居天空之中。此以「白日再中」喻兩京恢復、宗社中興。

〔一二〕蟲臂鼠肝：喻微末卑賤。《莊子·大宗師》：「偉哉造化，又將奚以汝爲？……以汝爲鼠肝乎？以汝爲蟲臂乎？」

〔一三〕談天：指談論天子的功德。

〔一四〕本末：指事之始終、原委。

〔一五〕擢髮數罪：形容罪惡之多。戰國魏須賈曾誣害范睢。後睢爲秦相，賈使秦，因頓首謝罪。睢曰：「汝罪有幾？」賈曰：「擢賈之髮，以續賈之罪，尚未足。」事見《史記·范睢蔡澤列傳》。

〔一六〕戮餘：《左傳》襄公二十一年：「若棄書（欒書）之力，而思黶（書之子）之罪，臣戮餘（幸免于被刑戮的罪人）也，將歸死于尉氏，不敢還矣。」

〔一七〕剖心：開布誠心，掬誠相示。《文選》鄒陽《獄中上書自明》：「兩主二臣，剖心析肝相信，豈移於浮辭哉！」自明：自我表白。

〔一八〕足，底本原作「之」，此從宋蜀本、述古堂本。

〔一九〕折衝：使敵人的戰車後撤，即擊退敵軍。《吕氏春秋·召類》：「夫脩之於廟堂之上，而折衝乎千里之外者，其司城子罕之謂乎？」高注：「衝車所以衝突敵之軍，能陷破之也。……使欲攻己者折還其衝車於千里之外，不敢來也。」禦侮：《詩·大雅·緜》：「予曰有禦侮。」傳：「武臣折衝曰禦侮。」疏：「禦侮者，有武力之臣，能折止敵人之衝突者，是能扞禦侵侮，故曰禦侮也。」

〔二〇〕守：遵守，奉行。文：法度。

〔二一〕一日之長：比人稍强。《世説新語·品藻》：「陶冶世俗，與時浮沉，吾不如子。論王霸之餘策，覽倚仗之要害，吾似有一日之長。」

〔二二〕「當賊」二句：温洛，謂洛水。葉昌熾輯晋郭緣生《述征記》：「洛水底有礜石（礦物名，古人以爲礜石生于水，則水不凍），故上無冰，人謂之温洛。」或謂王者有盛德，則洛水先温，故號温洛。

徐堅《初學記》卷六引《易乾鑿度》：「帝盛德之應，洛水先温，九日乃寒。」《文心雕龍・正緯》贊：「滎河温洛，是孕圖緯。」此指洛陽一帶。河潼：黄河、潼關。潼關瀕河，故曰「河潼」。《舊唐書・玄宗紀》：「（天寶十四載）十二月丙戌朔，禄山於靈昌郡渡河。……丙申，封常清與賊戰於成皋罌子谷，官軍敗績，常清奔於陝郡。丁酉，禄山陷東京……時高仙芝鎮陝郡，棄城西保潼關。」

〔二三〕陝州：《舊唐書・地理志》：「陝州……天寶元年，改爲陝郡。……乾元元年，復爲陝州。」治所在今河南陝縣。薛拜陝州刺史之時間爲天寶十四載十二月。

〔二四〕戟枝：戟横出之刃。叉：刺。《後漢書・楊政傳》：「旄頭又以戟叉政，傷胸。」宋蜀本作「刺」。

〔二五〕刀環築口：《北齊書・祖珽傳》：「以刀環築口，鞭杖亂下。」築，擊。

〔二六〕關木索：《文選》司馬遷《報任少卿書》：「其次關木索，被箠楚受辱。」張銑注：「關木，杻械。索，繩也，以拘縛之也。」按，關通「貫」，猶言「套上」。《漢書・王嘉傳》：「大臣括髮關械，裸躬就笞。」注：「括，結也。關，貫也。」木謂杻械，皆繫囚之具，在手曰杻，在足曰械。

〔二七〕折節：謂屈己下人。《管子・霸言》：「折節事彊以避罪，小國之形也。」

〔二八〕廁溷：廁所。《史記・萬石君傳》：「取親中裙廁牏，身自浣滌。」集解引徐廣曰：「廁牏，謂廁溷垣牆，建隱於其側浣滌也。」此喻污穢之地，即安禄山之朝。

〔二九〕齒：並列，等同。盤水之劍：漢大臣有罪自請處死的一種表示。《漢書・賈誼傳》：「故其在大譴大何之域者，聞譴何則白冠氂纓，盤水加劍，造請室（請罪之室）而請罪耳。」注引如淳曰：「水性平，若己有正罪，君以平法治之也。加劍，當以自刎也。或曰，殺牲者以盤水取頸血，故示若此也。」

〔三〇〕題墓門之石：《西京雜記》卷三：「杜子夏葬長安北四里，臨終作文曰：『魏郡杜鄴，立志忠款。犬馬未陳，奄先草露。骨肉歸于后土，魂氣無所不之。何必故丘，然後即化；封于長安北郭，此焉宴息。』及死，命刊石埋于墓側。」此二句意謂，縱死亦未能消除己之罪惡、悲哀。

〔三一〕抱釁：因犯過錯而負疚。《文選》曹植《上責躬應詔詩表》：「臣自抱釁歸藩，刻肌刻骨。」呂向注：「釁，罪。」

〔三二〕分憂之重：爲天子分憂的重任。多指州刺史。孟浩然《同獨孤使君東齋作》：「郎官舊華省，天子命分憂。」杜甫《寄裴施州》：「堯有四岳明至理，漢二千石（郡太守）真分憂。」

〔三三〕汗馬之勞：指征戰之功。

〔三四〕興王：見《謝除太子中允表》注〔二三〕。

〔三五〕「得返」句：《莊子·讓王》載：「楚昭王失國，屠羊説（屠羊者，名説）走而從於昭王。昭王反國，將賞從者，及屠羊説。屠羊説曰：『大王失國，説失屠羊；大王反國，説亦反屠羊。臣之爵禄已復矣，又何賞之有哉！』王曰：『强之！』屠羊説曰：『……大王反國，非臣之功，故不敢當其賞。』……王謂司馬子綦曰：『屠羊説居處卑賤而陳義甚高，子其爲我延之以三旌之位（卿位）。』屠羊説曰：『夫三旌之位，吾知其貴於屠羊之肆也；萬鍾之禄，吾知其富於屠羊之利也；然豈可以貪爵禄而使吾君有妄施之名乎！說不敢當，願復反吾屠羊之肆。』遂不受也。」句用其事，謂使己得以還復爲民。

〔三六〕「免其」二句：見《謝除太子中允表》注〔一四〕、〔一五〕。

〔三七〕粉骨糜軀：粉身碎骨，獻出生命。

〔三八〕褰帷露冕：見《送封太守》注〔七〕。褰帷，指撩起車帷。「是去」句：縲（léi雷）囚，囚犯。《左傳》成公三年：「兩釋纍（同縲）囚，以成其好。」至德二載（七五七）十月唐軍收復東京後，諸陷賊官均被收繫獄中，故云。據此句之意，可知本篇當作于乾元元年（七五八）。

〔三九〕岳牧：相傳堯舜時置四岳、十二牧分管政務和方國諸侯，合謂之岳牧。後用爲地方長官的泛稱。潘岳《關中》詩：「岳牧慮殊，咸懷理三。」

〔四〇〕腐鼠：喻輕賤之物。《莊子·秋水》：「夫鵷鶵，發於南海而飛於北海，非梧桐不止，非練實不食，非醴泉不飲。於是鴟得腐鼠，鵷鶵過之，（鴟）仰而視之曰：『嚇！』」《後漢書·竇憲傳》：「國家棄憲，如孤雛腐鼠耳。」句指自殺亦無益。

〔四一〕閉閤思政：見《送李睢陽》注〔一六〕。

〔四二〕「酌泉」句：用吴隱之事。《晋書·吴隱之傳》：「廣州包帶山海，珍異所出……故前後刺史皆多黷貨。朝廷欲革嶺南之弊，隆安中，以隱之爲龍驤將軍、廣州刺史……未至州二十里，地名石門，有水曰貪泉，飲者懷無厭之欲。隱之既至，語其親人曰：『不見可欲，使心不亂。越嶺喪清，吾知之矣。』乃至泉所，酌而飲之，因賦詩曰：『古人云此水，一歃懷千金。試使夷齊飲，終當不易心。』及在州，清操踰厲。」勵心，自勵心志。

〔四三〕畢力：盡力。平人：平民。

〔四四〕八部：《世説新語·規箴》：「王丞相爲揚州，遣八部從事之職，顧和時爲，下傳還，同時俱見。諸從事各奏二千石官長得失，至和獨無言。王問顧曰：『卿何所聞？』答曰：『明公作輔，寧使網漏吞舟，何緣采聽風聞，以爲察察之政？』丞相咨嗟稱佳，諸從事自視缺然也。」按，晋以州領郡，州刺史佐吏通稱爲從事史，亦曰從事。句謂無須煩勞八部從事前來督察。

〔四五〕四知：《後漢書·楊震傳》：「四遷荆州刺史、東萊太守。當之郡，道經昌邑，故所舉荆州茂才王密爲昌邑令，謁見。至夜，懷金十斤以遺震，震曰：『故人知君，君不知故人，何也？』密曰：『暮夜無知者。』震曰：『天知神知，我知子知，何謂無知？』密愧而出。」

〔四六〕釋：消除。愆誅：罪過和責罰。

〔四七〕敢：猶言「豈敢」。課最：《晋書·賀循傳》：「（循）除陽羨令，以寬惠爲本，不求課最。」官吏考課成績優秀曰課最。

與工部李侍郎書〔一〕

一昨出後〔二〕，伏承令從官將軍車騎至陋巷見命〔三〕，恨不得隨使者詣舍下謁。才非張載，枉傳玄以車相迎〔四〕；德謝侯生，辱信陵虚左見待〔五〕。古人有此，今也未聞，所以竦踴惕息〔六〕，通夕不寐。維自結髮，即枉眷顧，侍郎素風〔七〕，維知之矣。宿昔貴公子〔八〕，常下交布衣〔九〕，盡禮髦士〔一〇〕，絶甘分少〔一一〕，致醴以飯〔一二〕，汲汲于當世之士〔一三〕，常如不及〔一四〕，故夙著問望〔一五〕，爲孟嘗平原之儔〔一六〕。及乎晚歲時危，益見臣節，草莽之中，乘輿播越〔一七〕，列郡或棄車走林〔一八〕，畏賊顧望〔一九〕，貢獻不至，莫有鬭心；侍郎慨然，枕戈泣血，奮不顧命，捍衛聖主〔二〇〕。楊奉之以兵奉迎〔二一〕，蕭何之運糧致饋〔二二〕，曹洪之以良馬濟〔二三〕，趙衰之以壺飱從〔二四〕。收合亡騎，繕完棄甲〔二五〕，喻以大義，慰而勉之。然後以劍率卒〔二六〕，執戈前驅〔二七〕，浹辰之間〔二八〕，六軍響振〔二九〕，以成興復之業。豈非侍郎忠節蓋世，義貫白日〔三〇〕？垂名竹帛〔三一〕，爲一代宗臣〔三二〕，誠可愛也。或曰，宗子與國同休〔三三〕，不得不爾也。夫仁弱自愛者，且奔竄伏匿，偷延晷刻〔三四〕，窮蹙既至〔三五〕，即匹夫匹婦，自經于溝瀆〔三六〕，安能決命爭首〔三七〕，慷慨大節，死生以之乎〔三八〕？而能不邀寵于上，不干功于下〔三九〕，不怠邦政，不受私謁，時與風流儒雅之士，置酒高會，吟詠先王遺風〔四〇〕，翛然有東山之志〔四一〕，善矣！

〔一〕作于乾元元年夏，説詳下文。工部李侍郎：即李遵。《舊唐書·肅宗紀》：「（至德二載）十二月戊午朔，上御丹鳳門，下制大赦。蜀郡靈武元從功臣……殿中監李輔國成國公，宗正卿李遵鄭國公，兼進封邑。」《唐會要》卷四五：「至德二載十二月朔日赦文，扈從劍南、締構靈武册勳三十三人……宗正卿兼工部侍郎李遵加特進，封鄭國公，實封二百户。」獨孤及《唐故特進太子少保鄭國李公墓誌銘》曰：「少保諱遵，……(肅宗)即皇帝位，拜公尚書工部侍郎，領宗正卿。乘輿南旋，公封鄭伯。舊京始復，公典營建。……乾元二年，論功行封，策爲鄭國公，定食實封二百户，加特進、工部尚書，宗正如故。」知遵自至德元載至乾元元年官工部侍郎。文中云「候涼時即躬詣門下奉謝」，則本文當作於乾元元年夏。

〔二〕一昨：前些日子。出：指出獄。維于至德二載十月入獄，同年十二月被宥出獄，説見《年譜》。

〔三〕從官：隨從官吏。將軍車騎，宋蜀本作「將軍騎」，述古堂本作「將多車騎」。按，原文疑當作「將車騎」，指攜帶車馬以迎請維；宋蜀本之「軍」，蓋即「車」之形誤字。

〔四〕「才非」二句：謂自己才能不像張載，却委曲傅玄(喻李侍郎)以車相迎。《晉書·張載傳》：「載性閑雅，博學有文章。……爲《濛汜賦》，司隸校尉傅玄見而嗟嘆，以車迎之，言談盡日，爲之延譽，遂知名。」

〔五〕「德謝」二句：見《夷門歌》注〔四〕。謝，不如。

〔六〕竦踊：聳身而踊，狀神情緊張興奮。魏文帝《彈棊賦》：「於時觀者，莫不虚心竦踊，咸側息而延佇。」《晉書·傅玄傳》：「玄天性峻急，不能有所容；每有奏劾，或值日暮，捧白簡，整簪帶，竦踊不寐，坐而待旦。」惕息：恐懼不安。《漢書·司馬遷傳》：「見獄吏則頭槍地，視徒隸則心惕息。」注：「惕，懼也；息，喘息也。」

〔七〕結髮：謂初成年。素風：指平素之風。

〔八〕句謂侍郎年輕時爲貴公子。《鄭國李公墓誌銘》：「少保諱遵，皇唐太祖景帝七世孫也。」

〔九〕下，底本原作「不」，據宋蜀本、《全唐文》改。

〔一〇〕盡禮：言竭力禮待。髦士：英俊之士。《詩·小雅·甫田》：「攸介攸止，烝我髦士。」傳：「髦，俊也。」

〔一一〕絶甘分少：謂自己拒絶甘美食物，即使食物很少亦與衆人分享。《漢書·司馬遷傳》：「以爲李陵素與士大夫絶甘分少，能得人之死力，雖古名將不過也。」注：「自絶旨甘，而與衆人分之，共同其少多也。」

〔一二〕以：和；述古堂本作「比」。

〔一三〕汲汲：形容心情急切、努力追求。宋蜀本、述古堂本作「急急」。

〔一四〕常如不及：《禮記·問喪》：「汲汲然，如有追而弗及也。」二句意謂，急切地追求當世之士，常常感到像是追求不上的樣子。

〔一五〕問望：聲望。問，通「聞」。

〔一六〕孟嘗：見《送岐州源長史歸》注〔二〕。平原：平原君。儔：同類人。

〔一七〕播越：流亡。《左傳》昭公二十六年：「兹不穀震盪播越，竄在荆蠻。」此處指安禄山陷潼關後玄宗出逃。

〔一八〕棄車走林：語出《左傳》宣公十二年：「王乘左廣以逐趙旃，趙旃棄車而走林（跑入林中）。」

〔一九〕顧望：猶觀望。《漢書·王嘉傳》：「外内顧望，操持兩心。」

〔二〇〕「侍郎」四句：《舊唐書·肅宗紀》：「（至德元載六月）庚子，（上）至烏氏驛，彭原太守李遵謁見，率兵士奉迎，仍進衣服糧糗。上至彭原，又募得甲士四百，率私馬以助軍。」《鄭國李公墓誌銘》：「明年（至德元載），長安覆没……自新平屬之五原，二千石皆反爲賊守，莫有勤王者。肅宗以餘騎十數，次於彭原，公頓首迎謁，且憤且喜，因獻衣服鞍馬，泣問大計。乃悉發倉庫，募敢死士，獲九百餘人，公自誓衆扈蹕而北。翌日，師次臨涇，又北至於平原，收攜貳逆命者，斬之以殉，破其餘黨，進幸靈武。旬日之間，有衆至數萬，王師遂張。」枕戈泣血，語出《晉書·桓温傳》：「枕戈（以戈爲枕）泣血，志在復讎。」

〔二一〕「楊奉」句：《後漢書·獻帝紀》：「（興平二年）秋七月甲子，車駕（自長安）東歸（洛陽）。……十一月庚午，李傕、郭汜等追乘輿，戰於東澗，王師敗績。……壬申，幸曹陽，露次田中，楊奉、董承引白波帥胡才、李樂、韓暹及匈奴左賢王去卑率師奉迎，與李傕等戰，破之。十二月庚辰，車駕乃進。」

〔二二〕「蕭何」句：《史記·蕭相國世家》：「夫漢與楚相守滎陽數年，軍無見糧，蕭何轉漕關中，給食不乏。」致饋，給食。

〔二三〕「曹洪」句：《三國志·魏書·曹洪傳》：「曹洪，字子廉，太祖從弟也。太祖起義兵，討董卓，爲卓

〔三二〕一代宗臣：《漢書・蕭何曹參傳》贊：「唯何、參擅功名，位冠群臣，聲施後世，爲一代之宗臣。」注：「言爲後世之所尊仰，故曰宗臣也。」

〔三三〕宗子：皇族子弟。《文選》曹冏《六代論》：「内無宗子以自毗輔，外無諸侯以爲蕃衛。」同休：指同休戚。《三國志・蜀書・費詩傳》：「且王與君侯，譬猶一體，同休等戚，禍福共之。」

〔三四〕晷刻：時刻。

〔三五〕窮蹙（cù促）：困窮，處境艱難。《文選》宋玉《九辯》：「悲憂窮蹙兮獨處廓，有美一人兮心不繹。」

〔三六〕「即匹」二句：謂即像平民百姓那樣，在山溝中上吊自殺。語本《論語・憲問》：「豈若匹夫匹婦之爲諒也，自經於溝瀆而莫之知也？」

〔三七〕決命爭首：拚命爭先。《文選》李陵《答蘇武書》：「疲兵再戰，一以當千，然猶扶乘創痛，決命爭首。」吕向注：「士卒用命，扶其創，乘其痛，爭爲先首而戰也。」決命，猶言拚命。

〔三八〕死生以之：《左傳》昭公四年：「鄭子産作丘賦，國人謗之……子産曰：『何害？苟利社稷，死生以之。』」以，由也。

〔三九〕干功：求功。

〔四〇〕吟詠：歌唱，抒寫。

〔四一〕翛（xiāo消）然：自由自在、無拘無束貌。《莊子・大宗師》：「古之真人，不知説生，不知惡將徐榮所敗。太祖失馬，賊追甚急，洪下以馬授太祖，太祖辭讓，洪曰：『天下可無洪，不可無君。』遂步從。」濟，救助。

〔二四〕「趙衰」句：《左傳》僖公二十五年：「晉侯問原守（原大夫）於寺人勃鞮，對曰：『昔趙衰以壺飧（飧，水澆飯；以壺盛之，故曰壺飧）從（指晉文公出亡，趙衰攜帶飯食，隨之而亡），徑（獨行小路，謂與晉文相失），餒（飢）而弗食。』故使處原（指爲原大夫）。」

〔二五〕繕完：修治完善。底本原作「繕治」，此從宋蜀本。

〔二六〕以劍率卒：謂持劍率領士卒迎敵。語本《左傳》襄公二十三年：「鞅用劍以帥卒，欒氏退，攝車從之。」注：「用劍，短兵接敵，欲致死。」棄，底本原作「兵」，此從宋蜀本。

〔二七〕前驅：指爲先鋒。《詩·衛風·伯兮》：「伯也執殳，爲王前驅。」

〔二八〕浹辰：《左傳》成公九年：「莒恃其陋，而不修城郭，浹辰之間，而楚克其三都。」浹爲周匝，辰即自子至亥十二辰，浹辰謂經歷地支一遍，即十二日。辰，底本原作「旬」，據宋蜀本、述古堂本改。

〔二九〕六軍：軍隊的統稱。響振：聲音振動。陳琳《爲袁紹檄豫州》：「金鼓響振，布衆奔沮。」

〔三〇〕義貫白日：狀義氣之盛，上干天日。《三國志·魏書·武帝紀》：「君執大節，精貫白日，奮其武怒，運其神策。」

〔三一〕垂名竹帛：留聲名於史册。曹植《求自試表》：「功勳著於景鐘，名稱垂于竹帛。」竹謂簡册，帛謂縑素。

死……翛然而往，翛然而來而已矣。」東山之志：退隱之志。《晉書・謝安傳》載，安初除佐著作郎，以疾辭官，隱于東山。朝廷屢詔不仕，至年四十餘方出爲桓温司馬。後官至中書監、録尚書事，復加司徒、侍中，「然東山之志始末不渝，每形於言色」。

維雖老賤，沉跡無狀〔一〕，豈不知有忠義之士乎？亦常延頸企踵〔二〕，嚮風慕義無窮也〔三〕，然不敢自列于下執事者〔四〕，以爲賤貴有倫，等威有序〔五〕，以閒人持不急之務，朝夕倚門窺户，抑亦侍郎之所惡也。而猥不見遺〔六〕，思曹公命吴質〔七〕，將何以塞知己之望〔八〕，報厚顧之恩？内省空虚，流汗而已！輒先馳狀〔九〕，候凉時即躬詣門下奉謝〔一〇〕。

王維頓首。

〔一〕沉跡：隱匿形跡。陸機《漢高祖功臣頌》：「赫矣高祖，肇載天禄。沉跡中鄉，飛名帝録。」無狀：《漢書・東方朔傳》：「妾無狀，負陛下，身當伏誅。」注：「無狀，猶言無顔面以見人也。一曰，自言所行醜惡無善狀。」

〔二〕延頸企踵：伸長脖子踮起腳跟，形容殷切盼望。揚雄《劇秦美新》：「海外遐方，信延頸企踵，回面内嚮，喁喁如也。」

〔三〕嚮風慕義：向往其風範道義。《文選》司馬相如《喻巴蜀檄》：「延頸舉踵，喁喁然，皆嚮風慕義，欲爲臣妾。」

〔四〕下執事：指李手下供役使之人。

〔五〕倫：順序。等威：與人的不同等級身分相稱的威儀。《左傳》宣公十二年：「君子小人，物有服章。貴有常尊，賤有等威。」注：「威儀有等差。」

〔六〕猥：謙詞，辱，承蒙。見遺：被遺棄。

〔七〕曹公命吴質：《三國志·魏書·王粲傳》：「吴質，濟陰人。以文才爲文帝所善……封列侯。」注：「《魏略》曰：『質字季重，以才學通博，爲五官將(即曹丕，建安十六年爲五官中郎將)及諸侯所禮愛，質亦善處其兄弟之間，若前世樓君卿之游五侯矣。……』……及魏有天下，文帝徵質，與車駕會洛陽。到，拜北中郎將，封列侯，使持節督幽并諸軍事。……《質别傳》曰：『帝嘗召質及曹休歡會，命郭后出見質等，帝曰：「卿仰諦視之。」其至親如此。』」此處蓋即以曹丕徵質來會，喻侍郎「令從官將車騎至陋巷見命」事。趙殿成校曰：「曹字疑是車字之誤。」

〔八〕塞：答，報答。《漢書·終軍傳》：「獻享之精交神，積和之氣塞明。」注：「塞，答也。明者明靈，亦謂神也。」

〔九〕馳狀：速送書信。馳，底本原作「持」，據宋蜀本、述古堂本、明十卷本等改。

〔一〇〕奉謝：致謝。奉，敬詞。

大唐故臨汝郡太守贈祕書監京兆韋公神道碑銘并序〔一〕

坑七族而不顧〔二〕，赴五鼎而如歸〔三〕，徇千載之名〔四〕，輕一朝之命，烈士之勇也。隱身流涕，獄急不見〔五〕，南冠而縶，遜詞以免〔六〕，北風忽起，刎頸送君〔七〕，智士之勇也。種族其家〔八〕，則廢先君之嗣〔九〕，戮辱及室，則累天子之姻〔一〇〕，非苟免以全其生，思得當有以報漢〔一一〕，棄身爲餌，俛首入橐〔一二〕，僞就以亂其謀，佯愚以折其僭〔一三〕，謝安伺桓温之亟〔一四〕，蔡邕制董卓之邪〔一五〕，然後吞藥自裁，嘔血而死，仁者之勇，夫子爲之。

〔一〕作于乾元元年韋斌贈祕書監之後。臨汝郡：即汝州，天寶元年改爲臨汝郡，乾元元年復舊，治所在今河南汝州市。《舊唐書・韋斌傳》、《新唐書・宰相世系表》俱稱斌官「臨安太守」，按「臨安」乃「臨汝」之訛，説見岑仲勉《元和姓纂四校記》卷二。韋公：即韋斌。《舊唐書・韋斌傳》云：「（天寶）十四載，安禄山反，陷洛陽，斌爲賊所得，僞授黄門侍郎，憂憤而卒。及克復兩京，肅宗乾元元年，贈祕書監。」題下注語底本原無，據宋蜀本、述古堂本、明十卷本等補。

〔二〕坑：活埋。七族：《史記・魯仲連鄒陽列傳》：「然則荆軻之湛（沈）七族，要離之燒妻子，豈足道哉！」集解：「張晏曰：七族，上自曾祖，下至曾孫。」索隱：「父之姓，一也；姑之子，二也；姊妹之子，三也；女之子，四也；母之姓，五也；從子，六也；及妻父母，凡七族也。」

〔三〕「赴五」句：《史記·平津侯主父偃列傳》：「且丈夫生不五鼎食，死即五鼎烹耳。」《漢書·主父偃傳》注：「五鼎烹之，謂被鑊烹之誅。」「赴五鼎」即謂就烹刑。《新序·義勇》：「佛肸以中牟叛，置鼎于庭，致士大夫曰：『與我者受邑，不吾與者烹。』大夫皆從之。至于田卑，曰：『義死不避斧鉞之罪，義窮不受軒冕之服。無義而生，不仁而富，不如烹！』褰衣將就鼎，佛肸脱屨（謂疾趨而鞋脱落）而生（或作「止」，是）之。」

〔四〕徇：通「殉」。賈誼《鵩鳥賦》：「貪夫徇財兮，烈士徇名。」

〔五〕「隱身」二句：用朱建事。《史記·酈生陸賈列傳》：「辟陽侯（審食其）欲知平原君（朱建），平原君不肯見。及平原君母死……家貧，未有以發喪，方假貸服具。……辟陽侯仍奉百金往税（以財物助人治喪謂之税）。……辟陽侯幸吕太后，人或毁辟陽侯於孝惠帝，孝惠帝大怒，下吏欲誅之。吕太后慙，不可以言，大臣多害辟陽侯行，欲遂誅之。辟陽侯急，因使人欲見平原君，平原君辭曰：『獄急（獄事正危急），不敢見君。』（平原君）迺求見孝惠幸臣閎籍孺，説之曰……於是閎籍孺大恐，從其計言帝，果出辟陽侯。辟陽侯之囚，欲見平原君，平原君不見辟陽侯，辟陽侯以爲倍（背叛）己，大怒，及其成功出之，迺大驚。」隱身流涕，謂建隱身不見食其而暗中爲之流涕。按，《史記》、《漢書》皆未言建嘗「流涕」，此蓋作者增飾之詞。

〔六〕「南冠」二句：用鍾儀事。《左傳》成公九年：「晉侯觀于軍府，見鍾儀（時儀被囚于軍府）。問之曰：『南冠（戴南方的帽子）而縶（拘禁）者，誰也？』有司對曰：『鄭人所獻楚囚也。』使税之（解除其拘禁）。召而弔（慰問）之。再拜稽首。問其族，對曰：『泠人（樂官）也。』公曰：『能樂乎？』對曰：『先人之職官也，敢有二事？』使與之琴，操南音。公曰：『君王何如？』對曰：『非小人之所得知也。』固問之，對曰：『其爲大子也（楚共王爲太子時），師、保奉之，以朝于嬰齊而夕于側也（每日早晨向令尹子重、晚上向司馬子反請教）。不知其他。』公語范文子，文子曰：『楚囚，君子也。言稱先職，不背本也；樂操土風，不忘舊也；稱大子，抑無私也；名其二卿，尊君也（直稱子重、子反之名，乃尊重晉君的表現）。……君盍（何不）歸之，使合晉、楚之成（和解）。』公從之，重爲之禮，使歸求成。」遜詞，言語恭順。

〔七〕「北風」二句：用侯嬴事，見《夷門歌》注〔八〕。

〔八〕種族其家：《漢書·高祖紀》：「蕭曹等皆文吏，自愛，恐事不就，後秦種族其家。」注：「誅及種族也。」謂整個家族被殺害。

〔九〕先君：猶言祖先。嗣：後嗣。

〔一〇〕「戮辱」二句：室，妻。姻，親戚。斌妻爲玄宗弟薛王業之女，故云。

〔一一〕「思得」句：《文選》司馬遷《報任少卿書》：「（李陵）身雖陷敗，彼觀其意，且欲得其當而報於漢。」李善注：「張晏曰：欲得相當也。言欲立効以當罪而報漢恩。」《漢書·李陵傳》：「（陵）身雖陷敗，然其所摧敗，亦足暴於天下。彼之不死，宜欲得當以報漢也。」注：「言欲立功以當其罪也。」以上二句意謂，不是苟且求免于損害以保全自己的生命，而是像李陵那樣想得到適當機會以報答漢朝。

〔一二〕棄身爲餌：捨棄自身以爲誘餌。俛首入橐：《文選》揚雄《解嘲》：「范睢，魏之亡命也；折脅摺髂，免於徽索，翕肩蹈背，扶服入橐；激卬萬乘之主，介涇陽、抵穰侯而代之，當也。」扶服，即匍匐。入橐，謂藏于囊中。俛，同「俯」。按，《史記·范睢蔡澤列傳》載，睢被魏相笞辱，詐死出亡，入於秦，途遇秦相穰侯，曾匿於秦人王稽車中，未稱睢有「入橐」事。此用《解嘲》之意，指暫時忍辱。

〔一三〕折：挫敗。僭：超越本分，冒用在上者的職權行事。二句意謂，僞裝就職以擾亂敵人的圖謀，佯裝愚笨以挫敗敵人的僭越行爲。

〔一四〕「謝安」句：《晋書·謝安傳》云：「時孝武帝富於春秋，政不自己，（桓）温威振内外，人情噂嗒，互生同異。安與坦之盡忠匡翼，終能輯穆。及温病篤，諷朝廷加九錫，使袁宏具草。安見，輒改之，由是歷旬不就。會温薨，錫命遂寢。」又《桓温傳》云：「（温）寢疾不起，諷朝廷加己九錫，累相催促。謝安、王坦之聞其病篤，密緩其事，錫文未及成而薨。」伺，窺測，等候。亟，急，指病勢危急。

〔一五〕「蔡邕」句：《後漢書·蔡邕傳》：「董卓爲司空，聞邕名高，辟之，稱疾不就。卓大怒……邕不得已，到署祭酒，甚見敬重。……初平元年，拜左中郎將，從獻帝遷都長安，封高陽鄉侯。董卓賓客部曲，議欲尊卓，比太公稱尚父，卓謀之於邕，邕曰：『太公輔周，受命翦商，故特爲其號。今明公威德，誠爲巍巍，然比之尚父，愚意以爲未可，宜須關東平定，車駕還反舊京，然後議之。』卓從其言。初平二年六月，地震，卓以問邕，邕對曰：『地震者陰盛侵陽，臣下踰制之所致也。前春郊天，公奉引車駕，乘金華青蓋，爪畫兩轓（此爲皇太子、皇子所乘之車），遠近以爲非宜。』卓於是改乘皁蓋車。卓重邕才學，厚相遇待，每集讌，輒令邕鼓琴贊事，邕亦每存匡益。」邪，即指僭越行爲。

公諱某〔一〕，字某，京兆杜陵人也〔二〕。昔豕韋氏主盟于商〔三〕，後扶陽侯重世相漢〔四〕。高祖某官，父某，某官〔五〕，並勳德茂著，史牒詳焉。公即文貞公之仲子也〔六〕。初以宰相子，弁髦署吏〔七〕，抱拜授封〔八〕，加朝散大夫〔九〕，封平樂郡公〔一〇〕。累拜某官，丁文貞公憂，又丁某國夫人憂〔一一〕。無容顧禮〔一二〕，殆不勝喪〔一三〕，終身之痛，歷稔猶毀〔一四〕。幼無童心〔一五〕，長積純氣〔一六〕，抱其天素〔一七〕，立于人紀〔一八〕。先聖微言，宿儒未辨，貫穿精義，總括旁説〔一九〕。文言蔚于輿表〔二〇〕，筆態妩于方外〔二一〕。《子虛》、《上林》，敢云雄似〔二二〕；《黄庭》、《團扇》，方議雁行〔二三〕。鶴氅乏之姿，羊車奪映〔二四〕，會選公婿，詔婚王室〔二五〕。天家焜燿〔二六〕，獨任素風〔二七〕；時論騰踴，宜在右職〔二八〕。乃拜中書舍人〔二九〕。動翔鳳之詠〔三〇〕，啓迪古詩〔三一〕；下流水之書〔三二〕，敦崇雅誥〔三三〕。轉太常少卿〔三四〕。六宗九奏〔三五〕，悉具其儀，天神地祇，可得而禮〔三六〕。俄以親累，貶巴陵太守，稍遷壽春太守，又遷臨汝太守〔三七〕。其理務教訓，其政尚寬簡。謂其叙在六官，又踐三事〔三八〕，疇咨帝載，必歌九功之德〔三九〕；式和人則，必復三代之英〔四〇〕。天子避其用親，奸臣惡其異己〔四一〕。馮衍竟廢〔四二〕，揚雄不遷〔四三〕，抑古人而有之，何夫子之命也！

〔一〕某，《全唐文》作「斌」。

〔二〕京兆杜陵：謂韋氏之祖貫。《漢書·韋賢傳》：「初，賢以昭帝時徙平陵，（子）玄成别徙杜陵。」《新唐書·宰相世系表》：「（韋）孟四世孫賢，漢丞相、扶陽節侯，又徙京兆杜陵。」漢京兆有杜陵縣，在今西安市東南。《舊唐書·韋安石傳》：「韋安石，京兆萬年人。」唐萬年縣與長安縣同治都城（今西安市）中。

〔三〕豕韋氏主盟于商：相傳韋姓出自豕韋氏。《漢書·韋賢傳》韋孟《諷諫詩》：「肅肅我祖，國自豕韋（注：「應劭曰：在商爲豕韋氏也。」）。黼衣朱紱，四牡龍旂。彤弓斯征，撫寧遐荒（注：「言受彤弓之賜，於此得專征伐也。」）。總齊群邦，以翼（佐助）大商。迭彼大彭，勳績維光（注：「迭，互也。自言豕韋氏與大彭互爲伯於殷商也。」）。」班固《白虎通·號》：「大彭氏、豕韋氏，霸於殷者也。」「主盟于商」，言在商代主持諸侯會盟，即所謂「總齊群邦」、「霸於殷」。又《新唐書·宰相世系表》云：「韋氏出自風姓。顓頊孫大彭爲夏諸侯，少康封其别孫元哲於豕韋，其地滑州韋城是也。豕韋、大彭迭爲商伯。周赧王時失國，徙居彭城，以國爲氏。」

〔四〕扶陽侯重世相漢：《漢書・韋賢傳》：「（賢）本始三年，代蔡義爲丞相，封扶陽侯，食邑七百户。……少子玄成，復以明經歷位至丞相。」重世，再世。此指兩代。

〔五〕「高祖」三句：《全唐文》作「高祖孝寬，周大司空、鄖國公。曾祖津，陵州刺史、壽光縣男。祖琬，成州刺史。父安石，左僕射、郇國公，謚文貞」。《舊唐書・韋安石傳》：「韋安石……周大司空、鄖國公孝寬曾孫也。祖津，大業末爲民部侍郎。……（王）世充僭號，深被委遇。及洛陽平，高祖與津有舊，徵授諫議大夫，檢校黄門侍郎。出爲陵州刺史，卒。父琬，成州刺史。」《元和姓纂》卷二：「（韋）津……唐諫議大夫、太僕少卿、壽光男。」安石歷相武后、中宗、睿宗，封郇國公。景雲二年（七一一）十月爲尚書左僕射、東都留守。尋出爲蒲州刺史，無幾，轉青州刺史。開元二年（七一四），貶沔州別駕，卒。「天寶初，以子貴，追贈開府儀同三司、尚書左僕射、郇國公，謚曰文貞」。參見兩《唐書》本傳、《通鑑》。

〔六〕「公即」句：《舊唐書・韋陟傳》：「安石晚有子，及爲并州司馬，始生陟及斌。」仲子，次子。

〔七〕弁髦：《左傳》昭公九年：「豈如弁髦，而因以敝（棄）之。」疏：「弁謂緇布冠，髦謂童子垂髦。凡加冠之禮，先用緇布之冠，斂括垂髦，三加（古行冠禮，先加緇布冠，次加皮弁，後加爵弁，謂之三加）之後，去緇布之冠，不復更用，故云因以敝之。」謂「弁髦」即加緇布冠于髦，故趙殿成云：「右丞用其字，蓋取始冠之義。」按，《舊唐書・韋斌傳》曰：「斌，景雲初安石爲宰輔時，授太子通事舍人。」景雲凡二年，「景雲初」當指景雲元年（七一〇）；考斌兄陟生于公元六九六年（《舊唐書》本傳謂陟上元元年卒，年六十五），景雲元年只有十五歲，而斌則不過十二、三、四歲，可見斌「署吏」時，尚未及始冠之年（《禮記·曲禮上》謂男子二十而冠，《荀子·大略》、《儀禮·士冠禮》謂十九而冠）。《舊唐書》本傳謂「陟始十歲，拜温王府東閤祭酒，加朝散大夫」，亦幼年即署吏也。故疑「弁髦」當作「垂髦」，蓋因草書形近而致誤。

〔八〕抱拜授封：謂除官時抱之而拜。形容年幼。《宋書·江夏王義恭傳》：「故抱拜兆於壓璧，赤龍表於霄徵。」參見《恭懿太子輓歌五首》其一注〔三〕。

〔九〕朝散大夫：文散官，從五品下。見《舊唐書·職官志》。

〔一〇〕平樂郡公：唐之封爵，凡有九等，第四等曰郡公。唐昭州（天寶時改爲平樂郡）有平樂縣，始置於三國吴甘露元年，故城在今廣西平樂西南。

〔一一〕某國夫人：指安石之妻。唐國公母、妻，爲國夫人。

〔一二〕無容顧禮：謂不容顧及禮。指憂傷之極，「居喪過禮」。

〔一三〕不勝喪：謂居喪過哀，身體承受不住。《禮記·曲禮上》：「居喪之禮，頭有創則沐，身有瘍則浴，有疾則飲酒食肉，疾止復初；不勝喪，乃比於不慈不孝。」注：「勝，任也。」疏：「不勝喪，謂疾不食酒肉，創瘍不沐浴，毁而滅性（危及生命）者也。不留身繼世，是不慈也；滅性又是違親生時之意，故云不孝。不云同而云比者，此滅性本心，實非爲不孝，故言比也。」則「不勝喪」乃違禮之舉，然後多以之稱頌孝子。《後漢書・桓彬傳》：「父麟，字元鳳。……會母終，麟不勝喪，未祥而卒。」

〔一四〕稔：年。毀：指因居喪過哀而消瘦。《孝經・喪親》：「教民無以死傷生，毀不滅性。」

〔一五〕童心：猶言「小孩脾氣」。《左傳》襄公三十一年：「於是昭公十九年（歲）矣，猶有童心，君子是以知其不能終也。」

〔一六〕純氣：純正之氣。《莊子・達生》：「是純氣之守也，非知巧果敢之列。」

〔一七〕天素：天性。《三國志・蜀書・劉巴傳》注引《零陵先賢傳》：「（諸）葛亮謂（劉）巴曰：『……足下雖天素高亮，宜少降意也。』」

〔一八〕人紀：爲人應有的法度準則。《書・伊訓》：「先王肇修人紀。」傳：「言湯始修爲人綱紀。」句謂在爲人應遵循的綱紀法度上立身。

〔一九〕「先聖」四句：宿儒，老成博學之儒。《漢書・翟方進傳》：「是時宿儒有清河胡常，與方進同經。」貫穿，融會貫通，通達。精義，《易・繫辭下》：「精義入神，以致用也。」注：「精義，物理之微者也。」疏：「言聖人用精粹微妙之義，入於神化，寂然不動，乃能致其所用。」旁説，廣爲解説。《舊唐書・韋陟傳》載：「開元初，丁父憂，居喪過禮。自此杜門不出八年，與弟斌相勸勵，探討典墳，不捨晝夜，文華當代，俱有盛名。」

〔二〇〕文言：指聯綴成篇的文字。蔚：文采華美。輿表：衆人之外。輿，底本原作「興」，從宋蜀本、明十卷本、《全唐文》改。句謂文章的華采在衆人之上。

〔二一〕奼：亦作「姹」，美艷。方外：世俗之外。方，底本原作「力」，據宋蜀本改。句謂筆墨姿態的美艷出於世俗之外。

〔二二〕「《子虚》」二句：《子虚》、《上林》，二賦皆司馬相如作。《漢書·揚雄傳》：「蜀有司馬相如，作賦甚弘麗温雅，雄心壯之，每作賦，常擬之以爲式。……孝成帝時，客有薦雄文似相如者，上方郊祠甘泉泰畤、汾陰后土以求繼嗣，召雄待詔承明之庭。」此以揚雄喻斌。謂敢説像揚雄那樣與相如相似。

〔二三〕《黄庭》：道經名。相傳王羲之曾書《黄庭經》。《白氏六帖事類集》卷二九：「右軍王羲之嘗見山陰道士有群鵝，求之，其人邀右軍書《黄庭經》以换，遂書之。」張彦遠《法書要録》卷三褚遂良《晋右軍王羲之書名》中有「《黄庭經》」。《團扇》：漢班婕妤《怨歌行》有「裁爲合歡扇，團團似明月」句，後人因稱之爲《團扇歌》。《詩品》卷上：「漢婕妤班姬，其原出於李陵。《團扇》短章，詞旨清捷，怨深文綺。」雁行：並行，並列。《晋書·王羲之傳》：「(羲之)每自稱『我書比鍾繇，當抗行；比張芝草，猶當雁行也』。」《通鑑》卷一六〇「吾恥與高澄雁行」胡注：「言如雁並飛而進也。」此二句謂斌擅長書法和詩歌。宋陳思《書小史》卷一〇謂斌「善隸書」，元陶宗儀《書史會要》卷五稱斌「以行草著名」。

〔二四〕鶴氅：謂王恭。《世説新語·企羨》：「孟昶未達時，家在京口，嘗見王恭乘高輿，被鶴氅裘(用鳥羽製的外套，美稱鶴氅），于時微雪，昶於籬間窺之，歎曰：『此真神仙中人。』」《晉書・王恭傳》：「恭美姿儀，人多愛悦……孟昶窺見之，歎曰：『此真神仙中人也。』」乏姿：缺少姿色。羊車：謂衛玠。《世説新語・容止》注引《玠别傳》曰：「（玠）齠齔時，乘白羊車於洛陽市上，咸曰：『誰家璧人？』」《晉書・衛玠傳》：「年五歲，風神秀異。……總角乘羊車入市，見者皆以爲玉人，觀之者傾都。」奪映：失其光輝。此二句寫斌姿容之美，説連王恭、衛玠都不能相比。

〔二五〕「會選」二句：公壻，諸侯之壻，諸侯王之壻。《韓非子・亡徵》：「公壻、公孫與民同門，暴慠其鄰者，可亡也。」《舊唐書・韋斌傳》：「開元十七年，司徒薛王業爲女平恩縣主求婚，以斌才地奏配焉。」

〔二六〕天家：帝王之家。《後漢書・曹節傳》：「車馬服玩，擬於天家。」焜（kūn昆）耀：明照，光輝照耀。《左傳》昭公三年：「不腆先君之適以備内官，焜耀寡人之望。」焜，底本原作「熀」，此從宋蜀本。

〔二七〕句謂斌獨自保有純樸之風。

〔二八〕騰踴：喻旺盛、活躍。右職：重要的職位。

〔二九〕《舊唐書・韋斌傳》：「天寶初，轉國子司業。天寶中，拜中書舍人，兼集賢院學士。……改太常少卿。」

〔三〇〕翔鳳之詠：《文選》謝朓《直中書省》：「兹言翔鳳池，鳴珮多清響。」鳳池，謂中書省。時謝朓在中書省任職。翔鳳，宋蜀本、述古堂本、明十卷本俱作「朔風」，蓋因形近而致誤。句謂發出飛翔於鳳池的歌詠。

〔三一〕句謂可啓迪古詩的寫作。

〔三二〕流水之書：謂詔令，見《韓公墓誌銘》第二段注〔一七〕。句就中書舍人所掌職事而言。《舊唐書·職官志》：「中書舍人……凡詔旨敕制，及璽書册命，皆按典故起草進畫；既下，則署而行之。」

〔三三〕敦崇：注重，崇尚。誥：謂詔策。

〔三四〕太常少卿：唐太常寺置卿一人（正三品），少卿二人（正四品上），「卿之職，掌邦國禮樂、郊廟、社稷之事。……少卿爲之貳」（《舊唐書·職官志》）。

〔三五〕六宗：古代尊祀的六種神。《書·舜典》：「肆類于上帝，禋（祭）于六宗。」傳：「宗，尊也。所尊祭者，其祀有六。」六宗的説法不一，一説是四時、寒暑、日、月、星、水旱，一説是水、火、風、雷、山、澤，一説是日、月、星辰、河、海、岱，其餘説法尚多，此不備舉。此處泛指祭神。九奏：泛指奏樂。見《賀古樂器表》第二段注〔二七〕。句指多種祭神奏樂之事。

〔三六〕「天神」二句：語本《周禮·春官·大司樂》：「凡樂，圜鍾爲宫，黄鍾爲角，大蔟爲徵，姑洗爲羽……冬日至，於地上之圜丘奏之。若樂六變（即六成、六奏），則天神皆降，可得而禮矣。凡樂，函鍾爲宫，大蔟爲角，姑洗爲徵，南吕爲羽……夏日至，於澤中之方丘奏之。若樂八變，則地示（祇，地神）皆出，可得而禮矣。」二句謂天神下降，地神現身，人們都能够加以禮敬。

〔三七〕「俄以」四句：以親，底本原作「入覲」，宋蜀本作「又親」，述古堂本作「入親」，趙殿成校曰：「入覲疑是以親二字之訛。」按，趙説是，今從之。《舊唐書・韋斌傳》：「天寶五載，右相李林甫構陷刑部尚書韋堅，斌以親累，貶巴陵太守，移臨安（臨汝之誤）太守，加銀青光禄大夫。」《新唐書・韋斌傳》：「李林甫構韋堅獄，斌以宗累，貶巴陵太守，移臨汝。久之，拜銀青光禄大夫，列五品。」《通鑑》天寶五載七月：「（韋）堅長流臨封，（李）適之貶宜春太守，太常少卿韋斌貶巴陵太守……凡堅親黨坐流貶者數十人。」按，斌與堅同宗，斌屬鄖公房，堅屬彭城公房，見《新唐書・宰相世系表》；又堅姊爲薛王妃（見《舊唐書・韋堅傳》），而斌爲薛王婿。巴陵，即岳州，天寶元年改爲巴陵郡，治所在今湖南岳陽。壽春，即壽州，天寶元年改爲壽春郡，治所在今安徽壽縣。

〔三八〕叙：依次進用。六官：《周禮・秋官・大司寇》：「大史、内史、司會及六官，皆受其貳而藏之。」注：「六官，六卿之官也。」六卿謂周之冢宰、司徒、宗伯、司馬、司寇、司空，參見《書・周官》。踐：登。三事：見《苑舍人能書梵字……戲爲之贈》注〔八〕。二句意謂，以爲斌將登公卿之高位。

〔三九〕疇咨：《書・堯典》：「帝曰：『疇咨若時登庸。』」蔡傳：「疇，誰。咨，訪問也。」後用爲訪問、徵詢之義。《漢書・武帝紀》贊：「遂疇咨海内，舉其俊茂。」注：「言謀於衆人，誰可爲事者也。」《晋書・段灼傳》上表：「宜疇咨博采，廣開貢士之路。」帝載：《書・舜典》：「咨四岳，有能奮庸熙帝之載。」傳：「載，事也。」歌九功之德：見《奉敕詳帝皇龜鏡圖狀》第一段注〔九〕。二句意謂，用斌輔政，徵詢以帝事，天下必歌九功之德。

〔四〇〕式和人則：《書・君牙》：「今命爾予翼，作股肱心膂……弘敷五典，式和民則。」傳：「大布五常之教，用和民，令有法則。」式，用。三代之英：《禮記・禮運》：「大道之行也，與三代之英，丘未之逮也，而有志焉。」注：「英，俊選之尤者。」疏：「與三代之英者，英謂英異，并與夏殷周三代英異之主，若禹湯文武等。」二句意謂，用斌輔政，使民和順而有法則，必能返回禹湯文武的盛世。

〔四一〕奸臣：當指李林甫及楊國忠。《舊唐書・韋陟傳》載，天寶十二年，右相楊國忠惡斌兄陟有才望，恐踐台衡，因構陷之，坐貶爲昭州平樂尉。

〔四二〕馮衍竟廢：《後漢書・馮衍傳》：「衍幼有奇才。……(鮑)永、衍審知更始已殁(更始于光武帝建武元年十二月遇害)，乃共罷兵，幅巾降于河内。帝怨衍等不時至，永以立功得贖罪，遂任用之，而衍獨見黜。……頃之，帝以衍爲曲陽令，誅斬劇賊郭勝等，降五千餘人，論功當封，以讒毁故，賞不行。建武六年，日食，衍上書陳八事……書奏，帝將召見。初，衍爲孟浪長，以罪摧陷大姓令狐略，是時略爲司空長史，讒之於尚書令王護、尚書周生豐曰：『衍所以求見者，欲毁君也。』護等懼之，即共排間，衍遂不得入。後衛尉陰興、新陽侯陰就以外戚貴顯，深敬重衍，衍遂與之交結，由是爲諸王所聘請，尋爲司隸從事。帝懲西京外戚賓客，故皆以法繩之，大者抵死徙，其餘至貶黜，衍由此得罪。嘗自詣獄，有詔赦不問，西歸故郡，閉門自保，不敢復與親故通。建武末，上疏自陳……書奏，猶以前過不用。……顯宗即位，又多短衍以文過其實，遂廢于家。」

〔四三〕揚雄不遷：《漢書·揚雄傳》贊：「(雄)除爲郎，給事黄門，與王莽、劉歆並。哀帝之初，又與董賢同官。當成、哀、平間，莽、賢皆爲三公，權傾人主，所薦莫不拔擢，而雄三世不徙官。」

逆賊安禄山〔一〕，吠堯之犬〔二〕，驅彼六騾〔三〕，憑武之狐，猶威百獸〔四〕，藉天子之寵，稱天子之官，徵天子之兵，逆天子之命。始反幽薊〔五〕，稍逼温洛〔六〕，云誅君側，尚惑人心〔七〕。列郡無備，百司安堵〔八〕，變折衝爲賊矣〔九〕，兼法令而盜之〔一〇〕。將逃者已落彀中〔一一〕，謝病者先之死地〔一二〕。密布羅網，遥施陷穽，舉足便跌，奮飛即挂。智不能自謀，勇無所致力。賊使其騎劫之以兵，署之以職，以弩爲質，遣吏挾行〔一三〕。公潰其腹心〔一四〕，候其間隙，義覆元惡〔一五〕，以雪大恥。嗚呼！上京既駭〔一六〕，法駕大遷〔一七〕，天地不仁〔一八〕，穀洛方鬭〔一九〕，鑿齒入國，磨牙食人〔二〇〕。君子爲投檻之猿〔二一〕，小臣若喪家之狗〔二二〕。僞疾將遁，以猜見囚〔二三〕。勺飲不入者一旬〔二四〕，穢溺不離者十月〔二五〕；白刃臨者四至，赤棒守者五人〔二六〕。刀環築口，戟枝叉頸，縛送賊庭〔二七〕，實賴天幸〔二八〕，上帝不降罪疾〔二九〕，逆賊恫瘝在身〔三〇〕，無暇戮人，自憂爲厲〔三一〕。公哀予微節〔三二〕，私予以誠〔三三〕，推食飯我〔三四〕，致館休我。畢今日歡〔三五〕，泣數行下〔三六〕，示予佩玦〔三七〕，斫手長吁〔三八〕，座客更衣，附耳而語。指其心曰：「積憤攻中〔三九〕，流痛成疾，恨不見戮專車之骨〔四〇〕，梟枕鼓之頭〔四一〕，焚骸四衢〔四二〕，然臍三日〔四三〕。

見子而死，知予此心〔四四〕。」之明日而卒〔四五〕。某年月日，絶于洛陽某之私第。以某月日返葬于某原〔四六〕，禮也。

〔一〕安禄山：營州柳城雜種胡人，深受唐玄宗寵信，兼范陽、平盧、河東三鎮節度使，加御史大夫、尚書左僕射。天寶十四載十一月，安禄山矯稱奉恩命誅楊國忠，發所部兵及同羅、奚、契丹、室韋之衆凡十五萬人，反於范陽。十二月，陷東京，唐軍西走潼關，臨汝、弘農、濟陰、濮陽諸郡皆降於禄山。十五載正月，禄山自稱大燕皇帝，改元聖武。參見兩《唐書·安禄山傳》、《通鑑》。

〔二〕吠堯之犬：謂安禄山是一條向堯狂吠的狗。《漢書·鄒陽傳·獄中上書》：「今人主誠能去驕傲之心，懷可報之意……則桀之犬可使吠堯，而跖之客可使刺由。」

〔三〕驅彼六騾：駕馭他那六匹騾子拉的車。《漢書·霍去病傳》：「薄莫，單于遂乘六贏，壯騎可數百，直冒漢圍西北馳去。」注：「贏者驢種馬子，堅忍，單于自乘，善走，贏而壯騎隨之也。」按，贏通「騾」。此句隱指安禄山爲胡酋。

〔四〕「憑武」二句：憑，依仗。武，即「虎」，避李淵之祖父李虎諱，改爲「武」。《戰國策·楚策一》：「虎求百獸而食之，得狐。狐曰：『子無敢食我也！天帝使我長百獸，今子食我，是逆天帝命也。子以我爲不信，吾爲子先行，子隨我後，觀百獸之見我而敢不走乎？』虎以爲然，故遂與之行；獸見之皆走。虎不知獸畏己而走也，以爲畏狐也。」

〔五〕幽薊：幽州、薊州。天寶元年，更幽州節度使爲范陽節度使，領幽（天寶元年改爲范陽郡，治所在今北京西南）、薊（治所在今天津薊縣）、嬀、檀……等州，治幽州。

〔六〕温洛：見《爲薛使君謝婺州刺史表》注〔三〕。

〔七〕君側：指君主左右的惡人。《公羊傳》定公十三年：「晋趙鞅取晋陽之甲，以逐荀寅與士吉射。荀寅與士吉射者曷爲者也？君側之惡人也。」《晋書·謝鯤傳》：「及（王）敦將爲逆，謂鯤曰：『……吾欲除之君側惡，匡主濟時，何如？』」尚：通「嘗」。

〔八〕百司：百官。安堵：相安，安居。《史記·田單傳》：「願無虜掠吾族家妻妾，令安堵。」

〔九〕折衝：見《爲薛使君謝婺州刺史表》注〔一九〕。此指禦敵者。

〔一〇〕「兼法」句：《莊子·胠篋》：「然而田成子一旦殺齊君而盗其國，所盗者，豈獨其國邪？並與其聖知之法而盗之。」

〔一一〕彀（gòu够）中：弓弩射程所及的範圍。《莊子·德充符》：「遊于羿之彀中。」後喻指掌握之中。

〔一二〕謝病者：指託病不接受僞職者。

〔一三〕劫之以兵：謂手持兵器相威逼。以孥爲質：用妻子兒女作抵押。挾行：言脅持他人，使依己命而行。以上四句寫斌陷賊後，禄山迫以僞署。《舊唐書·安禄山傳》：「（唐軍）皆棄甲西走潼關……臨汝太守韋斌降于賊。」

〔一四〕潰：離散。腹心：喻親信。

〔一五〕覆：滅。元惡：《書·康誥》：「元惡大憝。」傳：「大惡之人。」指安禄山。

〔一六〕上京：首都。《漢書·叙傳·幽通賦》：「皇十紀而鴻漸兮，有羽儀于上京。」句指天寶十五載六月禄山破潼關後，京師震駭。

〔一七〕法駕：天子的車駕。《史記·吕太后本紀》：「迺奉天子法駕，迎代王於邸。」集解：「蔡邕曰：『天子有大駕、小駕、法駕。法駕上所乘，曰金根車，駕六馬。』」《三輔黄圖》卷六：「法駕，京兆尹奉引，侍中参乘，奉車郎御，屬車三十六乘。」句指玄宗幸蜀。

〔一八〕天地不仁：謂天地無仁愛之德。語出《老子》五章：「天地不仁，以萬物爲芻狗。」河上公注：「天施地化，不以仁恩，任自然也。」

〔一九〕穀洛方鬭：《國語·周語下》：「靈王二十二年，穀洛鬭，將毁王宫。」注：「穀洛，二水名。鬭者，兩水格，有似于鬭。洛在王城之南，穀在王城之北，東入于瀍，至靈王時，穀水盛出于王城之西，而南流合于洛水，毁王城西南，將及王宫。」本指水泛濫，此喻惡人肆意爲虐。

〔二〇〕「鑿齒」二句：《山海經·海外南經》：「羿與鑿齒戰於壽華之野，羿射殺之。」注：「鑿齒亦人也，齒如鑿，長五六尺，因以名云。」《淮南子·本經》：「堯之時……猰貐、鑿齒……皆爲民害。」注：「鑿齒，獸名。齒長三尺，其狀如鑿，下徹頷下，而持戈盾。」《漢書·揚雄傳·長楊賦》：「昔有彊秦，封豖其士，窫窳其民，鑿齒之徒，相與摩牙而爭之。」注：「服虔曰：『鑿齒……亦食人。』李奇曰：『以喻秦貪焚殘食其民也。』」此以鑿齒喻指安禄山軍。國，指都城。

〔二一〕投檻猿：扔進籠子裏的猿猴。《淮南子・俶真》：「置猿檻中，則與豚同，非不巧捷也，無所肆其能也。」句寫叛軍入長安後，在那裏搜捕百官的情况。

〔二二〕喪家狗：《史記・孔子世家》：「東門有人，其顙似堯，……纍纍若喪家之狗。」集解：「王肅曰：喪家之狗，主人哀荒，不見飲食，故纍然而不得意。孔子生于亂世，道不得行，故纍然不得志之貌也。」

〔二三〕猜：懷疑。此二句及以下數句皆維自謂，《舊唐書・王維傳》云：「玄宗出幸，維扈從不及，爲賊所得。維服藥取痢，僞稱瘖疾。禄山素憐之，遣人迎置洛陽，拘于普施寺，迫以僞署。」斌陷賊在天寶十四載十二月，維爲賊所得在天寶十五載六月長安淪陷後，二事相距半年。

〔二四〕「勺飲」句：《左傳》定公四年：「申包胥如秦乞師，……立，依於庭牆而哭，日夜不絶聲，勺飲不入口七日。」勺飲，一勺湯水。

〔二五〕穢：指糞。溺：同「尿」。蓋「服藥取痢」，故「穢溺不離」。月：疑爲「日」之形誤字。

〔二六〕赤棒：紅色之棒，恒施于鹵簿。《北史・高道穆傳》：「帝姊壽陽公主行犯清路，執赤棒卒呵之不止，道穆令卒棒破其車。」守，宋蜀本作「辱」。

〔二七〕「刀環」二句：見《爲薛使君謝婺州刺史表》注〔二四〕、〔二五〕。叉，明十卷本、奇字齋本作「入」。據以上數句，可知王維陷賊後，是在備受叛軍的折磨、侮辱之後，被捆綁着，用武力强行押送到洛陽的，所謂「禄山素憐之，遣人迎置洛陽」，並非事實。

〔二八〕天幸：謂天賜的徼幸，非人力所致者。

〔二九〕罪疾：災難。《書·盤庚中》：「高后丕乃崇（重）降罪疾，曰：『曷虐朕民？』」

〔三〇〕「逆賊」句：恫瘝（guān 官），病痛。《書·康誥》：「恫瘝乃身。」傳：「恫，痛。瘝，病。治民務除惡政，當如痛病在汝身，欲去之。」《舊唐書·安禄山傳》：「（至德元載）十一月，遣阿史那承慶攻陷潁川，屠之。禄山以體肥，長帶瘡。及造逆後而眼漸昏，至是不見物。又著疽疾。俄及至德二年正月朔受朝，瘡甚而中罷。」

〔三一〕厲：通「癩」，惡瘡。《史記·豫讓傳》：「豫讓又漆身爲厲，吞炭爲啞。」句指「逆賊」正發愁自己身上長着惡瘡。

〔三二〕微節：微末的節操。《後漢書·孟嘗傳》：「思立微節，不敢苟私鄉曲。」此指「僞疾將遁」而言。

〔三三〕私：偏愛。

〔三四〕推食飯我：《史記·淮陰侯列傳》：「漢王授我上將軍印，予我數萬衆，解衣衣我，推食食我。」「推食食我」即讓食與我。

〔三五〕畢今日歡：《漢書·蘇武傳》：「武曰：『自分（認定）已死久矣！王必欲降武，請畢（盡）今日之驩（歡），效死於前！』」此指有一次完成了當日的歡聚。

〔三六〕泣數行下：《漢書·蘇武傳》：「（武歸漢，李）陵泣下數行，因與武決。」

〔三七〕示予佩玦：《史記·項羽本紀》：「范增數目項王，舉所佩玉玦以示之者三，項王默然不應。」此指在宴席上向己示意。

〔三八〕斫手：擊手，拍手。

〔三九〕中：内心。

〔四〇〕流痛成疾：不斷擴散的痛苦釀成疾病。恨，底本原作「恨」，《全唐文》作「猥」，此從明十卷本。戮專車之骨：《國語·魯語下》：「昔禹致群神於會稽之山，防風氏後至，禹殺而戮之，其骨節專車（滿載一車）。」此借指殺安禄山。據此句，知斌當卒于至德二載正月安禄山爲其子所殺之前。

〔四一〕梟：殺人而懸其頭于木上。枕鼓：謂巨毋霸。《漢書·王莽傳》：「有奇士長丈，大十圍……自謂巨毋霸。……軺車不能載，三馬不能勝，即日以大車四馬建虎旗載霸詣闕。霸卧則枕鼓（用鼓做枕頭），以鐵箸食。」按，禄山體「肥壯，腹垂過膝，重三百三十斤，每行以肩膊左右攞挽其身，方能移步」（《舊唐書·安禄山傳》），故此處以霸喻之。

〔四二〕焚骸四衢：謂在四通八達的大路上焚燒其屍骨。《三國志·魏書·明帝紀》注引《魏略》：「（孟達反，）宣王誘達將李輔及達甥鄧賢，賢等開門納軍，達被圍，旬有六日而敗，焚其首于洛陽四達之衢。」

〔四三〕然臍三日：《後漢書·董卓傳》：「（吕）布應聲持矛刺卓，趣兵斬之。……乃尸卓於市，天時始熱，卓素充肥，脂流於地，守尸吏然（燃）火，置卓臍中，光明達曙，如是積日。諸袁門生，又聚董氏之尸，焚灰揚之於路。」句謂在他的肚臍上點火燒上三天。

〔四四〕予，宋蜀本、述古堂本、明十卷本俱作「余」。

〔四五〕「之」上《全唐文》多一「言」字。

〔四六〕返葬：指歸葬于京兆（斌京兆萬年人）。其時間當在至德二載十月唐軍收復東京之後。

皇帝中興，悲憐其意，下詔褒美，贈祕書監〔一〕，天下之人謂之賞不失德矣〔二〕。公敦穆孝友〔三〕，明允篤誠〔四〕，高居化源〔五〕，濡跡物軌〔六〕。元昆曰陟〔七〕，伯與仲居，愛之欲無方〔八〕，視之若不足〔九〕，薄其私而厚其室〔一〇〕，抑謙己而讓其名〔一一〕，故有靈芝聳蓋〔一二〕，嘉木連理〔一三〕，時人以爲孝悌之祥，而公昆季謙而不以聞也〔一四〕。維穉弱之契〔一五〕，曠年彌篤〔一六〕，吾實知之能言者〔一七〕。乃爲銘曰銘亡。

〔一〕此句之下宋蜀本、述古堂本並多「制曰云云」四字。

〔二〕賞不失德：謂獎賞没有錯過有德之人。《左傳》宣公十二年：「舉不失德，賞不失勞。」

〔三〕敦穆：謂待人親厚和睦。《北史·寇贊傳》：「兄弟並孝友敦穆，白首同居。」孝友：孝順父母、友愛兄弟。

〔四〕明允篤誠：明察而誠信，厚道而忠實。《左傳》文公十八年：「昔高陽氏有才子八人……齊聖廣淵，明允篤誠。」疏：「明者，達也，曉解事務，照見幽微也。允者，信也，終始不愆，言行相副也。篤者，厚也，志性良謹，交游款密也。誠者，實也，秉心純直，布行貞實也。」

〔五〕化源：教化之本源。句指高居於掌管教化的位置。

〔六〕濡跡：滯留，留止。陸機《門有車馬客行》：「含君久不歸，濡跡涉江湘。」物軌：衆人的規範。《晉書・李充傳・學箴》：「然則聖人之在世，吐言則爲訓辭，莅事則爲物軌。」

〔七〕元昆：長兄。

〔八〕無方：無限，無所不至。《莊子・天運》：「動於無方，居於窈冥。」

〔九〕句謂看顧之常覺似有不足。

〔一〇〕句謂薄一己之私而重共同之家。

〔一一〕抑：句首助詞。謙，宋蜀本、述古堂本俱作「而」。按，「而」即「其」，二字可互訓，參見《經傳衍釋》卷七。句謂自謙克己而將名聲讓給兄長。

〔一二〕靈芝：菌類植物。古以芝爲瑞草，故名靈芝。聳蓋：直立其蓋。芝形如車蓋，故云。

〔一三〕連理：兩棵樹的枝條連生在一起。

〔一四〕「謙而不以聞也」，《全唐文》作「謙不以聞」。不以聞：不上報朝廷。

〔一五〕穉弱之契：謂年幼時即與斌意氣相投。《舊唐書・韋陟傳》：「開元初，丁父憂……自此杜門不出八年，與弟斌相勸勵……于時才名之士王維、崔顥、盧象等，常與陟唱和遊處。」

〔一六〕曠年：謂歷長久之歲月。《後漢書·朱儁傳》：「皆曠年歷載，乃能克敵。」曠，底本原作「晚」，此從宋蜀本。彌篤：更加深厚。

〔一七〕「能」上《全唐文》多一「罕」字。

爲畫人謝賜表〔一〕

臣某言：臣猥以賤伎，得備衆工〔二〕，誤點屏風，乏成蠅之巧〔三〕；偶持團扇，無事牸之能〔四〕。徒以職官，不敢貳事〔五〕；顧惟時論，有慚三絶〔六〕。伏惟皇帝陛下，撥亂反正〔七〕，受命中興，俯協龜圖，傍觀鳥迹〔八〕，卦因于畫，畫始生書〔九〕，知微知彰〔一〇〕，惟聖體聖〔一一〕。臣奉詔旨，令寫功臣，運偶鳳翔之初〔一二〕，無非鷹揚之士〔一三〕。燕頷猿臂〔一四〕，裂眥奮髯〔一五〕，髮衝鶡冠〔一六〕，力舉龍鼎〔一七〕，骨風猛毅〔一八〕，眸子分明〔一九〕，皆就筆端，別生身外〔二〇〕。傳神寫照〔二一〕，雖非巧心；審象求形，或皆暗識〔二二〕。妍蚩無枉，敢顧黄金〔二三〕；取舍惟精，時憑白粉〔二四〕。且如日磾下泣，知其孝思〔二五〕，于禁懷慚，媿此忠節〔二六〕，乃無聲之箴頌〔二七〕，亦何賤于丹青！宣父之似皋繇〔二八〕，元子之類越石〔二九〕，不待或人之説，無煩故妓之言〔三〇〕，此又一奇，誠爲可尚。臣得舐筆麟閣〔三一〕，繼踵虎頭〔三二〕，頻蒙獎教之恩〔三三〕，益用精誠自勵。勤以補拙，雖未仙飛〔三四〕；感而遂通〔三五〕，實因聖訓。況賜衣服，累問官資〔三六〕，中使相望，屢加宣慰，微臣戰灼〔三七〕，無答恩私之至〔三八〕。

〔一〕據《舊唐書·肅宗紀》及《通鑑》載，至德二載（七五七）十二月，上皇還長安，上御丹鳳樓，赦天下，封蜀郡、靈武扈從立功之臣，皆進階賜爵；此篇稱皇帝「中興」，「令寫功臣」，當作于至德二載十二月之後，今姑繫于乾元元年（七五八）。

〔二〕猥：謙詞，猶辱、承蒙。得備衆工：謂得聊充官府工匠之數。指己爲畫工。這是作者代奉命畫功臣像的畫工寫的一篇感謝天子賜給衣物的表章。

〔三〕「誤點」二句：見《故人張諲工詩善易卜……聊獲酬之》注〔七〕。

〔四〕「偶持」二句：《晋書·王獻之傳》：「（獻之）工草隸，善丹青。……桓温嘗使書扇，筆誤落，因畫作烏駮牸牛，甚妙。」牸（zì字），母牛。意謂遇上拿着宫扇，臣也没有把上面誤落的墨畫成母牛的能力。

〔五〕「徒以」二句：《禮記·王制》：「凡執技以事上者，祝、史、射、御、醫、卜及百工。凡執技以事上者，不貳事（專任其職，不更爲他事），不移官。」謂作畫只是由于職務，臣不敢做本職以外的事情。

〔六〕顧惟時論：回想時人的評論。三絶：《晋書·顧愷之傳》：「尤善丹青，圖寫特妙，謝安深重之，以爲有蒼生以來未之有也。……俗傳愷之有三絶：才絶、畫絶、癡絶。」

〔七〕撥亂反正：《公羊傳》哀公十四年：「撥（治）亂世，反諸正，莫近諸《春秋》。」《鹽鐵論・詔聖》：「非撥亂反正之常也。」

〔八〕協：合。龜圖：見《謝集賢學士表》注〔三〕。龜圖指龜背所現之裂紋，亦曰龜文。舊傳其與河圖、洛書（又稱龜書）相類，都是帝王聖者受命之瑞。鳥迹：鳥之爪印。按，古有聖者視龜文鳥迹而畫卦作書之説。《易・繫辭下》：「古者包犧氏之王天下也，仰則觀象于天，俯則觀法於地，觀鳥獸之文，與地之宜，近取諸身，遠取諸物，於是始作八卦。」《繫辭上》：「河出圖，洛出書，聖人則之。」《書・顧命》「河圖」傳：「伏犧王天下，龍馬出河，遂則其文，以畫八卦，謂之河圖。」《文選》何晏《景福殿賦》：「龜書出於河源。」吕向注：「河圖也。」揚雄《覈靈賦》：「大易之始，河序龍馬，洛貢龜書。」許慎《説文解字・叙》：「黄帝之史倉頡，見鳥獸蹏迒之迹，知分理之可相别異也，初造書契。」《晉書・衛恒傳・四體書勢》：「黄帝之史，沮誦、倉頡，眺彼鳥跡，始作書契。」張彦遠《法書要録》卷七張懷瓘《書斷》：「頡首四目，通於神明，仰觀奎星圜曲之勢，俯察龜文鳥迹之象，博采衆美，合而爲字，是曰古文。」二句謂，聖人俯視龜背之文而求與之相合，又旁觀鳥的爪印以作八卦。

〔九〕「卦因」二句：《尚書序》：「古者伏犧氏之王天下也，始畫八卦，造書契。」疏：「八卦畫萬物之象，文字書百事之名，故《繫辭》曰：『仰則觀象於天……』是萬象見於卦。然畫亦書也，與卦相類，故知書契亦伏犧時也。」謂卦、畫、書相類。「八卦畫萬物之象」，又畫的産生最早（原始人類即有粗陋的繪畫），故稱「卦因（依）于畫」；最初的文字多爲象形，此即畫也，故云「畫始生書」。

〔一〇〕知微知彰：《易・繫辭下》：「君子知微知彰，知柔知剛，萬夫之望。」疏：「君子知微知彰者，初見是幾（事之跡兆），是知其微；既見其幾，逆知事之禍福，是知其彰著也。」意謂聖人既知事物的隱微徵兆，又知事物的顯著面貌。

〔一一〕體聖：指體察聖人的畫卦作書，因而看重畫。承上「卦因于畫，畫始生書」而言。

〔一二〕偶：遇，值。鳳翔：長安淪陷後，肅宗于至德元載（七五六）七月在靈武即位，二載二月移駐鳳翔（今陝西鳳翔），十月唐軍收復兩京後，方自鳳翔還長安。

〔一三〕鷹揚：見《苗公德政碑》第五段注〔一三〕。句謂無非都是一些像高飛的雄鷹一樣的威武之士。

〔一四〕燕頷：下巴似燕子。《後漢書・班超傳》：「相者指曰：『燕頷虎頸，飛而食肉，此萬里侯相也。』」猿臂：《史記・李將軍列傳》：「廣爲人長，猿臂，其善射亦天性也。」

〔一五〕裂眥奮髯：見《送高判官從軍赴河西序》首段注〔二三〕、〔二四〕。

〔一六〕髮衝鶡冠：《史記・廉頗藺相如列傳》：「相如因持璧却立倚柱，怒髮上衝冠。」鶡冠，漢時武官之冠，以鶡尾爲飾。《後漢書・輿服志》：「武冠，俗謂之大冠，環纓無蕤，以青系爲緄，加雙鶡尾，豎左右，爲鶡冠云。五官左右虎賁羽林五中郎將、羽林左右監皆冠鶡冠。……鶡者勇雉也，其鬭對一死而止，故趙武靈王以表武士秦施安焉。」

〔一七〕力舉龍鼎：《史記・項羽本紀》：「籍長八尺餘，力能扛鼎。」龍鼎，有龍形花紋的鼎。《史記・趙世家》：「秦武王與孟説舉龍文赤鼎，絶臏而死。」

〔一八〕骨風：指人的氣質、風度。猛毅：勇猛剛毅。《荀子・不苟》：「（君子）剛强猛毅，靡所不信（伸），非驕暴也。」

〔一九〕眸子分明：《世説新語・言語》：「嵇中散語趙景真：『卿瞳子（即眸子，眼珠）白黑分明，有白起之風。』」注引嚴尤《三將叙》曰：「平原君勸趙孝成王受馮亭，王曰：『受之秦兵必至，武安君（即秦名將白起）必將，誰能當之者乎？』對曰：『澠池之會，臣察武安君小頭而面鋭，瞳子白黑分明，視瞻不轉。小頭而面鋭者，敢斷決也；瞳子白黑分明者，見事明也；視瞻不轉者，執志强也，可與持久，難與爭鋒。……』」

〔二〇〕别生身外：指人物的形象出現在自己的眼前。

〔二一〕傳神寫照：謂畫人物肖像能傳達出其精神。《世説新語・巧藝》：「顧長康（愷之）畫人，或數年不點目睛。人問其故，顧曰：『四體妍蚩，本無關於妙處；傳神寫照，正在阿堵（猶這個）中。』」寫照，即寫真。

〔二二〕二句謂審視畫中的形象求得功臣的形貌，人們或許私下都能認識。

〔二三〕二句謂狀貌或美或醜皆得其實，豈敢念及陛下賞賜黄金。

〔二四〕白粉：指作畫的顔料。

〔二五〕「且如」二句：《漢書・金日磾傳》：「金日磾（mì dī 咪梯），字翁叔，本匈奴休屠王太子也。……

日磾既親近，未嘗有過失，上甚信愛之。……日磾母教誨兩子，甚有法度，上聞而嘉之。病死，詔圖畫於甘泉宫，署曰『休屠王閼氏』。日磾每見畫常拜，鄉之涕泣，然後迺去。」孝思，孝親之思。

〔二六〕「于禁」二句：《三國志・魏書・于禁傳》：「（太祖）使曹仁討關羽於樊，又遣禁助仁。秋，大霖雨，漢水溢，平地水數丈，禁等七軍皆没。……羽乘大船就攻禁等，禁遂降，惟龐悳不屈節而死。太祖聞之，哀歎者久之，曰：『吾知禁三十年，何意臨危處難，反不及龐悳邪？』會孫權禽羽，獲其衆，禁復在吴。文帝踐阼，權稱藩，遣禁還。帝引見……拜爲安遠將軍。欲遣使吴，先令北詣鄴，謁高陵。帝使豫於陵屋畫關羽戰克，龐悳憤怒，禁降服之狀，禁見慙恚，發病薨。」媿此忠節，謂對着這有忠貞節操的人（龐悳）感到羞愧。

〔二七〕箴：規戒。

〔二八〕「宣父」句：宣父，唐貞觀十一年，詔尊孔子爲宣父。見《通典》卷五三、《新唐書・禮樂志五》。《史記・孔子世家》：「孔子適鄭，與弟子相失。孔子獨立郭東門，鄭人或謂子貢曰：『東門有人，其顙似堯，其項類皋陶（也作皋繇，舜臣），其肩類子産……』子貢以實告孔子。」

〔二九〕「元子」句：《晉書・桓温傳》：「桓温字元子。……初，温自以雄姿風氣是宣帝、劉琨之儔，有以其比王敦者，意甚不平。及是征還，於北方得一巧作老婢，訪之，乃琨伎女也，一見温，便潸然而泣。温問其故，答曰：『公甚似劉司空（琨）。』温大悦，出外整理衣冠，又呼婢問。婢云：『面甚似，恨薄；眼甚似，恨小；鬚甚似，恨赤；形甚似，恨短；聲甚似，恨雌。』温於是褫冠解帶，昏然而睡，不怡者數日。」《晋書・劉琨傳》：「劉琨字越石。」

〔三〇〕「不待」二句：意謂睹畫即明。妓，《全唐文》作「伎」。

〔三一〕舐筆：以口水潤筆。指作畫。《莊子・田子方》：「宋元君將畫圖，衆史（畫工）皆至，受揖而立，舐筆和墨，在外者半。」麟閣：即麒麟閣，相傳爲漢武帝元狩元年獲麒麟時所建，在未央宫内。《漢書・蘇武傳》：「甘露三年……上思股肱之美，乃圖畫其人於麒麟閣，法（取法）其形貌，署其官爵姓名。唯霍光不名，曰『大司馬大將軍博陸侯姓霍氏』。次曰『衛將軍富平侯張安世』……次曰『典屬國蘇武』。皆有功德，知名當世，是以表而揚之，明著中興輔佐，列於方叔、召虎、仲山甫焉。凡十一人，皆有傳。」句謂臣得以在麒麟閣作畫（指畫功臣像）。

〔三二〕虎頭：張彦遠《歷代名畫記》卷五：「顧愷之字長康，小字虎頭。」

〔三三〕頻，宋蜀本作「類」。奬教：奬賞教誨。

〔三四〕仙飛：用顧愷之「妙畫通靈，變化而去」事，參見《春過賀遂員外藥園》注〔七〕。

〔三五〕感而遂通：言此有所感而通於彼。《易・繫辭上》：「《易》無思也，無爲也，寂然不動，感而遂通天下之故（事），非天下之至神，其孰能與於此。」此指通於畫道。

〔三六〕官資：指官府的供給。

〔三七〕戰灼：恐懼不安。《晋書・王濬傳》：「豈唯老臣獨懷戰灼，三軍上下咸盡喪氣。」

〔三八〕無答：無法報答。恩私：指天子的私愛恩寵。

爲曹將軍謝寫真表〔一〕

臣某言：天幸微臣，身逢大聖〔二〕，得爲列卒，以備戎行〔三〕，於臣一生，已爲萬足，況建旗爲將〔四〕，裂組受官〔五〕，蒙推食之恩，辱賜衣之寵〔六〕！匹夫之勇〔七〕，雖不顧身；長策無聞，未能盡敵〔八〕。仰慚介冑〔九〕，俯媿櫜鞬〔一〇〕。加以弓不重于六鈞〔一一〕，箭不穿于七札〔一二〕，詎中雀目〔一三〕，誠慙猿臂〔一四〕。似劉琨而恨小〔一五〕，非關羽之絕倫〔一六〕，何以廁跡虎臣〔一七〕，儀形麟閣〔一八〕？伏惟皇帝陛下昭格天地〔一九〕，懸超七十二家〔二〇〕，微臣託附風雲，不如二十八將〔二一〕，而蒙垂聖旨，特命畫工，畫植戟之黃鬚，圖石稜之紫色〔二二〕。才如過隙〔二三〕，顧侯已得其神〔二四〕；不待臨淄，鄒子自知其醜〔二五〕，豈可藏之祕府〔二六〕，以示後人？將謂飛龍之時〔二七〕，無俟貔貅之士〔二八〕，寵過其効，力不稱恩，願死藝於伏弢〔二九〕，誓殺身于鳴轂〔三〇〕。無任感激欣戴之至〔三一〕。

〔一〕尋繹文意，曹當是被寫真的中興功臣之一，故本篇之寫作時間當同上篇。曹將軍：不詳。

〔二〕天幸：天賜之幸。大聖：指唐肅宗。

〔三〕列卒：衆卒。以備戎行：以充行伍之數。《左傳》成公二年：「下臣不幸，屬當戎行，無所逃隱。」

〔四〕建旗：立旗。古時出征，須於軍前立旗。後亦稱興兵建幕府或武將出鎮爲建旗。曹植《責躬》：「願蒙矢石，建旗東嶽，庶立毫氂，微功自贖。」

〔五〕裂組：分組，分給印綬。謂授官。江淹《後讓太傅揚州牧表》：「量能而受賞，撰智而錫位。深乃裂組，遠故分珪。」

〔六〕「蒙推」二句：見《韋公神道碑銘》第三段注〔三四〕。

〔七〕匹夫之勇：《孟子・梁惠王下》：「夫撫劍疾視曰：『彼惡敢當我哉！』此匹夫之勇，敵一人者也。」

〔八〕盡敵：見《送李補闕充河西支度營田判官序》注〔九〕。

〔九〕介胄：披甲戴盔，指武將的裝束。

〔一〇〕櫜鞬：見《送高判官從軍赴河西序》第二段注〔一七〕。櫜，底本原作「橐」，據宋蜀本改。

〔一一〕六鈞：《左傳》定公八年：「顔高之弓六鈞。」注：「顔高，魯人。三十斤爲鈞，六鈞百八十斤，古稱重，故以爲異强。」謂張滿弓須用力六鈞。

〔一二〕七札：《左傳》成公十六年：「潘尪之黨與養由基蹲甲（以甲置於物上）而射之，徹（穿透）七札（革甲内外複疊七層）焉。以示王，曰：『君有二臣如此，何憂於戰？』王怒曰：『大辱國！詰朝（明朝）爾射，死藝。』」注：「言汝以射自多，必當以藝死也。」

〔一三〕詎：豈。雀目：見《老將行》注〔一〇〕。

〔一四〕猿臂：見上篇注〔一四〕。

〔一五〕「似劉琨」句：見上篇注〔二九〕。似，底本原作「以」，據宋蜀本、述古堂本改。

〔一六〕「非關羽」句：《三國志・蜀書・關羽傳》：「羽聞馬超來降，舊非故人，羽書與諸葛亮，問超人才可誰比類，亮知羽護前，乃答之曰：『孟起（超字）兼資文武，雄烈過人，一世之傑，黥、彭之徒，當與益德（張飛）並驅爭先，猶未及髯之絶倫逸群也。』羽美鬚髯，故亮謂之髯。」

〔一七〕廁跡：置身。虎臣：威武勇猛之臣。《詩・魯頌・泮水》：「矯矯虎臣，在泮獻馘。」

〔一八〕儀形：容貌形狀。此處用如動詞，謂畫其容貌形狀。又同「儀刑」，猶言「作榜樣」。《文選》左思《魏都賦》：「儀形宇宙，歷像賢聖。」「儀刑麟閣」指畫像麟閣，爲百官之榜樣。

〔一九〕昭：光輝。格：至。

〔二〇〕懸：遠。七十二家：《史記・封禪書》：「齊桓公既霸，會諸侯於葵丘，而欲封禪，管仲曰：『古者封泰山禪梁父者七十二家，而夷吾所記者，十有二焉。』」

〔二一〕「微臣」二句：《後漢書・朱祐等傳》論：「中興二十八將，前世以爲上應二十八宿，未之詳也。然咸能感會風雲，奮其智勇，稱爲佐命，亦各志能之士也。」託附，依附，依託。風雲，比喻良好的際遇。二十八將，見《少年行四首》其四注〔一〕。

〔二二〕植戟：極言鬚粗而硬，似豎立之戟。黄鬚：見《老將行》注〔四〕。石稜之紫色：見《送高判官從軍赴河西序》第一段注〔二〇〕。二句指畫己之像。

〔二三〕才如過隙：謂時間極短。《莊子·知北遊》：「人生天地之間，若白駒之過隙，忽然而已。」

〔二四〕「顧侯」句：見上篇注〔二二〕。顧侯，指顧愷之。

〔二五〕「不待」二句：《藝文類聚》卷二三：「《新序》曰：齊王聘田巴先生而將問政焉。對曰：『政在正身，正身之本在於群臣。王召臣，臣改制鬠飾，問於妾奚若？妾愛臣，諛臣曰佼，臣臨淄水而觀，然後自知醜惡也。今齊之臣諛王者衆，王能臨淄水，見己之惡，過而自改，斯齊國治矣。』」（今本《新序》無此條）趙殿成注：「此云鄒子，未詳。」按，《戰國策·齊策一》：「（鄒忌）於是入朝見威王曰：『臣誠知不如徐公美，臣之妻私臣，臣之妾畏臣，臣之客欲有求於臣，皆以美於徐公。今齊地方千里，百二十城，宫婦左右，莫不私王，朝廷之臣，莫不畏王，四境之内，莫不有求於王。由此觀之，王之蔽甚矣。』」此處疑合二事而用之。

〔二六〕祕府：禁中藏祕籍之處。《文選》劉歆《移書讓太常博士》：「皆古文舊書，多者二十餘通，藏於祕府，伏而未發。」

〔二七〕將：且，再。飛龍之時：謂聖人居王位之時。《易·乾》：「九五，飛龍在天，利見大人。」疏：「言九五陽氣盛，至於天，故云飛龍在天。此自然之象，猶若聖人有龍德飛騰而居天位，德備天下，爲萬物所瞻覩，故天下利見此居王位之大人。」

〔二八〕貔貅：猛獸名，以喻勇猛之士。《晋書·熊遠傳》：「今順天下之心，命貔貅之士，鳴檄前驅，大軍後至。」宋蜀本、明十卷本俱作「如貔」。此言聖人以其至德而登位，無所期待于勇士。

〔二九〕死藝：見本文注〔二三〕。伏弢：《左傳》成公十六年：「及戰，（晋吕錡）射（楚）共王中目。王召養由基，與之兩矢，使射吕錡，中項，伏弢（言吕錡被射中頸項，伏於弓套而死）。以一矢復命。」

〔三〇〕鳴轂：見《老將行》注〔二一〕。

〔三一〕欣戴：謂欣悦擁戴。《國語·周語上》：「（庶民）欣戴武王，以致戎於商牧。」

裴右丞寫真贊〔一〕

澹爾清德〔二〕，居然素風〔三〕。氣和容衆，心静如空。智以窮理，才包至公〔四〕。大盜振駭〔五〕，群臣困蒙〔六〕。忘身徇節，歷險能通〔七〕。仁者之勇，義無失忠。凝情取象〔八〕，惟雅則同〔九〕。粉繪不及，清明在躬〔一〇〕。麟閣之上，其誰比崇！

〔一〕尋繹文意，裴當是中興功臣之一，亦蒙受寫真之榮，故本文之寫作時間應同上二篇。裴右丞：即裴遵慶。楊綰《裴遵慶碑》云：「至德初，拔自賊庭，將趨行在……遽拜給事中，累遷尚書右丞、兵部、户部，□授吏部侍郎。」（《八瓊室金石補正》卷六四）《舊唐書·裴遵慶傳》云：「天寶末，楊國忠當國，出不附己者例爲外官，遵慶亦出爲郡守。肅宗即位，徵拜給事中、尚書右丞、吏部侍郎。……上元中……遷黄門侍郎、同中書門下平章事。」右丞，即尚書右丞，正四品下，掌管轄兵、刑、工部十二司之事。

〔二〕澹爾：恬淡寡欲。清德：高潔之德行。《後漢書・楊彪傳》：「楊公四世清德，海内所瞻。」

〔三〕居然：猶確實。素風：純樸清白之風。

〔四〕窮理：窮究事物之理。包：統攬。至公：指考場或考試。舊稱試院爲至公堂，故云。唐劉虚白《獻主文》：「不知歲月能多少，猶着麻衣待至公。」唐閻濟美《下第獻座主張謂》：「轉令遊藝士，更惜至公年。」按，《舊唐書・裴遵慶傳》云：「遷司門員外吏部員外郎，專判南曹。天寶中，海内無事，九流輻輳會府，每歲吏部選人，動盈萬數。遵慶敏識强記，精覈文簿，詳而不滯，時稱吏事第一。」「才包至公」即謂其才能足以總攬吏部銓試（唐時吏部銓選需試書、判）。

〔五〕大盜振駭：指安禄山反。振駭，謂使人震驚。《晋書・夏統傳》：「於是風波振駭，雲霧杳冥。」

〔六〕困蒙：《易・蒙》：「六四，困蒙，吝。」疏：「困於蒙昧而有鄙吝。」此指窘困。

〔七〕徇節：守節至死不變。二句指裴陷賊後能守節，並「拔自賊庭」，到達天子所在之地。

〔八〕凝情：凝聚感情，情意專注。何遜《詠舞妓詩》：「凝情眄墮珥，微睇託含辭。」取象：捕取形象，指作畫。

〔九〕此言裴之肖像，惟高雅則同於本人。

〔一〇〕粉繪：謂畫。清明在躬：《禮記・孔子閒居》：「清明在躬，氣志如神。」注：「謂聖人也。」疏：「清謂清静，明謂顯著，言聖人清静光明之德在於躬身。」二句意謂，畫像趕不上本人，清明之德只存在于右丞之身。

送從弟惟祥宰海陵序〔一〕

天子若曰：「咨爾三事百辟〔二〕，寇賊姦宄〔三〕，震驚朕師〔四〕，其舉吏二千石至墨綬〔五〕，予將大命于朝，以撫方夏〔六〕。」群從曰惟祥〔七〕，舊有令聞〔八〕，克奉成憲〔九〕，往踐乃職，無恫于人〔一〇〕。獄貨非寶〔一一〕，農食滋碩〔一二〕。浮于淮泗〔一三〕，浩然天波〔一四〕，海潮噴于乾坤〔一五〕，江城入于泱漭〔一六〕。彼有美錦，爾嘗操刀〔一七〕，學古入官〔一八〕，倚法爲吏，上官奏課〔一九〕，國將大選爾勞〔二〇〕。勉哉行乎！唱予和汝〔二一〕。

〔一〕據「寇賊姦宄，震驚朕師」等語，此篇似當作于安史之亂發生後，姑繫于乾元元年。宰：主宰，治理。指爲縣令。惟祥：生平不詳。海陵：唐縣名，屬揚州。故治在今江蘇泰州。

〔二〕若：助詞。咨：《書·舜典》：「咨十有二牧。」傳：「咨亦謀也。」三事：指三公，見《苑舍人能書梵字……戲爲之贈》注〔八〕。百辟：本指諸侯，後也泛指公卿大臣。

〔三〕寇賊姦宄：《書·舜典》：「帝曰：『皋陶，蠻夷猾夏，寇賊姦宄，汝作士，五刑有服。』」傳：「猾，亂也。夏，華夏。群行攻劫曰寇，殺人曰賊，在外曰姦，在內曰宄，言無教所致。」姦宄，違法作亂者。

〔四〕震驚朕師：《書·舜典》：「朕堲讒説殄行，震驚朕師。」傳：「言我疾讒説絶君子之行而動驚我衆，欲遏絶之。」

〔五〕二千石：謂郡守。《漢書·百官公卿表》：「郡守……秩二千石。」墨綬：指縣令，見《送鄭五赴任新都序》第一段注〔三二〕。

〔六〕以撫方夏：見《京兆尹張公德政碑》第三段注〔二三〕。

〔七〕群從：謂諸堂兄弟。《晋書·王凝之妻謝氏傳》：「王凝之妻謝氏，字道韞。……初適凝之，還，甚不樂。（謝）安曰：『王郎，逸少子，不惡，汝何恨也？』答曰：『一門叔父則有阿大、中郎，群從兄弟復有封、胡、羯、末，不意天壤之中乃有王郎！』封謂謝韶，胡謂謝朗，羯謂謝玄，末謂謝川，皆其小字也。」按，玄、川爲道韞父奕之子，韶爲奕弟萬之子，朗爲奕弟據之子。

〔八〕令聞：好名聲。

〔九〕克：能。奉，宋蜀本作「衣」。《書·康誥》：「紹聞衣德言。」傳：「繼其所聞服行其德言。」成憲：見《張公德政碑》首段注〔一一〕。

〔一〇〕往踐乃職：語本《左傳》僖公十二年：「往踐乃職，無逆朕命。」踐，執行。恫：痛，使痛苦。人：民。

〔一一〕獄貨非寶：《書·吕刑》：「獄貨非寶。」疏：「治獄受貨非家寶也。」

〔一二〕滋碩：滋生繁碩。《荀子·王制》：「草木榮華滋碩，則斧斤不入山林。」

〔一三〕淮泗：淮河、泗水，爲惟祥自長安赴海陵經行之地。泗水發源於今山東泗水縣陪尾山，古時流經今山東曲阜、魚臺，江蘇徐州、宿遷、泗陽，至淮陰附近入淮河。

〔一四〕天波：指水面與天相接的景象。

〔一五〕噴，宋蜀本作「唾」。

〔一六〕泱漭：廣大貌。《文選》司馬相如《上林賦》：「經乎桂林之中，過乎泱漭之野。」郭璞注：「張揖曰：《山海經》所謂大荒之野。如淳曰：大貌也。」此指遼闊的水面。

〔一七〕「彼有」二句：指惟祥嘗爲縣令，見《裴僕射濟州遺愛碑》首段注〔五七〕。

〔一八〕學古入官：《書·周官》：「學古入官，議事以制，政乃不迷。」傳：「言當先學古訓，然後入官治政。」入官，爲官。

〔一九〕奏課：奏上爲政之考績。

〔二〇〕選（suàn 算）：《書·盤庚上》：「世選爾勞，予不掩爾善。」傳：「選，數也。言我世世選汝功勤。」疏：「選即算也。」

〔二一〕唱予和汝：《詩·鄭風·蘀兮》：「叔兮伯兮，倡（唱）予和女（汝）。」

送鄆州須昌馮少府赴任序〔一〕

少年明經，試出補吏〔二〕，學通大義〔三〕，政習前典〔四〕，本之于德，輔之以才，大官大邑可也〔五〕，不惟是歟？予昔仕魯〔六〕，蓋嘗之鄆，書社萬室〔七〕，帶以魚山濟水〔八〕；旗亭千隧〔九〕，雜以鄭商周客〔一〇〕。有鄒人之風以厚俗〔一一〕，有汶陽之田以富農〔一二〕，齊紈在笥〔一三〕，河魴登俎〔一四〕，一都會也〔一五〕。子其不寶貨，不躭樂，不弄法，不慢官〔一六〕，無侮老成人，無虐孤與幼〔一七〕，上官奏課，輶軒以聞〔一八〕，則繡衣方領〔一九〕，垂璫珥筆〔二〇〕，子所得也，誰敢有之？

〔一〕玩此文之意，當作于晚年，具體時間不詳，姑繫此。鄆州：《舊唐書·地理志》：「天寶元年，改鄆州爲東平郡。乾元元年，復爲鄆州。」須昌：鄆州治所，今山東東平西北。

〔二〕明經：見《任君神道碑》首段注〔二七〕。補吏：補任官職。

〔三〕大義：大原則。也指經書要旨。

〔四〕習：熟悉。前典：前代的典章制度。《後漢書·郎顗傳》：「宜遵前典，惟節惟約。」

〔五〕大官大邑：語出《左傳》襄公三十一年。此指爲大官治大邑。

〔六〕予昔仕魯：指開元九年出爲濟州司倉參軍，參見《年譜》。此四字宋蜀本作「子告任魯」，疑非。

〔七〕書社：即社。古以二十五家爲一社，按社書户籍于簿，故稱書社。《左傳》哀公十五年：「因與衛地，自濟以西，禚、媚、杏以南，書社五百。」注：「二十五家爲一社，籍書而致之。」《史記·孔子世家》：「昭王將以書社地七百里封孔子。」索隱：「古者二十五家爲里，里則各立社，則書社者，書其社之人名於籍，蓋以七百里書社之人封孔子也。」句謂鄆州登記入册的户口有上萬家。

〔八〕帶：圍繞。魚山：見《魚山神女祠歌二首》注〔一〕。濟水：《元和郡縣志》卷一〇鄆州須昌縣：「濟水，南自鄆城縣界流入，去縣西二里。」參見《被出濟州》注〔二〕。

〔九〕旗亭千隧：《文選》張衡《西京賦》：「旗亭五重，俯察百隧。」薛綜注：「旗亭，市樓也。隧，列肆道也。」李周翰注：「隧，市道也。」句謂鄆州州城有市樓無數市道上千條。

〔一〇〕鄭、周：見《宿鄭州》注〔三〕、〔一〕。

〔一一〕鄒人之風：見《偶然作》其五注〔五〕。句謂有鄒地人好儒的遺風以使風俗淳厚。

〔一二〕汶陽之田：《左傳》僖公元年：「公賜季友汶陽之田及費。」《水經注·汶水》：「蛇水西南流逕汶陽之田，齊所侵也。自汶之北，平暢極目，僖公以賜季友即此。又西南逕鑄鄉城西。」汶陽爲春秋魯地，據《水經注》所載，當在今山東泰安西南一帶。因在汶水（今大汶河）之北，故名。

〔一三〕齊紈：齊地所産的白色細絹。《列子·周穆王》：「衣阿錫，曳齊紈。」注：「齊，名紈所出也。」《漢書·地理志》：「齊地……織作冰紈綺繡純麗之物，號爲冠帶衣履天下。」師古注：「冰謂布帛之細，其色鮮潔如冰者也。紈，素也。」笥：方形的盛物之器，以竹爲之。

〔一四〕河魴：黄河産的魴魚。《詩·陳風·衡門》：「豈其食魚，必河之魴？」陸璣《毛詩草木鳥獸蟲魚疏》卷下：「魴，今伊洛濟潁魴魚也。……細鱗，魚之美者。」俎：砧板。

〔一五〕一都會：謂一個人們會聚之處。見《苗公德政碑》末段注〔一三〕。

〔一六〕耽樂：沉溺於享樂。弄法：玩弄法律，營私舞弊。慢官：怠忽官府職事。

〔一七〕「無侮」二句：《書·盤庚上》：「汝無侮老成人，無弱孤有幼。」疏：「鄭云：老、弱皆輕忽之意也。」有，猶「或」。又，老成人亦指年高有德者。《詩·大雅·蕩》：「雖無老成人，尚有典刑。」疏：「今時雖無年老成德之人，若伊、陟之類。」

〔一八〕輶（yóu 由）軒：輕車，使臣所乘之車。亦指使臣。《風俗通・序》：「周秦常以歲八月遣輶軒之使求異代方言。」句謂使者讓天子知道這些情況。

〔一九〕繡衣：見《送丘爲往唐州》注〔七〕。方領：見《送韋大夫東京留守》注〔一三〕。

〔二〇〕垂璫珥筆：見《上張令公》注〔二〕、〔三〕。

予病且憊，歲晚彌獨〔一〕，窮巷衡門，落日秋草。趙服過我〔二〕，且東其轅〔三〕，促飯中廚，子不可以蔬食；送車出郭，吾不可以徒行〔四〕。屨以及門〔五〕，拜于宇下。猶且抱杖延頸〔六〕，送之以目〔七〕，城迴樹轉，悲其馬嘶云〔八〕。

〔一〕憊：衰弱。歲晚：指年老。

〔二〕趙服：謂疾驅車馬。趙，疾行。《穆天子傳》卷二：「天子北征，趙行□舍。」郭璞注：「趙，猶超騰。」服，古代一車駕四馬，居中的兩匹稱服。過：拜訪。

〔三〕句指馮將自長安東行赴任。

〔四〕送車出郭：言乘車送你出長安城。「吾不」句：《論語・先進》：「以吾從大夫之後，不可徒行也。」

〔五〕屨：鞋。以：已；《全唐文》作「已」。謂你已到達我家門。

〔六〕抱杖：持杖。

〔七〕送之以目：語本《吕氏春秋·士容》：「客有見田駢者，被服中法，進退中度，趨翔嫺雅，詞令遜敏，田駢聽之，畢而辭之。客出，田駢送之以目。」

〔八〕迴，底本空缺，據宋蜀本、明十卷本、奇字齋本等補。二句謂城中道路曲折樹木環繞，你的車已望不見，我爲傳來的馬嘶聲而傷感。

爲舜闍黎謝御題大通大照和尚塔額表〔一〕

沙門僧某等言〔二〕：伏蒙聖札題二大師塔額及度僧抽僧等並畢〔三〕，伏喜天心〔四〕，俯從人欲，恩光至重〔五〕，抃舞難勝〔六〕。臣聞聖者正也〔七〕，住正法者爲聖人〔八〕；佛者覺也〔九〕，得覺滿者入佛慧〔一〇〕。伏惟光天文武大聖孝感皇帝陛下〔一一〕，登滿足地〔一二〕，超究竟天〔一三〕；入三解脱門〔一四〕，過九次第定〔一五〕；見聞自在〔一六〕，不住無爲〔一七〕；理事皆如〔一八〕，終非有漏〔一九〕。復皇國而御宇〔二〇〕，尊白法以教人〔二一〕；百穀順成〔二二〕，六氣時若〔二三〕；不加兵而賊破，不擾物以人和〔二四〕；緇侣勝緣〔二五〕，蒼生厚幸。昨蒙書額度僧等，龍騰金榜〔二六〕，鳳轉銀鈎〔二七〕；河漢昭回〔二八〕，烟雲飛動；韋誕恥其遺法〔二九〕，梁鵠慚爲古人〔三〇〕。降出天門〔三一〕，升于寶塔，玉繩綴于重級，珠斗挂于露盤，以方宸翰，實多慚德〔三二〕。又宿修梵行〔三三〕，願在法流者〔三四〕，覆以慚媿之衣〔三五〕，落其煩惱之髮〔三六〕。冀成寶器〔三七〕，仁王爲琢玉之因〔三八〕；廣運佛心〔三九〕，聖主受恒沙之祐〔四〇〕。沙門等叨承禪訓〔四一〕，幸偶昌期〔四二〕，御札賜書，足報本師之德；梵筵邀福，願酬大聖之恩〔四三〕。不勝戴荷之至〔四四〕。

〔一〕據文中所稱天子尊號，本篇當作于乾元元年。舜闍黎：不詳。闍黎，梵語，亦譯作闍梨、阿闍黎、阿遮黎耶，意爲僧徒之師。又稱作軌範師，言能糾正弟子品行，爲其軌範。《梁書·侯景傳》：「有僧通道人者……人並呼爲闍梨，景甚信敬之。」《釋氏要覽》卷上：「《寄歸傳》云：梵語阿遮黎耶，唐言軌範，今稱闍黎，蓋梵音訛略也。」大通：即神秀（約六〇六—七〇六），禪宗北宗創始人。《舊唐書·方伎傳》：「僧神秀，姓李氏，汴州尉氏人。少遍覽經史，隋末出家爲僧。後遇蘄州雙峰山東山寺僧弘忍，以坐禪爲業，乃歎伏曰：『此真吾師也。』便往事弘忍，專以樵汲自役，以求其道。……神秀既師事弘忍，弘忍深器異之……弘忍以咸亨五年卒，神秀乃往荆州，居於當陽山。則天聞其名，追赴都，肩輿上殿，親加跪禮，敕當陽山置度門寺以旌其德。……中宗即位，尤加敬異。……神秀以神龍二年卒，士庶皆來送葬。有詔賜謚曰大通禪師。」參見《宋高僧傳》卷八、《景德傳燈録》卷五。大照：即普寂（六五一—七三九），神秀弟子。《舊唐書·方伎傳》：「普寂姓馮氏，蒲州河東人也。年少時徧尋高僧，以學經律。時神秀在荆州玉泉寺，普寂乃往師事，凡六年，神秀奇之，盡以其道授焉。久視中，則天召神秀至東都，神秀因薦普寂，乃度爲僧。及神秀卒，天下好釋氏者咸師事之。中宗聞其高年，特下制令普寂代神秀統其法衆。開元十三年，敕普寂於都城居止。時王公士庶，競來禮謁……二十七年，終于都城興唐寺，年八十九。……有制賜號爲大照禪師。」按，「都城」指洛陽，普寂卒于洛陽興唐寺，見李邕《大照禪師塔銘》。

〔二〕沙門：梵文之音譯，又譯作沙門那、娑門、桑門、喪門等，爲出家人之通稱。《四十二章經》：「佛言：辭親出家，識心達本，解無爲法，名曰沙門。」《魏書・釋老志》：「剃落鬚髮，釋累辭家，……謂之沙門，或曰桑門，亦聲相近，總謂之僧，皆胡言也。」

〔三〕度僧：度人爲僧，舉行一定儀式使世人出家爲僧。抽僧：選僧。

〔四〕天心：指帝王之心。

〔五〕恩光：猶恩澤。江淹《雜體三十首・鮑參軍戎行》：「豪士枉尺璧，宵人重恩光。」

〔六〕抃舞：鼓掌舞蹈。極言歡樂。難勝：難於承受。

〔七〕聖者正也：《勝鬘經寶窟》卷下本曰：「聖者正也，以理正物名爲聖。」

〔八〕住正法：謂守真正之道法，守佛之教法。《大般涅槃經》卷五：「是人若能安住正法，名人中勝。」《無量壽經》卷上：「處兜率天，弘宣正法。」聖人：《大般涅槃經》卷一一：「以何等故，名佛菩薩爲聖人耶？如是等人有聖法故，常觀諸法性空寂故。」

〔九〕佛者覺也：佛爲梵音「佛陀」之略語，意譯爲「覺」、「覺者」、「知者」。覺有三義：自覺、覺他（使衆生覺悟）、自他之覺行圓滿。此三者俱全，方得爲佛。晉袁宏《漢紀》卷一〇：「佛者，漢言覺也，將以覺悟群生也。」《大乘義章》卷二〇末曰：「佛者就德以立其名。佛是覺知……既能自覺，復能覺他，覺行窮滿，故名爲佛。言其自覺簡異凡夫，云覺他者明異二乘（聲聞、緣覺乘），覺行窮滿彰異菩薩。」

〔一〇〕覺滿：即自、他之覺行圓滿。佛慧：指佛所特有的能見知一切的智慧。《無量壽經》卷下：「佛慧無邊際。」

〔一一〕光天文武大聖孝感皇帝：見《謝除太子中允表》注〔六〕。底本原作「光天皇帝」，此從《全唐文》。

〔一二〕滿足地：見《讚佛文》首段注〔八〕。

〔一三〕究竟天：即色究竟天。佛教把世俗世界分爲欲界、色界、無色界，色界是已離食、淫二欲的衆生所居，根據修禪定的淺深次第分爲四級，稱四禪天；每一禪天又包括若干天，有四禪十六天、十七天、十八天等説法。「究竟」即「至極」之義，色究竟天乃色界諸天中的最上、最勝之天。參見《俱舍論》卷八。

〔一四〕三解脱門：簡稱三解脱，指三種禪定。據《大乘義章》卷二等稱：一空解脱，觀我（人）法二空（謂觀一切事物皆假而不實）；二無相解脱，觀諸法無相（「相」指事物的相狀和性質），本無差別；三無願解脱（亦曰無作解脱），觀生死可厭，「不可願求」。佛教稱此三者爲入涅槃之門，《智度論》

卷二〇:「涅槃城有三門,所謂空、無相、無作……行此法得解脱,到無餘涅槃,以是故名解脱門。」

〔一五〕九次第定:佛教所説的九種禪定。前四種即初、二、三、四禪次第定,合稱四禪定,又曰四静慮。自初禪至四禪,逐次斷除欲界的感受和心理活動,而與色界的觀想和感受相應,由此形成四種不同的精神境界。佛教稱修此四禪,死後可生色界四禪天。第五至八次第即空無邊處定、識無邊處定、無所有處定、非想非非想處定,合稱四無色定,亦曰四空定。這是對治(斷除)色的束縛,滅除一切對外境的感受和思想的修行和由此達到的四種精神境界。佛教稱修四無色定,死後可生于相應的無色界(在色界之上,爲無形色之衆生所居)四天(空無邊處天等,其名稱與四無色定同)。第九次第即滅盡定,又稱滅受想定,此爲禪定之至極,據説修得此定,一切思想活動止息。《大般涅槃經》卷二九:「所謂九次第定,四禪、四空及滅盡定三昧。」參見《智度論》卷一七、三一,《大乘義章》卷一三。

〔一六〕自在:見《西方變畫讚》二段注〔七〕。

〔一七〕不住無爲:《維摩詰經·菩薩行品》:「佛告諸菩薩:有盡無盡解脱法門,汝等當學。何謂爲盡?謂有爲法。何謂無盡?謂無爲法。如菩薩者,不盡有爲,不住無爲。」「有爲」謂「造作」、「有所作爲」,「無爲」謂「虚無寂寞」、「無所作爲」,「不盡有爲,不住無爲」,指處于有爲、無爲之間。無爲本是佛教修習追求的目標,故菩薩當觀行無爲;然菩薩又不能完全無爲,其大慈大悲，救苦救難，教化衆生，行善積德等，即是有爲，故云菩薩「不住無爲」。《注維摩詰經》卷九鳩摩羅什曰：「謂一切善，是有爲功德也，一切有爲悉是大累，可以遣累故有宜存。譬如無量怨賊在彼大城，城中有人來降，因是人得破怨賊，故雖是賊亦應供養之。」僧肇曰：「有爲雖僞，捨之則大業不成；無爲雖實，住之則慧心不明。是以菩薩不盡有爲，故德無不就；不住無爲，故道無不覆。至能出生入死，遇物斯乘，在浄而浄，不以爲欣，處穢而穢，不以爲戚，應彼而動，於我無爲，此諸佛平等不思議之道也。」又曰：「夫德之積也，必涉有津，若住無爲，則功德不具也。」

〔一八〕理事：道理與事相。《釋門歸敬儀》卷中：「入道多門不過理事。理謂道理，通聖心之遠懷；事謂事局，約凡情之延度。」如：見《西方變畫讚》二段注〔八〕。

〔一九〕有漏：見《西方變畫讚》二段注〔一五〕。「終非有漏」，言能斷除三界煩惱。

〔二〇〕國，宋蜀本、述古堂本作「圖」。御宇：統治天下。

〔二一〕白法：見《黎拾遺昕裴秀才迪見過秋夜對雨之作》注〔三〕。

〔二二〕百穀：穀類的總稱。《詩・小雅・大田》：「俶載南畝，播厥百穀。」順成：謂年穀豐熟。《禮記・玉藻》：「年不順成，則天子素服，乘素車，食無樂。」

〔二三〕六氣：《左傳》昭公元年：「天有六氣……六氣曰陰、陽、風、雨、晦、明也，分爲四時，序爲五節。」時若：《書・洪範》：「曰聖，時風若。」疏：「人君通聖，則風以時而順之。」時，按時；若，順。

〔二四〕人和：人與人之間和諧一致。《孟子・公孫丑下》：「天時不如地利，地利不如人和。」

〔二五〕緇侶：僧侶。僧徒衣緇，故云。勝緣：佳妙之因緣。梁武帝《遊鍾山大愛敬寺詩》：「駕言追善友，迴輿尋勝緣。」

〔二六〕龍騰：形容書體有飛騰之勢。《晋書·衛恒傳·四體書勢》：「其曲如弓，其直如弦。矯然特出，若龍騰于川；森爾下積，若雨墜于天。」

〔二七〕銀鈎：見《謝御書集賢院額表》注〔一六〕。

〔二八〕河漢昭回：形容御書極有輝光，參見《奉和聖製聖札賜宰臣連珠詞五首應制》其五注〔四〕。

〔二九〕韋誕：《四體書勢》：「太和中，（韋）誕爲武都太守，以能書，留補侍中，魏氏寶器銘題皆誕書也。」《書斷》卷中：「韋誕字仲將……諸書並善，尤精題署。……初，青龍中，洛陽、許、鄴三都宮觀始成，詔令仲將大爲題署，以爲永制。」參見《謝御書集賢院額表》注〔二二〕。句謂比起當今天子的書法，韋誕爲其傳下的書法感到羞愧。

〔三〇〕梁鵠：《四體書勢》：「至靈帝好書，時多能者……（梁）鵠卒以書至選部尚書。……梁鵠奔劉表，魏武破荆州，募求鵠。鵠之爲選部也，魏武欲爲洛陽令，而以爲北部尉，故懼而自縛詣門，署軍假司馬；在祕書以勤書自效，是以今者多有鵠手跡。魏武帝懸著帳中，及以釘壁玩之，以爲勝宜官。今宫殿題署多是鵠篆。鵠宜爲大字，邯鄲淳宜爲小字。」《書斷》卷中：「梁鵠字孟皇，安定烏氏人。少好書，受法於師宜官，以善八分知名。」句謂梁鵠自慚爲古人，比不上當今天子。

〔三一〕天門：皇宫之門。句指御題塔額而言。

〔三二〕玉繩：星名。《文選》張衡《西京賦》：「上飛闥而仰眺，正睹瑶光與玉繩。」注：「《春秋元命苞》曰：『玉衡北兩星爲玉繩。』」重級：指塔。珠斗：北斗星。露盤：即相輪，塔上槃蓋。寂照《谷響集》卷一：「又重重相輪，名承露盤。……承露盤或略曰露盤。」宸翰：帝王的書翰。慚德：因言行有缺失而内愧于心。《書·仲虺之誥》：「成湯放桀于南巢，惟有慚德。」傳：「有慚德，慚德不及古。」以上四句意謂，即使玉繩、北斗裝飾于寶塔，也不及御書之有輝光。

〔三三〕梵行：見《西方變畫讚》二段注〔二〕。

〔三四〕法流：僧徒，僧界。《文選》王巾《頭陀寺碑文》：「媚兹邦后，法流是挹。」

〔三五〕慚媿之衣：即袈裟，佛教徒出家須著此衣。《寶雲經》卷二：「若著衣時，願一切衆生著慚愧衣。」按，《心地觀經》卷五謂袈裟有十利，其一曰「覆身離羞恥而具慚愧（慚愧指對所造過惡的自恥之心）」，故稱袈裟爲「慚愧衣」。

〔三六〕「落其」句：指出家時剃髮。佛書稱剃髮可破除煩惱，故云。《因果經》卷二：「爾時太子便以利劍自剃鬚髮，即發願言，今落鬚髮，願與一切斷除煩惱及習障。」《華嚴經》卷一四：「剃除鬚髮，當願衆生，永離煩惱，究竟寂滅。」

〔三七〕寶器：以金玉等寶物製成之器。《華嚴經》卷二五：「菩薩摩訶薩，以如是等種種寶器，盛無量寶，而布施時，以諸善根，如是迴向。……願一切衆生，成無上寶器，悉能受持三世佛法。」此句即用其意，謂希冀新度之僧成爲能受持佛法的寶器。

〔三八〕仁王：對佛的尊稱。佛號能仁，又爲法王，故謂之「仁王」。琢玉：指琢玉成寶器。

〔三九〕佛心：大慈悲之心。《觀無量壽經》：「佛心者，大慈悲是也。」

〔四〇〕恒沙：見《大薦福寺大德道光禪師塔銘》首段注〔二五〕。

〔四一〕叨：謙詞，忝。底本原作「叩」，據述古堂本、明十卷本等校正。禪訓：佛之教訓。

〔四二〕偶：遇，值；《全唐文》作「遇」。昌期：昌盛興隆的時期。

〔四三〕梵筵：見《青龍寺曇壁上人兄院集》注〔一七〕。大聖：指天子。

〔四四〕戴荷：感荷。

請施莊爲寺表〔一〕

臣維稽首：臣聞罔極之恩〔二〕，豈有能報？終天不返〔三〕，何堪永思〔四〕！然要欲强有所爲，自寬其痛，釋教有崇樹功德〔五〕，弘濟幽冥〔六〕。臣亡母故博陵縣君崔氏〔七〕，師事大照禪師三十餘歲〔八〕，褐衣蔬食，持戒安禪〔九〕，樂住山林，志求寂静，臣遂于藍田縣營山居一所。草堂精舍〔一〇〕，竹林果園，並是亡親宴坐之餘〔一一〕，經行之所〔一二〕。臣往丁凶釁〔一三〕，當即發心，願爲伽藍〔一四〕，永劫追福〔一五〕，比雖未敢陳請，終日常積懇誠〔一六〕。又屬元聖中興〔一七〕，群生受福，臣至庸朽，得備周行〔一八〕，無以謝生〔一九〕，將何答施〔二〇〕？願獻如天之壽，長爲率土之君〔二一〕，惟佛之力可憑，施寺之心轉切。効微塵于天地〔二二〕，固先國而後家。敢以鳥鼠私情〔二三〕，冒觸天聽〔二四〕，伏乞施此莊爲一小寺，兼望抽諸寺名行僧七人〔二五〕，精勤禪誦〔二六〕，齋戒住持〔二七〕，上報聖恩，下酬慈愛〔二八〕，無任懇款之至〔二九〕。

〔一〕約作于乾元元年冬，説見《年譜》。施莊爲寺：謂施輞川莊爲佛寺，參見《輞川集·孟城坳》注〔一〕。

〔二〕罔極之恩：指父母的無極之恩。參見《西方變畫讚》二段注〔一七〕。

〔三〕終天不返：《文選》潘岳《哀永逝文》：「今奈何兮一舉，邈終天兮不反。」李善注：「天地之道，理無終極，今云終天不反，長逝之辭。」終天，謂如天之久遠無窮。句指己母長逝。

〔四〕永思：長久思念。《荀子·正名》：「《詩》曰：『長夜漫兮，永思騫兮。』」意謂怎麽承受得住那長久的思念！

〔五〕崇樹：猶言「大立」。樹，宋蜀本作「聞」。功德：見《讚佛文》二段注〔三〇〕。

〔六〕弘濟：廣泛救助，使得解脱危難。《書·顧命》：「用敬保元子釗，弘濟于艱難。」幽冥：陰間。曹植《王仲宣誄》：「嗟乎夫子，永安幽冥。」此指陰間之鬼。

〔七〕博陵縣君：維母崔氏的封號。唐制，職事及散官五品，母、妻爲縣君，至于地號，則多以族望所自爲稱。參見《舊唐書·職官志》、《新唐書·百官志》。博陵，東漢置博陵郡，治所在博陵縣（今河北蠡縣南）。據《新唐書·宰相世系表》，崔氏有博陵安平一派，當是王維母氏所出，故以爲號。又崔氏卒前，維蓋任五品之官，故其母得爲博陵縣君。

〔八〕大照禪師：見《爲舜闍黎謝御題大通大照和尚塔額表》注〔一〕。

〔九〕褐衣蔬食：只穿粗布衣服，以蔬菜爲食。持戒：指遵行佛教戒律。《法華經·譬喻品》：「持戒清潔，如浄明珠。」安禪：見《過香積寺》注〔五〕。

〔一〇〕精舍：僧人或道士修煉時所居之所。

〔一一〕宴坐：坐禪。《維摩詰經·弟子品》：「心不住内，亦不在外，是爲宴坐。」

〔一二〕經行：見《青龍寺曇壁上人兄院集》注〔一五〕。

〔一三〕丁：當，值。凶釁：凶祭，喪祭。「丁凶釁」指遭母喪。

〔一四〕發心：佛教語，指許下心願。伽藍：梵文僧伽藍的略稱，意譯「衆園」、「僧院」。原指修建僧院的基地，後轉而爲包括土地和建築物在内的寺院之總稱。《十誦律》卷五六：「地法者，佛聽受地，爲僧伽藍故，聽僧起坊舍故。」

〔一五〕永劫：永無窮盡之時。《廣弘明集》卷一九沈約《内典序》：「以寸陰之短晷，馳永劫之遥路。」追福：亦稱追薦，指舉行誦經、寫經、施齋、施財、修造寺院等活動，爲死者祈求冥福。《優婆塞戒經》：「若父喪已墮餓鬼中，子爲追福。」《北史·隋文獻皇后傳》：「上爲立寺追福焉。」句謂永遠爲亡母祈求冥福。

〔一六〕比：先。《禮記·祭義》：「比時具物，不可以不備。」注：「比時，猶先時也。」請，《全唐文》作

「情」。二句謂先前臣雖不敢陳述理由提出請求，但很久以來心裏經常藴蓄着這一誠懇的心願。

〔一七〕屬：適值。元聖：大聖人，指肅宗。「元」述古堂本作「大」。

〔一八〕備：猶「充」。周行：《詩·周南·卷耳》：「嗟我懷人，寘彼周行。」傳：「行，列也。思君子官賢人，置周之列位。」箋：「周之列位，謂朝廷臣也。」按，「周行」本指「大道」，作者此處蓋承用毛、鄭之誤釋。

〔一九〕謝生：酬謝不殺之恩。就己接受僞職未被治罪而言。

〔二〇〕答施：報答天子的恩惠。

〔二一〕率土：謂境域以内。

〔二二〕効：呈獻。微塵：指極細小之物。《大智度論》卷九四：「譬如積微塵成山，難可得移動。」此喻極微薄之力。天，宋蜀本作「大」。

〔二三〕敢：猶冒昧。鳥鼠：喻微末不足道之人。作者自指。

〔二四〕冒觸：冒犯。天聽：天子的視聽。

〔二五〕名行僧：有名聲與品行的僧人。

〔二六〕精勤：專心勤勉地。禪誦：謂坐禪誦經。

〔二七〕齋戒：持齋守戒。住持：居住寺中，主持事務。《景德傳燈録》卷九《靈祐禪師》：「時華林聞之，曰：『某甲忝居上首，祐公何得住持？』」

〔二八〕慈愛：慈母之愛。「慈」即「慈母」的略稱。

〔二九〕無任：不勝。懇款：誠摯懇切。

與魏居士書〔一〕

足下太師之後〔二〕，世有明德〔三〕，宜其四代五公，克復舊業〔四〕，而伯仲諸昆，頃或早世〔五〕，惟有壽光〔六〕，復遭播越〔七〕，幼生弱姪，藐然諸孤〔八〕，布衣徒步〔九〕，降在皁隸〔一〇〕。足下不忍其親〔一一〕，杖策入關〔一二〕，降志屈體〔一三〕，託于所知〔一四〕。身不衣帛，而于六親孝慈〔一五〕；終日一飯，而以百口爲累〔一六〕。攻苦食淡〔一七〕，流汗霡霂〔一八〕，爲之驅馳〔一九〕。僕見足下裂裳毀冕〔二〇〕，二十餘年，山棲谷飲〔二一〕，高居深視，造次不違于仁〔二二〕，舉止必由于道，高世之德，欲蓋而彰。又屬聖主搜揚仄陋〔二三〕，束帛加璧〔二四〕，被于巖穴〔二五〕，相國急賢，以副旁求〔二六〕，朝聞夕拜〔二七〕，片善一能，垂章拖組〔二八〕。況足下崇德茂緒〔二九〕，清節冠世，風高于黔婁、善卷〔三〇〕，行獨于石門、荷蓧〔三一〕，朝廷所以超拜右史〔三二〕，思其入踐赤墀〔三三〕，執牘珥筆〔三四〕，羽儀當朝〔三五〕，爲天子文明〔三六〕。且又禄及其室養，昆弟免于負薪〔三七〕，樵蘇晚爨〔三八〕。柴門閉于積雪〔三九〕，藜牀穿而未起〔四〇〕，若有稱職〔四一〕，上有致君之盛，下有厚俗之化〔四二〕，亦何顧影跼步〔四三〕，行歌采薇〔四四〕！ 是懷寶迷邦，愛身賤物也〔四五〕。 豈謂足下利鍾釜之禄〔四六〕，榮數尺之綬〔四七〕？ 雖方丈盈前〔四八〕，而蔬食菜羹；雖高門甲第〔四九〕，而畢竟空寂〔五〇〕；人莫不相愛〔五一〕，而觀身如聚沫〔五二〕；人莫不自厚，而視財若浮雲〔五三〕，于足下實何有哉〔五四〕！

〔一〕作于乾元元年或二年，説見本篇第二段注〔二三〕及第三段注〔一〕。 魏居士：未詳。

〔二〕太師：指魏徵。 字玄成，鉅鹿曲城人，唐初有名的政治家。《舊唐書·魏徵傳》：「（貞觀）十六年，拜太子太師，知門下省事如故。」「太師」即太子太師之省稱。

〔三〕明德：完美之德。

〔四〕四代五公：用袁安家事。 東漢袁安爲司徒，子敞爲司空，孫湯爲太尉，曾孫逢爲司空、隗爲太傅。 後漢以太尉、司徒、司空爲三公，太傅爲上公，故曰「四世五公」。 參見《後漢書·袁安傳》。二句意謂，本該像袁安家那樣四代有五人做到三公的高官，能够恢復先人的事業，然而却未能達到這樣。 或將「四代五公」的典故坐實，稱魏居士、壽光爲魏徵四代孫，無據。

〔五〕頃：近來。 早世：早死。《左傳》昭公三年：「早世殞命，寡人失望。」

〔六〕壽光：魏居士之兄，生平不詳。 按，《新唐書·宰相世系表二中》所載魏徵後裔，自其孫輩以下，即多缺略，今已難考知。

〔七〕播越：流亡。 見《與工部李侍郎書》首段注〔一七〕。

〔八〕生：甥。藐然諸孤：弱小的孤兒。《左傳》僖公九年：「初，獻公使荀息傅奚齊。公疾，召之，曰：『以是藐諸孤辱在大夫，其若之何？』」藐，弱小。諸，讀爲者，相當今口語之「的」。

〔九〕布衣徒步：指成爲平民。古時平民出行無車，故以「徒步」爲平民之代稱。《漢書・公孫弘傳》：「（弘）起徒步，數年至宰相封侯。」

〔一〇〕降在皁隸：《左傳》昭公三年：「欒、郤、胥、原、狐、續、慶、伯降在皁隸。」注：「八姓晉舊臣之族也。皁隸，賤官。」此指淪爲庶民。

〔一一〕不忍：慈愛，憐憫同情。《漢書・高帝紀》：「君主爲人不忍。」

〔一二〕杖策：執鞭。指驅馬而行。關：指潼關。

〔一三〕降志：謂貶抑己之心志。《論語・微子》：「柳下惠、少連，降志辱身矣。」屈體：屈己，降低身份。

〔一四〕託：請託。

〔一五〕六親：歷求説法不一，此處泛指親屬。

〔一六〕百口：全家。見《送丘爲往唐州》注〔四〕。累：憂。言爲全家人而憂慮。

〔一七〕攻苦食淡：《漢書・叔孫通傳》：「呂后與陛下攻苦食啖，其可背哉！」注：「如淳曰：食無菜茹爲啖。師古曰：啖當作淡，淡謂無味之食也。言共攻擊勤苦之事而食無味之食也。」攻苦，謂從事勞苦之事。淡，宋蜀本、述古堂本俱作「啖」。

〔一八〕流汗霡霂（mài mù 麥木）：《文選》左思《吴都賦》：「流汗霡霂而中逵泥濘。」呂向注：「霡霂，小雨，言汗似之。」霡霂，述古堂本作「霂雨」。

〔一九〕驅馳，宋蜀本作「馳驅」。句謂爲親屬們而四處奔走。

〔二〇〕裂裳毁冕：撕毁衣冠，喻絶意仕進。《後漢書·逸民傳》序：「漢室中微，王莽篡位，……是時裂冠毁冕，相攜持而去之者，蓋不可勝數。」

〔二一〕山棲谷飲：指過隱居生活。《魏書·肅宗紀》：「其懷道丘園，味跡板築，山棲谷飲，舒卷從時者，宜廣戔帛，緝和鼎餁。」

〔二二〕「造次」句：《論語·里仁》：「君子無終食之間違仁，造次必於是，顛沛必於是。」造次，倉卒。句謂倉卒之間也不違背仁德。

〔二三〕搜揚仄陋：《書·堯典》：「明明，揚側陋。」揚，舉。搜揚，搜訪擢拔。仄陋，同側陋，指有才德而居于卑位的人。

〔二四〕束帛加璧：《史記·儒林列傳》：「（趙）綰、（王）臧……乃言師申公，於是天子使使束帛加璧，安車駟馬迎申公。」帛五匹爲束。束帛之上加玉璧，爲古時的貴重禮物，或用以徵聘賢士。

〔二五〕被：及。句謂搜訪遍及於隱士居住的巖穴。

〔二六〕急賢：急於求賢。副：佐。旁求：遍求，廣求。《書·太甲上》：「旁求俊彦，啓迪後人。」句謂以輔助天子廣求賢才。

〔二七〕朝聞夕拜：《晋書·王猛傳》：「臣前所以朝聞夕拜，不顧艱虞者，正以方難未夷，軍機權速。」此指朝聞其賢，夕即拜官，義與《王猛傳》異。

〔二八〕垂章拖組：當官繫佩印綬。組，綬。

〔二九〕崇德：謂德高。茂緒：言世業美盛。就居士爲太師之後而言。

〔三〇〕黔婁、善卷：見《過沈居士山居哭之》注〔九〕、〔八〕。

〔三一〕獨：特殊，特出。石門：指守石門者，爲魯之隱士。《論語·憲問》云：「子路宿於石門（魯都城外門）。晨門（司門者）曰：『奚自？』子路曰：『自孔氏。』曰：『是知其不可而爲之者與？』」《憲問》又云：「子曰：『賢者辟（避）世，其次辟地，其次辟色，其次辟言。』子曰：『作者七人矣。』」何晏《集解》：「包曰：作，爲也。爲之者凡七人，謂長沮、桀溺、丈人（荷蓧丈人）、石門、荷蕢、儀封人、楚狂接輿。」荷蓧：《論語·微子》：「子路從而後，遇丈人，以杖荷蓧（古代的鋤草工具）。子路問曰：『子見夫子乎？』丈人曰：『四體不勤，五穀不分，孰爲夫子？』植其杖而芸。……明日，子路行以告。子曰：『隱者也。』」

〔三二〕超拜：越級授官。右史：指起居舍人，從六品上。《通典》卷二一：「周官有左右史，記其言事，蓋今起居之本。……（隋煬帝）乃於内史省置起居舍人二員，次内史舍人下。大唐貞觀二年省起居舍人，移其職於門下，置起居郎二人。顯慶中復於中書省置起居舍人，遂與起舍郎分掌左右。龍朔三年，改爲左右史（注：「郎爲左史，舍人爲右史。」），咸亨元年復舊。天授元年，又爲左右史，神龍初復舊。每皇帝御殿，則對立於殿，有命則臨陛俯聽，退而書之，以爲起居注。凡册命啓奏封拜薨免悉載之，史館得之，以撰述焉。」

〔三三〕赤墀：即丹墀。《漢書·梅福傳》：「故願壹登文石之陛，涉赤墀之塗，當户牖之法坐，盡平生之愚慮。」

〔三四〕執牘珥筆：手持木簡，插筆於冠側，以備記事。就起居舍人之職事而言。崔駰《奏記竇憲》：「珥筆持牘，拜謁曹下。」（《文選》潘岳《爲賈謐作贈陸機》李善注引。）

〔三五〕羽儀：語本《易·漸》：「鴻漸于陸，其羽可用爲儀，吉。」此指羽翼、輔佐。嵇康《五言贈秀才詩》：「抗首漱朝露，晞陽振羽儀。」《新唐書·張薦傳》上疏：「（顔）真卿逮事四朝，爲國元老，忠直孝友，羽儀王室。」

〔三六〕爲：助。文明：文德輝耀。見《賀玄元皇帝見真容表》注〔二九〕。

〔三七〕負薪：指任樵采之事。

〔三八〕樵蘇晚爨：取薪曰樵，取草曰蘇。晚，後。言現打柴草而後做飯。指不能經常吃飽。《史記·淮陰侯列傳》：「臣聞千里餽糧，士有饑色；樵蘇後爨，師不宿飽。」宋蜀本無「樵蘇」二字。

〔三九〕「柴門」句：用袁安事，見《冬晚對雪憶胡居士家》注〔六〕。此以袁安喻魏居士。

〔四〇〕「藜牀」句：庾信《小園賦》：「况乎管寧藜牀（藜製之榻），雖穿而可坐。」又《奉和趙王隱士》詩：「鹿裘披稍裂，藜牀坐欲穿。」《三國志·魏書·管寧傳》注引《高士傳》曰：「管寧自越海及歸，常坐一木榻，積五十餘年，未嘗箕股，其榻上當膝處皆穿。」管寧字幼安，魏北海朱虚人，漢末避亂居遼東，聚徒講學，三十七年而後歸，文帝拜爲大中大夫，明帝拜爲光禄勳，皆辭不就。《魏志》本傳言其「耽懷道德，服膺六藝，清虚足以侔古，廉白可以當世」。句以管寧喻魏居士。

〔四一〕稱職：指適合之職。

〔四二〕致君：謂使君主達於極頂，成爲聖明天子。二句意謂，就會有上使天子成爲聖明君主的盛事，下讓風俗人心轉向淳厚的變化。

〔四三〕顧影跼步：自顧其影，徘徊不前。跼，底本原作「踞」，此從述古堂本、明十卷本、《全唐文》。

〔四四〕行歌采薇：指隱居不仕。《史記・伯夷列傳》：「武王已平殷亂，天下宗周，而伯夷、叔齊恥之，義不食周粟，隱於首陽山，采薇而食之。及餓且死，作歌，其辭曰：『登彼西山，采其薇矣……』」

〔四五〕懷寶迷邦：見《能禪師碑》三段注〔一〕。愛身賤物：愛惜自己而輕視世事。

〔四六〕鍾釜：皆古容量單位。十釜爲一鍾，受六斛四斗。

〔四七〕綬：《後漢書・輿服志下》：「紱佩既廢，秦乃以采組連結於璲，光明表章，轉相結受，故謂之綬。漢承秦制，用而弗改，遂加之以雙印佩刀之飾。」綬是繫在佩玉或印信上的絲帶，漢制縣尉以上官吏即有綬，唐制五品以上官方有綬（用以繫玉佩）。

〔四八〕方丈盈前：謂殽饌豐盛。《孟子・盡心下》：「食前方丈（吃飯時面前的食品擺滿一丈見方的地方），侍妾數百人，我得志，弗爲也。」

〔四九〕高門：指富貴之家。甲第：見《燕支行》注〔六〕。

〔五〇〕畢竟空寂：指心處于無世俗之欲求與思想的境界。參見《讚佛文》首段注〔一五〕。

〔五一〕愛：貪愛，愛欲，佛教所稱十二因緣之一。《圓覺經》：「輪迴愛爲根本。」此字述古堂本作「憘」。

〔五二〕身如聚沫：《維摩經·方便品》：「此身如聚沫，不可撮摩。」言身如叢聚之泡沫，喻身無常、不可長久。佛教認爲，認識到身如聚沫，就不會有貪愛之心。

〔五三〕自厚：自求富裕。浮雲：喻不值得關心和重視的事物。《論語·述而》：「不義而富且貴，於我如浮雲。」

〔五四〕何有：不難之意。

聖人知身不足有也，故曰欲潔其身而亂大倫〔一〕；知名無所着也〔二〕，故曰欲使如來名聲普聞〔三〕。故離身而返屈其身〔四〕，知名空而返不避其名也。古之高者曰許由，挂瓢于樹，風吹瓢，惡而去之〔五〕，聞堯讓，臨水而洗其耳〔六〕。耳非駐聲之地，聲無染耳之跡，惡外者垢内〔七〕，病物者自我〔八〕，此尚不能至于曠士〔九〕，豈入道者之門歟〔一〇〕！降及嵇康，亦云頓纓狂顧，逾思長林而憶豐草〔一一〕。頓纓狂顧，豈與俛受維縶有異乎〔一二〕？長林豐草，豈與官署門闌有異乎〔一三〕？異見起而正性隱〔一四〕，色事礙而慧用微〔一五〕，豈等同虛空，無所不遍〔一六〕，光明遍照〔一七〕，知見獨存之旨邪〔一八〕？此又足下之所知也。近有陶潛，不肯把板屈腰見督郵，解印綬棄官去〔一九〕。後貧，《乞食》詩云：「叩門拙言辭〔二〇〕。」是屢乞而多慚也。當一見督郵〔二一〕，安食公田數頃〔二二〕，一慙之不忍，而終身慙乎〔二三〕？此亦人我攻中，忘大守小〔二四〕，不□其後之累也。孔宣父云〔二五〕：「我則異于是，無可無不可〔二六〕。」可者適意，不可者不適意也〔二七〕。君子以布仁施義，活國濟人爲適意，縱其道不行，亦無意爲不適意也。苟身心相離，理事俱如〔二八〕，則何往而不適〔二九〕？此近于不易。願足下思可不可之旨，以種類俱生〔三〇〕，無行作以爲大依〔三一〕，無守默以爲絶塵〔三二〕，以不動爲出世也〔三三〕。

〔一〕不足：猶言不可。有：存在。「故曰」句：《論語·微子》：「不仕無義。長幼之節不可廢也，君臣之義，如之何其廢之？欲潔其身而亂大倫。君子之仕也，行其義也。」潔其身，指想要避世隱居使自身高潔。大倫，即君臣之義。「亂大倫」猶言破壞了君臣之間的根本倫理關係。二句意謂，聖人知身不可長在，故不欲獨善其身。

〔二〕無所着：不可以執着。所，可以。

〔三〕欲使如來名聲普聞：見《胡居士卧病遺米因贈》注〔七〕。

〔四〕離身：不執着于人身。認識到身如聚沫，不可長存，自然也就不會執着于身了。屈其身：指屈身事君，即出仕。

〔五〕「古之」四句：許由，上古隱士。《太平御覽》卷七六二引《琴操》曰：「許由無杯器，常以手捧水。

人以一瓢遺之，由操飲畢，以瓢掛樹。風吹樹，瓢動，歷歷有聲，由以爲煩擾，遂取捐之。」

〔六〕「聞堯」二句：《孟子·盡心上》漢趙岐注：「樂道守志，若許由洗耳，可謂忘人之勢矣。」《高士傳》卷上：「堯讓天下於許由，……由於是遁耕於中岳潁水之陽。……堯又召爲九州長，由不欲聞之，洗耳於潁水濱。」二句謂，許由聽説堯要把天下讓給他，就到水邊去洗自己的耳朵。

〔七〕句謂厭惡外物，反使自己内心受垢染。

〔八〕句謂以外物爲患害是由自己造成的。「自」《全唐文》作「是」。

〔九〕曠士：心胸開闊的人。鮑照《放歌行》：「小人自齷齪，安知曠士懷？」

〔一〇〕道：指佛家之道。句謂又哪裏能進入佛教徒之門呢。王維認爲，許由的厭惡外物、棄絶人世，同佛教所説的「入諸婬舍，示欲之過；入諸酒肆，能立其志」（《維摩經·方便品》）、「雖即見聞覺知，不染萬境」（《壇經》第十七節），相去甚遠。

〔一一〕「降及」三句：嵇康，字叔夜，譙國銍人，魏晋時代著名的思想家和文學家。其《與山巨源絶交書》云：「又讀《莊》、《老》，重增其放。故使榮進之心日穨（減弱），任實之情轉篤。此由（猶）禽（擒）鹿，少見馴育，則服從教制；長而見羈，則狂顧頓纓（指企圖掙脱羈繩），赴蹈湯火；雖飾以金鑣，饗以嘉肴，逾思長林而志在豐草也。」頓纓狂顧，言猶如鹿長大後被拴縛，便瘋狂四顧企圖掙脱拴鹿的繩子。

〔一二〕俛：同「俯」。維縶（zhí直）：拴縛。《詩·小雅·白駒》：「皎皎白駒，食我場苗，縶之維之，以永今朝。」

〔一三〕門闌：門欄，門框。

〔一四〕異見：差異的見解。唐善導《觀無量壽經疏》卷四：「不爲一切別解別行異見異學異執之所退失傾動。」佛教認爲，一切事物和現象在空性上無差異；若以爲諸法實有，有各種差異，即是世俗的「異見」。例如，從「諸法皆空」的觀點看，「頓纓狂顧」與「俛受維縶」無異，若以爲有異，即屬「異見」。正性：與凡性（凡夫之性）相對。佛教稱斷除一切煩惱（一切世俗的欲求、情緒和思想活動），即得正性。《俱舍論》卷一〇：「何名正性？謂契經言，貪無餘斷，瞋無餘斷，癡無餘斷，一切煩惱皆無餘斷，是名正性。」

〔一五〕色：指有形質的萬物。色事礙：謂存在有「色」之事物的妨礙。佛教認爲，「色」能引起貪欲愛欲等「染法」，妨礙人們達到解脱；只有悟「色空」之理，才能排除障礙，進入涅槃之門。慧用：佛教「智慧」的作用。佛教謂「慧」能照見「色空」之理，使修持者斷除煩惱，達到解脱。

〔一六〕等同虚空：謂一切法在虚空上無差異。無所不遍：謂虚空遍及一切法，爲一切法之共性。《大乘義章》卷二：「虚空有體有相，體則周徧，相則隨色，彼此別異。」此二句承上「異見」句而言。

〔一七〕光明：謂佛智慧之光明。《往生論注》卷下：「佛光明，是智慧相也。」

〔一八〕知見：能知能見，指佛慧之作用。《法華經·方便品》：「開佛知見。」存，述古堂本作「有」。此二句承上「色事」句而言。

〔一九〕「近有」三句：見《偶然作·陶潛任天真》注〔三〕。把板：執手板。

〔二〇〕陶淵明《乞食》云：「飢來驅我去，不知竟何之！行行至斯里，叩門拙言辭。主人解余意，遺贈豈虛來？……感子漂母惠，愧我非韓才。銜戢如何謝，冥報以相貽。」拙言辭，指笨嘴拙舌，不善於表達乞食之意。

〔二一〕當，底本原作「嘗」，述古堂本、明十卷本作「常」，此從宋蜀本。

〔二二〕「安食」句：陶淵明《歸去來兮辭》序云：「家叔以余貧苦，遂見用於小邑。……彭澤去家百里，公田之利，足以爲酒，故便求之。」蕭統《陶淵明傳》云：「執事者聞之，以爲彭澤令。……公田悉令吏種秫，曰：『吾常得醉於酒，足矣。』妻子固請種秔，乃使二頃五十畝種秫，五十畝種粳。」句謂安穩地吃數頃公田產的糧食。

〔二三〕「一慙」二句：意謂不能忍受一次慚愧，而要一輩子都慚愧嗎？語出《左傳》昭公三十一年：「子家子曰：『君與之歸。一慙之不忍，而終身慙乎？』」按，在以上這段話裏，王維對古代著名的隱士許由、嵇康、陶潛等，作了毫不客氣的批評，他對隱逸的態度，已發生了很大的變化。特別是說陶潛不肯爲五斗米而折腰，棄官後窮得向人乞食，是「忘大守小」，「一慚之不忍，而終身慚乎」，這同作者過去對陶潛棄官歸隱的贊揚（參見《偶然作》其四等），形成了鮮明的對照。天寶年間，王維身在朝廷，心存山野，多次說過想隱居的話，而在本文中，作者却力勸已隱居的魏居士出來做官。這一對隱逸態度的根本變化，與安史之亂的爆發有密切的關係。作於乾元二年

（七五九）的《送韋大夫東京留守》説：「人外遺世慮，空端結遐心。曾是巢許淺，始知堯舜深。」稱自己曾存有隱居避世之心，從前曾肯定巢父許由隱居避世的膚淺，現今才知道堯舜勞身濟世的深刻，與本文所表現的思想吻合。可以説，安史之亂中陷賊的遭遇，使詩人認識到在世亂中避世隱居，無助于社會變亂爲治，所以才勸魏居士出來做官，「以布仁施義，活國濟人（民）」。《晚春嚴少尹與諸公見過》説：「自憐黄髮暮，一倍惜年華。」詩作於王維乾元元年，説明在安史之亂爆發後，詩人自己亦希望有所作爲。綜上所述，本文宜當作於安史之亂爆發後。

〔二四〕人我：「我」相當于物體自性、獨立的實在自體，指支配人和事物的内部主宰者。一般分「人我」、「法我」兩種。佛教主張「無我」，謂世上的人和一切事物原無自性，無獨立的實在自體，即人、法皆空。中：内心。「人我攻中」指心執著于人我，以爲人我真實存在。佛教認爲這種看法是一切謬誤和煩惱的總根源。《大乘起信論》：「一切邪執，皆依我見（以爲「我」真實存在的觀點），若離於我，則無邪執。」按照佛教的觀點，「人我」非實有，所以一切事情也就無所謂，用不着那麼認真了。以上二句意謂，這也是以爲「人我」真實存在的見解侵襲内心，從而忘記大體，固守小節。

〔二五〕孔宣父：即孔子。參見《爲畫人謝賜表》注〔二八〕。

〔二六〕「我則」二句：《論語・微子》：「子曰：『不降其志，不辱其身，伯夷、叔齊與！』謂：『柳下惠、少連，降志辱身矣，言中倫，行中慮，其斯而已矣。』謂：『虞仲、夷逸，隱居放言，身中清，廢中權。

我則異于是，無可無不可。』」《集解》：「馬曰：亦不必進，亦不必退，惟義(宜)所在。」《孟子・萬章下》：「可以處而(則)處，可以仕而仕，孔子也。」該仕則仕，該隱則隱，隨宜而行，此即所謂「無可無不可」之旨。

〔二七〕此二句意謂，可以的就是合意，不可以的就是不合意啊。

〔二八〕身心相離：謂身心與己相離，亦曰「身心脱落」，即忘泯我之身心之意。理：本體、本質。事：現象。如：《摩訶止觀》卷二：「如，空之異名耳。」二句謂，假如亡泯我之身心，認識到本體與現象俱空。

〔二九〕往，宋蜀本作「仕」。

〔三〇〕以：與。種類：族類。二句意謂，願足下思慮孔子所言「無可無不可」之旨而出仕，與族人俱生息繁衍不絶。

〔三一〕無行作：見《燕子龕禪師詠》注〔一三〕。句謂以無世俗的身心活動爲主要依憑。

〔三二〕絶塵：超脱塵俗。《晋書・庾袞傳》：「庾賢絶塵避地，超然遠跡，固窮安陋，木食山棲。」句謂以不固守静默爲超脱塵俗。含有不拒絶出仕之意。

〔三三〕不動：即「空寂」之意。《心地觀經》卷一：「獨處凝然空寂舍，身心不動如須彌。」此言以空寂爲出世，而不以脱離人世爲出世。

僕年且六十〔一〕，足力不强，上不能原本理體〔二〕，裨補國朝；下不能殖貨聚穀，博施窮窘〔三〕，偷禄苟活〔四〕，誠罪人也〔五〕。然才不出衆，德在人下，存亡去就，如九牛一毛耳〔六〕。實非欲引尸祝以自助〔七〕，求分謗于高賢也〔八〕，略陳起予〔九〕，惟審圖之〔一〇〕。

〔一〕年且六十：此篇下文「偷禄苟活，誠罪人也」、「德在人下」云云，蓋指己嘗受安禄山僞職、又被宥罪復官而言。乾元元年作的《謝除太子中允表》説：「當逆胡干紀，上皇出宫，臣進不得從行，退不能自殺，情雖可察，罪不容誅。……跼天自省，無地自容。……今聖澤含弘，天波昭洗，朝容罪人食禄，必招屈法之嫌。」作者詩文集中自稱「罪人」，僅這兩處，都應當指陷賊接受僞官而言。又《爲薛使君謝婺州刺史表》云：「臣之本末，强欲自陳，擢髮數罪，臣戮餘也。……自恨駑怯，脱身雖則無計，自刃有何不可，而折節凶頑，偷生廁溷。」薛使君也是一個陷賊接受僞官者，《表》中説自己罪多，是幸免于被刑戮的罪人（雖未使用「罪人」一語，但含有「罪人」之意），也可作爲「罪人」當指陷賊接受僞官而言的一個旁證。另《責躬薦弟表》説：「頃又没于逆賊，不能殺身，負國偷生，以至今日。」二《表》中之「偷生」與本篇之「偷禄苟活」意思接近，亦可互證。或謂「偷禄苟活」「是謙詞，與陷敵後『負國偷生』、『罪不容誅』的自責是不可同日而語的」（林繼中《王維情感結構論析》，《文史哲》一九九九年第一期）。按，本文與二《表》中的自責，或有輕重之異，這主要是因爲文章的送達對象與寫作目的的不同造成的。二表是寫給皇帝的，目的是感謝皇帝赦己之罪和「責躬薦弟」，本文是寫給友人的，主旨是勸其出來做官，所以措詞自然不同，但三文所反映的作者陷賊後接受僞職的愧疚心情却是一致的。考維被宥罪復官在乾元元年春（參見《年譜》），因此本篇當作于乾元元年春之後或二年，當時王維五十八或五十九歲，故云「年且六十」。

〔二〕原本理體：探究治國之要旨的由來。

〔三〕博，宋蜀本作「賑」。

〔四〕苟，宋蜀本作「自」。句謂竊取俸禄苟且偷生。

〔五〕罪人：或謂「罪人」乃用《三國志·魏書·田豫傳》之典故：「徵爲衛尉，屢乞遜位，太傅司馬宣王以爲豫克壯，書喻未聽，豫書答曰：『年過七十而以居位，譬猶鐘鳴漏盡而夜行不休，是罪人也。』遂固稱疾篤。」並稱趙注本與陳注本于此皆失注（《王維研究》第七輯第三二頁）。按，此説非是。鐘鳴漏盡，謂晝漏盡，晚鐘鳴，即指晚上；古時京都等地，有禁止夜行之制，如《史記·李將軍列傳》：「令將軍尚不得夜行，何乃故也？」唐韋述《西都雜記》：「西都京城街衢，有執金吾曉暝傳呼，以禁夜行，惟正月十五夜敕許弛禁，前後各一日，謂之放夜。」因「夜行不休」違犯禁令，故稱爲「罪人」，田豫只是打了個譬喻，説年過七十而不致仕，猶如不顧禁令夜行不休，並不是説當時朝廷上有年過七十不致仕就是罪人的説法。因此，唐人使用此典，多作「夜行之罪」，多用在請求致仕的場合，如《全唐文》卷四四九高郢《請致仕表》：「實懼夜行之罪，上累明時之寵，伏乞許遵恒典，特賜餘年。」綜上所述，不難看出，本篇之「罪人」，與《三國志》之「罪人」，毫無共同之處。

〔六〕九牛一毛：喻微不足道。《漢書・司馬遷傳》：「假令僕伏法受誅，如九牛亡一毛，與螻蟻何異？」

〔七〕引尸祝以自助：《莊子・逍遥遊》：「庖人（厨師）雖不治庖，尸祝（主祭之人）不越樽俎（皆祭器，此指祭事）而代之矣。」嵇康《與山巨源絶交書》：「間聞足下遷（升官），惕然不喜；恐足下羞庖人之獨割（指羞于一個人獨自爲官），引尸祝以自助，手薦鸞刀，漫之羶腥。」句謂實在不是因爲自己做官，也想拉您出來一起做官。

〔八〕分謗：分擔别人受到的誹謗。《左傳》成公二年：「及衛地，韓獻子將斬人，郤獻子馳，將救之。至，則既斬之矣。郤子使速以徇（示衆），告其僕曰：『吾以分謗也。』」句謂不是因爲自己「偷禄」，也想讓您做官，以分擔非難指責。

〔九〕起予：見《上張令公》注〔一五〕。此指得自他人的教益。《晋書・庾冰傳》上疏：「願陛下既思日側於勞謙，納其起予之情，則天下幸甚矣。」

〔一〇〕審圖：仔細考慮。此句之下述古堂本多「所維白」三字。

爲相國王公紫芝木瓜讚并序〔一〕

孝悌之至，通于神明〔二〕，天爲之降和〔三〕，地爲之嘉植〔四〕，發書占之〔五〕，推理可得。

何者？人心本于元氣，元氣被于造物〔六〕，心善者氣應，氣應者物美，故呈祥于魚鳥，或發揮于草木〔七〕，示神明之陰騭〔八〕，與天地之嘉會〔九〕。今中書侍郎相公先生左丞府君〔一〇〕，沉潛上德〔一一〕，遐尚絶軌〔一二〕，江海漭沆〔一三〕，嬰孩杏壇〔一四〕，高門長軌〔一五〕，隱几含素〔一六〕，蓋鳳凰之高逝〔一七〕，薄龍虎之逶迤〔一八〕。積有淳德〔一九〕，誕敷餘慶〔二〇〕。而我相公生而英姿，河目海口〔二一〕，量與太素〔二二〕，而無端倪，應會神速〔二三〕，動若發括〔二四〕；事遣理盡，澹然虚空，亦猶太清，雲無處所〔二五〕。重玄之旨〔二六〕，達而有餘奧〔二七〕；大白之明，漫而不及理〔二八〕。文可以經邦訓俗，武可以保大定功〔二九〕，故天子咨之，以布元化〔三〇〕。

〔一〕作于乾元二年（七五九）春。相國王公：即王璵。京兆咸陽人。少習禮學，專以祀事希倖。玄宗時充祠祭使。肅宗即位，遷太常少卿。乾元元年五月，拜中書侍郎、同中書門下平章事，二年三月，罷爲刑部尚書。參見兩《唐書》本傳、《新唐書·宰相表》。紫芝：菌名，木耳的一種。古時以爲瑞草。木瓜：植物名。果實長橢圓形，黄色，有濃烈香氣，可供食用和入藥。

〔二〕「孝悌」二句：見《爲薛使君謝婺州刺史表》注〔七〕。

〔三〕和：指和氣。《荀子·正名》注：「和，陰陽沖和之氣也。」《博物志》卷一：「和氣相感則生朱草。」

〔四〕嘉植：指生長嘉美之物。

〔五〕占之：猶言看到這一點。占，視。

〔六〕元氣：見《奉敕詳帝皇龜鏡圖狀》二段注〔二〕。被：及。古人認爲元氣是天地萬物的本原，故云「人心本于元氣，元氣被于造物」。造物：創造萬物者。

〔七〕發揮：《易·乾·文言》：「六爻發揮，旁通情也。」疏：「發謂發越（散發、播散）也，揮謂揮散也。言六爻發越揮散，旁通萬物之情也。」此言「心善」或播散于草木，指氣與心善相應，即可在草木上顯露祥瑞。

〔八〕陰隲：《書·洪範》：「惟天陰騭（同「隲」）下民，相協厥居。」傳：「騭，定也，天不言而默定下民。」

〔九〕嘉會：盛美的際會。《三國志·吴書·韋曜傳·博奕論》：「誠千載之嘉會，百世之良遇也。」

〔一〇〕中書侍郎：中書省副長官，正四品上。相公：即丞相。左丞：尚書左丞，正四品上，掌管轄吏部、户部、禮部十二司，通判尚書都省事。「左丞府君」當指王璵之父。《新唐書·宰相世系表》謂璵父曰紹，然未載其曾任何職。疑「左丞」乃璵父卒後，因璵官居顯位而追贈的官稱。又岑仲勉《貞石證史》「王方慶六世孫璵」條謂宰相王璵之父實爲固己，非紹。趙超《新唐書宰相世系表集校》卷二稱唐代有二王璵，肅宗時拜相之王璵，爲單父令固己子，可參閲。

〔一一〕沉潛：《書·洪範》：「沉潛剛克。」傳：「沉潛謂地。」此處指沉浸其中。韓愈《上兵部李侍郎書》：「遂得究窮於經傳史記百家之説，沉潛乎訓義，反復乎句讀，礱磨乎事業而奮發乎文章。」

〔一二〕遐尚：長久愛好。絶軌：指已中斷的行迹、傳統。蔡邕《郭林宗碑文》：「將蹈洪崖之遐迹，紹巢由之絶軌。」《隋書·潘徽傳》：「繼稷下之絶軌，弘泗上之淪風。」

〔一三〕漭沆（hàng 夯去聲）：寬廣貌。張衡《西京賦》：「顧臨太液，滄池漭沆。」此句喻指「左丞府君」胸懷寬廣。

〔一四〕杏壇：傳説爲孔子授徒講學之處。《莊子·漁父》：「孔子遊乎緇帷之林，休坐乎杏壇之上，弟子讀書，孔子絃歌鼓琴。」《釋文》：「杏壇，司馬（彪）云：澤中高處也。李（頤）云：壇名。」句謂其幼時即從儒學大師修學。

〔一五〕長軌：美好的行迹。

〔一六〕隱几：見《故人張諲工詩……聊獲酬之》注〔六〕。含素：謂稟性清白純樸。《晋書·王祥鄭沖傳》贊：「鄭沖含素，王祥遲暮，百行斯融，雙飛天路。」《晋書》本傳謂沖「卓爾立操，清恬寡欲」、「任真自守，不要鄉曲之譽」，此即所謂「含素」之義。

〔一七〕蓋：崇尚。《國語·吴語上》：「夫固知君王之蓋威以好勝也，故婉約其辭，以從逸王志。」鳳凰之高逝：《文選》賈誼《弔屈原賦》：「鳳縹縹其高逝兮，夫固自引而遠去。」此喻指賢者的避世隱居。

〔一八〕薄：輕視。龍虎：喻豪傑、大人物。《後漢書·耿純傳》：「大王以龍虎之姿……奮迅拔起，期月之間，兄弟稱王。」逶迤：從容自得貌。亦作逶迆、委蛇、委佗等。《後漢書·楊秉傳》：「逶迤退食，足抑苟進之風。」《詩·召南·羔羊》：「退食自公，委蛇委蛇。」

〔一九〕淳德：淳厚樸實之德。

〔二〇〕誕：大。敷：施，布。餘慶：留給子孫後輩的德澤。《易·坤》：「積善之家，必有餘慶。」

〔二一〕河目海口：《詩・大雅・生民》疏：「謂有奇表異相，若孔子之河目海口，文王之四乳龍顔之類。」《孔叢子・嘉言》：「吾觀孔仲尼有聖人之表，河目而隆顙，黄帝之形貌也。」《孔子家語・困誓》：「(孔子)河目隆顙。」注：「河目，上下匡(眶)平而長也。」《太平御覽》卷三六七引《孝經援神契》：「孔子海口(謂口大而深)，言若含澤。」

〔二二〕量：器量，度量。與：如。太素：指天剛形成時的狀態。《白虎通・天地》：「始起之天，始起先有太初，後有太始，形兆既成，名曰太素。」

〔二三〕應會：適應時機。

〔二四〕動若發括：見《上黨苗公德政碑》五段注〔四〕。括，宋蜀本作「栝」。

〔二五〕太清：天空。劉向《九歎・遠遊》：「譬若王僑之乘雲兮，載赤霄而凌太清。」雲無處所：《文選》宋玉《高唐賦》：「風止雨霽，雲無處所。」以上四句意謂，諸事支遣，處理完畢，心即恬静、虚無，猶如天空中萬里無雲。

〔二六〕重玄：見《送韋大夫東京留守》注〔二七〕。

〔二七〕達：通曉。餘奥：指掌握很多深奥之理。

〔二八〕大白：極清白高潔。《老子》四十一章：「上德若谷，大白若辱。」河上公注：「大潔白之人若汙辱，不自彰顯。」明：光輝。漫：隨便。二句謂相公漫不經意，未及自我修治，即具有「大白之明」。

〔二九〕訓俗：教化民衆。保大定功：見《任君神道碑》首段注〔三〕。「保大」指保持國家的强大，「定功」

指鞏固功業。

〔三〇〕元化：指帝王之德化。

昔者高堂既闃〔一〕，扇枕無所〔二〕，歐血長號〔三〕，禮不能制〔四〕。其哭泣之度，終身巨痛〔五〕，時無以加；其霜露之惕〔六〕，攻苦食淡〔七〕，寢苫枕塊〔八〕。淚少于血，骨餘于形〔九〕，風唳起而裂其心〔一〇〕，鳥悲鳴而感其哭。俄而紫芝生棟，葉成仙人之蓋〔一一〕，色奪齊侯之衣〔一二〕；又有木瓜在林，味若楚王之萍〔一三〕，大如安期之棗〔一四〕。枯木無生物之理〔一五〕，而布濩滋蔓〔一六〕；時果有常分之形〔一七〕，而碩大殊尤〔一八〕。鄰里駭之，郡縣聞之，公泣而不敢言，州司遽表以獻〔一九〕。或曰因心而致，人之祥也；或曰率土所生，國之瑞也。有識君子曰：至孝所感，物爲人之祥；大賢佐時，人爲國之瑞。二物者，雖感曩時之純至〔二〇〕，亦符今日之崇高也。公尤不敢當，歸美于今上〔二一〕，以爲震位先兆〔二二〕，孝德動天。至乾元二年，乃畫圖以進。詔報曰：芝草者〔二三〕，延壽之徵也〔二四〕；木瓜者，投報之應也〔二五〕。蓋至誠所感，有開必先〔二六〕。朕與卿道契雲龍〔二七〕，義同水石〔二八〕，位崇台衮〔二九〕，寄重股肱〔三〇〕，故得嘉瑞薦臻〔三一〕，靈物昭格〔三二〕，君臣同德，區宇克寧。覽其進圖，可爲嘉應〔三三〕，請宣付史館者。既光史策〔三四〕，亦藏書府。讚曰：

〔一〕高堂既闃（qù 去）：指父母既卒。闃，寂；底本原作「聞」，趙殿成校曰：「聞字疑誤。」此從《全唐文》。

〔二〕扇枕：見《送崔三往密州覲省》注〔三〕。

〔三〕歐血：吐血。

〔四〕句指哀傷過度，超出禮的規定。

〔五〕度：程度。巨痛：極痛。《晋書·謝尚傳》：「況於抱傷心之巨痛，懷切怛之至戚，方寸既亂，豈能綜理時務哉！」

〔六〕霜露之惕：指感時念親的憂懼之心。語本《禮記·祭義》：「霜露既降，君子履之，必有悽愴之心，非其寒之謂也。春，雨露既濡，君子履之，必有怵惕之心，如將見之。」注：「非其寒之謂，謂悽愴及怵惕，皆爲感時念親也。」

〔七〕攻苦食淡：見《與魏居士書》首段注〔一七〕。淡，宋蜀本作「啖」。

〔八〕寢苫枕塊：古時父母卒，其子自喪日起至入葬時，居于倚廬，以草墊（苫）爲席，土塊爲枕。參見《韓公墓誌銘》三段注〔一〇〕。

〔九〕「淚少」二句：見《任君神道碑》首段注〔三〇〕、〔三一〕。

〔一〇〕唳：與戾、厲通，猛烈；底本原作「淚」，此從《全唐文》。

〔一一〕「葉成」句：芝形如蓋，故云。成，《全唐文》作「若」。蓋，傘。

〔一二〕齊侯之衣：指紫色之衣。《韓非子·外儲説左上》：「齊桓公好服紫，一國盡服紫，當是時也，五素不得一紫。」

〔一三〕楚王之萍：《説苑·辨物》：「楚昭王渡江，有物大如斗，直觸王舟，止於舟中。昭王大怪之，使聘問孔子。孔子曰：『此名萍實。令剖而食之，惟霸者能獲之，此吉祥也。』……弟子請問，孔子曰：『異時小兒謡曰：「楚王渡江得萍實，大如拳，赤如日，剖而食之，美如蜜。」此楚之應也。』」《本草綱目》卷一九謂萍實即萍蓬草之果實。

〔一四〕安期之棗：見《送友人歸山歌二首》其一注〔八〕。

〔一五〕木，底本原作「物」，此從宋蜀本、明十卷本、《全唐文》等。

〔一六〕布濩（hù護）：普遍布散。《史記·司馬相如傳·上林賦》：「布濩閎澤，延曼太原。」又作「布護」，《漢書·司馬相如傳·封禪書》：「匪唯偏我，氾布護之。」師古注：「布護，言遍布也。」濩，宋蜀本、述古堂本、明十卷本俱作「護」。滋蔓：滋長蔓延。

〔一七〕常分之形：言固有之形狀。常分，猶定分，固有的本分。此四字宋蜀本、述古堂本、明十卷本、奇字齋本俱作「常形之分」。

〔一八〕殊尤：特别奇異。尤，底本原作「亢」，此從述古堂本、明十卷本、《全唐文》。

〔一九〕州司：州之有司。李密《陳情表》：「州司臨門，急於星火。」表：作表。

〔二〇〕純至：指孝心純真之至。《北史·魏獻文帝紀》：「仁孝純至，禮敬師友。」

〔二二〕于，宋蜀本作「加」。

〔二三〕震位：東方曰震，因稱東宫爲震宫，太子之位爲震位。《易·說卦》：「震，東方也。」《晋書·劉曜載記》：「東爲震位，王者之始次（位次）也。」句謂以爲是今上立爲太子的先兆。《舊唐書·肅宗紀》：「（開元）二十五年，皇太子瑛得罪。二十六年六月庚子，立上爲皇太子。」

〔二三〕芝草，宋蜀本作「紫芝」。

〔二四〕延壽之徵：相傳服食芝草可延年。《太平御覽》卷九八六引《本草經》曰：「紫芝一名木芝，久服延年。」又引《古瑞命記》曰：「食芝則延年。」

〔二五〕投報：《詩·衛風·木瓜》：「投（投贈）我以木瓜，報之以瓊琚。匪報也，永以爲好也。」

〔二六〕有開必先：《禮記·孔子閒居》：「嗜欲將至，有開必先。」疏：「嗜欲，謂王位也。王位是聖人所貪，故云嗜欲。方欲王天下，故云將至。有開必先者，言聖人欲王天下，有神開道，必先豫爲生賢知之輔佐。」

〔二七〕道契雲龍：言道之契合，如雲與龍之相得（喻聖主賢臣之遇合）。參見《京兆尹張公德政碑》首段注〔二〕。

〔二八〕義同水石：《文選》李康《運命論》：「聖明之君，必有忠賢之臣，其所以相遇也，不求而自合。……張良受黄石之符，誦《三略》之説，以遊於群雄，其言也，如以水投石，莫之受也；及其遭漢祖，其言也，如以石投水，莫之逆也。非張良之拙説於陳、項，而巧言於沛公也。」句即用其意，謂君臣遇合，道義齊同，若水之受石。

〔二九〕台衮：猶台輔，指三公宰相之位。台謂三台，古用以象徵三公；衮即古時三公的禮服。《魏書·陽固傳·演賾賦》：「求封賞於寸心矣，夢台衮於遠慮。」句指位尊爲宰相。

〔三〇〕股肱：比喻輔佐君主的大臣。句謂寄以股肱之臣的重任。

〔三一〕嘉，述古堂本無此字，注：「太上御名。」蓋指宋仁宗諱「禎」字。瑞，述古堂本作「祥」。薦臻：頻至。《詩·大雅·雲漢》：「天降喪亂，饑饉薦臻。」傳：「薦，重；臻，至也。」

〔三二〕昭格：昭然而至。

〔三三〕嘉應：吉祥的徵兆。《漢書·禮樂志》：「天地順而嘉應降。」

〔三四〕光，底本原作「依」，據宋蜀本改。史策：史書。

紫芝三秀〔一〕，則生于梁。木瓜一實，其大盈筐。嘉應薦至〔二〕，其故何祥？哀哀孝思，漣漣泣血〔三〕。終身致毁〔四〕，每慟將絶。雲爲徘徊，風爲慘切。依仁據德〔五〕，移孝爲忠。經目盡理，任心便公〔六〕。其道橐籥，虚而不窮〔七〕。公位先兆，聖人斯覯〔八〕。賜以詔書，藏之祕府。邦家之光〔九〕，哀榮終古〔一〇〕。

〔一〕三秀：見《和僕射晋公扈從温湯》注〔一〇〕。

〔二〕嘉應：祥瑞。

〔三〕漣漣泣血：《易・屯》：「上六，乘馬斑如，泣血漣如。」《詩・衛風・氓》：「不見復關，泣涕漣漣。」漣漣，淚流不止貌。泣血，見《西方變畫讚》二段注〔二六〕。

〔四〕句謂終身哀傷過度以致身體容顔有所損害。

〔五〕依仁據德：《論語・述而》：「志於道，據於德，依於仁，遊於藝。」

〔六〕二句謂所親歷目覩之事，全能得到治理；任憑心意而行，便能做到公正無私。

〔七〕「其道」二句：《老子》五章：「天地之間，其猶槖籥乎？虚而不屈，動而愈出。」槖籥（tuó yuè 柁越），冶鑄用器，猶今之風箱。槖，外面的箱子；籥，箱中的送風管。屈，窮盡。王弼注云：「槖籥之中空洞，無情無爲，故虚而不得窮屈，動而不可竭盡也。天地之中，蕩然任自然，故不可得而窮，猶若槖籥也。」此言其道猶如風箱，中空虚而出風無窮。指其道虚静無爲而不可窮盡。

〔八〕公位先兆：謂紫芝木瓜之瑞，是王璵拜相（漢爲三公之一，故云「公位」）的先兆。聖人：指天子。

〔九〕邦家之光：《詩・小雅・南山有臺》：「南山有桑，北山有楊，樂只君子，邦家之光。」

〔一〇〕哀榮：此指哀傷帶來的榮耀。終古：久遠。《楚辭・九歌・禮魂》：「春蘭兮秋菊，長無絶兮終古。」

爲幹和尚進註仁王經表〔一〕

沙門惠幹言〔二〕：法離言説〔三〕，了言説即解脱者〔四〕，終日可言〔五〕；法無名相〔六〕，知名相即真如者〔七〕，何嘗壞相〔八〕！實際以無際可示〔九〕，無生以不生相傳〔一〇〕。非夫自得性空，密印心地〔一一〕，見聞自在〔一二〕，宗説皆通者〔一三〕，何以證玉毫之光〔一四〕，辨金口之義〔一五〕？

〔一〕約作于乾元二年，説見《年譜》。幹和尚：《景德傳燈録》卷四載，普寂法嗣四十六人，其中有「洛京同德寺幹和尚」。又《代宗朝贈司空大辨正廣智三藏和上表制集》卷四《請于興善當院兩道場各置持誦僧制》云：「僧慧幹、慧果……請於大聖文殊閣下，常爲國轉讀勅賜一切經。」《仁王經》：佛經名。全稱爲《佛説仁王般若波羅蜜經》，二卷，姚秦鳩摩羅什譯。「仁王」指當時印度十六大國之國王，經即釋迦牟尼爲諸王所説之佛法。經文謂受持講説此經，可禳除國之災難（見《護國品》），故古來以之爲護國三部經之一。佛教有所謂「仁王會」，即講誦此經以祛災祈福者。惠幹等爲此經所作之註，今已不存。

〔二〕沙門：見《爲舜闍黎謝御題大通大照和尚塔額表》注〔二〕。

〔三〕法離言説：指諸法皆空，不可言説；也指世俗的一切言説皆虚假不實，不能反映諸法的真實相狀。唐譯《大乘起信論》卷二云：「一切法從本已來，離言説相，離名字相，離心緣相，畢竟平等，無有變異，不可破壞，惟是一心，故名真如。以一切言説假名無實，但隨妄念，不可得故。」又云：「當知一切法，不可説，不可念。」

〔四〕了：明了。解脱：見《西方變畫讚》一段注〔一二〕。句謂明了言説即是解脱之徑的人。破除世俗的言説，弘揚佛教的「真理」，使衆生覺悟，離不開言説，故云。

〔五〕明了言説即是解脱之徑者，必不爲世俗之言，故「終日可言」。

〔六〕法無名相：名指名詞概念，因它能使人想起事物的形相，故稱「名相」。佛教否定事物（法）的實在性，把「名」與「法」對立起來。《肇論·不真空論》：「名無得物之功。」「物無當名之實。」認爲一切名相都是虛假的，不能反映諸法的實性。「法無名相」即指諸法皆空，名相不能反映法。《起信論》所謂法「離名字相」，亦此義。

〔七〕真如：見《謁璿上人》注〔一七〕。佛教各派對真如的解釋不盡一致，《起信論》以先天具有佛教全部功德而又永恒不變的「真心」爲「真如」；中觀學派及般若各家則以「性空」（指諸法虛而不實，没有自己固有的性質和客觀獨立的實體）爲「真如」。此處用後一義。句謂知道一切名相即是空者。

〔八〕何嘗壞相：佛教認爲，空是世間諸法的實相，《中論·觀涅槃品》：「分别推求諸法，有亦無，無亦無，有無亦無，非有非無亦無，是名諸法實相。」從這個角度説，認識到法空、名相亦空的人，只不過破壞了世俗認識的「假相」，並没有破壞實相（亦曰「無相之相」，《涅槃經》卷四〇：「無相之相，名爲實相。」），故云。壞，《全唐文》作「懷」。按，作「懷」意亦可通。「何嘗懷相」，指心不執著于相（包括作爲認識對象的事相和認識中的映相、名相，它們都屬世俗認識的「假相」）。

〔九〕實際：真如的異名。《大乘義章》卷一：「實際者，理體不虛，目之爲實；實之畔齊，故稱爲際。」

《辯中邊論》卷上：「此中説所知空性，由無變義説爲真如，真性常如，無轉易故；由無倒義説爲實際，非諸顛倒（佛教目世俗之認識爲「顛倒」），依緣事故。」無際：無邊際。《法華經·方便品》：「如來知見廣大深遠……禪定解脱三昧，深入無際。」句指真如周遍法界，無所不在。

〔一〇〕無生：見《登辨覺寺》注〔八〕。不生：指諸法不生。「不生」也即「不滅」。《維摩經·不二門品》：「法本不生，今則無滅。」《肇論新疏遊刃》卷中：「若聞無生，便知諸法本自不生，今則無滅。」

〔一一〕密印：佛教語，指心印。謂不用語言文字，直指人心。心地：佛教語，指心。佛教認爲，三界的一切，皆由心造，心猶大地，能生諸法，故曰心地。

〔一二〕自在：見《西方變畫讚》二段注〔七〕。

〔一三〕宗説皆通：見《能禪師碑》末段注〔一〇〕。

〔一四〕玉毫之光：見《讚佛文》首段注〔一八〕。句指何以印證佛的光明普照？

〔一五〕金口：謂佛之口或佛之言。《華嚴經》卷六六：「何況如來金口所説。」《廣弘明集》卷二二隋楊廣《寶臺經藏願文》：「前佛後佛，諒同金口。」

伏惟乾元大聖光天文武孝感皇帝陛下〔一〕，高登十地〔二〕，降撫九天〔三〕，弘濟群生〔四〕，濡蓮花之足〔五〕；示行世法，屈金粟之身〔六〕。心浄超禪〔七〕，頂法懸解〔八〕。廣釋門之六度〔九〕，包儒行之五常〔一〇〕。老僧空空〔一一〕，復何語語〔一二〕？以無見之見〔一三〕，不言之言〔一四〕，淺智勝疑冰之蟲〔一五〕，微戒愈溺遲之象〔一六〕；以自覺離念〔一七〕，註先聖微言，如人何足盡思〔一八〕，食木偶然成字〔一九〕，豈堪上塵慧眼〔二〇〕，仰稱聖心？有命自天，藏拙無地。伏以集解《仁王般若經》十卷，謹隨表奉進，無任慚惶。然本註經〔二一〕，先發大願，釋第一義〔二二〕，開不二門〔二三〕，與四十九僧〔二四〕，離一百八句〔二五〕，六時禪誦〔二六〕，三載懇祈，俾廓妖氛〔二七〕，得瞻慧日〔二八〕。三千世界〔二九〕，悉奉仁王〔三〇〕；五千善神〔三一〕，常衛樂土。今果盪定〔三二〕，無量安寧，緇服蒼生，不勝慶躍〔三三〕。

〔一〕「伏惟」句：《舊唐書・肅宗紀》：「（乾元）二年春正月己巳朔，上御含元殿，受尊號曰乾元大聖光天文武孝感皇帝。」「乾元大聖光天文武孝感」十字，底本原作「乾元光天」四字，此從《全唐文》。

〔二〕十地：見《讚佛文》首段注〔一九〕、三段注〔四〕。

〔三〕降：下。撫：據有。九天：《楚辭・離騷》：「指九天以爲正兮，夫唯靈修之故也。」王逸注：「九天，謂中央、八方也。」

〔四〕弘，底本原作「宏」，此從宋蜀本、述古堂本。

〔五〕濡蓮花之足：濡足，濕足，指跋涉奔走或救人之溺。《新序・節士》：「今爲濡足之故，不救人溺，可乎？」《後漢書・崔駰傳・達旨》：「與（劉攽曰：「與合作當。」）其有事，則褰裳濡足（注：「褰裳涉水也。」），冠掛不顧，人溺不拯，則非仁也。」沈約《光宅寺刹下銘》：「濡足萬古，援手百王。」

蓮花足，謂佛菩薩之足。《大唐西域記》卷六：「（菩薩）隨足所蹈，出大蓮花。」

〔六〕世法：佛教指世間一切事物和現象，對出世法而言。金粟：即維摩詰。《文選》王巾《頭陀寺碑文》：「金粟來儀，文殊戾止。」李善注：「《發迹經》曰：浄名大士是往古金粟如來。」「維摩詰」爲梵文之音譯，意譯「浄名」。《祖庭事苑》卷三：「《十門辨惑論》云：維摩是金粟如來，吉藏師云，事出《思惟三昧經》。自云：未見其本。」關于維摩之事，參見《西方變畫讚》二段注〔二〕。此處以金粟喻肅宗。

〔七〕超禪：亦曰「超越三昧」。佛教稱禪定有九個淺深不同的次第，即所謂「九次第定」（見《爲舜闍黎謝御題大通大照和尚塔額表》注〔一五〕）。凡入定，須自淺入深，由初禪、二禪順次至于第九次第定，出定亦須依次自第九次第退至初禪，不得超越。然佛及深位之菩薩，不必依此次第，得隨意直出直入，謂之「超禪」。《大般涅槃經後分》卷上：「爾時世尊説是語已，復入超禪。從初禪出，入第三禪，從三禪出，入虚空處（第五次第），從虚空處出，入無所有處（第七次第），從無所有處出，入滅盡想定（第九次第）；從滅盡定出，次第還入，至非想非非想處（第八次第），從非非想出，入無邊識處（第六次第），從識處出，入第四禪，從四禪出，入第二禪，從二禪出，入于初禪。如是逆順，入超禪已。」《大智度論》卷八一：「問曰：超越三昧不得超二，又不從散心而入滅盡定？答曰：大小乘法異。不超二者，小乘法中説；菩薩無量福德，智慧深入禪定力故，能隨意超越。」

〔八〕頂法：見《西方變畫讚》二段注〔九〕。懸解：見《與胡居士皆病寄此詩兼示學人二首》其一注〔五〕。後亦指解倒懸。《後漢書・王允傳》論：「當此之時，天下懸解矣。」句指修善性功德，解天下之倒懸。

〔九〕六度：即六波羅蜜。指六種從生死此岸到達涅槃彼岸的途徑，爲大乘佛教修習的主要内容。包括：布施（檀那）、持戒（尸羅）、忍（羼提）、精進（毗梨耶）、定（禪那）、智慧（般若）。《大品般若經》卷一：「菩薩摩訶薩以不住法住般若波羅蜜中，以無所捨法應具足檀那波羅蜜，施者受者及財物不可得故；罪不罪不可得故，應具足尸羅波羅蜜；心不動故，應具足羼提波羅蜜；身心精進不懈怠故，應具足毗梨耶波羅蜜；不亂不昧故，應具足禪那波羅蜜；于一切法不著故，應具足般若波羅蜜。」

〔一〇〕儒行：儒家的行爲準則。五常：《漢書・董仲舒傳》仲舒對策：「夫仁誼（義）禮知（智）信，五常之道，王者所當脩飭也。」《白虎通・情性》：「五常者何？謂仁義禮智信也。」

〔一一〕空空：謂空亦空，一切皆空。孔稚珪《北山移文》：「談空空於釋部，覈玄玄於道流。」參見《夏日過青龍寺謁操禪師》注〔五〕。

〔一二〕語語：猶言語。《詩・大雅・公劉》：「于時言言，于時語語。」

〔一三〕無見之見：佛教謂慧眼能見諸法皆空的實相，蓋諸法皆空，不能有所見，因曰「無見」；但能見諸法真空之實相，故曰「無見之見」。《思益經》卷三：「慧眼爲見何法？答言：若有所見，不名慧眼，慧眼不見有爲法，不見無爲法。」參見《能禪師碑》三段注〔一〇〕。

〔一四〕不言之言：無言的言論。《莊子·徐無鬼》：「仲尼之楚，楚王觴之……市南宜僚受酒而祭曰：『古之人乎！於此言已。』曰：『丘也聞不言之言矣，未之嘗言，於此乎言之。』」郭象注：「聖人無言，其所言者，百姓之言耳，故曰『不言之言』。」

〔一五〕疑冰之蟲：《文選》孫綽《遊天台山賦》：「哂夏蟲之疑冰，整輕翮而思矯。」李善注：「言淺近小智，同乎夏蟲，今既哂之，故整翮思矯也。」《莊子·秋水》：「夏蟲不可以語於冰者，篤（固，拘限）於時也。」

〔一六〕微戒：謙言己之戒行未著。愈：勝過。溺涅之象：比喻陷溺于世俗世界之中而不能自拔的凡夫。涅（bàn伴），爛泥，深泥；述古堂本、明十卷本俱作「泥」。《遺教經》：「世間縛著，没于衆苦，譬如老象溺泥，不能自出。」《楞伽經》卷二：「名身與句身，及形身差别，凡夫愚計著，如象溺深泥。」

〔一七〕離念：謂遠離世俗的妄念，即佛教所説的「無念」。《大乘起信論義記》卷二：「一切諸法唯依妄念而有差别。若離心念，則無一切境界之相（謂諸法皆空，無有差别）。」

〔一八〕人，宋蜀本、述古堂本、明十卷本俱作「麻」，《全唐文》此字下注云：「疑，一作麻。」趙殿成校云：「人字疑是蟲字之訛。」何足：哪值得。盡思：竭盡思慮。《論衡·超奇》：「出身盡思，竭筆牘之力。」

〔一九〕「食木」句：《涅槃經》卷二：「如蟲食木有成字者，此蟲不知是字非字，智人見之終不唱言是蟲解字，亦不驚怪。」《摩訶止觀》卷一：「若但聞名口説，如蟲食木偶得成字，是蟲不知是字非字，既不通達，寧是菩提？」

〔二〇〕上塵慧眼：指上污染天子之眼。

〔二一〕本：始。

〔二二〕第一義：佛教指最高、最終極的真理，亦曰第一義諦、真諦，又爲真如之異名。《大乘義章》卷一：「第一義者，亦名真諦。第一是其顯勝之目，所以名義。」《法華義疏》卷四：「第一義者，一實之道。理極無過爲第一，深有所以，稱爲義也。」《楞伽經》卷二：「第一義者，聖智自覺所得，非言說妄想覺境界。」參見《與蘇盧二員外期遊方丈寺而蘇不至因有是作》注〔二〕。

〔二三〕不二門：即不二法門。佛教稱悟「不二」之理爲入不二法門。「不二」指諸法本空，無有差別。《大乘義章》卷一：「言不二者，無異之謂也，即是經中一實（平等之實相）義也。一實之理，妙寂離相，如如平等，亡於彼此，故云不二。」參見《燕子龕禪師詠》注〔三〕。

〔二四〕四十九僧：指與惠幹共誦《仁王經》的僧人。

〔二五〕一百八句：《楞伽經》卷一載，大慧菩薩以偈問佛曰：「云何淨其念，云何念增長；云何見癡惑，云何惑增長；……云何有三乘，唯願爲解說。……」所問凡百八句，佛亦以百八句答之，且曰：「大慧，是百八句，先佛所說，汝及諸菩薩摩訶薩應當修學。」此處當指大慧所問之「百八句」。句謂離有關佛教修習的各種問題而一心一意誦《仁王經》。

〔二六〕六時：見《燕子龕禪師詠》注〔八〕。禪誦：指誦《仁王經》。

〔二七〕俾，述古堂本作「伃」（伃之譌字）。廓：廓清。妖氛：不祥之氣。多指凶災、禍亂。曹丕《送劍書》：「用給左右，以除妖氛。」此指安史之亂。

〔二八〕慧日：謂佛之智慧如太陽普照世間。《法華經·普門品》：「無垢清浄光，慧日破諸闇，能伏災風火，普明照世間。」蕭統《遊鍾山大愛敬寺》：「以兹慧日照，復見法雨垂。」

〔二九〕三千世界：「三千大千世界」之略語。此指廣大無邊之世界。

〔三〇〕仁王：指唐天子；《全唐文》作「神王」。

〔三一〕五千善神：指《仁王經》中所説的五千護國大神王。《仁王經·受持品》：「大王，若未來世有諸國王護持三寶者，我使五大力菩薩往護其國。……五大士五千大神王於汝國中大作利益，當立像形而供養之。」

〔三二〕今，底本原作「令」，此從述古堂本、《全唐文》。

〔三三〕緇服：淺黑色僧衣，轉稱僧侶。《僧史略》卷上：「問：『緇衣者色何狀貌？』答：『紫而淺黑，非正色也。』」慶躍：歡慶跳躍。

門下起赦書表〔一〕

伏奉制書如右。好生之德，洽于人心〔二〕，奉天之時，以行春令〔三〕，體元作則〔四〕，惟聖裁成〔五〕。伏惟乾元大聖光天文武孝感皇帝陛下〔六〕，道凝庶績〔七〕，功深廣運〔八〕，極孝敬於至誠，致雍和於允穆〔九〕。狹其祝網〔一〇〕，陋彼畫衣〔一一〕，寧失不經〔一二〕，況乎輕繫〔一三〕！大赦戮餘之罪〔一四〕，益寬流宥之典〔一五〕。人謂無冤，何如捨而不問；殺而有禮，豈若至于無刑〔一六〕！加以親減庶羞〔一七〕，無祭肺之膳〔一八〕；下除冗食〔一九〕，贍餬口之人〔二〇〕。買櫝設楬〔二一〕，藏彼無歸之骨；歲取畝收，本乎盍徹之税〔二二〕。巨猾止于一惡〔二三〕，貧人免于十夫〔二四〕。思折券者〔二五〕，寬其暴征〔二六〕；嘗書勳者〔二七〕，貰其宿負〔二八〕。道德齊禮，成其有恥之心〔二九〕；悔咎思愆〔三〇〕，開其自新之路。道之一變〔三一〕，將使比屋可封〔三二〕；守在四夷〔三三〕，庶夫外户不閉〔三四〕。風俗忠厚，禮讓興行，六府孔修，萬代永賴〔三五〕。臣等忝居門下，不任鳧藻抃躍之至〔三六〕。

〔一〕作於上元元年（七六〇）三月，時維在門下省爲給事中，説見《年譜》。門下：門下省。起：發出，頒發。赦書：《新唐書·肅宗紀》：「上元元年三月丙子，降死罪，流以下原之。」《册府元龜》卷八七載乾元三年（七六〇）二月丙子詔曰：「其天下見禁囚徒，死罪降流，流已下一切放免。」按，《舊唐書·肅宗紀》曰：「（乾元三年）二月癸巳朔，以右丞崔寓爲蒲州刺史。」據「二月癸巳朔」，可推知「丙子」當屬三月，《册府元龜》之「二月」應爲「三月」之誤。尋繹文意，本篇當是赦書下達門下省後，維爲頒行赦書事代門下省官員所作的奏表。《舊唐書·職官志》云：「給事中掌陪侍左右……凡制敕宣行，大事則稱揚德澤，褒美功業，覆奏而請施行。」

〔二〕「好生」二句：《書·大禹謨》：「好生之德，洽于民心。」好生，愛惜生靈，不事殺戮。洽，霑潤。孔疏：「洽謂沾漬優渥。洽于民心，言潤澤多也。」

〔三〕春令：《禮記·月令》：「仲春之月……命有司，省囹圄，去桎梏，毋肆掠，止獄訟。」注：「省，減也。……肆謂死刑暴尸也。……掠謂捶治人。」

〔四〕體元：謂人君以天地之元氣爲本。《後漢書·班固傳·東都賦》：「體元立制，繼天而作。」《左傳》隱公元年杜注：「凡人君即位，欲其體元以居正。」作則：爲百姓所效法。

〔五〕裁：通「纔」；宋蜀本作「則」，述古堂本作「財」。按，「財」與「裁」同，「則」疑即「財」之形誤字。

〔六〕乾元大聖光天文武孝感皇帝：見上篇二段注〔一〕；底本原作「乾元大聖皇帝」，此從《全唐文》。

〔七〕道凝庶績：謂天子之道已成就衆功。《書·皋陶謨》：「撫于五辰，庶績其凝。」傳：「凝，成也。言百官皆撫順五行之時，衆功皆成。」

〔八〕廣運：《書·大禹謨》：「帝德廣運，乃聖乃神。」傳：「廣謂所覆者大，運謂所及者遠。」

〔九〕致：盡，極。《荀子·榮辱》：「志意致修，德意致厚。」雍和：融洽，和睦。《後漢書·馬皇后紀》：「常與帝旦夕言道政事，……述叙平生，雍和終日。」於：與。上句之「於」字意同。允穆：《文選》謝朓《齊敬皇后哀策文》：「爰定厥祥，徽音允穆。」張銑注：「允，信。穆，和也。」

〔一〇〕狹其祝網：見《既蒙宥罪旋復拜官伏感聖恩竊書鄙意》注〔三〕。

〔一一〕畫衣：指「畫衣冠」。即用有特殊標志的衣冠代替刑戮。《慎子·逸文》：「有虞之誅，以幪巾當墨，以草纓當劓……布衣無領當大辟，此有虞之誅也。……畫衣冠，異章服，謂之戮。上世用戮而民不犯也。」《史記·孝文本紀》：「蓋聞有虞帝之時，畫衣冠，異章服，以爲僇（戮），而民不犯。」

〔一三〕寧失不經：謂寧可錯誤地赦免有大罪者，不枉殺無罪者。《書·大禹謨》：「與其殺不辜，寧失不經。」傳：「經，常。……寧失不常之罪，不枉不辜之善，仁愛之道。」疏：「不常之罪者，謂罪大非尋常小罪也。……寧妄免大罪，不枉殺無罪，以好生之心故也。」

〔一三〕輕繫：謂罪輕而被囚者。《禮記·月令》：「孟夏之月……斷薄刑，決小罪，出輕繫。」

〔一四〕戮餘：見《爲薛使君謝婺州刺史表》注〔一六〕。

〔一五〕流宥：猶言放任寬恕。《書·舜典》：「流宥五刑。」傳：「宥，寬也。以流放之法寬五刑。」疏：「五刑雖有犯者，或以恩減降，不使身服其罪，所以流放宥之。」典：法。

〔一六〕有禮：言符合禮的規定。無刑：見《裴僕射濟州遺愛碑》二段注〔三〕。

〔一七〕庶羞：多種嘉肴。《儀禮·公食大夫禮》：「士羞庶羞皆有大。」注：「羞，進也。庶，衆也。進衆珍味可進者也。」按，「進」蓋釋經文之上「羞」字，下「羞」字指味美之食物。《周禮·天官·膳夫》注：「羞，有滋味者。」句謂天子親自減膳。

〔一八〕「無祭」句：謂食不殺牲。《禮記·曲禮下》：「歲凶，年穀不登，君膳不祭肺。」注：「禮，食殺牲則祭先，有虞氏以首，夏后氏以心，殷人以肝，周人以肺，不祭肺，則不殺也。」

〔一九〕冗食：不勞而食。《後漢書·劉瑜傳》上書：「令女孌令色，充積閨帷，皆當盛其玩飾，冗食空宫。」《通鑑》卷五五「冗食空宫」注：「無事而食，謂之冗食。」

〔二〇〕贍：救濟。餬口：以薄粥供口食。

〔二一〕櫝：小棺。楬（jié 竭）：作標志用的小木樁。《周禮·秋官·蜡氏》：「若有死于道路者，則令埋而置楬焉。」注引鄭衆云：「楬，欲令其識取之，今時楬櫫是也。」此字底本作空缺號，據《全唐文》補。

〔二二〕畝收：田地的税收。盍徹：指十分收一的税制。《論語·顔淵》：「哀公問於有若曰：『年饑，用不足，如之何？』有若對曰：『盍徹乎？』」集解：「鄭曰：盍，何不也。周法什一而税，謂之徹。」《孟子·滕文公上》：「夏后氏五十而貢，殷人七十而助，周人百畝而徹，其實皆什一也。」

〔二三〕巨猾：大惡人。張衡《東京賦》：「巨猾間舋，竊弄神器。」止于一惡：言爲一惡即被治罪，不能爲所欲爲。

〔二四〕十夫：《南史·郭原平傳》：「父亡……自賣十夫以供衆費……葬畢，詣所買主執役無懈。」又《吴達之傳》云：「嫂亡無以葬，自賣爲十夫客，以營冢椁。」句謂貧人免于爲奴。

〔二五〕折券：毁棄債券。《史記·高祖本紀》：「歲竟，此兩家常折券棄責。」此指還債後毁棄債券。

〔二六〕暴征：强行征收。

〔二七〕書勳：記載功勳。《左傳》昭公四年：「孟孫爲司空以書勳。」句謂朝廷曾書記其功勳者。

〔二八〕貫其宿負：見《京兆尹張公德政碑》二段注〔四〕。

〔二九〕「道德」二句：見《上黨苗公德政碑》首段注〔二六〕。

〔三〇〕悔咎：悔過。思愆：反省罪愆。

〔三一〕道之一變：見《苗公德政碑》四段注〔六三〕。

〔三二〕比屋可封：見《奉和聖製登降聖觀與宰臣等同望應制》注〔八〕。

〔三三〕守在四夷：謂使四夷臣服，以爲中國之守禦。《左傳》昭公二十三年：「古者，天子守在四夷；天子卑，守在諸侯。」《淮南子·泰族訓》：「故天子得道，守在四夷；天子失道，守在諸侯。」

〔三四〕外户不閉：《禮記·禮運》：「是故謀閉而不興，盗竊亂賊而不作，故外户而不閉，是謂大同。」疏：「故外户而不閉者，扉從外闔也。……重門擊柝，本禦暴客，既無盗竊亂賊，則户無俟于閉也。但爲風塵入寢，故設扉耳，無所捍拒，故從外而掩也。」外户，從外面關閉的門。

〔三五〕「六府」二句：《書·大禹謨》：「禹曰：『於，帝念哉！德惟善政，政在養民，水、火、金、木、土、穀惟修（傳：「言養民之本，在先修六府。」），正德、利用、厚生惟和。……』帝曰：『俞，地平天成，六府三事允治，萬世永賴，時乃功。』」六府，參見《奉敕詳帝皇龜鏡圖狀》注〔九〕。孔，甚。修，治。

〔三六〕鳧藻：喻歡悦。《後漢書·杜詩傳》上疏：「將帥和睦，士卒鳧藻。」注：「言其和睦歡悦，如鳧之戲於水藻也。」《北堂書鈔》卷一二七引蔡邕《雜章》：「臣等不勝鳧藻。」抃躍：猶言手舞足蹈。

請迴前任一司職田粟施貧人粥狀〔一〕

右〔二〕。臣比見道路之上，凍餒之人，朝尚呻吟，暮填溝壑〔三〕。陛下聖慈憐愍，煮公粥施之，頃年已來〔四〕，多有全濟〔五〕。至仁之德，感動上天，故得年穀頗登，逆賊皆滅，報施之應〔六〕，福祐昭然。臣前任中書舍人〔七〕、給事中，兩任職田，並合交納，近奉恩敕，不許併請〔八〕，望將一司職田，迴與施粥之所。于國家不減數粒〔九〕，在窮窘或得再生。庶以上福聖躬，永弘寶祚〔一〇〕。仍望令劉晏分付所由訖〔一一〕，具數奏聞〔一二〕。如聖恩允許，請降墨敕〔一三〕。

〔一〕約作于上元元年夏，説見《年譜》。迴：指呈請將自己以前一任官職的職田的收穫轉授給他人。一司：一個官職。《晋書·刑法志》裴頠上疏：「夫天下之事多塗，非一司之所管。」底本原無「一」字，據宋蜀本、述古堂本補。職田：即職分田。這是唐代作爲内外職事官一部分俸禄的田地。《唐會要》卷九二：「武德元年十二月制，内外官各給職分田。」「開元十年正月，命有司收内外官職田。」「（開元）十八年三月勅，京官職田將令準令給受，復用舊制。」《通典》卷二：「諸京官文武職事職分田，一品一十二頃，二品十頃，三品九頃，四品七頃，五品六頃，六品四頃……並去京城百里内給。……即百里外給者，亦聽。」

〔二〕右：唐人表狀，常把將論列之事的概要寫在前面。古時文字，直行書寫，自右至左，「右」即指在前的概要，「右」下才開始論述。

〔三〕「臣比」四句：比，近來。《新唐書・五行志》：「乾元三年（即上元元年）春，饑，米斗錢千五百。」《舊唐書・肅宗紀》：「（乾元三年）四月……是歲饑，米斗至一千五百文。……閏四月……時大霧，自四月雨至閏月末不止。米價翔貴，人相食，餓死者委骸于路。」

〔四〕頃年：近年。

〔五〕全濟：保全獲救。《後漢書・獻帝紀》：「自是之後，多得全濟。」

〔六〕報施：《左傳》僖公二十四年：「報者倦矣，施者未厭。」此指酬報、報答。

〔七〕中書舍人：見《苑舍人能書梵字……戲爲之贈》注〔一〕。

〔八〕不許併請：指不許請求將兩任職田一併交納。

〔九〕不，述古堂本作「下」。數粒：幾粒米。

〔一〇〕弘：光大。寶祚：《文選》沈約《宋書・恩倖傳》論：「民忘宋德，雖非一塗，寶祚夙傾，實由於此。」李善注：「寶祚，猶寶命也。」寶命即指天命。

〔一一〕劉晏：字士安，南華（今山東東明縣東南）人。累官至河南尹、京兆尹、户部侍郎，自上元元年始，屢充度支、鑄錢、鹽鐵等使，以善於理財著稱。兩《唐書》有傳。維作此文時，晏正爲京兆尹，説見《年譜》。所由：「所由官」之略語，猶言有關官吏。唐時多指地方小吏。《梁書・高祖丁貴嬪傳》：「婦人無閫外之事，賀及問訊牋什，所由官報聞而已。」《通鑑》卷二四三：「丞相不應許所由官呫囁耳語。」注：「京尹任煩劇，故唐人謂府縣官爲所由官。項安世《家説》曰：『今坊市公人謂之所由。』」又卷二四二曰：「令所由將鹽就村糶易。」注：「所由，綰掌官物之吏也。事必經由其手，故謂之所由。」

〔二〕具數：指開列「一司職田粟」的數量。

〔三〕墨敕：天子直接發出、不經外廷的親筆詔令。亦曰墨制、墨詔。《宋書·王曇首傳》：「既無墨敕，又闕幡棨，雖稱上旨，不異單刺。」唐李肇《翰林志》：「（陸）贄上疏曰：『伏詳舊式及國朝典故，凡有詔令，合由於中書。如或墨制施行，所司不須承受。』」

責躬薦弟表〔一〕

臣維稽首言：臣年老力衰，心昏眼暗，自料涯分〔二〕，其能幾何〔三〕？久竊天官〔四〕，每慙尸素〔五〕，頃又没于逆賊，不能殺身，負國偷生，以至今日。陛下矜其愚弱〔六〕，託病被囚〔七〕，不賜疵瑕〔八〕，累遷省閣〔九〕，昭洗罪累〔一〇〕，免負惡名，在于微臣，百生萬足。昔在賊地，泣血自思，一日得見聖朝，即願出家修道；及奉明主〔一一〕，伏戀仁恩，貪冒官榮〔一二〕，荏苒歲月〔一三〕，不知止足〔一四〕，尚忝簪裾〔一五〕，始願屢違〔一六〕，私心自咎。臣又聞用不才之士〔一七〕，才臣不來；賞無功之人，功臣不勸[一八]，有國大體[一九]，爲政本源。非敢議論他人，竊以兄弟自比[二〇]。

〔一〕約作于上元二年（七六一）春，説見《年譜》。責躬：謂自陳己過。曹植有《責躬詩》一首。弟：指王縉。見《留别山中温古上人兄并示舍弟縉》注〔一〕。時縉爲蜀州刺史。

〔二〕涯分：猶言本分。盧象《青雀歌》：「逍遥飲啄安涯分，何假扶摇九萬爲？」此指應有的壽命。

〔三〕能，《文苑英華》作「壽」。

〔四〕天官：猶百官、天子之官。《文選》班固《東都賦》：「天官景從，寖威盛容。」李善注引蔡邕《獨斷》：「百官小吏曰天官。」（趙殿成曰：「今本蔡邕《獨斷》無此文也。」）又王粲《贈士孫文始》曰：「良人在外，誰佐天官。」吕向注：「言文始在外，誰當任天子之官。」

〔五〕軏，《文苑英華》作「競」。尸素：即尸位素餐。《三國志·魏書·鍾繇傳》注引《魏略》：「尸素重禄，曠廢職任。」

〔六〕矜：憐憫。愚弱：愚昧懦弱。愚，《文苑英華》作「懦」。

〔七〕託病被囚：見《京兆韋公神道碑銘》三段注〔三〕。

〔八〕疵瑕：罪過。《左傳》僖公七年：「唯我知女，女專利而不厭，予取予求，不女疵瑕也。」

〔九〕省閣：泛指尚書、中書、門下諸省。省、閣皆官署之稱，省或謂之閣，如門下省又稱爲黄閣。張籍《贈殷山人》：「昔日交遊盛，當時省閣賢，同袍還共弊，連轡每推先。」鄭谷《朝直》：「朝直叨居省閣間，由來疏退校安閒。落花夜静宮中漏，微雨春寒廊下班。」皆可證。維被宥復官之後，歷任中書舍人、給事中（屬門下省）、尚書右丞，故曰「累遷省閣」。

〔一〇〕昭洗：見《謝除太子中允表》注〔三一〕。洗，宋蜀本、述古堂本、明十卷本、奇字齋本俱作「失」，趙殿成校曰：「今從《文苑英華》作洗。」按，《全唐文》亦作「洗」。罪累：猶罪過。

〔一一〕明，《文苑英華》作「聖」。

〔一二〕貪冒：猶貪圖。《左傳》成公十二年：「及其亂也，諸侯貪冒，侵欲不忌。」冒亦貪義。

〔一三〕荏苒：漸進，推移，多指時間而言。晉張華《勵志》：「日與月與，荏苒代謝。」

〔一四〕不知止足：不知停止，不知滿足。《老子》四十四章：「知足不辱，知止不殆，可以長久。」

〔一五〕簪裾：見《上張令公》注〔一三〕。句謂至今尚受之有愧地穿着朝服。

〔一六〕始，《文苑英華》作「昔」。

〔一七〕宋蜀本無「又」字。

〔一八〕勸：努力。

〔一九〕此句意謂，這是據有國家的要領。

〔二〇〕此句《文苑英華》作「竊見」二字。

臣弟蜀州刺史縉〔一〕，太原五年，撫養百姓，盡心爲國，竭力守城〔二〕，臣即陷在賊中，苟且延命，臣忠不如弟，一也。縉前後歷任〔三〕，所在著聲，臣忝職甚多〔四〕，曾無裨益，臣政不如弟，二也。臣頃負累〔五〕，繫在三司〔六〕，縉上表祈哀，請代臣罪〔七〕，臣之于縉，一無憂憐〔八〕，臣義不如弟，三也。縉之判策，屢登甲科〔九〕，衆推才名，素在臣上，臣小言淺學〔一〇〕，不足謂文〔一一〕，臣才不如弟，四也。縉言不忤物〔一二〕，行不上人〔一三〕，植性謙和，執心平直〔一四〕，臣無度量，實自空疏〔一五〕，臣德不如弟，五也。臣之五短，弟之五長〔一六〕，加以有功，又能爲政，顧臣謬官華省〔一七〕，而弟遠守方州〔一八〕，外媿妨賢，内慙比義〔一九〕，痛心疾首〔二〇〕，以日爲年。臣又逼近懸車〔二一〕，朝暮入地〔二二〕，闃然孤獨，迴無子孫〔二三〕，弟之與臣，更相爲命〔二四〕，兩人又俱白首，一别恐隔黄泉，儻得同居，相視而没，泯滅之際，魂魄有依。伏乞盡削臣官，放歸田里，賜弟散職〔二五〕，令在朝廷〔二六〕。臣當苦行齋心〔二七〕，弟自竭誠盡節〔二八〕，並願肝腦塗地〔二九〕，隕越爲期〔三〇〕。葵藿之心，庶知向日〔三一〕；犬馬之意，何足動天〔三二〕！不勝私情懇迫之至〔三三〕。

〔一〕蜀州：唐州名，治所在今四川崇慶。縉任蜀州刺史的時間，約在上元元年秋至二年五月之間，説見《年譜》。

〔二〕「太原」四句：《舊唐書·王縉傳》：「累授侍御史、武部員外。禄山之亂，選爲太原少尹，與李光弼同守太原，功效謀略，衆所推先，加憲部侍郎兼本官。」太原，唐府名，開元十一年置，治所在今山西太原市西南晋源鎮。按，王縉自天寶十四載（七五五）爲太原少尹至乾元二年（七五九）入爲國子祭酒，前後恰合五年之數。

〔三〕歷，《文苑英華》作「効」。

〔四〕甚，宋蜀本作「其」。

〔五〕負累：罪過，獲罪。《墨子・非儒下》：「夫憂妻子以大負絫（累），有曰所以重親也，爲欲厚所至私，輕所至重，豈非大姦也哉！」《文選》阮瑀《爲曹公作書與孫權》：「高帝設爵以延田横，光武指河而誓朱鮪，君之負累，豈如二子？」

〔六〕繫，《文苑英華》作「狀」。三司：唐時有大獄，由刑部、御史臺、大理寺聯合案問，謂之三司。《新唐書・百官志》：「凡鞫大獄，以（刑部）尚書、侍郎與御史中丞、大理卿爲三司使。」《舊唐書・吕諲傳》：「克復兩京，詔諲與三司官詳定陷賊官陳希烈已下數百人罪戾輕重。」《新唐書・吕諲傳》：「帝復兩京，詔盡繫群臣之汙賊者，以御史中丞崔器、憲部（即刑部）侍郎韓擇木、大理卿嚴向爲三司使，處其罪。」

〔七〕「縉上」二句：《舊唐書・王縉傳》：「時兄維陷賊，受僞署，賊平，維付吏議，縉請以己官贖維之罪，特爲減等。」參見兩《唐書・王維傳》。祈哀，請求憐憫。

〔八〕憂憐：憂念愛惜。憐，《文苑英華》作「恤」。

〔九〕「縉之」二句：判策，皆文體名。唐明經、進士及制科，皆須試策；六品以下文官的銓選，須試判。參見《宫門誤不下鍵判》注〔一〕。甲科，指甲第，見《韓公墓誌銘》二段注〔六〕。《舊唐書・王縉傳》：「少好學，與兄維早以文翰著名。縉連應草澤及文辭清麗舉。」《唐詩紀事》卷一六：「縉字夏卿……舉草澤、文詞清麗科，上第。」按，「草澤」即高才沉淪，草澤自舉科，「清麗」當爲「雅麗」之訛，説見《登科記考》卷六、卷七。按，縉應草澤科及第，在開元十五年，見《册府元龜》卷六四五、《唐代墓誌彙編續集》貞元〇二九《樊泳墓誌銘》。應文詞雅麗科及第，在開元二十六年，見《册府元龜》卷六四三。

〔一〇〕小言：《莊子・列禦寇》：「彼所小言，盡人毒也。」郭注：「細巧入人爲小言。」《釋文》：「小言，言不入道，故曰小言。」《禮記・表記》：「事君大言入則望大利，小言入則望小利。」疏：「小言，謂立小事之言。」此指言論瑣細，無關大旨。

〔一一〕謂文：指稱爲有文才。《論語・公冶長》：「子貢問曰：『孔文子何以謂之文也？』子曰：『敏而好學，不耻下問，是以謂之文也。』」

〔一二〕忤物：謂與人不合，得罪人。《管子・心術上》：「自用則不虚，不虚則忤於物矣。」「忤」意同「忤」。

〔一三〕上人：在人上，凌駕於人。《左傳》桓公五年：「君子不欲多上人，况敢陵天子乎？」上，《文苑英華》作「尚」。

〔一四〕植性：生性。執心：秉心。直，《文苑英華》作「坦」。

〔一五〕空疏：放縱散漫。

〔一六〕弟，宋蜀本作「羞」。

〔一七〕顧：反而。　華省：唐人每以「華省」指尚書省。王維在尚書省爲庫部員外郎時，苑咸作《酬王維》詩云：「蓮花梵宇本從天，華省仙郎早悟禪。」可證。《禮記·檀弓上》「華而睆」鄭玄注：「華，畫也。」蓋舊謂尚書省爲畫省，華、畫音近字通，因以華省指尚書省。是時維任尚書右丞，故曰「謬官華省」。

〔一八〕方州：趙殿成注：「班固《典引》：『卓犖乎方州，洋溢乎要荒。』」按，《文選·典引》李周翰注云：「方州，帝都也。」趙注誤。此「方州」蓋指地方州郡。《世説新語·德行》：「殷仲堪既爲荆州，……每語子弟云：『勿以我受任方州，云我豁平昔時意，今我處之不易。』」「遠守方州」指縉爲蜀州刺史。

〔一九〕妨，《文苑英華》作「其」。　比義：《説苑·談叢》：「君子比義，農夫比穀。」此指與弟比較道義。

〔二〇〕痛心疾首：《左傳》成公十三年：「諸侯備聞此言，斯是用痛心疾首，暱就寡人。」句謂痛恨自己到極點。

〔二一〕懸車：懸置其車而不用，指致仕退休。《漢書·薛廣德傳》：「以歲惡民流，與丞相定國、大司馬車騎將軍史高，俱乞骸骨，皆賜安車駟馬，黄金六十斤，罷。……東歸沛，太守迎之界上，沛以爲榮，縣其安車傳子孫。」師古注：「縣其所賜安車，以示榮幸也。致仕縣車，蓋亦古法，韋孟詩曰『縣車之義，以洎小臣』也。」劉攽曰：「致仕縣車，言休息不出也。」《漢書・叙傳下》：「抑抑仲舒，再相諸侯，身修國治，致仕懸車。」按，唐時官員致仕，在年齡上並無嚴格規定，「逼近懸車」是説自己「年老力衰，心昏眼暗」，已逼近應致仕的時候。又，「懸車」亦指日車息駕，時近黄昏。《淮南子・天文》：「（日）至于悲泉，爰止其女，爰息其馬，是謂縣車，至于虞淵，是謂黄昏。」陶淵明《於王撫軍坐送客》：「晨鳥暮來還，懸車斂餘輝。」古人常以日暮喻年老，因此「逼近懸車」也可釋爲逼近暮年。《謝弟縉新授左散騎常侍狀》云：「臣之兄弟，皆迫桑榆。」「逼近懸車」意同「皆迫桑榆」。

〔二二〕朝暮入地：言早晚埋入地下。意本《漢書・龔勝傳》：「吾受漢家厚恩，亡以報，今年老矣，旦暮入地，誼豈以一身事二主，下見故主哉？」

〔二三〕闃：寂静。迥：猶「全」。

〔二四〕更相爲命：猶言相依爲命。李密《陳情表》：「臣無祖母，無以至今日，祖母無臣，無以終餘年。母孫二人，更相爲命，是以區區不能廢遠。」

〔二五〕放歸田里：唐時之「放歸田里」並不等於「致仕」。唐代致仕官給禄（五品以上官給半禄），「放歸田里」則不給禄。《舊唐書・薛登傳》：「（登）尋以孽子悦千牛爲憲司所劾，放歸田里。朝廷以其家貧，又特給致仕禄。」散：閒散的職務。

〔二六〕廷，《文苑英華》作「行」。

〔二七〕苦行：指修佛教的苦行。齋心：見《奉和聖製慶玄元皇帝玉像之作應制》注〔二〕。

〔二八〕竭誠盡節：《北史·高熲傳》：「熲有文武大略，明達政務，及蒙任寄之後，竭誠盡節，進引貞良，以天下爲己任。」盡節，極盡其忠節。《漢書·王尊傳》：「尊盡節勞心，夙夜思職。」

〔二九〕肝腦塗地：形容竭忠盡力，不惜一死。《漢書·蘇武傳》：「武曰：『武父子亡功德，皆爲陛下所成就，位列將，爵通侯，兄弟親近，常願肝腦塗地。』」

〔三〇〕隕越：《左傳》僖公九年：「恐隕越于下，以遺天子羞。」注：「隕越，顛墜也。」此指死亡。《晉書·陶侃傳》侃上表：「隕越之日，當歸骨國土。」

〔三一〕「葵藿」二句：曹植《求通親親表》：「若葵藿之傾葉，太陽雖不爲之迴光，然終向之者，誠也。臣竊自比葵藿。」葵藿，偏指葵。葵性向日，古多用以喻下對上的誠心趨向。

〔三二〕「犬馬」二句：《求通親親表》：「臣伏以爲犬馬之誠不能動人，譬人之誠不能動天。」二句即變用其意，極言自己的心意微薄。

〔三三〕懇迫：誠懇急迫。

謝弟縉新授左散騎常侍狀〔一〕

右。臣之兄弟，皆迫桑榆〔二〕，每至一别，恐難再見，匪躬之節〔三〕，誠不顧家；臨老之年，實悲遠道〔四〕。陛下均平布政〔五〕，中外遞遷〔六〕，尚録前勞〔七〕，仍收舊齒〔八〕，使備顧問，載珥貂蟬，趨侍玉墀，從容瑣闥〔九〕。不材之木〔一〇〕，跗萼聯芳〔一一〕；斷行之雁，飛鳴接翼〔一二〕。自天之命，特出宸衷〔一三〕；塗地之心〔一四〕，難酬聖造〔一五〕。不勝戴荷踴躍之至〔一六〕。

上元二年五月四日，通議大夫守尚書右丞臣王維狀進〔一七〕。

〔一〕作于上元二年（七六一）五月四日。左散騎常侍：見《送岐州源長史歸》注〔一〕。

〔二〕迫：逼近。桑榆：日暮，又喻老年。《太平御覽》卷三引《淮南子》：「日西垂景在樹端，謂之桑榆。」注：「言其光在桑榆上。」《後漢書·孟嘗傳》楊喬上書：「且年歲有訖，桑榆行盡，而忠貞之節，永謝聖時。」《舊唐書·太宗紀》詔曰：「至若筋力將盡，桑榆且迫，徒竭夙興之勤，未悟夜行之罪。」

〔三〕匪躬之節：盡忠而不顧身的操守。《易·蹇》：「王臣蹇蹇，匪躬之故。」疏：「盡忠於君，匪以私身之故而不往濟君，故曰『匪躬之故』。」《晉書·卞壺傳》：「擁衛至尊，則有保傅之恩；正色在朝，則有匪躬之節。」

〔四〕遠道：謂「弟遠守方州」（見上篇）。

〔五〕均，述古堂本作「昆」。布政：施政。

〔六〕中外遞遷：指中央官吏與地方官吏交互遷轉。

〔七〕録：録用。前勞：過去的功績。《左傳》哀公二十七年：「服車而朝，毋廢前勞。」此指過去有功勞的人。

〔八〕收，宋蜀本作「収」，述古堂本作「以」。按，「収」疑爲「取」之形訛字。舊齒：有德望的耆舊，舊臣。《三國志・吴書・陸績傳》：「虞翻舊齒名盛，龐統荆州令士，年亦差長，皆與績友善。」

〔九〕載珥貂蟬：謂戴上飾以金蟬插着貂尾的帽子。曹植《王仲宣誄》：「戴蟬珥貂，朱衣皓帶。」載，猶戴。《詩・周頌・絲衣》：「載弁俅俅。」箋：「載猶戴也。」珥，插。貂蟬，見《哭祖六自虚》注〔一一〕。瑣闥：宫門，亦指朝廷。以上四句指縉新授左散騎常侍之職。《舊唐書・職官志》：「左散騎常侍二人……並金蟬珥貂。左常侍與侍中左貂，右常侍與中書令右貂，謂之八貂。……常侍掌侍奉規諷，備顧問應對。」

〔一〇〕不材之木：無用之木。《莊子・人間世》：「南伯子綦遊乎商之丘，見大木焉……子綦曰：『此何木也哉？此必有異材夫？』仰而視其細枝，則拳曲而不可以爲棟梁；俯而視其大根，則軸解（木心分裂）而不可以爲棺槨；咶其葉，則口爛而爲傷；嗅之，則使人狂酲（狂醉），三日而不已。子綦曰：『此果不材之木也，以至於此其大也。』」此處謙指己爲無用之人。

〔一一〕跗萼：《詩・小雅・常棣》：「常棣之華，鄂不韡韡，凡今之人，莫如兄弟。」鄂，萼的借字；不，通柎，也即跗，萼的底部。詩以花萼相依喻兄弟相親。後因以跗萼指親密的兄弟。《北史・李賢傳》論：「跗萼連暉，椒聊繁衍。」句謂竟與親密的弟弟一起散發芬芳。

〔一二〕此二句喻己與弟别離之後，又復相聚。

〔一三〕宸衷：天子的心意。

〔一四〕塗地之心：謂不惜捨身而盡忠之心。參見上篇二段注〔二九〕。

〔一五〕聖造：天子的所爲。指授縉左散騎常侍一事。

〔一六〕戴荷：感荷。踴躍：歡欣鼓舞貌。

〔一七〕通議大夫：散官名，正四品下，見《舊唐書·職官志》。守：唐時，職事官與散官的官階，常不一致，凡職事官的官階較高而所帶散官之階較低，則于職事官之上加一「守」字。《舊唐書·職官志》：「凡九品已上職事，皆帶散位，謂之本品。……貞觀令，以職事高者爲守，職事卑者爲行，仍各帶散位。」若散官與職事官同階，則不用「守」或「行」字。尚書右丞：見《裴右丞寫真贊》注〔一〕。按，通議大夫、尚書右丞皆正四品下，不宜用「守」，「守」字當爲衍文。宋蜀本、《全唐文》無以上二句。

附：肅宗皇帝答詔〔一〕

敕：幸求獻替〔二〕，久擇勳賢，具寮咸推〔三〕，令弟有裕〔四〕。既膺贊相之任〔五〕，俯觀規諫之能。建禮朝昇〔六〕，鵷行並列〔七〕；承明晚下〔八〕，雁序同歸〔九〕。乃眷家肥〔一〇〕，無忘國命〔一一〕。所謝知。

〔一〕宋蜀本未載此詔。述古堂本、明十卷本俱無「肅宗皇帝」四字。

〔二〕獻替：「獻可替否」的略語。謂進獻可行者，除去不可行者。即諍言進諫之意。《後漢書·胡廣傳》上書：「臣聞君以兼覽博照爲德，臣以獻可替否爲忠。」蔡邕《幽冀二州刺史久缺疏》：「智淺謀漏，無所獻替。」句謂期望尋求諍言進諫之士。

〔三〕具寮：亦作具僚，猶具官，指居官、任職或居官、任職者。《隋書·樂志》：「皇情肅，具僚仰；人禮盛，神途敞。」蘇晋《奉和聖製送張説巡邊》：「具僚誠寄望，奏凱秋風前。」

〔四〕令弟有裕：《詩·小雅·角弓》：「此令兄弟，綽綽有裕。」傳：「裕，饒。」箋：「令，善。」有裕，此指才能綽有餘裕。

〔五〕膺：受，當。贊相：輔佐。

〔六〕建禮：見《同比部楊員外十五夜遊有懷静者季》注〔三〕。此借指唐宫門。朝昇：指早晨上朝。

〔七〕鵷行：指朝班。鵷鳥群飛有序，因以喻朝官之班列。《梁書·張緬傳》：「殿中郎缺，高祖謂徐勉曰：『此曹舊用文學，且居鵷行之首，宜詳擇其人。』」

〔八〕承明：見《同崔員外秋宵寓直》注〔三〕。此處亦借指唐宫門。

〔九〕雁序：猶雁行。《禮·王制》：「父之齒隨行，兄之齒雁行，朋友不相踰。」雁行，謂兄弟出行，弟在兄後，後遂指兄弟。唐蘇鶚《杜陽雜編》卷中：「王沐者，涯之再從弟也……以涯執相權，遂跨蹇驢至京師索米，僦舍經三十餘日，始得一見涯於門屏，所望不過一簿尉耳，涯潦倒無雁序之情。」

〔一〇〕眷：眷戀。家肥：《禮記·禮運》：「四體既正，膚革充盈，人之肥也。父子篤，兄弟睦，夫婦和，家之肥也。」此指「兄弟睦」而言。

〔一一〕國命：國家的命運。

王維集校注卷十二

未編年文

白鸚鵡賦〔一〕

若夫名依西域〔二〕，族本南海〔三〕，同朱喙之清音，變緑衣於素彩〔四〕，惟兹鳥之可貴〔五〕，諒其美之斯在〔六〕。爾其入翫於人，見珍奇質，狎蘭房之妖女〔七〕，去桂林之雲日〔八〕，易喬枝以羅袖，代危巢以瓊室〔九〕。慕侣方遠〔一〇〕，依人永畢〔一一〕，託言語而雖通，顧形影而非匹〔一二〕。經過珠網〔一三〕，出入金鋪〔一四〕，單鳴無應，隻影長孤。偶白鷴於池側〔一五〕，對皓鶴於庭隅〔一六〕，愁混色而難辨，願知名而自呼〔一七〕。明心有識，懷恩無極〔一八〕，芳樹絶想，雕梁撫翼〔一九〕。時嗛花而不言〔二〇〕，每投人以方息〔二一〕。慧性孤稟〔二二〕，雅容非飾，含火德之明輝，被金方之正色〔二三〕。至如海燕呈瑞，有玉筐之可依〔二四〕；山雞學舞，向寶鏡而知歸〔二五〕，皆羽毛之偉麗〔二六〕，奉日月之光輝〔二七〕。豈憐兹鳥，地遠形微，色凌紈質，彩奪繒衣〔二八〕，深籠久閉，喬木長違？儻見借其羽翼〔二九〕，與遷鶯而共飛〔三〇〕。

〔一〕白鸚鵡：《初學記》卷三〇：「《廣州記》曰：『根杜出五色鸚鵡，曾見其白者，大如母雞。』《南方異物志》曰：『鸚鵡有三種，一種青，大如烏臼；一種白，大如鴟鴞；一種五色，大于青者。交州、巴南盡有之。』」《太平御覽》卷九二四引《明皇雜録》：「開元中，嶺南獻白鸚鵡，養之宫中，歲久頗聰慧，洞曉言詞。」題下《文苑英華》、《全唐文》皆注云：「以容日上海孤飛色媚爲韻。」按此賦實只用海日孤色飛五韻。

〔二〕名依西域：《文選》禰衡《鸚鵡賦》曰：「惟西域之靈鳥兮，挺自然之奇姿。」李善注：「西域，謂隴坻，出此鳥也。」隴坻，隴山。

〔三〕南海：郡名。秦始皇三十三年置，治所在番禺（今廣州市），轄境相當今廣東滃江、大羅山以南，珠江三角洲及綏江流域以東地區。

〔四〕「同朱」二句：《鸚鵡賦》：「紺趾丹觜，緑衣翠衿；采采麗容，咬咬好音。」「朱喙」即「丹觜」，此言鳴聲同于《鸚鵡賦》中所寫的鸚鵡，唯顔色變緑爲白。於，底本注：「一作而。」

〔五〕鳥，《文苑英華》作「禽」。

〔六〕諒：委實。句謂其美委實就在這毛色上。

〔七〕見：現。狎：親近。蘭房：指婦女所居之室。宋玉《諷賦》：「乃更於蘭房芝室，止臣其中。」妖女：美女。妖，《全唐文》作「伎」。

〔八〕桂林：秦郡名。與南海郡同年置，治所在今廣西桂平西南，轄境約當今廣西都陽山、大明山以東，九萬大山、越城嶺以南地區及廣東肇慶市至茂名市一帶。

〔九〕喬枝：高聳的樹枝。喬，述古堂本作「高」。危巢：高樹上的鳥巢。兩「以」字《文苑英華》俱作「于」。

〔一〇〕慕侶：思念同伴。李義府《詠鸚鵡》：「慕侶朝聲切，離群夜影寒。」方：已。説見王鍈《詩詞曲語辭例釋》。

〔一一〕依人：與人親近不離。庾信《詠畫屏風詩二十五首》之二十二：「愛静魚爭樂，依人鳥入懷。」永畢：永終于此。《後漢書·曹世叔妻傳》：「禮，夫有再娶之義，婦無二適之文。……故《女憲》曰：得意一人，是謂永畢；失意一人，是謂永訖。」

〔一二〕而，《唐文粹》作「之」。非匹：指人與鸚鵡形影相異，不成匹偶。

〔一三〕珠網：綴珠之網狀簾子。《文選》王巾《頭陀寺碑文》：「夕露爲珠網，朝霞爲丹雘。」吕延濟注：「珠網，以珠爲網，施於殿屋者。」

〔一四〕金鋪：門環，借指大門。《文選》司馬相如《長門賦》：「擠玉户以撼金鋪兮，聲噌吰而似鐘音。」李善注：「金鋪，以金爲鋪首也。」以銅爲獸面，銜環著於門上，謂之鋪首。

〔一五〕偶：對。白鷴：鳥名。又曰銀雉。《禽經》注：「白鷴似山雞而色白，行止閑暇。」

〔一六〕鵠鶴：白鶴。謝惠連《雪賦》：「皓鶴奪鮮，白鷴失素。」

〔一七〕願，《文苑英華》作「每」。句謂情願知道名稱而自己喊出。

〔一八〕恩，底本作「思」，此從《全唐文》。無，《文苑英華》作「何」。句謂感念主人的恩德没有窮盡之時。

〔一九〕撫：拍。

〔二〇〕嗛花：郭璞《山海經圖贊》：「鸚鵡慧鳥，棲林啄蕊。」（《初學記》卷三〇引）嗛，通「銜」。

〔二一〕投人：投身于人。《晋書・劉曜載記》：「大丈夫處身立世，鳥獸投人，要欲濟之，而況君子乎！」以：而。

〔二二〕慧性：聰慧的氣質。孤稟：獨特的稟賦。

〔二三〕「含火」二句：《鸚鵡賦》：「體金精之妙質兮，含火德之明輝。」李善注：「西方爲金，毛有白者，故曰金精。南方爲火，觜有赤者，故曰火德。」李周翰注：「西方金也，質寄于西，故云體金精也。朱鳥南方火也，鳥皆稟之，故云含火德也。」按古以五行與五方、五色相配，南方爲火，色赤，西方爲金，色白；鸚鵡産于南方，喙朱，色白，故言「含火德」云云。被，通「披」。二句意謂，嘴上含有南方火紅之德的光輝，身上披着西方潔白純正之色的毛衣。

〔二四〕「至如」二句：《詩・商頌・玄鳥》：「天命玄鳥，降而生商。」《史記・殷本紀》：「殷契，母曰簡狄，有娀氏之女，爲帝嚳次妃，三人行浴，見玄鳥墮其卵，簡狄取吞之，因孕生契。」《宋書・符瑞志上》：「高辛氏之世，妃曰簡狄，以春分玄鳥至之日，從帝祀郊禖，與其妹浴于玄丘之水，有玄鳥銜卵而墜之，五色甚好，二人競取，覆以玉筐。簡狄先得而吞之，遂孕。胸剖而生契。」玄鳥，即燕。古人以爲燕産于南方，渡海而至，故稱海燕。篋，《文苑英華》作「笥」，《唐文粹》作「篋」。二句謂，至如海燕示現祥瑞，它落下的卵有玉篋之可爲憑依。

〔二五〕「山雞」二句：劉敬叔《異苑》卷三云：「山雞愛其毛羽，映水則舞，魏武時，南方獻之，帝欲其鳴舞而無由，公子蒼舒令置大鏡其前，雞鑒形而舞，不知止，遂乏死。」山雞，形似雉，毛美。寶，《文苑英華》作「瑶」。知歸，知道歸宿，指必死的結局。

〔二六〕羽毛，《文苑英華》作「毛羽」。偉麗：壯美。

〔二七〕奉：助。

〔二八〕彩奪繒衣：光彩壓倒用繒帛做的衣服。

〔二九〕其，《文苑英華》、《全唐文》俱作「於」。羽翼：《鸚鵡賦》：「閉以雕籠，翦其翅羽。」

〔三〇〕遷鶯：同「遷喬」。《詩·小雅·伐木》：「伐木丁丁，鳥鳴嚶嚶，出於幽谷，遷于喬木。」此指移居高樹的黄鶯。

爲僧等請上佛殿梁表

僧某言：天地之大，未滿法身〔一〕；紺殿朱宫〔二〕，豈云光宅〔三〕？陛下尊崇像教〔四〕，大捨外財〔五〕，白法利人〔六〕，黄金布地〔七〕，不役一人之力，不費一家之産，崇崇寶坊〔八〕，雲構將畢〔九〕。所營某寺，以某月日上佛殿梁，伏望天恩，内賜一繖〔一〇〕，庶使大千世界，悉入蓋中〔一二〕，六合人天，共歸宇下〔一三〕。然後以無礙慧〔一三〕，大化群物，將使四生皆度，豈惟比屋可封〔一四〕？則中天之臺，才留幻士〔一五〕；畫雲之觀，徒候神人〔一六〕，以古況今，前王何陋！謹詣右銀臺門〔一七〕，奉表陳請以聞〔一八〕。

〔一〕「天地」二句：謂法身廣大無邊。《大智度論》卷九：「佛有二種身，一者法性身（亦稱法身），二者父母生身。是法性身滿十方虛空，無量無邊色像端正相好莊嚴，無量光明無量音聲，聽法衆亦滿虛空。」參見《夏日過青龍寺謁操禪師》注〔七〕。

〔二〕紺殿：佛寺。亦曰紺宇、紺園，取佛國土之色相爲紺青義。徐陵《孝義寺碑》：「紺殿安坐，蓮花養神。」朱宫：亦指佛寺。

〔三〕光宅：大居，大宅。梁慧皎《高僧傳》卷一三《興福論》：「近有光宅丈九，顯曜京畿。」

〔四〕像教：亦曰象教，指佛教。《文選》王巾《頭陀寺碑文》：「正法既没，象教淩夷。」李周翰注：「象教，謂爲形象以教人也。」《唐會要》卷四七《議釋教上》：「漢魏之後，像教寖興。」

〔五〕外財：財爲身外物，故稱「外財」。

〔六〕白法：見《黎拾遺昕裴秀才迪見過秋夜對雨之作》注〔三〕。

〔七〕黄金布地：形容捨財之多。用給孤獨長者以「布金滿地」購祇園以贈釋迦事，見《彌勒上生經疏》卷上。

〔八〕崇崇：高峻貌。寶坊：佛寺。《大方等大集經》卷一：「爾時世尊，至寶坊中昇師子座。」

〔九〕雲構：形容屋宇高大壯麗。《文選》王融《三月三日曲水詩序》：「飛觀神行，虚檐雲構。」李善注引劉楨詩：「大夏（廈）雲構。」吕向注：「雲構，言高與雲齊也。」

〔一〇〕繖：「傘」本字。古也稱「蓋」。

〔一一〕「庶使」二句：《維摩經・佛國品》：「爾時毘耶離城有長者子，名曰寶積，與五百長者子，俱持七寶蓋，來詣佛所，頭面禮足，各以其蓋，共供養佛。佛之威神，令諸寶蓋，合成一蓋，偏覆三千大千世界，而此世界廣長之相，悉于中現。」大千世界，參見《和宋中丞夏日遊福賢觀天長寺之作》注〔七〕。

〔一二〕六合：天地四方。人天：佛教指六道輪迴中的人道與天道，亦泛指諸世間、衆生。宇下：猶言治下。

〔一三〕無礙慧：亦曰無礙智，謂佛自在通達之智慧。《大集經》卷一：「無礙智慧無有邊，善解衆生三世事。」《持人菩薩經》卷三：「奉無礙慧，心不迷惑。」

〔一四〕四生皆度：見《讚佛文》首段注〔五〕。比屋可封：見《奉和聖製登降聖觀與宰臣等同望應制》注〔八〕。

〔一五〕「則中」二句：《列子・周穆王》：「周穆王時，西極之國，有化人來，入水火，貫金石，反山川，移城邑……千變萬化，不可窮極。……穆王敬之若神，事之若君。……化人以爲王之宫室卑陋而不可處……穆王乃爲之改築，土木之功，赭堊之色，無遺巧焉。五府爲虚而臺始成，其高千仞，臨終南之上，號曰中天之臺。……化人猶不舍然，不得已而臨之。」「幻士」即指「化人」。留，挽留，留住。

〔一六〕「畫雲」二句：用漢武帝事。《史記·封禪書》：「公孫卿曰：『僊人可見，而上往常遽，以故不見。今陛下可爲觀如緱城，置脯棗，神人宜可致也。且僊人好樓居。』於是上令長安則作蜚廉、桂觀，甘泉則作益、延壽觀（益壽、延壽二觀），使卿持節設具而候神人。……方士之候伺神人，入海求蓬萊，終無有驗。」畫雲，疑指觀上畫雲爲飾。

〔一七〕右銀臺門：見《謝除太子中允表》注〔三四〕。

〔一八〕陳請：陳述理由並請求。請，底本原作「謝」，據宋蜀本、述古堂本改。

冬筍記

會心者行〔一〕，表行者祥〔二〕，故行藏于密〔三〕，而祥發于外，欲人不知，不可得也。夫孝，于人爲和德〔四〕，其應爲陽氣，筍陽物也，而以陰出〔五〕，斯其效歟？重冰閉地〔六〕，密雪滔天，而緑籜包生〔七〕，不日盈尺。公之家執德庇人，仗義藩國〔八〕，忘身于王室〔九〕，不家于朱户〔一〇〕。公世載盛德〔一一〕，人文冠冕〔一二〕，又天姿大賢，庭訓括羽之日〔一三〕，諸季式亦克用訓〔一四〕。我爾身也，共被爲疎〔一五〕；禮庇身焉，禦侮無所〔一六〕。花萼韡韡〔一七〕，爛其盈門〔一八〕；兄弟怡怡〔一九〕，穆然映女〔二〇〕。且孝有上和下睦之難〔二一〕，尊賢容衆之難〔二二〕，厚人薄己之難，自家刑國之難〔二三〕，加行之以忠信〔二四〕，文之以禮樂〔二五〕，斯其大者遠者，況承順顔色乎〔二六〕？況温清枕席乎〔二七〕？如是故天高聽卑〔二八〕，神鑒孔明〔二九〕，不然筍曷爲出哉？視諸故府〔三〇〕，則昔之人，亦以孝致斯瑞也〔三一〕。

〔一〕會心：謂心中領會。

〔二〕表行：行動可爲表率。底本原作「會行」，此從明十卷本、《全唐文》。

〔三〕行藏于密：指行動不爲人所知，不露行迹。《易·繫辭上》：「聖人以此洗心，退藏于密。」疏：「言《易》道進則盪除萬物之心，退則不知其所以然。」

〔四〕和德：和順之德。

〔五〕陰出：指筍冬日生出。

〔六〕閉，宋蜀本、述古堂本、明十卷本俱作「開」。趙殿成曰：「閉，顧玄緯本作開，誤，今校正。」何焯校云：「開冰出《禮記》，何疑之有？」按，《禮記·月令》云：「仲春之月……天子乃鮮（獻）羔開冰，先薦寢廟。」「開冰」謂二月出冰於凌室，作「開」與本篇之上下文義並不相合。「開」蓋「閉」之形誤字，《全唐文》正作「閉」。地，宋蜀本作「逕」。

〔七〕籜（tuò 唾）：筍殼。

〔八〕執德：固守仁德。《論語·子張》：「執德不弘，信道不篤。」藩國：爲國之藩屏，保衛國家。

〔九〕忘，明十卷本作「存」。

〔一〇〕家：居。朱户：猶朱門。

〔一一〕世載：猶世代。蔡邕《祖德頌·序》：「世載孝友，重以明德。」

〔一二〕人文：指禮教文化。

〔一三〕天姿：天賦之資質。庭訓：父教。《抱朴子·自叙》：「年十有三，而慈父見背，夙失庭訓。」括羽：箭末飾羽，喻修學增智以爲有大用之材。《孔子家語·子路初見》：「子路曰：『南山有竹，不揉自直，斬而用之（指爲箭），達于犀革（指鎧甲），以此言之，何學之有？』孔子曰：『括（箭末）而羽之，鏃而礪之，其入之不亦深乎？』子路再拜，敬而受教。」《北史·儒林傳》序：「貴遊之輩，飾以明經，可謂稽山竹箭，加之括羽，俯拾青紫斷可知焉。」

〔一四〕諸季：諸弟。式：效法。《詩·大雅·烝民》：「古訓是式。」箋：「式，法也。」克：能。用訓：服從教訓。

〔一五〕共被：見《京兆尹張公德政碑》四段注〔一七〕。二句謂其兄弟之間爾我一體，「共被」之事相比起來算是疏遠。

〔一六〕禮庇身焉：《左傳》成公十五年：「信以守禮，禮以庇身，信禮之亡，欲免得乎！」禦侮：《詩·小雅·常棣》：「兄弟鬩于牆，外禦其務。」箋：「務，侮也。」疏：「兄弟或有自不相得，可鬩很於牆內，若有他人來侵侮之，則同心合意，外禦他人之侵侮。」無所：無處。此二句意謂，其兄弟以禮庇身，無侮可禦。

〔一七〕花萼韡韡（wěi 委）：《詩・小雅・常棣》：「常棣之華，鄂（萼）不韡韡。」傳：「興也。……韡韡，光明也。」箋：「承華者曰鄂。不，當作拊。拊，鄂足也。鄂足得華之光明，則韡韡然盛。興者，喻弟以敬事兄，兄以榮覆弟，恩義之顯，亦韡韡然。」「韡韡」《全唐文》作「煒煒」。

〔一八〕爛其盈門：《詩・大雅・韓奕》：「韓侯顧之，爛其盈門。」爛，鮮明燦爛。

〔一九〕兄弟怡怡：《論語・子路》：「朋友切切偲偲，兄弟怡怡（和順貌）。」

〔二〇〕穆然：猶默然。《文選》東方朔《非有先生論》：「於是吴王穆然，俛而深惟。」李善注：「穆猶默。」映女：言「兄弟」之榮光被及於汝。女，通「汝」，指筍。

〔二一〕「且孝」句：《孝經・開宗明義章》：「子曰：『先王有至德要道，以順天下，民用和睦，上下無怨（注：「孝者，德之至，道之要也。言先代聖德之主，能順天下人心，行此至要之化，則上下臣人和睦無怨。」），汝知之乎？』曾子避席曰：『參不敏，何足以知之？』子曰：『夫孝，德之本也，教之所由生也。』」

〔二二〕尊賢容衆：《論語・子張》：「君子尊賢而容衆，嘉善而矜不能。」容衆，謂心懷寬廣，能與各種人交往。

〔二三〕自家刑國：謂由在家行孝，以至於爲國人之典範。《晋書・温嶠郗鑒傳》論：「忠臣本乎孝子，奉上資乎愛親，自家刑國，於斯極矣。」刑，法，典範。

〔二四〕行之以忠信：《論語・顔淵》曰：「居之無倦，行之以忠。」又曰：「主忠信，徙義，崇德也。」忠信，忠誠信實。

〔二五〕文之以禮樂：《論語・憲問》：「若臧武仲之知，公綽之不欲，卞莊子之勇，冉求之藝，文之以禮樂，亦可以爲成人矣。」文，文飾。

〔二六〕承順顔色：謂順從父母之意，依其臉色而行。

〔二七〕温凊（qìng 慶）：「冬温夏凊」的省語。《禮記・曲禮上》：「凡爲人子之禮，冬温而夏凊。」謂兒女侍奉父母，冬温被使暖，夏扇席使凉。

〔二八〕天高聽卑：謂天居高而能察知下民之情。《吕氏春秋・制樂》載子韋謂宋景公曰：「天之處高而聽卑，君有至德之言三，天必三賞君。」《史記・宋微子世家》亦載其言，作「天高聽卑」。

〔二九〕神鑒孔明：《文選》夏侯湛《東方朔畫贊》：「天秩有禮，神監孔明。」監，通「鑒」。神鑒，指上天神明的監察力。孔，甚。

〔三〇〕視諸故府：《左傳》定公元年：「子姑受功，歸，吾視諸故府。」故府，指藏文書檔案之所。

〔三一〕「則昔」二句：用孟宗事。《三國志・吴書・孫晧傳》注引《楚國先賢傳》曰：「宗母嗜筍，冬節將至，時筍尚未生，宗入竹林哀歎，而筍爲之出，得以供母，皆以爲至孝之所致感。」

繡如意輪像讚并序〔一〕

寂等于空〔二〕，非心量得〔三〕；如則不動〔四〕，離意識界〔五〕。實無所住，常遍群生〔六〕，不捨有爲，懸超萬行〔七〕，法性如是，豈可説邪？如意輪者，觀世音菩薩陀羅尼三昧門〔八〕，現方便于幻眼，六臂色身〔九〕；以究竟爲佛心〔一〇〕，一體真相〔一一〕；隨念即藏〔一二〕，乃無緣之慈〔一三〕；應度而來〔一四〕，斯不共之力〔一五〕。衆生如意，菩薩何心〔一六〕！崇敬寺尼無疑、道登等〔一七〕，貴族出家，梵筵上首〔一八〕，久積浄業〔一九〕，三世皆空〔二〇〕；長在道場，一乘自立〔二一〕。亡兄故河南少尹〔二二〕，雖明世典〔二三〕，深達實相〔二四〕，以不二法〔二五〕，處于百官〔二六〕。花萼相連〔二七〕，恩深女弟；旃檀舊繞〔二八〕，望絶仁兄〔二九〕。雖曰如夢〔三〇〕，無寧喪我〔三一〕。煩惱性浄，示有同凡之悲〔三二〕；菩提路空〔三三〕，强爲助道之相〔三四〕。選妓惟潔〔三五〕，底功加敬〔三六〕，針鋒線縷，日就月將〔三七〕，五彩相宣，千光欲發〔三八〕，金蓮捧足〔三九〕，寶珠垂髻。原夫審像于浄心〔四〇〕，成形于纖手〔四一〕。珊瑚掌内〔四二〕，疑現不動如來〔四三〕；頻婆口中〔四四〕，同乎無法可説〔四五〕。梵香讚歎，散花瞻仰，有情苦業〔四六〕，滅而不生；無上法輪，轉而恒寂〔四七〕。願以此福，冥用莊嚴〔四八〕。乃爲偈曰：

〔一〕如意輪：即如意輪觀音。六觀音（觀音菩薩的六種形象）之一。手持如意寶珠和輪寶，分别表示滿足衆生祈願和轉法輪。有六臂。《觀自在如意輪菩薩瑜伽》云：「手持如意寶，六臂身金色。……第一手思惟，愍念有情故。第二手持意寶，能滿衆生願。第三手持念珠，爲度傍生苦。左按光明山，成就無傾動。第二持蓮手，能浄諸非法。第三手持輪，能轉無上法。六臂廣博體，能遊於六道。」

〔二〕寂等于空：寂，亦云滅，即涅槃之異名。《維摩經·問疾品》：「導人入寂。」《大乘義章》卷一八：「外國涅槃，此翻爲滅。……離衆相故，大寂静故，名之爲滅。」又《中論·觀法品》云：「諸法實相即是涅槃。」佛教認爲世間諸法之真實相狀爲空，故云「寂等于空」。

〔三〕心量：《楞伽經》卷三：「觀諸有爲法，離攀緣所緣，無心之心量，我説爲心量。」按，心度量、覺知外境，妄念恒生，此爲凡夫之心量；佛則異于是，其離一切攀緣（心涉于外境）、所緣（外境，認識的一切對象）而住于無心，妄念不生，此即所謂「無心之心量」。得，宋蜀本、述古堂本作「㝵」（同「礙」），明十卷本作「碍」。句謂涅槃境界非凡夫之心量所能得。

〔四〕如則不動：《金剛經》：「不取於相，如如不動。」「如」、「如如」皆「真如」之異譯。句謂真如之體性，常住而不變。參見《謁璿上人》注〔一七〕。

〔五〕意識界：見《奉敕詳帝皇龜鏡圖狀》二段注〔一〇〕。意識緣外境而生，必有「妄染」；真如爲永恒不變之絶對「真理」，離一切「妄染」，故謂真如「離意識界」。又真如亦名「不思議界」，謂真如之理體，不可思慮言議。就這一點説，亦可曰真如「離意識界」。

〔六〕無所住：指諸法遷流不息、生滅無常。《大智度論》卷四七：「住是三昧中，觀諸法念念無常，無有住時。」佛教據此推出諸法假而不實（性空）的結論。又依佛教之説，「無所住」實爲諸法之共性（也即諸法之法性），故曰「常遍群生」。

〔七〕有爲：亦曰有爲法，泛指一切處于相互聯繫、生滅變化中的現象。《俱舍論光記》卷五：「因緣造作名爲，色、心等法從因緣生，有彼爲故，名曰有爲。」懸：遠。按，法性與真如、實相等概念屬同等性質，着重指現象的本質、本體和本源，它遍布于一切現象，又高于一切現象，故曰「不捨有爲，懸超萬行」。《成唯識論述記》卷九：「性者體義，一切法體，故名法性。」又卷二云：「性者體也，諸法真理故名法性。」《大乘起信論義記》卷二云：「法性者，明此真體普遍義，謂非直與前佛寶爲體，亦乃通與一切法爲性。」

〔八〕陀羅尼：《大乘義章》卷一一云：「陀羅尼者，是外國語，此翻爲持。念法不失，故名爲持。」《大智度論》卷五云：「陀羅尼，秦言能持，或言能遮。能持者，集種種善法，能持令不散不失，譬如完器盛水，水不漏散。能遮者，惡不善根心生，能遮令不生，若欲作惡罪，持令不作，是名陀羅尼。」三昧門：《大智度論》卷二八：「一切禪定，亦名定，亦名三昧。」禪定有種種門類，又是獲得佛果之門户，故稱「門」。

〔九〕方便：梵文「漚和」之意譯，亦稱「方便善巧」、「方便勝智」。指大乘菩薩運用各種方便權宜的手段，「利益他人」，度脱衆生。《往生論》卷下云：「般若者達如之慧名，方便者通權之智稱。達如則心行寂滅，通權則備省衆機。」《大集經》卷一一云：「能調衆生悉令趣向阿耨多羅三藐三菩提（無上正等正覺），是名方便。」《法華玄贊》卷三云：「權巧方便，實無此事，應物權現，故言方便。……利物有則曰方，隨時而濟名便。」幻眼：幻化之眼。此處實指幻化之身。蓋爲避免與下句之「色身」相重，而易「身」爲「眼」。色身：謂由四大（地水火風）等色法（有質礙或變礙之物）而成之身。《楞嚴經》卷一〇云：「由汝念慮，使汝色身。」二句意謂，觀世音化現六臂色身，顯示欲以方便法度脱衆生。

〔一〇〕究竟：見《西方變畫讚》首段注〔一三〕。此處指究竟覺。大乘佛教認爲，人的心性本身，先天具有無限的佛教覺悟，稱本覺。始覺達到圓滿階段，與本覺完全契合爲一，謂之究竟覺。獲得此種覺悟，即是成佛的表現。《大乘起信論義記》卷三：「始覺道圓，同于本覺，故云究竟，此在佛地。」

〔一一〕一，底本原無此字，據《全唐文》補。真相：猶言本相，實相。真，述古堂本作「無」。

〔一二〕隨念即藏：言隨意念所及而蘊積。《大乘義章》卷一：「包含蘊積名藏。」

〔一三〕無緣之慈：《觀無量壽經》：「佛心者大慈悲是，以無緣慈攝諸衆生。」《文選》王巾《頭陀寺碑文》：「唱無緣之慈，而澤周萬物。」李善注：「夫行慈者，以衆生爲緣，衆生爲緣，則慈無所寄，故大士之慈，離於衆相，離相行慈，名爲無緣。無緣生慈，是爲真實，以斯而唱，則物無不周。《涅槃經》曰：『得諸菩薩無緣之慈。』」按，佛教稱有三種慈悲，一衆生緣慈悲，此爲凡夫之小慈悲；二法緣慈悲，此爲聲聞、緣覺及初地以上菩薩之中慈悲；三無緣慈悲，此爲佛之大慈悲。蓋佛知諸法皆空，離於衆相（不執著于萬境），心無所緣（外境），故謂之「無緣」。《涅槃經》卷一四云：「慈有三緣，一緣衆生，二緣于法，三則無緣。……無緣者，不住法相，及衆生相，是名無緣。」參見《大智度論》卷二〇。

〔一四〕應度：指適應濟度衆生的需要。

〔一五〕不共之力：指佛獨有的智力。《俱舍論》卷二七：「成佛盡智位修不共佛法，有十八種。……佛十力（佛具有的十種智力）、四無畏、三念住及大悲，如是合名爲十八不共法。……餘聖所無，故名不共。」

〔一六〕「衆生」二句：謂衆生皆如意，菩薩尚有何心思！

〔一七〕崇敬寺：《長安志》卷七載，長安靖安坊「西南隅，崇敬尼寺，本僧寺，隋文帝所立，大業中廢。龍朔二年高宗爲長安、定安公主薨，後改立爲尼寺」。「崇敬」，底本原作「崇通」，據宋蜀本改。無疑、道登：俱未詳。述古堂本「疑」作「㝵」，「道」作「無」。

〔一八〕梵筵：猶梵席，指佛寺之席位或僧侣之講席。王勃《梓州元武縣福會寺碑》：「真容俯映，福衆爰依。梵筵交燭，禪房互啓。」上首：寺院僧侣中的主位。據諸經所載，可一人，亦可多人。《觀無量壽經》：「三萬二千菩薩衆中，舉文殊師利一人爲上首。」梁武帝《夢詩》：「出家爲上首，入仕作梁棟。」

〔一九〕淨業：清淨之善業。佛家謂修淨業者得往生西方淨土。《維摩詰經·佛國品》：「心淨已度諸禪定，久積淨業稱無量。」

〔二〇〕三世皆空：謂過去、現在、未來三世之諸法皆虚而不實。《華嚴經》卷一六：「普詣十方無所礙，了知三世皆空寂。」

〔二一〕道場：見《讚佛文》末段注〔一〇〕。一乘：見《西方變畫讚》二段注〔九〕。

〔二二〕河南少尹：唐京兆、河南等府，各置少尹二人，從四品下。

〔二三〕雖明世典：《維摩詰經·方便品》：「雖明世典，常樂佛法。」世典，指世間之典籍。

〔二四〕深達實相：《維摩詰經·問疾品》：「彼上人者，難爲酬對，深達實相，善説法要。」實相，與真如、法性含義雷同，參見《胡居士卧病遺米因贈》注〔一〇〕。

〔二五〕不二法：見《爲幹和尚進註仁王經表》二段注〔二三〕。

〔二六〕百，述古堂本、明十卷本俱作「上」。

〔二七〕花萼相連：見《冬筍記》注〔一七〕。

〔二八〕旃檀：檀香。見《薦福寺光師房花藥詩序》二段注〔一九〕。舊：久。繞：指香煙繚繞。

〔二九〕望絶仁兄：謂對仁兄的想望到了極點。

〔三〇〕如夢：謂世間的一切皆虚而不實。《維摩詰經·方便品》：「是身如夢，爲虚妄見。」《金剛經》：

「一切有爲法，如夢幻泡影。」

〔三一〕無寧喪我：謂寧可己亡而使兄在。喪，宋蜀本作「爽」。

〔三二〕煩惱性浄：謂心性已離煩惱（一切世俗欲求、情緒和思想活動的總稱）的垢染。同凡之悲：同凡夫一樣的喪兄之悲。

〔三三〕菩提路：達到佛教覺悟、通向涅槃之路。《華嚴經》卷二十七：「開菩薩道，示菩提路，趣無上智……令衆生清浄，住菩薩境界。」句謂菩提路爲空。佛教宣揚「諸法皆空」，以「悟空」爲通向涅槃之路，故云。

〔三四〕强：勉力，努力。助道：有助于道。指繡如意輪像而言。道，《法界次第》卷中之下云：「道以能通爲義……能通至涅槃，故名爲道。」此言「菩提路空」，自當無爲，而强有爲。

〔三五〕妓，《全唐文》作「伎」。

〔三六〕底（zhǐ 止）功：置功，置事。《後漢書·章帝紀》：「底績遠圖，復禹弘業。」注：「《尚書》曰：『覃懷底績。』孔安國注云：『底，置。績，功也。』」底，亦作「底」。

〔三七〕日就月將：日有所成，月有所進。《詩·周頌·敬之》：「日就月將，學有緝熙于光明。」傳：「將，行也。」箋：「日就月行，言當習之以積漸也。」

〔三八〕相宣：相互映襯而顯現。千光：極言光多。梁簡文帝《菩提樹頌》序：「並豔千光之樹，連英五色之花。」

〔三九〕金蓮捧足：指菩薩坐于蓮花寶座之上。金蓮，金色蓮花。捧足，捧托其足。

〔四〇〕審像：《書·說命上》：「乃審其象，俾以形旁求于天下。」像，與「象」通。趙殿成曰：「像，顧本作豫，誤，今校正。」按，趙校是，宋蜀本、《全唐文》俱作「像」。淨心：先天具有的清淨無垢之心，亦曰自性清淨心。《宗鏡録》卷二六：「斥情心，而歸淨心之道。」句謂如意輪像如此完滿地繡成，根原在于能以清淨之心仔細審究觀音的形象。

〔四一〕纖手：女子柔美之手。漢宋子侯《董嬌嬈》：「纖手折其枝，花落何飄颺。」

〔四二〕珊瑚掌：謂菩薩之手掌顔色紅如珊瑚。

〔四三〕現不動如來：《華嚴經》卷六三：「我若欲見旃檀世界金剛光明如來……妙喜世界不動如來……寶師子莊嚴世界毘盧遮那如來，如是一切，悉皆即見，然彼如來，不來至此，我身亦不往詣於彼。」《維摩經·見阿閦佛品》：「是時大衆渴仰，欲見妙喜世界無動如來（即不動如來）及其菩薩聲聞之衆，佛知一切衆會所念，告維摩詰言：『善男子，爲此衆會，現妙喜國無動如來及其菩薩聲聞之衆，衆皆欲見。』於是維摩詰心念，吾當不起于座，接妙喜國……作是念已，入於三昧，現神通力，以其右手斷取妙喜世界置于此土。」不動如來，即阿閦佛，居東方妙喜世界。句寫菩薩之神通。

〔四四〕頻婆口：《法華經·妙莊嚴王本事品》：「（如來）唇色赤好如頻婆果。」頻婆，樹名，其果實赤色。《慧苑音義》卷下云：「頻婆果者，其果似此方林檎（即沙果），極鮮明赤也。」

〔四五〕無法可説：《金剛經》：「須菩提，汝勿謂如來作是念，我當有所説法。莫作是念，何以故？若人言如來有所説法，即爲謗佛，不能解我所説故。須菩提，説法者，無法可説，是名説法。」《頓悟入道要門論》卷上：「問：『無法可説，是名説法，其義云何？』答：『般若（即般若波羅蜜，意譯智慧，《大智度論》卷一〇〇曰：「諸佛以法爲師，法者即是般若波羅蜜。」）體畢竟清浄，無有一物可得，是名無法可説；即於般若空寂體中，具恒沙之用，即無事不知，是名説法，故云無法可説，是名説法。』」按，《金剛經》的核心思想，爲「一切（包括彼岸世界、佛法）皆空」，故云「無法可説」。

〔四六〕有情：有情識之衆生。苦業：指世俗的身心活動。《廣弘明集》卷二七上南朝梁蕭子良《浄住子》卷三：「由於身意，造諸苦業。」

〔四七〕「無上」二句：轉無上法輪，指佛宣説無上教法。「法輪」喻佛法，「轉」喻宣説。《法華經·譬喻品》：「轉無上法輪，教化諸菩薩。」《大智度論》卷二三：「佛轉法輪，如轉輪聖王轉寶輪……其見寶輪者，諸災惡害皆滅；遇佛法輪，一切邪見、疑悔、災害，皆悉消滅。」恒寂，即所謂「無法可説」，下「常轉法輪無所轉」意同。

〔四八〕福：福德，指善行。冥：即「無知」。《俱舍論》卷一：「以諸無知能覆實義及障真見，故爲冥。」用：以，因此。莊嚴：指以功德飾身。《華嚴經探玄記》卷三云：「莊嚴有二義，一是具德義，二交飾義。」此二句意謂，願以這繡如意輪像的善行，使無知者因此能修功德。

菩薩神力不思議〔一〕，能以一身遍一切〔二〕。常轉法輪無所轉，衆生隨念得解脱〔三〕。色即是空非空有〔四〕，是故以色像觀音〔五〕。願以浄斯六趣福，迴向過去不可得〔六〕。

〔一〕不思議：見《西方變畫讚》首段注〔九〕。

〔二〕一身遍一切：指佛菩薩具有的自在變化、不可測知的神通。《華嚴經》卷三一謂佛有「一身遍滿一切佛刹（佛土）神力」。又晉譯《華嚴經》卷三曰：「爾時一切諸佛，與普賢菩薩入一切智力，與入無量無邊法界智……與一身遍滿一切世界智。」按，佛書謂神通以智慧爲體（見《俱舍論》卷二七），故「一身遍滿一切佛刹神力」與「一身遍滿一切世界智」實爲一物。

〔三〕解脱：見《西方變畫讚》二段注〔一〕。

〔四〕色即是空：謂一切色法（主要指有形質的萬物）即是虚幻不實。《般若波羅蜜多心經》：「色不異空，空不異色，色即是空，空即是色。」空，底本原作「定」，據宋蜀本、述古堂本、《全唐文》改。非空有：非空非有。非空，謂色非虚無；非有，謂色非實有。佛教認爲，「空」非虚無，因緣幻化名爲假有，若謂色實有或色虚無（否認假有），皆爲偏執。參見《與胡居士皆病寄此詩兼示學人二首》其一注〔四〕。

〔五〕句謂色非虚無，故以色爲觀音之像。

〔六〕斯：此。六趣：見《給事中竇紹……畫西方阿彌陀變讚》三段注〔四〕。迴向：亦作「回向」、「轉向」、「施向」，謂將自己所修功德施向某處。《大乘義章》卷九：「言回向者，回己善法有所趨向，故名回向。」過去不可得：「不可得」即「空」之異名。《維摩詰經·弟子品》：「若過去生過去生已滅，若未來生未來生未至，若現在生現在生無住。」《金剛經》：「過去心不可得，現在心不可得，未來心不可得。」過、現、未俱不可得，即三世皆空。此處蓋以過去不可得概指三世皆空。此二句意謂，願以使此六趣衆生清浄的善行，施向期求衆生了悟三世皆空之理，成就佛果。

皇甫岳寫真讚〔一〕

有道者古〔二〕，其神則清。雙眸朗暢，四氣和平〔三〕。長江月影，太華松聲。周而不器〔四〕，獨也難名〔五〕。且未婚嫁〔六〕，猶寄簪纓〔七〕。燒丹藥就，辟穀將成〔八〕。雲溪之下，法本無生〔九〕。

〔一〕皇甫岳：見《皇甫岳雲溪雜題五首·鳥鳴澗》注〔一〕。

〔二〕古：指不同于時俗。

〔三〕四氣：四時温熱冷寒之氣。《禮記·樂記》：「動四氣之和，以著萬物之理。」疏：「謂感動四時氣序之和平，使陰陽順序也。」亦指喜怒哀樂。《春秋繁露·陽尊陰卑》：「喜氣爲煖而當春，怒氣爲清而當秋，樂氣爲太陽而當夏，哀氣爲太陰而當冬。四氣者天與人所同有也。」和平：温順平和。

〔四〕周而不器：謂才器周全，而非像器皿那樣，只具有某一方面的用途。《論語·爲政》：「君子不器。」

〔五〕獨也難名：謂志行獨特，難以道出。

〔六〕且未婚嫁：見《早秋山中作》注〔四〕。

〔七〕簪纓：古時官吏的冠飾，指仕宦者。句謂仍然寄身於爲官者的行列。

〔八〕辟穀：見《故太子太師徐公輓歌四首》其一注〔六〕。

〔九〕雲溪：皇甫岳之别業名。法本無生：謂一切本來寂静。參見《登辨覺寺》注〔八〕。

唐故潞州刺史王府君夫人榮國夫人墓誌銘并序〔一〕

夫人姓盧氏，范陽人也〔二〕。昔堯命伯夷典秩宗〔三〕，號太常爲尚父〔四〕。桓襄之際，公子食盧〔五〕。卯金故人，王于大國〔六〕；越石從事，官至中郎〔七〕。曾祖士會，隋行臺侍御史〔八〕。祖某，皇朝奉禮郎〔九〕。父某，豪、淄、邛等三州刺史〔一〇〕。持斧衣繡，威加不法〔一一〕；奠玉瘞帛，舉無違禮〔一二〕。守臨淄而齊兒不詐〔一三〕，去臨邛而蜀物盡留〔一四〕。夫人即府君之長女。積累世之德，鍾二門之美〔一五〕。儀表秀整，進止詳閑〔一六〕，不咨保傅〔一七〕，動由《詩》、

《禮》。既以七族冠時〔一八〕，遂歸齊大之偶〔一九〕。入持門户〔二〇〕，内事舅姑〔二一〕，枕席温清于堂上〔二二〕，環珮逶迤于堂下〔二三〕。不脱簪珥〔二四〕，親當澣濯〔二五〕，玄纁可實于筐篚，粢盛可獻于宗廟〔二六〕。魚軒或駕，翟茀而朝〔二七〕。衆婦于是修容，夫人專之以禮〔二八〕。克贊君子〔二九〕，累至大官，雅政清德，實多左右〔三〇〕。潞州早世〔三一〕，深秉義方〔三二〕，母儀可則，庭訓不替〔三三〕。女史之學〔三四〕，多讚大家之書〔三五〕；衆婦之儀，盡稟夫人之法〔三六〕。天與盛德，不降永年，以某月日寢疾，薨于長安善和里〔三七〕，享年若干。以某月日合祔某山原，禮也。子某，某官。淳孝之性，泣血待盡〔三八〕。永惟令德，固不可泯。彰示後人，乃刊于石〔三九〕。銘曰：

〔一〕潞州：唐州名，治所在今山西長治。滎國夫人：未詳。唐制，一品官及國公母、妻爲國夫人。也有因其他原因而别封爲國夫人者。底本注：「滎，一本作營，誤。」題下底本原無「并序」二字，據宋蜀本、述古堂本、明十卷本補。

〔二〕「夫人」二句：《新唐書·宰相世系表》云：「盧氏出自姜姓。齊文公子高，高孫傒，爲齊正卿，謚曰敬仲，食采于盧，濟北盧縣是也。其後因以爲氏。田和篡齊，盧氏散居燕秦之間。秦有博士敖，子孫家于涿水之上，遂爲范陽涿人。」范陽，郡名，三國魏改涿郡置，治所在涿縣（今河北涿州市）。

〔三〕「昔堯」句：《史記·五帝本紀》：「天下歸舜，而禹、皋陶、契、后稷、伯夷（正義：「伯夷，齊太公之祖也。」）……自堯時而皆舉用，未有分職……舜曰：『嗟，四嶽，有能典朕三禮？』皆曰：『伯夷可。』舜曰：『嗟，伯夷，以汝爲秩宗。』」正義：「若太常也。《漢書・百官表》云：王莽太常曰秩宗，依古也。孔安國云：秩，序；宗，尊也。主郊廟之官也。」則命伯夷典秩宗者爲舜。

〔四〕太常：即指秩宗。尚父：尊稱，意爲可尊尚的父輩。《詩・大雅・大明》：「維師尚父，時維鷹揚。」傳：「尚父，可尚可父。」此句之下底本注曰：「上有闕文。」《全唐文》注曰：「疑。」

〔五〕「桓襄」二句：《史記・齊太公世家》載，公孫無知弒襄公，自立爲齊君。未久，「大夫高傒（集解：「賈逵曰：齊正卿高敬仲也。」）及雍林人殺無知」，襄公弟公子小白自莒入，「高傒立之，是爲桓公」。「桓襄」疑當作「襄桓」，謂齊襄公齊桓公也。公子食盧，指傒「食采于盧」。盧爲春秋齊地，在今山東長清縣西南。

〔六〕「卯金」二句：指盧綰王燕。《史記・韓王信盧綰列傳》云：「盧綰者，豐人也，與高祖同里。盧綰親（父）與高祖太上皇相愛，及生男，高祖、盧綰同日生。……及高祖、盧綰壯，俱學書，又相愛也。……高祖爲布衣時，有吏事辟匿，盧綰常隨出入上下。及高祖初起沛，盧綰以客從。入漢中，爲將軍，常侍中。從東擊項籍，以太尉常從，出入卧内，衣被飲食賞賜，群臣莫敢望。雖蕭曹等特以事見禮，至其親幸，莫及盧綰。……漢五年八月，迺立盧綰爲燕王。諸侯王得幸，莫如燕王。」卯金，指劉姓。《漢書・王莽傳》：「夫劉之爲字，卯金刀也。」《後漢書・光武紀》：「劉秀發兵捕不道，卯金修德爲天子。」

〔七〕「越石」二句：《晉書・盧諶傳》：「諶字子諒……洛陽没，隨志（諶父）北依劉琨，與志俱爲劉粲所虜。……琨收散卒，引猗盧騎還攻粲。粲敗走，諶得赴琨……琨爲司空，以諶爲主簿，轉從事中郎。……諶名家子，早有聲譽，才高行潔，爲一時所推。值中原喪亂，與清河崔悦……並淪陷非所，雖俱顯于石氏，恒以爲辱。諶每謂諸子曰：『吾身没之後，但稱晉司空從事中郎爾。』」越石，劉琨之字。從事中郎，晉司空屬官有「從事中郎二人，秩比千石」，參見《晉書・職官志》。

〔八〕士會：《全唐文》注：「《世系表》作士繪。」按《新唐書・宰相世系表》有盧士繪，子曰嘉慶，然俱未載其曾任何職。行臺：《通典》卷二二云：「隋謂之行臺省……蓋隨其所管之道，置於外州，以行尚書事。大唐初亦置行臺，貞觀以後廢。」侍御史：官名，掌糾察非法。

〔九〕奉禮郎：唐太常寺置奉禮郎二人，從九品上，掌朝會祭祀的禮儀之事。參見《舊唐書・職官志》。

〔一〇〕豪州：即濠州，治所在今安徽鳳陽東。《元和郡縣志》卷九：「濠州……大業三年改爲鍾離郡。……武德五年，杜伏威附，改爲濠州。……『濠』字中間誤去『水』，元和三年又加『水』焉。」《新唐書・宰相世系表》載嘉慶子重明，「亳州刺史」，「豪」「亳」形近，或字誤也。淄州：唐州名，治所在今山東淄博市。邛州：唐州名，治所在臨邛（今四川邛崍市）。

〔一一〕持斧衣繡：見《苗公德政碑》末段注〔二六〕。以上二句就「曾祖」爲侍御史而言。

〔一二〕奠玉瘞（yì意）帛：設玉帛以祭天地。《詩・大雅・雲漢》：「上下奠瘞，靡神不宗。」傳：「上祭天，下祭地，奠其禮，瘞其物。」疏：「奠謂置之於地，瘞謂埋之於土，禮與物，皆謂爲禮事神之物，酒食牲玉之屬也。」《唐六典》卷一四云：「凡祭天及日月星辰之玉帛，則焚之；祭地及社稷山岳，則瘞之；海瀆，則沉之。」此二句就「祖」爲奉禮郎而言。

〔一三〕守臨淄：指「父」爲淄州刺史。臨淄，春秋戰國齊都，故址在今淄博市東北。齊兒不詐：相傳齊地有「虚詐」的故習，《漢書·地理志》：「齊地……其失夸奢朋黨，言與行繆，虚詐不情（注：「不可得其情。」），急之則離散，緩之則放縱。」

〔一四〕蜀物盡留：言其清廉。《南史·王僧孺傳》：「昔人爲蜀郡長史，終身無蜀物。」

〔一五〕鍾：聚，集。二門：指盧、王二門。

〔一六〕秀整：俊秀嚴整。詳閑：安詳閑静。

〔一七〕咨：徵詢。保傅：指保母、女師（古時掌撫養、教育女子的婦女）。

〔一八〕七族：《新唐書·高儉傳》、《唐會要》卷八三載，高宗顯慶四年，「詔後魏隴西李寶、太原王瓊、滎陽鄭温、范陽盧子遷、盧渾、盧輔、清河崔宗伯、崔元孫、前燕博陵崔懿、晋趙郡李楷，凡七姓十家，不得自爲昏（婚）」。此七姓十家，皆六朝以來之望族。據《新唐書·宰相世系表》載，盧士繪爲盧子遷之玄孫。七，宋蜀本、述古堂本、《全唐文》俱作「士」。作「士」意亦可通。

〔一九〕齊大之偶：指高門之配偶。《左傳》桓公六年：「齊侯欲以文姜妻鄭大子忽，大子忽辭。人問其故，大子曰：『人各有耦，齊大，非吾耦也。』」耦，劉向《説苑·權謀》作「偶」。

〔二〇〕持門户：主持家庭。漢樂府《隴西行》：「健婦持門户，亦勝一丈夫。」

〔二一〕舅姑：丈夫的父母。

〔二二〕温清：見《冬筍記》注〔二七〕。

〔二三〕逶迤：長貌。句謂其身繫環珮，親自在堂下操持家務。

〔二四〕簪珥：褚少孫補《史記·外戚世家》：「帝譴責鉤弋夫人，夫人脱簪珥叩頭。」珥，耳飾。

〔二五〕澣（huǎn 緩）濯：洗滌。

〔二六〕玄纁：黑赤色繒帛，古時常用爲饋贈的禮物。《書·禹貢》：「厥篚玄纁璣組。」疏：「《考工記》云：三入爲纁（黄赤色），五入爲緅，七入爲緇。鄭云：纁者三入而成，又再染以黑則爲緅，又再染以黑則爲緇，玄色在緅緇之間，其六入者是染玄纁之法也。」實：充滿。粢盛：指盛在祭器中的黍稷。

〔二七〕魚軒、翟茀：見《故南陽夫人樊氏輓歌二首》其一注〔三〕、〔二〕。

〔二八〕修容：指修飾容儀。專：一。專之以禮：謂以禮整其容儀使達到齊一。《文選》司馬相如《上林賦》：「修容乎禮園，翱翔乎《書》圃。」李善注引郭璞説：「禮所以整威儀，自修飾也。」

〔二九〕克贊：能助。

〔三〇〕左右：輔翼，佐助。《易·泰》：「輔相天地之宜，以左右民。」疏：「左右，助也。」

〔三一〕早世：早死。

〔三二〕秉：執持，掌握。義方：做人的正道。《左傳》隱公三年：「臣聞，愛子教之以義方，弗納於邪。」

後多指家教。蔡邕《司徒袁公夫人馬氏碑銘》：「義方之訓，如川之流。」

〔三三〕母儀：爲母之道。則：效法。庭訓：父教。替：廢。

〔三四〕女史：見《吏部達奚侍郎夫人寇氏輓歌二首》其二注〔一〕。

〔三五〕大家之書：見《韓公墓誌銘》第三段注〔五〕。此處以大家喻盧氏。

〔三六〕稟：承受。夫人之法：見《故南陽夫人樊氏輓歌二首》其一注〔五〕。

〔三七〕善和里：不詳。《長安志》、《唐兩京城坊考》記長安諸坊，俱無善和之稱。

〔三八〕待：將。

〔三九〕乃，宋蜀本作「爲」。

有姜之後〔一〕，或邑于盧。歷代種德，示有稱孤〔二〕。從事文府〔三〕，振轡長途〔四〕。其一。憲府持法〔五〕，奉常秉禮〔六〕。皇考專城〔七〕，腰章郡邸〔八〕。厚德重跡〔九〕，深仁繼體〔一〇〕。其二。降生哲人〔一一〕，其行惟惇〔一二〕。儀形衆庶〔一三〕，門冠諸姻〔一四〕。齊姜宋子〔一五〕，敢望清塵〔一六〕？其三。君子之貳，實聞高義〔一七〕。乃躬澣濯，先晨簪珥〔一八〕。穆及外親〔一九〕，敬是中饋〔二〇〕。其四。母儀既峻〔二一〕，庭訓載揚〔二二〕。子以才貴，煌煌寵章〔二三〕。馳暉難駐〔二四〕，令問空長〔二五〕。其五。壽宮既啓〔二六〕，高堂永寂〔二七〕。千秋萬古，山川松柏。紀德誌行，惟茲貞石〔二八〕。其六。

〔一〕有姜：指姜姓。有，助詞，爲名詞詞頭。

〔二〕種德：見《裴僕射濟州遺愛碑》首段注〔三一〕。稱孤：謂居王位者。古時王自稱「孤」，故云。此指盧綰爲燕王。

〔三〕從事：指盧諶。文府：文章之府庫。《文選》王僧達《答顔延年》：「珪璋既文府，精理亦道心。」呂延濟注：「文府，謂文章爲府庫之富。」句謂諶富于著述。《晋書·盧諶傳》云：「（諶）清敏有理思，好《老》、《莊》，善屬文。……撰《祭法》，注《莊子》及文集，皆行於世。」

〔四〕振轡：奮轡疾驅。《晋書·地理志》：「至於崑峰振轡，崆山訪道，存諸汗竹，不可厚誣。」

〔五〕憲府：御史臺，也指御史的職位。持法：執法。句指「曾祖」爲侍御史。

〔六〕奉常：即太常寺。《舊唐書·職官志》：「太常寺，古曰秩宗，秦曰奉常，漢高改爲太常，梁加寺字，後代因之。」秉禮：掌禮。句指「祖」爲奉禮郎。

〔七〕皇考：對亡父的尊稱。專城：指爲州刺史或郡太守。

〔八〕腰章郡邸：用朱買臣爲會稽太守事，參見《苗公德政碑》第三段注〔二三〕。腰章，佩印於腰間。

〔九〕重跡：見《京兆王氏墓誌銘》二段注〔七〕。

〔一〇〕深，《全唐文》作「重」。繼體：承繼先人之位。《公羊傳》文公九年：「繼文王之體，守文王之法度。」左思《吴都賦》：「虞魏之昆（後代），顧陸之裔，岐嶷繼體，老成奕世。」

〔一一〕哲人：指盧氏。

〔一二〕惇：敦厚。

〔一三〕儀形：同「儀刑」，猶言作模範。

〔一四〕諸姻：有姻親關係的各家族。

〔一五〕齊姜宋子：《詩·陳風·衡門》云：「豈其取妻，必齊之姜？」箋：「齊，姜姓。」又云：「豈其取妻，必宋之子？」箋：「宋，子姓。」

〔一六〕清塵：對尊貴者的敬稱。《文選》盧諶《贈劉琨一首并書》：「自奉清塵，于今五稔。」李善注：「《楚辭》曰：『聞赤松之清塵。』然行必塵起，不敢指斥尊者，故假塵以言之。言清，尊之也。」此指盧氏。

〔一七〕貳：輔佐。高義：深情厚誼。

〔一八〕句謂清晨之前即已穿戴整齊。

〔一九〕穆：通「睦」。外親：女系之親屬。

〔二〇〕中饋：舊稱婦職爲主中饋，即在家主管飲食之事。《易·家人》：「无所攸，在中饋。」疏：「婦人之道……其所職主在於家中饋食供祭而已。」張衡《同聲歌》：「綢繆主中饋，奉禮助烝嘗。」後因以中饋指妻子、家庭主婦。

〔二一〕峻：高尚。

〔二二〕載：通「再」。

〔二三〕煌煌：光輝貌。寵章：表示高官顯爵的章服等。《文選》潘勖《册魏公九錫文》：「崇其寵章，備其禮物，所以蕃衛王室、左右厥世也。」李善注：「《禮記》曰：『以爲旗章，以别貴賤。』鄭玄曰：『章，識也。』」識，通「幟」，指用以區别官員之等級的標誌，如衣服、車馬、器物等。

〔二四〕馳暉：飛馳的日光。《文選》謝朓《暫使下都夜發新林至京邑贈西府同僚》：「馳暉不可接，何況隔兩鄉。」李善注：「馳暉，日也。」

〔二五〕令問：好名聲。問，《全唐文》作「聞」。

〔二六〕壽宮：義同壽堂、壽穴，指生前所造的墓室。

〔二七〕高堂：正室，父母所居之處。

〔二八〕貞石：堅固之石。古多用爲碑石之美稱。《文選》王巾《頭陀寺碑文》：「勝幡西振，貞石南刊。」劉良注：「貞，堅也。」

爲楊郎中祭李員外文

維載月日朔，行尚書司勳郎中賜緋魚袋楊玄璋等〔一〕，謹以清酌少牢之奠〔二〕，敬祭于故左司員外郎李公之靈〔三〕。嗚呼！大朴難名〔四〕，大辨若訥〔五〕；泊兮無兆〔六〕，汎然隨物〔七〕；直而好學，敏以從事。行隱于寡言，文成于沉醉〔八〕。澡身浴德〔九〕，唯仁與義；讀書甚解〔一〇〕，作賦彌工；麗詞秀務〔一一〕，奥義玄通〔一二〕；記言西掖〔一三〕，起草南宫〔一四〕。第五將姪〔一五〕，伏波事嫂〔一六〕，食先與甘，衣必讓好，口嘗其糲，身席于藁〔一七〕。結友一言，同官一日，徇我朋好〔一八〕，忘其身恤〔一九〕，豈惟擕手，亦將加膝〔二〇〕。

〔一〕行：《舊唐書·職官志》：「凡九品已上職事，皆帶散位，謂之本品。……貞觀令，以職事高者爲守，職事卑者爲行。」即職事官的官階較高而所帶散官之階較低，則職事官上應加一「守」字；反之，則職事官上應加一「行」字。司勳郎中：尚書省吏部置司勳郎中一人，從五品上，「掌邦國官人之勳級」。參見《舊唐書·職官志》。賜緋魚袋：即賜服緋袍兼佩魚袋，參見《苗公德政碑》第二段注〔四四〕。按，司勳郎中從五品上，又上文稱「行」，則其所帶散官之階，必高于從五品上，本得著緋佩魚，何須復賜緋魚袋？故疑此句之「行」字，應爲「守」字之誤。楊玄璋：不詳。《郎官石柱題名》「司封郎中」下有楊玄章，不知是否即一人。

〔二〕清酌：指祭祀用的酒。《禮記·曲禮下》：「凡祭宗廟之禮……酒曰清酌。」疏：「酌，斟酌也。言此酒甚清澈，可斟酌。」少牢：《大戴禮·曾子天圓》：「大夫之祭，牲羊，曰少牢。」

〔三〕左司員外郎：唐尚書省置左司員外郎一人，從六品上，掌協助左丞處理所管諸司事務。參見《唐六典》卷一。

〔四〕大朴難名：謂質樸之極，難於用言語形容。

〔五〕大辨若訥：謂雄辯之極，似木訥不善言。《老子》四十五章：「大巧若拙，大辯若訥。」辨，通「辯」，宋蜀本、明十卷本俱作「辯」。

〔六〕泊兮無兆：《老子》二十章：「我獨泊兮其未兆，如嬰兒之未孩。」何上公注：「我獨泊然安静，未有所欲之形兆。」泊，淡泊，恬静無爲。趙殿成曰：「顧本作治，誤，今校正。」按，趙校是，宋蜀本、述古堂本、《全唐文》俱作「泊」。

〔七〕句謂隨順外物，若舟之隨波而流。

〔八〕「文成」句：用阮籍事。《晉書·阮籍傳》：「會帝（司馬昭）讓九錫，公卿將勸進，使籍爲其辭。籍沈醉忘作，臨詣府，使取之，見籍方據案醉眠。使者以告，籍便書案，使寫之，無所改竄。辭甚清壯，爲時所重。」

〔九〕澡身浴德：言修養身心使之純潔。《禮記·儒行》：「儒有澡身而浴德。」疏：「澡身，謂能澡絜其身，不染濁也。浴德，謂沐浴於德，以德自清也。」

〔一〇〕讀書甚解：陶淵明《五柳先生傳》：「好讀書，不求甚解，每有會意，便欣然忘食。」

〔一一〕秀務：追求特出。務，《全唐文》於此字下注曰：「疑。」

〔一二〕奥義：指其文中的高深義理。玄通：見《賀古樂器表》二段注〔三四〕。

〔一三〕記言西掖：指李曾在中書省爲起居舍人。《唐六典》卷九載，中書省有起居舍人二人，從六品上，「掌修記言之史，録天子之制誥德音，如記事之制，以記時政之損益。年終，則授之于國史」。注云：「起居舍人，因起居注而名官焉。古者人君言，則右史書之，即其任也。」西掖，即中書省，見《同盧拾遺韋給事東山別業二十韻》注〔一六〕。

〔一四〕起草南宫：謂李在尚書省爲郎官（左司員外郎）。參見《同比部楊員外十五夜遊有懷静者季》注〔三〕。南宫，即尚書省，見《送陸員外》注〔六〕。

〔一五〕第五將姪：將，養，保養。《後漢書·第五倫傳》：「或問倫曰：『公有私乎？』對曰：『……吾兄子常病，一夜十往，退而安寢；吾子有疾，雖不省視，而竟夕不眠，若是者豈可謂無私乎？』」

〔一六〕伏波事嫂：《後漢書·馬援傳》：「（援）敬事寡嫂，不冠，不入廬。……（建武）十七年……璽書拜援伏波將軍。」

〔一七〕糲：糙米。席藁：見《酬諸公見過》注〔一五〕。

〔一八〕徇：通「殉」。此句《全唐文》作「殉我朋交」。言李爲朋友而不惜身。

〔一九〕恤：憂。

〔二〇〕加膝：置於膝上，謂親愛之甚。《禮記·檀弓下》：「進人若將加諸膝，退人若將墜諸淵。」

明明天子，惟賢是思。恨馮唐之已老〔一〕，喜相如之同時〔二〕。罷刊書于虎觀〔三〕，將載筆于鳳池〔四〕。嗚呼！病時七啓〔五〕，卧内一訣。痛乾坤而忽窮，嗟古今而長絶。永言北首〔六〕，返葬東周〔七〕。何夫子之適去〔八〕，同衆人之若休〔九〕！歷千門而行哭，動九陌而增愁〔一〇〕；馬悲鳴而笳咽，雲寡色而風秋〔一一〕。玄璋等或結髮舊遊，比肩同列〔一二〕，悲薤歌之首路〔一三〕，哀柳車之就轍〔一四〕；嗟無見而空來〔一五〕，痛不知而成别〔一六〕。嗚呼哀哉！尚饗。

〔一〕馮唐已老：見《重酬苑郎中》注〔五〕。

〔二〕喜相如之同時：見《送嚴秀才還蜀》注〔八〕。

〔三〕「罷刊」句：指罷去在集賢院兼任的職務。刊書，謂校理典籍。唐集賢院學士、直學士等，「掌刊緝古今之經籍」，參見《謝集賢學士表》注〔一〕。虎觀，即白虎觀。此借指唐禁中的集賢殿書院，參見《謝御書集賢院額表》注〔二〕。

〔四〕載筆：見《裴僕射濟州遺愛碑》首段注〔四三〕。鳳池：見《和賈舍人早朝大明宮之作》注〔八〕。此句蓋謂其將遷爲中書舍人（掌草詔）。

〔五〕七啓：趙殿成曰：「枚乘作《七發》，設言楚太子有疾，而吴客往問之，説七事以起發太子，太子霍然病已云云；曹子建効之，作《七啓》，然非疾病事，七啓當作七發爲是。」按，七啓，亦謂説七事以啓發之也，似非必爲「七發」之誤。

〔六〕永言：永遠。言，助詞。北首：葬時屍之首朝北。《禮記·檀弓下》：「葬於北方北首，三代之達禮也。」

〔七〕東周：《史記·周本紀》：「王赧（周赧王）時，東、西周分治。」索隱：「西周，河南也。東周（公元前三六七—前二四九），鞏（今河南鞏義）也。……按高誘曰：西周，王城（今河南洛陽市王城公園一帶），今河南。東周，成周（今洛陽市東郊白馬寺之東，漢魏洛陽城故址一帶），故洛陽之地。」又，此處亦可能指東周（公元前七七〇—前二五六）之都城洛邑。洛邑有王城、成周二城，東周平王至敬王時，都王城，公元前五一六年敬王徙都成周，前三一四年，赧王立，又還都王城。

〔八〕適去：見《與胡居士皆病寄此詩兼示學人二首》其一注〔五〕。

〔九〕若休：似長遠休息。亦指死。賈誼《鵩鳥賦》：「其生兮若浮，其死兮若休。」

〔一〇〕歷千門：指自長安返葬洛陽途中所經。動：移動。九陌：《三輔舊事》（清張澍輯本）：「（漢）長安城中，八街九陌。」參見《三輔黄圖》卷一。後泛指都城大道。駱賓王《帝京篇》：「三條九陌麗城隈，萬户千門平旦開。」

〔一一〕雲寡色：江淹《恨賦》：「若夫明妃去時，仰天太息。……隴雁少飛，代雲寡色。」

〔一二〕比肩：並肩。《戰國策·齊策三》：「千里而一士，是比肩而立。」

〔一三〕薤歌：指挽歌。與《薤露》同。《古今注》卷中：「《薤露》、《蒿里》，並喪歌也。出田横門人。横自殺，門人傷之，爲之悲歌，言人命如薤上之露，易晞滅也，亦謂人死魂魄歸乎蒿里，故有二章。……至孝武時，李延年乃分爲二曲，《薤露》送王公貴人，《蒿里》送士大夫庶人，使挽柩者歌之，世呼爲挽歌。」首路：猶首途，謂出發、上路。《文選》潘勖《册魏公九錫文》：「王師首路，威風先逝，百城八郡，交臂屈膝。」

〔一四〕柳車：《史記·季布欒布列傳》：「衣褐衣，置廣柳車中。」集解：「服虔曰：東郡謂廣轍車爲柳。鄧展曰：皆棺飾也，載以喪車，欲人不知也。」索隱：「鄧展所説，事義相協，最爲通允。……則是喪車稱柳，故後人通謂車爲柳也。」柳，裝飾柩車的帷蓋，《釋名·釋喪制》：「輿棺之車，其蓋曰柳。」故稱喪車爲柳車。就轍：猶言上路。

〔一五〕空，述古堂本作「奚」。

〔一六〕别，底本原作「列」，據宋蜀本、述古堂本改。

爲人祭某官文〔一〕

惟公弘量碩德，抱義戴仁〔二〕；早離我見〔三〕，常守吾真；朝稱端士，世謂淳人。夏官之職〔四〕，惟賢是寄；既節五官，兼選騎士；宿衛扞城，必由兹地〔五〕；速應爲敏，平分是貴〔六〕；決遣先馳〔七〕，曹無留事〔八〕。嗚呼！積善無慶〔九〕，寢疾彌留〔一〇〕；唐肆求馬〔一一〕，夜壑藏舟〔一二〕；深悟幻境〔一三〕，獨與道遊〔一四〕；死而不忘，魂兮若休。嗚呼！某等何幸，得備官屬；泰然若春，温兮如玉〔一五〕；去德何永〔一六〕，事生何促〔一七〕？五情如喪〔一八〕，百身不贖〔一九〕；

敬薦醴牢〔二〇〕，哀哀慟哭。尚饗。

〔一〕篇題底本原作《爲兵部祭庫部王郎中文》，按，維集中另有一《爲兵部祭庫部王郎中文》，此處從宋蜀本、述古堂本作今題。參見《爲兵部祭庫部王郎中文》注〔一〕。

〔二〕首句宋蜀本、述古堂本俱作「惟公碩德弘量」。抱義戴仁：語本《禮記・儒行》：「戴仁而行，抱義而處。」戴仁，崇尚仁德。抱義，固守仁義。

〔三〕我見：又曰「我執」。指認爲有「我」的見解。「我」爲佛教名詞，相當于獨立的實在自體，有「人我」、「法我」之分。佛教主張「無我」，謂人與萬物皆無獨立的實在自體（一切皆空），「我見」即指與這種觀點相對立的世俗見解。佛教認爲，其他一切「錯誤」見解，都依此見生起。《成唯識論》卷四：「我見者，謂我執。於非我法妄計爲我，故名我見。」《大乘起信論》：「一切邪執，皆依我見，若離於我，則無邪執。」

〔四〕夏官：指兵部。《通典》卷二三：「《周禮》夏官大司馬之職，掌以九伐之法正邦國，制軍詰禁，以糾邦國，領校人、牧師、職方、司兵之屬，即今兵部之任也。」

〔五〕「既節」四句：五官，指將軍的各種佐吏。《淮南子・兵略》：「夫論除謹，動静時，吏卒辨，兵甲治，正行伍，連什伯，明鼓旗，此尉之官也；前後知險易，見敵知難易，發斥不忘遺，此候之官也；隧路亟，行輜治，賦丈均，處軍輯，井竈通，此司空之官也；收藏於後，遷舍不離，無淫輿，無遺輜，此輿之官也。凡此五官（據上所言，實只四官）之於將也，猶身之有股肱手足也。」騎士，騎兵。宿衛，謂在宫中擔任警衛。扞城，護衛城池。尋繹以上四句之意，死者是時似官兵部侍郎（兵部副長官，正四品下）或兵部（兵部四司之一）郎中（從五品上）。《通典》卷二三云：「（兵部）侍郎……掌署武職、武勳官、三衛（親衛、勳衛、翊衛，皆掌宫庭宿衛之事）及兵士。」又云兵部郎中「掌與侍郎同」。

〔六〕平分是貴：《史記・司馬穰苴列傳》：「悉取將軍之資糧享士卒，身與士卒平分糧食。」

〔七〕決遣：判斷發落。《舊唐書・張文瓘傳》：「旬日決遣疑事四百餘條。」先馳：先行，占先。

〔八〕曹無留事：見《裴僕射濟州遺愛碑》首段注〔五一〕。

〔九〕積善無慶：《易・坤・文言》：「積善之家，必有餘慶。」慶，幸福。

〔一〇〕彌留：病久不愈。《書・顧命》：「病日臻，既彌留。」後謂病重瀕死爲彌留。

〔一一〕唐肆求馬：喻所求必不可得。《莊子・田子方》：「彼已盡矣，而女求之以爲有，是求馬於唐肆也。」唐肆，空市場。郭象注云：「唐肆，非停馬處也。言求向者之有，不可復得也。」此指求不死已不可得。

〔一二〕夜壑藏舟：《莊子・大宗師》：「夫藏舟於壑，藏山於澤，謂之固矣，然而夜半有力者負之而走，昧者不知也。」此喻事物之變化難於預料。

〔一三〕幻境：虛幻之境。指世事變化無常。

〔一四〕與道遊：《淮南子·原道》：「循天（自然）者，與道遊者也；隨人者，與俗交者也。」

〔一五〕温兮如玉：《詩·秦風·小戎》：「言念君子，温其如玉。」箋：「念君子之性，温然如玉。」温，指性情平和。

〔一六〕去德何永：《文選》謝朓《拜中軍記室辭隋王牋》：「去德滋永，思德滋深。」去德，指離開有德者。

〔一七〕事生：指對死者生時的事奉。

〔一八〕五情：《文選》曹植《上責躬應詔詩表》：「形影相弔，五情愧赧。」劉良注：「五情，喜、怒、哀、樂、怨也。」

〔一九〕百身不贖：見《西方變畫讚》二段注〔一八〕。

〔二〇〕薦：進獻；《全唐文》作「獻」。牢：牛羊等祭品。

爲人祭李舍人文〔一〕

年月日，某以茶藥之奠，祭于故舍人李公之靈。嗚呼！見人多矣，未有如子。生于德門〔二〕，長于貴里；名高江夏之童〔三〕，貌奪河陽之美〔四〕；行比曾顔〔五〕，才兼文史。含恣輕肥〔六〕，仰偃紈綺〔七〕，惡如涕唾，棄如塵滓。比布衣以同年〔八〕，甘蔬食而没齒〔九〕。嗚呼！深入度門，高居道源〔一〇〕，獨一静處，寂默無言。持草誡之真性〔一一〕，歸化光之法尊〔一二〕。曠無浄染〔一三〕，頓離塵根〔一四〕。豈期昨日分首〔一五〕，别離未久，萬法皆空，一生何有？無餘涅槃〔一六〕，應無所受〔一七〕；無漏智慧〔一八〕，斯爲不朽。予以凡情，哀哀其後。世相謂然〔一九〕，道心斯醜〔二〇〕。敢不從俗？子其無咎〔二一〕。尚饗〔二二〕。

〔一〕舍人：唐有中書舍人、起居舍人、通事舍人、太子中舍人、太子舍人、太子通事舍人等。

〔二〕德門：謂有德之家。陸機《爲陸思遠婦作》：「潔己入德門，終遠母與兄。」《南史・謝晦傳》論：「然謝氏自晋以降，雅道相傳，景恒、景仁以德素傳美，景懋、景先以節義流譽。方明行己之度，玄暉藻繢之奇，各擅一時，可謂德門者矣。」

〔三〕江夏之童：《後漢書・黄香傳》：「黄香，字文彊，江夏安陸人也。……年十二，太守劉護聞而召之，署門下孝子，甚見愛敬。……遂博通經典，究精道術，能文章，京師號曰：天下無雙，江夏黄童。」趙殿成曰：「童，顧本作重，今校正。」按，趙校是，宋蜀本、述古堂本、明十卷本等俱作「童」。

〔四〕河陽之美：《晋書・潘岳傳》謂「岳美姿儀」，嘗「出爲河陽令」。

〔五〕曾顔：孔門弟子曾參、顔回。此二字《全唐文》作「顔曾」。

〔六〕含恣：疑當作「含姿」，謂體含妙姿。南朝宋湯惠休《楚明妃曲》：「含姿綿視，微笑相迎。」輕肥：輕裘肥馬。

〔七〕仰偃：猶偃仰、俯仰。此處有周旋之意。紈綺：謂華美之服。亦指服紈綺的貴族子弟。

〔八〕以：而。同年：相等。句謂其自等同于布衣。

〔九〕没齒：見《工部楊尚書夫人京兆王氏墓誌銘》首段注〔四〇〕。

〔一〇〕度門：見《讚佛文》首段注〔一四〕。道源：指佛教之本源。

〔一一〕持：守，保持；底本原作「待」，此從明十卷本。草誡：疑用草繫比丘事。指不得毁壞生草的禁戒。《一切有部目得迦》卷六載，佛在世時，有比丘爲賊所執，縛以連根茅草，比丘恐壞生草，不自解縛，等待餓死。有跋蹉國王名烏陀延，適到其所，問比丘「何爲住此？答：『我被賊縛。』『以何物縛？』曰：『生草。』王曰：『何不拔起？』報曰：『世尊爲我制其學處，若復苾蒭（比丘）壞生草木得波逸提迦（義譯「墮」，犯戒律之罪名）。』」《涅槃經》卷一六云：「寧捨身命不毁禁戒，如草繫比丘。」

〔一二〕化光：《易·坤·文言》：「後得主而有常，含萬物而化光。」疏：「言含養萬物而德化光大也。」法尊：指佛法。佛法爲尊，故曰法尊。《普門品經》：「第一佛尊，第二法尊，第三比丘僧尊。」

〔一三〕曠：空。浄：謂身心清浄無垢。《廣弘明集》卷二七上南齊蕭子良《浄住子》：「業累（惡業之繫累）既除，表裏俱浄。」《俱舍論》卷一六：「暫永遠離一切惡行煩惱垢故，名爲清浄。」染：染污，言真性被染污而不清浄。指心執著于外境，爲其染污，而生起種種世俗之欲求、情識（即煩惱）。《俱舍頌疏》卷一：「煩惱不浄，名爲染污。」句指舍人入滅，故無浄亦無染。

〔一四〕塵：佛教指能染污人之情識的世間一切事法，即所謂六境（六塵）。參見《西方變畫讚》首段注〔六〕。根：《大乘義章》卷四：「能生名根。」意謂具有能生作用的根本，如眼根能生眼識等。佛書稱有眼、耳、鼻、舌、身、意、女、男、命、苦、樂、憂、喜等二十二種根。「頓離塵根」，指舍人忽然而卒。

〔一五〕昨：猶「昔」。分首：别離。

〔一六〕無餘涅槃：見《浄覺禪師碑銘》末二段注〔三〕。

〔一七〕受：見《胡居士卧病遺米因贈》注〔九〕。

〔一八〕無漏智慧：指能斷除三界煩惱，證得佛教「真理」的智慧。「漏」即煩惱之異名。《法華經·方便品》：「度脱諸衆生，入佛無漏智。」智、慧、智慧在漢譯佛書中通常互用。《大乘義章》卷九：「照見名智，解了稱慧。……通則義齊。」

〔一九〕世相：人世間的情形。

〔二〇〕道心：見《藍田山石門精舍》注〔一三〕。斯：則。句謂自道心觀之則醜。

〔二一〕無咎：無過錯。咎，宋蜀本作「言」。

〔二二〕尚饗，二字底本原無，據宋蜀本、述古堂本、明十卷本補。

爲羽林將軍祭武大將軍文〔一〕

維年月日，將軍某等，謹以清酌少牢之奠，祭于故大將軍武公之靈。嗚呼武公，命代出群〔二〕。氣蓋朔方〔三〕，勇冠六軍〔四〕。生長下國〔五〕，聲聞上天。天子壯之，命居北門〔六〕。北門伊何？國之重寄。羽林孤兒〔七〕，旄頭突騎〔八〕，罔不畢總〔九〕，爲之元帥。帝在紫微〔一〇〕，與君爲衛。身恒披堅，手不捨鋭〔一一〕。出乘天駟〔一二〕，入虚東第〔一三〕。同官爲寮〔一四〕，出入五世〔一五〕。顧我軍旅，凜然遺風〔一六〕。一日之長〔一七〕，萬夫之雄。身雖有極，德不可窮。嗚呼！門館蒼黄〔一八〕，風景凄凉。櫪馬悲鳴，角弓不張。弔客接武〔一九〕，哭聲滿堂。嗚呼！凡人有喪，匍匐斯救〔二〇〕，況我武公，屢及其霤〔二一〕，盥而撫之，唅玉當受〔二二〕。敢不嗣事〔二三〕，如公之舊。尚饗〔二四〕。

〔一〕羽林將軍：唐左右羽林軍（禁軍名）置大將軍各一人，正三品；將軍各二人，從三品，掌統領北衙禁兵，任宿衛侍從之事。參見《舊唐書·職官志》、《新唐書·百官志》。《全唐文》上一「軍」字上無「將」字。武大將軍：未詳。

〔二〕命代：命世，著名於當世。

〔三〕朔方：《舊唐書·地理志》載，隋朔方郡，唐曰夏州。天寶元年，改爲朔方郡。乾元元年，復爲夏州。治所在朔方縣（今内蒙古烏審旗南白城子）。

〔四〕六軍：周制，天子六軍。後以爲軍隊之統稱。

〔五〕下國：小國。《詩·商頌·殷武》：「命于下國，封建厥福。」箋：「命之於小國，以爲天子大立其福。」此指朔方。按《舊唐書・地理志》載，夏州朔方郡「舊領縣四，户二千三百二十三」，「天寶，户九千二百一十三」；《舊唐書・職官志》云：「户不滿二萬，爲下州也。」

〔六〕北門：指羽林軍。《通鑑》中宗神龍元年：「北門南牙，同心協力。」胡注：「南牙謂宰相，北門謂羽林諸將。」《舊唐書・職官志》：「初，太宗選飛騎（羽林之兵，名曰飛騎）之尤驍健者，别署百騎，以爲翊衛之備。天后初，加置千騎，中宗加置萬騎，分爲左右營，置使以領之。自開元以來，與左右羽林軍名曰北門四軍。」《通典》卷二八：「大唐貞觀十二年，於玄武門置左右屯營。……龍朔二年，改左右屯營爲左右羽林軍。」玄武門即皇宫之北門，故稱羽林軍爲北門。又，北門亦謂之北衙。《舊唐書・職官志》：「初，貞觀中置北衙七營，後改爲左右羽林軍。」

〔七〕羽林孤兒：《漢書・百官公卿表》：「（武帝）又取從軍死事之子孫，養羽林官，教以五兵，號曰羽林孤兒。」

〔八〕旄頭：充任先驅的羽林騎兵。《漢書・梁丘賀傳》：「會八月飲酎，行祠孝昭廟，先敺（驅）旄頭劍挺墮地。」《後漢書・光武帝紀》注：「《漢官儀》曰：『舊選羽林爲旄頭，被髮先驅。』魏文帝《列異傳》曰：『秦文公時，梓樹化爲牛，以騎擊之。騎不勝，或墮地，髻解被髮，牛畏之，入水。故秦因是置旄頭騎，使先驅。』」突騎：《漢書・鼂錯傳》：「若夫平原易地，輕車突騎，則匈奴之衆易撓亂也。」注：「突騎，言其驍鋭可用衝突敵人也。」《後漢書・光武帝紀》注：「突騎，言能衝突軍陣。」

〔九〕總：統領；底本原作「勸」，宋蜀本作「勸」，此從述古堂本。

〔一〇〕紫微：王宫。《文選》漢王延壽《魯靈光殿賦》：「乃立靈光之秘殿，配紫微而爲輔。」晋張載注：「紫微，至尊宫。」按，紫微本星座名，王者之宫象之，故稱王宫爲紫微。《晋書・天文志》：「紫微，大帝之座也，天子之常居也。」《文選》劉峻《辯命論》：「入紫微，升帝道。」李善注：「薛綜《西京賦注》曰：『天有紫微宫，王者象之，曰紫微宫。』」

〔一一〕「身恒」二句：《戰國策・楚策一》：「吾被堅執鋭，赴强敵而死。」《漢書・高帝紀》「朕親被堅執鋭」，注：「被堅，謂甲胄也。執鋭，謂利兵也。」被，通「披」。

〔一二〕天駟：星名。又喻神馬。《藝文類聚》卷九三晋郭璞《馬贊》：「馬出明精，祖自天駟。」

〔一三〕虚東第：謂常在宫中宿衛，不歸其宅第。虚，底本原作「並」，據宋蜀本改。疑「虚」字缺上半，遂誤而爲「並」。東第，見《送高判官從軍赴河西序》第二段注〔二九〕。

〔一四〕同官爲寮：《左傳》文公七年：「同官爲寮，吾嘗同寮，敢不盡心乎？」寮，通「僚」。

〔一五〕五世：疑指高宗、武后、中宗、睿宗、玄宗五朝。

〔一六〕軍旅：部隊。旅，宋蜀本作「制」。凛然：嚴肅貌。

〔一七〕一日之長：言其年齡稍長。《論語・先進》：「以吾一日長乎爾，毋吾以也。」

〔一八〕蒼黄：蒼凉。

〔一九〕接武：前後相接。

〔二〇〕「凡人」二句：《詩・邶風・谷風》：「凡民有喪，匍匐救之。」箋：「匍匐，言盡力也。凡於民有凶禍之事，鄰里尚盡力往救之。」

〔二〕公，宋蜀本作「侯」。 屨及其霤：《左傳》宣公二年：「三進，及溜，而後視之。」孔疏云：「溜謂簷下水溜之處。」按「溜」、「霤」通，「及溜」指及於階間之霤，即將入堂。 句謂某等足登武公之堂。

〔三〕「盥而」二句：參見《祭兵部房郎中文》第一段注〔一〕。 唅，以珠玉之類置於死者口中。 字亦作「含」。

〔三〕嗣事：繼續其職事。

〔四〕此二字底本原無，據宋蜀本補。

招素上人彈琴簡〔一〕

僕乍脱塵鞅〔二〕，來就泉石，左右墳史〔三〕，時自舒卷，頗覺思慮，斗然一清〔四〕，喁俟揮絃〔五〕，寫我佳況。

〔一〕此篇王維集諸本俱不録，僅見於《全唐文》卷三二五。 素上人：不詳。《宣和書譜》卷一九：「釋懷素，字藏真，俗姓錢，長沙人。 徙家京兆。……初勵律法，晚精于翰墨，追倣不輟，禿筆成塚。一夕觀夏雲隨風，頓悟筆意，自謂得草書三昧。……當時名流，如李白、戴叔倫、竇臮、錢起之徒，舉皆有詩美之。」懷素生於開元十三年（據素草書《清淨經》自題）。「素上人」或即指懷素。

〔二〕塵鞅：世俗事務的束縛。 鞅，套在馬頸上的革帶。

〔三〕左右：兩旁。墳史：古之書、史。《隋書·經籍志》：「沉静寡慾，篤好墳史。」

〔四〕斗然：突然。斗，通「陡」。

〔五〕喁（yōng 顒）：猶喁喁，向慕之意。《史記·司馬相如列傳》：「延頸舉踵，喁喁然，皆爭歸義。」俟：等待。

王維集校注附録

一、傳本誤收詩文

趙殿成《王右丞集箋注》所收詩文，有非王維所撰，而誤收入集者。今依《箋注》原有順序，悉録於下，并加按語，説明指爲僞作之根據。其《箋注》未收而見於他本他書之僞作，亦録入，分别次於《箋注》所收詩文之後。

留别丘爲

歸鞍白雲外，繚繞出前山。今日又明日，自知心不閒。親勞簪組送，欲趁鶯花還。一步一迴首，遲遲向近關。（《箋注》卷三）

此詩重見《全唐詩》王維集及丘爲集中，丘爲集録此詩，題作《留别王維》。按，此詩《箋注》次于《送六舅歸陸渾》後，而今存王維集的一些較早版本，如宋蜀本、述古堂本、元本、明弘治吕夔刊劉須溪校本（以下簡稱「吕本」）、明十卷本、顧本等，皆次于《送丘爲往唐州》後，述古堂本且以《留别》爲詩題，「丘爲」爲作者姓名。《送丘爲往唐州》曰：「宛洛有風塵，君行多苦辛。四愁連漢水，百口寄隨人。槐色陰清晝，楊花惹暮春。朝端肯相送，天子繡衣臣。」尋繹詩意，《送丘爲往唐州》無疑是王維的贈詩，而此首則是丘爲的答詩。此乃本人集中附載他人的同詠之作因而致誤的一個明顯例子。

別弟妹二首

兩妹日成長〔一〕，雙鬟將及人。已能持寶瑟，自解掩羅巾。念昔別時小，未知疎與親。今來始離恨，拭淚方慇懃〔二〕。

小弟更孩幼，歸來不相識。同居雖漸慣，見人猶未覔〔三〕。宛作越人語〔四〕，殊甘水鄉食。別此最爲難，淚盡有餘憶。（《箋注》卷四）

〔一〕成長，《唐詩紀事》作「長成」。
〔二〕拭，《紀事》作「掩」。
〔三〕未覔，《紀事》作「默默」。
〔四〕語，《紀事》作「言」。

休假還舊業便使〔一〕

謝病始告歸，依依入桑梓〔二〕。家人皆佇立，相候柴門裏〔三〕。時輩皆長年〔四〕，成人舊童子。上堂嘉慶畢〔五〕，顧與姻親齒〔六〕。論舊忽餘悲〔七〕，目存且相喜〔八〕。田園轉蕪没，但有寒泉水。衰柳日蕭條，秋光清邑里。入門乍如客，休騎非便止〔九〕。中飯顧王程〔一〇〕，離憂從此始。（《箋注》卷四）

〔一〕假，凌本、《唐詩品彙》俱作「暇」。

〔二〕依依，《紀事》作「依然」。

〔三〕柴，《文苑英華》、《紀事》、宋蜀本、述古堂本等俱作「衡」。

〔四〕時輩，《紀事》作「儔類」。皆，《英華》作「今」。

〔五〕嘉，《紀事》、凌本作「家」。

〔六〕顧，凌本作「願」。齒，《紀事》、《品彙》作「邇」。

〔七〕忽，底本注：「一作或。」

〔八〕目，《英華》、《品彙》作「自」。

〔九〕休，《英華》作「歸」。

〔一〇〕飯，宋蜀本作「飲」。

以上三詩，《全唐詩》重見王維集及盧象集中，盧象集題作《八月十五日象自江東止田園移莊慶會未幾歸汶上小弟幼妹尤嗟其别兼賦是詩三首》，其一即《休假還舊業便使》，二、三即《别弟妹二首》。又

《紀事》卷二六亦以此三詩爲盧象所作，題作《自江東止田園移莊慶會未幾歸汶上小弟幼妹尤悲其别賦詩》。趙殿成曰：「成考右丞本傳及他書，未有言其寓家於越、浪跡水鄉者，『宛作』二語，合之盧象江東之説，乃爲得之，讀者試辨焉。」按，維蒲州人，少時隨其母居於蒲，後移家長安，確乎未嘗「寓家於越」，參見《王維年譜》。細玩《八月十五日象自江東止田園……》其一之意，可知是時作者在汶上（汶水之上，汶水即今山東大汶河）爲官，謝病告假歸江東探親，不久復返汶上。《唐才子傳》卷二：「（盧）象字緯卿……攜家來居江東最久。」劉禹錫《唐故尚書主客員外郎盧公集序》：「尚書郎盧公諱象……丞相曲江公（張九齡）方執文衡……擢爲左補闕、河南府司録，司勳員外郎。名盛氣高，少所卑下，爲飛語所中，左遷齊、汾、鄭三郡司馬。」齊州治所在今山東濟南，其地近汶水，三詩或即象任齊州司馬期間所作。綜上所述，三詩所云，與盧象之行止相合，又王安石《唐百家詩選》卷一亦以三詩爲盧象所作（作一首），故其作者應以作盧象爲是。

留别錢起

卑棲却得性，每與白雲歸。徇禄仍懷橘〔一〕，看山免採薇〔二〕。暮禽先去馬，新月待開扉。霄漢時回首，知音青瑣闈。（《箋注》卷八）

〔一〕仍，凌本作「猶」。

〔二〕山，凌本作「花」。此句之下底本注曰：「四句一作『別山如昨日，春露已沾衣。採蕨頻盈手，看花空厭歸』。」

此詩重見《全唐詩》王維集及錢起集中，錢起集題作《晚歸藍田酬王維給事贈別》（《錢考功集》同），《文苑英華》卷二八七亦以此詩爲錢起所作，題作《晚歸藍田酬中書常舍人贈別》。按，《唐詩紀事》卷三〇云：「（錢）起還藍田，王維贈別云：『草色日向好，桃源人去稀……』（即維《送錢少府還藍田》詩）起答詩云：『卑棲却得性，每與白雲歸……』（即《留別錢起》詩）」明以此詩爲錢起答王維贈別之作。蓋是時維官給事中，故詩曰「知音青瑣闈」（給事中掌陪侍天子，故云）；若從舊本以此詩爲王維所作，則維卒之前，起只任過秘書省校書郎、藍田縣尉（參見傅璇琮《唐代詩人叢考・錢起考》），不得謂曰「知音青瑣闈」，故此詩合是錢作無疑。國家圖書館藏何焯校本《王摩詰集》，即據宋本，以《留別》爲詩題，「錢起」爲作者姓名。又宋蜀本、述古堂本、元本、吕本、明十卷本、顧本等，俱次此詩於《送錢少府還藍田》後，可見這也是本人集中附載他人的同詠之作因而致誤的一個例子。

遊悟真寺

聞道黄金地，仍開白玉田〔一〕。擲山移巨石，呪嶺出飛泉。猛虎同三逕，愁猿學四禪。買香燃緑桂，乞火踏紅蓮〔二〕。草色摇霞上，松聲汎月邊。山河窮百二，世界滿三千。梵宇聊憑視〔三〕，王城遂渺然。灞陵纔出樹，渭水欲連天。遠縣分諸郭〔四〕，孤村起白烟〔五〕。望雲思聖主，披霧憶群賢〔六〕。薄宦慙尸素，終身擬尚玄。誰知草庵客〔七〕，曾和柏梁篇。

（《箋注》卷一二）

〔一〕開，《文苑英華》作「依」。

〔二〕紅，《唐詩紀事》、凌本俱作「青」。

〔三〕憑視，《英華》作「平覽」，《紀事》作「憑覽」。

〔四〕諸，《英華》、《紀事》、宋蜀本俱作「朱」。

〔五〕村，《英華》作「城」。

〔六〕霧，宋蜀本作「露」。

〔七〕知，宋蜀本作「言」。

此篇《文苑英華》卷二三四作王維詩，《全唐詩》重見王維及王縉集中。按，《又玄集》卷中、《唐詩紀事》卷一六、《唐詩品彙》卷七六俱以此詩爲王縉所作，《寶刻叢編》卷八引《京兆金石録》：「唐悟真寺五言詩，唐王縉撰。」又述古堂本收此詩，下即署「王縉」名。蓋其時舊本或誤以此詩爲王維所作，故編者特署上「王縉」之名，以正視聽。

留別崔興宗

駐馬欲分襟，清寒御溝上。前山景氣佳，獨往還惆悵。（《箋注》卷一三）

奇字齋本、凌本不録此詩。宋蜀本、述古堂本、元本、吕本、明十卷本、顧本等録之，編次俱與《崔九弟欲往南山馬上口號與別》（附裴迪同詠）相接，宋蜀本、明十卷本且以《留別》爲詩題，「崔興宗」爲作者姓名。顯然，這也屬本人集中附載他人的同詠之作因而致誤的情况。《唐詩紀事》卷一六云：「王維有《崔九往南山馬上口號與別》云：『城隅一分手……』裴迪云：『歸山深淺去……』（即裴迪同詠）興宗《留別》云：『駐馬欲分襟……』（即此篇）」明以此篇爲興宗留別維、迪二人之詩。又《唐文粹》卷一五上、《萬首唐人絶句》卷九一、《全唐詩》亦俱以此篇爲興宗所作，題作《留別王維》。

淮陰夜宿二首

水國南無畔，扁舟北未期。鄉情淮上失，歸夢郢中疑。木落知寒近，山長見日遲。客行心緒亂，不及洛陽時。

永絶卧烟塘，蕭條天一方。秋風淮木落，寒夜楚歌長。宿莽非中土，鱸魚豈我鄉？孤舟行已倦，南越尚茫茫。（《箋注》卷一五）

下京口埭夜行

孤帆度緑氛，寒浦落紅曛。江樹朝來出，吴歌夜漸聞。南溟接潮水，北斗近鄉雲。行役從

茲去，歸情入雁群。（同上）

山行遇雨

驟雨晝氛氲，空天望不分。暗山惟覺電，窮海但生雲。涉澗猜行潦，緣崖畏宿氛。夜來江月霽，棹唱此中聞。（同上）

夜到潤州

夜入丹陽郡，天高氣象秋。海隅雲漢轉，江畔火星流。城郭傳金柝，閭閻閉緑洲。客行凡幾夜，新月再如鈎。（同上）

以上五篇亦載于奇字齋本外編，且注曰：「宋本作公詩。」然宋蜀本、述古堂本實無此五詩，其他各本亦皆未載。又此五詩俱見唐《孫逖集》，《文苑英華》卷二九一、《全唐詩》亦均作逖詩。按，《舊唐書·孫逖傳》曰：「開元初，應哲人奇士舉，授山陰尉。」逖嘗官山陰（唐越州治所，今浙江紹興）尉，集中有不少越中詩。其《山陰縣西樓》曰：「都邑西樓芳樹間，逶迤霽色繞江山。……一見湖邊楊柳風，遥憶青青洛陽道。」《夜宿浙江》曰：「扁舟夜入江潭泊，露白風高氣蕭索。……烟水茫茫多苦辛，更聞江上越人吟。洛陽城闕何時見，西北浮雲朝暝深。」《江行有懷》曰：「秋水明川路，輕舟轉石圻。……晝行疑海若，夕夢識江妃。野霽看吴盡，天長望洛非。不知何歲月，一似暮潮歸？」尋繹詩意，後二篇當作於逖入越途中。二篇皆寫秋景，是知逖入越蓋在秋日。又，逖河南府（治所在今河南洛陽）人（見顏真卿《尚書刑部侍郎贈尚書右僕射孫逖文公集序》、《唐詩紀事》卷二六），故三詩中俱有「思洛」、「望洛」之語。《淮陰夜宿二首》明言已將赴越（「孤舟行已倦，南越尚茫茫。」），且寫秋景，又有「思洛」之意（「客行心緒亂，不及洛陽時。」），無疑當是逖入越途中經淮陰（今江蘇淮陰西南）時所作。《夜到潤州》云：「夜入丹陽郡，天高氣象秋。」正寫秋景，詩蓋亦逖入越途中經丹徒（潤州治所，今江蘇鎮江）時所作。《下京口埭夜行》同（京口埭在丹徒，見《新唐書·地理志》）。《山行遇雨》云：「暗山惟覺電，窮海但生雲。」據「窮海」之語，詩當係逖在山陰任職時所作。以上五詩，蓋因《文苑英華》次於王維詩後而致誤。

冬夜寓直麟閣

直事披三省〔一〕，重關祕七門。廣庭憐雪净，深屋喜鑪温。月幌花虚馥，風窗竹暗喧。東山白雲意，兹夕寄琴樽〔二〕。（《箋注》卷一五）

〔一〕省，底本注：「一作閣。」

〔二〕樽，底本注：「一作言。」

此詩亦載於奇字齋本外編，其他各本俱未收録。《文苑英華》卷一九一録此篇，作宋之問詩。趙殿成曰：「成按題中麟閣之名，乃是天授時所改，神龍時無復此稱，則此詩自應歸宋耳。」此説是。麟閣謂秘書省。維平生未嘗在秘書省任職，何能爲「寓直麟閣」之詩？且《宋之問集》載此詩，《全唐詩》亦以此詩爲之問所作。

賦得秋日懸清光

寥廓涼天静，晶明白日秋。圓光含萬象，碎影入閑流。迥與青冥合，遥同江甸浮。晝陰殊衆木，斜影下危樓。宋玉登高怨，張衡望遠愁。餘輝如可託，雲路豈悠悠？（《箋注》卷十五）

此詩僅載于《箋注》及《全唐詩》，其他各本俱未收録。趙殿成曰：「《詩雋類函》、《唐詩類苑》俱作王維詩，《唐詩品彙》作無名氏詩。」按，此詩載《文苑英華》卷一八一「省試二」，無作者姓名，同題尚有陶拱一首，考陶拱與夏方慶、李子蘭均有《天晴景星見賦》，俱「以有道之邦，德星昭見爲韻」，載《文苑英華》卷九；又夏方慶與范傳正均有《風過簫賦》，俱「以無爲斯化，有感潛應爲韻」，載《文苑英華》卷一三，則陶拱與范傳正、夏方慶皆當爲貞元時人（范傳正貞元十年進士，見《登科記考》卷一三），《賦得秋日懸清光》應爲貞元間試題，詩非王維作。

過友人莊

故人具雞黍，邀我至田家。緑樹村邊合，青山郭外斜。（《箋注》卷一五）

此詩亦載於奇字齋本外編，其他各本俱未收録。趙殿成曰：「此本孟浩然八言律詩，今《萬首唐人絶句》減去後四句作一絶，作王維，不知何據。」按，此詩八句見宋蜀刻本《孟浩然集》、《唐百家詩選》卷一、《衆妙集》俱作孟浩然詩，明趙宧光、黄習遠重訂《萬首唐人絶句》已削去此詩，《全唐詩》同，宜從之。

感興

禾黍不豔陽，競栽桃李春。翻令力畊者，半作賣花人。（《箋注》卷一五）

此詩亦載奇字齋本外編，其他各本未見收録。顧起經注云：「《詩林廣記》（宋蔡正孫撰）作鄭谷詩。」趙殿成曰：「此本鄭谷詩，《詩學權輿》以爲王摩詰作。」按，鄭谷《雲臺編》卷上録此詩，《唐詩紀事》卷七〇、《萬首唐人絶句》卷九四、《全唐詩》亦俱以爲鄭谷所作，宜從之。

從軍行二首〔一〕

戈甲從軍久〔二〕，風雲識陳難。今朝拜韓信，計日斬成安〔三〕。

燕頷多奇相，狼頭敢犯邊[三]。寄言班定遠，正是立功年。（《箋注》卷一五）

〔一〕行，宋蜀本、明十卷本、奇字齋本俱作「辭」。

〔二〕戈，《樂府詩集》作「旌」，明十卷本作「簇」。

〔三〕以上二句《樂府詩集》、凌本俱作「今朝韓信計，日下斬成安。」

遊春辭二首

曲江絲柳變烟條，寒谷冰隨暖氣銷。纔見春光生綺陌，已聞清樂動雲韶。

經過柳陌與桃谿[一]，尋逐春光著處迷[二]。鳥度時時衝絮起，花繁滾滾壓枝低[三]。（同上）

〔一〕谿，《樂府詩集》、《唐詩紀事》俱作「蹊」。

〔二〕春，《樂府詩集》作「風」。

〔三〕滾滾，宋蜀本作「衮衮」。

秋思二首

網軒涼吹動輕衣[一]，夜聽更生玉漏稀[二]。月渡天河光轉濕，鵲驚秋樹葉頻飛。

宮連太液見滄波，暑氣微消秋意多[三]。一夜輕風蘋末起，露珠翻盡滿池荷。（同上）

〔一〕網，底本注：「一本作緑。」

〔二〕生，《萬首唐人絶句》、《樂府詩集》、《唐詩紀事》俱作「長」。

〔三〕消，《樂府詩集》、凌本作「清」。

從軍辭

髦頭夜落捷書飛，來奏軍門着賜衣〔一〕。白馬將軍頻破敵，黄龍戍卒幾時歸？（同上）

〔一〕軍，《萬首唐人絶句》、《樂府詩集》、《唐詩紀事》、凌本俱作「金」，是。

塞下曲二首

辛勤幾出黄花戍，迢遞初隨細柳營。塞晚每愁殘月苦〔一〕，邊愁更逐斷蓬驚〔二〕。

年少辭家從冠軍，金裝寶劍去邀勳。不知馬骨傷寒水，惟見龍城起暮雲。（同上）

〔一〕愁，《樂府詩集》、《唐詩紀事》、凌本俱作「秋」。

〔二〕驚，《紀事》作「聲」。

明十卷本、奇字齋本、凌本俱載以上九首，《樂府詩集》亦作王維詩，《萬首唐人絶句》、《唐詩紀事》、《全唐詩》俱以爲王涯所作。

遊春曲二首

萬樹江邊杏，新開一夜風。滿園深淺色，照在緑波中。

上苑無窮樹〔一〕，花開次第新。香車與絲騎，風静亦生塵。（《箋注》卷一五）

〔一〕無，《樂府詩集》、《唐詩紀事》、凌本俱作「何」。

明十卷本、奇字齋本、凌本俱録此二首，《樂府詩集》亦作王維詩，《萬首唐人絶句》、《全唐詩》作王涯詩，《唐詩紀事》作張仲素詩。

太平樂二首〔一〕

風俗今和厚〔二〕，君王在穆清。行看探花曲〔三〕，盡是泰階平。

聖德超千古，皇威静四方〔四〕。蒼生今息戰，無事覺時長。（《箋注》卷一五）

〔一〕樂，宋蜀本、明十卷本、奇字齋本、凌本俱作「辭」。

〔二〕和，奇字齋本作「何」。

〔三〕探，《唐詩紀事》作「採」。

〔四〕威，《紀事》作「風」。

明十卷本、奇字齋本、凌本俱載此二首，《樂府詩集》亦作王維詩，《萬首唐人絶句》作王涯詩，《唐詩紀事》作張仲素詩，《全唐詩》第一首作王涯，第二首作張仲素。

塞上曲二首

天驕遠塞行，出鞘寶刀鳴〔一〕。定是酬恩日，今朝覺命輕。

塞虜常爲敵，邊風已報秋。平生多志氣，箭底覓封侯。（《箋注》卷一五）

〔一〕出鞘，《樂府詩集》作「鞘裹」。

明十卷本、奇字齋本、凌本俱録此篇，《樂府詩集》亦作王維詩，《萬首唐人絶句》、《全唐詩》作王涯詩，《唐詩紀事》第一首作張仲素，第二首作王涯，題均作《平戎詞》。

秋夜曲二首

丁丁漏水夜何長，漫漫輕陰露月光〔一〕。秋逼暗蟲通夕響〔二〕，寒衣未寄莫飛霜。

桂魄初生秋露微，輕羅已薄未更衣。銀箏夜久殷勤弄，心怯空房不忍歸。（《箋注》卷一五）

〔一〕陰，《萬首唐人絶句》、《樂府詩集》、《唐詩紀事》、宋蜀本等俱作「雲」。

〔二〕逼，《樂府詩集》、凌本俱作「壁」。

明十卷本、奇字齋本、凌本俱載此篇，《樂府詩集》亦作王維詩，《萬首唐人絶句》卷一一作王維，卷二五又作王涯，《唐詩紀事》作張仲素（第二首題作《春閨怨》），《全唐詩話》録第二首，作張仲素，《全唐詩》第一首作張仲素，第二首作王涯。

平戎辭二首

太白秋高助漢兵〔一〕，長風夜卷虜塵清。男兒解却腰間劍，喜見從王道化平〔二〕。

卷旆生風喜氣新，早持龍節静邊塵。漢家天子圖麟閣，身是當今第一人。（《箋注》卷一五）

〔一〕漢，《唐詩紀事》作「發」，《萬首唐人絶句》、宋蜀本、明十卷本等俱作「後」。

〔二〕從，《樂府詩集》作「君」。

明十卷本、奇字齋本、凌本俱録此篇，《樂府詩集》亦作王維詩，《萬首唐人絶句》作王涯詩，《唐詩紀事》第一首作王涯，第二首作張仲素，《全唐詩》同。

以上十九首，《樂府詩集》俱作王維詩，明十卷本等即據之録入王維集中，而《全唐詩》則將它們全部從王維集中删去，并在卷一二八王維五、七言絶句之後注云：「集中《太平樂》、《從軍辭》、《塞上》、《隴上》、《遊春》、《送春》及《閨人贈遠》等絶句，本《三舍人集》内王涯、張仲素詩，今從洪邁《萬首絶句》删正。」「舊有《獻壽》、《遊春》、《從軍》、《平戎》、《秋思》、《秋夜》、《春思》、《贈遠》十五篇，本王涯、張仲素詩，今删去。」按，《全唐詩》的做法正確，宜從之，根據爲：（一）今存王維集的幾種最早的版本，如述古堂本、元本、吕本等，俱不載以上十九首詩，宋蜀本卷一之末雖收録了這十九首詩，但詩前標「翰林學士知制誥王涯」名。何以王維集中却收載了王涯之作？顧千里云：「蓋其始抄綴於此，而刻者不知删去耳。」（宋蜀刻《王摩詰文集》跋語）我們知道，宋蜀本乃詩文混編，詩不分體編排，其卷一收録「賦、歌、詩、讚」，標示爲「翰林學士知制誥王涯」名下之詩，列在「讚」之後，而不按體裁編入「歌、詩」中，這很像是王維集中原無，另從他處搜羅得來之作。但編者並不認爲這些詩歌是王維所作，而屬於王涯之作誤傳爲王維詩的情況，故特收録這些誤傳之詩於卷末，并署上作者王涯之名，以正視聽。（二）《唐詩紀事》卷四二録王涯、令狐楚、張仲素三人之詩凡數十首，且稱：「右王涯、令狐楚、張仲素五言七言絶句共作一集，號《三舍人集》（王涯、令狐楚、張仲素元和時先後官中書舍人，故云三舍人），今盡録於此。」以上十九首詩，俱載於《唐詩紀事》所録《三舍人集》中。集中三人之詩，有不少同題之作，而且它們在文義上還有一定的聯繫。如王涯《從軍詞》云：「寄言班定遠，正是立功年。」（即《從軍行二首》之二）令狐楚《從軍行》云：「暮雪迷青海，陰霞覆白山。可憐班定遠，生入玉門關。」張仲素《遊春曲》云：「上苑何窮樹，花開次第新。香車與絲騎，風静亦生塵。」（即《遊春曲二首》之二）令狐楚《遊春詞》云：「一夜好風吹，新花一萬枝。風前調玉管，花下簇金羈。」王涯《塞下曲》云：「陰磧茫茫塞草腓，桔槔烽上暮烟飛。關河北望天連海，蘇武曾將漢節歸。」令狐楚《塞下曲》云：「邊草蕭條塞雁飛，征人南望盡沾衣。黄塵滿面長須戰，白髮生頭未得歸。」因此，這些詩不大可能出自王維之手。（三）宋洪邁《萬首唐人絶句》以上述十九首詩爲王涯、張仲素所作，其《序》云：「唐去今四百歲，考《藝文志》所載，以集著録者幾五百家，今僅及半而或失真，如王涯在翰林，同學士令狐楚、張仲素所賦宫詞諸章，乃誤入于王維集。」又於王維詩下注云：「别本維又有《遊春詞》等詩十五篇，并五言十五篇，皆王涯所作，今已入涯詩中。」（四）從今本《樂府詩集》中，也能發現王涯、張仲素詩誤署王維名的痕跡。如卷三三在李白《從軍行》之後録王維《從軍行》一首（「吹角動行人」），又在令狐楚《從軍行》之後録王維《從軍行三首》（即《從軍行二首》及《從軍辭》），按照《樂府詩集》的體例，凡一人的同題之作，皆不分置二處，所以《萬首唐人絶句》、《唐詩紀事》俱以《從軍行三首》爲王涯所作，應當是正確的。又《樂府詩集》收録一般按時代先後排列，但如卷七六録《秋夜曲》凡四首（王維二首，王建二首），王維二首反置于王建二首之後；卷八二録《太平樂》凡四首（王維二首，白居易二首），王詩亦置於白詩之後。就這些情況看，《樂府詩集》郭茂倩原本是否以上述十九首詩爲王維所作，並非没有疑問。

送春辭

日日人空老，年年春更歸。相歡在尊酒，不用惜花飛。（《箋注》卷一五）

閨人春思

愁見遥空百丈絲〔一〕，春風挽斷更傷離〔二〕。閒花落遍青苔地〔三〕，盡日無人誰得知？（同上）

〔一〕遥，《唐詩紀事》、《萬首唐人絶句》、宋蜀本俱作「遊」。
〔二〕挽，《紀事》作「惹」。
〔三〕遍，《萬首唐人絶句》、宋蜀本、凌本俱作「盡」。
明十卷本、奇字齋本、凌本俱録此二詩；宋蜀本亦録之，但以爲王涯所作。《萬首唐人絶句》、《全唐詩》作王涯詩，《唐詩紀事》、《全唐詩話》作張仲素詩。

隴上行

負羽到邊州〔一〕，嗚笳度隴頭。雲黄知塞近，草白見邊秋。（《箋注》卷一五）

〔一〕羽，《萬首唐人絶句》作「箭」。

獻壽辭

宮殿參差列九重〔一〕，祥雲瑞氣捧階濃。微臣欲獻唐堯壽，遥指南山對衮龍。（同上）

〔一〕殿，《唐詩紀事》作「觀」。
明十卷本、奇字齋本、凌本俱録此二詩；宋蜀本亦録之，但以爲王涯所作。《萬首唐人絶句》、《唐詩紀事》、《全唐詩》並作王涯詩。

閨人贈遠五首〔一〕

花明綺陌春，柳拂御溝新。爲報遼陽客〔二〕，流芳不待人〔三〕。

遠戍功名薄，幽閨年貌傷。妝成對春樹，不語淚千行。

啼鶯綠樹深〔四〕，語燕雕梁晚〔五〕。不省出門行，沙場知近遠。

形影一朝別〔六〕，烟波千里分。君看望君處，衹是起行雲。

洞房今夜月，如練復如霜。爲照離人恨，亭亭到曉光。（《箋注》卷一五）

〔一〕贈，《唐詩紀事》作「寄」。

〔二〕陽，底本注：「一作東。」

〔三〕芳，底本注：「一作光。」

〔四〕啼鶯，底本注：「一作鶯啼。」

〔五〕語燕，底本注：「一作燕語。」

〔六〕朝，底本注：「一作相。」

明十卷本、奇字齋本、凌本俱録此篇；宋蜀本亦録之，然署王涯名。《萬首唐人絶句》、《全唐詩》均作王涯詩，《唐詩紀事》亦作王涯，然無第三首，又第五首題作《閨思》。

贈遠二首

當年只自守空帷〔一〕，夢見關山覺別離〔二〕。不見鄉書傳雁足，惟看新月吐蛾眉。

厭攀楊柳臨青閣，閒採芙蕖傍碧潭。走馬臺邊人不見，拂雲堆畔戰初酣。（《箋注》卷一五）

〔一〕自，底本注：「一作是。」

〔二〕關，《唐詩紀事》作「江」。

明十卷本、奇字齋本、凌本俱録此詩；宋蜀本亦録之，然署王涯名。《萬首唐人絶句》、《全唐詩》作王涯，《唐詩紀事》作張仲素。

按，以上十一首，《萬首唐人絶句》、《唐詩紀事》、《全唐詩》及宋蜀本，俱不作王維詩，宜從之。

疑夢

莫驚寵辱空憂喜，莫計思讎浪苦辛。黄帝孔丘何處問，安知不是夢中身？（《箋注》卷一五）

此詩僅載於《箋注》外編及《全唐詩》，俱注云：「見《事文類聚》。」按，宋祝穆《古今事文類聚》後集卷二一録此詩，作王維；考《白居易集》收此詩，題作「疑夢二首」，此詩即其第一首，這兩首詩都是七絶，詩意相互關聯，詞語都頗通俗，應都是白居易所作。

闕題

相看不忍發，慘淡暮潮平。語罷更攜手，月明洲渚生。

此詩僅載于《全唐詩》，題作《闕題二首》，其一即《山中》詩，其二即此詩。按，明趙宧光等重訂《萬首唐人絶句》録《闕題二首》，作王維詩，注云：「補。」蓋原本所無，爲趙氏所補入者，《全唐詩》編者即據之録入王維集中。宋釋惠洪《冷齋夜話》卷四云：「王維摩詰《山中》詩曰……舒王《百家夜休》曰：『相看不忍發，慘淡暮潮平……』此皆得於天趣。」（宋魏慶之《詩人玉屑》卷一〇引《冷齋夜話》同）以此詩爲舒王所作。《詩話總龜》前集卷九引此詩亦作舒王。舒王即王安石，王安石《王文公文集》卷七〇有《離昇州作二首》，此詩即其第一首。顯然，此詩并非王維所作，當删除。

江上别流人

以我越鄉客，逢君謫居者。分飛黄鶴樓，流宕蒼梧野。驛使乘雲去，征帆沿溜下。不知從此分，還袂何時把？

此詩諸本俱不録，《全唐詩》王維集亦未載，孫望《全唐詩補逸》卷五云爲維之佚詩，「見《永樂大典》卷三〇〇六，九真，人字（五函四十二册）」。按，此詩載《孟浩然集》，《全唐詩》亦録入浩然卷中，當非維之佚詩。《永樂大典》卷帙浩繁，成於衆手，難免有誤，不可盡信也。

華清宫

紅樹蕭蕭閣半開，上皇曾幸此宫來。至今風俗驪山下，村笛猶吹《阿濫堆》。

此詩諸本皆不録，宋蜀刻本《張承吉文集》卷四、《全唐詩》張祜集皆有《華清宫四首》，此詩即其第三首，童養年《全唐詩續補遺》卷三云《關中勝蹟圖志》卷五録此詩，作王維。按，此詩係追述往事，當作於玄宗（上皇）卒後，考維之卒早於玄宗（玄宗卒於寶應元年，維卒於上元二年），故知此詩當非出自維手。又《唐詩紀事》卷五二云：「驪宫小禽名阿濫堆，明皇御玉笛，采其聲，翻爲曲，且名焉，遠近以笛爭效之。祜有《華清宫》詩曰：『紅樹蕭蕭閣半開……』」明以此首爲張祜之詩。又宋王灼《碧鷄漫志》亦以此詩爲張祜所作。

畫學祕訣

夫畫道之中，水墨最爲上。肇自然之性，成造化之功。或咫尺之圖，寫千里之景〔一〕。東西南北，宛爾目前；春夏秋冬，生于筆下。初鋪水際，忌爲浮泛之山；次布路岐，莫作連綿之道。主峰最宜高聳，客山須是奔趨。迴抱處僧舍可安，水陸邊人家可置。村莊著數樹以成林，枝須抱體；山崖合一水而瀑瀉，泉不亂流。渡口只宜寂寂，人行須是疎疎。泛舟檝之橋梁，且宜高聳；著漁人之釣艇，低乃無妨。懸崖險峻之間，好安怪木；峭壁巉巖之處，莫可通途。遠岫與雲容相接，遥天共水色交光。山鈎鏁處，沿流最出其中；路接危時，棧道可安于此。平地樓臺，偏宜高柳映人家；名山寺觀，雅稱奇杉襯樓閣。遠景烟籠，深巖雲鎖。酒旗則當路高懸，客帆宜遇水低掛。遠山須宜低排，近樹惟宜拔迸。手親筆硯之餘，有時遊戲三昧。歲月遥永，頗探幽微。妙悟者不在多言，善學者還從規矩。

塔頂參天，不須見殿，似有似無，或上或下。茅堆土埠，半露簷廒；草舍廬亭，略呈檣檸。○山分八面，石有三方，閒雲切忌芝草樣。○人物不過一寸許，松柏上現二尺長。

（《箋注》卷二八）

〔一〕《畫苑補益》「千」字上多一「百」字。

石刻二則〔一〕

夫畫道之中，水墨最爲上。肇自然之性，成造化之功。展或大或小之圖，寫百里千里之景。東西南北，宛爾目前；春夏秋冬，生于筆下。初鋪水際，忌爲浮泛之山；已有路岐，莫作連綿之道。主位唯宜高聳，客山須是奔趨。迴抱處僧舍可安，水陸邊人村好着。數株樹以成林，枝須抱體；一水通而瀑瀉，泉可亂流。渡口只宜寂寂，人行須是疏疏。唯舟檝之橋梁，且宜高聳；通漁人之釣艇，低乃無妨。懸崖險峻之間，好安怪木；峭拔千尋之處，莫可通途。遠岫與雲容相接，遥天共水色交光。山鉤鏁處，沿流最出其中；路接危時，棧道可安兹地。樓閣偏宜柳映，人村但把烟暝。酒旗則當途高掛，客帆宜雲水低張。遠山須要低排〔二〕，近樹唯宜拔迸。手親筆硯之外，未嘗虚度光陰。有時餘暇，除此縈絆；歲月遥永，頗探幽微。先生釁苑之間，意同斯矣。無隱友人求予畫，遂書之也。太原王摩詰集古堂記。

吾友薛無隱，長安人。少有志操，既冠不復應舉，學行聲名，西北士人甚高之。以飲酒吟詩爲樂，日道千首而不勞，酒飲一石而不醉。自稱逍遥子。累求予戲墨，十三年許之，長沙一見告行，掃之小軸四時之景，以償前願。長安有好事者，無隱也。此畫能飽人矣，能醉人矣，但饑渴時，聊展而有驗矣。太原王維。（《箋注》卷二八）

〔一〕篇題奇字齋本作《摩詰山水文》。

〔二〕須，奇字齋本作「愧」。

《畫學祕訣》一文，見于明詹景鳳編《畫苑補益》卷一、《説郛》（宛委山堂本）弖九十一等書，王維集諸本俱未收載，《箋注》即據《畫苑補益》録入集中。《石刻二則》見於奇字齋本外編，其他各本亦皆未收録。趙殿成曰：「石刻在關中，前後有『薛氏家藏』并『太原王維之記』二印。後有唐賢題名，云洛州（當爲洛州之誤）刺史徐嶠之、節度使孫志真（「真」疑當作「直」）、杭州刺史杜濟、壽州刺史張鎰（疑當作張鎰）、祕書監陸齊望、臨汝太守韋斌、朝議大夫徐浩、節度使李元諒、節度使李昌言、節度使李祐、節度使李聽、節度使何進滔、吏部尚書高元裕、御史中丞裴曠、節度使韋正貫、節度使樊澤、祕書丞王守真、汀州刺史沈珍、少府監胡沉。有唐十九名賢，前後皆閱摩詰畫，嘗題。又有高陽沈光庭跋曰：『得此圖并書跡及唐賢觀題，遂排列刊石于永興，嘉祐二年八月十五日題。』」又曰：「《石刻二則》……殆非維真筆也。《東觀餘論》云：『俗傳石本王摩詰所畫四時山水，上有摩詰、薛邕等印，蓋今淺俗所爲，見之令人鄙吝生，而士大夫或收藏，甚者張于屋壁，是可歎也。』嗟夫！畫既僞矣，其題記又安見爲真哉？」按，趙説近是。將石刻二則與宋沈光庭之「題記」相比照，不難發現有若干作僞的痕跡。首先，徐嶠之開元二十三年至二十四年爲洛州刺史，二十四年卒于任所（見《唐刺史考》卷一〇四）。據此，知石刻之「十三年」，當指開元十三年，然此年王維在濟州（見《年譜》），不可能與薛無隱于「長沙一見」，而且終王維一生，也從未到過長沙。其次，石刻稱薛無隱爲長安人，有聲名，「西北士人高之」，長安爲唐代的政治、文化中心，豈有唐代官員稱京都士人爲「西北士人」之理？只有宋人才可能稱長安士人爲「西北士人」。第三，「題記」有「朝議大夫徐浩」之題名，朝議大夫爲文散官，正五品下；唐人題名中自署官號，一般有兩種方式，一是繁式，即將散官、職事官、勳、爵全部列出，二是簡式，即只列出職事官官號，如「洛州刺史徐嶠之」等，很少有僅只列出散官官號的，除非此人從未任過職事官，而徐浩並不屬于這種情況（參見《送徐郎中》注〔一〕）。唐時地方長官在題名中自署職事官號，一般都要在官名上加轄區地名，如「杭州刺史杜濟」，不能只題「刺史杜濟」，節度使亦然，但「題記」中稱題名者凡八節度使，皆未帶其轄區地名，不免令人生疑。第四，石刻二則中之薛無隱，據稱詩作甚多，聲名頗高，然今存的唐代典籍中，皆不見其名；又「十九名賢」中之沈珍、胡況，亦皆無考。另外，考盛唐時人，罕有稱室名之習，所云「王摩詰集古堂」，未見於維之詩文及有關記載，蓋後人所僞託也。又，《畫學祕訣》與《石刻二則》之前一則文字基本相同，蓋據石刻增删修飾而成者，當亦非維之真筆。另，清徐文清編《清瘦閣讀畫十八種》録有王維《輞川畫訣》一篇，經余核查，知係捏合《畫學祕訣》與宋李成《山水訣》（見《畫苑補益》卷一）二文而成者，顯然也非王維所作。

山水論〔一〕

凡畫山水，意在筆先。丈山尺樹，寸馬分人。遠人無目，遠樹無枝，遠山無石，隱隱如眉，遠水無波，高與雲齊，此是訣也。山腰雲塞，石壁泉塞，樓臺樹塞，道路人塞。石看三面，路看兩頭，樹看頂𩕳，水看風腳，此是法也。凡畫山水，平夷頂尖者巔，峭峻相連者嶺，有穴者岫，峭壁者崖，懸石者巖，形圓者巒，路通者川。兩山夾道，名爲壑也；兩山夾水，名爲澗也；似嶺而高者，名爲陵也；極目而平者，名爲坂也。依此者，粗知山水之髣髴也〔二〕。

觀者先看氣象，後辯清濁，定賓主之朝揖，列群峰之威儀〔三〕，多則亂，少則慢，不多不少，要分遠近。遠山不得連近山，遠水不得連近水。山腰掩抱，寺舍可安；斷岸坂堤，小橋可置。布路處則林木〔四〕，岸絶處則古渡，水斷處則烟樹，水闊處則征帆，林密處則居舍。臨巖古木，根斷而纏藤；臨流石岸，欹奇而水痕。

凡畫林木，遠者疎平，近者高密，有葉者枝嫩柔，無葉者枝硬勁。松皮如鱗，柏皮纏身。生土上者，根長而勁直；生石上者，拳曲而伶仃。古木節多而半死，寒林扶疎而蕭森〔五〕。有雨不分天地，不辯東西。有風無雨，只看樹枝，有雨無風，樹頭低壓，行人傘笠，漁父蓑衣。雨霽則雲收天碧，薄霧霏微，山添翠潤，日近斜暉。早景則千山欲曉，霧靄微微，朦朧殘月，氣色昏迷。晚景則山銜紅日，帆捲江渚，路行人急，半掩柴扉。春景則霧鎖烟籠，長烟引素，水如藍染，山色漸青。夏景則古木蔽天，緑水無波，穿雲瀑布，近水幽亭。秋景則天如水色，簇簇幽林，雁鴻秋水，蘆鳥沙汀。冬景則借地爲雪，樵者負薪，漁舟倚岸，水淺沙平。凡畫山水，須按四時，或曰烟籠霧鎖，或曰楚岫雲歸，或曰秋天曉霽，或曰古冢斷碑，或曰洞庭春色，或曰路荒人迷，如此之類，謂之畫題。山頭不得一樣，樹頭不得一般。山藉樹而爲衣，樹藉山而爲骨。樹不可繁，要見山之秀麗；山不可亂，須顯樹之精神。能如此者，可謂名手之畫山水也。（《箋注》卷二一八）

〔一〕篇題底本原作《畫學祕訣》，次於「夫畫道之中，水墨最爲上」一則之後，此從明王世貞《王氏畫苑》本改。

〔二〕知，《畫苑》作「則」。

〔三〕儀，《畫苑》作「象」。

〔四〕布，《畫苑》作「有」。

〔五〕扶疎，《畫苑》作「伏雛」。森，《畫苑》作「岑」。

本篇除底本外，其餘各本俱未收録。趙殿成曰：「焦竑《經籍志》有王維《山水論》一卷，集中無之，後閲《説郛》，至九十一卷，有王維所著《畫學祕訣》一篇，知焦氏所稱，即此是矣。焦氏蓋本之王世貞《畫苑》。洎詹景鳳著《畫苑補益》，採録後一則（即本篇），作荆浩《畫山水賦》，後之評題繪事者，援引摘句，多稱王維，不稱荆浩，然考其辭語，殊不類盛唐人。況維文章筆墨冠天下，宜有絶妙好辭，以寫其胸中所得之祕，傳爲模範，以啓佑後人，乃卑卑無甚雋言，其爲後人所託，又何疑焉！」按，《王氏畫苑》卷一録此篇，署王維名，而《畫苑補益》卷一收此文，則以爲荆浩所作，題曰《豫章先生論畫山水賦》（文字與本篇略有不同），又明唐寅輯《六如居士畫譜》、唐志契撰《繪事微言》卷上、朱謀垔《畫史會要》卷五、唐順之《稗編》卷八四、《四庫全書》子部藝術類、《全唐文》卷九〇〇載此篇，俱作荆浩，此處即從之録入《傳本誤收詩文》中。

代陳司徒謝敕賜麟德殿宴百僚詩序表

臣某言：支使某官奏事迴，伏奉某月日手詔，賜臣以皇太子所寫聖製《麟德殿宴百僚詩序》，日月揚光，風雲動色，捧受之次，震駭失常，臣某中謝。臣伏以經天緯地者，聖人之文，多才多藝者，元良之美，逖聽前修，旋觀往册，考論盛德，罕見全能。故漢后詠歌，有乖《雅》、《頌》之旨；周儲聰哲，不聞翰墨之妙。伏惟陛下道洽帝堯，文超繫表，體陰陽之變化，與雲漢而昭回；皇太子德邁生知，學資聖訓，掩鍾張之筆札，並虬鸞以飛動。臣特承湛恩，荷此殊錫，集榮光於外府，啓重寶於私庭。班氏賜書，既甚懸隔；馬卿視草，曾未比擬。又臣所獻奉和詩，事等賡歌，情同率舞，濫吹之音，謬塵於天聽，踰涯之賞，忽降於綵言，豈臣微力所宜負戴，非臣捐軀所能效益。無任榮荷感惕之至。

此篇王維集諸本俱不録，僅見于《全唐文》卷三二四王維文。按，此文曰：「支使某官（官字疑衍）奏事迴。」又曰：「集榮光於外府。」支使，唐節度、觀察等使之僚屬（參見《新唐書·百官志》）。外府，謂京師以外之地方官署。《文選》王融《三月三日曲水詩序》李周翰注：「外府，州郡也。」據以上詞語不難推知，是時陳司徒當在地方爲節度、觀察等使。又，司徒，唐爲三公之一，位高（正一品）而無具體職守，不常置（參見《通典》卷二〇、《舊唐書·職官志》）。據《新唐書·宰相表》「三公」欄載，終玄宗、肅宗之世，非親王而拜三公者，僅有楊國忠（司空）、郭子儀（司空、司徒）、李光弼（司空、太尉）、王思禮（司空）四人，無陳姓者。考維卒於肅宗上元二年，因此這一代陳司徒所作的謝表，當非出自維手。又據史傳記載，至代宗、德宗之世，節度使加三公銜者日多，如僅據《舊唐書·德宗紀》所記，當時兼任三公的節度使即有崔寧（檢校司空）、李寶臣（司空）、朱泚（太尉）、李正己（司徒）、朱滔（檢校司徒）、李勉（檢校司徒）、李希烈（檢校司空）、陳少遊（檢校司徒）、李晟（司徒）……等。另史稱德宗長於篇什，常於麟德殿宴百僚，賦詩令群臣賡和。如《全唐詩》卷四有德宗《麟德殿宴百僚》、《中春麟德殿會百僚觀新樂府詩一章章十六句》詩，後一首題下注曰：「貞元十四年二月戊午，上製《中春麟德殿會百僚觀新樂府詩》，令太子書示百官。序云：朕以中春之首，紀爲令節，聽政之暇，韻於歌詩，象中和之容，作中和之舞，聊復成篇，其詩八韻。中書門下謝賜詩，請頒示天下，編入樂府。」《全唐文》卷四八五權德輿《中書門下進奉和聖製中春麟德殿會百僚觀新樂詩狀》云：「伏奉聖恩，賜百僚麟德殿宴會，群臣觀新樂，并賜臣等聖製詩序者。……謹各獻奉和聖製詩一首……」又《全唐文》卷五四載德宗《答中書門下進奉和中春麟德殿會百寮觀新樂府詩狀批》云：「朕思以中和，被於風俗，既傳令節，載序樂章，因會群寮，用申歡宴……卿等各抒清詞，咸推麗藻，再三省覽，良用嘉焉。所獻知。」另《舊唐書·德宗紀》云：「（貞元十四年）二月壬子朔。戊午，上御麟德殿，宴文武百僚……先是上製《中和樂舞曲》（《全唐詩》卷一五有《中和樂舞詞》，即此），是日奏之，日晏方罷。比詔二月一日中和節宴，以雨雪，改用此日。上又賦《中春麟德殿宴群臣詩》八韻，群臣頒賜有差。」《順宗紀》云：「史臣韓愈曰：順宗之爲太子也，留心藝術，善隸書。德宗工爲詩，每賜大臣方鎮詩制，必命書之。」以上記載，同此篇所云「賜臣以皇太子所寫聖製《麟德殿宴百僚詩序》」、「皇太子……掩鍾張之筆札，並虬鸞以飛動」等恰好相合，由此益可證，本篇當非出自維手。此文又載於《全唐文》卷四三七王緯文，緯正是代宗、德宗時人，此文當爲其所作。又，《文苑英華》卷五九二録此文，誤署王維名，中華書局影印本抄補總目校正爲王緯，甚是。

闕名《河内摩崖造像記》

唐開元廿一年癸酉歲二月己巳朔日，弟子王維敬造阿彌陀像一軀，申宿誠也。夫至誠必應，福無唐捐，□遊此山，實愛幽勝，宏(冥)發誓願，思卜閒居，果契陳志。誅茅□□，兹太行之絶境也。往來三□，途經佛□，斜連□(同)義□□(之寺)，□□(對壓)丹河之□(派，)□□七跡，棋□靈像，爰開粹容，永資禮謁。一切含識，同躋覺路。□太行之崖，丹河之際，爰開佛影，是申宏誓。□□□□□□□□往來禮謁，千秋萬歲。(陸心源《唐文續拾》卷一一，云出《河内縣志》)

以上文字，録自《唐文續拾》，並據道光《河内縣志》卷二〇、陸增祥《八瓊室金石補正》卷五四對原文作校補(見括號内字)。《造像記》之「王維」，乃陸心源所改，《河内縣志》原作「王惟」，《八瓊室金石補正》亦作「王惟」，並加按語云：「造像人名半泐，似是慎字，吴氏作惟，從之。」《造像記》今存，位于河南省博愛縣西北約九公里許良鄉下伏頭村附近、丹河東岸的石灰巖峭壁上。日本學者内田誠一曾親至其地考察，據他説，將《造像記》之作者歸爲王維，證據不足，則不宜將《造像記》徑作王維之作收入其集中。

二、王維事跡資料彙録

本附録收載有關王維生平事跡之資料，以供研究者參考。首録正史之記載，次集唐五代人及宋元人之記述，各項資料，皆以時代先後爲序。諸書所載，或本于傳聞，未必可信，讀者試自辨焉。其尤謬妄不可信者，如唐范攄《雲溪友議》卷下「窺衣帷」條謂王縉之女嫁與元載爲妻（兩《唐書·元載傳》、《唐語林》卷五俱謂載妻乃王忠嗣女），元伊世珍《瑯嬛記》卷中稱維爲岐王畫一大石，忽破屋飛去等，並削去不録。又，凡後人之記述悉同于前人者，亦不録，以免徒增篇幅。

王維字摩詰，太原祁人。父處廉，終汾州司馬。徙家于蒲，遂爲河東人。維開元九年進士擢第。事母崔氏以孝聞。與弟縉俱有俊才，博學多藝亦齊名，閨門友悌，多士推之。歷右拾遺、監察御史、左補闕、庫部郎中。居母喪，柴毀骨立，殆不勝喪。服闋，拜吏部郎中。天寶末，爲給事中。

禄山陷兩都，玄宗出幸，維扈從不及，爲賊所得。維服藥取痢，僞稱瘖病。禄山素憐之，遣人迎置洛陽，拘於普施寺，迫以僞署。禄山宴其徒於凝碧宫，其樂工皆梨園弟子、教坊工人，維聞之悲惻，潛爲詩曰：「萬户傷心生野煙，百官何日再朝天？秋槐花落空宫裏，凝碧池頭奏管絃。」賊平，陷賊官三等定罪。維以凝碧詩聞于行在，肅宗嘉之，會縉請削己刑部侍郎以贖兄罪，特宥之，責授太子中允。乾元中，遷太子中庶子、中書舍人，復拜給事中，轉尚書右丞。維以詩名盛於開元、天寶間，昆仲宦遊兩都，凡諸王駙馬豪右貴勢之門，無不拂席迎之，寧王、薛王待之如師友。維尤長五言詩。書畫特臻其妙，筆蹤措思，參於造化，而創意經圖，即有所缺，如山水平遠，雲峰石色，絶迹天機，非繪者之所及也。人有得《奏樂圖》，不知其名，維視之曰：「《霓裳》第三疊第一拍也。」好事者集樂工按之，一無差，咸服其精思。維弟兄俱奉佛，居常蔬食，不茹葷血，晚年長齋，不衣文采。得宋之問藍田别墅，在輞口，輞水周於舍下，别漲竹洲花塢，與道友裴迪浮舟往來，彈琴賦詩，嘯詠終日。嘗聚其田園所爲詩，號《輞川集》。在京師日飯十數名僧，以玄談爲樂。齋中無所有，唯茶鐺、藥臼、經案、繩床而已。退朝之後，焚香獨坐，以禪誦爲事。妻亡不再娶，三十年孤居一室，屏絶塵累。乾元二年七月卒。臨終之際，以縉在鳳翔，忽索筆作别縉書，又與平生親故作别書數幅，多敦厲朋友奉佛脩心之旨，捨筆而絶。代宗時，縉爲宰相，代宗好文，常謂縉曰：「卿之伯氏，天寶中詩名冠代，朕嘗於諸王座聞其樂章。今有多少文集，卿可進來。」縉曰：「臣兄開元中詩百千餘篇，天

寶事後，十不存一。比於中外親故間相與編綴，都得四百餘篇。」翌日上之，帝優詔褒賞。縉自有傳。（《舊唐書·王維傳》）

（縉）少好學，與兄維早以文翰著名。……禄山之亂，選爲太原少尹……加憲部侍郎，兼本官。時兄維陷賊，受僞署，賊平，維付吏議，縉請以己官贖維之罪，特爲減等。……縉弟兄奉佛，不茹葷食，縉晚年尤甚。（同上《王縉傳》）

陟字殷卿……開元初，丁父憂，居喪過禮。自此杜門不出八年，與弟斌相勸勵，探討典墳，不捨晝夜，文華當代，俱有盛名。于時才名之士王維、崔顥、盧象等，常與陟唱和遊處。（同上《韋陟傳》）

（斌）天寶初，轉國子司業。徐安貞、王維、崔顥，當代辭人，特爲推挹。（同上《韋斌傳》）

爰及我朝，挺生賢俊……如燕、許之潤色王言，吴、陸之鋪揚鴻業，元稹、劉蕡之對策，王維、杜甫之雕蟲，並非肄業使然，自是天機秀絶。（同上《文苑傳序》）

王維字摩詰，九歲知屬辭，與弟縉齊名，資孝友。開元初，擢進士，調太樂丞，坐累爲濟州司倉參軍。張九齡執政，擢右拾遺。歷監察御史。母喪，毁幾不生。服除，累遷給事中。安禄山反，玄宗西狩，維爲賊得，以藥下利，陽瘖。禄山素知其才，迎置洛陽，迫爲給事中。禄山大宴凝碧池，悉召梨園諸工合樂，諸工皆泣，維聞悲甚，賦詩悼痛。賊平，皆下獄。或以詩聞行在，時縉位已顯，請削官贖維罪，肅宗亦自憐之，下遷太子中允。久之，遷中庶子，三遷尚書右丞。縉爲蜀州刺史未還，維自表「已有五短，縉五長，臣在省户，縉遠方，願歸所任官，放田里，使縉得還京師」。議者不之罪。久乃召縉爲左散騎常侍。上元初卒，年六十一。疾甚，縉在鳳翔，作書與别，又遺親故書數幅，停筆而化。贈祕書監。維工草隸，善畫，名盛於開元、天寶間，豪英貴人虚左以迎，寧、薛諸王待若師友。畫思入神，至山水平遠，雲勢石色，繪工以爲天機所到，學者不及也。客有以《按樂圖》示者，無題識，維徐曰：「此《霓裳》第三疊最初拍也。」客未然，引工按曲，乃信。兄弟皆篤志奉佛，食不葷，衣不文采。别墅在輞川，地奇勝，有華子岡、欹湖、竹里館、柳浪、茱萸沜、辛夷塢，與裴迪游其中，賦詩相酬爲樂。喪妻不娶，孤居三十年。母亡，表輞川第爲寺，終葬其西。寶應中，代宗語縉曰：「朕嘗於諸王座聞維樂章，今傳幾何？」遣中人王承華往取，縉裒集數十百篇上之。（《新唐書·王維傳》）

王縉字夏卿，本太原祁人，後客河中。少好學，與兄維俱以名聞。（同上《王縉傳》）

（浩然）年四十，乃游京師。嘗於太學賦詩，一座嗟伏，無敢抗。張九齡、王維雅稱道之。維私邀入内署，俄而玄宗至，浩然匿牀下，維以實對，帝喜曰：「朕聞其人而未見也，何懼而匿？」詔浩然出。帝問其詩，浩然再拜，自誦所爲，至「不才明主棄」之句，帝曰：「卿不求仕，而朕未嘗棄卿，奈何誣我？」因放還。……初，王維過郢州，畫浩然像于刺史亭，因曰浩然亭。咸通中，刺史鄭諴謂賢者名不可斥，更署曰孟亭。（同上《孟浩然傳》）

（抗）所表奉天尉梁昇卿、新豐尉王倕、華原尉王燾，皆爲僚屬，後皆爲顯人。……它所辟舉，如王維、王縉、崔殷等，皆一時選云。（同上《韋抗傳》）

安禄山反，遣張通儒劫百官置東都，僞授虔水部郎中。……賊平，與張通、王維並囚宣陽里。三人者，皆善畫，崔圓使繪齋壁，虔等方悸死，即極思祈解於圓，卒免死，貶台州司户參軍事，維止下遷。（同上《鄭虔傳》）

若侍從酬奉則李嶠、宋之問、沈佺期、王維，制册則常衮、楊炎、陸贄、權德輿、王仲舒、李德裕，言詩則杜甫、李白、元稹、白居易、劉禹錫，譎怪則李賀、杜牧、李商隱，皆卓然以所長爲一世冠，其可尚已。（同上《文藝傳序》）

河東王氏

儒賢趙州司馬。　知節揚州司馬。　胄協律郎。　處廉汾州司馬。　維字摩詰，尚書右丞。

縉字夏卿，相代宗。

繟江陵少尹。

紘

紞太常少卿。

（同上《宰相世系表二中》）

山中人不見，雲去夕陽過。淺瀨寒魚少，叢蘭秋蝶多。老年疎世事，幽性樂天和。酒熟思才子，溪頭望玉珂。（儲光羲《藍上茅茨期王維補闕》，載《全唐詩》卷一三九）

今錢唐惠上人，捉一盂，振一錫，則呼吸詞府，頡頏朝顔，長江之南，世有詞人舊矣。於是侍御史王公維，太子舍人裴公總，寄彼好事，於焉首唱，賢才翕集，文墨敷芬，作者爲之不寧，詞林爲之一振。……正月祴裳東旅，征帆南岸，眺吴山而可見，值湖水之將碧，震澤千里，孤舟渺然，比思我曹時開離贈卷也。（陶翰《送惠上人還江東序》，載《全唐文》卷三三四）

丞相范陽張九齡、侍御史京兆王維、尚書侍郎河東裴朏、范陽盧僎、大理評事河東裴總、華陰太守鄭倩之、守河南獨孤策，率以浩然爲忘形之交。（王士源《孟浩然集序》，載《全唐文》卷三七八）

門人劉相倩云，在南陽郡，見侍御史王維，在臨湍驛中屈和上及同寺慧澄禪師語經數日，問：「本性本自□，和上若爲修道得解脱淨，若更起心？」和上答：「衆生若有修，即是妄心，不可得解脱。」王侍御驚愕曰：「大奇，曾聞諸大德言説，皆未有作此説法者。」乃謂寇太守、張别駕、袁司馬等：「南陽郡有好大德，有佛法甚不可思議。」（胡適輯《神會和尚遺集·神會語録》第一殘卷）

中允聲名久，如今契闊深。共傳收庾信，不比得陳琳。一病緣明主，三年獨此心。窮愁應有作，試誦《白頭吟》。（杜甫《奉贈王中允維》，見《杜詩詳註》卷六）

幾年家絶壑，滿徑種芳蘭。帶石買松貴，通溪漲水寬。誦經連谷響，吹律減雲寒。誰謂桃園裏？天書問考槃。一從解蕙帶，三入偶蟬冠。今夕復何夕，歸休尋舊歡。片雲隔蒼翠，春雨半林湍。藤長穿松蓋，花繁壓藥欄。景深青眼下，興絶綵毫端。笑向同來客，登龍此地難。（錢起《中書王舍人輞川舊居》，載《全唐詩》卷二三八）

愛汝玉山草堂静，高秋爽氣相鮮新。有時自發鐘磬響，落日更見漁樵人。盤剥白鴉谷口栗，飯煮青泥坊底芹。何爲西莊王給事，柴門空閉鎖松筠？（杜甫《崔氏東山草堂》，見《杜詩詳註》卷六）

詩興入神，畫筆雄精，李將軍世稱高絶，淵微已過；薛少保時許美潤，合格不珍。註云：右丞王維，字摩詰，瑯琊人。詩通《大雅》之作，山水之妙，勝于李思訓。弟太原少尹縉，文筆泉藪，善草隸書，功超薛稷。二公名望，首冠一時。時議論詩，則曰王維、崔顥；論筆則曰王縉、李邕，祖詠、張説，不得預焉。幼弟紞有兩兄之風，閨門之内，友愛之極。（竇臮《述書賦》，載《全唐文》卷四四七）

臣縉言：中使王承華奉宣進止，令臣進亡兄故尚書右丞維文章，恩命忽臨，以驚以喜，退因編録，又竊感傷。臣兄文詞立身，行之餘力，常持堅正，秉操孤貞，縱居要劇，不忘清静，實見時輩，許以高流。至於晚年，彌加進道，端坐虚室，念茲無生，乘興爲文，未嘗廢筆。或散朋友之上，或留篋笥之中，臣近搜求，尚慮零落，詩筆共成十卷，今且隨表奉進。曲承天鑒，下訪遺文，魂而有知，荷寵光於幽穸；没而不朽，成大名於聖朝。臣不勝感戴悲歡之至，謹奉表以聞。臣縉誠惶誠懼頓首頓首，謹言。寶應二年正月七日，銀青光禄大夫尚書兵部侍郎兼御史大夫臣縉表上。（王縉《進王

維集表》，載《全唐文》卷三七〇）

卿之伯氏，天下文宗。位歷先朝，名高希代。抗行周《雅》，長揖《楚詞》。調六氣於終篇，正五音於逸韻。泉飛藻思，雲散襟情，詩家者流，時論歸美。誦於人口，久鬱文房，詞以《國風》，宜登樂府。旰朝之後，乙夜將觀。石室所藏，殁而不朽，柏梁之會，今也則亡。乃眷棣華，克成編録，聲猷益茂，歎息良深。（唐代宗《答王縉進王維集表詔》，載《全唐文》卷四六）

芍藥花開出舊欄，春衫掩淚再來看。主人不在花長在，更勝青松守歲寒。（錢起《故王維右丞堂前芍藥花開凄然感賦》，載《全唐詩》卷二三九）

舊日相知盡，深居獨一身。閉門空有雪，看竹永無人。每許前山隱，曾憐陋巷貧。題詩今尚在，暫爲拂流塵。（司空曙《過胡居士覩王右丞遺文》，載《全唐詩》卷二九二）

儒墨兼宗道，雲泉隱舊廬。孟城今寂寞，輞水自紆餘。内學銷多累，西林易故居。深房春竹老，細雨夜鐘疏。陳跡留金地，遺文在石渠。不知登座客，誰得蔡邕書。（耿湋《題清源寺即王右丞故宅》，見《全唐詩》卷二六九）

（王）卓字世盛，歷魏晋爲河東太守，遷司空，封猗氏侯。……卓翁年七十九，薨於河東。時屬劉聰、石勒亂太原、晋陽，不遂歸葬，葬河東猗氏縣焉。隋併猗氏爲桑泉縣，今司空冢墓在縣東南解古城西二里，至今子孫族焉，自古太原鄉也，亦猶潤州上元縣有瑯琊鄉。後魏定氏族，僉以太原王爲天下首姓，故古今時諺有鼎蓋之名。蓋謂蓋海内甲族著姓也，我卓翁葬河東，子孫成族，間生將相，而太原之望，獨不鼎蓋河東著姓乎？……開元中，左丞相張公説越認范陽封燕國公；大歷初，左相縉叔越認瑯琊封齊國公，且河東王承太原顯望久矣，一旦爲縉叔齊公没之，而望平沈也。……凡稱太原王者，無非周平王之孫赤之後，前已詳之明矣。……桑泉房幽州都督元珪翁，廣州都督方平翁（按，元珪、方平之官職應互乙，見《全唐文》卷九八六闕名《太原鄉牒》），皆盛德光時；左補闕智明伯，户部員外郎岳靈叔，猗氏房右丞維叔，左相縉叔，俱偉文耀世。或有上縉叔詩曰：「朝廷左相筆，天下右丞詩。」人謂戲言，時稱定論。虞鄉房安西、北庭二節度正見叔，武德冠時。……卓翁塚墓古有碑廟，直下宗子，四縣離居，每年用正月七日一合來祭，干戈動來，廢至今日，時方開泰，冀得復行。（王顔《追樹十八代祖晉司空太原王公神道碑銘》，載《全唐文》卷五四五）

尚書郎盧公諱象，字緯卿，始以章句振起于開元中，與王維、崔顥比肩驤首，鼓行于時。（劉禹錫《唐故尚書王客員外郎盧公集序》，載《全唐文》卷六〇五）

王維好釋氏，故字摩詰。立性高致，得宋之問輞川别業，山水勝絶，今清源寺是也。（唐李肇《唐國史補》卷上）

王維畫品妙絶，于山水平遠尤工。今昭國坊庾敬休屋壁有之。人有畫《奏樂圖》，維孰視而笑。或問其故，維曰：「此是《霓裳羽衣曲》第三疊第一拍。」好事者集樂工驗之，一無差謬。（同上）

開元日(《唐語林》卷四作「開元以後」),通不以姓而可稱者:燕公、曲江、太尉、魯公。不以名而可稱者:宋開府、陸兗公、王右丞、房太尉、郭令公、崔太傅、楊司徒、劉忠州、楊崖州、段太尉、顔魯公。(同上卷下)

王維字摩詰,河東人。開元九年進士。歷拾遺、御史。天寶末,給事中。肅宗時,尚書右丞。(唐姚合《極玄集》卷上)

王維右丞,年未弱冠,文章得名。性嫻音律,妙能琵琶,遊歷諸貴之間,尤爲岐王之所眷重。時進士張九皋,聲稱籍甚。客有出入于公主之門者,爲其致公主邑司牒京兆試官,令以九皋爲解頭。維方將應舉,具其事言於岐王,仍求庇借。岐王曰:「貴主之强,不可力争,吾爲子畫焉。子之舊詩清越者,可録十篇;琵琶之新聲怨切者,可度一曲。後五日當詣此。」維即依命,如期而至。岐王謂曰:「子以文士,請謁貴主,何門可見哉?子能如吾之教乎?」維曰:「謹奉命。」岐王則出錦繡衣服,鮮華奇異,遣維衣之,仍令賫琵琶,同至公主之第。岐王入曰:「承貴主出内,故攜酒樂奉讌。」即令張筵。諸伶旅進,維妙年潔白,風姿都美,立於前行。公主顧之,謂岐王曰:「斯何人哉?」答曰:「知音者也。」即令獨奏新曲,聲調哀切,滿座動容。公主自詢曰:「此曲何名?」維起曰:「號《鬱輪袍》。」公主大奇之。岐王曰:「此生非止音律,至於詞學,無出其右。」公主尤異之,則曰:「子有所爲文乎?」維即出獻懷中詩卷。公主覽讀,驚駭曰:「皆我素所誦習者。常謂古人佳作,乃子之爲乎？」因令更衣，昇之客右。維風流蘊藉，語言諧戲，大爲諸貴之所欽矚。岐王因曰：「若使京兆今年得此生爲解頭，誠爲國華矣。」公主乃曰：「何不遣其應舉？」岐王曰：「此生不得首薦，義不就試，然已承貴主論託張九皋矣。」公主曰：「何預兒事，本爲他人所託。」顧謂維曰：「子誠取解，當爲子力。」維起謙謝。公主則召試官至第，遣宫婢傳教，維遂作解頭而一舉登第矣。及爲太樂丞，爲伶人舞黄師子，坐出官。黄師子者，非一人不舞也。天寶末，禄山初陷西京，維及鄭虔、張通等皆處賊庭。洎尅復，俱囚於宣陽里楊國忠舊宅。崔圓因召於私第，令畫數壁。當時皆以圓勳貴無二，望其救解，故運思精巧，頗絶其藝。後由此事，皆從寬典，至於貶黜，亦獲善地。今崇義里竇丞相易直私第，即圓舊宅也，畫尚在焉。維累爲給事中。禄山授以僞官，及賊平，兄縉爲北都副留守，請以己官爵贖之，由是免死。累爲尚書右丞。於藍田置别業，留心釋典焉。（唐薛用弱《集異記·王維》，自開頭至「一舉登第」用《顧氏文房小説》本文字，其後據《太平廣記》卷一七九補録）

王河南維，或有人報云（此二句《唐語林》卷五作「或有人報王維云」）：「公除右轄。」王曰：「吾居此官，慮被人呼爲不解作詩王右丞。」（唐佚名氏《大唐傳載》）

夫古以名德稱占其官謚者甚希。前以詩稱者，若謝吏部、何水部、陶彭澤、鮑參軍之類。唐朝以詩稱，若王江寧、宋考功、韋蘇州、王右丞、杜員外之類。……翰林，其以詩稱之一也。（裴敬《翰林學士李公墓碑》，載《全唐文》卷七六四）

韓幹，藍田人。少時常爲貰酒家送酒。王右丞兄弟未遇，每一貰酒漫遊，幹常徵債于王家，戲畫地爲人馬。右丞精思丹青，奇其意趣，乃歲與錢二萬，令學畫十餘年。（唐段成式《酉陽雜俎》續集卷五《寺塔記上》）

王維字摩詰，太原人。年十九，進士擢第，與弟縉並以詞學知名，官至尚書右丞。有高致，信佛理。藍田南置別業，以水木琴書自娱。工畫山水，體涉今古，人家所蓄，多是右丞指揮工人，布色原野，簇成遠樹，過于樸拙，復務細巧，翻更失真。清源寺壁上畫輞川，筆力雄壯，常自製詩曰：「當世謬詞客，前身應畫師。不能捨餘習，偶被時人知。」誠哉是言也。余曾見破墨山水，筆跡勁爽。（唐張彦遠《歷代名畫記》卷一〇）

張諲，官至刑部員外郎。明《易》象，善草隸，工丹青，與王維、李頎等爲詩酒丹青之友。尤善畫山水。王維答詩曰：「屏風誤點惑孫郎，團扇草書輕内史。」李頎詩曰：「小王破體閑文策，落日梨花照空壁。書堪記室妬風流，畫與將軍作勍敵。」（同上）

慈恩寺……大殿東廊，從北第一院，鄭虔、畢宏、王維等畫。（同上卷三）

韓幹，大梁人。王右丞維見其畫，遂推獎之。（同上卷九）

安禄山之陷兩京，王維、鄭虔、張通皆處于賊庭。洎克復，俱囚于楊國忠舊宅。崔相國圓因召于私第，令畫，各畫數壁。當時皆以圓勳貴莫二，望其救改，故運思精深，頗極能事；故皆獲寬典，

至於貶降，必獲善地。（唐鄭處誨《明皇雜録》卷下）

天寶末，群賊陷兩京，大掠文武朝臣及黄門宮嬪樂工騎士，每獲數百人，以兵仗嚴衛，送於雒陽。至有逃於山谷者，而卒能羅捕追脅，授以冠帶。禄山尤致意樂工，求訪頗切，於旬日獲梨園弟子數百人。群賊因相與大會於凝碧池，宴僞官數十人，大陳御庫珍寶，羅列于前後。樂既作，梨園舊人不覺歔欷，相對泣下，群逆皆露刃持滿以脅之，而悲不能已。有樂工雷海清者，投樂器於地，西向慟哭，逆黨乃縛海清於戲馬殿，支解以示衆，聞之者莫不傷痛。王維時爲賊拘于菩提寺中，聞之賦詩曰：「萬户傷心生野煙，百官何日更朝天？秋槐葉落空宮裏，凝碧池頭奏管弦。」（同上補遺）

烟中壁碎摩詰畫，雲間寺失玄宗詩。註云：石甕寺，開元中以創造華清宮餘材修繕……紅樓在佛殿之西巖，下臨絶壁。樓中有玄宗題詩，草、八分，每一篇一體；王右丞山水兩壁，寺毁之後，皆失之矣。（鄭嵎《津陽門詩》，載《全唐詩》卷五六七）

唐宰相王璵好與人作碑誌（此句《唐語林》卷五作「王縉多與人作碑誌」），有送潤毫者，誤扣右丞王維門，維曰：「大作家在那邊。」（唐盧言《盧氏雜説》，見《太平廣記》卷二五五）

孟浩然眉毫盡落，裴祐（明朱承爵《存餘堂詩話》作裴祜）袖手衣袖至穿，王維至走入醋甕，皆苦吟者也。《詩源指訣》。（唐馮贄《雲仙雜記》卷二）

王維以黄磁斗貯蘭蕙，養以綺石，累年彌盛。《汗漫録》。（同上卷三）

王維輞川林下坐，用雷門四老石，燈滅則石中鑽火。《事略》。（同上卷五）

王維居輞川，宅宇既廣，山林亦遠，而性好温潔，地不容浮塵，日有十數掃飾者，使兩童專掌縛帚，而有時不給。《洛陽要記》。（同上卷八）

王維字摩詰，官至尚書右丞。家于藍田輞川。兄弟並以科名文學，冠絶當時，故時稱「朝廷左相筆，天下右丞詩」也。其畫山水松石，蹤似吴生，而風致標格特出。今京都千福寺西塔院，有掩障一合，畫青楓樹一圖。又嘗寫詩人襄陽孟浩然馬上吟詩圖，見傳于世。復畫輞川圖，山谷鬱鬱盤盤，雲飛水動，意出塵外，怪生筆端，嘗自題詩云：「當世謬詞客，前身應畫師。」其自負也如此。慈恩寺東院，與畢庶子、鄭廣文各畫一小壁，時號三絶。故庾右丞宅有壁畫山水兼題記，亦當時之妙。故山水松石，並居妙上品。（唐朱景玄《唐朝名畫録》）

襄陽詩人孟浩然，開元中頗爲王右丞所知。句有「微雲淡河漢，疎雨滴梧桐」者，右丞吟詠之，常擊節不已。維待詔金鑾殿，一旦，召之商較風雅，忽遇上幸維所，浩然錯愕伏床下，維不敢隱，因之奏聞。上欣然曰：「朕素聞其人。」因得詔見。上曰：「卿將得詩來耶？」浩然奏曰：「臣偶不齎所業。」上即命吟。浩然奉詔，拜舞念詩曰：「北闕休上書，南山歸卧廬。不才明主棄，多病故人疎。」上聞之憮然曰：「朕未曾棄人，自是卿不求進，奈何反有此作！」因命放歸南山。（五代王定保《唐摭言》卷一一。按，宋孫光憲《北夢瑣言》卷七云李白在翰林，薦浩然，帝「急召賜對，俾口進佳句」；

宋計有功《唐詩紀事》卷二三則云「明皇以張説之薦召浩然，令誦所作」，説法俱與此異。）

釋元崇，俗姓王氏，瑯琊臨沂人也。……以開元末年，因從瓦官寺璿禪師諮受心要，日夜匪懈，無忘請益。……至德初，並謝絶人事，杖錫去郡，歷于上京。……遂入終南，經衛藏，至白鹿，上藍田，于輞川得右丞王公維之别業。松生石上，水流松下，王公焚香静室，與崇相遇，神交中斷。于時天地未泰，豺狼構患，朝賢國寶，或在薖軸。起居蕭舍人昕與右丞諸公，並碩學雄才，尊儒重道，偶兹一會，抗論彌日，鉤深索隱，襟期許與。王、蕭歎曰：「佛法有人，不宜輕議也矣。」（宋贊寧《宋高僧傳》卷一七《唐金陵鍾山元崇傳》）

（李林甫）奏分其宅東南隅立爲嘉猷觀。……明皇御書金字額以賜之，林甫奏女爲觀主。觀中有精思院，王維、鄭虔、吴道子皆有畫壁。（宋宋敏求《長安志》卷八）

唐王維右丞字摩詰，少以詞學知名，有高致，信佛理。……善畫山水人物，筆蹤雅壯，體涉古今。嘗於清源寺壁畫輞川圖，巖岫盤鬱，雲飛水動，自製詩曰：「當世謬詞客，前身應畫師。不能捨餘習，偶被時人知。」（宋郭若虚《圖畫見聞志》卷五）

《國史補》言：客有以《按樂圖》示王維，維曰：「此《霓裳》第三疊第一拍也。」客未然，引工按曲，乃信。此好奇者爲之。凡畫奏樂，止能畫一聲，不過金石管弦，同用一字，何曲無此聲，豈獨《霓裳》第三疊第一拍也？或疑舞節及他舉動拍法中，别有奇聲可驗，此亦不然。《霓裳曲》凡十三疊，前六疊無拍，至第七疊方謂之疊遍，自此始有拍而舞作，故白樂天詩云「中序擘騞初入拍」，中序即第七疊也，第三疊安得有拍？但言「第三疊第一拍」，即知其妄也。（宋沈括《夢溪筆談》卷一七）

長安菩薩寺僧宏道，天寶末，見王右丞爲賊所囚，於經藏院與左丞裴迪密往還。裴説賊會宴於太極西内，王聞之泣下，爲詩二絶，書經卷麻紙之後，宏道藏之，相傳數世。其詞云：「萬户傷心生野煙……」又云：「安得捨塵網，拂衣辭世喧，翛然策藜杖，歸向桃花園。」（宋王讜《唐語林》卷二）

王維爲大樂丞，被人嗾令舞黄獅子，坐是出官。黄獅子者，非天子不舞也，後輩慎之。（同上卷五）

唐司馬承禎與陳子昂、盧藏用、宋之問、王適、畢構、李白、孟浩然、王維、賀知章爲仙宗十友。（宋葉廷珪《海録碎事》卷八下）

迪初與王維、（崔）興宗俱居終南。天寶後爲蜀州刺史，與杜甫友善。（宋計有功《唐詩紀事》卷一六《裴迪》）

詠與（王）維最善。（同上卷二〇《祖詠》）

據與王摩詰、杜子美最善。（同上卷二五《薛據》）

《王維集》十卷　右唐王維摩詰也。太原人，開元九年進士，終尚書右丞。維幼能屬文，工草隸，善畫，名盛。安禄山反，嘗陷賊中，賊大宴凝碧池，賦詩痛悼，詩聞行在，後得免死。代宗訪維

文章於弟縉，裒集十卷上之。（宋晁公武《郡齋讀書志》袁州本卷四上）

《王右丞集》十卷　唐尚書右丞河中王維摩詰撰。建昌本與蜀本次序皆不同，大抵蜀刻唐六十家集多異于他處本，而此集編次尤無倫。維詩清逸，追逼陶謝。輞川別墅圖畫，摹傳至今。嘗與裴迪同賦，各二十絶句。集中又有與迪書，略曰……余每讀之，使人有飄然獨往之興。迪詩亦佳，然他無聞於世，蓋亦高人也。輞川在藍田縣西南二十里，本宋之問別圃。維後表爲清源寺，終墓其西。（宋陳振孫《直齋書録解題》卷一六）

尚書左（？）丞王維與弟縉，皆篤志奉佛，素衣蔬食。別墅在輞川，嘗吟遊其間。母喪，表請以輞川第爲佛寺。（宋志磐《佛祖統紀》卷四〇）

維字摩詰，太原人。九歲知屬辭。工草隸，閑音律，岐王重之。維將應舉，岐王謂曰：「子詩清越者，可録數篇；琵琶新聲，能度一曲，同詣九公主第。」維如其言。是日，諸伶擁維獨奏，主問何名，曰：「《鬱輪袍》。」因出詩卷，主曰：「皆我習諷，謂是古作，乃子之佳製乎？」延于上座，曰：「京兆得此生爲解頭，榮哉！」力薦之。開元十九年狀元及第，擢左拾遺，遷給事中。賊陷兩京，駕出幸，維扈從不及，爲所擒，服藥稱瘖病。禄山愛其才，逼至洛陽供舊職，拘於普施寺。賊宴凝碧池，悉召梨園諸工合樂，維痛悼，賦詩曰：「萬户傷心生野煙，百官何日再朝天？秋槐花落空宮裏，凝碧池頭奏管絃。」時聞行在所。賊平後，授僞官者皆定罪，獨維得免。仕至尚書右丞。維詩入妙品上上，畫思亦然。至山水平遠，雲勢石色，皆天機所到，非學而能。自爲詩云：「當代謬詞客，前身應畫師。」後人評維「詩中有畫，畫中有詩」，信哉！客有以《按樂圖》示維者，曰：「此《霓裳》第三疊最初指也。」對曲果然。篤志奉佛，蔬食素衣。喪妻不再娶，孤居三十年。别墅在藍田縣南輞川，亭館相望，嘗自寫其景物奇勝，日與文士丘丹、裴迪、崔興宗遊覽賦詩，琴樽自樂，後表宅請以爲寺。臨終，作書辭親友，停筆而化。代宗訪維文章，弟縉集賦詩等十卷上之，今傳于世。（元辛文房《唐才子傳》卷二《王維傳》）

詠，洛陽人。……少與王維爲吟侶。（同上卷一《祖詠傳》）

諲，永嘉人。……明《易》象，善草隸，兼畫山水，詩格高古，與李頎友善，事王維爲兄，皆爲詩酒丹青之契。（同上卷二《張諲傳》）

爲，嘉興人。……王維甚稱許之，嘗與唱和。（同上《丘爲傳》）

遥，丹陽人。天寶間常仕爲忠王府倉曹參軍。與王維結交，同慕禪寂，志趣高疎，多雲岫之想。（同上卷三《殷遥傳》）

曾字孝常，冉之弟也。……善詩，出王維之門，與兄名望相亞。（同上《皇甫曾傳》）

王維以詩名盛於開元天寶間，諸王駙馬豪貴之家，無不拂席迎之。乾元中爲尚書右丞。（元富大用《事文類聚新集》卷八）

（上元）辛丑，尚書左（？）丞王維卒。維字摩詰，臨終無病，遺親故書數幅，停筆而化。（元念常《佛祖歷代通載》卷一三）

王維字摩詰……工草隸，善書，名于開元天寶間，畫尤入神。（元陶宗儀《書史會要》卷五）

世傳《七賢過關圖》……姜南舉人云是開元間冬雪後，張説、張九齡、李白、李華、王維、鄭虔、孟浩然出藍田關，遊龍門寺，鄭虔圖之。虞伯生有題孟浩然像詩：「風雪空堂破帽温，七人圖裏一人存。」又有槎溪張輅詩：「二李清狂狎二張，吟鞭遥指孟襄陽。鄭虔筆底春風滿，摩詰圖中詩興長。」是必有所傳云。（明陸深《玉堂漫筆》）

三、詩評

歷代有關王維詩歌的評論甚多，本附録依據下述原則，收輯此類資料，供研究者參考：（一）選取評述較爲切實、具有一定參考價值者。（二）同一意見重複出現，原則上只取最早的一種。（三）對某一詩作的具體評論，不録入本附録，而置于該詩的註釋之後。（四）所收資料，俱以時代先後爲序。

爲文已變當時體，入用還推間氣賢。（唐苑咸《酬王維》，載《全唐詩》卷一二九）

粤若王維、昌齡、儲光羲等二十四人，皆河嶽英靈也，此集便以「河嶽英靈」爲號。（唐殷璠《河嶽英靈集》序）

維詩詞秀調雅，意新理愜，在泉爲珠，着壁成繪，一句一字，皆出常境。（同上卷上）

不見高人王右丞，藍田丘壑蔓寒藤。最傳秀句寰區滿，未絶風流相國能。右丞弟，今相國縉。（杜甫《解悶十二首》其八，見《杜詩詳註》卷一七）

沈、宋既殁，而崔司勳顥、王右丞維復崛起于開元、天寶之間，得其門而入者，當代不過數人。（獨孤及《唐故左補闕安定皇甫公集序》，載《全唐文》卷三八八）

猗氏房右丞（王）維叔，左相縉叔，俱偉文耀世。或有上縉叔詩曰：「朝廷左相筆，天下右丞詩。」人謂戲言，時稱定論。（王顔《追樹十八代祖晋司空太原王公神道碑銘》，載《全唐文》卷五四五）

澄潭昔臥龍，章句世爲宗。獨步聲名在，千巖水石空。野禽悲灌木，落日弔清風。後學攀遺址，秋山聞草蟲。萬樹影參差，石牀藤半垂。螢光雖散草，鳥跡尚臨池。風雅傳今日，雲山想昔時。感深蘇屬國，千載五言詩。右丞昔陷賊庭，故有此句。（儲嗣宗《過王右丞書堂二首》，載《全唐詩》卷五九四）

詩貫六義，則諷諭抑揚，渟蓄淵雅，皆在其中矣。然直致所得，以格自奇，前輩諸集，亦不專工於此，矧其下者耶！王右丞、韋蘇州澄澹精緻，格在其中，豈妨于遒舉哉？（司空圖《與李生論詩

書》，載《全唐文》卷八〇七）

國初主上好文雅，風流特盛。沈、宋始興之後，傑出於江寧，宏肆於李、杜，極矣。右丞、蘇州，趣味澄敻，若清風之出岫，大曆十數公，抑又其次焉。（同上《與王駕評詩書》，載《全唐文》卷八〇七）

蓋詩者，樂之苗裔與。漢之蘇、李，魏之曹、劉，得其正始。宋、齊而下，得其浮淫流佚。唐之時，子昂、李、杜、沈、宋、王維之徒，或得其淳古淡泊之聲，或得其舒和高暢之節；而孟郊、賈島之徒，又得其悲愁鬱堙之氣。（宋歐陽修《歐陽文忠公文集》外集卷二三《書梅聖俞藁後》）

味摩詰之詩，詩中有畫；觀摩詰之畫，畫中有詩。（宋蘇軾《東坡題跋》卷五《書摩詰藍田煙雨圖》）

曾子固謂蘇明允之文，豐而不餘一言，約而不失一辭，雖《春秋》立言，亦不過如是。概而論之，惟明允可以當此，非子固亦不能形容至此也。魯直以摩詰六言詩，方得其法，乃真知摩詰者。惟其能知之，然後能發明其祕要。須咀嚼久，始信其難。然則何獨詩邪？凡落筆皆能如明允，斯可與論文矣。（宋李之儀《姑溪居士文集》卷三九《跋山谷書摩詰詩》）

右丞、蘇州皆學于陶，王得其自在。（宋陳師道《後山詩話》）

王摩詰詩，渾厚閒雅，覆蓋古今。但如久隱山林之人，徒成曠淡也。（宋蔡絛《西清詩話》）

孟浩然、王摩詰詩，自李、杜而下，當爲第一。老杜詩云「不見高人王右丞」，又云「吾憐孟浩然」，皆公論也。（宋許顗《彥周詩話》）

看詩且以數家爲率，以杜爲正經，餘爲兼經也。如小杜、韋蘇州、王維、太白、退之、子厚、坡、谷、四學士之類也。（宋吴可《藏海詩話》）

韋蘇州詩，韻高而氣清，王右丞詩，格老而味長。雖皆五言之宗匠，然互有得失，不無優劣。以標韻觀之，右丞遠不逮蘇州，至于詞不迫切而味甚長，雖蘇州亦所不及也。（宋張戒《歲寒堂詩話》卷上）

隨州詩，韻度不能如韋蘇州之高簡，意味不能如王摩詰、孟浩然之勝絶，然其筆力豪贍，氣格老成，則皆過之。（同上）

世以王摩詰律詩配子美，古詩配太白，蓋摩詰古詩能道人心中事而不露筋骨，律詩至佳麗而老成。如《隴西行》、《息夫人》、《西施篇》、《羽林閨人》、《别弟妹》等篇，信不減太白；如「興闌啼鳥换，坐久落花多」、「草枯鷹眼疾，雪盡馬蹏輕」等句，信不減子美。雖才氣不若李、杜之雄傑，而意味工夫，是其匹亞也。摩詰心淡泊，本學佛而善畫，出則陪岐薛諸王及貴主遊，歸則饜飫輞川山水，故其詩于富貴山林，兩得其趣。如「興闌啼鳥换，坐久落花多」之句，雖不誇服食器用，而真是富貴人口中語，非僅「笙歌歸院落，燈火下樓臺」之比也。（同上）

王昌齡集云：「王維詩天子，杜甫詩宰相。」（宋廷珪《海録碎事》卷一九）

余年十七、八時，讀摩詰詩最熟，後遂置之者幾六十年，今年七十七，永晝無事，再取讀之，如

見舊師友，恨間闊之久也。嘉泰辛酉五月六日龜堂南窗書。（宋陸游《渭南文集》卷二九《跋王右丞集》）

維以詩名開元間，遭禄山亂，陷賊中，不能死，事平復，幸不誅。其人既不足言，詞雖清雅，亦萎弱少氣骨，獨此篇與《望終南》、《迎》、《送神》爲勝云。（宋朱熹《楚辭後語》卷四王維《山中人》題解）

律詩則如王維、韋應物輩，亦自有蕭散之趣，未至如今日之細碎卑冗無餘味也。（朱熹《晦庵先生朱文公文集》卷六四《答鞏仲至》）

韋蘇州詩高于王維、孟浩然諸人，以其無聲色臭味也。（《朱子語類》卷一四〇）

《雪浪齋日記》云：「爲詩欲清深閒淡，當看韋蘇州、柳子厚、孟浩然、王摩詰、賈長江。」（宋河汶《竹莊詩話》卷一）

以人而論，則有蘇李體……王右丞體。王維也。（宋嚴羽《滄浪詩話·詩體》）

因暇日與弟姪輩評古今諸名人詩：魏武帝如幽燕老將，氣韻沉雄。……王右丞如秋水芙蕖，倚風自笑。（宋敖陶孫《臞翁詩評》，見《詩人玉屑》卷二）

唐詩人與李、杜同時者，有岑參、高適、王維；後李、杜者，有韋、柳，中間有盧綸、李益、兩皇甫、五竇，最後有姚、賈諸人。學者學此足矣。長慶體太易，不必學。（宋劉克莊《後村詩話》前集卷一）

右丞不污天寶之亂，大節凜然。其詩擺落世間腥腐，非食煙火人口中語。（同上新集卷三）

嘗謂古人之詩，各得其一偏，又多其性之似者。若陶淵明、謝靈運、韋蘇州、王維、柳子厚、白樂天得其冲淡，江淹、鮑明遠、李白、李賀得其峭峻，孟東野、賈浪仙又得其幽憂不平之氣。若老杜可謂兼之矣。（金趙秉文《閑閑老人滏水文集》卷一九《答李天英書》）

王維典麗靚深，學者不察，失于容冶。（元范德機《木天禁語》）

夫詩莫盛於唐，莫備於盛唐，論者惟杜、李二家爲尤，其間又可名家者十數公。至如子美所贊詠者王維、孟浩然，所友善者高適、岑參，乾元以後，劉、錢接跡，韋、柳光前，人各鳴其所長。今觀襄陽之清雅，右丞之精緻，儲光羲之真率，王江寧之聲俊，高達夫之氣骨，岑嘉州之奇逸，李頎之冲秀，常建之超凡，劉隨州之閒曠，錢考功之清贍，韋之静而深，柳之温而密，此皆宇宙山川，英靈間氣，萃于時以鍾乎人矣。嗚呼盛哉！今俱列之名家，第爲上下。（明高棅《唐詩品彙·五言古詩叙目》）

盛唐工七言古調者多，李、杜而下，論者推高、岑、王、李、崔顥數家爲勝。竊嘗評之，若夫張皇氣勢，陟頓始終，綜覈乎古今，博大其文辭，則李、杜尚矣；至於沉鬱頓挫，抑揚悲壯，法度森嚴，神情俱詣，一味妙悟，而佳句輒來，遠出常情之外，之數子者，誠與李、杜並驅而爭先矣，今俱列之於名家。（同上《七言古詩叙目》）

盛唐律句之妙者，李翰林氣象雄逸，孟襄陽興致清遠，王右丞詞意雅秀，岑嘉州造語奇峻，高

常侍骨格渾厚，皆開元天寶以來名家，今俱列之正宗。（同上《五言律詩叙目》）

盛唐作者雖不多，而聲調最遠，品格最高。……賈至、王維、岑參早朝倡和之什，當時各極其妙。王之衆作尤勝諸人。至於李頎、高適，當與並驅，未論先後，是皆足爲萬世程法。通得十四人……爲正宗。（同上《七言律詩叙目》）

開元後，作者之盛，聲律之備，獨王右丞、李翰林爲多，得非王李爲獨得？而孟襄陽、高渤海輩，實相與並鳴。今合四家……爲正宗。（同上《五言排律叙目》）

開元後，獨李白、王維尤勝諸人，次則崔國輔、孟浩然可以並駕，共詩六十八首，爲正宗。（同上《五言絶句叙目》）

（李、王）正宗之外，同鳴于時者，王維、賈至、岑參亦盛。又如儲光羲、常建、高適之流，雖不多見，其興象聲律一致也。……得二十三人，爲羽翼。（同上《七言絶句叙目》）

論近體者，必稱盛唐，若藍田王右丞維，亦其一也。其爲律絶句，無問五、七言，皆莊重閒雅，渾然天成。至于古詩，句本冲澹，而興則悠長。諸詞清婉流麗，殆未可多訾。楊伯謙選唐詩，論次其尤，載在《正音》，而晦翁先生考定《楚辭後語》，亦存其《山中人》等作，良有以邪！（明吕夔《重刊唐王右丞詩集序》，見弘治甲子刊《唐王右丞詩劉須溪校本》）

唐詩李、杜之外，孟浩然、王摩詰足稱大家。王詩豐縟而不華靡，孟却專心古澹，而悠遠深厚，自無寒儉枯瘠之病。由此言之，則孟尤勝。儲光羲有孟之古，而深遠不及；岑參有王之縟，而又以華靡掩之，故杜子美稱「吾憐孟浩然」，稱「高人王右丞」，而不及儲、岑，有以也夫！（明李東陽《麓堂詩話》）

摩詰以淳古淡泊之音，寫山林閒適之趣，如輞川諸詩，真一片水墨不著色畫。及其鋪張國家之盛，如「九天閶闔開宫殿，萬國衣冠拜冕旒」，「雲裏帝城雙鳳闕，雨中春樹萬人家」，又何其偉麗也！（明王鏊《震澤長語》卷下）

若夫興寄物外，神解妙悟，絶去筆墨畦逕，所謂文不按古，匠心獨妙，吾於孟浩然、王摩詰有取焉。（同上）

王維詩高者似禪，卑者似僧，奉佛之應哉！人心係則難脱。（明李夢陽《空同子·論學上篇》）

孔文谷曰：「……王摩詰、孟浩然、韋應物，典雅冲穆，入妙通玄，觀寶玉於東序，聽廣樂於鈞天，三家其選也。」（明謝榛《四溟詩話》卷四）

世之言詩者，皆曰盛唐，余觀一時如王右丞之清深，李翰林之豪宕，王江寧之俊逸，常徵君之高曠，李頎之沉着，岑嘉州之精鍊，高常侍之老健，各有其妙，而其所造皆能登峰造極者也。然終輸杜少陵一籌。（明何良俊《四友齋叢説》卷二四）

王右丞五言有絶佳者，如《瓜園》、《贈裴十一迪》、《納涼》、《濟上四賢詠》諸篇，格調既高，而寄

興復遠，即古人詩中，亦不能多見者。今選詩者俱不之取，獨以《西施詠》之類入選，此不知何謂！（同上卷二五）

五言絶句，當以王右丞爲絶唱。（同上）

玄、肅以下詩人，其數什百。語盛唐者，唯高、王、岑、孟四家爲最。語四家者，唯右丞爲最。其爲詩也，上薄《騷》、《雅》，下括漢魏，博綜群籍，漁獵百氏，于史、子、《蒼》、《雅》、緯候、鈐決、内學、外家之説，苞并總統，無所不闚，郵長于佛理。故其摛藻奇逸，措思冲曠，馳邁前榘，雄視名儁。凡今長老薦紳之屬工爲詩者，恒嗟賞而雅崇之，殆與耳食無異。（明顧起經《題王右丞詩箋小引》，見奇字齋刊《類箋唐王右丞集》）

摩詰才勝孟襄陽，由工入微，不犯痕迹，所以爲佳。間有失檢點者，如五言律中「青門」、「白社」，「青菰」、「白鳥」，一首互用；七言律中「暮雲空磧時驅馬」、「玉靶角弓珠勒馬」，兩「馬」字覆壓；「獨坐悲雙鬢」，又云「白髮終難變」。他詩往往有之，雖不妨白璧，能無少損連城？觀者須略玄黄，取其神檢。（明王世貞《藝苑巵言》卷四）

（李于麟）又云：「……七言律詩，諸家所難，王維、李頎頗臻其妙，即子美篇什雖衆，隤焉自放矣。」余謂……王維、李頎雖極風雅之致，而調不甚響。（同上）

盛唐七言律，老杜外，王維、李頎、岑參耳。李有風調而不甚麗，岑才甚麗而情不足，王差備

美。（同上）

摩詰七言律，自《應制》、《早朝》諸篇外，往往不拘常調。至「酌酒與君」一篇，四聯皆用仄法，此是初盛唐所無，尤不可學。凡爲摩詰體者，必以意興發端，神情傅合，渾融疏秀，不見穿鑿之迹，頓挫抑揚，自出宫商之表可耳。（同上）

排律用韻穩妥，事不傍引，情無牽合，當爲最勝。摩詰似之，而小才不逮。少陵强力宏蓄，開闔排蕩，然不無利鈍。餘子紛紛，未易悉數也。（同上）

詩稱發端之妙者，謝宣城而後，王右丞一人而已。（明王世懋《藝圃擷餘》）

古人云：「秀色若可餐。」余謂此言惟毛嬙、西施、昭君、太真、曹植、謝朓、李白、王維可以當之。（同上）

唐律由初而盛，由盛而中，由中而晚，時代聲調，故自必不可同。然亦有初而逗盛，盛而逗中，中而逗晚者。……唐律之由盛而中，極是盛衰之介。然王維、錢起，實相倡酬，子美全集，半是大曆以後，其間逗漏，實有可言，聊指一二。如右丞「明到衡山」篇，嘉州「函谷」、「磻溪」句，隱隱錢、劉、盧、李間矣。至于大曆十才子，其間豈無盛唐之句？蓋聲氣猶未相隔也。學者固當嚴于格調，然必謂盛唐人無一語落中，中唐人無一語入盛，則亦固哉其言詩矣。（同上）

古詩軌轍殊多……有以高閒、曠逸、清遠、玄妙爲宗者，六朝則陶，唐則王、孟、常、儲、韋、柳。

但其格本一偏，體靡兼備，宜短章，不宜鉅什；宜古選，不宜歌行；宜五言律，不宜七言律。歷考前人遺集，靡不然者。中惟右丞才高，時能旁及。至於本調，反劣諸子。餘雖深造自得，然株守一隅，才之所趨，力故難强。（明胡應麟《詩藪》内編卷二古體中五言）

唐初承襲梁隋，陳子昂獨開古雅之源，張子壽首創清澹之派。盛唐繼起，孟浩然、王維、儲光羲、常建、韋應物，本曲江之清澹，而益以風神者也。（同上）

仲默云：「右丞他詩甚長，獨古作不逮。」讀其集，大篇句語俊拔，殊乏完章；小言結構清新，所少風骨。孟五言秀雅不及王，而閒澹頗自成局。（同上）

高氣骨不逮嘉州，孟材具遠輸摩詰，然並驅者，高、岑悲壯爲宗，王、孟閒澹自得，其格調一也。（同上）

唐七言歌行，垂拱四子，詞極藻艷，然未脱梁、陳也。張、李、沈、宋，稍汰浮華，漸趨平實，唐體肇矣，然而未暢也。高、岑、王、李，音節鮮明，情致委折，濃纖脩短，得衷合度，暢乎，然而未大也。太白、少陵，大而化矣，能事畢矣。（同上内編卷三古體下七言）

王、盧出，而歌行咸中矩度矣。沈、宋出，而近體悉協宫商矣。至高、岑而後有氣，王、孟而後有韻，李、杜而後入化。（同上）

沈、宋厭王、楊之靡縟，稍欲約以典實而未能也。李、杜一變，而雄逸豪宕，前無古人矣。盛唐

高適之渾，岑參之麗，王維之雅，李頎之俊，皆鐵中錚錚者。（同上）

凡詩諸體皆有繩墨，惟歌行出自《離騷》、樂府，故極散漫縱橫。初學當擇易下手者，今略舉數篇：青蓮《擣衣曲》、《百囀歌》，杜陵《洗兵馬》、《哀江頭》，高適《燕歌行》……王維《老將行》、《桃源行》……皆脈絡分明，句調婉暢。（同上）

勝國歌行多學李長吉、温庭筠者，晦刻濃綺，而真景真情，往往失之目前。盛唐則不然，愈近愈遠，愈拙愈工，讀王、岑、高、李諸作可見。（同上）

主拾遺，賓供奉，左中允，右嘉州，則沈雄秀逸，短什宏章，諸體悉備。（同上）

五言律體，兆自梁陳。唐初四子，靡縟相矜，時或拗澀，未堪正始。神龍以還，卓然成調，沈、宋、蘇、李，合軌于先，王、孟、高、岑，並馳于後，新製迭出，古體攸分，實詞章改變之大機，氣運推遷之一會也。（同上内編卷四近體上五言）

五言律體，極盛於唐。要其大端，亦有二格。陳、杜、沈、宋，典麗精工；王、孟、儲、韋，清空閒遠。此其概也。然右丞贈送諸什，往往闌入高、岑。（同上）

學五言律……先取沈、宋、陳、杜、蘇、李諸集，朝夕臨摹，則風骨高華，句法宏贍，音節雄亮，比偶精嚴。次及盛唐王、岑、孟、李，永之以風神，暢之以才氣，和之以真澹，錯之以清新，然後歸宿杜陵，究竟絶軌，極深研幾，窮神知化，五言律法盡矣。（同上）

右丞五言，工麗閒澹，自有二派，殊不相蒙。「建禮高秋夜」、「楚塞三湘接」、「風勁角弓鳴」、「楊子談經處」等篇，綺麗精工，沈、宋合調者也。「寒山轉蒼翠」、「一從歸白社」、「寂寞掩柴扉」、「晚年惟好静」等篇，幽閒古澹，儲、孟同聲者也。（同上）

孟浩然《岳陽樓》，王維《岐王應教》、《秋宵寓直》、《觀獵》……俱盛唐絶作。視初唐格調如一，而神韻超玄，氣概閎逸，時或過之。（同上）

孟詩淡而不幽，時雜流麗；閒而匪遠，頗覺輕揚。可取者，一味自然。……王維「清川帶長薄」、「中歲頗好道」，遠矣。（同上）

王、韋五言，秀麗可挹。（同上）

排律，沈、宋二氏，藻贍精工；太白、右丞，明秀高爽，然皆不過十韻，且體在繩墨之中，調非畦逕之外。（同上）

沈排律工者不過三數篇，宋則遍集中無不工者，且篇篇平正典重，贍麗精嚴，初學入門，所當熟習。右丞韻度過之，而典重不如；少陵閎大有加，而精嚴略遜。（同上）

盛唐排律，杜外，右丞爲冠，太白次之。常侍篇什空澹，不及王、李之秀麗豪爽。（同上）

作排律先熟讀宋、駱、沈、杜諸篇，倣其布格措詞，則體裁平整，句調精嚴。益以摩詰之風神，太白之氣概，既奄有諸家，美善咸備，然後究極杜陵，擴之以閎大，濬之以沈深，鼓之以變化，排律

之能事盡矣。（同上）

讀盛唐排律，延清、摩詰等作，真如入萬花春谷，光景爛熳，令人應接不暇，賞玩忘歸。（同上）

王、岑、高、李，世稱正鵠。嘉州詞勝意，句格壯麗而神韻未揚。常侍意勝詞，情致纏綿而筋骨不逮。王、李二家，和平而不累氣，深厚而不傷格，濃麗而不乏情，幾于色相俱空，風雅備極。然制作不多，未足以盡其變。（同上内編卷五近體中七言）

唐七言律自杜審言、沈佺期首創工密，至崔顥、李白時出古意，一變也。高、岑、王、李，風格大備，又一變也。杜陵雄深浩蕩，超忽縱横，又一變也。（同上）

七言律，唐以老杜爲主，參之李頎之神，王維之秀，岑參之麗。（同上）

盛唐七言律稱王、李。王才甚藻秀而篇法多重，「絳幘雞人」不免服色之譏，「春樹萬家」亦多花木之累。「漢主離宫」、「洞門高閣」，和平閑麗，而斤兩微劣。「居延城外」甚有古意，與「盧家少婦」同，而音節太促，語句傷直，非沈比也。李律僅七首，惟「物在人亡」不佳。……岑調穩於王，才豪於李，而諸作咸出其下，以神韻不及二君故也。（同上）

高、岑明浄整齊，所乏遠韻。王、李精華秀朗，時覺小疵。學者步高、岑之格調，含王、李之風神，加以工部之雄深變幻，七言能事極矣。（同上）

摩詰五言絶窮幽極玄，少伯七言絶超凡入聖，俱神品也。（同上内編卷六近體下絶句）

唐五言絶，太白、右丞爲最。（同上）

五言絶二途：摩詰之幽玄，太白之超逸。子美於絶句無所解，不必法也。（同上）

五言絶，須熟讀漢魏及六朝樂府，源委分明，逕路諳熟，然後取盛唐名家李、王、崔、孟諸作，陶以風神，發以興象，真積力久，出語自超。（同上）

七言絶以太白、江寧爲主，參以王維之俊雅，岑參之濃麗，高適之渾雄，韓翃之高華，李益之神秀，……集長舍短，足爲大家。（同上）

七言絶，太白、江寧爲最。右丞、嘉州、舍人、常侍次之。（同上）

盛唐摩詰，中唐文房，五六七言絶俱工，可言才矣。（同上）

偏精獨詣，名家也；具範兼鎔，大家也。……有衆體皆工，而不免爲名家者，右丞、嘉州是也。有律絶微減，而不失爲大家者，少陵、太白是也。（同上外編卷四唐下）

唐人則王、楊之繁富，陳、杜之孤高，沈、宋之精工，儲、孟之閒曠，高、岑之渾厚，王、李之風華，昌齡之神秀，常建之幽玄，雲卿之古蒼，任華之拙樸，皆所專也，兼之者杜陵也。（同上）

詩最可貴者清，然有格清，有調清，有思清，有才清。才清者，王、孟、儲、韋之類是也。……王、楊之流麗，沈、宋之豐蔚，高、岑之悲壯，李、杜之雄大，其才不可概以清言，其格與調與思，則無不清者。（同上）

靖節清而遠，康樂清而麗，曲江清而澹，浩然清而曠，常建清而僻，王維清而秀，儲光羲清而適，韋應物清而潤，柳子厚清而峭。（同上）

王、楊、盧、駱以詞勝，沈、宋、陳、杜以格勝，高、岑、王、孟以韻勝。詞勝而後有格，格勝而後有韻，自然之理也。（同上）

王、孟並稱，畢竟王妙于孟，王能兼孟，孟不能兼王也。（明鍾惺《唐詩歸》卷八）

世以李、杜爲大家，王維、高、岑爲傍户，殆非也。摩詰寫色清微，已望陶、謝之藩矣，第律詩有餘，古詩不足耳。離象得神，披情著性，後之作者誰能之？世之言詩者，好大好高，好奇好異，此世俗之魔見，非詩道之正傳也。體物著情，寄懷感興，詩之爲用，如此已矣。（明陸時雍《詩鏡總論》）

盛唐名家稱王、孟、高、岑，獨七言律祧孟，進李頎，應稱王、李、岑、高云。（明胡震亨《唐音癸籤》卷一〇）

七言律獨取王、李而絀老杜者，李于鱗也。夷王、李于岑、高而大家老杜者，高廷禮也。尊老杜而謂王不如李者，胡元瑞也。謂老杜即不無利鈍，終是上國武庫；又謂摩詰堪敵老杜，他皆莫及者，王弇州也。意見互殊，幾成諍論。雖然，吾終以弇州公之言爲衷。（同上）

王以高華勝，李以韶令勝。李如瓊蕊浥露，含質故鮮；王如翠嶺冠霞，占地特貴。王間有失嚴，無心内游衍自如；李即無落調，有意中補凑可摘。不獨觔兩微懸，正復色香亦別。（同上）

王風調正似雲卿，岑茂采堪追廷碩。李存藻不多，既同考功；高裁體欲變，亦類左相。以盛配初，約略不遠。惟杜子美無一家不備，亦無一家可方爾。（同上）

王摩詰名維、孟浩然才力不逮高、岑，而造詣實深，興趣實遠，故其古詩雖不足，律詩體多渾圓，語多活潑，而氣象風格自在，多入於聖矣。（明許學夷《詩源辯體》卷一六）

摩詰五言古雖有佳句，然散緩而失體裁，平韻者間雜律體，仄韻者多忌鶴膝，短篇爲勝。楚辭深得《九歌》之趣，唐人所難。七言古語雖婉麗，而氣象不足，聲調間有不純者。何仲默云「右丞他詩甚長，獨古作不逮」是也。（同上）

摩詰才力雖不逮高、岑，而五、七言律風體不一。五言律有一種整栗雄麗者，有一種一氣渾成者，有一種澄淡精緻者，有一種閒遠自在者。如「天官動將星」、「單車曾出塞」、「橫吹雜繁笳」、「不識陽關路」等篇，皆整栗雄麗者也。如「風勁角弓鳴」、「絕域陽關道」、「建禮高秋夜」、「憐君不得意」等篇，皆一氣渾成者也。如「獨坐悲雙鬢」、「寂寞掩柴扉」、「松菊荒三逕」、「言從石菌閣」、「巖壑轉微逕」等篇，皆澄淡精緻者也。如「清川帶長薄」、「寒山積蒼翠」、「晚年惟好靜」、「主人能愛客」、「重門朝已啓」等篇，皆閒遠自在者也。至如「楚塞三湘接」，既甚雄渾，「新粧可憐色」，則又嬌嫩。若高、岑才力雖大，終不免一律耳。（同上）

摩詰七言律亦有三種：有一種宏贍雄麗者，有一種華藻秀雅者，有一種淘洗澄淨者。如「欲笑周文」、「居延城外」、「絳幘雞人」等篇，皆宏贍雄麗者也。如「渭水自縈」、「漢主離宫」、「明到衡山」等篇，皆華藻秀雅者也。如「帝子遠辭」、「洞門高閣」、「積雨空林」等篇，皆淘洗澄浄者也。是亦高、岑之所不及也。（同上）

或問：摩詰五、七言律，聲氣或有類大曆者，何耶？曰：大曆諸子，時代漸移，而風氣始散。摩詰於禪學有悟，其英氣漸消，聲氣雖同，而風格自異耳。（同上）

五言絶，太白、摩詰多入於聖矣。（同上）

摩詰五言絶，意趣幽玄，妙在文字之外。……摩詰胸中滓穢浄盡，而境與趣合，故其詩妙至此耳。（同上）

摩詰詩如「回風城西雨，返景原上村」，「殘雨斜日照，夕嵐飛鳥還」，「陰盡小苑城，微明渭川樹」，「行到水窮處，坐看雲起時」，「山中一夜雨，樹杪百重泉」，「啼鳥忽臨澗，歸雲時抱峰」，「返影入深林，復照青苔上」，「彩翠時分明，夕嵐無處所」，「逶迤南川水，明滅青林端」，「溪上人家凡幾家，落花半落東流水」，「瀑布杉松常帶雨，夕陽彩翠忽成嵐」，「雲裏帝城雙鳳闕，雨中春樹萬人家」，「新豐樹裏行人度，小苑城邊獵騎迴」等句，皆詩中有畫者也。（同上）

高、岑之詩，才力勝于造詣，王、孟之詩，造詣勝于才力。（同上）

高、岑之詩，有慷慨俠烈之氣，王、孟之詩，有一丘一壑之風。（同上）

詩以藴藉爲主，不得已溢爲光怪爾。藴藉極而光生，光極而怪生焉。李、杜、王、孟及唐諸大家，各有一種光怪，不獨長吉稱怪也。怪至長吉極矣，然何嘗不從藴藉中來。（清賀貽孫《詩筏》）

蓋儲、王、孟、劉、柳、韋五言古詩，淡雋處皆從《十九首》中出，然其不及《十九首》，政在於此。蓋有淡有雋，則有跡可尋，彼《十九首》何處尋跡？（同上）

少陵稱太白詩云「飛揚跋扈」，老泉（按，應爲柳宗元）稱退之文云「猖狂恣睢」。若以此八字評今人詩文，必艴然而怒，不知此八字乃詩文神化處，惟太白、退之乃有此境。……王、孟之詩潔矣，然「飛揚跋扈」不如太白。（同上）

唐人詩近陶者，如儲、王、孟、韋、柳諸人，其雅懿之度，樸茂之色，閒遠之神，澹宕之氣，雋永之味，各有一二，皆足以名家，獨其一段真率處，終不及陶。陶詩中雅懿、樸茂、閒遠、澹宕、雋永，種種妙境，皆從真率中流出，所謂「稱心而言，人亦易足」也。……儲、王輩生平爲人，事事不及陶公，其所以能近陶者，以其風流灑落，無俗韻耳。（同上）

五言詩爲澹穆易，爲奇峭難。……七言詩作澹穆尤難，惟摩詰能之，然而稍加深秀矣。（同上）

落韻自然，莫如摩詰。如「潮來天地青」，「行踏空庭落葉聲」，「青」字、「聲」字偶然而落，妙處豈復有痕迹可尋？總之，本領人下語下字，自與凡人不同，雖未嘗不煉，然指他煉處，却無爐火之迹。（同上）

詩文中「潔」字最難。……詩如摩詰，可謂之潔。惟悟生潔，潔斯幽，幽斯靈，靈斯化矣。摩詰之潔，原從悟生，而摩詰之潔，亦能生悟，潔而能化，悟迹乃融。嗟乎！悟、潔二者，今人棄如土矣。（同上）

詩中之潔，獨推摩詰。即如孟襄陽之淡，柳柳州之峻，韋蘇州之警，劉文房之雋，皆得潔中一種，而非其全。蓋摩詰之潔，本之天然，雖作麗語，愈見其潔。孟、柳、韋、劉諸君，超脱洗削，尚在人境。摩詰如仙姬天女，冰雪爲魂，縱復瓔珞華鬘，都非人間。而諸君則如西子、毛嬙，月下淡粧，却扇一顧，粉脂無色，然不免薰衣頮面，護持愛惜。識者辨之。（同上）

詩中有畫，不獨摩詰也。浩然情景悠然，尤能寫生，其便娟之姿，逸宕之氣，似欲超王而上，然終不能出王範圍内者，王厚於孟故也。（同上）

王右丞詩境雖極幽静，而氣象每自雄偉。如「草枯鷹眼疾，雪盡馬蹄輕」、「苜蓿隨天馬，葡萄逐漢臣」、「日落江湖白，潮來天地青」、「暮雲空磧時驅馬，秋日平原好射雕」、「雲裏帝城雙鳳闕，雨中春樹萬人家」、「歸鞍競帶青絲籠，中使頻傾赤玉盤」等語，其氣象似在「九天閶闔開宫殿，萬國衣冠拜冕旒」之上。如但以氣象語求之，便失右丞遠矣。（同上）

儲光羲五言古詩，雖與摩詰五言古同調，但儲韻遠而王韻雋，儲氣恬而王氣潔，儲於樸中藏秀，而王於秀中藏樸，儲於厚中有細，而王於細中有厚，儲於遠中含澹，而王於澹中含遠，與王着着

敵手，而儲似爭得一先，觀偶然作便知之。然王所以獨稱大家者，王之諸體悉妙，而儲獨以五言古勝場耳。（同上）

劉昚虛、王昌齡五言古，風味近於王、孟。但王、孟澹宕而昚虛高嚴，王、孟疏遠而昌齡綿密。詩家以澹宕疏遠爲至，然每爲淺學形似所混，獨高嚴與綿密，非深心此道者難與措手。故世有假王右丞、孟襄陽，而無假劉江東、王龍標也。（同上）

浩然山人之雄長，時有秀句，而輕飄短味，不得與高、岑、王、儲齒。（清王夫之《薑齋詩話》卷二）

右丞于五言，自其勝場，乃律已臻化，而古體輕忽，迨將與孟爲儔。佳處迎目，亦令人欲置不得，乃所以可愛存者，亦止此而已（按，指所選《渭川田家》、《終南别業》、《西施詠》、《自大散以往深林密竹蹬道盤曲四五十里至黄牛嶺見黄花川》等四詩）。其他褊促浮露，與孟同調者，雖小藻足娱人，要爲吟壇之衙官，不足採也。右丞與儲唱和，而于古體聲價頓絶，趨時喜新，其敝遂至于此。王、孟于五言古體，爲變法之始，顧其推送，雖以褶紋見凝滯，而氣致順適，亦不異人人意。若王昌齡、常建、劉昚虛一流人，既筆墨濃敗，一轉一合，如蹇驢之曳柴車，行數步即躓，不得已，而以谿刻危苦之語，文其拙鈍，則其雜冗，尤令人悶頓不堪。（王夫之《唐詩評選》卷二）

右丞于五言近體，有與儲合者，有與孟合者，有深遠鴻麗軼儲、孟而自爲體者，乃右丞獨開手眼處，則與工部天寶中詩相爲伯仲，顔、謝、鮑、庾之風，又一變矣。工部之工，在即物深致，無細不章;右丞之妙,在廣攝四旁,圜中自顯。如終南之闊大,則以「欲投人處宿,隔水問樵夫」顯之,獵騎之輕速,則以「忽過」、「還歸」、「回看」、「暮雲」顯之,皆所謂「離鉤三寸,鱍鱍金鱗」,少陵未嘗問津及此也。然五言之變,至此已極。右丞妙手,能使在遠者近,摶虛作實,則心自旁靈,形自當位。苟非其人,荒遠幻誕,將有如一一鶴聲飛上天,而自詫爲靈通者,風雅掃地矣。是取徑盛唐者,節宣之度,不可不知也。(同上卷三)

七言古至右丞,氣骨頓弱,已逗中唐。如「衛霍纔堪一騎將,朝廷不數貳師功」,「願得燕弓射天將,恥令越甲鳴吾君」,極欲作健,而風格已夷,即曲借對仗,無復渾勁之致。須溪評王嫩復勝老,愛忘其醜矣。(清毛先舒《詩辯坻》卷三)

襄陽歌行,便已下右丞一格,無論高、岑、崔、李也。蓋全用姿勝,不復見氣,但未及雋語,爲能立足耳。(同上)

王、孟五言絶,筆韻超遠,不減李拾遺。但李近瀏亮,王近清疎,特差異耳。孟他體較王格小減,五言絶句,氣更似勝之。(同上)

七律如李頎、王維,其婉轉附物,惆悵切情,而六轡如琴,和之至也。後人未能妙臻此境。(清宋徵璧《抱真堂詩話》)

唐無李、杜,摩詰便應首推。昔人謂「如秋水芙蕖,倚風自笑」,殊未盡厥美,庶幾「咳唾落九

天，隨風生珠玉」耳。三人相較，正猶留侯無收城轉餉之功，襟袖帶煙霞之氣，自非平陽、曲逆可伍。（清賀裳《載酒園詩話》又編）

摩詰才高於儲，擬陶則儲較王爲近。但儲詩亦惟此種佳，有廉頗用趙人之意。王兼長，儲獨詣也。（同上）

王右丞五古，盡善盡美矣，《觀別者》篇可入《三百》。孟浩然五古，可敵右丞。（清吴喬《圍爐詩話》卷二）

應制詩，右丞勝于諸公。（同上卷三）

唐人謂「王維詩天子，杜甫詩宰相」（按二語見《海録碎事》）。今看右丞詩甚佳，而有邊幅，子美浩然如海。（同上卷四）

（詩）小變於沈、宋、雲、龍之間，而大變於開元、天寶高、岑、王、孟、李。此數人者，雖各有所因，而實一一能爲創。而集大成如杜甫，傑出如韓愈，專家如柳宗元，如劉禹錫，如李賀，如李商隱，如杜牧，如陸龜蒙諸子，一一皆特立興起。（清葉燮《原詩》卷一）

變化而不失其正，千古詩人，惟杜甫爲能。高、岑、王、孟諸子，設色止矣，皆未可語以變化也。……杜甫，詩之神者也，夫惟神乃能變化。（同上）

作詩有性情，必有面目……諸大家雖所就各有差別，而面目無不於詩見之。其中有全見者，

有半見者。如陶潛、李白之詩，皆全見面目；王維五言則面目見，七言則面目不見。（同上卷三）

古今詩人以變調能工者，惟顔延之、謝朓、王維、杜甫而已。……摩詰高逸，至誦其應制應教諸作，儼造五鳳鉅手。（清葉矯然《龍性堂詩話》初集）

薛君采論五言律，推右丞、蘇州爲第一，良有深意妙會，覺子美猶當别論。僕嘗持此議未發，君采先獲我心，然此可爲知者道。（同上續集）

五律不着一毫聲色，天然高貴，唐人則右丞、蘇州爲絶唱，襄陽、柳州次之，文房、虞臣又次之，宋、元絶響矣。（同上）

唐人排律，初推沈、宋，而宋妙於沈者，以逸勝也。盛則右丞尤在青蓮之上，亦以逸不可及。至杜公廣大神通，壓古軼今，岑、高諸人無敢望其項背。（同上）

七律宜讀王右丞、李東川。尤宜熟玩劉文房諸作。宋人則陸務觀。……學前諸家七律，久而有所得，然後取杜詩讀之，譬如百川學海而至於海也。此是究竟歸宿處。（清王士禛《然鐙紀聞》）

（劉大勤）問：「王、孟詩假天籟爲宫商，寄至味於平淡，格調諧暢，意興自然，真有無迹可尋之妙。二家亦有互異處否？」（王士禛）答：「譬之釋氏，王是佛語，孟是菩薩語。孟詩有寒儉之態，不及王詩天然而工。惟五古不可優劣。」（清劉大勤編《師友詩傳續録》）

汪鈍翁問余：「王、孟齊名，何以孟不及王？」答曰：「孟詩味之未能免俗耳。」汪深歎其言，謂從

無人道及此。（王士禛《漁洋詩話》卷上）

古人山水之作，莫如康樂、宣城、盛唐王、孟、李、杜及王昌齡、劉昚虛、常建、盧象、陶翰、韋應物諸公，搜抉靈奧，可謂至矣。然總不如曹操「水何澹澹，山島竦峙」二語，此老殆不可及。（王士禛《帶經堂詩話》卷一品藻類）

（《唐詩品彙》）七言古詩以李太白爲正宗，杜子美爲大家，王摩詰、高達夫、李東川爲名家，則非。是三家者，皆當爲正宗，李、杜均之爲大家，岑嘉州而下爲名家，則確然不可易矣。（同上）

唐五言詩，開元、天寶間大匠同時竝出。王右丞而下，如孟浩然、王昌齡、岑參、常建、劉昚虛、李頎、綦毋潛、祖詠、盧象、陶翰，之數公者，皆與摩詰相頡頏。獨儲光羲詩，多龍虎鉛汞之氣，田園樵牧諸篇，又迂闊不切事情，而古今稱「儲王」，何也？（同上）

陶如佛語，韋如菩薩語，王右丞如祖師語也。（同上）

詩以言志。古之作者，如陶靖節、謝康樂、王右丞、杜工部、韋蘇州之屬，其詩具在，嘗試以平生出處考之，莫不各肖其爲人。尚友千載者自能辨之。（同上卷三要旨類）

開元、大曆諸作者，七言（古詩）始盛。王、李、高、岑四家，篇什尤多。李太白馳騁筆力，自成一家。大抵嘉州之奇峭，供奉之豪放，更爲刱獲。（同上卷四纂輯類）

五言（絶句），初唐王勃獨爲擅場，盛唐王、裴輞川唱和，工力悉敵，劉須溪有意抑裴，謬論也。

李白氣體高妙，崔國輔源本齊梁，韋應物本出右丞，加以古澹。後之爲五言者，於此數家求之，有餘師矣。（同上卷四刪訂類）

沈著痛快，非惟李、杜、昌黎有之，乃陶、謝、王、孟而下莫不有之。（王士禛《帶經堂集》卷六五《芝廛集序》）

平心而論，（七律）初唐如花始苞，英華未翕；盛唐王維、李頎、岑參諸公，聲調氣格，種種超越，允爲正宗；中、晚之錢、劉、李義山、劉滄亦悠揚婉麗，渢渢乎雅人之致。……獨少陵包三唐，該正變，爲廣大教化主。（清宋犖《漫堂説詩》）

詩總不離乎才也。有天才，有地才，有人才。吾于天才得李太白，于地才得杜子美，于人才得王摩詰。太白以氣韻勝，子美以格律勝，摩詰以理趣勝。太白千秋逸調，子美一代規模，摩詰精大雄氏之學，篇章字句皆合聖教。（清徐增《而菴詩話》）

詩到極則，不過是抒寫自己胸襟，若晋之陶元亮，唐之王右丞，其人也。（同上）

王維、孟浩然清淑散朗，窈窕悠閑，取神於陶、謝之間，而安頓在行墨之外，資制相侔，神理各足。儲光羲似少遜之。（清田雯《古歡堂雜著》卷二《論五言古詩》）

摩詰恬潔精微，如天女散花，幽香萬片，落人巾幘間。每於胸念塵雜時，取而讀之，便覺神怡氣静。（同上《論五言律詩》）

（詩）至唐變爲近體，沈、宋、王、孟、高、岑諸公，昌明博大，自是盛世之音，未免文勝于質，故當以子美爲宗子也。（清龐塏《詩義固説》卷下）

徐文長有云：「高、岑、王、孟固布帛菽粟，韓愈、孟郊、盧仝、李賀却是龍肝鳳髓，能舍之耶？」此言當王、李盛行之時，真如清夜聞晨鐘矣。（清方世舉《蘭叢詩話》）

唐之盧、駱、王、岑、錢、劉，皆於此數詩中得力。《羽林郎》、《董嬌嬈》、《日出東南隅行》諸詩，情詞並麗，意旨殊工，皆詩家之正則，學者所當揣摩。（清費錫璜《漢詩總説》）

唐之詩家稱正宗者，必推王右丞，同時比肩接武如孟襄陽、韋蘇州、柳連州，未能或之先也。孟格清而薄，韋體澹而平，柳致幽而激，唯右丞通於禪理，故語無背觸，甜徹中邊，空外之音也，水中之影也，香之於沉實也，果之於木瓜也，酒之於建康也，使人索之於離即之間，驟欲去之而不可得，蓋空諸所有，而獨契其宗。（清趙殿最《序王右丞集箋注》，見趙殿成《箋注》卷首）

右丞崛起開元、天寶之間，才華炳焕，籠罩一時，而又天機清妙，與物無競，舉人事之升沉得失，不以膠滯其中。故其爲詩，真趣洋溢，脱棄凡近，麗而不失之浮，樂而不流于蕩，即有送人遠適之篇，懷古悲歌之作，亦復渾厚大雅，怨尤不露，苟非實有得于古者詩教之旨，焉能至是乎？乃論者以其不能死禄山之難，而遽譏議其詩，以爲萎弱而少氣骨，抑思右丞之服藥取痢，與甄濟之陽爲歐血，苦節何殊？而一則竟脱于樊籠，一則不免于維縶者，遇之有幸有不幸也。普施拘禁，凝碧悲歌，君子讀其辭而原其志，深足哀矣！即謂揆之致身之義，尚少一死，至于辭章之得失何與？而亦波及以微辭焉，毋乃過歟！（清趙殿成《王右丞集箋注·序》）

陶詩胸次浩然，其中有一段淵深樸茂不可到處。唐人祖述者，王右丞有其清腴，孟山人有其閒遠，儲太祝有其樸實，韋左司有其沖和，柳儀曹有其峻潔，皆學焉而得其性之所近。（清沈德潛《説詩晬語》卷上）

（七古）高、岑、王、李頎四家，每段頓挫處，略作對偶，於局勢散漫中求整飭也。（同上）

五言律……開、寶以來，李太白之明麗，王摩詰、孟浩然之自得，分道揚鑣，並推極盛。杜子美獨闢畦徑，寓縱橫排奡於整密中，故應包涵一切。終唐之世，變態雖多，無有越諸家之範圍者矣。以此求之，有餘師焉。（同上）

（七律）王維、李頎、崔曙、張謂、高適、岑參諸人，品格既高，復饒遠韻，故爲正聲。老杜以宏才卓識，盛氣大力勝之。（同上）

五言絶句，右丞之自然，太白之高妙，蘇州之古澹，並入化機；而三家中，太白近樂府，右丞、蘇州近古詩，又各擅勝場也。（同上）

王右丞詩不用禪語，時得禪理。（同上卷下）

意太深，氣太渾，色太濃，詩家一病，故曰「穆如清風」，右丞詩每從不著力處得之。（沈德潛

《唐詩别裁》卷一）

襄陽詩從静悟得之，故語淡而味終不薄，此詩品也，然比右丞之渾厚，尚非魯、衛。（同上）

右丞五言律有二種，一種以清遠勝，如「行到水窮處，坐看雲起時」是也；一種以雄渾勝，如「天官動將星，漢地柳條青」是也，當分别觀之。（同上卷九）

七古……至初學入手，求其筆勢穩稱，則王摩詰、高達夫二家，乃正善學唐初者；少陵如《洗兵馬》、《古柏行》亦然，但更加雄渾耳。（清李重華《貞一齋詩説・詩談雜録》）

五言律杜老固屬聖境，而王、孟確是正鋒。向後諸名家，竭盡心力，不能外此三家。前此則陳子昂、李太白亦佳。餘俱旁門小竅爾。（同上）

七言律古今所尚，李滄溟專取王摩詰、李東川，宗其説，豈能窮極變態？（同上）

五言絶發源《子夜歌》，别無謬巧，取其天然，二十字如彈丸脱手爲妙。李白、王維、崔國輔各擅其勝，工者俱脗合乎此。（同上）

阮亭選《三昧集》，謂五言有入禪妙境，七言則句法要健，不得以禪求之。余謂王摩詰七言何嘗無入禪處，此係性所近耳。况五言至境，亦不得專以入禪爲妙。（同上）

學韓、蘇失之者，其弊在駁雜；學王、孟失之者，其弊在闃寂。（同上）

王摩詰維詩，如初祖達摩過江説法，又如翠竹得風，天然而笑。（清牟願相《小澥草堂雜論詩》）

唐人諸體詩都臻工妙者，惟王摩詰一人。（同上）

儲、王並稱，王高；王、孟並稱，王厚；王、韋並稱，王真；裴、王並稱，王大。（同上）

高、岑、王三家，均能刻意煉句，又不傷大雅，可謂文質彬彬。（清黄子雲《野鴻詩的》）

王、孟齊名，李西涯謂王不及孟，竟陵及新城先生謂孟不及王。愚謂以疎古論孟爲勝，以澄汰論王爲勝，二家未易軒輊。（清喬億《劍谿説詩》卷上）

右丞詩精工，襄陽詩有亂頭粗服處，故説者多謂勝王。不知此乃跡耳，境地高下不在此。（同上）

七言歌行欲氣勝易，欲氣古難，氣古而兼氣勝更難。王、楊、盧、駱氣古，非氣勝也。子瞻氣勝，非氣古也。退之短章氣古，長篇氣勝。王、李、高、岑並氣古氣勝而未至者。惟李、杜兼之，各造其極，又加以變化神奇，錯綜斷亂也。（同上）

以畫論詩：李、杜歌行，荆、關、董、巨之山水也。……摩詰之詩，即摩詰之畫，意致蕭散中自饒名貴。（同上）

古人詩境不同，譬諸山川：杜詩如河嶽，李詩如海上十洲，孟襄陽詩如匡盧，王右丞詩如會稽諸山。（同上）

開、寶七律，王右丞之格韻，李東川之音調，並皆高妙。（同上卷下）

後人苦效王、裴而不得其自在，所以去之邇遠。（同上）

七言絶句，李供奉、王龍標神化至矣！……右丞氣韻，嘉州氣骨，非大曆諸公可到。（同上）

唐詩自李、杜而下，許彦周謂孟浩然、王維當爲第一，陸務觀曰岑參一人而已。余以爲岑之歌行，足當陸語，而諸體兼長，氣象宏遠，無過王維者。（同上又編）

詩中有畫，不若詩中有人。左司高於右丞以此。（同上）

左司歌行，極華贍中仍加澹逸，特風調稍遜王、李諸公，然王、李較之意淺。（同上）

王、孟，金石之音也。錢、劉，絲竹之音也。韋如古雅琴，其音澹泊。高、岑則革木之音。兼之者其惟李、杜乎？（同上）

凡事不能無弊，學詩亦然。……學王、孟、韋、柳者，其弊常流于弱；學元、白、放翁者，其弊常失于淺。（清袁枚《隨園詩話》卷四）

陸鉽曰：「凡人作詩，一題到手，必有一種供給應付之語，老生常談，不召自來。若作家，必如謝絶泛交，盡行麾去，然後心精獨運，自出新裁。及其成後，又必渾成精當，無斧鑿痕，方稱合作。」余見史稱孟浩然苦吟，眉毫脱盡；王維構思，走入醋甕，可謂難矣。今讀其詩，從容和雅，如天衣之無縫，深入淺出，方臻此境。（同上卷七）

王、孟詩大段相近，而體格又自微别。王清而遠，孟清而切。學王不成，流爲空腔；學孟不成，流爲淺語。（清紀昀《瀛奎律髓刊誤》卷二三）

盛唐人詩，固無體不妙，而尤以五言律爲最，此體中又當以王、孟爲最，以禪家妙悟論詩者正在此耳。（清姚鼐《惜抱軒文集·五七言今體詩鈔序目》）

右丞七律，能備三十二相，而意興超遠，有雖對榮觀燕處超然之意，宜獨冠盛唐諸公。于鱗以東川配之，此一人私好，非公論也。（同上）

孟公高華精警不逮右丞，而自然奇逸處則過之。（同上《五言今體詩鈔》卷二）

蓋終唐之世，稱大家者，以李、杜、韓三家爲宗。……律詩之稱正音者，王、孟二家爲宗，而高、岑、錢、劉諸人爲輔。（清魯九皋《詩學源流考》）

王、孟諸公，雖極超詣，然其妙處，似猶可得以言語形容之。獨至韋蘇州，則其奇妙全在淡處，實無跡可求。（清翁方綱《石洲詩話》卷二）

《詩》三百篇有正有變，後人學焉而各得其性之所近。楚騷之幽怨，少陵之憂愁，太白之飄豔，昌谷、玉川之奇詭，東野、閬仙之寒儉，從乎變者也。陶靖節以下，至于王昌齡、王維、孟浩然、高適、岑參、韋應物、儲光羲、錢起輩，俱發言和易，近乎正者也。（清李調元《雨村詩話》卷下）

柳子厚文配韓，其詩亦可配韓，在王摩詰、孟浩然、韋蘇州之上，根柢厚，取精多，用物宏也。（同上）

以禪喻詩，昔人所詆。然詩境究貴在悟，五言尤然。王維、孟浩然逸才妙悟，笙磬同音。並時劉眘虚、常建、李頎、王昌齡、丘爲、綦毋潛、儲光羲之徒，遥相應和，共一宗風，正始之音，于兹爲盛。（清管世銘《讀雪山房唐詩凡例·五古凡例》）

王摩詰善能錯綜子史，而言不欲盡，詞旨温麗，音節鏗鏘，蔚然爲一朝冠冕。（同上《七古凡例》）

一人作一面目，王、李、高、岑、太白所能也。一篇出一面目，王、李、高、岑、太白所不能也。杜工部七言古詩……千態萬狀，不可殫名，悲喜無端，俯仰自失，觀止之嘆，意在斯乎？（同上）

唐七言古詩，整齊於高、岑、王、李，飄灑於太白，沉雄於少陵，崛强於昌黎，蓋猶七雄之並峙也。（同上）

「藍田日暖，良玉生煙」，此最五言勝境也。王摩詰殆篇篇不愧此意。（同上《五律凡例》）

孟襄陽佇興而就，摩詰、太白亦多得于自然。（同上）

王右丞精深華妙，獨出冠時；終唐之世，與少陵分席而坐者，一人而已矣。（同上《七律凡例》）

王摩詰之春容，李青連之灑落，岑嘉州之奇警，高達夫之沉著，長律中缺一不可。（同上《五排凡例》）

王維妙悟，李白天才，即以五言絶句一體論之，亦古今之岱、華也。裴迪輞川唱和，不失爲摩詰勁敵。（同上《五絶凡例》）

摩詰、少伯、太白三家，鼎足而立，美不勝收。王之涣獨以「黄河遠上」一篇當之。彼不厭其

多，此不愧其少，可謂拔戟自成一隊。（同上《七絶凡例》）

以唐而論，以長句擅長者，李、杜、韓而外，亦惟高、岑、王、李四家耳。（清洪亮吉《北江詩話》卷一）

有唐一代，詩文兼擅者，惟韓、柳、小杜三家。次則張燕公、元道州。……高、岑、王、李、李、杜、韋、孟、元、白，能爲詩而不能爲文，即有文亦不及其詩。（同上卷二）

沈之與宋，高之與岑，王之與孟，韋之與柳……措詞命意不同，而體格並同，所謂「笙磬同音」也。（同上卷六）

稱詩者莫盛於唐，惟去漢、魏日遠，古體遂乏渾厚之氣。擬古樂府，則以太白爲正宗，而少陵及元、白、張、王其變也。五古以子昂、太白、王、孟、韋、柳爲正，子昂復古之功尤大，少陵則變而不失其正也。至七古以高、岑、王、李頎及太白、少陵、昌黎爲正，而王、楊、盧、駱四傑其變也。（清冒春榮《葚原詩説》卷四）

惡乎人之以輕浮淺率之辭謂本王、孟，其亦瞽之持鏡以爲覆瓿器而已，烏知物色王、孟！夫詩有徐、庾，有王、孟。王、孟之詩不必謂宗法柴桑，要皆自能伐毛洗髓，固質存真，故其趣潔，其味旨，而難以工力計較。今人朝購類書，夕已狂叫吾文凌孝穆、抗蘭成矣，毋怪其以輕浮淺率視王、孟也。此種病根，如能將王、孟詩復讀深思之，亦不待三年之艾而可療。（清闕名《静居緒言》）

人以王、孟、韋、柳連而稱之者，以其詩皆不事琱繪也。然其間位置自別，風趣不同。（同上）

（王維）佳句如「興闌啼鳥緩，坐久落花多」，「渡頭餘落日，墟里上孤烟」，「五湖三畝宅，萬里一歸人」，「鳥道一千里，猿聲十二時」，「日落江湖白，潮來天地青」，「古木無人逕，深山何處鐘」，「行到水窮處，坐看雲起時」，「草枯鷹眼疾，雲盡馬蹄輕」，「江流天地外，山色有無中」；應制之作如「樓開萬井上，輦過百花中」，「祖席傾三省，褰帷向九州」，「百生逢此日，萬壽願齊天」，「遊人多晝日，明月讓燈光」，「洞中開日月，窗裏發雲霞」，皆語語天成。（清余成教《石園詩話》卷一）

何謂廣大？曰：顔延年之《郊祀》、《曲水》、《釋奠》以及《侍遊》諸作，氣體崇閎，頗堪嗣響《雅》、《頌》。近體則沈、宋、燕、許、右丞輩，亦時有宏壯之觀。（清王壽昌《小清華園詩談》卷上）

詩道性情，只貴説本分語。如右丞、東川、嘉州、常侍，何必深於義理，動關忠孝？然其言自足有味，説自家話也。不似放翁、山谷，矜持虛憍也。四大家絶無此病。（清方東樹《昭昧詹言》卷一）

東川纏綿情韻，自然深至，然往往有痕。所謂無意爲文而意已至，闊遠而絶無弩拔之迹，右丞其至矣乎！（同上卷一二）

王摩詰。輞川於詩，亦稱一祖。然比之杜公，真如維摩之於如來，確然別爲一派。尋其所至，只是以興象超遠，渾然元氣，爲後人所莫及；高華精警，極聲色之宗，而不落人間聲色，所以可貴。

然愚乃不喜之，以其無血氣無性情也。譬如絳闕仙官，非不尊貴，而於世無益；又如畫工，圖寫逼肖，終非實物，何以用之？稱詩而無當於興、觀、群、怨，失《風》、《騷》之旨，遠聖人之教，亦何取乎？政如司馬相如之文，使世間無此，殊無所損。但以資於館閣詞人醖釀句法，以爲應制之用，誠爲好手耳。（同上卷一六）

自王漁洋倡神韻之説，於唐人盛推王、孟、韋、柳諸家，今之學者翕然從之，其實不過喜其易於成篇，便於不學耳。《詩》三百篇，孔子所删定，其論詩，一則云温柔敦厚，一則云可以興、觀、群、怨，原非但品題泉石，摹繪烟霞。洎乎畸士逸客，各標幽賞，乃别爲山水清音。此不過詩之一體，不足以盡詩之全也。竊謂王、孟、韋、柳之詩，只須就選本讀之，只須遇相稱之題學之。此外初盛中晚，各有名家，皆須研究。（清梁章鉅《退庵隨筆·學詩二》）

漁洋謂「左司五絶，源出右丞，加以古澹」。愚按左司古澹清麗，詩源自出魏、晋，非出右丞，其年代不甚在右丞後。詩之古澹，本與右丞相似，非「加以古澹」也。古澹由氣骨，豈由加增而得者耶！（清潘德輿《養一齋詩話》卷一）

王、孟、儲、韋、柳五家相似。予嘗抄陶詩，而以五家五言古詩附之，類聚之義也。然五家亦自有高下，蓋王實體兼衆妙，孟、韋七古歌行，似未留意耳。若孟、韋並衡，斷難軒輊。儲詩樸而未厚，柳詩淡而未腴，當出孟、韋下。（同上）

唐人除李青蓮之外，五絶第一，其王右丞乎？七絶第一，其王龍標乎？右丞以淡淡而至濃，龍標以濃濃而至淡，皆聖手也。（同上卷二）

右丞、東川、常侍、嘉州七古七律，往往以雄渾悲鬱，鏗鏘壯麗擅長。（同上卷八）

高氏棅曰：「開元後五言絶句，李白、王維尤勝諸人。」宋氏犖曰：「李白、崔國輔五絶，號爲擅場。」按二説高氏爲近之。右丞五絶，冲澹自然，洵有唐至高之境也。但右丞五絶佳處，太白有之，太白五絶佳處，右丞未嘗有之，並論終嫌不敵。（潘德輿《養一齋李杜詩話》卷一）

問：七古之必由盛唐四家（按謂王、李、高、岑）入手者何道？盛唐四家，起訖承轉，開闔頓挫，處處有金針可度；用韻皆有法律，又每於筋節處，用對仗以止齊之，此孫、吴節制師也。學者從此問津，即不能窺李、杜之堂，亦不至有放縱顛蹶之病矣。（清陳僅《竹林答問》）

漢、魏七古皆諧適條暢，至明遠獨爲亢音亮節，其間又迥闢一途。唐王、楊、盧、駱猶承奉初軌，及李、杜天才豪邁，自出機杼，然往往取法明遠，因此又變一格。李、杜外，高、岑、王、李亦擅盛名，惟右丞頗多弱調，常爲後人所議。吾謂其尚有初唐風味，于聲調似較近古耳。（清厲志《白華山人詩説》卷一）

先輩論詩，五古以淵閟静雅，骨氣高妙爲上。三唐作者，無論李、杜，如王、孟之冲澹，高、岑之勁拔，韓、孟之奇奥，元、白之曉暢，皆足上薄漢、魏，下掩宋、元，故曰詩至唐而極盛。（清陸鎣《問

花樓詩話》卷一）

宋、齊以後，綺麗則無風骨，雕刻則乏氣韻，工選句而不解謀篇，淺薄極矣。沿至唐初，積習未革。至盛唐，而射洪、曲江力起其衰，復歸於古。太白、子美，同時並駕中原。太白爲詩中仙，子美爲詩中聖，屹然兩大，狎主齊盟。而王、孟、高、岑、東川、左司諸家，並極一時之選，羽翼風雅，盛矣哉！其詩之中天乎？（清朱庭珍《筱園詩話》卷一）

五古須法漢、魏及阮步兵、陶淵明、謝康樂、鮑明遠、李、杜諸公，而參以太沖、宣城及王、孟、韋、柳四家，則高古清遠，雄厚沈鬱，均造其極，正變備於是矣。……五律以杜爲法，參以太白、襄陽、右丞、嘉州，已備其旨。七律以工部、右丞、義山爲法，參以東川、嘉州、中山、牧之，須求高壯雄厚，不涉空腔，乃是方家正宗。（同上）

唐人七古，高、岑、王、李諸公規格最正，筆最雅鍊。散行中時作對偶警拔之句，以爲上下關鍵，非惟於散漫中求整齊，平正中求警策，而一篇之骨，即樹於此。兼以詞不欲盡，故意境寬然有餘；氣不欲放，故筆力鋭而時斂，最爲詞壇節制之師。（同上卷三）

作律詩雖爭起筆，尤貴以氣格勝。須要成竹在胸，操縱隨手，自起至結，首尾元氣貫注，相生相顧，鎔成一片，精力彌滿，渾淪無迹，自然高厚沈雄，官止神行，所謂中聲也。此詣惟工部、右丞擅長，他人鮮及，乃近體最上大乘法門。（同上卷四）

律詩鍊句，以情景交融爲上。……情景交融者，景中有情，情中有景，打成一片，不可分拆。如工部「感時花濺淚，恨别鳥驚心」，……右丞「白雲迴望合，青靄入看無」，「松風吹解帶，山月照彈琴」，「行到水窮處，坐看雲起時」，「時倚簷前樹，遠看原上村」，「大壑隨階轉，群峰入户登」……皆是句中有人，情景兼到者也。（同上）

短章貴醖釀精深，淵涵廣博，色聲香味俱淨，始造微妙之詣。……孟山人、王右丞均工於短章五古，擅美一時。（同上）

王右丞詩，一種近孟襄陽，一種近李東川，清高名雋，各有宜也。（清劉熙載《藝概》卷二《詩概》）

王摩詰詩，好處在無世俗之病。世俗之病，如恃才騁學，做身分，好攀引，皆是。（同上）

錢仲文、郎君胄大率衍王、孟之緒，但王、孟之渾成，却非錢、郎所及。（同上）

王、孟及大曆十子詩，皆尚清雅，惟格止於此而不能變，故猶未足籠罩一切。（同上）

陶公詩一往真氣，自胸中流出，字字雅淡，字字沉痛。……後來王、孟、韋、柳，皆得陶公之雅淡，然其沉痛處率不能至也。境遇使然，故曰「是以論其世也」。（清施補華《峴傭説詩》）

摩詰五言古，雅淡之中，别饒華氣，故其人清貴；蓋山澤間儀態，非山澤間性情也。若孟公則真山澤之癯矣。（同上）

三韻五言古，摩詰、太白、蘇州皆有之。太白宕逸，蘇州幽澹，摩詰清遠，《春夜竹亭》一首、《送

別》一首可見。（同上）

大曆劉、錢古詩亦近摩詰，然清氣中時露工秀，澹字遠字微字皆不能到，此所以日趨於薄也。（同上）

儲光羲《田家》諸作，真樸處勝於摩詰。（同上）

韋公古澹勝於右丞，故於陶爲獨近。（同上）

摩詰七古，格整而氣斂，雖縱横變化，不及李、杜，然使事典雅，屬對工穩，極可爲後人學步。（同上）

摩詰七律，有高華一體，有清遠一體，皆可效法。（同上）

四、畫評

王維爲唐代著名詩人兼畫家，昔人嘗謂其詩中有畫、畫中有詩，故知其畫，或有助於明其詩。王維畫之真蹟已逸，然前人對其畫有不少評述。本附録即收輯此類資料，以供研究者參考。應當指出，王維畫在流傳過程中，臨本紛出，真贋混雜，許多評述者，未必皆能見到真本，故其評述意見，不一定都切實可信。根據這一點，本附録在編輯過程中，對搜集到的有關資料，作了一些分析、鑒别，或棄或取。又，凡後人之評述意見悉同於前人者，一般不録；單純記述王維畫之收藏、流傳情況的資料，亦不録。另，已見于附録二、附録三中的有關資料，此處也不復收録。所録資料，皆按時代先後編排。

滄洲誤是真，萋萋忽盈視。便有春渚情，褰裳掇芳芷。颯然風至草不動，始悟丹青得如此。丹青變化不可尋，翻空作有移人心。猶言雨色斜拂座，乍似水凉來入襟。滄洲説近三湘口，誰知卷得在君手。披圖擁褐臨水時，翛然不異滄洲叟。（唐皎然《觀王右丞維滄洲圖歌》，載《全唐詩》卷八二一）

玄宗時，王維特妙山水，幽深之致，近古未有。（唐封演《封氏聞見記》卷五）

精華在筆端，咫尺匠心難。日月中堂見，江湖滿座看。夜凝嵐氣溼，秋浸壁光寒，料得昔人意，平生詩思殘。　右丞今已歿，遺畫世間稀。咫尺江湖盡，尋常鷗鳥飛。山光全在掌，雲氣欲生衣。以此常爲玩，平生滄海機。（唐張祜《題王右丞山水障二首》，載《全唐詩》卷五一〇）

又若王右丞之重深，楊僕射之奇贍，朱審之濃秀，王宰之巧密，劉商之取象，其餘作者非一，皆不過之。（唐張彦遠《歷代名畫記》卷一《論畫山水樹石》）

妙品上七人：王維，寫真、山水、松石、樹木。（唐朱景玄《唐朝名畫録·目録》）

王右丞筆墨宛麗，氣韻高清，巧寫象成，亦動真思。（五代荆浩《畫山水録》）

摩詰傳遺蹟，家藏久自奇。高人不復見，絶技更誰師？水石生寒早，烟雲結雨遲。筆端窮造

化，聊可敵君詩。（宋范純仁《和韓子文題王摩詰畫寒林》，見明張丑《清河書畫舫》寅字號）

書畫之妙，當以神會，難可以形器求也。世觀畫者，多能指摘其間形象位置、彩色瑕疵而已，至于奥理冥造者，罕見其人。如彦遠《畫評》，言王維畫物，多不問四時。如畫花，往往以桃杏芙蓉蓮花同畫一景。余家所藏摩詰畫《袁安卧雪圖》，有雪中芭蕉，此乃得心應手，意到便成，故造理入神，迥得天意，此難可與俗人論也。（宋沈括《夢溪筆談》卷一七）

王仲至閲吾家畫，最愛王維畫《黄梅出山圖》，蓋其所圖黄梅、曹溪二人，氣運神檢，皆如其爲人。讀二人事蹟，還觀所畫，可以想見其人。（同上）

（李）成畫《平遠寒林》，前人所未嘗爲，氣韻蕭灑，煙林清曠，筆勢穎脱，墨法精絶，高妙入神，古今一人，真畫家百世師也。雖昔王維、李思訓之徒，亦不可同日而語。（宋王闢之《澠水燕談録》卷七）

近世畫手……學范寛者，乏營丘之秀媚，師王維者，缺關仝之風骨，凡此之類，咎在于所經之不衆多也。（宋郭熙《林泉高致集·山水訓》）

何處訪吴畫？普門與開元。開元有東塔，摩詰留手痕。吾觀畫品中，莫如二子尊。道子實雄放，浩如海波翻。當其下手風雨快，筆所未到氣已吞。亭亭雙林間，彩暈扶桑暾。中有至人談寂滅，悟者悲涕迷者手自捫。蠻君鬼伯千萬萬，相排競進頭如黿。摩詰本詩老，佩芷襲芳蓀。今觀此壁畫，亦若其詩清且敦。祇園弟子盡鶴骨，心如死灰不復温。門前兩叢竹，雪節貫霜根。交柯亂葉動無數，一一皆可尋其源。吴生雖妙絶，猶以畫工論。摩詰得之于象外，有如仙翮謝籠樊。吾觀二子皆神俊，又于維也斂衽無間言。（宋蘇軾《東坡集》卷一《鳳翔八觀・王維吴道子畫》）

前身陶彭澤，後身韋蘇州。欲覓王右丞，還向五字求。詩人與畫手，蘭菊芳春秋。又恐兩皆是，分身來入流。（蘇軾《東坡續集》卷一《次韻魯直書伯時畫王摩詰》）

唐人王摩詰、李思訓之流，畫山川峰麓，自成變態，雖蕭然有出塵之姿，然頗以雲物間之，作浮雲杳靄，與孤鴻落照，滅没于江天之外，舉世宗之，而唐人之典刑盡矣。（蘇軾《東坡題跋》卷五《又跋漢傑畫山》）

嘉祐癸卯上元夜，來觀王維摩詰筆，時夜已闌，殘燈耿然，畫僧踽踽欲動，怳然久之。（同上《題鳳翔東院王畫壁》）

王摩詰自作《輞川圖》，筆墨可謂造微入妙。然世有兩本，一本用矮紙，一本用高紙，意皆出摩詰不疑。臨摹得人，猶可見其得意於林泉之髣髴。（黄庭堅《山谷題跋》卷三《題輞川圖》）

丹青王右轄，詩句妙九州。物外常獨往，人間無所求。袖手南山雨，輞川桑柘秋。胸中有佳處，涇渭看同流。（黄庭堅《摩詰畫》，見《山谷外集詩注》卷一三）

元祐丁卯，余爲汝南郡學官，夏得腸癖之疾，卧直舍中，所善高符仲攜摩詰《輞川圖》視余，曰：

閲此可以愈疾。余本江海人，得圖喜甚，即使二兒從旁引之，閲于枕上。恍然若與摩詰入輞川，度華子岡，經孟城坳，憩輞口莊，泊文杏館，上斤竹嶺，並木蘭柴，絶茱萸沜，躡槐陌，窺鹿柴，返于南北垞，航欹湖，戲柳浪，濯欒家瀨，酌金屑泉，過白石灘，停竹里館，轉辛夷塢，抵漆園，幅巾杖履，棋弈茗飲，或賦詩自娱，忘其身之匏繫于汝南也。數日疾良愈，而符仲亦爲夏侯太沖來取圖，遂題其末而歸諸高氏。（宋秦觀《淮海題跋》卷一《書輞川圖後》）

張修字誠之少卿家，有《辟支佛》，下畫王維仙桃巾黄服合掌頂禮，乃是自寫真，與世所傳關中十大弟子真法相似，是真筆。世俗以蜀中畫《騾綱圖》、《劍門關圖》爲王維甚衆，又多以江南人所畫雪圖命爲王維，但見筆清秀者即命之。如蘇之純家所收《魏武讀碑圖》，亦命之維，李冠卿家小卷，亦命之維，與《讀碑圖》一同，今在余家。長安李氏雪圖與孫載道字積中家雪圖，一同命之爲王維也。其他貴族家不可勝數，諒非如是之衆也。（宋米芾《畫史·唐畫》）

王維畫《小輞川》摹本，筆細，在長安李氏，人物好，此定是真。若比世俗所謂王維，全不類。或傳宜興楊氏本上摹得。（同上）

古畫《捕魚》一卷，或曰王右丞草也。紙廣不充幅，長丈許，水波渺瀰，洲渚隱隱見其背，岸木葭菼向摇落，草萋然始黄，天慘慘雲而風，人物衣裘有寒意，蓋畫江南初冬欲雪時也。兩人挽舟循厓，一人篙而下之，三人巾帽袍帶而騎，或馬或驢……人物數十許，目相望不過五六里，若百里千里。右丞妙于詩，故畫意有餘，世人欲以語言粉墨追之，不似也。常憶楚人云：「帝子降兮北渚，目渺渺兮愁予。嫋嫋兮秋風，洞庭波兮木葉下。」引物連類，謂便若湖湘在目前。思頃時歲晚，道吴江如此。漁者男子、婦女、童稚，舟、楫、梁、笱，網、罟、罾、罩，紛然在江，然其業廉而事佚，故無市廛爭利意，此與畫二大夫去國，其色無別恨奚以異？元祐元年四月二十日，李希孝出之，欲模寫無善工，乃借韓退之序畫人物意識之。潁川晁補之序。（宋晁補之《鷄肋集》卷三四《捕魚圖序》）

畫山水，惟營丘李成、長安關仝、華原范寬，智妙入神，才高出類，王家鼎跱，百代標程。前古雖右，傳世可見者，如王維、李思訓、荊浩之倫，豈能方駕？（宋郭若虚《畫論》）

唐右丞王維，文章冠世，畫絶古今。（宋韓拙《山水純全集・序》）

凡畫山，言丈尺分寸者，王右丞之法則也。（同上《論山》）

惟溪水者，山水中多用之，宜畫盤曲掩映，斷續伏而復見，以遠至近，仍宜煙霞鎖隱爲佳，王右丞曰：「路欲斷而不斷，水欲流而不流。」此之謂歟？（同上《論水》）

唐有王右丞，杜員外贈歌曰：「十日畫一水，五日畫一石，能事不受相促逼。」（按，此爲杜甫《戲題畫山水歌》中之句，實贈王宰，非贈維也）愷之、王維，後世真迹絶少，後來得其髣髴者，猶可絶俗，正如唐史論杜甫，謂殘膏賸馥，沾渥後人。（同上《論古今學者》）

王摩詰酷好畫山水，其畫山聳谷邃，雲浮水飛，意出塵外。嘗自題云：「宿世吟詩客，前身應畫

師。」李璟定爲妙品上上。（宋李頎《古今詩話》，見宋阮閲《詩話總龜》前集卷一三）

輞川二十境，勝概冠秦雍，摩詰既居之畫之，又與裴生詩之，其畫與詩，後得贊皇父子書之，善并美具，無以復加，宜爲後人寶玩摹傳，永垂不刊。……政和二年六月五日常山宋烜、武陽黄某于河南官舍同觀。（宋黄伯思《東觀餘論》卷下《跋輞川圖後》）

世傳此圖本，多物象靡密，而筆勢鈍弱，今所傳則賦象簡遠，而運筆勁峻，蓋摩詰遺蹟之不失其真者，當自李衛公家定本所出云。大觀四年三月初吉會稽黄某書。（同上《又跋輞川圖後》）

自唐至宋，畫山水得名者，類非畫家者流，而多出于縉紳士大夫。然得其氣韻者，或乏筆法；或得筆法者，多失位置。兼衆妙而有之者，亦世難其人。……至唐有李思訓、盧鴻、王維、張璪輩，五代有荆浩、關仝，是皆不獨畫造其妙，而人品甚高，若不可及者。至宋李成一出，雖師法荆浩，而擅出藍之譽，數子之法，遂亦掃地無餘。（宋徽宗《宣和論畫雜評》）

維善畫，尤精山水，當時之畫家者流，以謂天機所到，而所學者皆不及。後世稱重，亦云維所畫不下吴道玄也。觀其思致高遠，初未見于丹青，時時詩篇中已自有畫意。由是知維之畫，出于天性，不必以畫拘，蓋生而知之者。故「落花寂寂啼山鳥，楊柳青青渡水人」，又與「行到水窮處，坐看雲起時」，及「白雲迴望合，青靄入看無」之類，以其句法，皆所畫也。而《送元二使安西》詩者，後人以至鋪張爲《陽關曲圖》。且往時士人，或有占其一藝者，無不以藝掩其德，若閻立本是也。至人以畫師名之，立本深以爲恥。若維則不然矣，迺自爲詩云：「夙世謬詞客，前身應畫師。」人卒不以畫師歸之也。如杜子美作詩，品量人物，必有攸當，時猶稱維爲「高人王右丞」也，則其他可知。何則？諸人之以畫名于世者，止長于畫也；若維者，妙齡屬詞，長而擢第，名盛于開元、天寶間，豪英貴人，虛左以迎，寧、薛諸王，待之若師友。兄弟迺以科名文學，冠絶當代，故時稱「朝廷左相筆，天下右丞詩」之句，皆以官稱而不名也。至其卜築輞川，亦在圖畫中，是其胸次所存，無適而不瀟灑，移志之于畫，過人宜矣。重可惜者，兵火之餘，數百年間，而流落無幾，後來得其髣髴者，猶可以絶俗也。正如唐史論杜子美，謂殘膏賸馥，霑丐後人之意，況迺真得維之用心處耶！今御府所藏一百二十有六：太上像二，《山莊圖》一，《山居圖》一，《棧閣圖》七，《劍閣圖》三，《雪山圖》一，《喚渡圖》一，《運糧圖》一，《雪岡圖》四，《捕魚圖》二，《雪渡圖》三，《漁市圖》一，《騾綱圖》一，《異域圖》一，《早行圖》二，《村墟圖》二，《度關圖》一，《蜀道圖》四，《四皓圖》一，《維摩詰圖》二，《高僧圖》九，《渡水僧圖》三，《山谷行旅圖》一，《山居農作圖》二，《雪江勝賞圖》二，《雪江詩意圖》一，《雪岡渡關圖》一，《雪川羈旅圖》一，《雪景餞別圖》一，《雪景山居圖》二，《雪景待渡圖》三，《群峰雪霽圖》一，《江皋會遇圖》二，《黃梅出山圖》一，净名居士像三，《渡水羅漢圖》一，寫須菩提像一，寫孟浩然真一，寫濟南伏生像一，《十六羅漢圖》四十八。（宋闕名《宣和畫譜》卷一〇）

王輞川以凝碧詩見知當世，餘事丹青，亦造神品。晚年長齋，刻意空門，學室中唯繩牀經案，退朝之後，焚香獨坐，大有所契證。三復斯畫，知其不苟，毗邪一會，儼然目中，觀者要當于默然處，驚海潮春雷之作，始不負渠。（宋李彌遜《筠谿集》卷二一《跋蘇粹之所藏王摩詰畫維摩文殊不二圖》）

僕爲夏縣令，寄居司馬文季家，出藏先聖畫像示僕，傳云王摩詰筆也。僕因令善工摹之，眼中神采，殊不相類，使人意不滿。畫像上長下短，其背微僂，以傳考之，想當然爾。《莊子》載老萊弟子出薪，遇仲尼，反以告曰：「有人于彼，修上而趨下，末僂而後耳，視若營四海。」注云：「長上而促下，耳却近後而上僂。末僂，謂背微曲也。」然此皆可畫，若夫「視若營四海」，乃聖人憂天下之容，非摩詰不能作。（宋馬永卿《嬾真子》卷四《王摩詰畫先聖》）

王履道同先子避地嶺外，甚熟，因見有顏約持王維畫《嘉陵江山圖》，蓋明皇幸蜀，過嘉陵，愛其江山，命吴道子圖于大同殿壁，王維復畫小簇云。「江山已暗大同殿，絃管猶喧凝碧池。别寫嘉陵三百里，右丞心事與誰知？」蓋謂此也。（宋范公偁《過庭録》）

王維作畫雪中芭蕉，詩、法眼觀之，知其神情寄寓于物，俗論則譏以爲不知寒暑。（宋惠洪《冷齋夜話》卷四《詩忌》）

《筆談》云：王維畫入神，不拘四時，如雪中芭蕉。故惠洪云：雪裏芭蕉失寒暑。皆以芭蕉非雪中物。嶺外如曲江，冬大雪，芭蕉自若，紅蕉方開花，知前輩雖畫史亦不苟。洪作詩時未到嶺外，

存中亦未知也。（宋朱翌《猗覺寮雜記》卷上）

王摩詰自謂：「宿世謬詞客，前身應畫師。」故竇蒙所著《畫拾遺》稱之云：「詩合《國風》公幹之能，畫闕山水子華之聖，加以心融物外，道契玄微，則其用筆清潤秀整，豈他人之可並哉。」余在昆陵，見孫潤夫家有王維畫孟浩然像，絹素敗爛，丹青已渝。維題其上云：「維嘗見孟公吟曰：『日暮馬行疾，城荒人住稀。』又吟云：『挂席數千里，名山都未逢。泊舟潯陽郭，始見香爐峰。』余因美其風調，至所舍圖于素軸。」又有太子文學陸羽鴻漸序云：「昔周王得駿馬，山谷之人獻神馬八匹；葉公好假龍，庭下見真龍一頭；顔太師好異典，郭山人閦贈金匱文；李法曹好古篆，莫居士贈玉筯字。此四者得非氣合，不召而至焉。中園生舊任杞王府户曹，任廣州司馬，金陵崔中字子向，家有古今圖畫一百餘軸，其石上蕃僧、巖中二隱、西方無量壽佛，天下第一。余有王右丞畫《襄陽孟公馬上吟詩圖》，并其記，此亦謂之一絶，故贈焉，以裨中園生畫府之闕。唐貞元元年正月二十有一日誌之。」後有本朝張洎題識云：「癸未歲，余爲尚書郎，在京師，客有好事者，浚儀橋逆旅，見王右丞《襄陽圖》，尋訪之，已爲人取去。他日，有吴僧楚南挈圖而至，問其所來，即浚儀橋之本也。雖縑軸塵古，尚可窺覽。觀右丞筆迹，窮極神妙。襄陽之狀，頎而長，峭而瘦，衣白袍，靴帽重戴，乘款段馬，一童總角，提書笈負琴而從，風儀落落，凜然如生。復觀陸文學題記，辭翰奇絶。金匱文，前史遺事；中園生，彼何人斯！按孟君當開元、天寶之際，詩名籍甚，一遊長安，右丞傾蓋延譽。或云，右丞見其勝己，不能薦于天子，因坎坷而終，故襄陽別右丞詩云：『當路誰相假，知音世所希。』乃其事也。予頃在金城，亦曾見一圖，蓋傳寫之本，所題詩後，有『水落魚梁淺，天寒夢澤深』之句，今真本即無。故事存焉，以遺來者，孟冬十有一日南樵張洎題。」潤夫謂此畫，是維親筆無疑，余謂曰：此俗工搨本也。張洎謂襄陽之狀，頎而長，峭而瘦，今所繪乃一矮肥俗子爾。徐觀其題識三篇，字皆一體，魯魚之誤尤多，信非維筆，潤夫然之，因以題識書于此。（宋葛立方《韻語陽秋》卷一四）

《輞川圖》一軸，李趙公題其末云：「藍田縣鹿苑寺主僧子良贄于予，且曰：『鹿苑即王右丞輞川之第也。右丞篤志奉佛，妻死不再娶，潔居逾三十載。母夫人卒，表宅爲寺。今家墓在寺之西南隅，其圖實右丞之親筆。』余閱玩珍重，永爲家藏。」弘憲題其前一行云：「元和四年八月十三日弘憲題。」弘憲者，吉甫字也。其後衛公又跋云：「乘閒閱篋書中，得先公相國所收王右丞畫《輞川圖》，實家世之寶也。先公凡更三十六鎮，故所藏書畫多用方鎮印記。太和二年戊申正月四日，浙江西道觀察等使、檢校禮部尚書兼潤州刺史李德裕恭題。」又一行云：「開成二年秋七月望日，文饒記。」……雖今所傳爲臨本，然正自超妙。但衛公所志，殊爲可疑……蓋好事者妄爲之。（宋洪邁《容齋三筆》卷六《李衛公輞川圖跋》）

世言摩詰筆蹤措思，參于造化，而刱意經圖，即有所缺，如山水平遠，雲峰石色，絶迹天機，非繪者所及。觀此圖，便知古人之論爲得，正使後之評者，不得加此。余見或以畫名者，無復生動氣

象，不過聚石爲山，分畫寫水，又豈可與論「人家在仙掌，雲氣欲生衣」者邪！（宋董逌《廣川畫跋》卷五《書王摩詰山水後》）

朱景玄《畫斷》曰：王維畫山水松石，似吴生而風標特出，京師西塔院有《輞川圖》，山谷鬱盤，雲水飛動。……今所見者摹本，不足道也。余與徐淵子同點檢南宫，出右丞《捕魚圖》一卷，如無咎公所題者，余曰：「此善摹者爲之。」徐不以爲然。一日，得一卷，僅存三分之一，徐圖葭葦之外，意其爲水耳，此特波濤浩瀰，水痕浪迹，一一畢具，人物尤精絶。淵子必欲易之，余有難色。已而又有一卷，題曰《摩詰寒江釣雪》，上施祕閣之印，此迺淳化以前未更祕書省印篆也，畫筆奇古，全不類世間所見山水圖也。（宋高似孫《緯略》卷六《輞川圖》）

此軸必有十六僧，所存者卷末三僧爾。王摩詰三字，恨無摩詰他字可參校。上用圓角印，其文爲「埜釋」，豈摩詰别號邪？世畫渡水僧，或乘龍，或履黿鼉，類多詭怪恍忽，不近人情。今最後一僧，先登于岸，雖目視雲際孤鶴，然脱衣在磐石上，欠伸垂足，若休其勞苦者。前一僧未渡，纔數寸淺水，而中一僧乃倒錫杖以援之。三僧者皆至人大士，而涉川之際，謹重如彭祖之觀井，曷嘗以蘆渡杯渡爲神哉！嗚呼，此固非摩詰不能作歟？三僧者，抑禪家所謂老古錐云。（宋劉克莊《後村題跋》卷四《跋林竹溪書畫·王摩詰渡水羅漢》）

王右丞《輞川圖》，與余昔在杭苕故家見者一樣，前有集賢院御書印、内合同印，題摩詰本，後書河北郭忠恕奉命復本，則知爲江南李後主時臨本也。……右丞唐開元天寶朝士……輞川其所居，自寫爲圖，精密細潤，在小李將軍著色山水上，今如魯寶玉大弓，絶無僅有。……大德戊戌冬至廬陵民八十叟李珏元暉敬跋。（宋李珏《跋輞川圖》，見明郁逢慶《續書畫題跋記》卷一《王右丞輞川圖郭忠恕模本》）

乙丑六月廿一日，同伯幾訪喬仲山運判觀畫……王維維摩像，其像如生。（宋周密《志雅堂雜鈔》）

前松江鎮守張萬户出五手卷，王維《渡水僧》，高宗御題「絶妙」。（同上）

司德用進所藏王維《捕魚圖》，單小直幅，徽宗題，前有雙龍圓印，後有大觀、政和二璽，明昌七印。上作岡阜古木，全如李成所畫，下作數舟閱溪取魚，人物甚佳。（周密《雲烟過眼録》卷上）

古人欲以一藝名世者，必精思入神，極古今之變而後已，故能洞達天機，氣隨物在，至觀之者，亦有感格相應之理。如摩詰苕磯静釣，水閣閒棋，令人不覺身在其間。（元王惲《玉堂嘉話》卷三）

王維《山水圖》、《輞川圖》、《驪山圖》，韓幹出水馬……御題「神品上上」。（同上）

憶昔風流王右丞，開元親侍玉堂廬。細吟凝碧池頭句，政恐丹青是諫書。（王惲《秋澗先生大全文集》卷二七《王摩詰驪山宫圖》其二）

蓋自唐王右丞、蕭協律、僧夢休，南唐李頗，宋黄筌父子、崔曰兄弟及吴元瑜，以竹名家者纔數人。右丞妙蹟，世罕其傳。（元李衎《竹譜詳録》）

輞口風烟春日遲，淺沙深渚帶東菑。紅杏花開翔白鶴，緑楊絲裊逗黄鸝。山雲寂寂入寒竹，野露瀼瀼裛嫩葵。誰似右丞清絶處，千秋一士更何疑。（元鄧文原《王維高本輞川圖》，見《元詩選》二集卷七）

王右丞生平畫卷所稱最者，唯《輞川》、《雪谿》、《捕魚》等圖耳，吾意以爲絶響，不謂太樸于中州友人家又得此卷，而用筆之妙，布置之神，殆尤過焉。固知右丞胸中伎倆，未易測識，而千奇萬變，時露于指腕間，無窮播弄，豈非千載一人哉！置之案頭，臨摹數過，終未能得其彷彿，漫書短句，并識而歸之。群山矗矗凝烟紫，萬木蕭蕭向夕黄。豈是邨翁戀秋色，故將輕舸下横塘？秋風荏苒汎晴光，處處邨邨帶夕陽。一段深情誰得似？故知輞口味應長。（元黄公望《王維秋林晚岫圖詩二首》，見《元詩選》二集卷一四）

六朝至唐，畫者雖多，筆法位置，深得古意。自王維、張璪、畢宏、鄭虔之徒出，深造其理。五代荆、關，又别出新意，一洗前習。迨于宋朝董源、李成、范寬，三家鼎立，前無古人，後無來者，山水之法始備。三家之下，各有入室弟子二三人，終不逮也。（元湯垕《畫論》）

王右丞維工人物山水，筆意清潤，畫羅漢佛像至佳，平生喜作雪景：《劍閣》、《棧道》、《騾綱》、《曉行》、《捕魚》、《雪渡》、《村墟》等圖。其畫《輞川圖》，世之最著者也。蓋其胸次瀟灑，意之所至，落筆便與庸史不同。（湯垕《畫鑒》）

趙子昂問錢舜舉曰：「如何是士夫畫？」舜舉答曰：「隸家畫也。」子昂曰：「然觀之王維、李成、徐熙、李伯時，皆士夫之高尚，所畫蓋與物傳神，盡其妙也。近世作士夫畫者，其謬甚矣。」（元王思善《士夫畫》，見明唐寅輯《六如居士畫譜》卷三）

瀟灑開元士，神圖繪輞川。樹深疑垞小，溪静見沙圓。徑竹分青靄，庭槐斂暮烟。此中有高卧，攲枕聽飛泉。畫裏詩仍好，縈迴自一川。湖晴嵐氣爽，浪静柳陰圓。賦詠成珠玉，經營起霧烟。當年滿朝士，若个在林泉？（元吴鎮《右丞輞川圖二首》，見《元詩選》二集卷一四）

嗟乎！魏晋六朝之蹟，余不得而見之矣。入唐固當以輞川爲宗祖。山西有摩詰四景山水石本四方，方尺有只，薛尚功輩題識徧其上，繪事豈金石所能辨，亦存其骨肉大都耳。可見在當時已稀闊珍貴之至，故謀及琢磨，而況于今乎！儻能見之，非人生大慶快邪？邇來聞有一軸，在親軍黄君所，昨者乃得捧閲。大内後宰門有丹漆巨挺一，以支北扉，不知幾何年矣，成化間，挺偶墮地破，乃髹竹也。中藏卷三，其一即此。事聞，進御重瞳一閲，明日，左右請所歸掌，時親軍伯父司禮侍側，上遂以賜之。親軍云爾。圖用細練，高尺二寸，長四尺奇，前後周完，末下正書三言曰：王維製。（明祝允明《懷星堂集》卷二五《跋王右丞畫真蹟》）

生烟漠漠中有樹，樹外田家幾家住。重巒複塢隨不斷，茅舍時時若菌附。兩人並向魚梁涉，一鳥遥從翠微度。行雲澹映荒水陂，似有斜陽帶微昫。傍篠白沙明，青林滃沉霧。乍明乍晦景萬變，想當夏盡秋初處。石牆短緣隈，隈水淺縈迴。寬平一畝敞層屋，板扉犬卧無人開。書堂樹深晝寂寂，主人應是王摩詰。清晨騎鹿看田出，行過柴洪日向夕。會招高適與裴迪，共賦輞川佳事畢，圖成興盡詩未筆。（同上卷五《王右丞山水真蹟歌》）

唐王維畫濟南伏生像，宋秘府物，今藏金陵王休伯家。余官金陵，聞休伯所藏書畫甚富，一日與顧吏部華玉過之。休伯張讌，余戲謂之曰：「必出書畫乃飲，宋元姑置，其亦有唐筆乎？」休伯笑而不答，遂出此及維著色山水一卷，余不覺驚異，以爲平生之未見也。但古人之坐，以兩膝着席，未嘗箕股，而秦漢之書，當用竹簡，今像乃箕股而坐，憑几伸卷，此則余之所未曉。抑余聞維嘗畫雪中之蕉，生像毋乃類是，而不拘拘于形似者耶？（明都穆《寓意編》）

余嘗見梁思伯篋中，有王摩詰《演教圖》，此是王府中物，托其裝潢，故攜以自隨，是設色者，人物山水，無不臻妙。（明何良俊《四友齋叢説》卷二八）

余於三十年前獲觀右丞此幅，僅盈尺有只，設色高古，位置幽遠，有刺篙濟渡者，有牧奴驅豕而歸者，神彩溢目，餘所見皆優孟也。墨林項元汴。（明項元汴《題王維雪溪圖》，見明郁逢慶《續書畫題跋記》卷一）

摩詰《演教羅漢圖》一軸，上有徽宗御題押。案《宣和畫譜》，摩詰羅漢凡四十六軸，此其一也。公繪事既妙絶，而奉佛尤篤，所畫羅漢，于端嚴静雅外，別具一種慈悲意，袈裟文織組秀麗，千載奕

奕有生色。此君當云「夙世自禪伯，前身應畫師」，乃稱耳。（明王世貞《弇州四部稿》卷一三七《王摩詰演教羅漢》）

右王摩詰《輞川圖》，臨之者郭忠恕，再臨者仇英實父也。其二十絶句，書者文待詔徵仲也。余嘗謂讀摩詰絶句，更一覽《輞川圖》，覺便如上下華子崗、斤竹嶺，騁於宮槐陌，汎南北垞、欹湖、柳浪，徙倚木蘭柴、茱萸沜，即文杏館而休焉。酌金屑之泉，與裴迪秀才對語，不知我之爲摩詰，摩詰之爲我與否也。然則摹本何必實父，而書亦何必徵仲哉！（王世貞《弇州續稿》卷一六九《摹輞川圖後》）

王叔明用細絹臨王摩詰《關山密雪》小幅，松樹上皆用粉積雪，小披麻皴，秀勁雅鴨，原在雲間顧仲方，今歸朱太常石門。（明詹景鳳《詹東圖玄覽編》卷一）

王維《輞川雪景》，細絹畫，小横幅，精極，古松上用粉作積雪，有款，今在吾休臨溪吴氏。（同上）

金陵胡編修藏王摩詰《輞川雪景》絹畫，沈宜謙云是宋人臨本之絶佳者，予往借觀，則胡已東裝載道，未見也。（同上卷二）

王右丞《輞川雪景》藏金陵胡編修家者，其家近欲售人，予始獲見。其山與石皆先用銀泥塗染，後于銀泥上用粉點雪，予見唐人畫山水，如李昭道、展子虔之流，皆用金泥畫山腳，未見有銀泥者，銀泥唯此。（同上卷三）

子大家王摩詰山水一，絹軸闊尺六七寸，長幾四尺，絹粗而密，作重山疊巘，茂木蓁林，帶以清溪野渚，層樓曲榭，幾盈一幅。皴小披麻兼雨點，其行筆率用刮鐵，較所嘗見范寬皴山石法殊相類，但此行筆細而密，寬乃粗而密耳，要其致趣一也。山石用筆高古沉着，而色蒼然，殆是以老入雅；至其寫林木枝葉，若點綴，若勾勒，則尖細而眇，又是以嫩入雅，如出二手。樓屋法李昭道，亦極精細，布景亦與今畫不甚相遠，乃法則大異今人。筆與意俱高，非末代作者輕易可望。其山間屋中不作一人物，唯于溪上一人乘小艇，自在中流，意致可想也。色淺絳，山石以靛花，少加苦緑，淡淡籠罩。無款亦無題字，原出朱都督箑菴，箑菴於軸外手題爲王維，憶相傳是如此。（同上卷一）

王摩詰《精能圖》一卷，長五尺餘，一墨運，不著色。蓋先用淡墨，復用半淡墨，復用半濃墨，數重染抹而成。大抵墨勝于筆，工而非工，草而非草，惟意所適。或大或細，筆各不同，要在意之適，不在筆之同，惟樹枝却是一律筆細而雅秀。（同上）

許公子伯尚王摩詰《候潮圖》一卷，細絹畫，山石皴是小劈斧，然工而不著，筆亦古雅。内作高松雜木，長不滿六寸，而一舟大幾逕尺，舟中器用之類甚悉。後有宋元人跋，細閲皆雙勾廓填，然紙墨舊。（同上卷二）

王奉常敬美家王摩詰《江干雪意》一卷，款爲後人所加，畫却妙。皴石是小劈斧兼披麻，僅僅分三面，不甚着意。樹是鹿角枝，枝極細而勁秀，草數藁，亦細而秀勁。有葉樹，則先用半濃墨點，復以淡墨點破，令渾化後，用黄緑二色籠過，秀潤了無筆痕迹，此樹數株，葉中盡不分枝幹，下少露樹身，分莖數而已。若枯樹，則或横掛巔崖上，或參差雜出坡石間，皆清勁而雅，無一毫粗氣。此圖有平坡與山石而無人，石下水中，作鴛鴦一陣，樹枝上作寒鴉一陣。鴛鴦直用色點，翼嘴用墨，鴉則純墨點，有鳴者、飛者、鬭者，或相顧而交頸者，甚小，而各各有情致。景布在左分，右分盡空，乃以赭石點飛雁一陣，亦備諸體勢，妙極，亦惟嘴與翼尾稍用墨點出。予以其畫高雅，有禪家得無所得意，謂非右丞不能作也。舊爲守溪閣老家物，近歸奉常，而黎秘書瑶石則以爲絶非右丞筆，此又非予所能知已。（同上卷四）

吴崑麓夫人與余外族有葭莩之親，偶攜此卷見示，述其先得之管後宰門小火者。火者家有一鐵櫪門閂，或云漆布竹筒，摇之似有聲，一日爲物所觸，遂破墮三卷，此其一也。余初未深信，翻閲再三，不覺神王，因閉户焚香，屏絶他事，覺神峰吐溜，春浦生烟，真若蠶之吐絲，蟲之蝕木。至如粉縷曲折，毫膩淺深，皆有意致，信摩詰精神，與水墨相和，蒸成至寶。得此數月以來，每一念及，輒狂走入丈室，飽閲無聲，出户見俗中紛紜，殊令人捉鼻也。真實居士記于南翰林院之寄樂亭。（明馮夢禎《題王右丞江山雪霽卷》，見張丑《清河書畫舫》寅字號）

畫家之妙，全在煙雲變滅中。米虎兒謂：「王維畫見之最多，皆如刻畫，不足學也，惟以雲山爲墨戲。」此語雖似過正，然山水中當著意生雲，不可用粉染，當以墨漬出，令如氣蒸，冉冉欲墮，乃可

稱生動之韻。(明莫是龍《畫説》。按此條又見于董其昌《畫禪室隨筆》卷二)

趙大年平遠,寫湖天渺茫之景極不俗,然不奈多皴,雖云學維,而維畫正有細皴者,乃於重山疊嶂有之,趙未能盡其法也。(《畫説》。此條又見于董其昌《畫旨》)

王右丞詩云:「宿世謬詞客,前身應畫師。」余謂右丞雲峰石迹,迥合天機,筆思縱橫,參乎造化,唐以前安得有此畫師也?(明董其昌《畫禪室隨筆》卷四)

右丞以前作者,無所不工,獨山水神情傳寫,猶隔一塵,自右丞始用皴法,用渲染法,若王右軍一變鍾體,鳳翥鸞翔,似奇反正。右丞以後,作者各出意造,如王洽、李思訓輩,或潑墨瀾翻,或設色娟麗,顧蹊徑已具,模擬不難,比于書家歐、虞、褚、薛,各得右軍之一體耳。(董其昌《畫旨》)

文人之畫,自王右丞始,其後董源、僧巨然、李成、范寬爲嫡子,李龍眠、王晋卿、米南宫及虎兒,皆從董、巨得來。直至元四大家黄子久、王叔明、倪元鎮、吴仲圭,皆其正傳,吾朝文、沈,則又遥接衣鉢。若馬、夏及李唐、劉松年,又是大李將軍之派,非吾曹易學也。(同上)

禪家有南北二宗,唐時始分,畫之南北二宗,亦唐時分也,但其人非南北耳。北宗則李思訓父子著色山水,流傳而爲宋之趙幹、趙伯駒、伯驌,以至馬、夏輩。南宗則王摩詰始用渲淡,一變鈎斫之法,其傳爲張璪、荆、關、郭忠恕、董、巨、米家父子,以至元之四大家,亦如六祖之後,有馬駒、雲門、臨濟兒孫之盛,而北宗微矣。要之摩詰,所謂「雲峰石迹,迥出天機,筆意縱横,參乎造化」者,

東坡贊吴道子、王維畫壁，亦云「吾於維也無間言」，知言哉！（同上。此條又見莫是龍《畫説》）

畫中詩惟右丞得之。兼工者自古寥寥。（《畫旨》）

畫家右丞，如書家右軍，世不多見，余昔年於嘉興項太學元汴所見《雪江圖》，都不皴擦，但有輪廓耳，及世所傳摹本，若王叔明《劍閣圖》，筆意類李中舍，疑非右丞畫格。又余至長安，得趙大年臨右丞《湖莊清夏圖》，亦不細皴，稍似項氏所藏《雪江》卷，而竊意其未盡右丞之致，蓋大家神品，必於皴法有奇，大年雖俊爽，不耐多皴，遂爲無筆，此得右丞一體者也。最後復得郭忠恕《輞川》粉本，乃極細皴，相傳真本在武林，既稱摹寫，當不甚遠，然余所見者庸史本，故不足以定其畫法矣。惟京師楊高郵州將處有趙吴興《雪圖》小幅，頗用金粉，閒遠清潤，迥異常作，余一見定爲學王維，或曰：「何以知是學維？」余應之曰：「凡諸家皴法，自唐及宋，皆有門庭，如禪燈五家宗派，使人聞片語單詞，可定爲何派兒孫。今文敏此圖，行筆非僧繇，非思訓，非洪谷，非關仝，乃知董、巨、李、范，皆所不攝，非學維而何？」今年秋聞王維有《江山雪霽》一卷，爲馮宫庶所收，亟令友人走武林索觀，宫庶珍之，自謂如頭目腦髓，以余有右丞畫癖，勉應余請。清齋三日，展閲一過，宛然吴興小幅筆意也，余用是自喜。且右丞自云：「宿世謬詞客，前身應畫師。」余未嘗得覩其跡，但以想心取之，果得與真肖合，豈前身曾入右丞之室，而親覽其盤礴之致，故結習不昧乃爾耶？庶子書云：「此卷是京師後宰門拆古屋，於折竿中得之，凡有三卷，皆唐宋書畫也。」余又妄想彼二卷者，安知非右軍蹟，或虞、褚諸名公臨晋帖耶？儻得合劍還珠，足辨吾兩事，豈造物妬完，聊畀余於此卷中消受清福耶？《老子》云：「同於道者，道亦樂得之。」余且珍之以俟。（《畫旨》。按，孔尚任《享金簿》載此條，作弘治丁巳延陵吴寬跋王維《江山雪霽圖》，文字略有不同）

王右丞畫，余從檇李項氏見《釣雪圖》，盈尺而已，絶無皴法，石田所謂「筆意凌競人局脊」者。最後得小幅，乃趙吴興所藏，頗類營邱，而高簡過之。又于長安楊高郵所得《山居圖》，則筆法類大年，有宣和題「危樓日暮人千里，欹枕秋風雁一聲」者，然總不如馮祭酒《江山雪霽圖》，具有右丞妙趣。（《畫禪室隨筆》卷二）

京師楊太和家，所藏唐晋以來名蹟甚佳，余借觀，有右丞畫一幀，宋徽廟御題左方，筆勢飄舉，真奇物也。檢《宣和畫譜》，此爲《山居圖》，察其圖中松鍼、石脈，無宋以後人法，定爲摩詰無疑。向相傳爲大李將軍，而拈出爲輞川者，自余始。（同上）

徐太常家《輞川圖》一卷，多名跋，吴匏菴題其後云：「此卷宋人藏漆竹筒中，以之拄門，後啓視，乃《輞川圖》也。」余觀之，即未必果出右丞，然絹素極細，却是雪景，以浮粉著樹上，瀟灑清韻，應是宋人臨本，非後人可到也。（明陳繼儒《太平清話》卷一）

余見王右丞《山莊圖》，又《雪霽捕魚圖》，山莊樹葉皆如个字，其《雪齋枯樹圖》似郭熙，二卷皆無款，疑宋人臨稿也。（陳繼儒《眉公書畫史》）

摩詰畫有極簡古粗疎者，作樹頭如撮米，樹本如丁橛，山如浪起，沙如錐畫，千重百重，只於梢末露之。余于熒澤公館中見一屏，就視乃陝刻摩詰《藍田莊圖》石本，雖石頑工拙，未盡本妙，然其用意，未嘗不可追而思也。（明李日華《竹嬾續畫賸·題畫册》其廿四）

唐人之畫，莊重律嚴，不求工巧，而自多妙處，思所不及。……其山水如李思訓、子昭道、盧鴻、王摩詰、荆浩、胡翼、張僧繇、關仝輩，筆力遒勁，立意高遠，山環水蟠，樹煙巒靄，黑汁淋漓，神氣生旺。（明高濂《燕閒清賞箋·論畫》）

禾興馮開之祭酒……自述其家藏唐宋名蹟頗多，而王維《江山雪霽圖》尤爲冠絶，原係大元内府故物，曾經趙子昂鑒定者。雖水墨短卷，而有無窮之趣，兼近人題跋，復得啓南翁筆，海内稱爲墨皇，不妄也。（明張丑《清河書畫舫》寅字號）

傳聞右丞「花雜重重樹，雲輕處處山」小幀，在文徵仲太史家，紙本，淺絳色，布景極異，落筆精微，以較馮氏所藏《江山雪霽圖》，可方駕也。此畫原係矮直幅，太史恐其日久愈壞，命工補綴爲短卷，有詩題其後云。（同上）

周敏仲新裝王維《雪霽捕魚圖》一，絹本，淺絳色，筆法秀雅，布景清逸，後有班惟志、仇遠、白珽、張雨等七跋，雖未敢定爲真右丞，決非宋元畫史可及。（同上）

王右丞《江山雪霽圖》……馮開之《快雪日記》云：「吴崑麓夫人與余外族有葭莩之親，偶攜此卷見示，述其先得之管後宰門小火者。家有一鐵櫪門門，或云漆布竹筒，搖之似有聲，一日爲物所觸，遂破墮三卷，此其一也。」然《雙槐歲抄》有云：「純皇好玩名畫古器，南京西華門舊有二黑漆圓櫝，振之則中空有聲，蓋國初巨室之籍入者，以不可啓視，故棄于此。守閽小内史張本穴而窺之，則畫幀存焉，一爲王維傅色山水，約三丈餘，一爲蘇漢臣所繪《宋高宗瑞應圖》。本以王畫送安寧，蘇畫送黄賜，皆太監坐廠守備者。未幾寧死，賜攖得之，併以獻上，賞賚甚厚，益加寵任。」是二事何相符至此？然《雪霽圖》有沈石田跋，或即張本所得而流傳至北，好事者重扃秘之，偶入小火手耶？此卷海内推爲墨王，自有神物護持之也。繡里汪珂玉先得臨本復見真本跋。（明汪珂玉《珊瑚網》卷二五）

王維小簇山水。唐玄宗即命李思訓、吴道子各圖嘉陵山水于大同殿壁，王維又别用絹素寫之，謂之小簇。兹所圖山水，具嘉陵三百里之勢，正小簇法也。一室之内，覺江山萬里非遥。自韻子珂玉識。（同上）

禪與畫俱有南北宗，分亦同時，氣運復相敵也。南則王摩詰，裁構淳秀，出韻幽澹，爲文人開山。……北則李思訓，風骨奇峭，揮掃躁硬，爲行家建幢。（明沈顥《畫塵·分宗》）

王摩詰《溪山殘雪》，千巖萬壑，林木叢雜，向爲周又新所有。（清劉體仁《七頌堂識小録》）

《伏生圖》，席地憑几，短鬚鷄皮，真九十老人，而眉目静遠，則大儒也。宣和帝題「王維寫伏

生」數字，字極楷上，用乾卦印背，亦精絹裝。（同上）

右王維所畫伏生，上有宋思陵題字，庚戌十月觀于退谷孫侍郎齋。……維之所畫，特想像爲之而已，然藝事既神，其精思所感，如或見之。觀是圖者，不問知其爲生，此思陵所以寶惜而親題之也。（清朱彝尊《曝書亭書畫跋·王維伏生圖跋》）

趙大年《江山積素圖》，秀潔妍雅，得王維家法。雪圖自摩詰以後，惟稱營邱、華原、河陽、道寧，然古勁有餘，而荒寒不逮。（清惲格《南田畫跋》）

程幼洪（邑）邸中，閱宣和御府所藏摩詰《終南草堂圖》，上方横書「王維終南□峰草堂圖」九字，（闕）爲道君御書。倪元鎮題云：「予讀《岑參集》，有歸終南草堂詩，今摩詰之寫是圖也，豈其贈别之作耶？大抵高賢達士，於謝政歸閒之際，不能無詠歌圖繪以贈之，昔盧鴻有《嵩山草堂十圖》，亦猶是也，故徽廟標書以便後之覽者。此幅向爲杜南谷先生所藏，予得之，日夕展對，不唯諸品爲之减色，而吾儕之進取，深有藉於斯圖矣。」黄子久題云：「右丞此圖與《雪谿》、《捕魚》二卷，同一筆致，而秀婉過之，豈其後先之分耶？」又梅道人吴仲圭、紫芝俞和詩各一篇。（清王士禛《帶經堂詩話》卷二二書畫類上）

畫中雪景，唐以前但取形似而已，氣韻生動，自摩詰開之，至宋李營邱，畫法大備，雪景之能事畢矣。（清王原祁《麓臺題畫稿·倣大癡九峰雪霽意》）

畫法與詩文相通，必有書卷氣，而後可以言畫。右丞詩中有畫，畫中有詩，唐宋以來悉宗之，若不知其源流，則與販夫牧豎何異也？其中可以通性情，釋憂鬱，畫者不自知，觀畫者得從知之，非巨眼卓識，不能會及此矣。（同上《倣大癡設色》）

畫家自晋唐以來，代有名家，若其理趣兼到，右丞始發其藴，至宋有董、巨，規矩準繩大備矣。（同上《畫家總論題畫呈八叔》）

畫自家右丞以氣韻生動爲主，遂開南宗法派，北宋董、巨集其大成，元高、趙暨四家俱宗之。用意則渾樸中有超脱，用筆則剛健中含婀娜，不事粉飾而神彩出焉，不務矜奇而精神注焉，此爲得本之論也。（同上《倣黄子久設色》）

王維皆青緑山水，李公麟盡白描人物，初無淺絳色也。（清王槩《學畫淺説》）

鈎勒梧桐，見王維《輞川圖》。王維樹法，多用雙勾，即藤梢樹杪，亦絲毫不苟。鈎葉柳，王維諸唐人及陳居中多畫之，余嫌其太板，故次于後，以備一體。（王槩等《芥子園畫傳》初集卷二）

王右丞之石如飛白，郭河陽之石似雲頭。披麻間斧劈法，王維每用之。荷葉皴法，王右丞變體，全以骨法爲主，色以青緑。（同上卷三）

摩詰用渲淡，開後世法門，至董北苑則墨法全備，荆浩、關仝、李成、范寬、巨然、郭熙輩，皆稱畫中賢聖。至南宋院畫，刻畫工巧，金碧熀煌，始失畫家天趣。（清唐岱《繪事發微·正派》）

夫皴法須知本源來派，先要習成一家，然後皴山皴石，方能入妙。昔張僧繇作没骨圖，是有染而無皴也。李思訓用點攢簇而成皴，下筆首重尾輕，形似丁頭，爲小斧斫皴也。王維亦用點攢簇而成皴，下筆均直，形似稻穀，爲雨雪皴也，又謂之雨點皴。二人始創其法，厥派遂分，李將軍爲北宗，王右丞爲南宗。荆、關、李、范，宋諸名家皴染，多在二子之間，惟董北苑用王右丞渲淡法，下筆均直，以點縱長，變爲披麻皴，巨然繼之。（同上《皴法》）

唐王右丞《萬峰積雪圖》卷，絹本，高九寸，長七尺，上有御前之印、内合同印、文淵閣印、奉華堂印、揭傒斯印，項子京天籟閣中物也。藏印俱備。　城中十日暑如炙，頭目眩花塵土塞。僧樓今日見此卷，雪意茫茫寒欲逼。古栟修柳枝梟矯，下有幽篁廁叢碧。隔溪膠艇不受呼，平地貫渚無人跡。西風翻鴉忽零亂，遠雁迷雲猶嚦嚦。筆疎墨淡精神在，收閲千年若完璧。宛然一段小江南，三遠備全能事畢。維名依稀半未漶，老眼再摩初認得。所存只是天假借，名手當時重唐室。吴中人家寶古跡，自宋及元高爾直。若教見此風斯下，倒橐定應無吝嗇。錦標内帑固自有，人間間出鳳五色。老余尺素見《雪渡》，草樹凌競人跼蹐。僅有盈尺不盡意，何如此圖長數尺！太丘孫子具法眼，鑿壁收藏皆襲百。我將拙語敢印證，聊寫心知并目識。右丞之筆，神妙非常，時代久遠，見亦罕矣。余少于沙溪陳氏獲觀《雪渡圖》，盈尺而已，今又于嚴氏閲此修卷，深幸老年擊此于目。又題。弘治壬戌中秋日沈周。（按，孔尚任《享金簿》載此條，作正德八年七月文徵明題王維

《江山雪霽圖》，文字略有不同）

古之高人逸士，往往喜弄筆作山水以自娱，然多寫雪景者，蓋欲假此以寄其孤高絶俗之意耳。若李成之《萬山飛雪》，李唐之《雪山樓閣》，郭忠恕之《九峰雪霽》，王叔明之《劍閣》，沈石田之《關山積雪圖》，皆種種臻妙，而予皆及見之，但恨未覩王維雪景何如耳。弘治乙卯春，偶于都下錢太常處，閲此《萬峰積雪》卷，賞鑒竟日，覺寒氣逼人，真摩詰平生得意筆也。始知李成輩皆宗摩詰，傳爲世寶，此卷不啻今之鳳毛麟角矣。枝山道人祝允明跋。

詩中有畫畫有詩，摩詰落筆秀且奇。閻相吴生那足道，象外能將造化師。藍田輞川僅臨本，開元東塔跡已隳。《山居圖》識宣和字，今藏御府人難窺。我居京師頗留意，日尋斷幀收殘碑。琉璃廠西得兹卷，敗篋零亂縈蛛絲。長江峻嶺互合沓，叢竹古樹蔽嶮巇。山腰巍巍置層閣，橋根瀰瀰流冰澌。西風凝寒雪意勁，一天黯淡彤雲垂。斜行飛鴻失沙渚，犯冷孤客望酒旗。或棹扁舟或輕策，神理曲盡毫無遺。晴窗細觀拭病目，小字漶漫書王維。石田沈翁跋長句，謂如彩鳳輝朝曦。重裝錦標紫鸞鵲，草堂珍祕怡老資。炎天往往布几案，滿簾飛霰吹涼颸。右丞胸中自瀟灑，汪汪如有千頃陂。松針石脈藴靈異，雨晴寒暑隨形施。東坡生平頗崛强，亦于維也無間辭。江邨高士奇題。（清高士奇《江邨銷夏録》卷三）

摩詰《江干雪霽圖》，長四尺，寬尺有五寸。起手寫山家疊石圍牆，環以古木，前臨田隴，後倚叢山，山外作江汊村落，村外則江景矣。凡三層，每層以高峰峻嶺，插於兩旁，與江上遠山相映帶，故景雖碎而氣脈一貫。最妙在第二層江汊村落，得脱卸之法，與行文同一機緘也。山家左側少後松間小路，點綴小車肩輿及擔夫等，古木下，居人引童子閒望，蓋寫霽後居者行者之情景。據此宜題「雪霽行旅」，而曰「江干雪霽」者，以通幅之妙，全在上半江山煙霧，得霽景之神耳，亦猶文章之虚寫實寫也。至其處處節奏之微，難以名言。（清張庚《圖畫精意識·王右丞江干雪霽圖》）

摩詰《輞川圖》，真跡不得見，見郭忠恕復本，然是贋本，非忠恕真跡。觀其勾勒皴擦，及雙勾夾葉，俱有筆意，設青緑亦沖和，蓋出自好手，故猶有可取。後見元人盛子昭一本，變原本直致爲縱横。又見明人宋石門一本，用黄鶴山樵法更變盛本而精密之，叢山峻嶺，幽深奥折，密林曲院，窈窕清閒，雲影嵐光，沙痕水氣，各極其致，可謂後來居上矣。原本起輞水，結漆園，盛本結辛夷塢，塢前多鹿苑寺母塔墳，宋本與原本同。（同上《輞川圖》）

右丞《峨嵋雪霽圖》卷，長尺許，高尺有五寸，爲曹雲西臨本。入手山勢陡險，危梁架空，中則幽深，山家荒寂，後多平岡，而以江景平遠收結，備極奇變，用筆細秀清勁。後題「至正廿二年壬寅秋九月坐平湖程氏之快雪軒臨右丞《峨嵋雪霽圖》，知白老人」。（同上《曹雲西臨王右丞峨嵋雪霽圖卷》）

王維《江山雪霽圖》，得之雲間一僧，絹光如紙，長一丈五尺。林木細秀，烟巒澹遠，境地清曠，皆非宋元人夢見神品也。尾書太原王維四小字，前有宣和御寶，又有松雪齋、半山主人諸家賞鑑

印，文衡山題其首曰：墨寶。（清孔尚任《享金簿》）

唐王右丞畫竹用雙鈎法，江南蜀主李氏繼其餘風，作金錯刀，至宋石室先生、東坡居士乃變爲潑墨，流派于元，若吴興趙魏公夫婦、薊邱李衎皆宗之。（清金農《冬心先生雜畫題記》）

慈氏云：芭蕉樹喻己身之非不壞也。……王右丞雪中芭蕉，爲畫苑奇構，芭蕉乃商飆速朽之物，豈能凌冬不凋乎？右丞深于禪理，故有是畫，以喻沙門不壞之身，四時保其堅固也。（同上）

東晋以來，有顧長康、陸探微、張僧繇，爲畫家三祖，雖有尺山片水，亦只畫中襯貼，而無專學。迨至盛唐，王右丞與友人詩酒盤桓於輞川之别墅，思圖輞川以標行樂。輞川四面環山，其巉岩疊巘，密麓稠林，排窗倒户，非尺山片水所能盡，故右丞始用筆正鋒，開山披水，解廓分輪，加以細點，名爲芝蔴皴，以充全體，遂成開基之祖，而山水始有專學矣。從而學之者，謂之南宗。唐宗室李思訓開鈎砍法，用筆側鋒，依輪廓而起之，曰斧劈皴，裝塗金碧，以備全體，其風神豪邁，玉笥琳瑯，便與右丞鼎足互峙，媲美一時。其子昭道，號小李將軍，箕紹父業，一體相傳，皆成開基之祖。從而學之者，謂之北宗。……師法南宗者，唐末洪谷子荆浩，將右丞之芝蔴皴少爲伸長，改爲小披蔴，山水之儀容已備。而南唐董北苑，更將小披蔴再爲伸長，改爲大披蔴，山頭重加墨點，添以渲淡，而山水之全體備矣。至北宋之關仝、巨然、李成、范寬、郭河陽，諸輩群起，各抒己長，擴而充之，而山水之學，始大成矣。（清布顔圖《畫學心法問答》）

右丞畫法，取太初之神，鴻濛之氣，注于毫端，分山披水，不逞其强，不競其巧，雖千邱萬壑，無不姿容淡雅，儀體幽閒。（同上）

畫有以簡淡爲貴者，右丞、雲林是也；有以工艷爲貴者，大小李將軍、十洲是也。（清高秉《指頭畫説》）

山水中松最難畫……柳亦頗不易寫，諺云「畫樹莫畫柳」，信然。……王右丞能作空鉤柳，其法柳葉須大小差錯，條條相貼，逐漸取勢爲之，自有一種森沉旖旎之致。（清錢杜《松壺畫憶》卷上）

南田翁云：明時畫多宗右丞、北苑二家，蓋取其高深渾厚，極古人盤礴氣象。香光云：有唐人之致去其纖，有北宋之雄去其獷，則得之矣。（同上）

揚州吴杜村處觀王右丞《江干雪霽圖》卷，山石皴法用披麻，秀而沈厚，樹則寫意而工，枯林間以夾葉，江口一松，古藤垂其上，獨精細，色澤已剥落，惟草屋中一短榻，硃色如故，後宋元諸跋甚妙。（同上卷下）

王右丞《江山雪霽圖》卷，董思翁所稱海内墨皇者也。乾隆辛亥歲，余購於嘉善朱姓，爲華亭王氏嫁奩中物，余歸婁東畢部郎澗飛，得值千三百金。卷長六尺，絹光膩如紙，其色略起青光，畫絶工細，但有輪廓，都不皴染，而微露刻畫之迹。其筆意惟李成、趙大年略相似，北宋後無此畫法矣。舊無題識，衹文衡山隸書引首，及董思翁、馮開之、朱元价諸跋而已。（清吴修《青霞館論畫絶

句一百首》其一自注）

書畫本出一源。……唐人王右丞之畫，猶書中之有真楷也。宋人米氏父子之畫，猶書中之有行草也。元人王叔明、黄子久之畫，猶書中之有蝌蚪篆籒也。（清盛大士《溪山卧游録》卷一）

五、王維年譜

王維，字摩詰，蒲州猗氏縣人。父處廉，母博陵崔氏。有弟四人，曰縉、繟、紘、紞。

唐姚合《極玄集》卷上：「王維，字摩詰，太原祁人。父處廉，終汾州司馬。徙家於蒲，遂爲河東人。」《舊唐書》本傳：「王維，字摩詰，河東人。」《新唐書·王縉傳》則謂縉「本太原祁人，後客河中」。《舊唐書·王縉傳》：「王縉，字夏卿，河中人也。」按，維字摩詰，源於深通大乘佛法的居士維摩詰之名。又，蒲即蒲州，唐時下轄河東、猗氏等八縣，轄境在今山西永濟、臨猗、萬榮、河津、聞喜、運城一帶。蒲州天寶元年（七四二）改名河東郡，乾元三年（七六〇）昇爲河中府，故或稱蒲州，或稱河東、河中。又《新唐書·宰相世系表》列王維於河東王氏一派，又稱河東王氏爲太原王氏之一分支，所以太原祁應是王維的祖籍，而蒲州則是他的里貫。另，關於維之祖籍，唐時尚有京兆、琅邪兩種異説，詳見拙作《唐才子傳校箋·王維傳》（載傅璇琮主編《唐才子傳校箋》卷二）。

維爲蒲州猗氏縣（今山西臨猗縣）人，見于《全唐文》卷五四五王顔《追樹十八代祖晋司空太原王公（卓）神道碑銘》。《碑銘》稱王卓爲河東太守，薨于河東，葬河東猗氏縣，爲河東王氏始祖；卓卒後，子孫「四縣離居」，形成四房，其中「桑泉房幽州都督元珪翁，廣州都督方平翁，皆盛德光時。左補闕智明伯，户部員外郎岳靈叔，猗氏房右丞維叔、左相縉叔，俱偉文耀世，或有上縉叔詩曰：『朝廷左相筆，天下右丞詩。』人謂戲言，時稱定論。」或懷疑《碑銘》爲後人所僞托，其説非是，説詳拙作《王維爲蒲州猗氏人考》，載《文學遺産》二〇一八年第二期。

維父處廉，終汾州司馬。據《顧氏求古録》所録《唐岱嶽觀雙碑》，則天長安四年（七〇四），處廉官「兖州都督府參軍事」。維在詩文中從未提及其父，或他少時，父即卒。《請施莊爲寺表》云：「臣亡母故博陵縣君崔氏，師事大照禪師三十餘歲。」大照禪師即普寂，是禪宗北宗神秀的弟子，在神秀神龍二年（七〇六）卒前，即代其統御法衆，開元二十七年（七三九）卒於東都洛陽同德興唐寺（參見李邕《大照禪師塔銘》、《舊唐書·方技傳》、《宋高僧傳》卷九）。普寂也是蒲州人，據《請施莊爲寺表》的記載，崔氏大約在王維九歲（七〇九年）以前，即已師事普寂。崔氏的篤志奉佛，對王維無疑是有影響的。

據《新唐書·宰相世系表》載，維有弟曰縉、繟、紘、紞。縉相代宗，兩《唐書》有傳。繟曾官江陵少尹。紘不詳歷官。紞曾任祠部員外郎、司勳郎中（見《郎官石柱題名》），岑參有《和祠部王員外雪後早朝即事》詩，李嘉言《岑詩繫年》（載《文學遺産增刊》三輯）謂王員外即王紞，考岑此詩作於廣德二年（七六四）之後、大曆元年（七六六）以前（説見陳鐵民、侯忠義《岑參集校注》），則紞官祠部員外郎也應在此時。又紞大曆十二年(七七七)四月以前官太常少卿,大曆十二年四月與楊炎等十餘人皆坐依附元載貶官(見《舊唐書·代宗紀》)。

武后長安元年辛丑(七〇一),王維約生于是年。

《新唐書·王維傳》:「上元初卒,年六十一。」趙殿成《右丞年譜》考出維實卒于上元二年(七六一),并據「年六十一」之説,推定維當生于是年。然兩《唐書·王縉傳》皆謂縉卒于建中二年(七八一),年八十二,由此逆推,縉當比維早生一年,故不少人以爲趙説不可從。按,拙作《王維生年新探》(載《文史》第三十輯)説,兩《唐書·王縉傳》關於王縉卒年的記載不誤,而關於其享年的記載未必無誤。如果有新材料可以證明,兩《唐書·王縉傳》關於王縉生卒年的記載不誤,則王維當生於聖曆二年(六九九)。關於王維的生年,學界爭論頗多,有若干不同的推測。《新探》曾説:「我近年整理王維集,嘗試着爲王維詩編年,工作中,發現維詩作年可考者,約占其全部詩歌的五分之四以上。其中,可斷爲開元九年以前寫的詩歌有:(此下從略,請參閲本書)……。依趙説,開元三年(七一五)王維十五歲,開元九年(七二一)二十一歲,若繫以上述作品,則他自十五歲至二十一歲,每年大抵皆有詩作。看來,這是比較合乎實際的,因爲維二十二歲以後的創作情況,大致也是這樣。依王(從仁)説(王維享年七十左右),公元七〇六年王維十五歲,七二一年三十歲,若繫以上述作品,則維自十五歲至二十一歲(七〇六—七一二),大抵每年皆有詩作,而自二十二歲至二十八歲(七一三—七一九),却根本没有作品。王維少有詩名,其今存二十歲以前作的詩中,即有一些廣爲後人傳誦的名篇；依常理而論，自二十一歲以後至三十歲，應是王維創作力更爲旺盛的時期，怎麽可能反而没有多少詩作呢？」上述情况，正是筆者在王維生年問題上採用趙説的根本出發點。現在看來，除王維生於六九九年説外，其餘各種説法，都會出現王維有若干年根本没有作品的情况。筆者以爲，考證王維的生年，必須有全局觀念，不能不顧及王維全部詩文的編年，不能只抓住一點，不計其餘。此處生年，姑依趙説處理。

中宗景龍三年己酉（七〇九），九歲。知屬辭。

《新唐書》本傳：「九歲知屬辭。」

玄宗開元三年乙卯（七一五），十五歲。離家赴長安。

《過秦皇墓》詩題下注曰：「時年十五。」秦皇墓在驪山（今陝西西安市臨潼區東南），詩即離鄉赴長安途經驪山時所作。

開元四年丙辰（七一六），十六歲。在長安。

開元五年丁巳（七一七），十七歲。在長安。

《九月九日憶山東兄弟》詩題下注云：「時年十七。」詩即是年作于長安，説詳此詩注釋。

開元六年戊午（七一八），十八歲。在長安，間至洛陽。

《哭祖六自虚》詩題下注曰：「時年十八。」詩曰：「否極當聞泰，嗟君獨不然！憫凶纔稚齒，羸疾至中年。」知祖自虚當卒于中年。考祖自虚爲祖詠之從姪，説見此詩注釋；而祖詠少即與王維相交（見《贈祖三詠》注釋），兩人年齡當接近，所以祖自虛的年齡也不大可能大于王維，然則詩題下「時年十八」之注語當有誤。

《舊唐書·王維傳》：「與弟縉俱有俊才，博學多藝亦齊名……昆仲宦遊兩都，凡諸王駙馬豪右貴勢之門，無不拂席迎之。」王維《洛陽女兒行》詩題下注曰：「時年十八。」詩疑作於洛陽，則本年王維或曾至洛陽。

開元七年己未（七一九），十九歲。在長安。七月，赴京兆府試。

《賦得清如玉壺冰》詩題下注云：「京兆府試，時年十九。」唐張彥遠《歷代名畫記》卷一〇：「王維……年十九，進士擢第。」説法不同。按，《舊唐書》本傳稱維開元九年登進士第，唐薛用弱《集異記》（見《太平廣記》卷一七九）也説維「年未弱冠」，受「貴主」之薦，得京兆府解送，故從《賦得清如玉壺冰》詩題下注語，定維于是年赴京兆府試。唐制，士人赴進士試，需自向府州求舉，經考試合格，由府州解送尚書省，方得至長安受吏部試（後改由禮部考試）。吏部試例於正月舉行，府州試則在前一年七月舉行，《唐音癸籤》卷一八：「每秋七月，士子從府州覓解紛紛，故其時有『槐花黃，舉子忙』之諺。」

又，《集異記》記述維奏《鬱輪袍》夤緣干進之事，謂「時進士張九皋，聲稱籍甚」，公主「牒京兆試官，令以九皋爲解頭」；維方將應舉，言其事于岐王，仍求庇借，岐王曰：「貴主之强，不可力爭，吾爲子畫焉。」遂攜之謁貴主，奏《鬱輪袍》，主大奇之，乃召試官至第，遣宮婢傳教，「維遂作解頭而一舉登第矣」。按，《集異記》爲小説家書，有虚構成分。關於張九皋，唐蕭昕《張公神道碑》（《全唐文》卷三五五）曰：「公諱九皋……弱冠，孝廉登科，始鴻漸也。……以天寶十四載（七五五）四月二十日疾亟，薨于西京常樂里之私第，春秋六十有六。」孝廉，唐人每以之爲明經之稱。據碑所載卒年及享年推算，當中宗景龍三年（七〇九），九皋弱冠（二十歲）。這即是説，其時九皋已明經及第，不可能又於十年之後，至京兆府求舉。這一點已露出了《集異記》虚構的痕跡。又，篇中於諸人皆直稱名號，獨於公主不明言爲何人，或此事乃得自傳聞，作者亦未能確知其爲誰，故籠統謂之曰「貴主」。稽之史籍，中宗諸女貴盛者，是時（開元七年）有的已死（如安樂公主），有的遭貶（如長寧公主），睿宗諸女，又似無貴盛逾于岐王者；而玄宗諸女，是時又皆年幼（玄宗長女永穆公主開元十年方及下嫁之年，參見《唐會要》卷六、《通鑑》卷二一二），故其事可疑。另，宋曾慥《類説》卷八、楊伯嵒《六帖補》卷二〇引《集異記》作「九公主」，《唐才子傳》卷二述此事亦作「九公主」。「九公主」當指睿宗之第九女玉真公主（高宗僅三女，中宗僅八女，玄宗之第九女早夭，參見《新唐書·諸帝公主傳》）。《通鑑》肅宗上元元年載：「上又命玉真公主、如仙媛……常娱侍左右。」注：「《考異》曰：《常侍言旨》作『九仙媛』，《唐曆》作『九公主、女媛』，今從《新》、《舊傳》。」唐韋述《兩京新記》卷三：「睿宗第八女西城公主及第九女昌宗公主並出家，爲立二觀，改西城爲金仙，昌宗爲玉真。」按，《新書·公主傳》列金仙爲第九女，玉真爲第十女，岑仲勉《唐史餘瀋》卷一「鄎國公主初降薛儆」條謂，《公主傳》之玄宗第三女荆山公主重出（第七女鄎國公主初封荆山公主），本不當在數中，則玉真實爲第九女也。玉真爲玄宗、岐王之妹，與玄宗同母，太極元年（七一二）與金仙俱入道。又，《集異記》所説王維與張九臯爭京兆府解頭事，亦係虛構。唐時京兆府解送以前十名爲等第，以第一名爲解頭，據《唐摭言》等書記載，京兆府解送置等第、解頭之事，始于天寶時，至于爭等第、爭解頭的風尚，則直到德宗貞元、憲宗元和年間，才真正盛行。這即是説，開元前期京兆解送尚未置等第，因此也就根本不可能存在王維與張九臯爭等第、爭解頭之事；《集異記》的作者薛用弱生活於元和、長慶時代，那時候各地舉子羣奔于京兆府求解送、爭解頭的風氣很盛，所以可以説，薛用弱實際上是假托王維、岐王、玉真公主之名虛構故事，以反映當時的社會現實，這就是小説家的手段。説詳拙作《考證古代作家生平事迹易陷入的兩個誤區》，載《文學遺産》二〇一七年第四期。

開元八年庚申（七二〇），二十歲。在長安。春，就試吏部，落第。是年，每從岐王範等遊宴。

維既然於上年七月赴京兆府試并得其解送，自當在本年正月就試吏部，但史載維擢進士第在下年，故知本年應試後蓋落第也。

據《敕借岐王九成宮避暑應教》、《從岐王夜宴衛家山池應教》、《從岐王過楊氏别業應教》等詩，可知維居長安時，嘗從岐王範遊宴。《舊唐書·睿宗諸子傳》云：「（範）開元初，拜太子少師，帶本官，歷絳、鄭、岐三州刺史。八年，遷太子太傅。」《通鑑》開元八年十月載：「上禁約諸王，不使與群臣交結。……萬年尉劉庭琦、太祝張諤數與範飲酒賦詩，貶庭琦雅州司户，諤山在丞。」據以上記載，可推知維數從岐王遊宴，約在是年或是年以前。因維下年已登第授官，自不會甘冒觸犯禁令的風險，與範遊宴。又，陶敏、傅璇琮《唐五代文學編年史》初盛唐卷開元七年云：九成宮在岐州麟遊縣西一里，岐王開元六年十二月兼岐州刺史，「故借當州閑置之九成宮避暑。李範以開元八年歸朝，詩當七年夏作」；時王維「已爲岐王府屬，隨王在岐州」。按，謂《敕借岐王》詩作於岐王兼任岐州刺史期間，甚是；謂詩作於岐州，時維已爲岐王府屬，則非是。《通鑑》開元二年六月載：「丁巳，以宋王（即寧王）成器兼岐州刺史……令到官但領大綱，自餘州務，皆委上佐主之。是後諸王爲都護、都督、刺史者并準此。」同年七月載：「乙卯，以岐王範兼絳州刺史……仍敕宋王以下每季二人入朝，周而復始。」知岐王雖爲岐州刺史，實際上不理州務；玄宗有兄二人，弟二人，時皆爲刺史，四人中「每季二人入朝，周而復始」，則岐王雖爲岐州刺史，實際上每年却有半年時間居於長安，《敕借》詩當是開元七年或八年夏（岐王八年哪一月遷太子太傅，史書失載，故詩仍有可能作於八年夏），玄宗下詔借與岐王九成宮避暑，岐王即將自長安返回岐州時作的，是時王維當仍居于長安，以謀求進取。稱維是時已爲岐王府屬，既不見于任何記載，也同唐代的制度相違。首先，王府爲中央機構，當在長安，不可能遷到岐州；其次，唐制，六品以下的岐王府屬官（包括岐州州府的屬官）皆由吏部經銓選後任命，非由岐王自行任命，開元七、八年王維尚未登第，連參加吏部銓選的資格都没有，豈能被吏部任命爲王府屬官？如《通鑑》開元二年二月載：「申王成義（玄宗之兄）請以其府録事（從九品上）閻楚珪爲其府參軍（正七品上），上許之。姚崇、盧懷慎上言：『……臣竊以量材授官，當歸有司，若緣親故之恩，得以官爵爲惠，踵習近事，實紊紀綱。』事遂寢。」

《舊唐書》本傳云：「（維）昆仲宦遊兩都……寧王、薛王待之如師友。」維集中有《息夫人》一詩，據《本事詩·情感》載，係在寧王府中、應寧王之命而作者，詩題下注曰：「時年二十。」則維與寧王遊，也正在此年。

開元九年辛酉（七二一），二十一歲。春，擢進士第，解褐爲太樂丞。送綦毋潛落第還鄉，約在是年春。尋坐累，謫濟州司倉參軍，是秋離京之任。

《極玄集》卷上：「王維……開元九年進士。」《舊唐書》本傳：「維開元九年進士擢第。」《新唐書》本傳：「開元初，擢進士，調大樂丞。」《唐五代文學編年史》開元九年云：「按云『調』，知王維前此已爲官，惟未知任何職。」按，此説誤。調者選也，指吏部銓選，唐制，新及第進士，必須經過吏部的銓選才能授官。調，漢時即有「選」義，如《漢書·張安世傳》：「有郎功高不調自言。」顏師古注：「調，選也。」唐時以「調」指銓選的用法很普遍。如顏真卿《鮮于仲通神道碑》：「開元二十年，年近四十，舉鄉貢進士高第。二十六年，調補益州新都尉。」《唐代墓誌彙編續集》天寶〇六八《唐故國子祭酒趙君（冬曦）壙》：「（盧懷慎）奏以進士試，對策甲科。是歲調集有司，即授校書郎。」《唐會要》卷七五：「裴行儉爲吏部侍郎……是時蘇味道、王劇未知名，因調選，行儉一見，深禮異之。」上述各例，「調」皆當作銓選解。《唐才子傳》卷二稱維「開元十九年狀元及第」，誤（説見後）。

《送綦毋潛落第還鄉》曰：「……江淮度寒食，京洛縫春衣。置酒臨長道，同心與我違。」潛，虔州（治所在今江西贛縣）人（見《元和姓纂》卷二），尋繹詩意，此篇應是二、三月間放榜之後，在長安送潛還虔州時所作。考潛開元十四年登進士第（見顧況《監察御史儲公集序》），維開元十至十三年在濟州，故此篇當作於開元九年以前，今姑繫於此。

《新唐書》本傳稱維「調大樂丞」後，「坐累爲濟州司倉參軍」。關於維遭貶的原因，《集異記》云：「及爲太樂丞，爲伶人舞黄師子，坐出官。黄師子者，非一人不舞也。」唐太常寺有太樂署，置令一人（從七品下），丞一人（從八品下），令掌邦國祭祀享宴所用樂舞，丞爲之貳。因此，若署中「伶人舞黄師子」，則首先負有責任者當爲太樂令。《舊唐書·劉子玄傳》云：「（開元）九年，長子貺爲太樂令，犯事配流。」維之被謫與太樂令劉貺的「犯事配流」，恐怕是出于同一原因。由此可證，《右丞年譜》謂維謫濟州在是年，大抵近之。

至於維赴濟州（治所在今山東茌平西南）任所的具體時間及經行之地，可從其詩中找到若干綫索。《被出濟州》云：「微官易得罪，謫去濟川陰。……縱有歸來日，多愁年鬢侵。」詩題《河嶽英靈集》作《初出濟州别城中故人》，詩蓋離京赴任時所作。《宿鄭州》云：「朝與周人辭，暮投鄭人宿。……宛洛望不見，秋霖晦平陸。……明當渡京水，昨晚猶金谷。此去欲何言，窮邊徇微禄。」《早入滎陽界》云：「汎舟入滎澤，兹邑乃雄藩。……秋野田疇盛，朝光市井喧。……前路白雲外，孤帆安可論！」據二詩，知維赴濟州途中嘗過洛陽、滎陽及京水（在今河南滎陽東）；又詩寫秋景，知赴任時爲秋日也。另維有《至滑州隔河望黎陽憶丁三寓》詩，乃此行經滑州（治所在今河南滑縣東舊滑縣）時所作。

開元十年壬戌（七二二），二十二歲。在濟州。

開元十二年甲子（七二四），二十四歲。是年，裴耀卿爲濟州刺史，維仍在濟州。

說見下年。

開元十三年乙丑（七二五），二十五歲。仍爲濟州司倉參軍。祖詠擢第授官後東行赴任，嘗過濟州，維留之宿，且送之至齊州，賦詩贈别。

《裴僕射濟州遺愛碑》曰：「公名耀卿，字涣之。……出爲此州刺史。……行之一年，郡乃大理。……居無何，詔封東嶽，關東列郡，頗當馳道。……公盡事君之心，且曰從人之欲。大駕還都，分遣中丞蔣欽緒……等巡按，皆嘉公之能，奏課第一。公未受賞，朝而歸藩。天災流行，河水決溢。」碑文接着叙其親督士民修堤防事；又謂及堤成，即遷宣州刺史。按，據孫逖《唐濟州刺史裴公德政頌》（見《文苑英華》卷七七五）載，耀卿出爲濟州刺史，在開元十二年秋八月；又史載玄宗東封泰山在開元十三年十一月（十月車駕發東都，十一月至泰山下），「大駕還都（東都）」在同年十二月；另「河水決溢」及修堤防事，《裴公德政頌》謂在開元十四年秋，因此裴離濟州任赴宣州的時間，當在十四年歲末。又，《遺愛碑》云：「維也不才，嘗備官屬，公之行事，豈不然乎？維實知之，維能言之。」言裴任濟州刺史時，已嘗爲其官屬，可見開元十二、三年，維仍在濟州爲司倉參軍。據此，并可證《唐才子傳》關於開元十九年維擢進士的記載非是。

《贈祖三詠》云：「貧病子既深，契闊余不淺。……良會詎幾日，終自長相思。」詠，洛陽人，「少與王維爲吟侶」(《唐才子傳》卷一),「開元十三年進士」(《極玄集》卷上);此詩作于濟州(詩題下注曰:「濟州官舍作。」),時詠尚未登第(據「貧病」句可知)。《喜祖三至留宿》曰:「門前洛陽客,下馬拂征衣。……行人返深巷,積雪帶餘暉。早歲同袍者,高車何處歸?」詠有和章《答王維留宿》曰:「四年不相見,相見復何爲? 握手言未畢,却令傷別離。」按,維開元九年謫濟州途經洛陽時,當曾與詠會晤過,自九年至本年,恰好四年,又維詩中有「積雪」之語,所以此二詩當作于開元十三年冬。時詠已登第授官,王命在身,不可能在濟州久留,故云「握手言未畢,却令傷別離」。維集中又有《送別》一詩:「送君南浦淚如絲,君向東州使我悲。爲報故人憔悴盡,如今不似洛陽時。」此詩《萬首唐人絶句》題作《齊州送祖三》,是(參見《齊州送祖三》、《淇上送趙仙舟》注釋)。齊州(治所在今山東濟南)在濟州之東,地近濟州,詩當是維居濟州期間所作。蓋詠過濟州後,復東行赴任,維遂送之至齊州,作此詩贈別。詩中爲詠未能在内地任職,而到邊遠地區爲官感到哀傷。

維在濟州期間,曾到過鄆州(治所在今山東東平西北),《送鄆州須昌馮少府赴任序》云:「予昔仕魯,蓋嘗之鄆。」又曾渡河到清河(今河北清河西),有《渡河到清河作》詩。還嘗遊濟州境内之魚山,作《魚山神女祠歌二首》。

開元十四年丙寅(七二六),二十六歲。是年暮春,離濟州司倉參軍任。

《送鄭五赴任新都序》謂鄭原於邠(唐州名,治所在今陝西彬縣)地爲縣令,後獲罪「除名爲人

(民)」,「屬聖朝龍旂鑾輅,登封告成之事畢;蒼玉黄琮,郊天祀地之禮備。天下無事,海内乂安。盡登仁壽之域,猶下哀憐之詔:萬方有罪,與之更新;百寮失職,使復其位。降邑宰爲輿尉,從縮墨而解褐。龍星始見,馬首欲西。……時工部侍郎蕭公……賦詩寵别,贈言誡行。……黄鸝欲語,夏木成陰,悲哉此時,相送千里」。此文述及玄宗東封泰山事,《右丞年譜》因繫之於開元十三年。按,玄宗東封禮畢後頒布大赦詔令,在開元十三年十一月(見《册府元龜》卷八五),又「龍星始見」,謂時值孟夏四月(見此文注釋),所以此文當作于開元十四年四月。另,此文作於何地?考新都即今四川新都縣,鄭「赴任新都」,不可能經過濟州(或謂此文當作於濟州官舍,非是,説見拙作《王維生平五事考辨》,載《古籍整理與研究》總第三期),又文中叙及朝廷官員(工部侍郎蕭元嘉,參見此文注釋)賦詩贈别事,所以它若不是作于長安,必定作于洛陽(史載本年玄宗居洛陽,故此文也有可能作于洛陽)。據此,可推知本年四月之前,維已離濟州司倉參軍任。《寒食汜上作》云:「廣武城邊逢暮春,汶陽歸客淚沾巾。落花寂寂啼山鳥,楊柳青青渡水人。」汶陽謂汶水之北,濟州正在汶水之北,蓋作者是時自濟州西歸長安或洛陽,故自稱「汶陽歸客」。據此,則維離濟州西歸的具體時間,爲暮春三月。《通典》卷一五:「凡居官,以年爲考,六品以下,四考爲滿。」州司倉參軍爲六品以下官,以四考爲滿(即四年秩滿);考維於開元九年秋莅濟州,至十三年秋已滿四年之期,理當離任,估計是由于十三年冬玄宗欲東封泰山,濟州正當乘輿所經之地,有許多事要做,所以未能按期離任。

開元十五年丁卯（七二七），二十七歲。官淇上疑在是年。

維嘗居淇（淇水，今河南北部淇河）上，有《淇上即事田園》、《淇上送趙仙舟》等詩可證。《偶然作》其三云：「日夕見太行，沉吟未能去。問君何以然？世網嬰我故。小妹日成長，兄弟未有娶。家貧禄既薄，儲蓄非有素。幾回欲奮飛，踟蹰復相顧。孫登長嘯臺，松竹有遺處。相去詎幾許？故人在中路。……忽乎吾將行，寧俟歲云暮？」玩詩意，是時作者的居地，當距太行山與孫登長嘯臺（在今河南輝縣西北蘇門山上）甚近，而淇上恰好是這樣的去處，所以這首詩恐怕是在淇上作的。詩中謂，自己幾次想歸隱，但考慮到家中生活貧困，有弟妹需要照顧，又不得不繼續留下來守禄薄之位。這樣看來，維大抵是在淇上做過官的。關於他在淇上爲官的年代，也可以從這首詩中找到一些綫索。詩曰「兄弟未有娶」，語氣是已到成室的年齡而尚未婚娶，考維本年二十七歲，其弟縉年齡與維接近（説見《王維生年新探》），又紞、紘、紞等，想來多數亦已及成室之年（維父早卒，維兄弟間的年齡不會相距過大），因此，斷維官淇上在是年，似無大誤。疑上年維離濟州後，不久即至長安參加吏部銓選，本年春乃改官淇上。

開元十六年戊辰（七二八），二十八歲。隱淇上疑在是年。約于本年秋，還長安。是冬，孟浩然落第後離京，行前，有詩贈維，維亦有詩送之。

《淇上即事田園》云：「屏居淇水上，東野曠無山。日隱桑柘外，河明閭井間。牧童望村去，獵犬隨人還。静者亦何事？荆扉乘晝關。」據此詩，知維嘗隱居淇上。上年引述的維官淇上時所作的一首《偶然作》中，已表露了作者急於歸隱的心情（「忽乎吾將行，寧俟歲云暮」），故疑官淇上之後不久，即棄官在淇上隱居。

詩人孟浩然於開元十六年春四十歲時在長安應進士試，落第後滯留長安，於本年冬離京（參見拙作《王維孟浩然詩選》，中華書局二〇〇五年出版），行前，作《留别王維》詩：「寂寂竟何待，朝朝空自歸。欲尋芳草去，惜與故人違。當路誰相假，知音世所稀。只應守寂寞，還掩故園扉。」維亦作《送孟六歸襄陽》詩贈之，詩曰：「杜門不欲出，久與世情疏。以此爲長策，勸君歸舊廬。醉歌田舍酒，笑讀古人書。好是一生事，無勞獻《子虚》。」詩中勸慰浩然，還是回鄉隱居好，無須辛辛苦苦地在長安獻賦求官。或此時維亦在長安閑居，故有是語。《新唐書·孟浩然傳》謂浩然在長安時，維嘗私邀入内署，因遇玄宗，誦所作《歲暮歸南山》詩。按，此事實不足信，不能作爲維是時在長安爲官之證，説見拙作《唐才子傳校箋·孟浩然傳》（《唐才子傳校箋》卷二）。又，孟浩然《題長安主人壁》云：「久廢南山田，叨陪東閣賢。欲隨平子去，猶未獻《甘泉》。……授衣當九月，無褐竟誰鄰！」看來，浩然在長安應試落第後，確曾動過獻賦的念頭，維詩中之言，並非無的放矢。

開元十七年己巳（七二九），二十九歲。在長安。始從大薦福寺道光禪師學頓教。

《大薦福寺大德道光禪師塔銘》曰：「禪師諱道光，本姓李，綿州巴西人。……遇五臺寶鑑禪師……遂密授頓教。……以大唐開元二十七年五月二十三日，入般涅槃于薦福僧坊。門人明空等，建塔于長安城南畢原。……維十年座下，俯伏受教……。」大薦福寺在長安開化坊（見《長安志》卷七），據此文，知維于本年開始在長安從道光學頓教（非指慧能之頓門，説詳此文注釋）。

開元十八年庚午（七三〇），三十歲。疑仍閒居長安。

《華嶽》云：「上帝佇昭告，金天思奉迎。人（一作神）祇望幸久，何獨禪云亭？」趙殿成曰：「劉眴《唐書》：開元十三年，東封泰山。十八年，百僚及華州父老，累表請封西嶽，不允。右丞之作，當在是時，故有『神祇望幸久，何獨禪云亭』之句。」疑維作此詩時，正在長安。又，《故右豹韜衛長史賜丹州刺史任君神道碑》亦作于是年（見此文注釋）。文中稱任君爲京兆萬年縣人，葬于萬年縣南神禾原，則此文之作，似可爲本年維在長安之證。

唐自本年始實行六品以下前資官的守選制（參見拙作《唐代守選制的形成與發展研究》，載《文史》二〇一一年第二輯），自本年起至以後數年，維疑當處於守選期間。

開元十九年辛未（七三一），三十一歲。妻亡約在是年。

《舊唐書》本傳云：「妻亡，不再娶，三十年孤居一室。」（《新唐書》本傳同）維卒時年六十一，則妻亡當在此年前後。

開元二十一年癸酉（七三三），三十三歲。是年前，房琯爲盧氏令，維有詩贈之。

《贈房盧氏琯》云：「將從海嶽居，守靜解天刑。或可累安邑，茅茨君試營。」房琯爲盧氏（今河南盧氏縣）令，在開元二十一年以前（説見此詩注釋），詩即作于琯在盧氏任職期間。「將從」二句謂己將隱于湖山之間，「或可」二句詢問房琯，可否到盧氏隱居。玩詩意，是時維或仍閒居長安。又，《送從弟蕃遊淮南》約作于本年秋（説見注釋），詩云：「送歸青門外，車馬去騤騤。」知是時維正在長安。

又，據《曉行巴峽》等詩，知維嘗遊蜀。其時間，疑在開元二十一年以前閒居長安的數年内，説見《自大散以往深林密竹蹬道盤曲四五十里至黄牛嶺見黄花川》注釋。

開元二十二年甲戌（七三四），三十四歲。仍閒居長安。秋，赴洛陽，獻詩張九齡求汲引，旋隱於嵩山。

《京兆尹張公德政碑》曰：「……前年不登，人頟太甚，野無遺秉，路有委骨，天子不忍征于不粒，賦于無衣，六軍從衛，以臨東諸侯，息關中也。」下文即述張公于災後撫定京兆事跡。《右丞年譜》繫此篇于開元二十二年，并曰：「『前年不登……路有委骨』，是二十一年事。『天子……以臨東諸侯』，是二十二年事。」按，趙説是，《舊唐書·玄宗紀》載開元二十一年「關中久雨害稼，京師饑」，二十二年正月玄宗「幸東都」（即所謂「臨東諸侯」）。又《舊唐書·裴耀卿傳》云：「（開元）二十年……冬，遷京兆尹。明年秋，霖雨害稼，京城穀貴。上將幸東都，獨召耀卿問救人之術……尋拜黄門侍郎、同中書門下平章事，充轉運使。」《新唐書·宰相表》謂開元二十一年十二月「京兆尹裴耀卿守黄門侍郎、同中書門下平章事」。據此，知張爲京兆尹當在二十一年十二月之後。「京兆尹張公」指張去奢，參見此文注釋。另，碑文云：「……長老孜孜，願刊于石，以予學于舊史，來即我謀；且維與人（即民，避唐太宗諱改，下同）編户，與人爲伍，與人出入，與人言語，知風俗之淳弊，識政化之源本。屬詞愧文，書蓋事實。」尋繹文意，可知維是時仍閒居長安，未嘗出仕。

維集中有《上張令公》詩，張令公指張九齡。九齡於開元二十一年十二月起復中書侍郎、同中書門下平章事，二十二年五月二十七日加中書令（見明成化九年韶州刊本《唐丞相曲江張先生文集》附録「誥命」《加銀青光禄大夫中書令制》），詩稱張爲「令公」，當作於九齡加中書令之後。詩曰：「賈生非不遇，汲黯自堪疏。學《易》思求我，言《詩》或起予。嘗從大夫後，何惜隸人餘！」「學《易》」二句表達了請求九齡援引之意，「嘗從」二句謂己曾忝爲朝官，不惜列居群輩之末（參見此詩注釋）。尋繹詩意，維是時當尚未居官。蓋維原有退隱山林之想（見前），後因張九齡執政，又産生了出仕的願望，於是獻此詩求九齡汲引。另，本年玄宗既居洛陽，丞相張九齡自然也當在洛陽，因此，獻詩必定是在洛陽進行的。《送崔興宗》云：「已恨親皆遠，誰憐友復稀？君王未西顧，游宦盡東歸。……方同菊花節，相待洛陽扉。」「君王」句即指玄宗在洛陽，蓋時崔欲自長安之洛，維因作此詩送之。詩末二句意謂，自己將在洛陽同崔共度重陽節。由此可見，維約在本年秋赴洛陽。獻詩九齡，就是抵洛陽之後發生的事。

維嘗隱居嵩山，據《歸嵩山作》可知。《留别山中温古上人兄并示舍弟縉》云：「解薜登天朝，去師偶時哲。豈惟山中人，兼負松上月。宿昔同遊止，致身雲霞末。開軒臨潁陽，卧視飛鳥没。……舍弟官崇高，宗兄此削髮。荆扉但灑掃，乘閒當過拂。」解薜，謂己脱下隱者之服，詩蓋維拜官後離隱居地赴任時與同隱者道别之作。温古上人，即「嵩岳沙門温古」（參見此詩注釋）；潁陽，在今河南登封縣西南潁陽鎮，其地距嵩山甚近，所以王維的隱居地應該就是嵩山，此詩也即作于嵩山。又「舍弟官崇高」，指王縉是時在登封爲官（詳見注釋），考縉於開元十五年應高才沈淪、草澤自舉科中第（見《登科記考》卷七），則其官登封當在開元十五年之後，維隱嵩山之時間亦然。又維開元九年登第授官前居長安（見前），故其隱于嵩山應在第二次出仕（官右拾遺，説見下年）之前。《歸嵩山作》曰：「荒城臨古渡，落日滿秋山。」詩寫秋景，應作于本年秋（下年秋已官右拾遺）。據此，知維于本年秋在洛陽獻詩後，即隱于嵩山。維既獻詩九齡求汲引，何以又要隱于嵩山？蓋是時玄宗居東都，嵩山地近東都，隱此正可待機出仕耳。唐時隱居嵩山也如隱居終南一樣，不失爲仕宦的一種門徑。如開元時盧鴻隱于嵩山，即被玄宗徵爲諫議大夫（見《通鑑》卷二一二）。

開元二十三年乙亥（七三五），三十五歲。春，仍隱于嵩山。尋拜右拾遺，遂離嵩山至東都任職。

《獻始興公》云：「寧棲野樹林，寧飲澗水流；不用坐粱肉，崎嶇見王侯。鄙哉匹夫節，布褐將白頭！……側聞大君子，安問黨與讎？所不賣公器，動爲蒼生謀。賤子跪自陳，可爲帳下否？感激有公議，曲私非所求！」詩題下原注：「時拜右拾遺。」玩詩首六句之意，亦可見維拜右拾遺前，是一棲隱山林之布衣。「側聞」四句稱贊始興公爲國爲民、正直無私的精神；最後四句表示，願爲始興公之下屬，但任用自己，如出于「公議」，將使自己感動奮發，如有所偏私，則不是自己所追求的。據以上四句之意，這首詩應是維初拜右拾遺仍在嵩山，尚未到任時獻給執政者的。始興公指張九齡，考九齡于開元二十三年三月九日進封始興縣開國子（見《唐丞相曲江張先生文集》附録「誥命」《封始興縣開國子食邑四百户制》）〔一〕，所以此詩當作于本年三月九日之後〔二〕，維拜右拾遺大抵也即在此時。《新唐書・王維傳》云：「張九齡執政，擢右拾遺。」未明言擢右拾遺在何年。考九齡于開元二十一年十二月至開元二十四年十一月知政事，《右丞年譜》遂斷維擢右拾遺在開元二十二年。然維是年所作《上張令公》詩未嘗言及拜官事，故知趙説未確。

又，史載玄宗本年仍在東都，維既任諫職，理應隨玄宗居東都。

開元二十四年丙子（七三六），三十六歲。在東都，爲右拾遺。冬十月，隨玄宗還長安。

史載本年十月，玄宗還長安，維既爲朝臣，理當扈從還京。

開元二十五年丁丑（七三七），三十七歲。春，在長安爲右拾遺。尋遷監察御史。夏，奉命出使河西節度。後又應辟入河西幕府，爲河西節度判官。

《同盧拾遺韋給事東山別業二十韻給事首春休沐維已陪遊及乎是行亦預聞命會無車馬不果斯諾》曰：「侍郎文昌宮，給事東掖垣。……是時陽和節，清晝猶未暄。」韋給事東山別業即韋嗣立莊，亦曰韋氏逍遥谷，在驪山。《右丞年譜》繫此詩于開元二十四年，且云：「詩云：『侍郎文昌宮，給事東掖垣。』故知此詩乃韋濟爲侍郎以後所作。」按，《舊唐書・韋濟傳》曰：「（開元）二十四年，爲尚書户部侍郎。累歲轉太原尹。」又「陽和節」指春二月，開元二十四年春二月維在東都，不得爲東山別業之遊，故知此詩當作于開元二十五年二月，時維在長安。又詩題云「給事首春休沐維已陪遊」，則本年首春（正月），維亦在長安。《暮春太師左右丞相諸公于韋氏逍遥谷宴集序》曰：「時則有太子太師徐國公、左丞相稷山公、右丞相始興公、少師宜陽公……畫輪載轂，羽幢先路，以詣夫逍遥谷焉。」趙殿成云：「篇中所稱太子太師徐國公是蕭嵩，右丞相始興公是張九齡，少師宜陽公是韓休……左丞相稷山公當是裴耀卿。然史傳但言封趙城侯，不言封稷山公，當是闕文〔三〕。……據劉昫《唐書》本紀云，開元二十四年十一月，侍中裴耀卿爲尚書左丞相，中書令張九齡爲尚書右丞相，尚書右丞相蕭嵩爲太子太師，工部尚書韓休爲太子少保（按，《舊唐書·韓休傳》作「太子少師」），至二十五年四月，張九齡左授荆州長史，不在朝廷矣，是諸公宴集，實在二十五年之春。」趙説是。此文作于本年三月，時維在長安。

本年四月張九齡貶荆州長史後，維有詩寄之（《寄荆州張丞相》）。《新唐書·王維傳》：「張九齡執政，擢右拾遺。歷監察御史。」維自右拾遺遷監察御史，疑在本年四月。

《舊唐書·王維傳》：「歷右拾遺、監察御史。」《右丞年譜》曰：「按《爲崔常侍祭牙門姜將軍文》云，『維大唐開元二十五年歲次丁丑十一月辛未朔四日甲戌，左散騎常侍、河西節度副大使攝御史中丞崔公，致祭于故姜公之靈』云云，則右丞爲監察御史，在涼州崔公幕中，正其時也。」維至河西幕，在開元二十五年，當無疑問。崔公即崔希逸，據《唐方鎮年表》卷八，希逸始爲河西節度副大使知節度事，在開元二十四年。《使至塞上》曰：「單車欲問邊，屬國過居延。征蓬出漢塞，歸雁入胡天。大漠孤煙直，長河落日圓。蕭關逢候騎，都護在燕然。」此詩亦載《文苑英華》卷二九六「奉使」類，首二句作「銜命辭天闕，單車欲問邊」。「銜命」者，奉朝廷之命也，則他赴河西，當是奉命出使，而非應辟入幕。唐監察御史有監諸軍、出使的職責，《通典》卷二四：「大唐監察御史……掌内外糾察并監祭祀及監諸軍、出使等。」《唐六典》卷一三：「監察御史掌分察百僚，巡按州縣……凡將帥戰伐，大克殺獲，數其俘馘，審其功賞，辨其真僞。」因此王維便以監察御史的身份出使河西。此詩係維初至河西時所作，就「歸雁入胡天」的景象而言，其時令疑是初夏。《舊唐書·玄宗紀》云：「（開元二十五年）三月乙卯，河西節度使崔希逸自涼州南率衆入吐蕃界二千餘里。己亥，希逸至青海西郎佐素文子觜，與賊相遇，大破之，斬首二千餘級。」王維的奉使問邊，當與此次希逸的大破吐蕃有關。所謂「問邊」，可以理解成到邊地慰問打了勝仗的將士，也可理解成對這次勝利進行考察，「審其功賞，辨其真僞」。希逸破敵在三月，捷書傳至京師，朝廷再派出使者，最快也已到了夏天，這同「歸雁入胡天」的時令特徵正好相合。《使至塞上》末二句謂已在蕭關遇到候騎，得知主帥破敵後尚在前綫未歸，由此亦可證維出使河西的時間約在四月。王維此行，當走古絲綢之路東段的北道（又稱蕭關道），參見《使至塞上》注釋。《出塞作》云：「暮雲空磧時驅馬，秋日平原好射雕。」詩蓋本年秋在河西作。《爲崔常侍謝賜物表》云：「臣某言：總管關敬之至，奉九月十五日敕，吐蕃贊普公主信物金胡瓶等十一事，伏蒙恩旨，特以賜臣，捧戴慚惶，以抃以躍。臣幸居無事，待罪西門。」崔常侍即崔希逸，「待罪西門」指其任河西節度副大使知節度事；考希逸下年五月已改任河南尹，故知「九月十五日」當謂本年之九月十五日。玄宗賜物敕作于九月十五日，則此謝表當作于十月。

關於維在河西幕中所守職事，《出塞作》詩題下注云：「時爲御史，監察塞上作。」又《涼州賽神》、《雙黄鵠歌送別》詩題下皆注云：「時爲節度判官，在涼州作。」按，唐時節度使皆自辟佐史，然後上聞（參見《送懷州杜參軍赴京選集序》注釋），蓋維先以監察御史的身份出使河西，至幕府後，又受到希逸的聘用，任節度判官。

開元二十六年戊寅（七三八），三十八歲。五月，崔希逸改任河南尹，維旋亦自河西還長安。

《通鑑》開元二十六年五月：「丙申，以崔希逸爲河南尹。希逸自念失信于吐蕃，内懷愧恨，未幾而卒。」《舊唐書・吐蕃傳》：「希逸以失信怏怏，在軍不得志，俄遷爲河南尹，行至京師，與趙惠琮俱見白狗爲祟，相次而死。」希逸離河西後，繼任者爲蕭炅，《通鑑》開元二十六年六月：「辛丑，以岐州刺史蕭炅爲河西節度使總留後事。」維詩文中從未提及蕭，故疑希逸離任之後，維尋亦歸京。又《送岐州源長史歸》詩題下注曰：「源與余同在崔常侍幕中，時常侍已歿。」崔常侍即崔希逸，參照上述《通鑑》的記載，此詩當作于開元二十六年（《右丞年譜》繫於開元二十五年，誤）。詩曰：「秋風正蕭索，客散孟嘗門。故驛通槐里，長亭下堇原。」「客散」句謂崔卒後，幕中僚屬已四散。末二句寫源長史歸途中經行之地，槐里在今陝西興平東南，堇原估計應在咸陽或槐里附近（參見此詩注釋）；源長史自涼州（治所在今甘肅武威）歸岐州（治所在今陝西鳳翔）不經過槐里、堇原，而由長安還岐州則經過槐里、堇原，所以作者的送別之地應在長安。據此詩，知維最晚在本年秋，已回到長安。

開元二十七年己卯（七三九），三十九歲。在長安。疑仍官監察御史。

《大薦福寺大德道光禪師塔銘》謂道光本年五月二十三日卒于京師大薦福寺，門人建塔于長安城南畢原，已因爲作塔銘。據此文，知維本年在長安。

《新唐書》本傳曰：「張九齡執政，擢右拾遺。歷監察御史。」開元二十五年，維以監察御史出使河西，自上年離河西幕府還朝以來，疑仍守監察御史之職。

開元二十八年庚辰（七四〇），四十歲。遷殿中侍御史。是冬，知南選，自長安經襄陽、郢州、夏口至嶺南。

《哭孟浩然》曰：「故人不可見，漢水日東流。借問襄陽老，江山空蔡洲。」詩題下原注：「時爲殿中侍御史，知南選，至襄陽有作。」王士源《孟浩然集序》云：「開元二十八年，王昌齡遊襄陽。時浩然疾疹發背，且愈，相得歡甚，浪情宴謔，食鮮疾動，終于冶城南園。」據此，知維遷殿中侍御史及知南選（「選」指六品以下官吏的銓選），均在本年。

何謂南選？《新唐書·選舉志》云：「太宗時，以歲旱穀貴，東人選者集于洛州，謂之東選。高宗上元二年，以嶺南五管、黔中都督府得即任土人，而官或非其才，乃遣郎官、御史爲選補使，謂之南選。其後江南、淮南、福建大抵因歲水旱，皆遣選補使即選其人。而廢置不常，選法又不著，故不復詳焉。」《通典》卷一五云：「其黔中、嶺南、閩中郡縣之官，不由吏部，以京官五品以上一人充使，就補御史一人監之，四歲一往，謂之南選。」《唐會要》卷七五、《册府元龜》卷六三〇所載與二書同。由以上記載可以得知：（一）經常性的南選只在嶺南、黔中二地舉行。（二）其他如閩中、江南、淮南等地，不過在「因歲水旱」的特殊情況下才偶爾置選。（三）襄陽未嘗置選。蓋其地近洛州（河南府、東都），選人赴選頗方便也。因此，所謂「知南選，至襄陽有作」，指的并不是南選在襄陽舉行（有人以爲南選的選所即在襄陽），而是「知南選」途經襄陽。

那麽，王維到底往何地「知南選」呢？由他此行所過之地推斷，應是到嶺南。《新唐書·孟浩然傳》曰：「王維過郢州，畫浩然像于刺史亭，因曰浩然亭。」郢州（治所在今湖北鍾祥）在襄陽之南，瀕漢水，蓋維至襄陽後，復沿漢水南行，過郢州。《送封太守》曰：「揚舲發夏口，按節向吴門。帆映丹陽郭，楓攢赤岸村。百城多候吏，露冕一何尊。」此詩係在夏口（今武漢市武昌）送封太守赴吴門（今蘇州）上任時所作。《送康太守》曰：「城下滄江水，江邊黄鶴樓。……鐃吹發夏口，使君居上頭。」詩亦作于夏口。可見維抵郢州後，復順漢水南行至夏口。疑維到夏口後，即溯江而上，歷湖湘南行至桂州（治所在今廣西桂林，唐時嶺南選所設于此，説詳下文）。

《唐會要》卷七五曰：「開元八年八月勅：嶺南及黔中參選吏曹，各文解每限五月三十日到省，八月三十日檢勘使了，選使及選人，限十月三十日到選所，正月三十日内銓注使畢。其嶺南選補使，仍移桂州安置。」維既然必須在十月三十日以前趕到桂州，那麽他自長安出發的時間，估計應在九月底。又考王昌齡本年自嶺南北歸途中，嘗過襄陽，訪孟浩然，時浩然食鮮疾作，遂終于家

（參見《孟浩然集序》、詹鍈《李白詩文繫年》）；而昌齡北歸長安後，復于本年冬出爲江寧丞（參見聞一多《岑嘉州繫年考證》），因此昌齡過襄陽及浩然卒，大抵當發生在本年夏秋間。王維抵襄陽，約在本年十月初，其時浩然辭世未久，故維賦詩哭之。

開元二十九年辛巳（七四一），四十一歲。春，自嶺南北歸，嘗過潤州江寧縣瓦官寺，謁璿禪師。隱居終南山始于是年歸長安後。

上已述及，嶺南選事限「正月三十日内銓注使畢」，因此維自嶺南北歸的時間，應在本年正月三十日以後。

維《謁璿上人》詩曰：「夙承大導師，焚香此瞻仰。頽然居一室，覆載紛萬象。高柳早鶯啼，長廊春雨響。床下阮家屐，窗前筇竹杖……」序曰：「玄關大啓，德海群泳。時雨既降，春物俱美。序于詩者，人百其言。」按璿上人即《宋高僧傳》卷一七《元崇傳》中的「璿禪師」。《元崇傳》曰：「釋元崇，俗姓王氏……世居句容（屬潤州）。……以開元末年，因從瓦官寺璿禪師諮受心要，日夜匪懈，無忘請益。璿公乃揣骨千里駿足可知，因授深法。……至德初，並謝絶人事，杖錫去郡，歷于上京。……遂入終南，經衛藏，至白鹿，下藍田，于輞川得右丞王公維之别業。松生石上，水流松下，王公焚香静室，與崇相遇，神交中斷。」璿禪師開元末年居瓦官寺，此詩即維至寺中瞻仰禪師時所作。據載，瓦官寺在唐潤州江寧縣（今南京市），《隋唐嘉話》卷下曰：「王右軍《告誓文》，今之所傳，即其稿草……其真本……開元初年，潤州江寧縣瓦官寺修講堂，匠人于鴟吻内竹筒中得之。」又，前已談到，維自嶺南北歸的時間在二月初，這同《謁璿上人》詩中所紀節候恰好相合，所以維過潤州江寧縣，當在其由嶺南北歸之時。又《送邢桂州》曰：「鐃吹喧京口，風波下洞庭。赭圻將赤岸，擊汰復揚舲。」京口爲唐潤州治所，今江蘇鎮江，詩即維在京口送邢赴桂州上任時所作。京口亦維北歸途中經行之地。從各方面參互考訂，維此行蓋自桂州歷湘湖抵大江，而後沿江東下，過江寧至京口，再循邗溝、汴水、黄河北歸秦中。

《唐詩紀事》卷一六云：「（裴）迪初與王維、（崔）興宗俱居終南。」維《終南别業》云：「中歲頗好道，晚家南山陲。」《答張五弟》曰：「終南有茅屋，前對終南山。終年無客長閉關，終日無心長自閒。不妨飲酒復垂釣，君但能來相往還？」知維嘗隱于終南山。或謂王維詩中之終南别業即輞川别業，主要根據是，輞川别業在藍田縣輞谷，地處「終南山之東緣北麓」，應包括在終南山的範圍之内，所以輞川别業亦可徑直稱爲終南别業（參見陳允吉《王維「終南别業」即「輞川别業」考》，載《文學遺産》一九八五年第一期）。按，輞川確乎地近終南，就這點而言，終南别業有可能即指輞川别業。然而，王維集中述及終南别業和終南山的詩共有十首，其中不曾有一首提到輞川及輞川别業諸勝；又他描寫自己在輞川的隱居生活的詩歌凡數十首，其中只有《答裴迪輞口遇雨憶終南山之作》一首提及終南山。詩曰：「淼淼寒流廣，蒼蒼秋雨晦。君問終南山，心知白雲外。」很顯然，由這一首詩，無法證明終南别業就是輞川别業。所以，從王維的詩文中尋找内證，尚不足以證成終南别業即輞川别業。又，王維的隱居輞川，是一種亦官亦隱（説詳後），而隱居終南時的情況則非如此。《戲贈張五弟諲三首》其三云：「設置守毚兔，垂釣伺游鱗，此是安口腹，非關慕隱淪。吾生好清静，蔬食去情塵。今子方豪蕩，思爲鼎食人。我家南山下，動息自遺身。入鳥不相亂，見獸皆相親。雲霞成伴侣，虚白侍衣巾。何事須夫子，邀予谷口真？」此詩以隱居不仕、「名振京師」的谷口鄭子真自喻，言己隱于終南山之下，同雲霞爲伴，與鳥獸相親，達到進退自忘；又謂張之釣弋山中，衹圖口腹，且「思爲鼎食人」，與己異操，何須復來邀予爲伴？看來，作者當時並未居官，否則，怎好自比鄭子真，並對思欲出仕的張五加以嘲笑呢？由維隱居終南期間寫作的其他一些詩歌，如《答張五弟》、《終南别業》等，也同樣可以看出他當時並不是亦官亦隱。如《答張五弟》中之「終年」二句，如果王維當時亦官亦隱，只是在休沐期間回終南别業，則尚可稱「終日無心長自閑」，而不得説「終年無客長閉關」，因爲亦官亦隱的話，連主人自己都長期不在别業居住，又怎好埋怨客人終年不至呢？所以，王維的隱居終南與隱居輞川當非一事。關於這一點，拙作《王維生平五事考辨》（載《古籍整理與研究》總第三期）有詳細考述，可參閲。

關於維隱居終南的時間，可從其詩中得到一些綫索：（一）《終南别業》收入《國秀集》，題作《初至山中》。據此，可知此詩的寫作時間，也即維隱居終南的時間，當在天寶三載（七四四）以前。（二）據「我家南山下」等語，知《戲贈張五弟諲三首》係維在終南隱居期間所作。此詩其二曰：「張弟五車書，讀書仍隱居。……閉門二室下，隱居十年餘。宛是野人也，時從漁父漁。秋風日蕭索，五柳高且疏。望此去人世，渡水向吾廬。歲晏同攜手，只應君與予。」二室，即太室、少室，是嵩山的東西二峰。此詩回憶了作者與張同在嵩山隱居時的生活，表明維隱居終南當在其隱居嵩山之後。（三）《終南別業》云：「中歲頗好道，晚（近時）家南山陲。」中歲即中年。維《故任城縣尉裴府君墓誌銘》謂裴「享年三十九」，「而壽不中年」，蓋以四十以上爲中年。中年雖不是一個表示年齡的確切概念，但一般指四十歲左右，還是可以肯定的。據此，知維隱居終南的時間，約在四十歲上下。综上所述，王維隱居終南的時間，應在開元二十九年春自嶺南北歸之後、天寶元年官左補闕之前，歷時不到一年。

王維在終南的隱居地，或在太白山附近。參見《投道一師蘭若宿》注釋。

又，王維開元二十九年春自嶺南北歸後的隱居，很可能不是嚴格意義上的辭官歸隱，而是秩滿離任後等候朝廷給予新的任命期間的隱居。唐自開元十八年以後，實行六品以下文官的守選制，即規定六品以下文官秩滿離任後，必須在家等候若干年，才能再次參加吏部的銓選并授官。王維開元二十九年隱居前爲殿中侍御史，爲六品以下常參官，本無須守選，但也難免會遇上僧多粥少、休官待命的情況。此時休官者如果回到郊外的田園、別業居住，也就可以算是隱居了。

天寶元年壬午（七四二），四十二歲。在長安。是年春，復出爲左補闕。有送丘爲落第還鄉詩。

《三月三日曲江侍宴應制》曰：「從今億萬歲，天寶紀春秋。」知詩爲天寶元年上巳日所作，時維在長安爲官。

《和僕射晋公扈從温湯》曰：「天子幸新豐，旌旗渭水東。寒山天仗裏，温谷幔城中。……司諫方無闕，陳詩且未工。長吟吉甫頌，朝夕仰清風。」詩題下原注：「時爲右補闕。」僕射晋公謂李林甫，他于開元二十五年七月賜爵晋國公（見《舊唐書·玄宗紀》、《通鑑》），天寶元年八月加尚書左僕射（見《舊唐書·玄宗紀》）；又玄宗例于每年十月幸驪山温泉，此詩當即天寶元年十月所作。據詩中注語，知維是時已官補闕。另，《春日直門下省早朝》詩題下注曰：「時爲左補闕。」《舊唐書》本傳亦曰：「歷右拾遺、監察御史、左補闕、庫部郎中。」按，唐置左、右補闕各二人，品秩、職掌均同，左屬門下省，右屬中書省，考維詩曰「直門下省早朝」，則作「左補闕」爲是，作「右」者蓋字誤也。

是年丘爲落第，維作《送丘爲落第歸江東》詩，説見該詩注釋。

天寶二年癸未（七四三），四十三歲。在長安。仍官左補闕。

《故任城縣尉裴府君墓誌銘》曰：「天寶二年正月十二日，唐故魯郡任城縣尉河東裴府君，卒于西京新昌坊私第……以某月日祔葬于鳳棲原（在長安南郊）先府君之塋。」知此文作于本年，是時維在長安。

維與王昌齡、王縉、裴迪集青龍寺（在長安新昌坊）曇壁上人院，共賦詩，約在是年。説見《青龍寺曇壁上人兄院集》注釋。

天寶三載甲申（七四四），四十四歲。仍在長安爲左補闕。始營藍田輞川别業最晚當在本年。

《舊唐書》本傳曰：「維弟兄俱奉佛，居常蔬食，不茹葷血，晚年長齋，不衣文采。得宋之問藍田別墅，在輞口。……與道友裴迪浮舟往來，彈琴賦詩，嘯詠終日。嘗聚其田園所爲詩，號《輞川集》。」《新唐書》本傳：「別墅在輞川，地奇勝……與裴迪遊其中，賦詩相酬爲樂。」王維《輞川集》序曰：「余別業在輞川山谷。」《請施莊爲寺表》：「臣亡母故博陵縣君崔氏，師事大照禪師三十餘歲。褐衣蔬食，持戒安禪，樂住山林，志求寂靜。臣遂于藍田縣營山居一所。」所營藍田山居，即《舊唐書》本傳中所説的「藍田別墅」，也就是王維詩中經常提到的「輞川別業」，其地在藍田縣南輞谷内（參見《輞川集》注釋）。關于維始營藍田山居之時間，《舊唐書》本傳未明言；據《請施莊爲寺表》所云，則當在天寶九載春崔氏逝世之前。又，儲光羲《藍上茅茨期王維補闕》云：「山中人不見，雲去夕陽過。淺瀨寒魚少，叢蘭秋蝶多。……酒熟思才子，溪頭望玉珂。」「藍上」，藍溪（又稱藍谷水）邊。韋應物《寄子西》：「藍上舍已成，田家雨新足。」郎士元《送錢拾遺（起）歸寄劉校書》：「歸客不可望，悠然藍上村。」錢起有《藍上採石芥寄前李明府》詩，藍上皆指藍溪上。「藍上茅茨」即謂光羲在藍溪邊的別業，「山中人」、「才子」，皆指維而言。蓋藍溪（在藍田東南二十里藍谷）與維所居之輞川山谷（在藍田南二十里）相距不遠，故儲家酒熟而盼維來同飲，遂作是詩。詩中稱維之官銜爲「補闕」，可見維任左補闕時，已得藍田山居。考維下年遷侍御史（説見後），本年合仍居補闕之職，故其得藍田山居，最晚當在本年〔四〕。

維之藍田山居，蓋供母奉佛持戒之用，非爲己隱居習静而營，他自得藍田山居後至天寶十五載陷賊前，除一度因丁母憂離職外，一直在長安爲官。在此期間，他每每在公餘閒暇或休沐之時回山居小憩。他有時較長時間住在輞川，有時又較長時間離開輞川，《輞川別業》云：「不到東山向一年，歸來才及種春田。」可證。

又，殷遥最晚卒于本年，維嘗與儲光羲共賦詩哭之，説見《哭殷遥》注釋。

天寶四載乙酉（七四五），四十五歲。遷侍御史。嘗「受制出使」，在南陽郡臨湍驛中與神會和尚晤談，問「若爲修道」事。又，出使榆林、新秦二郡疑在是年。

維官侍御史事，兩《唐書》本傳及《右丞年譜》均失載。王士源《孟浩然集序》曰：「丞相范陽張九齡、侍御史京兆王維……率以浩然爲忘形之交。……天寶四載徂夏，詔書徵詣京邑，與冢臣入座討論，山林之士麕至，始知浩然物故。……浩然凡所屬綴，就輒毁棄……流落既多，篇章散逸。鄉里搆採，不有其半；敷求四方，往往而獲。既無他事，爲之傳次。」據此序，知維嘗官侍御史，時間約在天寶四載左右。陳貽焮先生認爲，王士源《孟浩然集序》作于天寶四載後不久，序中所稱「侍御史」，是王維在王士源作序前幾年的官職（維開元二十八年爲殿中侍御史），作序時維已遷官，王士源大概不知，誤以爲仍任侍御史（參見《孟浩然事迹考辨》，載《文史》第四輯）。按，「侍御史」并不等于「殿中侍御史」，唐御史臺置侍御史（從六品下）四人，殿中侍御史（從七品下）六人，二官品秩、職掌均異，不應混同。殿中侍御史别稱「侍御」，又簡稱「殿中」，不簡稱爲「侍御史」。又王士源天寶四載嘗入京，其所記維之官銜應當是不會有誤的。陶翰《送惠上人還江東序》，亦有「侍御史王公維」之語。維嘗官侍御史，還可從碑刻中找到根據。考《大唐御史臺精舍題名碑》

在「侍御史兼殿中」項下，列王維名，可證維曾任侍御史，王序的記載不誤。另外，維自從七品上的左補闕遷而爲從六品下的侍御史，于唐代官員的遷除常規也頗相合。

胡適輯《神會和尚遺集・神會語録》第一殘卷載：「侍御史王維」于南陽郡，「在臨湍驛中屈（神會）和上及同寺慧澄禪師語經數日」，問「和上若爲修道得解脱浄」。和上回答後，王維「乃謂寇太守、張別駕、袁司馬等：『南陽郡有好大德，有佛法甚不可思議。』」神會是禪宗南宗創始人慧能的嫡傳弟子。寇太守指南陽郡太守寇洋，其官南陽太守的時間爲「天寶初」，見郁賢皓《唐刺史考》卷一九〇。由此亦可證斷王維官侍御史在天寶四載，大致不誤。臨湍爲南陽郡（即鄧州，天寶元年改爲南陽郡，治所在今河南鄧州市）屬縣，故治在今河南鄧州市西北。《通典》卷二四載，侍御史「掌糾察内外，受制出使，分制臺事」，則維本年任侍御史時，嘗「受制出使」，到過南陽郡臨湍縣，在驛中同神會和尚相晤，問如何修道方得解脱。

王維《榆林郡歌》：「山頭松柏林，山下泉聲傷客心。千里萬里春草色，黄河東流流不息。黄龍戍上遊俠兒，愁逢漢使不相識。」《新秦郡松樹歌》：「青青山上松，數里不見今更逢。不見君，心相憶，此心向君君應識。爲君顔色高且閑，亭亭迥出浮雲間。」榆林郡治所在今内蒙古自治區準格爾旗東北十二連城，新秦郡治所在今陝西神木縣北，兩郡轄地相鄰；玩《榆林郡歌》「黄龍」二句之意，此二詩應是維出使二郡時所作。《舊唐書・地理志》曰：「隋置勝州，大業爲榆林郡。武德中，平梁師都，復置勝州。天寶元年，復爲榆林郡。乾元元年，復爲勝州。」又曰：「天寶元年，王忠嗣奏請割勝州連谷、銀城兩縣置麟州，其年改爲新秦郡。乾元元年，復爲麟州。」「榆林郡」及「新秦郡」既然都是天寶時地名，二詩亦應是天寶年間所作。另外，如前所述，侍御史掌「受制出使」，所以出使二郡，很可能即發生在維任侍御史期間。

天寶五載丙戌（七四六），四十六歲。轉庫部員外郎疑在是年。

維嘗作《苑舍人能書梵字兼達梵音皆曲盡其妙戲爲之贈》詩贈苑咸：「名儒待詔滿公車，才子爲郎典石渠。」咸亦作《酬王維》詩（見《全唐詩》卷一二九）答之，其序曰：「王員外兄以予嘗學天竺書，有戲題見贈，然王兄當代詩匠，又精禪理，枉採知音，形于雅作，輒走筆以酬焉。」維復作《重酬苑郎中》詩答咸。按，維《苑舍人能書梵字》詩既稱苑咸爲「舍人」（中書舍人），又稱其「爲郎」，《重酬》詩亦稱苑咸爲「郎中」，那麽苑咸到底是任中書舍人呢，還是任郎中？回答是：咸蓋以郎中知制誥，知制誥掌草詔，行中書舍人之職，唐時亦可稱中書舍人，然咸之本官則爲郎中，故維又稱其爲苑郎中。《全唐詩》卷二五五沈東美《奉和苑舍人宿直曉玩新池寄南省友》：「傳聞閶闔裏，寓直有神仙。史爲三墳博，郎因五字遷。」苑舍人即苑咸，其原唱已佚。首二句謂苑在大明宫中宿直（中書省在大明宫内），神仙、郎皆謂苑爲尚書郎，唐人習稱尚書省郎官（郎中、員外郎）爲仙郎，故曰「神仙」，據此詩亦可證苑時以郎中知制誥。《全唐詩》卷二三八錢起《和范郎中宿直中書曉玩清池贈南省同僚西（一作「兩」）垣遺補》：「司言兼逸趣，鼓興接知音。」此爲沈東美詩的同和之作，「范郎中」當爲「苑郎中」（即指苑咸）之誤，南省同僚，指尚書省郎官，可見苑之本官爲郎中，故稱尚書郎爲「同僚」；司言，即掌草詔，指咸爲知制誥，故「宿直中書」，詩并兼贈西垣（西掖垣，中書省）遺補（右拾遺、右補闕）。據新出土苑咸墓誌，咸曾官「考功郎中兼知制誥」，詩當即作于其時，參見《苑舍人》詩注釋。

《重酬》詩題下原注：「時爲庫部員外。」又維《奉和聖制聖札賜宰臣連珠詞五首應制》題下亦注：「時爲庫部員外。」凡此，皆可證維嘗官庫部員外郎，然此事兩《唐書》本傳及《右丞年譜》均失載。《通典》卷二四曰：「凡侍御史之例，不出累月，則遷登南省（唐尚書省在大内之南，因謂曰南省），故號爲南床。」侍御史既然例當「遷登南省」，而庫部員外郎又正好是南省的屬官，所以官庫部員外郎應在官侍御史之後。又唐侍御史從六品下，庫部員外郎從六品上，依遷除常例，官庫部員外郎亦應在官侍御史之後。上年官侍御史，則官庫部員外郎宜在本年。

又，據上述維與苑咸相互酬答之詩，可推知維官庫部員外郎時，咸正任知制誥。關於苑咸之事跡，詳見《苑舍人能書梵字》詩注釋。顔真卿《尚書刑部侍郎贈尚書右僕射孫逖文公集序》曰：「公之除庶子也，苑咸草詔曰：『西掖掌綸，朝推無對。』議者以爲知言。」《舊唐書·孫逖傳》曰：「天寶三載，權判刑部侍郎。五載，以風疾求散秩，改太子左庶子。」知制誥掌草誥，可見天寶五載孫逖除庶子時，咸正官知制誥。據此，亦可見斷維于本年轉庫部員外郎，似無大誤。

天寶六載丁亥（七四七），四十七歲。仍官庫部員外郎。

苑咸《酬王維》詩序曰：「王員外兄……且久未遷，因而嘲及。」詩末二句曰：「應同羅漢無名欲，故作馮唐老歲年。」《唐詩紀事》卷一七：「王爲庫部員外郎，久不遷，故咸末句及之。」維《重酬苑郎中》詩序曰：「頃輒奉贈，忽枉見詶，叙末曰：『且久不遷，因而嘲及。』詩落句云：『應同羅漢無名欲，故作馮唐老歲年。』亦解嘲之類也。」蓋維官庫部員外郎非止一年，故苑咸嘲笑他久未遷除。

天寶七載戊子（七四八），四十八歲。遷庫部郎中疑在是年。

《舊唐書》本傳曰：「歷右拾遺、監察御史、左補闕、庫部郎中，居母喪，柴毁骨立，殆不勝喪。服闋，拜吏部郎中。」《右丞年譜》謂維任左補闕與遷庫部郎中皆在天寶元年。按，維任左補闕後，又曾官侍御史、庫部員外郎，而後方遷庫部郎中（庫部郎中從五品上，品秩高于庫部員外郎，官庫部郎中應在官庫部員外郎之後），因此稱維遷庫部郎中亦在天寶元年顯然有誤。據上述《舊唐書》本傳的記載，可推知維遷庫部郎中在其母崔氏卒前，考崔氏卒于天寶九載初（説見後），則遷庫部郎中應在天寶七載或八載。

或謂維母最晚當卒于天寶七載。按，若維母果卒于是年以前，則維本年當去職守喪（五），不應復在朝爲官。然而，維集中有不少作品足以證明，本年維仍在朝爲官，故此説未確。維集中有《大同殿生玉芝龍池上有慶雲百官共睹聖恩便賜宴樂敢書即事》詩，《舊唐書・玄宗紀》曰：「（天寶七載）三月乙酉，大同殿柱産玉芝，有神光照殿。」據此，知詩即作于本年三月。《奉和聖製天長節賜宰臣歌應制》曰：「德合天兮禮神遍，靈芝生兮慶雲見。」趙注引《揮麈録》曰，天寶七載八月己亥，詔改千秋節（唐玄宗八月五日生，以其日爲千秋節）爲天長節（《舊唐書・玄宗紀》同），又「靈芝」句即指「大同殿生玉芝，龍池上有慶雲」事，所以此詩當作于本年八月。《奉和聖製登降聖觀與宰臣等同望應制》曰：「林疏遠村出，野曠寒山静。」儲光羲《述降聖觀》詩題下自注：「天寶七載十二月二日，玄元皇帝降于朝元閣，改爲降聖閣。」（《舊唐書·玄宗紀》同）維詩寫冬景，或即作于本年十二月。《賀古樂器表》曰：「伏惟開元天寶聖文神武應道皇帝陛下，居皇建之極中，得混成之大道……」《舊唐書·玄宗紀》載，玄宗于天寶七載三月（《新唐書·玄宗紀》、《唐會要》卷一及《通鑑》作「五月」）加尊號曰「開元天寶聖文神武應道皇帝」，八載閏六月，又加尊號曰「開元天地大寶聖文神武應道皇帝」，據此文所稱尊號，應作于天寶七載三月（或五月）以後、八載閏六月以前。由以上作品，皆可證維本年仍在朝任職。

天寶八載己丑（七四九），四十九歲。仍官庫部郎中。閏六月，蕭嵩薨，同年下葬，維爲作挽歌。

維《賀玄元皇帝見真容表》云：「臣某言：伏見中書門下奏，上黨郡奏啓聖宫聖祖大道玄元皇帝玉石真容、主上聖容，今月十五日三元齊開光明……伏惟開元天地大寶聖文神武應道皇帝陛下，大道爲心，上元同體……臣等限以留司，不獲隨例抃舞，無任踴躍喜慶之至。」據此表所稱尊號，當作于本年閏六月之後；又，舊以正月、七月、十月之望爲三元日，據表中「今月十五日三元齊開光明」之語，可進一步推知此表應作于本年七月十五日或十月十五日之後。《賀神兵助取石堡城表》云：「臣維等言：伏奉中書門下牒，伏見絳郡太平縣百姓王英杞狀稱，去載七月，于萬春鄉界，頻見聖祖空中有言曰：『我以神兵助取石堡城。』當時具經郡縣陳説，并有文狀申奏訖。今載正月，又于舊處再見……伏惟開元天地大寶聖文神武應道皇帝陛下，以道理國，以奇用兵……遂殲逆命之虜，果屠難拔之城。……臣等限以留司，不獲隨例抃舞，不勝踴躍喜慶之至。」哥舒翰拔吐蕃石堡城，事在天寶八載六月（參見《通鑑》）；必石堡城已拔，而後好事之徒方敢造作聖祖（玄元皇帝）以神兵助取的誑言，故表中之「去載」，應指天寶八載（若「去載」指天寶七載，則其時并無攻石堡城事，安得云以神兵助取），而「今載」則指九載。金丁《王維丁憂時間質疑》（載《文學遺産》增刊十三輯）謂此表當作于天寶九載二月前後，其説大體近之（按，有可能即作于正月）。據以上二表，可推知維九載正月或二月以前仍在朝任職（如是時維已離朝丁憂，當不可能頻上賀表于朝廷）。

陶敏、傅璇琮《唐五代文學編年史》初盛唐卷天寶九載二月云：「唐代于洛陽置尚書留省及御史臺留臺，其官員稱分司官，時王維當分司東都，故表中屢自稱『限于留司』。據《唐會要》卷一，玄宗天寶七載五月十三日加尊號『開元天寶聖文神武應道皇帝』，八載閏六月五日，改『天寶』爲『天地大寶』。故知《賀古樂器表》作于八載閏五月（按，當作六月五日）前，時王維已在東都。……去歲王維已在庫部員外郎任，本年丁母憂，故時當已在庫部郎中任，且分司東都。」按，「留司」確實可作分司東都解，然也有别的含義（見《賀古樂器表》注釋），可否僅據「限以留司」一語，即斷定王維本年分司東都，值得懷疑。理由是：一、没有任何一種記載説過王維曾分司東都。二、據《編年史》的説法，王維至少有八個多月在東都分司任職，然而從他的詩文集中，却找不出一首可以證明這一點的詩文，相反，倒能找出可用以證明八載閏六月後王維仍在長安的詩歌。維集中有《故太子太師徐公輓歌四首》，徐公謂徐國公蕭嵩，《舊唐書·玄宗紀》：「(天寶八載閏六月)戊辰，太子太師徐國公蕭嵩薨。」《編年史》天寶八載閏六月：「王維《故太子太師徐公輓歌四首》：『風日咸陽慘，笳簫渭水寒。』時王維當仍在長安。」按，《舊唐書·玄宗紀》載，玄宗改尊號爲「開元天地大寶聖文神武應道皇帝」在八載閏六月丙寅，即蕭嵩卒之前二日，前引《編年史》之文，稱玄宗尊號改「天寶」爲「天地大寶」之前，王維已在東都，這裏却説玄宗尊號改過後，王維仍在長安，前後相互矛盾。實際上《徐公輓歌》當作于天寶八載秋，時王維在長安。蓋挽歌者，挽柩者所唱哀悼死者之歌也，當作于死者下葬時，詩中「風日」句即寫送葬隊伍往咸陽進發的景象。唐人重喪禮，《新唐書·禮樂志十》：「葬有期。」《通典》卷一三四《開元禮纂類二十九》：「王公以下皆三月而葬。」此説又見于《禮記·檀弓上》，蓋自古而然。嵩閏六月卒，三月下葬，則已至秋日，「渭水寒」也説明時值秋日。《新唐書·蕭嵩傳》：「固請老，見許。嵩退，修蒔園區，優游自怡。家饒財，而華(嵩子)爲工部侍郎，衡(嵩子)以尚主位三品，就養，年踰八十，士豔其榮。」則嵩當卒于長安家中。詩曰：「北首辭明主，東堂哭大臣。」也説明嵩當卒于長安，維詩亦當作于長安。《編年史》天寶八載秋：「《達奚侍郎夫人寇氏挽詞二首》：『卜塋占二室，行哭度千門。秋日光能淡，寒川波自翻。』……達奚侍郎，達奚珣。……時王維當以庫部郎中分司東都，故與李頎同在洛陽。」似乎找到了一首王維在東都分司任職時作的詩歌。按，實際上此詩亦作于長安。珣時任吏部侍郎，參見此詩注釋。作爲掌管吏部銓選的高級官吏，珣當居於長安，其妻寇氏，亦當卒于長安。詩中「卜塋」句，謂珣爲寇氏擇墓地于嵩山，「行哭」句謂出殯的隊伍且走且哭，將度過成千的坊門城門遠赴嵩山，所以據此二句不能證明詩當作于洛陽。又，《唐僕尚丞郎表》謂珣爲吏侍在天寶五至七載，據新出土寇氏墓志，寇氏天寶六載二月卒于西京，則此詩亦不當作于天寶八載，説詳此詩注釋。

天寶九載庚寅（七五〇），五十歲。正月或三月，丁母憂，離朝屏居輞川。

《舊唐書》本傳：「居母喪，柴毀骨立，殆不勝喪。服闋，拜吏部郎中。」《通鑑》卷二一六：「（天寶十一載三月）乙巳（即二十八日），改吏部爲文部。」既然維于服除後拜吏部郎中，那麼他服除的時間自然應在十一載三月底吏部改文部之前。由維服除的時間，可推知他始居喪的時間。古遭父母之喪，例需守喪「三年」，但所謂「三年」，并非指三十六個足月。《王維丁憂時間質疑》一文曾指出，據《唐會要》卷三七、三八的記載，唐時守喪三年，實際只有二十五個月。按，不獨唐時如此，《禮記·三年問》曰：「君子三年之喪，二十五月而畢。」又《喪服小記》曰：「再期之喪，三年也。」知古三年之喪，實際上只有兩周年。這即是説，若父或母卒于天寶元年六月，其子居喪，至天寶三載六月即當除服。以年而論，前後歷三個年頭，故曰「三年之喪」；以月而論，則前後僅歷二十五個月，然究其實，不過兩周年而已。《新唐書·禮樂志十》：「王公以下三月而葬……二十五月大祥（父母喪後二周年之祭禮），二十七月禫祭（除服之祭）。」説法不同。關于這個問題，唐人曾有過不少爭議，唐代實行的是二十五月除服之制，還是二十七月除服之制，似乎也發生過變化。

《唐會要》卷三七：「(聖曆元年)四門博士王元感云：三年之喪，合三十六月。鳳閣侍郎張柬之駁曰：三年之喪，二十五月，不刊之典也。……議者以柬之所駁，頗合于禮典。」《通典》卷八七：「議曰……先儒所議，互有短長，遂使歷代習禮之家，翻爲聚訟，各執所見，四海不同。……今約經傳，求其適中，可二十五月終而大祥，受以祥服，素縞麻衣。二十六月終而禫，受以禫服。」此處王維所行，疑是二十五月除服之制。維既然在十一載三月底以前服除，那麽他始居喪的時間就應當在本年三月底以前；又維如行二十七月除服之制，則他始居喪的時間就只有在本年正月了。

《請施莊爲寺表》曰：「臣亡母故博陵縣君崔氏……樂住山林，志求寂静。臣遂于藍田縣營山居一所。草堂精舍，竹林果園，并是亡親宴坐之餘，經行之所。」尋繹文意，維母崔氏卒前，當居輞川。而維守喪，疑亦在此。《酬諸公見過》曰：「嗟余未喪，哀此孤生。屏居藍田，薄地躬耕。歲晏輸税，以奉粢盛。晨往東皋，草露未晞。暮看煙火，負擔來歸。我聞有客，足掃荆扉。……仰厠群賢，皤然一老。愧無莞簟，班荆席藁。」詩題下原注：「時官出在輞川莊。」玩詩意，此詩應是維居母喪時在輞川所作。首二句即謂母、妻皆喪獨己尚在，我哀傷自己這個孤獨的人。而詩題下原注，則指己丁母憂離職居於輞川。又，維居母喪時年五十一、二，故有「皤然一老」之語。據此詩，可推知維居喪期間住在輞川〔六〕。

天寶十載辛卯（七五一），五十一歲。是年守母喪，仍居輞川。十月，吴興郡別駕前京兆尹韓朝宗葬于藍田白鹿原，維爲作墓誌銘。

《大唐吴興郡别駕前荆州大都督府長史山南東道採訪使京兆尹韓公墓誌銘》曰：「公諱朝宗……坐長安令有罪，貶吴興郡别駕。……天寶九載六月二十一日寢疾，薨于官舍。……夫人河東柳氏……先公而卒，至是以天寶十載十月二十四日合祔，陪于藍田白鹿原長山公先塋，禮也。」韓朝宗乃太子賓客韓思復子，兩《唐書》有傳。

天寶十一載壬辰（七五二），五十二歲。三月初，服闋，拜吏部郎中。是年吏部改爲文部後，仍守此職。

維《勅賜百官櫻桃》詩題下原注：「時爲文部郎中。」據此，知本年三月二十八日吏部改爲文部之後，維仍官文部郎中。

天寶十二載癸巳（七五三），五十三歲。仍官文部郎中。是夏，李峘出爲睢陽太守，維作詩送之。秋，李峴出守魏郡，晁衡還日本國，維皆有詩贈行。

《舊唐書》本傳：「服闋，拜吏部郎中。天寶末，爲給事中。」知維天寶末爲給事中前，仍官文部郎中。

維《送李睢陽》詩曰：「將置酒，思悲翁；使君去，出城東。麥漸漸，雉子斑；槐陰陰，到潼關。……天子當殿儼衣裳，太官尚食陳羽觴。……宗室子弟君最賢，分憂當爲百辟先。」李睢陽謂信安王李禕長子峘，《舊唐書·李峘傳》曰：「楊國忠秉政，郎官不附己者悉出于外，峘自考功郎中出爲睢陽太守。」按，天寶十一載十一月李林甫卒，楊國忠繼任右相，維詩蓋即十一載十一月之後所作。又岑參《送顔平原》詩序曰:「十二年春,有詔補尚書十數公爲郡守,上親賦詩,觴群公,宴于蓬萊前殿……參美顔公是行,爲寵别章句。」顔平原即顔真卿,宋留元剛《顔魯公年譜》曰:「(天寶十二載)六月,詔補尚書十數人爲郡守,宰相楊國忠怒公不附己,謬稱精擇,以公出守平原郡。」考峘出守睢陽郡前官考功郎中(尚書省諸曹郎官之一),因此他應是「尚書十數公」中的一員,其出守睢陽的時間與真卿出守平原的時間應該一致。既知真卿于本年春補爲平原太守,本年夏離京之任(《送顔平原》曰:「夏雲照銀印,暑雨隨行輈。」),也就可以推知峘補爲睢陽太守及離京之任的時間了。又,維詩中有「麥漸漸」、「槐陰陰」等語,亦可證峘離京赴睢陽的時間爲夏日。

是秋,峘弟峴出爲魏郡太守,維作《送魏郡李太守赴任》詩贈行(説見此詩注釋)。

維集中有《送祕書晁監還日本國》詩并序,「祕書晁監」謂晁衡。衡,日本人,原名阿倍仲麻吕,兩《唐書》作仲滿。據近人考證,衡于開元五年至唐,天寶十二載與日本國遣唐大使藤原清河等同歸日本。衡等一行于本年秋末離長安,十月中抵揚州,尋訪鑑真和尚,十一月中自揚州登船東歸(以上情況,詳見維此詩注釋)。《送祕書晁監還日本國》即作于衡等離長安之時。

又,本年九月衡嶽瑗公南歸,維嘗與崔興宗共賦詩送之(參見《同崔興宗送衡嶽瑗公南歸》詩并序)。

天寶十三載甲午(七五四),五十四歲。仍官文部郎中。

天寶十四載乙未(七五五),五十五歲。轉給事中。與郭納唱酬。

《舊唐書》本傳：「天寶末，爲給事中。」《新唐書》本傳：「服除，累遷給事中。」皆未明言維何年遷給事中。《册府元龜》卷一四四：「（天寶）十四載三月……又詔曰……宜令吏部侍郎蔣烈今月二十五日祭天皇地祇，給事中王維等分祭五星壇。」則維轉給事中在本年。王維《酬郭給事》曰：「晨摇玉珮趨金殿，夕奉天書拜瑣闈。强欲從君無那老，將因卧病解朝衣。」「晨摇」二句寫給事中的生活。《後漢書·百官志》：「黄門侍郎（又稱給事黄門侍郎）……掌侍從左右給事中。」劉昭注引《漢舊儀》曰：「黄門郎屬黄門令，日暮入對青瑣門拜，名曰夕郎。」杜甫《奉同郭給事湯東靈湫作》云：「飄飄青瑣郎，文采珊瑚鈎。」「青瑣郎」即指郭給事，仇注曰：「《漢舊儀》：給事黄門侍郎，每日暮，向青瑣門拜，謂之夕郎。」「强欲」句意謂，自己極想跟從郭給事，無奈年老，力不從心。蓋是時維亦官給事中（唐門下省有給事中四人），故有此語。又，維詩中之「郭給事」與甫詩中之「郭給事」當爲一人，仇兆鰲繫甫此詩于天寶十四載，故知維任給事中亦應在此年。又，郭給事即郭納，見《元和姓纂》卷一〇。

天寶十五載丙申（七五六），五十六歲。仍爲給事中。上年十一月，安禄山反。是年六月，禄山兵陷潼關，尋入長安；玄宗出幸蜀，維扈從不及，爲賊所得，服藥取痢，僞疾將遁。賊疑之，嚴加看守，尋縛送洛陽，拘于菩提寺，迫以僞署。七月，肅宗即位于靈武，改元至德。八月，禄山宴其群臣于凝碧池，命梨園諸工奏樂，諸工皆泣，維于菩提寺中聞之，悲甚，潛賦凝碧詩。九月之後，被迫爲禄山給事中。

元崇至輞川訪維(見前)，疑在本年初，是時維仍官給事中。

《舊唐書》本傳：「禄山陷兩都，玄宗出幸，維扈從不及，爲賊所得。維服藥取痢，僞稱瘖病。禄山素憐之，遣人迎置洛陽，拘于普施寺，迫以僞署。禄山宴其徒于凝碧宫，其樂工皆梨園弟子、教坊工人，維聞之悲惻，潛爲詩曰：『萬户傷心生野煙，百官何日再朝天？秋槐花落空宫裏，凝碧池頭奏管弦。』」《新唐書》本傳：「禄山素知其才，迎置洛陽，迫爲給事中。」按，維《大唐故臨汝郡太守贈祕書監京兆韋公神道碑銘》曰：「逆賊安禄山……始反幽薊，稍逼温洛……將逃者已落彀中，謝病者先之死地。……賊使其騎，劫之以兵，署之以職，以孥爲質，遣吏挾行。公潰其腹心，候其間隙，義覆元惡，以雪大恥。嗚呼！上京既駭，法駕大遷……鑿齒入國，磨牙食人。君子爲投檻之猿，小臣若喪家之狗。僞疾將遁，以猜見囚。勺飲不入者一旬，穢溺不離者十月；白刃臨者四至，赤棒守者五人。刀環築口，戟枝叉頸，縛送賊庭，實賴天幸，上帝不降罪疾，逆賊恫瘝在身，無暇戮人，自憂爲厲。公哀予微節，私予以誠，推食飯我，致館休我。」韋公即韋斌，此段文字叙述了韋與作者陷賊後的一些遭遇。「逆賊」以下數句寫安禄山反，叛軍逼近洛水，列郡或潰或降，韋斌也在此時陷賊。《通鑑》天寶十四載十二月：「丁酉，禄山陷東京……封常清帥餘衆至陝，陝郡太守竇廷芝已奔河東，吏民皆散。……仙芝乃帥見兵西趣潼關。賊尋至，官軍狼狽走……臨汝、弘農、濟陰、濮陽、雲中郡皆降于禄山。」《舊唐書・安禄山傳》：「(唐軍)皆棄甲西走潼關……臨汝太守韋斌降于賊。」「賊使其騎」五句接寫斌陷賊後，禄山迫以僞署。《舊唐書・韋斌傳》曰：「十四載，安禄山反，陷洛陽，斌爲賊所得，僞授黄門侍郎，憂憤而卒。」「公潰」以下四句指斌任僞職後，離散禄山之親信，待機欲滅元凶（指禄山），以雪己恥。「上京既駭」指天寶十五載六月安禄山軍破潼關後，京師震驚；「法駕大遷」謂玄宗幸蜀；「鑿齒入國」指叛軍入長安；「君子」句謂百官多爲賊所獲。接下「僞疾」二句蓋維自謂，非指斌而言。因爲維陷賊正在天寶十五載六月長安淪陷之後，而斌爲賊所得則在十四載十二月；且「僞疾」二句，又恰與《舊唐書》本傳所載「維服藥取痢，僞稱瘖病」及《責躬薦弟表》所言己陷賊後曾「託病被囚」事相合。「勺飲」四句寫己被囚後情狀。蓋「服藥取痢」，故「穢（糞）溺（尿）不離」。十月，極言時間之長，又「月」也可能是「日」的形誤字。「刀環」三句指己蒙受箠楚之辱，被叛軍縛送洛陽安禄山之朝。「實賴」以下五句言己被「縛送賊庭」後，實賴天幸，正遇上安禄山患病（參見此文注釋），無暇戮人，才得免一死。微節，微末的節操，即指「僞疾將遁」而言。「私予」三句謂己備受折磨之後，得到了當時正在洛陽任僞官的韋斌的照顧和愛護。由「公哀予微節」以下四句，亦可證「僞疾將遁」以下十四句皆作者自述陷賊後之遭遇。因爲如果「僞疾」以下十四句是指斌而言，則「公哀」以下四句在文義上便同上文不相銜接，且所謂「哀予微節」，也没有了着落。根據上述這段文字，可知維的「服藥取痢，僞稱瘖病」，蓋欲尋機逃離長安，擺脱安禄山之控制；又維是在備受折磨、侮辱之後，被叛軍捆縛、用武力强行押送到洛陽的，所謂「禄山素憐之，遣人迎置洛陽」，并非事實。

《通鑑》至德元載六月載，安禄山軍入長安後，「禄山命搜捕百官、宦者、宫女等，每獲數百人，輒以兵衛送洛陽」，維之被獲與被縛送洛陽，當在是時。又維所賦凝碧詩，本集中題作「菩提寺禁裴迪來相看説逆賊等凝碧池上作音樂供奉人等舉聲便一時淚下私成口號誦示裴迪」；《明皇雜録·補遺》云：「群賊因相與大會於凝碧池，宴僞官數十人……樂既作，梨園舊人不覺歔欷，相對泣下……王維時爲賊拘於菩提寺中，聞之賦詩曰：『萬户傷心生野煙……』」《通鑑》至德元載八月載：「禄山宴其群臣于凝碧池（胡三省注：「《唐六典》：洛陽禁苑中有芳樹、金谷二亭，凝碧之池。」），盛奏衆樂……」可見維在洛陽的被拘之地，應是菩提寺，《舊唐書》作「普施寺」疑誤；凝碧詩作于本年八月，是時維尚被拘于寺中。維的被迫接受僞職，當是本年九月以後之事。

至德二載丁酉（七五七），五十七歲。九月，唐軍收西京。十月，收東京。唐軍入東京後，維及諸陷賊官皆遭收繫，尋被勒赴西京。維在西京，與鄭虔、張通等并囚于宣陽里楊國忠舊宅。十二月，陷賊官以六等定罪，維以凝碧詩嘗聞于行在，又是時其弟縉官位已顯，請削己職以贖兄罪，肅宗遂宥之。

《通鑑》至德二載十月：「廣平王俶之入東京也，百官受安禄山父子官者陳希烈等三百餘人，皆素服悲泣請罪。俶以上旨釋之，尋勒赴西京。己巳，崔器令詣朝堂請罪……然後收繫大理、京兆獄。」唐軍收復東京後，維的遭遇同其他陷賊官大抵一樣。《集異記》曰：「維及鄭虔、張通等皆處賊庭。洎尅復，俱囚于宣陽里楊國忠舊宅。崔圓因召于私第，令畫數壁。當時皆以圓勳貴無二，望其救解，故運思精巧，頗絶其藝。後由此事，皆從寬典。」《新唐書·鄭虔傳》曰：「賊平，（虔）

與張通、王維并囚宣陽里。三人者，皆善畫，崔圓使繪齋壁，虔等方悸死，即極思祈解于圓，卒免死。」

《通鑑》至德二載十二月：「崔器、吕諲上言：『諸陷賊官，背國從僞，準律皆應處死。』上欲從之。李峴以爲……此屬皆陛下親戚或勳舊子孫，今一概以叛法處死，恐乖仁恕之道。且河北未平，群臣陷賊者尚多，若寬之，足開自新之路；若盡誅，是堅其附賊之心也。……爭之累日，上從峴議，以六等定罪，重者刑之于市，次賜自盡，次重杖一百，次三等流、貶。」維被免罪，應在此時。關于維被免罪之原因，《舊唐書》本傳曰：「賊平，陷賊官三等定罪。維以凝碧詩聞于行在，肅宗嘉之，會縉請削己刑部侍郎以贖兄罪，特宥之。責授太子中允。」《新唐書》本傳、《舊唐書·王縉傳》、《集異記》所述，大致相同。唯于縉是時所任官職，説法稍異。據諸書記載參互考訂，縉此時實官刑部侍郎兼北都副留守〔七〕。

乾元元年戊戌（七五八），五十八歲。是春復官，責授太子中允，加集賢殿學士；遷太子中庶子、中書舍人。官舍人時，同賈至、岑參、杜甫等并爲兩省僚友，唱和甚盛。是年六月之前，嚴武爲京兆少尹，維嘗與之往來。是秋，復拜給事中。施輞川莊爲寺，約在是冬。

《舊唐書》本傳稱維被宥後，「責授太子中允。乾元中，遷太子中庶子、中書舍人。復拜給事中。」《新唐書》本傳則謂：「……肅宗亦自憐之，下遷太子中允。久之，遷中庶子。」按，維《謝除太子中允表》曰：「臣維稽首言：伏奉某月日制，除臣太子中允，詔出宸衷，恩過望表，捧戴惶懼，不知所裁。……伏惟光天文武大聖孝感皇帝陛下，孝德動天，聖功冠古……」據兩《唐書·肅宗紀》及《通鑑》載，上皇（玄宗）本年正月戊寅御宣政殿，加上（肅宗）尊號曰「光天文武大聖孝感皇帝」，維此表既稱肅宗尊號，自當作于本年正月戊寅之後，而除太子中允，亦即在此時。又《既蒙宥罪旋復拜官伏感聖恩竊書鄙意兼奉簡新除使君等諸公》曰：「忽蒙漢詔還冠冕，始覺殷王解網羅。……花迎喜氣皆知笑，鳥識歡心亦解歌。」玩詩意，維的被宥與復官，當非同時，但兩事也不是相隔許久。維被宥在上年十二月，而復官（除太子中允）則約當在本年初春（「花迎喜氣」云云，正寫春景）。

《謝集賢學士表》云：「朝議大夫試太子中允臣維稽首言：伏奉今月十八日敕，令臣充集賢殿學士……無任感恩踊躍戰越之至，謹詣延英門陳謝以聞。」知維除太子中允後，又嘗加集賢殿學士，此事兩《唐書》本傳及《右丞年譜》并失載。

兩《唐書》皆稱維官太子中允後，嘗拜太子中庶子，然稽之史籍，唐時實不曾置太子中庶子之職。《通典》卷三〇謂，六朝以前，東宮官有中庶子，至隋，「分爲左右庶子，各二人，分統門下、典書二坊事」；唐亦各二人，分掌左右春坊事」。因此，有人以爲兩《唐書》的記載有誤。按，《全唐文》卷二五二蘇頲《授姚元之等兼太子庶子制》云：「勑元儲者，萬國之貞，端士者，一時之選，自匪英傑，孰當調護？……必俟大臣，俾兼中庶，元之可兼左庶子，璟可兼右庶子，餘如故。」知唐人有時以「中庶子」概指左、右庶子。兩《唐書·王維傳》之「中庶子」，疑亦此義。

維集中有《和賈舍人早朝大明宮之作》，賈舍人即賈至，時爲中書舍人，嘗賦《早朝大明宮呈兩省僚友》，維此詩即其和章。又，岑參有《奉和中書賈至舍人早朝大明宫》，杜甫有《奉和賈至舍人早朝大明宫》，皆同和之作。趙殿成曰：「是時賈至爲中書舍人，杜甫爲右（應作「左」）拾遺，皆有史傳歲月可證。是年六月，甫貶華州司功參軍，則四詩之唱和，正在乾元元年戊戌之春中也。王維之爲中書舍人、爲給事，岑參之爲右補闕，其歲月無考，要亦當在是時，皆兩省官也。」按，參之爲右補闕，在至德二載六月至乾元二年二月（參見聞一多《岑嘉州繫年考證》），并非「其歲月無考」；又賈至自天寶十五載至乾元元年春官中書舍人，乾元元年春出爲汝州刺史，《早朝》詩即作于其出守之前。《舊唐書·賈至傳》曰：「至，天寶末爲中書舍人。」《新唐書·賈至傳》曰：「從玄宗幸蜀，拜起居舍人，知制誥。……歷中書舍人。至德中……」杜甫《送賈閣老出汝州》曰：「西掖（中書省）梧桐樹，空留一院陰。艱難歸故里，去住損春心。……人生五馬貴，莫受二毛侵。」此即送賈至出守汝州之作，時在乾元元年春（説詳仇注）。另「兩省」謂中書、門下省，查維本年所任官職，惟中書舍人、給事中屬「兩省」（中書舍人屬中書省，給事中屬門下省）。至原詩曰：「共沐恩波鳳池裏，朝朝染翰侍君王。」「鳳池」謂中書省，「染翰侍君王」指爲君王草詔，即任中書舍人之職；又詩曰「共沐」，可見當時同賦的人中，非止至一人爲中書舍人。考當時同賦者除維之外，尚有岑、杜，二人是時各官補闕、拾遺，則爲中書舍人者，自然非王維莫屬了。維和詩曰：「朝罷須裁五色詔，珮聲歸向鳳池頭。」「朝罷」句亦指爲君王草詔，由此益可證維是時當官中書舍人，不當爲給事中。又參和詩曰：「雞鳴紫陌曙光寒，鶯囀皇州春色闌。」知詩當作于本年春末，維遷中書舍人，即在是時。至于其官庶子，則應在本年春末之前。

維集中有《晚春嚴少尹與諸公見過》、《酬嚴少尹徐舍人見過不遇》二詩，前詩曰：「自憐黄髮暮，一倍惜年華。」知詩當爲晚年所作。嚴少尹指京兆少尹嚴武。《舊唐書·嚴武傳》：「既收長安（上年九月收長安），以武爲京兆少尹，兼御史中丞。」《新唐書·嚴武傳》：「已收長安，拜京兆少尹，坐（房）琯事，貶巴州刺史。」《通鑑》乾元元年六月：「前祭酒劉秩貶閬州刺史，京兆尹嚴武貶巴州刺史，皆琯黨也。」則維與武往來，應在本年六月之前。

杜甫《崔氏東山草堂》曰：「愛汝玉山草堂静，高秋爽氣相鮮新。……何爲西莊王給事，柴門空閉鎖松筠？」聞一多《少陵先生年譜會箋》謂，乾元元年六月，杜甫出爲華州司功參軍，是年秋，嘗自華州至藍田縣訪崔興宗、王維，此詩及《九日藍田崔氏莊》乃是時所作，「王給事」即謂王維。按，聞説是。甫此詩中之「西莊」，當指輞川莊。崔氏興宗東山草堂在玉山，《長安志》卷一六云：「藍田山在（藍田）縣東南三十里。……其山出玉，亦名玉山。」輞川莊在輞谷内，《長安志》卷一六：「輞谷在（藍田）縣南二十里。」據以上記載，可推知輞川莊在崔氏東山草堂之西，故謂曰「西莊」。那麽，謂「西莊王給事」即指王維，應當是可信的。據此，可知本年秋維已遷任給事中。

《請施莊爲寺表》云：「……又屬元聖（指肅宗）中興，群生受福，臣至庸朽，得備周行（得充朝廷之臣），無以謝生，將何答施？……伏乞施此莊爲一小寺……上報聖恩，下酬慈愛，無任懇款之至。」尋繹文意，施輞川莊爲寺，當在乾元元年維「既蒙宥罪旋復拜官」之後。又本年秋杜甫既至輞川莊訪維，則其時此莊似尚未施爲寺。疑施莊爲寺，約在本年冬。另當時甫未遇維，可見此一時期維多不在輞川。

又，《舊唐書》本傳曰：「在京師，日飯十數名僧，以玄談爲樂。齋中無所有，唯茶鐺、藥臼、經案、繩牀而已。退朝之後，焚香獨坐，以禪誦爲事。」陳貽焮《王維生平事迹初探》（見《唐詩論叢》）稱上述這段話是維復官後至卒前三、四年之間的生活寫照，甚是。王縉《進王右丞集表》云：「臣兄……縱居要劇，不忘清浄。……至于晚年，彌加進道，端坐虚室，念兹無生。」維《謝除太子中允表》云：「……穢汙殘骸，死滅餘氣，伏謁明主，豈不自愧于心？仰廁群臣，亦復何施其面！跼天内省，無地自容。……臣夙有誠願，伏願陛下中興，逆賊殄滅，臣即出家修道，極其精勤，庶裨萬一。……臣得奉佛報恩，自寛不死之痛，謹詣銀臺門冒死陳請以聞。」可見維被宥復官之後，内心甚覺愧疚，于是滋生了「奉佛報恩」思想，施寺飯僧、焚香誦經等舉動，正是在此一思想的支配之下做出來的。

乾元二年己亥（七五九），五十九歲。仍官給事中。爲沙門惠幹作進註《仁王經》表，約在是年。

是春，錢起爲藍田縣尉（説見傅璇琮《唐代詩人叢考》第四三二至四三六頁），與維有相互酬和之詩：維賦《春夜竹亭贈錢少府歸藍田》，起作《酬王維春夜竹亭贈别》；維另賦《送錢少府還藍田》，起又作《晚歸藍田酬王維給事贈别》。據上述起之和章，可推知本年春維仍官給事中。

維《左掖梨花》詩曰：「閒灑階邊草，輕隨箔外風。黄鶯弄不足，銜入未央宫。」皇甫冉同詠《和王給事維禁省梨花詠》詩曰：「巧解迎人笑，偏能亂蝶飛。春風時入户，幾片落朝衣。」「左掖」謂門下省（給事爲左掖屬官），考冉天寶十五載登第後，即官無錫尉（參見《唐代詩人叢考》第四二二至四二六頁），因此此詩不大可能作于天寶末維任給事期間，而當作于本年春維爲給事之時。

是春，作《爲相國王公紫芝木瓜讚》。相國王公即王璵。據兩《唐書》本傳及《新唐書·宰相表》載，璵乾元元年五月，拜中書侍郎、同中書門下平章事，二年三月，罷爲刑部尚書。此文云「今中書侍郎相公先生……」，又云「至乾元二年，乃畫圖以進」，故知當作于本年三月璵罷相之前。

維集中有《送韋大夫東京留守》詩，韋大夫即韋陟（陟至德年間官御史大夫）。《舊唐書·肅宗紀》載，乾元二年秋七月乙丑朔，以禮部尚書韋陟充東京留守，詩蓋即是時所作。詩曰：「給事黄門省，秋光正沉沉。壯心與身退，老病隨年侵。」據此，知本年七月維猶爲給事中。

《爲幹和尚進註仁王經表》曰：「沙門惠幹言……伏惟乾元大聖光天文武孝感皇帝陛下，高登十地，降撫九天……伏以集解《仁王般若經》十卷，謹隨表奉進，無任慚惶。」據兩《唐書·肅宗紀》載，肅宗于本年正月加尊號曰「乾元大聖光天文武孝感皇帝」，故爲惠幹作進註《仁王經》表，應是本年正月以後之事。

上元元年庚子（七六〇），六十歲。是夏，轉尚書右丞。

《門下起赦書表》曰：「伏奉制書如右。好生之德，洽于人心。奉天之時，以行春令。……伏惟乾元大聖光天文武孝感皇帝陛下……大赦戮餘之罪，益寬流宥之典。……臣等忝居門下，不任凫藻抃躍之至。」尋繹文意，此篇當是維在門下省任職時爲頒行赦書事代門下省官員所作的奏表。據表中所稱肅宗尊號，可知它當作于乾元二年正月之後。又，《新唐書·肅宗紀》曰：「上元元年三月丙子，降死罪，流以下原之。」則此表應作于本年三月，時維仍在門下省爲給事中。

《舊唐書》本傳曰：「復拜給事中，轉尚書右丞。」《新唐書》本傳曰：「久之，遷中庶子。三遷尚書右丞。」皆未明言何時轉尚書右丞。維《請迴前任一司職田粟施貧人粥狀》曰：「臣比見道路之上，凍餒之人，朝尚呻吟，暮填溝壑，陛下聖慈憐愍，煮公粥施之。……臣前任中書舍人、給事中，兩任職田，並合交納，近奉恩敕，不許併請，望將一司職田，迴與施粥之所。……仍望令劉晏分付所由訖，具數奏聞。如聖恩允許，請降墨敕。」玩「臣前」三句之意，此狀當作于維轉尚書右丞之後不久。因此如能考知此狀的寫作時間，也就可以推知維轉尚書右丞的時間。《舊唐書·劉晏傳》曰：「尋遷河南尹，時史朝義盜據東都，寄理長水。入爲京兆尹。頃之，加户部侍郎兼御史中丞，判度支。……貶通州刺史（《通鑑》上元二年建子月：「丁亥，貶晏通州刺史。」）。」據《通鑑》載，乾元二年九月洛陽陷落，河南尹李若幽寓治于陜，則晏爲河南尹，最早當在乾元二年十月之後。《通鑑》上元元年五月：「癸丑，以京兆尹南華劉晏爲户部侍郎，充度支、鑄錢、鹽鐵等使。」參照《舊唐書·劉晏傳》的記載，可知晏入爲京兆尹，應在本年五月癸丑之前不久；五月癸丑之後，晏任京兆尹兼户部侍郎等。又據狀文「仍望令劉晏」云云，可推知維作此狀時，晏正在長安任職。這也即是説，此狀的寫作，應在本年春夏間晏入爲京兆尹之後（唐時京官職田多在京、都畿，是時東都既爲史思明所據，則維之職田當在京畿，正因此，狀文中遂有「仍望令劉晏……」等語）。又《新唐書·五行志》謂本年春「饑，米斗錢千五百」；《舊唐書·肅宗紀》言自本年四月雨至閏四月末不止，「米價翔貴，人相食，餓死者委骸于路」。這些記載，與狀文首四句所云恰好相合。因此，此狀的寫作，大抵當在本年夏，維之轉尚書右丞，也即在是時。

本年十一月，作《恭懿太子輓歌五首》，説見此詩注釋。

上元二年辛丑（七六一），六十一歲。仍官尚書右丞。是年初春，河南尹嚴武至維宅訪別，人賦十韻。是春，弟縉爲蜀州刺史未還，維上《責躬薦弟表》，乞盡削己官，放歸田里，使縉得還京師。五月四日，縉新除左散騎常侍，維進上謝恩狀。七月，卒，葬于輞川。

維集中有《河南嚴尹弟見宿弊廬訪別人賦十韻》詩，河南嚴尹蓋指嚴武。武爲河南尹事，史并失載，但據岑參《使君席夜送嚴河南赴長水》、《稠桑驛喜逢嚴河南中丞便別》、《虢州南池候嚴中丞不至》等詩，可得知武曾任河南尹兼御史中丞。維此詩曰：「冠上方安豸，車邊已畫熊。……薄霜澄夜月，殘雪帶春風。」「冠上」句即謂武是時兼任御史中丞（唐御史服獬豸冠，故云）。「薄霜」二句點明武至維宅訪別時的節候——初春。至於武任河南尹之具體年份，據岑詩可知當在乾元二年夏至上元二年岑官虢州長史期間（參見拙著《岑參集校注·附録·岑參年譜》）。又《唐文拾遺》卷二三嚴武《巴州古佛龕記》云：「山南西道度支判官、衛尉少卿兼侍御史内供奉嚴武奏，臣頃牧巴州，其州南二里有前件古佛龕一所……臣幸承恩宥，馳赴闕庭，辭日奏陳，許令置額……

乾元三年四月十三日。」按，武于乾元元年六月自京兆少尹貶巴州刺史（見前），據此《記》，可知乾元三年（是年閏四月改爲上元元年）四月，武已辭巴州「赴闕庭」爲官，然尚未出爲河南尹。另，據《通鑑》載，李若幽乾元二年九月爲河南尹，後劉晏繼其任，且于上元元年五月癸丑之前不久入爲京兆尹（見前）；又《舊唐書・李光弼傳》云：「光弼自河中入朝，抗表請罪，詔釋之。光弼懇讓太尉，遂加開府儀同三司、侍中、河南尹、行營節度使。」《通鑑》上元二年：「五月，己丑，李光弼自河中入朝。」則光弼加河南尹，當在上元二年五月之後。綜上所述，武任河南尹，應在上元元年閏四月之後、上元二年五月以前。而維此詩之寫作，則當在上元二年初春。是時武已官河南尹。蓋因事入京，復欲回長水任所（時洛陽爲史朝義所據，河南府治所暫時設在長水），行前因至維宅訪別也。

維《責躬薦弟表》曰：「……臣弟蜀州刺史縉，太原五年，撫養百姓，盡心爲國，竭力守城，臣即陷在賊中，苟且延命，臣忠不如弟，一也。……臣之五短，弟之五長，加以有功，又能爲政，顧臣謬官華省，而弟遠守方州。……臣又逼近懸車，朝暮入地……弟之與臣，更相爲命，兩人又俱白首，一別恐隔黄泉。儻得同居，相視而没，泯滅之際，魂魄有依。伏乞盡削臣官，放歸田里，賜弟散職，令在朝廷。」華省，即畫省，謂尚書省，可見此表乃維官尚書右丞時所作。《新唐書》本傳曰：「三遷尚書右丞。縉爲蜀州刺史未還，維自表己有五短，縉五長，臣在省户，縉遠方。願歸所任官，放田里，使縉得還京師。議者不之罪，久乃召縉爲左散騎常侍。」此傳所言，係據維《薦弟表》，因此應當是可信的〔八〕。杜甫《和裴迪登新津寺寄王侍郎》曰：「何恨倚山木，吟詩秋葉黄。……風物悲遊子，登臨憶侍郎。」詩題下原注：「王時牧蜀。」《文苑英華》注：「即王蜀州。」《杜詩詳註》曰：「夢弼曰：王侍郎，王維弟縉也。」又曰：「鶴注：此必公暫如新津，與裴同至寺中，故有此作，當在上元元年。蜀州至成都纔百里，故可唱和也。」據此，知縉上元元年秋正官蜀州刺史。又，皇甫澈貞元中爲蜀州刺史，作《賦四相詩》并序（見《全唐詩》卷三一三），稱據《蜀州刺史廳壁記》，張柬之、鍾紹京、李峴、王縉四相，皆曾爲蜀州刺史；王縉爲蜀州刺史在李峴後。考峴刺蜀州在乾元二年五月（見《舊唐書·德宗紀》），則縉刺蜀州當在上元元年。《舊唐書·王縉傳》曰：「禄山之亂，選爲太原少尹……尋入拜國子祭酒，改鳳翔尹、秦、隴州防禦使，歷工部侍郎、左散騎常侍。」縉官蜀州刺史，當在爲工部侍郎之後、除左散騎常侍之前。維《謝弟縉新授左散騎常侍狀》曰：「右。臣之兄弟，皆迫桑榆，每至一别，恐難再見。匪躬之節，誠不顧家；臨老之年，實悲遠道。陛下……尚録前勞，仍收舊齒，使備顧問，載珥貂蟬，趨侍玉墀，從容瑣闥。不材之木，跗萼聯芳；斷行之雁，飛鳴接翼。……上元二年五月四日，通議大夫守尚書右丞臣王維狀進。」按，狀文中「臣之兄弟」四句，意同《薦弟表》中的「弟之與臣」四句；「遠道」即謂「弟遠守方州」；「斷行之雁」二句，喻己與弟遠别之後，又復相聚。玩狀文之意，縉除左散騎常侍之前，當官蜀州刺史；若縉除左散騎常侍之前官工部侍郎，則狀文中的「實悲遠道」、「斷行之雁，飛鳴接翼」等語便没有了着落。又，杜甫所和裴迪原詩稱縉爲「王侍郎」，亦可證縉官蜀州刺史，當在其爲工部侍郎之後。所以，縉無疑是做過蜀州刺史的，其時間約在上元元年秋至二年五月之間〔九〕。至于《薦弟表》的寫作，則應在縉當了一段時間的蜀州刺史之後，即約在本年年初。

關于維之卒年，《舊唐書》本傳曰：「乾元二年七月卒。」《新唐書》本傳則云：「上元初卒，年六十一。」《右丞年譜》定維卒于本年七月，并云：「集中有《謝弟縉新授左散騎常侍狀》，其繫尾年月，乃上元二年五月四日……則新史之説爲優也。」按，斷維卒于本年，甚是。傅璇琮曰：「《佛祖歷代通載》（卷一三）已明確記載：『上元辛丑，尚書左（右？）丞王維卒。』」（《唐代詩人叢考》第一一三頁）又，據《舊唐書》本傳之記載，定維卒于七月，亦大抵近之。《舊唐書》本傳曰：「臨終之際，以縉在鳳翔，忽索筆作别縉書，又與平生親故作别書數幅，多敦厲朋友奉佛修心之旨，捨筆而絶。」《新唐書》本傳曰：「疾甚，縉在鳳翔，作書與别，又遺親故書數幅，停筆而化。」皆謂維卒時，縉不在京師，蓋是時縉尚未自蜀州還抵長安也。肅宗新授縉左散騎常侍在本年五月四日，此詔令傳至蜀州與縉收到詔令後辦理交接事宜及由蜀州還長安，須費時數月，故七月維卒時，縉尚未能還抵長安。又所謂「縉在鳳翔」，蓋指縉自蜀州還長安途中，在鳳翔停留，非謂是時縉爲鳳翔尹也。縉爲鳳翔尹在任工部侍郎之前（見前），其時間無疑當早于維卒之年〔一〇〕。

關于維死後之葬地，《新唐書》本傳曰：「母亡，表輞川第爲寺，終葬其西。」

〔一〕《右丞年譜》據《舊唐書·張九齡傳》之記載，謂九齡于開元二十三年「累封始興伯」。按，九齡封始興伯在開元二十七年，趙説誤。《唐丞相曲江張先生文集》附録「誥命」《封始興縣伯制》：「金紫光禄大夫、荆州大都督府長史、上柱國、始興縣開國子張九齡，右可封始興縣開國伯，食邑五百户。……開元二十七年七月二十二日。」

〔二〕或謂王維呼九齡爲始興公，是以郡望（或籍貫）加「公」相稱，同九齡的封爵没有直接聯繫，因此不能把王維作《獻始興公》的時間，限定在開元二十三年三月九日以後（参見楊軍《王維生平的若干問題》，載《西北師院學報》一九八六年第一期）。按，此説似是而實非，説詳拙作《王維生平五事考辨》（載《古籍整理與研究》總第三期）

〔三〕《曲江文集》附録「誥命」《充右丞相制》曰：「金紫光禄大夫、侍中、弘文館學士、上柱國、稜山縣開國男裴耀卿……可守尚書左丞相。……開元二十四年十一月二十七日。」按，唐之爵號，常以籍貫或郡望爲名，耀卿是絳州稷山人（見兩《唐書·裴守真傳》。守真，耀卿父），故知「稜」當爲「稷」字之誤。由此可證，稷山公即指裴耀卿。

〔四〕盧懷萱《王維的隱居與出仕》（載《文學遺産增刊》十三輯）説：「趙殿成引《續高僧傳》『元崇以開元末年……于輞川得右丞王公維之别業』。因此，王維隱居輞川莊可能是在他從凉州回來後出任南選前，即開元廿六到廿八這兩年内的事。」按，趙注所引，實《宋高僧傳》卷一七《元崇傳》之文。據《元崇傳》，元崇「于輞川得右丞王公維之别業」，乃「至德初」發生之事，然趙注節引此文時，却把「至德初」等幾個重要的字給删掉了。盧文不察，于是也就把至德初發生的事誤當成是開元末發生的事了。

〔五〕《唐會要》卷三八：「長安三年（七〇三）正月二十六日勅：三年之喪，自非從軍更籍者，不得輒奏請起復。」可見唐代文官在三年服喪期内必須去職。

〔六〕盧懷萱《王維的隱居與出仕》一文認爲：「《輞川集》裏所描寫的那個别墅和這首詩反映的莊園顯然是不同的兩個地方。那麼這首詩應是他喪妻時生活的寫照……喪妻正是他三十歲前後的事。」按，維三十歲前後，尚未得到輞川莊，而詩題下注語却説「時官出在輞川莊」；又三十歲左右，不得謂曰「皤然一老」，所以盧説不可信。另外，維在長達兩年的居喪期中，自己參加一些力所能及的勞動是完全可能的；又唐代官吏的職分田等，需納地租（參見《唐會要》卷九二），所以這首詩中有「薄地躬耕」、「歲晏輸税」等語。由這些話，不能證明這首詩反映的莊園和《輞川集》裏所描寫的那個别墅是不同的兩個地方。

〔七〕關于縉是時所任官職，《舊唐書・王縉傳》説是憲部侍郎兼太原少尹，《集異記》説是北都副留守，據《通鑑》載，至德二載十二月戊午，詔改憲部復爲刑部，因此縉以功「加憲部侍郎」（《舊唐書・王縉傳》），應在十二月戊午憲部改爲刑部之前；又據《通鑑》載，陷賊官被以六等定罪，是十二月戊午以後之事，所以「縉請以己官贖維之罪」時，當官刑部侍郎。另外，北都副留守與太原少尹實爲一職。唐以太原爲北都，北都副留守（時李光弼任北都留守）例當兼任太原少尹。《新唐書・百官志》：「（開元）十一年太原府亦置尹及少尹，以尹爲留守，少尹爲副留守。」

〔八〕宋吴縝《新唐書糾繆》卷一九「王維王縉兄弟」條謂，《新唐書・王維傳》所言縉嘗爲蜀州刺史及常侍事，「殆皆無之」。其主要理由爲，《新唐書・王縉傳》未嘗謂縉有入蜀及爲常侍事：「禄山亂，擢太原少尹，佐李光弼，以功加憲部侍郎，遷兵部。史朝義平（事在廣德元年正月，是時維已卒之久矣），詔宣慰河北。」按，縉爲常侍事，見于《舊唐書・王縉傳》及維《謝弟縉新授左散騎常侍狀》；爲蜀州刺史事，《舊唐書・王縉傳》雖未言及，但維《責躬薦弟表》却談到了，且又有杜甫及皇甫澈詩可爲旁證（見下），所以都應當是可信的。又，史傳中對于傳主人的仕履，往往只是擇要記録，因此顯然不能説凡傳文中未述及的仕履，都一概不可靠。譬如，《新唐書・王縉傳》所述縉之仕履，比起《舊唐書・王縉傳》所載，缺略之處就頗多；再如，兩《唐書・王維傳》所述維之仕履，亦皆有失載之處（詳本譜）。另，把《王縉傳》的記載當作標準，來否定《王維傳》中有關王縉事迹的記述的可靠性，這種方法本身並不科學。因爲紀傳體史書安排材料，往往並不把與某人有關的所有史料，統統寫入其傳中，這可以説是此類史書的一個寫作通例。所以，吴縝《糾繆》表面看來爲説甚辯，實際上却不可從。

〔九〕此事還牽涉到高適爲蜀州刺史的時間問題。杜甫《奉簡高三十五使君》曰：「當代論才子，如公復幾人？驊騮開道路，鷹隼出風塵。行色秋將晚，交情老更親。天涯喜相見，披豁對吾真。」仇注：「高由彭州刺蜀州，公時在蜀。《年譜》云：上元元年，間常至蜀州之青城、新津，是也。」以爲高適上元元年秋轉蜀州刺史。按，甫此詩并未言已與適「相見」于蜀州，因此據此詩絲毫不能證明是時適已「由彭州刺蜀州」。又，是年甫居成都，自成都至彭州不到一百里（較成都、蜀州間的距離爲近），甫顯然隨時都可以至彭州與適相晤。杜甫《因崔五侍御寄高彭州一絶》云：「百年已過半，秋至轉饑寒。爲問彭州牧，何時救急難？」《杜詩詳註》：「朱注：公《追酬高蜀州人日》詩考之，上元二年，高已刺蜀，此云彭州牧，必元年作也。」則上元元年秋高猶爲彭州刺史。疑上元二年五月縉除左散騎常侍後，適方繼之爲蜀州刺史。

〔一〇〕郁賢皓《唐刺史考》卷五謂乾元二年至三年，王縉爲鳳翔尹，可參閲。

六、王維集版本考

《舊唐書·王維傳》云：「代宗時，（王）縉爲宰相。代宗好文，常謂縉曰：『卿之伯氏，天寶中詩名冠代，朕嘗於諸王座聞其樂章，今有多少文集，卿可進來。』縉曰：『臣兄開元中詩百千餘篇，天寶事後，十不存一。比於中外親故間，相與編綴，都得四百餘篇。』翌日上之，帝優詔褒賞。」王縉《進王右丞集表》云：「臣縉言：中使王承華奉宣進止，令臣進亡兄故尚書右丞維文章……臣近搜求，尚慮零落，詩筆共成十卷，今且隨表奉進。」是《王維集》最初由王縉編成，共十卷，詩文凡四百餘篇。下面，擬就此集編成後的流傳情況及今存《王維集》諸本的相互關係，作一些粗略的考證。

一

《新唐書·藝文志》：「《王維集》十卷。」《崇文總目》卷五：「《王維文集》十卷。」晁公武《郡齋讀書志》卷四上：「《王維集》十卷。」諸書著録的卷數，均與王縉編本合，但内容、編次是否一致，却不得而知。又，陳振孫《直齋書録解題》卷一六云：「《王右丞集》十卷。……建昌本與蜀本次序皆不同，大抵蜀刻唐六十家集多異於他處本，而此集編次尤無倫。」謂宋時有建昌本與蜀本兩種本子。蜀本蓋即今存之宋蜀刻《王摩詰文集》（以下簡稱宋蜀本）。

此本十卷，每半頁十一行，行二十字。前有王縉進集表、代宗答詔。曾經明清著名藏書家項元汴、汪士鐘、楊紹和等收藏，後爲周叔弢所得，新中國成立後捐贈國家圖書館。上海古籍出版社有影印本。卷後有顧廣圻跋語，云：「右《王摩詰文集》十卷，每卷有二泉主人聽松風處、子京項墨林鑑賞章、宋本甲等印，第五卷有款云袁褧觀及袁氏尚之印，今藏汪氏（士鐘）藝芸書舍，與前收《讀書敏求記》所載《王右丞文集》，皆宋本而迥乎不合。」（亦見《思適齋集》卷五）此本宋諱「殷」、「貞」、「敬」等缺筆而「穀」、「苟」等不缺，版式同北宋蜀刻《李太白集》、《駱賓王集》一致，楊紹和謂即北宋刻本。楊氏《楹書隅録》卷四云：「此本乃北宋開雕，其間佳處，實建昌本所從出之源，宋槧中之最古者矣。」此本詩文混編，詩分類不分體，故直齋以爲「編次尤無倫」。卷一賦、歌、詩、讚，收詩二十四題、三十三首，賦一篇，哀辭一篇，讚二篇；又卷末在「翰林學士知制誥王涯」名下，録《獻壽辭》、《遊春辭》等七絶凡九題十五首，《太平樂》、《送春辭》等五絶凡七題十五首。卷二書、序、記、文、讚，收文二十八篇。卷三表狀、露布，收文二十篇。卷四應制、應教、唱和、酬答，收詩五十題、五十四首，又連珠詞五首。卷五寄贈、山水，收詩三十七題、四十四首。卷六山水下，收詩四十二題六十七首。卷七碑，收文五篇。卷八墓誌，收文八篇。卷九餞送、留別、遊覽，收詩八十五題、八十九首。卷一〇逆旅、雜題、哀傷，收詩五十六題、七十九首。與趙殿成注本正編相較，此集缺詩七首（《達奚侍郎夫人寇氏輓歌二首》、《恭懿太子輓歌五首》），多文一篇（《唐故京兆尹長山公韓府君墓誌銘》）。此集刻印俱精，頗有佳字，如《送梓州李使君》：「山中一夜雨，樹杪百重泉。」「夜」此本作「半」。《與工部李侍郎書》：「宿昔貴公子，常不交布衣，盡禮髦士。」「不」此本作「下」。《繡如意輪像讚》：「崇通寺尼無疑、道登等。」「通」此本作「敬」。自然，此本誤字亦甚多，然由於刊刻年代早，未經後人妄改，所以錯誤之迹往往可尋，在校勘上具有較高的參考價值。

今傳尚有一南宋麻沙刻本《王右丞文集》十卷。此本遞經季振宜、徐乾學、黄丕烈、汪士鐘、陸心源等收藏，今存日本静嘉堂文庫。《季滄葦藏書目》于「宋板書目」下著録：「《王右丞文集》十卷，二本。」錢曾《讀書敏求記》卷四云：「《王右丞文集》十卷……此刻是麻沙宋板，集中《送梓州李使君》詩，亦作『山中一半雨，樹杪萬重泉』，知此本之佳也。」顧廣圻《百宋一廛賦》曰：「王沿表進，移氣麻沙；秀句半雨，夙假齒牙。」黄丕烈注：「《王右丞文集》十卷，每半葉十一行，每行二十字不等，傳是樓（徐乾學）舊物也。……此刻是麻沙宋板，《送梓州李使君》詩，亦作『山中一半雨，樹杪萬重泉』云云。」陸心源《儀顧堂題跋》卷一〇云：「《王右丞文集》十卷，次行題曰尚書右丞贈祕書監王維，宋刊本。……宋諱有缺有不缺，南宋麻沙坊本，往往如此。卷二第十三葉之第十八行，接連卷三，其卷四、五、六、七、八、九、十仿此，亦宋本式也。卷六末有跋云：『韋蘇州詩，韻高而氣清；王右丞詩，格老而味長，雖皆五言之宗匠，然互有得失，不無優劣。以標韻觀之，右丞遠不逮蘇州，至其詞不迫切而味甚長，雖蘇州亦不及也。』凡七十餘字，爲元以後刊本所無。……惟卷六《出塞作》脱廿一字，不免白璧微瑕耳。向爲季滄葦所藏，卷中有季振宜藏書五字朱文長印，季振宜字詵兮號滄葦朱文長印；後歸徐健菴，有乾學之印白文方印，健菴二字白文方印；道光中歸黄蕘圃（丕烈），有百宋一廛朱文長印，蕘圃過眼白文方印。前有顧千里（廣圻）題語，後有黄蕘圃題語。」日本河田羆《静嘉堂祕籍志》卷一〇云：「《王右丞文集》十卷，宋刊，二本。宋麻沙刊本。徐健菴舊藏。顧氏（廣圻）手跋曰：『此麻沙宋刻王右丞詩文全集十卷，道光丙戌歲，從藝芸主人（汪士鐘）借出，影寫一部，復偏取他本，勘其得失，雖宋刻亦有誤，而不似以後之妄改，究竟爲第一也……』黄氏（丕烈）手跋曰：『此宋刻《王右丞文集》十卷，二册，頃余友陶藴輝從都中寄來而得之者也……』……按此南宋麻沙本，每葉二十二行，每行二十字，版心有字數及刻工姓名。」此本流失海外，余作《校注》時未得寓目。後借得一此本之複印本閲讀，證明上述記述無誤。但關於此本的刊刻時地，尚需作進一步研究。日本米山寅太郎《宋版　王右丞文集　複製解題》：「可以認爲這個本子的避諱不及南宋。卷八之中的《爲相國王公紫芝木瓜讚并序》之中（第十七頁第十行），有『寄重股肱，故得太上御名祥，薦臻靈物』的部分。如在『太上御名祥』的地方填上『禎祥』兩個字（禎是仁宗諱。後世的刻本中這兩個字作『嘉瑞』），而且，把『太上』認爲是皇帝的父親的意思的話，可以認爲這個本子的刊刻時期不是南宋而是更早時期的北宋英宗到神宗時代。」（《静嘉堂稀覯書之七・宋版・王右丞文集二册》，日本雄松堂書店一九七七年版）按，《解題》以太上皇釋「太上」，然仁宗並未當過太上皇，《漢書・淮南厲王劉長傳》：「欲以親戚之意望於太上，不可得也。」師古注：「太上，天子也。」「太上御名」蓋泛指宋天子之名，據此很難確定此本的刊刻年代。有稱此本非南宋麻沙板者，傅增湘《藏園群書經眼録》卷一二云：「《王右丞文集》十卷。按此書刊工古樸，當爲南渡初鐫，雖偶有補刊之葉，亦復疏雋可喜，顧千里跋乃謂爲麻沙本，何耶！」傅熹年《參觀静嘉堂文庫札記（下）》亦云：「此書原版窄板心，無刊工。補版中，刊工名完整者有江陵、余兆、余彦、吴正、成信、杜明、阮光、官先、劉光、黄石等人。其中余彦見于南宋紹興間贛州州學刊《文選》，江陵、杜明、劉光三人見于南宋孝宗時江西刊《三朝名臣言行録》，余彦、江陵二人又見于北宋巾箱本《孟東野詩集》補版中，孟集補版以刊工綜合考之，亦補刊于江西。」又云：「值得注意的是此本與北京大學圖書館所藏北宋末刊本《孟東野詩集》在版式刊工上頗多相同。……頗疑此王集與孟集情况相同，均爲北宋末年江西所刊經南宋遞修之本。如此推測成立，則此集實爲現存王維集最古之本，其時代尚在宋蜀刻《王摩詰文集》之前。」（《書品》一九九一年第二期）按，謂此本爲江西刊本，有一定道理。但此本卷六末的跋語，係録自張戒《歲寒堂詩話》卷上；戒南宋初期人，《歲寒堂詩話》卷上曰：「乙卯冬，陳去非（與義）初見余詩……」乙卯即紹興五年（一一三五），《歲寒堂詩話》之成書，無疑當在紹興五年之後，而此本之刊刻時間，則必更後於《歲寒堂詩話》的成書年代。傳文所言刊工的年代，與《歲寒堂詩話》成書前後的年代正相合。或謂《詩話》的那一段文字，是南宋補版時加上去的，然持這一看法的人，必須首先證明卷六末的這一頁是補版。我所見此本複印本的這一頁，版心模糊，不知原本的版心是否有傳文所説的刊工姓名？爲了弄清此本與宋蜀本誰早誰晚，有必要將這兩本作一番比較。此本前六卷詩，後四卷文。卷一篇目、序次全同宋蜀本，唯削去王涯之詩。卷二、三、四篇目、序次全同宋蜀本卷四、五、六。卷五篇目、序次同宋蜀本卷九，唯附載的同詠崔興宗《留別》，此本誤作王維《留別崔興宗》。卷六篇目、序次同宋蜀本卷十，唯此本於卷末增録了《達奚侍郎夫人寇氏輓歌二首》及《恭懿太子輓歌五首》。卷七、八、九篇目、序次全同宋蜀本卷三、二、七。卷十篇目、序次同宋蜀本卷八，唯此本無《唐故京兆尹長山公韓府君墓誌銘》一文。看來，此本實源于宋蜀本，是以宋蜀本爲底子又作了如下一些更動後刊刻的：一、按照先詩後文的原則調整了各卷的序次。二、補録了七首詩。三、删除了王涯的作品。所以，此本的刊刻年代不大可能早於宋蜀本。在文字上，此本與宋蜀本既有許多相同之處，又有不少異處。如宋蜀本卷九《留別丘爲》，此本以《留別》爲詩題，丘爲爲作者姓名，甚是。估計此本在刊刻時，又曾參照過別的本子，所以它在校勘上的作用，並非宋蜀本所可替代。又，顧廣圻宋蜀本跋語云：「予讀《文獻通考》引《書録解題》云：『建昌本與蜀本次序皆不同……』乃悟題《摩詰集》者，蜀本也；題《右丞集》者，建昌本也。建昌本前六卷詩，後四卷文，自是寶應二年表進之舊，而蜀本第二以下全錯亂，故直齋以爲尤無倫也。」以爲南宋麻沙刻本，當淵源于建昌本。

今國内尚存有一南宋麻沙本之影鈔本，從中亦可窺見麻沙本的面貌。錢曾《述古堂藏書目》卷二：「《王右丞文集》十卷，二本，宋本影抄。」陳揆《稽瑞樓書目》：「《王右丞文集》十卷，述古堂影宋本，二册。」此本後歸瞿鏞，今藏國家圖書館。瞿鏞《鐵琴銅劍樓藏書目録》卷一九云：「《王右丞文集》十卷，影抄宋本。題尚書右丞贈祕書監王維撰，前有寶應二年弟縉進集表及答詔。其書編次，分類不分體，舊爲述古堂藏本，遵王氏（錢曾）爲（謂）出宋時麻沙本，而『山中一半雨』不作『一夜雨』，足徵其本之佳。卷首有牧翁（錢謙益）題記云：『《王右丞集》，宋刻僅見此本。考《英華辨證》字句與此互異，彼所云集本者，此又不載。信知右丞集好本，良不易得也。』」此本分卷、篇目、序次全同麻沙本，卷六末，亦有録自《歲寒堂詩話》的一段跋語。麻沙本之版式爲半葉十一行，每行十七字至二十字不等，此本爲半葉十一行，每行定爲十八字。兩本之文字亦同，如前述《爲相國王公紫芝木瓜讚并序》麻沙本作「故得太上御名祥薦臻」，此本亦然。兩本文字偶亦有異處，多係抄者抄寫時隨手改易。如《田家》麻沙本作「柴車駕羸牸，草屩牧豪稀。……住處名愚谷，何煩問是非。豪，杭本膏。」述古堂本「特」作「牸」，「稀」作「豨」，「是非」下亦有四字注語。按，牸，母牛，「特」即「牸」之譌字；豪豨，壯豬，作「稀」誤，這當是抄寫時發現錯字隨手加以改正。《青龍寺曇壁上人兄院集》序麻沙本作「吾兄天開蔭中，朝一本作明徹獨一本作物外。」述古堂本同，唯第二句作「朝一作明徹物外」，蓋作「獨」非是，故抄寫時改作「物」。《春過賀遂員外藥園》麻沙本作「前年槿籬故，今作藥欄成。……柘漿菰米飰，蒟醬露葵羹。」述古堂本「故」作「外」，「柘」作「蔗」，「飰」作「飯」。按，「柘」通「蔗」，「飰」同「飯」，這是抄寫時改爲通行字，作「外」則可能據王集别的本子加以改動（元刊本正作「外」）。《丁寓田家有贈》麻沙本作：「君心尚幽隱，久欲傍歸路。……陰盡一本作陰晝小苑城，微明渭川樹。」述古堂本「幽隱」作「棲隱」，「陰盡」下無注語。按，幽隱、棲隱意同，都指隱居，這可能是抄寫時以同義詞替代，也可能是據他本作的改動，而注語則可能是抄寫時遺漏了。總之，兩本異處很少，説述古堂本是麻沙本的影抄本，還是可以的。

《鐵琴銅劍樓藏書目録》卷一九云：「《王摩詰集》十卷，校宋本。此傳録義門何氏（何焯）校本，卷後有題記云：『《摩詰集》，先借毛斧季十丈宋槧影寫本，屬道林叔校過。康熙己亥又借退谷前輩從東海相國架上宋槧本手抄者再校此集，庶可傳信矣。』」按此本今藏國家圖書館，上有鐵琴銅劍樓印，所云何焯題記書於卷六末。此係一墨筆鈔本，每半頁十行，行十八字。此本分卷、篇目及序次皆同明十卷本（見後），唯卷十有脱葉（所缺之文，即《唐故京兆尹長山公韓府君墓誌銘》）。值得注意的是，何氏曾兩次用此本與宋槧影鈔本對校，所得異文，俱以朱筆直書於行旁（因俱用朱筆書寫，故前後兩次校勘的異文，已無從區分）。關於何校所據本的來源，《楹書隅録》卷四云：「惟義門跋但謂借毛斧季宋槧影寫本及退谷前輩從東海相國架上宋槧手抄者校過，其爲蜀與建昌，殊未之及。……且東海相國者，健菴司寇之弟立齋（徐乾學之弟元文，號立齋，官至文華殿大學士）先生也。《百宋一廛賦》注云『傳是樓舊物』，則所據之宋槧，仍即遵王藏本耳。」謂康熙己亥所校之本，乃係據南宋麻沙本手抄者。考此本卷四《留别丘爲》，朱筆所改，同於述古堂鈔本，可證楊説不誤。又，從毛斧季那裏借來的宋槧影寫本又是什麽本子？斧季名扆，汲古閣主人毛晉之子。毛扆《汲古閣珍藏祕本書目》著録：「《王右丞文集》，四本，影宋板，精抄。」依顧廣圻之説，此本當屬建昌本系統。又《天禄琳琅書目》卷四云：「《王摩詰文集》，一函四册。唐王維著，十卷。前維弟縉進書表、代宗答詔。……此書前後無序，未審爲宋代何時刊本。自元明以來，刻維集者甚多，今得此影鈔，以留宋槧面目，亦超出於諸家之上矣。琴川毛氏鈔本。」琴川毛氏指毛晉，晉常熟人，琴川即常熟之别稱。據《天禄琳琅》的記述和顧氏之説，此本應屬蜀本系統。這樣看來，毛氏曾有過兩種不同的影宋鈔本。那麽何氏所借，究竟屬哪一種呢？考何義門鈔本卷十的脱葉，有以朱筆抄補的《唐故京兆尹長山公韓府君墓誌銘》一文，此文述古堂鈔本無，而宋蜀本有，文字與何氏所抄補的相合，因此，何氏所借，應是一個宋蜀刻的影寫本。

下面，介紹幾種出自南宋麻沙本的不分體詩集本：

《須溪先生校本唐王右丞集》六卷（以下簡稱元本），元刊本。每半葉八行，行二十字。止詩六卷，無文，上有劉須溪（辰翁，字會孟，號須溪，南宋末年人）評點。上海涵芬樓、國家圖書館均有藏本。又《四部叢刊》有影印本。陸心源《儀顧堂題跋》卷一〇云：「《須溪先生校本唐王右丞集》六卷，題曰唐尚書右丞贈祕書監王維，元刊本。……卷五《送梓州李使君》『山中一半雨，樹杪百重泉』，不作『山中一夜雨』，與宋本同，卷六《出塞作》『暮雲空磧時驅』下，脱『馬秋日平原好射雕護羌校尉朝乘障破虜將軍夜渡』二十一字，蓋亦從宋麻沙本出耳。」按此本的分卷、收詩篇目及序次，全同述古堂鈔本前六卷，可證陸説不誤。不過，此本文字，與述古堂鈔本又不盡相同，證明須溪先生在編輯時確實曾作過校勘。

《唐王右丞詩劉須溪校本》六卷，每半葉十行，行二十字。書藏國家圖書館。書前《重刊唐王右丞詩集序》云：「詩凡六卷……劉須溪蓋嘗校之。宋元舊刻，歲遠不存，近刻于蜀，字劃頗舛誤脱落，夔以督䤷分司，迎鑾公暇，特加披閱，粗爲辨正。遂出俸資之餘，令善小楷者書之，鏤人翻刻如本。……弘治甲子（一五〇四）四月之望廣信吕夔爲之序。」此本的分卷、收詩篇目及序次全同元本，文字上同元本的歧異也極少。又，《王摩詰集》六卷，明刻本。每半葉九行，行二十字。各卷前均署「須溪劉辰翁評點」，爲合刻劉須溪點校書九種之一。書藏國家圖書館。此本分卷、收詩篇目、序次全同元本，文字亦與元本大抵一致。

《唐王右丞詩集注説》六卷，句吴顧可久註説，附劉須溪評點。每半頁九行，行十七字。卷首有《新刻王右丞詩集註説序》，署「嘉靖庚申（一五六〇）夏六月江陰張衮撰」。書中又有「嘉靖己未歲（一五五九）季冬月幾望洞易書院梓行」的牌記。書藏國家圖書館。此本各卷的篇目及序次皆同元本，也是屬於須溪本的系統。又，《唐王右丞詩集》六卷，明顧可久註，萬曆十八年（一五九〇）吴氏漱玉齋刊本。藏國家圖書館。此本爲洞易書院刊本的覆刻本。

以上爲不分體詩文全集本與詩集本。

二

下面談明人重編的分體詩文全集本和詩集本。

《王摩詰集》十卷（以下簡稱明十卷本），明刊本。每半頁十行，行十八字。卷首有王縉進集表、代宗答詔。無序跋，不著刊書年月及刊刻者姓名。書藏國家圖書館、北京大學圖書館。此本前六卷詩，後四卷文。詩分體，卷一、二五古，卷三七古，卷四五律，卷五五言排律，卷六七律、五絶、七絶。此本收詩，較述古堂鈔本少二首：《資聖寺送甘二》、《歎白髮》（七絶）。又《留別崔興宗》，此本以《留別》爲詩題，崔興宗爲作者姓名。另宋蜀本所載王涯詩，麻沙本已删去，此本又悉收入。表面看來，此本詩歌分體編排，序次多與述古堂鈔本異，然經過仔細比較，却可發現，此本前六卷的序次，同述古堂鈔本有很密切的關係。例如，此本卷一、二五古部分的序次，即與述古堂鈔本全書五古的序次相同。其他各體的序次也是如此，只有少數幾首詩的序次例外。可以説，此本的編者，是拿了麻沙本或一個與麻沙本非常接近的不分體本，由卷一至卷六，依原順序將各體分别抄出，編成新的分體本的。又此本後四卷，收文的篇目和序次，俱與述古堂鈔本後四卷同，只是此本卷八之末，多《皇甫岳寫真讚》、《裴右丞寫真讚》、《宋進馬哀辭》三文（此三文述古堂鈔本皆編在卷一），又述古堂本卷二《連珠詞五首》，此本未收，另卷十多《唐故京兆尹長山公韓府君墓誌銘》一文。綜上所述，此本當是根據麻沙本或一個與麻沙本很接近的本子改編的。在文字上，此本與宋蜀本、述古堂鈔本、元本大抵各有同異，説明改編此集時，編者曾參考各本，對文字作過一些校訂。不過有一點頗令人遺憾，那就是上述宋元舊本詩題下的一些注語，此本大都給删去了。

如前所述，此本無刊刻年月，故關於它的年代，版本學家們有不同的説法。邵懿辰《四庫簡明目録標注》著録王維集有「明正德仿宋本，十卷，無注，二十行十八字」，指的就是這一本子。北大圖書館所藏此本，函内亦夾有「明正德仿宋刊本」的藏簽。又《西諦書目》集部著録：「《王摩詰集》十卷，明嘉靖刊本，四册。」余以鄭氏著録的這一嘉靖本（今藏國家圖書館），同明十卷本對勘，發現二者都是用同一書板刷印的。國家圖書館藏有一種行款與此本相同的明刊《高常侍集》，上有鄭振鐸跋，云：「高適集，有明活字板本，凡八卷……曾在北京隆福寺修綆堂架上，見有明正德、嘉靖間覆宋刻本一部，亦是十卷，有詩，有文。一時匆促，未及購之。今天是夏曆戊戌元旦，偕趙萬里君遊廠甸，偶憶及此書，因亟往修綆堂取之歸。……一九五七年夏，曾在藻玉堂取得一部明正德刻本《王昌齡集》，凡三卷。每半頁十行，行十八字，與此本正同。聞正德時曾刻王、高、孟、岑四集，惜予僅得王、高二集。頗疑此種十行十八字盛唐人集，當不止是四家，且似不限於盛唐一代，朱警刻的《唐百家詩集》，亦是十行十八字，疑均出於南宋的書棚本。」可見明代刻的十行十八字的唐人詩集，非止《王摩詰集》一種。這些集子的刊刻年代雖不易確斷，但大抵當在正德、嘉靖間則無問題。

《王摩詰集》十卷，明刊本。每半頁十行，行十八字。卷首有王縉進集表、代宗答詔。無序跋，不著刊刻年月及刻書人姓名。今藏北京大學圖書館。此本書名、行款、分卷、篇目、序次及文字全同明十卷本，唯字體稍異，是明十卷本的一個忠實覆刻本。又，國家圖書館藏有兩種明刻《王摩詰集》，皆六卷，十行十八字，有詩無文。細察這兩種本子，可知原來是利用前兩種本子前六卷的板片刷印的。

《王摩詰集》十卷，明刊《唐十二家詩》本。每半頁十行，行十八字。卷首有王縉進集表、代宗答詔。現藏北京大學圖書館。此本書名、行款、分卷、篇目、序次、文字全同前面介紹過的兩種明刻分體十卷本。此種《唐十二家詩》，凡四十九卷，十六册。無刊書年月及刊刻者姓名。卷首有墨筆抄補總目，迻録如下：《王摩詰集》十卷（四册）。《宋之問集》二卷（一册）。《孟浩然集》四卷（一册）。《盧照鄰集》二卷（一册）。《駱賓王集》二卷（一册）。《高常侍集》十卷（二册）。《陳伯玉集》二卷。《杜審言集》二卷（以上二集合一册）。《沈雲卿集》三卷（一册）。《岑嘉州集》八卷（二册半）。《王勃集》二卷。《楊烱集》二卷（以上二集合一册半）。各集均十行十八字，板式亦同，唯一的差異是：王、孟、高、岑四集板心無魚尾，其他八集則有單魚尾。除抄補總目外，卷内無任何《唐十二家詩》之標誌，故可分可合，合之爲《唐十二家詩》，分之可作別集單行。十二家集中，有的是據正德、嘉靖間的十行十八字本唐人詩集翻刻的，有的則是利用這些詩集的舊板重印的，所以卷内無《唐十二家詩》之標誌。

張允亮《故宫善本書目》著録：「《唐十二家詩集》，四十九卷，二十册。不著編者名氏。明正德刻本。」又《西諦書目》集部著録：「《十二家唐詩》，存四十四卷，明刊本，八册。」細目列各集卷數，俱同北大藏本《唐十二家詩》（其中《王摩詰集》僅存後五卷），唯十二家之序次，與《唐十二家詩》異。這兩種十二家詩皆四十九卷，與北大藏本《唐十二家詩》無疑應屬同一系統。

《王摩詰集》二卷，明張遜業輯校《十二家唐詩》本。嘉靖三十一年（一五五二）江都黄埻刊。每半頁九行，行十九字。現藏國家圖書館。此本十二家之序次爲：王勃、楊烱、陳子昂、駱賓王、盧照鄰、杜審言、沈佺期、宋之問、孟浩然、王維、高適、岑參。各集一律分上、下二卷，止録詩賦，分體。各卷前均署「永嘉張遜業有功校正，江都黄埻子篤梓行」，各頁上書口皆刻「東壁圖書府」五字。《王勃集》前有張遜業撰《王勃集序》，末署「時嘉靖壬子歲（一五五二）秋日」。其它各集無序。此本書名、篇目、序次、文字俱與明十卷本、北大藏《唐十二家詩》本同，唯分卷有異。此本將明十卷本、《唐十二家詩》本原一至三卷的賦和古體詩歸併爲卷上，四至六卷的近體詩歸併爲卷下；又把原卷六的七律，移到五律後、五言排律前。但各體中諸詩的序次，皆未更動。根據以上情況，不難推知，此本當是據明十卷本或《唐十二家詩》本改編的。

《王維集》一卷，明萬曆十二年（一五八四）楊一統刊《唐十二家詩》本。每半頁九行，行二十字。現藏北京大學圖書館。此集十二家之序次爲：王（勃）、楊、盧、駱、陳、杜、沈、宋、孟、王（維）、高、岑，同張遜業本稍異。各集皆一卷，分體。《王勃集》前有合肥黄道日序、東郡孫仲逸序、楊一統自序。孫仲逸《刻唐十二家詩序》曰：「都有唐諸作而隲之，則兹集數人爲首。今海内人士，不翅沈酣枕藉之，故江都之刻（即張遜業本），不數載已復初木。余友人楊允大（一統）再刊于白下，而校加精焉，屬不佞序之首簡。……萬曆甲申（一五八四）玄提月。」知此集是以張遜業本爲底子，經校勘後刊刻的。卷首《唐詩十二名家叙略》，稱此書的校勘，由楊一統、孫伯履、丘陵、孫仲逸、李本芳分别擔負，其中《王維集》的校者爲孫仲逸。此本雖不分卷，然收詩的篇目、序次俱同張遜業本，文字亦與張本大抵一致。

《王摩詰集》二卷，明萬曆三十一年（一六〇三）許自昌刊《前唐十二家詩》本。每半頁九行，行十九字。書藏北京大學圖書館。此本《王勃集》前有《新刻前唐十二家詩叙》，末署「萬曆癸卯（一六〇三）孟夏長洲許自昌書」，又各卷前均署「明長洲許自昌玄祐甫校」。此本十二家之序次同楊一統本，書名、行款、分卷、篇目、序次、文字則同張遜業本，當是據張本翻刻的。

《王摩詰集》二卷，明鄭能重刊《前唐十二家詩》本。每半頁九行，行十九字。王重民《中國善本書提要》著録，美國國會圖書館藏有兩種鄭能刊《前唐十二家詩》，皆九行十九字，題「晉安鄭能拙卿重鐫」，俱録有萬曆三十一年許自昌序。其中一種，卷末多一牌記，云「閩城琅嬛齋板，坊間不許重刻」。按，國家圖書館藏有一此書之殘本，僅存孟、王、高、岑四集（國家圖書館善本室目録署作《唐四家詩》，非是），各集卷首均署「晉安鄭能拙卿重鐫」，岑集卷末且有「閩城琅嬛齋板……」的牌記。此本無刊刻年月，書名、行款、分卷、篇目、序次、文字皆同許自昌本，又録有許序，係據許本翻刻無疑。

《王摩詰集》六卷，明嘉靖十六年（一五三七）陳鳳等刻，與《孟浩然集》合刊。每半頁十行，行十八字。原爲鄭振鐸藏書，今存國家圖書館。此集卷首有南陽府推官陳鳳撰《刻王孟集序》，云：「寅長屠公出貲爲倡刻置郡齋，别駕胡景顔氏、賓汝成氏咸樂相焉，乃命郡博士吴定甫視其役，命鳳紀其成。王集凡六卷，孟集四卷，爲板二百，適有餽蘇刻者，遂取以即工，故其精倍他刻云。皇明嘉靖丁酉（一五三七）秋七月十有九日。」序後有王縉進集表、代宗答詔。此本有詩無文，分卷、篇目、序次全同明十卷本前六卷，文字亦與明十卷本大抵一致，二者無疑當屬同一系統。

《王右丞詩集》二卷，清康熙三十四年（一六九五）汪立名刻《唐四家詩》本。每半頁十行，行十九字。現藏國家圖書館。此集卷首有尤侗《唐四家詩序》，又有汪立名自序，末署「康熙乙亥（一六九五）長至後十日天都汪立名西亭書」。「四家」即王維、孟浩然、韋應物、柳宗元。此本上、下二卷，分體。卷上五古、七古，卷下五律、五言排律、七律、五絶、七絶。除賦一篇不録外，其餘篇目、序次俱同明十卷本前六卷，當是據其改編刊刻的。

《王右丞集》六卷，清項氏玉淵堂刊本。首頁署「依宋版重刊」、「項氏玉淵堂」。卷前有王縉進集表、代宗答詔。每半頁十一行，行二十一字。現藏國家圖書館。此本分卷、篇目、序次全同明十卷本前六卷，文字上也無多少歧異，蓋據明十卷本重刊無疑。

《王摩詰集》六卷，明銅活字本。無刊刻年月及刻書人姓名。每半頁九行，行十七字。書藏國家圖書館。《中國版刻圖録》於明銅活字本《岑嘉州集》下云：「銅活字本唐人集，傳世頗罕，前人多誤認爲宋刻本。原書面目，已不可考。范氏天一閣藏三十四家，北京圖書館藏四十六家。觀字體紙墨，疑弘（治）、正（德）間蘇州地區印本。」岑集行款同此本，二書之刊印年代或大體接近。此本有詩無文，分體，卷一、二五古，卷三七古，卷四五律，卷五五排，卷六七律、五絶、七絶。收詩較明十卷本前六卷多《資聖寺送甘二》一首，少《遊春曲二首》之一、《太平樂二首》、《遊春辭二首》、《閨人春思》、《贈遠二首》等八首（這八首是被麻沙本删去的王涯詩）。又明十卷本五古中《送康太守》、《送權二》、《早入滎陽界》、《鄭霍二山人》四首，此本編入五排；《崔録事》、《成文學》二首，此本編入五律。此本序次，基本同明十卷本，僅個别地方有歧異。又文字亦基本同明十卷本，如《送梓州李使君》詩，二本皆作「山中一夜雨」。綜上所述，此本當是同明十卷本很接近的又一個源出於宋本的明分體詩集本。

三

最後，介紹幾種明清人重編校刻的異於上述兩個版本系統的本子。

《類箋唐王右丞集》（簡稱奇字齋本），明顧起經編。《詩集》十卷，有顧起經注；《文集》四卷，無注；又《右丞詩畫評》、《唐諸家同詠集》、《唐諸家題贈集》、《右丞年譜》、《外編》各一卷。前有顧起經序，序後署「嘉靖卅四年（一五五五）涂月白分錫（山）武陵家墅刻」。卷首有「無錫顧氏奇字齋開局氏里」，詳記參預校刻之事者的姓氏，其下題「自嘉靖三十四年十二月望授鋟，至三十五年六月朔完局」。每半頁九行，行十八字。現藏國家圖書館、北京大學圖書館。此書《詩集》先分體，後分類，卷一、二五古，卷三七古，卷四、五五律，卷六、七五排，卷八七律，卷九五絶，卷十七絶。卷首

《凡例》云：「是集舊本係六卷，秖分古、律、排、絶體，今析爲十卷，類爲五十四。」篇目全同明十卷本，而序次則俱與他本異。《文集》依賦、表、狀、露布、書、序、記、讚、碑墓志、哀詞、祭文的順序編次，篇目亦同明十卷本（唯缺《長山公韓府君墓誌銘》一文），序次則與之異。又《凡例》云：「宋本、川本、吴本、廣信本、揚州本、劉校本六家刻，題篇各别，如《文粹》、《英華》、《英靈》、《友議》、《本事詩》、《樂府集》、《萬首絶句》、《唐詩紀事》、《合璧事類》、《唫窗雜録》……凡二十家，多紀公詩，具列異同，兼述訓解，今孅用互訂，内字未妥，即以諸家校，其善者而從之。」知此集是一個彙採衆書之長的綜合性校本。不過，顧氏校此集時，還是曾選用某一個本子爲底本的。由以下種種情況判斷，這個底本應是一個同明十卷本十分接近的本子：（一）此本篇目及詩歌各體間的順序均同明十卷本。（二）此本文字同于明十卷本之處較同于他本之處爲多。（三）凡明十卷本未收的作品，此本俱録入《外編》。如《資聖寺送甘二》、《歎白髮》（七絶）、《奉和聖製聖札賜宰臣連珠詞五首應制》，均載于宋蜀本、述古堂鈔本、元本，無疑係王維所作，但因明十卷本不載，此本即録入《外編》。此本立《外編》一卷，在諸本中是獨樹一幟的。《外編》收詩十七首、文四篇，其中有的録自明十卷本以外的本子，如《淮陰夜宿二首》等五首，此本注云：「宋本作公詩。」則係録自宋本者。然今存的宋蜀本、麻沙本皆不載這五首詩，可見顧氏所見的宋本，與今傳的宋本不同。有的採自《雲溪友議》、《文苑英華》、《萬首唐人絶句》、《詩人玉屑》、《冷齋夜話》、《唐詩品彙》等書。這些作品中，有的可確斷爲王維所作，如《送孟六歸襄陽》、《相思》、《失題》等；有的則顯然不是王維的作品，如《淮陰夜宿二首》、《冬夜寓直麟閣》、《感興》等。

《王摩詰詩集》七卷，明凌濛初刊朱墨二色套印本。有劉須溪評，又附姑蘇顧璘評。每半頁八行，行十九字。現藏國家圖書館。此本無刊刻年月，分體，五古、七古、五律、七律、五排、五絶、七絶各一卷。收詩篇目較明十卷本、奇字齋本正集多《過太乙觀賈生房》、《相思》、《山中》、《書事》、《失題》五首（此五首皆載奇字齋本《外編》），少《春日直門下省早朝》、《口號又示裴迪》二首。卷後有凌濛初跋，云：「今劉本止七卷，考縉表云詩筆十卷，豈并文賦他作之類爲十耶？兹卷悉因劉從所校也，文賦諸篇，劉無評語，及餘人和章，劉本所無，故俱不贅及。」謂此本承襲劉本。按，今傳劉須溪校本，皆六卷，不分體，載有「餘人和章」，文字又多與此本異，故此本當非據今傳劉本翻刻無疑，或當時别有一七卷之須溪評本耶？又，此本序次多異於他本，文字與上述諸本也各有不同之處，且存在一些諸本皆同、此本獨異的情況。如《宿鄭州》：「朝與周人辭，暮投鄭人宿。」下一「人」字此本獨作「地」。《故人張諲工詩善易卜兼能丹青草隸頃以詩見贈聊獲酬之》：「屏風誤點惑孫郎，團扇草書輕内史。」「輕」此本獨作「驚」。不過，此本文字上同于奇字齋本之處較同于他本之處爲多，且有一部分詩歌的序次與奇字齋本同（七律的序次全同奇字齋本，五律的序次有部分同奇字齋本）。據以上情況推斷，此本恐怕也是一個曾參考過各種不同本子的綜合性校本。

《王右丞集箋注》二十八卷，《附録》二卷，清趙殿成注，乾隆二年（一七三七）趙氏刻本。每半頁十行，行二十字。此本詩歌部分，用劉須溪本、奇字齋本、顧可久本、凌濛初本互校。四本之中，趙氏以爲須溪本最善，故多從之。然趙氏所見須溪本非元刊，《箋注例略》云：「同時詩人唱和，須溪本作夾行細書，附録于本詩之後。」今傳元刊須溪本附載他人唱和之什，皆作大字書，與維本人之詩無異，故知趙氏所見者非元刊。此外，趙氏又廣求唐、宋、元、明人的各種詩文總集、選集、詩話、筆記等有關資料，以爲校勘之助。此書前十五卷詩，後十三卷文。詩分體，序次多與他本異。《箋注例略》云：「是編自十四卷以前之詩，皆須溪本所有者。……其别本所增及他籍互見者，另爲《外編》一卷。」是集卷一五《外編》，收詩凡四十七首。其中《遊春曲二首》、《獻壽辭》等三十首（皆王涯、張仲素詩）載于明十卷本、奇字齋本正集、凌濛初本，《淮陰夜宿二首》、《相思》等十五首見于奇字齋本《外編》。另外，又據《詩雋類函》、《唐詩類苑》補入《賦得秋日懸清光》一首，據《事文類聚》補入《疑夢》一首。趙氏用以互校的四種本子中，唯奇字齋本有文，《箋注例略》云：「詩集多有他本可校，文集自武陵本（即奇字齋本）外，餘皆缺如也。」是故此書文集的篇目、序次、文字，多同奇字齋本，「惟《送晁監還日本國序》拔置詩前，以相繫屬」（《箋注例略》）；又據須溪本補入了《連珠詞五首》，據《文苑英華》增録了《宫門誤不下鍵判》一篇。又卷二八録《畫學祕訣》一篇、《石刻二則》。此三文諸本皆不載，僅《石刻二則》見於奇字齋本《外編》，故《四庫提要》卷二九云：「集外之詩，既爲《外編》；其論畫諸篇亦集外之文，疑以傳疑者，而混於文集，不復分別，體例亦未畫一。」此書文集部分，趙氏以意考證，糾正奇字齋本之誤字六十有六，然因僅據這一個本子，未得他本對校，所以集中存在的差謬之處尚多。又奇字齋本缺《長山公韓府君墓誌銘》一篇，此書亦未能從他本補録。

《王維詩》四卷，《全唐詩》本。此本分體，卷一五古、七古，卷二五律，卷三五排，卷四七律、五絶、七絶。收詩篇目較述古堂鈔本、元本少《留别崔興宗》一首，多《過太乙觀賈生房》、《送孟六歸襄陽》、《東溪翫月》、《相思》、《書事》、《闕題二首》（其一即《山中》，其二係僞詩）、《伊州歌》（即《失題》，以上除《闕題二首》其二外，其餘皆載於奇字齋本《外編》）、《賦得秋日懸清光》、《疑夢》等十首。至于序次，則變動甚大，與舊本皆異。我們知道，清康熙時編纂的《全唐詩》，是以季振宜《全唐詩》、胡震亨《唐音統籤》兩書爲基礎增訂而成的。御製《全唐詩序》云：「朕兹發内府所有《全唐詩》，命諸詞臣合《唐音統籤》諸編，參互校勘，蒐補缺遺，略去初、盛、中、晚之名，一依時代分置次第。」季氏是大藏書家，其《全唐詩》以著名學者錢謙益彙集的《唐詩》殘稿爲基礎編成，而錢氏之書的初、盛唐部分，又承繼了明吴琯等編刻的《唐詩紀》的成果。吴琯《刻唐詩紀凡例》云：「是編多本人原集或金石遺文。」又云：「是編校訂，先主宋版諸書，以逮善本。有誤斯考，可據則從，其疑仍闕，不敢臆斷，以俟明者。」可見編者在搜求善本和校勘上是下過不少功夫的。又胡氏學問淵博，家富藏書，其編《統籤》，在資料的搜輯和校勘上，也用功甚深。《全唐詩》的編纂，除以質量較高的季、胡兩書爲前資外，還參校過其他一些善本，《全唐詩凡例》云：「詩集有善本可校者，詳加校定。如善本難覓，仍照《全唐》、《統籤》舊本，以俟考正。」所以，這個本子無疑也是一個綜合性校本。此本在校定時，能注意吸取各本之長。如宋蜀本、麻沙本、元本詩題下的注語，此本都保留了。又如，此本從宋蜀本、明十卷本删去《留别崔興宗》一首，從麻沙本、元本删去王涯、張仲素詩三十首，皆極是。此本文字，大抵不主一本，擇善而從。又在字、句下注出不少異文，故校勘上具有參考的價值。

《王維文》，四卷，《全唐文》本。此書清嘉慶年間編，收文較趙注本少《送衡嶽瑗公南歸詩序》、《宋進馬哀辭》二篇，多《長山公韓府君墓誌銘》、《代陳司徒謝敕賜麟德殿宴百僚詩序表》、《招素上人彈琴簡》三篇。《全唐文凡例》云：「詩序已見《全唐詩》者……不更復登。」《送衡嶽瑗公南歸詩序》、《宋進馬哀辭》皆見于《全唐詩》，故此書不録。增收的三篇文章中，第一篇見于宋蜀本、明十卷本，其餘二篇各本俱未收録。不過《代陳司徒謝敕賜麟德殿宴百僚詩序表》一篇，實非王維所作。《全唐文》除録入别集以及總集中的唐文外，又廣泛蒐輯散見于《永樂大典》、金石碑板、史子雜記中的唐文，故收載的作品數量，較唐人的别集爲多。此本的序次、文字，同各本都不盡一樣。《全唐文凡例》云：「文字異同，碑碣以石本爲據，餘則擇其文義優者從之，若文義兩可，則著明一作某字存證。」知此本曾作過校勘，並在字、句下注異文，因此具有一定的參考價值。